鄧小平과 중국정치

노선투쟁의 변증법적 발전과정

鄧小平과 중국정치 노선투쟁의 변증법적 발전과정

저자 | 金永文

초판인쇄 | 2007년 2월 25일
초판발행 | 2007년 3월 02일

발행자 | 洪錫禹
발행처 | 探求堂
출판등록 | 서울 제03-00993호(1950년 11월 1일)

주소 | 서울특별시 용산구 한강로 1가 158번지
전화 | (02) 3785-2211~2
팩스 | (02) 3785-2272
홈페이지 | www.tamgudang.co.kr

ISBN 978-89-87314-91-4

값 15,000원

鄧小平과 중국정치

노선투쟁의 변증법적 발전과정

金永文

探求堂

서문

鄧小平의 '實事求是'에 따른 현대화로 중국은 경이적인 속도로 고도의 경제성장을 이룩하여 왔으며, 그 결과 오늘날 중국의 경제력은 1978년에 비하여 34배나 증대되었다. 그러나 중국은 정치적 민주화와 자유화를 유보한 상태에서 서구의 자본주의와 시장경제를 도입한 결과, 부정부패와 퇴폐향락 그리고 이념해이라는 부정적인 결과를 낳았다. 이와 같은 鄧小平 시대의 어두운 면은 단순히 개인의 도덕성 상실 차원의 문제에 그치는 것이 아니라, 권력구조, 법률체계, 사회의 윤리규범, 경제개혁, 사회주의 이념 등과 밀접히 관련된 구조적 문제임을 알 수 있다. 따라서 필자는 鄧小平 시대에 전개되었던 중국정치의 허실과 현대화에 따른 명암을 재조명하려는 의도를 가지고, 지난 1989년부터 2005년까지 발표된 13편의 중국관계 논문을 수정 보완하여 이 한 권의 책으로 엮었다.

부제로 '노선투쟁에 의한 변증법적 발전과정'이라고 한 것은, 1930년대 말부터 1950년 초까지를 제외하고는, 중국 공산당 지도부는 정책결정 과정에서 단일노선을 유지하지 못하고 지속적으로 노선마찰을 빚어왔기 때문이다. 鄧小平이 최고실력자로 부상한 1978년 이후에도 비록 정치적 숙청은 없었지만 노선투쟁은 계속되었으며, 이 시기의 노선투쟁은 진보성향의 원로 및 개혁세력과 보수성향의 원로 및 개혁세력에 의해서 4차례나 전개되었다. 이들 중국 지도자들은 '선진 사회주의국가 건설'이라는 전략적 목표를 달성하기 위해 정치적 안정과 지도부의 단결이 필수적이며 4대 원칙의 범위 안에서 개방과 개혁정책을 추진한다는 데 의견일치를 보이고 있지만, 국가발전 전략의 구체적인 내용, 방법, 범위, 속도를 둘러싸고 마찰을 빚어왔던 것이다. 따라서 처음에는 급속하고도 광범위한 개혁·개방정책이 실시되었으나, 부정적인 결과가 심화되면서 중국 지도부 내 노선투쟁이 전개되고, 조정정책이 그 뒤를 이어 등장하였다.

이 책은 크게 여섯 개의 부분으로 구성되어 있다. 서론에서는 등소평의 실사구시 사상을 우선적으로 살펴보고 있는데, 이는 그의 사상이 오늘날 중국의 국가적 목표설정, 이를 달성하기 위한 구체적인 정책제공, 그리고 당시 중국이 처한 정치와 군, 외교, 사회와 정신문명 등을 이해하는 데 가장 큰 영향력을 미쳤기 때문이다.

정치와 군 부분에서는 鄧小平 시대의 중앙정부와 지방정부 간의 탈중앙집권화와 반분권화의 갈등구조를 분석하였으며, 李鵬과 江澤民의 부상으로 등장한 집단지도체제와 정치개혁에 대한 상관관계를 노선투쟁의 시각에서 고찰하고, 군 현대화와 정치적 역할의 상관관계를 살펴보았다.

鄧小平은 현대화 달성에 필수적인 조건인 주변의 평화로운 분위기 조성을 위한 수단으로써 대외개방과 독자노선을 추구해 왔다. 따라서 이 책의 외교 부분에서는 중국의 대외정책 결정과정에 근본적인 영향을 미친 실사구시의 이론적 역할을 분석하고, 이를 중국의 초강대국 정책과 1992년 한중관계 정상화 이후 중국의 대북한정책에 적용하였다.

경제 부분에서는 현대화 전략을 둘러싸고 전개되어 온 중국지도부의 노선투쟁을 李鵬 당시의 집단지도체제와 江澤民 중심의 집단지도체제를 중심으로 고찰하였다.

사회와 정신문명 부분은 중국의 현대화 과정에서 나타난 부정부패 및 정신오염과 관련하여 그 원인과 중국정부의 대응방안 및 효과를 다루었다.

중국정치의 미래를 전망하는 부분에서는 중국정치의 장래에 관한 6개의 가정을 설정하고, 이를 노선투쟁의 변증법적 발전과정이라는 시각에서 권력구조의 변화 가능성을 분석한 내용이 편성되었다.

이 책을 엮으면서 송나라 시인 蘇東派의 "廬山 眞面目" 가운데 '不識廬山眞面目 只緣身在此山中(여산의 참모습을 알 수 없으니, 그것은 이 몸이 산 속에 있기 때문이리라)'이라는 구절을 생각해 보았다. 이 구절이 암시하고 있듯이, 중국에 관심을 가지고 있는 대학생, 관계 전문가, 정책결정자들이 鄧小平 시대의 중국정치와 현대화라는 그림을 감상할 때, 높은 산만 쳐다보거나 아니면 깊은 계곡만을 내려 보아서는 안 되며, 산이 높으면 계곡이 그 만큼 깊다는 시각을 가져야만 한다. 또한 부록에는 중국정치를 이해하는 데 필요한 기초자료인 중국공산당 장정과 중화인민공화국 헌법을 수록하였으며, 이는 가장 최근에 수정 통과된 것이다. 아울러 16년이라는 긴 기간 동안에 발표된 논문이므로 일부 논문은 시의성의 문제점이 있을 것으로 판단되어 각 장의 제목에 각주를 통해 그 출처를 밝혔으며, 수록된 논문들이 서로 다른 기회에 다른 목적으로 작성된 것이므로, 일부 자료의 중복성에서 오는 내용의 유사성을 피할 수 없었음을 미리 밝혀 둔다.

끝으로 이 책을 출판하는 과정에 적극적인 도움을 주신 탐구당 홍석우 사장님, 영업부의 홍정수 선생님과 편집을 맡은 김영이 선생님, 그리고 교정에 도움을 준 신라대학 김성원 교수, 육군3사관학교 최원석 교수와 영남대 정외과 대학원생인 김두현 군에게 이 자리를 빌어서 진심으로 감사를 드린다.

2007년 1월 18일

金永文 識

차례

서문 · 5

1 서론

제1장 鄧小平의 實事求是 사상과 그 실제 —— 13

2 정치와 군

제2장 脫중앙집권화와 反분권화의 갈등구조 —— 47
제3장 李鵬 보고서에 나타난 정치발전 전략과 노선투쟁 —— 68
제4장 江澤民 중심의 집단지도체제와 정치개혁 —— 84
제5장 군 현대화와 인민해방군의 정치적 역할 —— 111

3 외교

제6장 대외정책에서 實事求是의 역할 —— 149
제7장 중국의 초강대국 정책 : 개방·독자노선 —— 170
제8장 한·중 관계 정상화 이후 중국의 대북한정책 —— 198

4 경제

제9장 李鵬 보고서에 나타난 경제발전 전략과 노선투쟁 — 237
제10장 江澤民 중심의 집단지도체제와 현대화 전략 — 263

5 사회와 정신문명

제11장 현대화 과정에서 나타난 부패의 원인 분석 — 293
제12장 문명건설의 허구성 : 실패 요인을 중심으로 — 327

6 전망

제13장 권력구조의 변화와 노선투쟁의 변증법적 발전과정 — 367

附 부록

1. 중국공산당 장정 — 415
2. 중화인민공화국 헌법 — 442

참고문헌 • 471
찾아보기 • 486

제 1 부

서론

1

鄧小平의 實事求是 사상과 그 실제*

1. 머리말

鄧小平은 중국 현대사의 흐름을 바꾼 가장 중요한 인물 가운데 하나라는 점에서 그의 정치사상을 연구해 볼 가치가 있다. 특히 현재 광범하게 진행되고 있는 중국의 현대화 작업을 이해하기 위해 그 연원이 되는 鄧小平의 정치사상을 분석하는 것이 필수적이다. 따라서 이 장에서는 鄧小平의 신념체계와 여기에서 파생된 실제, 즉 정책의 성격을 분석하고자 한다.

본 연구를 위해 필자는 『鄧小平 선집 : 1975～1982』[1]을 중심으로 중국 정부의 공식문서 등 1차 자료의 내용을 분석하고, 그의 전기와 개혁정책에 관한 광범위한 2차 자료를 참고할 것이다. 이 자료 가운데 주된 분석의 대상이 되는 『鄧小平 선집』은 출판에 앞서 鄧小平 자신에 의해 여러 군데 수정되었음을 편집위원회가 밝히고 있다. 수정의 내용을 살펴본다면, 첫째, 鄧小平은 프롤레

---

* 「덩샤오핑 정치사상에 관한 연구」, 『국제정치논총』 제30집 2호, 1990.4.25, 283～312면.

1 *Selected Works of Deng Xiao-ping: 1975～1982*(Beijing: People Pub. Co., 1983). 이 책에서는 앞으로 *Selected Works*로 표기함.

타리아 가치관, 계급혁명, 프롤레타리아 독재하의 영원한 혁명 등의 개념을 강조한 毛澤東 시대의 정책을 지지한 사실을 삭제하고 있다. 둘째, 鄧小平은 자신의 의사와 달리 정치적으로 華國鋒을 지지한 발언 내용을 수정했다.[2] 셋째, 鄧小平은 자신의 견해지만 현실에 맞지 않는 부분을 삭제했다. 넷째, 용어에 대한 수정으로서 예를 들면 '프롤레타리아'를 '노동자 계급'으로 표현하여 지식인의 계급적 성격을 과거와 달리 정신노동자 계급으로 확대 해석했다. 이와 같은 수정과 삭제가 단지 毛澤東을 위시한 다른 지도자들과 차별성을 부각하기 위한 의도에서 이루어진 것이라면 별 의미가 없겠으나 이를 통해 鄧小平은 자신이 처한 정치적 상황을 파악하고, 새로운 이념을 창출하며, 현대화 프로그램의 지속성과 변화에 직접적인 영향을 미쳤다는 점에서 중요하다.

2. 實事求是

鄧小平은 자신의 정치사상의 기초가 되는 實事求是 개념을 통해 마르크시즘・레닌주의・毛澤東 사상을 재해석하는 한편 역사유물론, 실천론, 모순론, 계급투쟁론, 제국주의론에 대한 지난날의 고정관념으로부터 사상해방을 강조함으로써 새로운 이념노선의 정립을 시도하고 나아가 현대화 프로그램을 추진하는 데 필요한 이념적 당위성을 부여하고자 했다. 그러나 이와 같은 이념 재정립은 정통적인 이데올로기와의 단절이 아닌 연속의 차원이며, 이념적 스펙트럼에서 좌도 우도 아닌 중도노선으로서의 특징을 지니고 있다. 나아가서 그의 사상에서 우리는 실용주의(pragmatism)의 성격과 제도화(institutionalization), 안정, 질서 속에서 성장을 추구하려는 서구형 정치발전론 특히 사무엘 헌팅턴의 발전구도와 여기에서 파생되는 제한된 타협 및 개혁과 보수의 이중적인 성격이

2 華國鋒과 鄧小平 간의 국가발전 전략의 차이점을 이해하기 위해서 Kenneth Lieberthal, "The Politics of Modernization in the PRC," *Problems of Communism*, May~June 1978, pp.1017 참조.

내포되어 있음을 확인할 수 있다.

가. 전개과정

鄧小平은 자신의 모든 공직이 회복된 1977년 7월 당 11기 3차 중앙위전체회의(中全會) 연설에서 實事求是 즉 "사실로부터 진리를 규명한다"는 구호를 제창했다.[3] 그 후 많은 지식인과 이론가들로 하여금 이 명제에 대한 많은 연구와 토론을 고무시키는 결과를 가져왔다. 1978년 5월 11일 난징대학 철학과 교수인 胡福明이 「사실이 진리를 검증하는 유일한 기준」이라는 논문을 발표했고,[4] 鄧小平은 같은 해 6월 2일 전군(全軍) 정치공작회의에서 이 논문에 대한 공감을 표시했다. 당시 鄧小平은 "이론과 실제를 결합하고, 모든 것을 현실에서 출발해서, 진리를 사실로부터 규명하는 것이 마르크시즘의 기본적인 방법"이라는 毛澤東의 주장을 거듭 강조했다. 나아가서 그는 "진리를 사실로부터 찾는 것이 毛澤東 사상의 가장 중요한 요체이고 그 출발점임을 밝히면서, 이와 같은 방법을 통해 "새로운 역사적 상황을 분석하고, 새로운 문제점과 그 문제를 해결하는 방법을 찾아낼 것"을 촉구하고 있다. 같은 해 9월 16일에 있었던 또 다른 연설에서 그는 實事求是를 통해서 마르크시즘과 毛澤東 사상이 더욱 발전되어야 하며, 그렇지 않으면 쓸모없는 것이라고 주장하고 있다.[5]

만약 '사실이 진리를 검증하는 유일한 기준'이라는 원칙이 마르크시즘과 毛澤東 사상의 기본적인 관점과 방법이라면, 毛澤東의 나머지 견해와 정책도 바로 이 원칙에 따라 평가될 수 있음을 의미한다. 다시 말해, 이 원칙은 지난날 정통적인 이데올로기로부터의 사상해방에 이용될 수 있으며, 기존 이데올로기는 현실에 맞추어 수정되거나 재해석되게 된다. 그 결과 현재 집권하고 있는 鄧小平과 개혁세력들은 자신들의 현대화 정책을 수행하는 데 필요한 이념적

3 *Selected Works*, p.42.
4 *People's Daily*, 1978.5.11, p.2.
5 *Selected Works*, p.109; p.112; p.123.

정당성을 확보하게 된다.

나. 사상해방

鄧小平은 당 11기 3中全會를 준비하기 위한 중앙사업회(The Central Work Conference)에서 '마음을 해방시키고, 머리를 쓰며, 사실로부터 진리를 찾고, 미래를 향해 하나로 뭉치자'라는 슬로건을 내 걸고 기존 이데올로기와 관념으로부터의 해방을 유도했다.[6] 1978년 12월에 채택된 당 11기 3中全會의 성명서는 사상해방에 대한 鄧小平의 견해를 그대로 포함했다.

> 만약 마르크시즘 · 레닌주의 · 毛澤東 사상의 지도 아래 온 국민과 당원들이 그들의 고정관념에서 벗어나, 새로운 환경과 사물과 문제를 연구하는 데 전심전력을 기울이고, 이론과 실제를 결합하고, 현실에서 문제해결의 실마리를 찾으며, 사실로부터 진리를 규명하려는 원칙을 지킨다면, 우리 당은 4개 현대화를 추진하는 구체적인 정책을 올바르게 수립할 수 있다.[7]

1979년 7월 鄧小平은 사상해방의 첫 단계로서 實事求是의 중요성을 거듭 강조했다. "진리를 검증하는 기준에 관한 토론은 아주 중요한 것으로서 먼저 이념적인 문제를 해결하고 지난날의 고정관념을 벗어나지 않고서는 올바른 정치노선을 수립할 수 없으며, 설사 노선이 수립된다 하더라도 이것을 실천에 옮길 수 없을 것이다."[8]

그 후 鄧小平은 새로운 이념노선을 "사실로부터 진리를 규명하고, 현실 위에서 문제해결의 실마리를 찾으며, 이론과 실제를 결합하고, 사실이 진리를 검증하는 유일한 기준"이라고 정의했다.[9]

6 Ibid., p.131.
7 *Beijing Review*, Dec. 29, 1978, pp.14~15.
8 *Selected Works*, p.176.

그러나 鄧小平은 實事求是에 입각한 이념노선을 정립하는 과정에서 발생하는 가장 큰 장애물로서 고정관념에 사로잡혀 있는 지난날의 환경을 들었다. 첫째, 지난 10여 년 동안 林彪와 4인방은 마르크시즘 가운데서도 극좌이념을 강요함으로써 이념의 폐쇄성을 야기하였고, 둘째, 당의 권력이 지나치게 집중됨으로써 관료주의의 부정적 측면 즉 권위의식, 기계화(mechanization), 관습화(routinization)가 사고의 자율성을 마비시켰으며, 셋째, 현상을 유지하고 발전과 계획을 추구하지 않으려는 보수 성향을 지닌 세력들이 전통적인 이데올로기를 고수하고, 새로운 사고의 전환을 기피함으로써 사상해방이 지연되어 왔다는 것이다. 따라서 鄧小平은 당 간부와 모든 인민이 이 사상적 폐쇄성을 타파하지 못하면 4개 현대화를 달성할 수 없다고 판단하고 사상해방과 實事求是의 접목을 시도했다. 그에 의하면 "사상해방은 바로 이론과 실제, 주관과 객관을 결합시키는 것이며, 이것이 바로 實事求是로서, 향후 모든 일에서 實事求是의 정신을 구현하려면 반드시 사상해방이 선행되어야 한다"고 주장했다.

이와 같은 實事求是 사상은 당시 중국 사회주의를 지배하는 중추적인 개념인 모순론, 계급투쟁, 제국주의, 현대화에서 구체화되고 있음을 다음에서 찾아볼 수 있다.

다. 모순론

鄧小平은 毛澤東의 모순론에 관하여 새로운 이론적인 기여를 했다기보다 이를 적용하는 과정에서 實事求是의 개념에 따라 그 인식의 폭을 넓혔다고 할 수 있다. 毛澤東에 의해 발전된 모순론은 기본적으로 모든 인간과 자연현상이 변화과정에 있다는 데에 그 근거를 두고 있다. 변화의 원동력은 그 자체에 내재하고 있는 모순의 지속적인 발생이며, 이 모순은 모든 현상의 발전과 더불

9 Ibid., p.242.

어 더욱 두드러지게 나타난다. 그리고 사회발전 과정에는 많은 모순이 존재하나 주어진 시점에서 가장 중요한 모순을 찾아내는 것이 최우선적인 과제라고 毛澤東은 설명한다. 이와 같은 분석은 대외정책뿐만 아니라 국내정책에도 적용되어 왔다. 1957년 2월 「인민들 가운데 발생하는 모순의 정확한 취급에 관하여」라는 논문에서 毛澤東은 두 종류의 모순을 구분하고 상이한 해결방법을 제시하고 있다.[10] 첫째는 적대적 계급(예를 들면 프롤레타리아 계급과 부르주아 계급) 또는 적대적 사회체계(예를 들면 자본주의국가 내의 정부와 대중)에서 나타나는 대립적인 모순으로서, 이는 '적과 우리' 사이에 내재하는 모순으로서 물리적인 강제력에 의해서만이 해결될 수 있다. 둘째는 사회주의국가 내에 존재하는 비적대적인 모순으로서, 이것은 자기비판, 비판 및 교육을 통해서 해결될 수 있다. 그러나 鄧小平은 毛澤東이 모순론에 의거해서 정확하게 현실을 분석했음에도 불구하고 상반된 실천을 함으로써 당, 국가, 인민 나아가서 毛澤東 자신에게 과오를 저질렀다고 지적한다.

鄧小平은 중국이 당면하고 있는 주요 모순을 분석하는 과정에서 1956년 당 8기 전국대표대회에서 채택된 모순관계를 소급해서 언급하고 있다. 이 회의에서는 중국 내의 주요모순을 이미 부르주아와 프롤레타리아 사이의 모순이 아니라, 선진공업국을 건설하려는 요구와 낙후된 농업국가라는 현실 사이의 모순이고, 인민은 신속한 경제발전을 요구하고 있지만 이 요구를 충족시킬 수 없는 상황에서 오는 모순이며, 선진 사회주의 제도와 낙후된 생산력 사이의 모순이라고 밝혔다. 그러므로 당의 중요 임무는 생산력을 높이고, 낙후된 농업국가로부터 선진공업국으로 발전하여 인민의 높아가는 물질적 욕구와 정신적 욕구를 만족시키는 것이라고 규정하고 있다.[11]

나아가서 鄧小平은 1977년 7월 복권 이후에도 주요 모순으로서 인민의 물질적인 욕구증대와 이를 따라가지 못하는 생산력의 낙후성 사이의 모순을 제시하

---

10 "On the Correct Handling of Contradictions among the People", *Selected Readings from the Works of Mao* (Becoming, Foreign Languages Press, 1971), pp.432~479.

11 *Selected Works*, p.168.

고 이를 해결하는 것이 가장 중요한 과제라고 설명했다.[12] 제11기 6中全會에서도 鄧小平은 같은 맥락에서 날로 증대하는 인민의 물질적인 요구와 낙후된 생산력 간의 모순이 가장 중요한 모순임을 거듭 지적했다. 따라서 鄧小平은 「건국 이래 당의 몇 가지 역사적 문제에 관한 결의」와 당 12기 전국대표대회에 제출한 「새로운 역사적 시기의 주요과제」와 당 13기 전국대표대회에 제출한 「사회주의 초기단계에서 당의 기본노선」에서 이와 같은 주요 모순을 해결하는 방법은 바로 생산력의 수준을 향상시키고, 현대화 건설에 총력을 집중하는 것이라는 주장을 되풀이 했다. 鄧小平은 현재의 모순이 이념투쟁보다는 제도를 개선함으로써 해결이 가능하다고 본다. 이와 같은 제도개선의 범위는 당·정을 포함한 상부구조와 관리 제도를 포함한 하부구조에 이르기까지 광범위하게 걸쳐 있다. 鄧小平은 과거에 발생한 여러 가지 오류는 분명히 지도자의 가치관, 태도, 신념과 관계가 있으나, 그보다 제도상의 문제점 즉 조직과 관리 문제가 더 본질적인 것으로 보았다: "지도자 개인에게 책임이 없는 것은 아니지만 조직과 관리 문제를 보다 근원적이며 장기적인 성격을 띠고 있다."[13] 그러나 여기에서 말하는 제도개선의 성격은 사회주의 근본이 되는, 예를 들면 공유제, 노동에 따른 분배 등을 지적하는 것이 아니라 순수하게 제도화라는 측면에서의 조직과 관리를 의미하는 것이다.

라. 계급투쟁

毛澤東은 마르크스의 계급이론에 따라 중국 사회를 분석하였으며 적대적인 계급관계를 해소하기 위한 방법으로 계급투쟁을 강조하였다. 그러나 그에 의하면 현재의 중국은 자본주의 사회에서 볼 수 있는 적대적인 계급관계가 더 이상 존재하지 않고, 단지 인민 내부의 비적대적인 모순이 있으며, 이는 사회주의의

---

12 Ibid., p.214.
13 Ibid., p.293.

제도를 통해서 해결할 수 있다고 주장했다. 鄧小平은 이와 같은 毛澤東의 계급 분석이 정확했음에도 불구하고 이 이론을 실제에 적용하는 과정에서 오류가 있었음을 지적했다. 예를 들면 문화혁명에서 毛澤東은 사회주의국가를 건설한 지 17년이 지난 뒤에도 중국 사회 내 자본주의 성향을 지닌 부르주아 세력을 숙청한다는 구실로 계급투쟁을 주장하여 이념적인 논란을 야기하였으며 현실적으로 당과 국민에게 많은 피해를 입혔다는 것이다.

그러나 鄧小平은 오늘날 중국 사회에는 과거와 같은 계급투쟁이 존재할 수 없으며, 현재의 모순은 다른 방법으로 해결되어야 한다는 주장이다.[14] 즉 국가 목표를 사회주의 현대화 건설로 정한 지금에도 계급투쟁이 존재할 수는 있으나 지난날 계급사회의 계급투쟁과는 근본적으로 다르며, 착취계급이 이미 소멸되었기 때문에 부르주아 계급이나 기타 착취 계급이 새로이 생겨날 수는 없다는 것이다. 그럼에도 불구하고 중국 사회는 반혁명 세력, 형사범, 부패관리, 기회주의적인 신 착취 계급이 있을 수 있으며, 이들에 대해서는 과거에 사용했던 계급투쟁과 대중운동의 방법이 아니라 법의 테두리 안에서 처리되어야 한다는 것이다. 이에 따라 鄧小平은 당원과 간부 모두가 벌금, 중과세 등 경제적 제재를 포함해서 헌법, 법률, 법령에 따라서 일을 처리하도록 거듭 지시했다. 이와 같이 국민 내부의 모순을 민주적인 절차에 따라 해결하기 위한 여건을 조성하기 위해서 당과 국민의 정치생활에 민주적인 방법을 선택하며 억압적이고 폭력적인 수단을 배제하도록 설득했다. 구체적인 예로, 공산당과 기타 민주제 정당 사이의 모순은 "협상, 토론, 상호 감독을 통해서 해결"되어야 하며, 당규를 위반한 사실에 대해서는 법적인 제재조치를 취할 것을 강조했다.

마. 제국주의

레닌이 마르크시즘에 기여한 내용 가운데 가장 중요한 것은 제국주의 이론

---

14 Ibid., pp.134~135; p.155, 169, 173, 330~331.

이다. 레닌은 19세기 말과 20세기 초의 제국주의를 자본주의 발달과정에서 나타난 새로운 독점단계의 결과인 동시에 독점 자본주의의 지속적인 발전에 필수적인 식민지 개척을 위한 선진 자본주의국가 간의 경쟁 결과로 이해했다.[15] 한편 毛澤東은 레닌의 제국주의 개념을 대외정책에 적용하였다. 즉 제국주의의 희생자들이 국제 프롤레타리아 계급을 형성하여 제국주의에 대항하는 세력으로 결속하게 된다는 의미에서 이 개념을 이용하고자 했다. 말하자면 毛澤東은 레닌의 제국주의론을 확대 해석하여 계급투쟁의 국제화라는 차원에서 설명하고 있는 것이다. 毛澤東에 의하면 국제 프롤레타리아 계급과 국제부르주아 계급 모두 자신들이 각자 바라보는 세계관에 따라 세계를 변화시키려 하기 때문이다.[16] 毛澤東은 생산력의 발전을 지배하는 변증법칙 측면에서 제국주의 체제의 붕괴는 필연적이며, 제국주의의 완전한 붕괴는 국제부르주아 계급이 결코 자발적으로 자신들의 기득권을 포기하지 않을 것이기 때문에 궁극적으로 국제연합(UN)이 중국 대외정책의 필수불가결한 주축임을 강조하고 있다. 당시 중국 대외정책의 궁극적인 목표는 제국주의를 타파함으로써 세계혁명을 성취하는 데 있었다. 그러한 맥락에서 중국은 국제평화를 위협하며 국가와 국가 사이에 마찰과 모순을 일으키는 진원지로서 1950년대와 1960년대에는 미제국주의, 1970년대에는 소련 사회주의 제국주의를 들고 이를 타도하기 위해 국제 연합전선전략을 추구하였다.

그러나 1978년 이후 鄧小平은 1970년대에 소련에 적용된 사회주의 제국주의(socialist imperialism) 개념은 더 이상 사용하지 않았으며, 그 대신 미소 초강대국을 공히 비난할 때 사용하는 패권주의 개념을 쓰기 시작했다.[17] 이 변화의 배경은 당시의 당면과제인 현대화를 성공적으로 추진하기 위해서는 무엇보다 국제

15 V. I. Lenin, "Imperialism, the Highest Stage of Capitalism," *Collected Works I*, (Moscow: Foreign Languages Publishing House, 1952), pp.433~569.

16 *Chairman Mao's Theory of the Differentiation of the Three World in a Major Contribution to Marxism-Leninism* (Beijing: Foreign Languages Press, 1977), p.18.

17 Robert G. Sutter, *Chinese Foreign Policy: Developments after Mao* (N.Y., N.Y.: Praeger, 1986), pp.134~ 149; *Foreign Broadcast Information Service-China*(FBIS-CHI) 1981.10.9; 12.31.

안정이 긴요하며, 연합전선 또한 전쟁을 지연하기 위한 연합전선이 아니라, 평화를 유지하기 위한 연합전선이라는 점에서 큰 차이를 보여주고 있다.[18] 이와 같은 맥락에서 鄧小平은 현재의 국제평화를 유지하기 위해 패권주의와 지역 패권주의를 반대하는 모든 국가들의 단결을 호소하고, 연합전선 구성원들의 계급성격을 규정하는 기준에 있어서도 1970년대와 같이 으뜸가는 모순의 진원지이자 주적인 소련 패권주의에 대한 그 나라의 정책이나 국내 계급구조 분석에 의존하는 것이 아니라 해당국가의 국제평화와 번영의 기여도를 그 기준으로 삼는다.[19]

이와 같은 맥락에서 중국은 미·소 화해를 환영하고, 지역분쟁에 대해서는 국제여론과 역내 국가들의 합의가 이루어진 것을 제외하고는 개입을 삼가하며, 과거와 달리 팔레스타인 해방기구(PLO)와 남아공 문제 등 중요한 민족해방운동에 대해서도 정치적 지원(lip service)을 제외한 물질적, 군사적 지원은 거의 없다.

바. 현대화

제13차 중국 공산당대회는 당시 중국의 국가적 기본전략으로서 하나의 중심과제와 2가지 기본원칙을 설명하고 있다: "개혁과 개방정책을 유지하고, 4대 기본원칙을 준수하는 한편 우리들의 중심과제인 경제발전을 추진함으로써 번영되고, 강력하며, 민주적이고, 문화적으로 선진화된 사회주의국가를 창조하는 것이다."[20] 이와 같은 전략은 1978년 12월 18일 중국 공산당 제11기 3中全會에

---

18 *Beijing Review*, 1987.6.1, pp.14~15.

19 Ibid., 1986.1.6, p.14. "일부 국가들은 중국이 대외정책에서 계급기준을 적용하여야 한다고 주장하면서 중국을 비난하고 있다. 우리는 이와 같은 관점에 동의하지 않는다. 우리 견해로는 어떤 지역의 정책이나 결정의 옳고 그름은 당사국의 이념과 체제에 의해 결정되는 것이 아니라, 세계평화를 유지하고 공동의 번영을 신장하며, 국제긴장을 완화하는 데 어느 정도 기여하고 있는지의 여부에 따라 판단되어야 한다."

20 Ibid., 1987.11.9, p.28; Tao-tai Hsia and Constance A. Johnson, "The Chinese Communist Party Constitution of 1982: Deng Xiaoping's Program for Modernization," *Law Library of Washington D.C.*, 1984 참조.

서 鄧小平이 선진 사회주의국가를 조속히 건설하기 위한 구체적인 현대화 프로그램을 제안하면서 시작되었다. 그는 물질적인 풍요만이 공산주의 사회의 기본 철학인 '능력에 따라 그 대가를 지급받는 사회'를 실현할 수 있으며, 사회주의는 공산주의의 선행단계로서, 오랜 시간에 걸쳐 일어나는 현상이고, 일시적이거나 과도적인 현상이 아니라고 설명한다.[21] 그러므로 이 시기의 주요과제는 공산주의 사회의 실현을 위한 물질적인 환경을 개선하는 데 있으며, 이를 위해 꾸준히 인민들의 생활을 향상시키며 사회의 물질적인 부를 축적해야 한다고 주장한다. 그러나 여기에서 말하는 富의 축적은 자본주의 사회에서 말하는 것과는 그 내용이 다르다. 사회주의의 富는 인민 전체에 속하며, 富를 축적하는 것은 전 인민의 번영으로 간주된다. 한편 그는 조속한 시일 안에 공동의 번영을 추구하는 과정에서 일부 지역과 인민들 사이에 빈부격차가 발생하게 되지만, 이는 일시적인 현상으로 보았다.

한편 鄧小平은 중국의 사회주의가 아직도 초기단계에 있음을 지적하면서 현대화의 필요성을 이념적으로 정당화시키고 있다.[22] 그에 의하면 사회주의 초기단계는 상품경제가 발달하지 못하고 생산력이 낙후된 상황에서 사회주의를 완성하기 위해서 반드시 거쳐야 할 단계이며, 그 사이에 점진적으로 중국을 농업국가에서 현대산업국가로 변화시킴으로써 사회주의국가의 현대화를 달성한다는 것이다.

이와 같은 사회주의 초기단계 개념과 관련해서, 1970년대 말까지만 해도 자본주의 단계가 사회주의 건설에 앞서 일어나야 한다는 주장은 당 이론가들의 지지를 받지 못했으며, 자본주의의 관행 또한 금기시되었다. 이처럼 경색된 이념적 환경과 현대화 사이의 모순을 해결하기 위한 이념적 대안이 바로 '사회주의 초기단계'라는 개념이다. 결국 이 개념은 사회주의 이론의 근간이 되는 공산당에 의한 지속적인 일당독재체제, 주요 생산수단의 공공소유, 계획경제,

---

21 *Beijing Review*, 1986.9.22, p.6.
22 *People's Daily*, 1987.11.5, p.4.

공산주의의 궁극적인 목표인 계급 없는 사회를 포기하는 것이 아니며 현 중국의 경제발전을 도모하기 위해서 소유권의 다원화, 시장경제 체제 도입, 증권거래법과 파산법의 제정과 같은 자본주의 관행을 자본주의 사회에서만 볼 수 있는 고유한 것으로 보지 않고 경제현대화를 추진하는 사회주의 사회에서도 존재할 수 있는 것으로 보고 있다.

앞서 언급한 鄧小平 정치사상의 이론적인 틀 가운데 다음 5가지 특징을 찾아볼 수 있다. 첫째, 鄧小平의 實事求是 개념은 오늘날 중국의 현대화라는 국가목표와 이를 달성하기 위한 구체적인 정책을 제공하는 준거의 틀이 된다. 아울러 이 개념은 중국의 내외환경을 현실적인 바탕 위에서 해석하는 기준으로서 적용되고 있다. 그러므로 鄧小平은 모든 당 간부들에게 "毛澤東의 實事求是 즉 진리의 규명이 실제로부터 출발하며, 이론과 실천의 상호결합이 마르크스주의의 근본적인 방법과 시각"임을 거듭 주장하고 있다. 毛澤東은 대약진운동이나 문화대혁명 당시 주관적인 판단에 의해 객관적인 사실을 무시하는 유심주의(唯心主義)에 빠졌으며, 방법에 있어서도 교조주의의 오류를 범한 것으로 진단했다.

둘째, 實事求是에 따른 이데올로기 재정립은 기존 이데올로기의 폐기나 단절을 의미하는 것이 아니라 과거와의 연속이라는 차원에서 이념 정립의 방향을 설정하고 있다. 1979년 3월 30일 鄧小平은 한 회의에서 4개 현대화를 실현하기 위한 이념적 당위성을 4대 기본원칙과 實事求是의 조화 속에서 찾아내고자 했다. 즉 4대 기본원칙을 반드시 준수하되, 이를 實事求是 차원에서 "지도자도 신이 아니라 인간이며, 우리는 마르크시즘・레닌주의・毛澤東 사상의 과학적인 성격을 이해하고 현실바탕 위에서 진리를 사실로부터 규명해가는 원칙을 꼭 지켜 나가야 할 것이며, 그럼으로써 毛澤東 사상의 원래 의미를 찾아내야 할 것"임을 강조했다.[23]

한편 鄧小平이 實事求是에 따라 새로운 이념을 정립하는 과정에서 야기된

---

23 *Selected Works*, p.151.

가장 큰 문제는 毛澤東에 대한 역사적 평가였다. 이 문제는 단순히 毛澤東의 사상을 격하하거나 비난함으로써 해결될 수 있는 것이 아니었다. 그렇게 할 경우, 중국 공산당을 과거로부터 단절시켜 그 본질을 파괴할 뿐 아니라 당과 국가의 기초마저 위협하게 되는 것이다. 지난날 鄧小平을 포함한 대부분의 현 중국 지도자들은 毛澤東의 실책을 적극적으로 지지하거나 결정적인 순간에 그를 반대하지 않음으로써 간접적으로 그를 지원했던 것이 사실이다. 뿐만 아니라 毛澤東은 아직도 당·정·군의 간부들과 농민 그리고 많은 인민들로부터 존경을 받고 있다. 더욱이 毛澤東 사상이 때로 상호 모순되면서도 상호 보완적인 많은 개념들의 집합체이고, 일부 개념은 시대에 맞지 않아 폐기될 수도 있지만 다른 개념들은 새로운 상황과 조건에 맞추어 재해석될 수 있기 때문에 鄧小平은 毛澤東을 완전히 부정할 만한 논리적 근거도 없었다. 따라서 그는 毛澤東 사상을 단절 아닌 연속이라는 차원에서 수용함으로써 자신의 實事求是 사상을 정당화하고자 시도했다.

셋째, 이념적 차원에서 毛澤東 시절은 좌와 우의 상반된 노선이 투쟁하는 즉 노선투쟁(two-line struggle)으로 설명할 수 있지만, 鄧小平의 實事求是 정신은 어느 한쪽 노선에 치우치지 않는 중도노선을 표방하고 있다.[24] 이와 같은 鄧小平의 중도노선은 어떤 특정한 분야에 한정되지 않고 모든 분야에 적용되고 있으며, 이는 좌·우 세력으로부터 반대를 저지할 수 있다. 즉 원로 강경세력과 보수적인 개혁세력들은 인민들이 그들의 문제를 스스로 해결할 수 있는 추상적인 역할을 강조하고, 인민들의 정치, 경제, 사회, 문화적 활동에 대한 효과적인 감시수단과 권리보호라는 차원에서 법률제도를 개괄적으로 마련하고자 하는 반면, 진보성향의 개혁세력들은 인민들이 정치제도에 대해서 요구하고 지지할 수 있는 투입기능을 강화하기보다 권력구조 자체의 개혁, 예를 들면 당·정 분리, 중앙에 집중된 권력을 하부조직에 위임하는 문제, 정부조직의 개편, 합리

24 Tsou Tang, "Political Change and Reform: the Middle Course," in Norton Ginsberg and Barnard Lalor, eds., *China: the 80s Era* (Boulder, Colorado: Westview Press, 1984), ch.1.

적인 인사행정의 운영, 조직 상호간의 커뮤니케이션과 조정을 위한 제도적 장치의 수립, 선거와 전국인민대표대회(全人大) 역할의 제고, 법체제의 개선 및 강화 등을 주장하고 있다. 그러나 鄧小平은 경제개혁에 필요불가결한 정치구조의 개선을 제외한 나머지 정치구조의 개혁에 대해서는 비교적 소극적 입장을 취하였다. 그 이유는 정치개혁에는 지도자 상호간의 위치와 이해관계가 깊이 관련되어 있기 때문에 이와 같은 민감한 문제를 과격하고도 광범위하게 추진할 경우 중국 지도부 내에 상당한 마찰이 있을 것이며, 현 체제로서는 감당하기 어려운 민주화 요구가 일어날 수 있으며, 이로 인해 경제발전에 긴요한 지도층의 단결과 정치적 안정이 저해될 수 있기 때문이다. 그러므로 鄧小平은 지금까지 상이한 견해를 가지고 있는 세력에 대해 비교적 타협적인 태도를 견지하고 있다.

넷째, 鄧小平의 實事求是는 공통성과 개체성의 통일 즉 사회주의의 일반원리와 중국이라는 특수한 상황을 결합하려는 시도이다.[25] 鄧小平은 毛澤東이 중국의 사회주의 혁명을 성공적으로 이끌었지만, 사회주의 건설에서 중국적인 상황을 정확하게 이해하지 못했다고 지적한다. 이로 인해 毛澤東은 중국처럼 경제적으로 낙후된 국가가 현대화를 이룩하여 선진국이 되려면 오랜 시간의 노력이 필요하다는 사실을 파악하지 못하고, 사회주의 목적을 조급하게 달성하려는 좌의 오류를 범했다고 鄧小平은 지적한다.

따라서 鄧小平은 중국의 사회주의 현대화를 달성하기 위해서 마르크시즘에 따라 생산수단의 공유와 노동에 따른 분배원칙을 견지하되, 중국현실을 감안하여 자력갱생의 원칙 위에서 선진외국의 자본과 기술, 나아가서 경영지식을 도입하고자 하는 구체적인 발전 전략을 제시한다. 그는 현대화 건설을 시작하기에 앞서 고려하여야 할 중국의 현실로서 기술낙후, 자원부족, 인구과다, 경지부족 그리고 인구의 대다수가 농민이라는 것을 지적하고, 이와 같은 상황이 쉽게 바뀔 수 없다고 보았다. 그럼에도 불구하고 지난날 중국은 이 현실을 무시함으로써 여러 차례의 실패를 경험했으며, 현실적으로 달성하기 어려운 목표를 설정

25 *Selected Works*, pp.371~372.

하였기 때문에 무리한 노력 동원이 요청되었고, 착취계급이 소멸된 지 오래되었지만 부르주아 근성을 뿌리 뽑는다는 구실로 영원한 혁명(permanent revolution)에 따라 계급투쟁을 전개하여왔다고 생각했다.[26] 이와 같이 毛澤東의 중국현실을 주관적 판단으로 대치한 유심주의적 지도이념으로 인해 중국 사회주의 건설은 큰 희생을 치를 수밖에 없었다고 비판한다. 따라서 鄧小平은 중국적인 선진 사회주의를 건설하기 위해서 사회주의 원칙을 중국현실에 적용하는 공통성과 개체성의 통일을 시도했다.[27]

다섯째, 鄧小平의 實事求是 사상은 서구 정치발전 이론가 가운데 헌팅턴이 주장하는 제도화, 안정, 질서 속에서 국가발전을 도모하려는 성격을 지니고 있다. 헌팅턴은 발전의 개념을 조직과 절차에 그 가치를 부여하고 이를 통해 안정을 추구하려는 과정으로 정의하고, 정치체제 내의 제도화의 수준이 그 조직과 절차의 적응성, 복합성, 자율성, 응집력을 좌우한다고 보았다.[28] 이와 같은 맥락에서 鄧小平은 안정과 질서 속에서 성장을 추구하고, 그 과정에서 발생되는 모순과 마찰을 지난날의 계급투쟁이나 대중운동으로 해결하기보다는 제도화를 통해서 해결하고자 했다. 그러나 현대화 자체가 불안정을 유발시키는 요인이 될 수 있다는 점에서 鄧小平은 마찰과 갈등을 최소한으로 줄이기 위해 억압적인 수단에 호소한다.[29] 지난번 천안문 사태에 대한 대응전략에서 보여준 것처럼 그는 학생·시민들의 민주화 요구가 혼란을 초래할 것으로 우려했으며, 질서와 안정 없는 상황에서는 민주화가 이룩될 수 없다고 주장하였다.

다음에는 이론과 실제라는 맥락에서 鄧小平 정치사상의 핵심개념인 實事求是가 경제발전 전략, 당·정·군의 권력구조를 포함한 정치개혁, 정신문명 건설, 교육과 과학, 문학과 예술정책에 적용된 내용을 분석하고, 그 속에 나타난

26 Ibid., p.149.

27 Ibid., p.150.

28 Samuel P. Huntington, *Political Order in Changing Societies* (New Haven: Yale Univ. Press, 1968), p.12.

29 Ibid., pp.7~8; p.25; Ibid., "Political Development and Political Decay," *World Politics* 17, 1965, pp.419~421.

鄧小平 사상의 특징을 검토하고자 한다.

3. 경제발전 전략

『鄧小平 선집』은 4편의 경제관련 논문을 수록하고 있다. 이와 같이 편수가 적은 이유는 경제에 관한 鄧小平 주장 가운데 상당 부분이 수정되었거나 잘못된 처방이었을 가능성이 크다는 것을 의미하며, 이와 같은 오류에 대한 책임을 자신에게 묻지 않도록 하려는 의도에서 이와 같은 축소가 이루어졌을 가능성이 있다. 또는 鄧小平은 자신의 후계자인 趙紫陽과 胡耀邦이 경제개혁에 책임지고 있음을 강력히 암시함으로써 이들의 지도적 역량을 제고하는 데 일조하기를 원했는지도 모른다. 특히 경제전문가인 趙紫陽이 독자적인 기반을 구축할 수 있도록 경제정책 분야에서 자신의 역할을 의도적으로 축소시켰을 가능성도 있다. 그럼에도 불구하고 경제 문제에 관한 그의 입장을 파악할 수 있는 자료는 충분하다.

첫째, 1975년부터 鄧小平은 기업의 관리제도에 대한 개선을 강조하는 한편 기업 매니저가 효율적인 규칙과 지침을 모든 생산조직에 적용할 수 있을 정도로 유능해야 한다고 거듭 주장하여 왔다. 아울러 그에 의하면 근로자는 정치성향에 따라 그 대가를 지급받는 것이 아니라 생산에 대한 대가만큼 지급받아야 하며, 매니저는 상급기관의 종합계획과 보조를 맞추되 그 자율성이 제고되어야 한다.[30]

둘째, 경제성장 속도와 관련해서 鄧小平은 의심할 여지없이 중국의 경제발전이 1970년대 초보다 훨씬 더 급속히 이루어지고 있다고 판단했으며 앞으로도 계속해서 이와 같은 고도 경제성장이 이룩되기를 원했다. 그러나 그가 질을 희생시켜가면서 양을 강조한 것만은 아니었다.[31]

30 *Selected Works*, pp.4~11, 28~31.

셋째, 鄧小平은 임금제도 개혁의 일환으로서 임금재조정과 인상을 지지했으며, 보너스제도의 도입을 주장했다. 이와 같은 임금제도 개선안은 그의 1978년 3월 연설 가운데 나타난 주된 테마였다.[32] 그러나 어떻게 그 제도가 구체적으로 개선되어야 할지는 언급하지 않았다.

넷째, 鄧小平은 무역신장과 기술도입을 위해서 선진국 특히 서방 세계에 대한 개방을 강조하고 있다: "毛澤東이 생존했을 때도 우리는 자본주의국가와 경제협력 및 무역신장을 도모하는 등 외국과 경제 및 기술교류를 강화하고, 심지어 외국투자를 도입하거나 합작투자까지도 고려했다. 그러나 지금은 상황이 바뀌었다. …… 오늘날은 선진기술과 경영지식을 도입하고 투자를 유치하려는 국제상황이 과거 어느 때보다 성숙되었다. 이러한 상황은 과거 毛澤東의 생존 시에는 결코 없었던 것이다."[33] 이와 같은 맥락에서 1978년 말에 중국은 외국과 각종 경제협력에 관한 합의서를 추진하였다.

다섯째, 제도적으로 鄧小平은 경제와 관련된 결정권을 지방과 생산조직에 대폭 이양하도록 강조하였다. 그에 의하면 이 개혁들이 일시적으로 새로운 문제점을 야기할 수도 있지만, 궁극적으로 선진 관리방법의 적용, 기술혁신, 노동생산성의 제고, 이윤증대, 근로자의 복지향상과 개인 소득의 증대를 통해서 해소될 것으로 확신했다.[34] 따라서 정부와 기업 간의 합리적인 관계, 임금제도 개선, 결정권을 하부조직이나 생산조직에 이양하는 것과 선진국으로부터 기술 도입을 용이하게 하도록 경제관련 법령을 정비하는 데 많은 비중을 두었다.

그러나 경제개혁과 관련된 그의 주장이 부정적인 결과를 초래하리라는 전망이 분명해지자, 鄧小平은 경제전문가인 陳雲 등이 제시한 경제 조정안을 신속하게 수용하였다.[35] 특히 공업과 농업, 경공업과 중공업, 생산과 소비 간의 불균

---

31 Ann Fenwick, "The Gang of Four and the Politics of Opposition: China, 1971~1976"(Ph. D. Diss., Stanford Univ., 1984), ch.5.

32 *Selected Works*, pp.98~99.

33 Ibid. p.122.

34 Ibid., p.140.

35 Ibid., pp.313~322.

형이 심화되자, 鄧小平은 그 정도가 1960년대 초와 같이 극심하지는 않았지만 陳雲과 당 중앙 재정 및 경제위원회가 주도하는 조정안이 성공적으로 추진되도록 지방 분권화 결정을 번복하고, 고도로 중앙집권화 된 리더십과 엄격한 조직 기강을 확립하도록 요청하는 한편 대형 프로젝트 도입을 연기하는 데 동의하였다.[36] 그러나 이 조정도 어디까지나 객관적인 경제법칙에 따라서 이루어지되, 현대화에 반드시 필요한 선진기술의 선별적인 도입을 인정하였다.

그러나 1980년 말에 나온 鄧小平의 경제에 관한 논문은 재정적자의 심각성을 거듭 경고하고 있는 陳雲의 조정안을 지지하면서도, 경제개혁에 보다 깊은 관심을 가지고 있는 것으로 나타났다.

> 당분간 재조정에 초점을 맞추어야 하며 개혁은 이에 종속되어야 한다. 결코 개혁이 재조정을 저해해서는 안 된다. 개혁의 속도 또한 다소 늦추어야 할 것이다. 그러나 이것이 개혁 자체에 어떤 변화를 의미하는 것은 아니다. 재조정을 위해서 고도의 중앙집권화가 반드시 필요하다. 그러나 우리는 모든 부분에서 효과를 거두고 있는 많은 개혁조치에 소급 적용해서는 안 된다. 우리는 계속해서 경제를 활성화시키고, 지방, 기업, 근로자가 주도적으로 역할을 담당하도록 선처해야 한다. 물론 우리는 맹목적으로 개혁을 추진하는 일을 삼가야 한다.[37]

따라서 경제조정이 어느 정도 이루어진 후 발표된 다른 한 편의 논문에서 鄧小平은 다시 경제발전을 가속화하는 데 지대한 관심을 표명하면서, 1980년대에 4개 현대화를 추진하기 위한 결정적인 노력을 기울이지 않는다면, 이는 후퇴와 다름없다고 주장했다. "경제현대화에 있어서 1980년대는 아주 중요하며 결정적인 시기이다. …… 우리는 단 하루도 지체하지 말고 한 마음으로 모든 노력을 집중시켜 4개 현대화 건설을 완수하여야 한다."[38] 이는 경제 재조정기에

36 Ibid., pp.144~170.
37 Ibid., pp.321~2.
38 David Bathman, "Differing Visions of China's Post-Mao Economy: the Ideas of Chen Yun,

취했던 결정을 다소 희생시켜서라도 다시 한 번 과감하게 개혁을 추진하도록 전면에서 독려하고 있음을 의미한다.

한편 1982년과 84년 사이에 발표된 그의 논문은 경제정책 결정 과정에 鄧小平이 직접 관여하지 않았다는 견해가 지배적이다. 때로는 그가 개입했지만 역효과를 낸 것으로 보인다. 鄧小平은 여전히 급속한 경제성장에 지대한 관심을 보였으며, 이와 같은 고도 경제성장에 지나칠 정도로 낙관적이었다. 1982년 말 鄧小平은 국가계획위원회(the State Planning Commission)의 한 간부에게 "우리는 시간과 경쟁하고 있으며", 가능하다면 더 많은 프로젝트의 착수를 희망하면서 "만약 프로젝트가 일 년 먼저 착수된다면, 우리는 1년 먼저 그 혜택을 볼 것이다. 우리는 이 모든 과업이 다음 세기로 넘어가서 추진되도록 지연해서는 안 된다"고 역설했다.[39] 이와 같이 경제건설에 박차를 가하기 위해 그는 먼저 과학기술 인력을 총괄하는 독립부서가 종합적인 관리체계를 수립하는 것이 바람직하다고 생각했다. 다시 말해 鄧小平은 당시 중국 내 지식인들을 자유노동시장 기능에 맡기기보다 전문 인력의 중앙집권적 배분을 강조하고 있다.

1983년 초에는 경제발전 속도에 관한 鄧小平의 관심이 보다 두드러지게 나타난다. 1982년의 경제성장은 본래 4%로 예견되었으나, 8%로 나타났다. 과거 지나친 목표설정이 엄청난 경제적 실패를 초래하였음을 상기시키면서도, 지금은 목표를 지나치게 낮게 책정하였기 때문이라고 지적하였다. 같은 맥락에서 鄧小平은 "단지 몇 가지 문제를 해결하는 데 수년이 걸리는 과제에 매달려 있으면 경제발전은 지연될 것"이라고 하면서 지나칠 정도로 조심스러운 실험과 경험에 대한 주장은 현재로서는 논의의 대상이 아닌 것으로 간주하였다. 따라서 그는 기술낙후와 전문 인력부족을 해소하기 위해서 빠른 시일 내에 대학을 50~100%로 증설하도록 충고하고 있다.[40]

Deng Xiaoping and Zhao Ziyang," *Asian Survey*, No.3, March 1986, p.307.

39 Deng Xiaoping, *Build Socialism with Chinese Characteristics* (Beijing: Foreign Languages Press, 1985), pp.6 ~9.

40 Ibid. pp.10~15.

그러나 1982년 말과 1983년 초에 있었던 鄧小平의 논문은 이 기간 중 투자의 과잉팽창에 크게 기여한 것으로 보인다.[41] 그는 분명히 국가계획위원회가 발전 속도에 더욱 박차를 가할 것을 촉구하고 있으나, 당 간부들은 그가 이 문제를 치밀하게 검토하지 않았다는 사실을 알고 있었다. 결국 1983년 중순까지 과잉 투자 문제와 그의 주장으로 야기된 부정적인 결과로 인해서 『鄧小平 선집』은 1983년 초에서 1984년 초까지 경제 문제에 관한 그의 주장을 전혀 언급하지 않고 있다.

나아가서 鄧小平은 지난 수년에 걸쳐 추진해 온 경제개혁이 많은 문제점이 있었으며, 이에 대한 책임을 간접적으로 인정하고 있다.

> 솔직히 말해서 경제관련 부서가 지난날 경제실정에 대한 책임을 질 수는 없다. 4인방과 林彪에 의해서 야기된 국가적 손실을 언급하지 않더라도 ……. 먼저 그 책임은 당 중앙위에 귀속된다. …… 당 지도부는 앞으로 긍정적인 제안을 모색하되 서로를 비난하거나 불평해서는 안 된다.[42]

이와 같이 鄧小平은 그 책임을 한 개인에게 돌리는 것이 아니라 조직에게 돌렸지만, 때로는 그 책임을 솔직하게 자신에게 있음을 인정하였다. 즉 1984년 초에 가서 鄧小平은 자신의 경제에 관한 논문에서 중국의 개방정책에 지대한 관심을 표명하고 계속해서 서방에의 문호개방을 촉구했으나 이 개방정책으로 야기된 소득불균형이 부의 편재현상을 가져오리라는 우려를 부인하고 있다.[43] 그러나 鄧小平은 경제정책을 수립하는 과정에서 자신의 역할과 개방정책에 대한 자신의 한정된 지식을 고백하고 있다. "나는 지금까지 경제 분야에는 문외한이면서 단지 정치적인 관점에서 이 분야에 대해 몇 가지 언급해 왔다. 예를

41 Hsin Chang, "The 1982~3 Overinvestment Crisis in China," *Asian Survey* 24:12, Dec., 1984, pp.1275~1301.

42 Selected Works, p.209.

43 Deng Xiaoping, *Build Socialism with Chinese Characteristics*, op. cit., pp.25~27.

들면, 나는 중국이 외부세계에 대해 문호를 개방할 것을 주장했다. 그러나 그것을 구체적으로 어떻게 수행해야 하는지는 잘 모른다."[44]

그러나 이와 같은 그의 언급은 1959년 루산회의에서 毛澤東이 자신의 경제에 대한 무지를 언급한 내용과 유사하다는 사실을 기억할 필요가 있다. 그 후 鄧小平은 경제 외적인 분야 예를 들면, 범죄소탕과 같은 국내 문제에 관한 지시에서 자신의 위치가 여전히 확고함을 보여주고 있지만,[45] 경제에 관한 한 자신의 견해를 가급적 삼가하고 있음을 보여주고 있다.

한편 이 시기에 와서 鄧小平은 자신의 정치적 운신의 폭을 넓히기 위해 경제 재조정과 개혁을 병행하는 한편 처음으로 계획생산을 보완하기 위한 시장제도를 언급하고, 기업의 자율적인 개선을 꾸준히 추진하도록 권장했다.[46]

나아가서 『鄧小平 선집』 가운데 농업에 관한 것으로는 단 한 편의 논문이 있다. 일반적으로 농업에 관한 그의 견해는 상당히 모순된 입장을 보이고 있다. 즉 "우리의 정책방향은 집단농장을 발전시키는 데 있으며, 책임제도가 시작되는 기초단위로서 생산팀(production team)은 과거와 마찬가지로 농촌경제의 중심이 된다"고 주장하면서, 기존의 농업시스템 안에서 농업의 전문화와 상품생산 및 교환을 강조하고 있다.[47]

경제에 관한 그의 견해를 요약하면, 鄧小平은 중국경제를 발전시키기 위한 3가지 중요한 정책노선인 공업화, 제도개혁, 고도 경제성장을 지지했다. 이를 위해 그는 차관, 기술도입, 경제촉구, 합자투자 등을 통해서 중국을 국제경제 무대에 개방하고, 아울러 권력의 지방분권, 임금 및 보너스 제도의 도입을 주장했다. 그는 陳雲보다 재정의 불균형을 불가피한 결과로 수용하고 있으며, 陳雲과 趙紫陽보다 경제발전의 가속화를 더욱 강조하고 있는 것으로 보인다. 그러나 그의 논문은 시장제도와 소유권의 다원화에 대해서는 다소 소극적인 입장을

44 Ibid., p.49.
45 Ibid., pp.54~56.
46 Ibid., pp.203~237.
47 Ibid., pp.274~277.

보여 주며 객관적인 경제법칙의 준수 역시 그의 견해에서는 큰 비중을 차지하고 있지 않다. 한 가지 특이한 것은 鄧小平의 경우 중국의 경제건설 과정에서 중국공산당이 수행하는 역할을 특별히 강조하고 있다는 것이다. 鄧小平은 확실히 당이 4개 현대화를 전적으로 책임지고 추진해 나가기를 바라고 있다. 그러나 중국경제를 변화시키고 중추기구로서 당이 책임을 다하기 위해서는 그 자체가 변화되어야 함에도 불구하고 1950년대와 마찬가지로 체질개선에 관해서는 보수적인 입장을 취하고 있다.[48]

4. 정치개혁

조직인(organizationist)으로서 鄧小平의 정치개혁은 소극적이며, 제한적이고, 타협적인 성격을 띠고 있다. 즉 경제현대화를 위해서 국방예산을 대폭 삭감하고 이에 따라 군조직과 인력의 축소를 단행하는 한편 경제개혁과 관련된 당과 정부의 조직개선을 강조하고 있지만, 정치구조의 근간이 되는 일당독제 체제를 그대로 유지하고 당·정 분리에 대해서는 소극적인 자세를 보이며, 과거와 다름없이 군에 대한 당의 통제력을 강조하고 있다. 이와 같이 제한된 정치개혁을 설명할 수 있는 배경으로서 현재의 중국 지도층을 구성하고 있는 원로세력, 진보성향의 개혁세력, 보수적인 개혁세력들은 당, 정, 군에 대한 다양한 이해관계를 가지고 있어 대규모 정치개혁을 단행할 경우, 이들 세력 간의 마찰이 심화될 것이며, 이는 경제현대화에 무엇보다 긴요한 정치적 안정기반과 지도부의 단결을 저해할 우려가 있다는 사실을 지적할 수 있다.[49]

1977년 인민해방군 총참모장이며 당 군사위 부주석으로 복권한 鄧小平은 인민해방군 내부에 존재하는 여러 가지 문제점을 파악하는 한편 군부 내 4인방

48 Harry Harding, *Organizing China* (Stanford University Press, 1981), p.343.

49 Michael NG-Quinn, "Deng Xiaoping's Political Reform and Political Order" *Asian Survey*, 22: 12, Dec. 1982, pp.1187~1202.

과 林彪의 잔존세력을 제거하고 새로운 군 지도부의 단결을 도모하기 위한 여러 가지 결정을 1977년과 1978년까지 시행했다. 나아가서 각 군구사령관과 간부들의 인사이동을 단행하고 대학에 주둔하고 있던 군대의 철수를 명령했다. 아울러 그는 군 간부들이 특권의식을 갖지 않도록 촉구하는 한편 군의 기강확립을 강조하고, 군에 대한 정치부의 권한을 강화하며, 각급 군조직과 인원을 대폭 감축하고, 명령계통의 일원화를 추진했다.[50]

이와 같은 노력은 군 현대화 프로그램과 병행해서 추진되었다. 그는 지난날 毛澤東의 인민전(the people's war)에 대한 개념을 포기하지 않는 범위 안에서 10년 내지 20년 내에 인민해방군의 무기와 장비를 현대화할 필요성을 강조했다. 그는 군사학교를 확충함으로써 중대와 소대에 이르기까지 모든 장교와 간부를 교육 또는 재교육시키는 프로그램을 제안하고 이를 통해 이들이 다양한 군 조직 상호간의 연계작전과 현대전에 필요한 지식을 숙지할 수 있도록 추진했다. 결국 병력과 간부들의 감축에서 오는 경비 절감으로 이들 군사학교를 설립하여 새로운 전략과 전술을 보다 널리 보급하고자 하는 그의 의도에서 군사분야에서 정책의 우선순위를 짐작할 수 있다. 아울러 그는 퇴역제도와 함께 소대, 중대 등 하급부대 간부들의 인선 및 승진의 제도화를 강력히 희망했다.[51]

이와 같은 그의 군 개혁에 대한 견해는 국방예산의 삭감, 과거 특권적 지위를 누려온 군부의 기득권 박탈 등 전반적으로 인민해방군의 이해관계와 상반되는 면을 보이고 있다. 따라서 인민해방군의 권위가 華國鋒을 대신해서 鄧小平이 군사위 주석이 됨으로써 크게 회복되었고, 인사적체해소, 군 현대화 등 개혁의 일부가 성공적으로 추진되었음에도 불구하고, 인민해방군 내 그의 인기가 높지 않은 이유를 설명해 준다.[52]

다음으로 권력구조와 관련된 개혁에서, 그의 기본적인 입장은 당이 모든 권

---

50 *Selected Works*, pp.56, 66, 70~3, 119~120, 248~251.

51 Ibid. p.2, 115~116, 251~253.

52 Richard D. Nethercut, "Deng and the Gun: Party-Military Relations in the People's Republic of China", *Asian Survey*, 22: 8, Aug. 1982, pp.691~802.

력의 중추적인 조직이며, 정부는 그 집행기구라는 기존의 테두리 속에서 지도부의 인사와 조직의 결함을 개선하려는 것이었다. 그에 의하면 4대 기본원칙을 준수하기 위해서 공산당의 일당지도체제를 수립하여야 하며, 일당지도체제를 확립하기 위해서는 지도체제의 병적 요소 즉 '관료주의', '지나친 권력의 집중', '가부장적인 체제', '지도층 인사의 종신 임기제', '각종 특권' 등을 개선하는 것이 필요하다고 판단했다.[53]

鄧小平에 의하면 관료주의는 중국의 오랜 전통에서 유래하는 것이지만 그 나머지 병폐는 중국 사회주의 체제의 단점에서 발생하는 것이다. 즉 사회주의 체제와 계획통제 구조의 병폐는 1) 정치, 경제, 사회, 문화 전반에 걸쳐 당의 고도화된 중앙집권에 기인하고 있으며,[54] 2) 각 기관을 맡고 있는 간부들의 책임소재를 밝히는 명확한 관련법규 및 시행세칙의 부재와, 3) 임용, 상벌, 퇴직, 사직 및 해고에 관한 인사관리 규칙의 미비로부터 파생한 것으로 지적한다.

鄧小平에 의하면, 권력의 집중은 당의 단일지도체제를 지나치게 강조할 때 모든 권력이 부적절하게 당 중앙위에 집중되고, 당의 중앙위 권력은 결국 소수의 서기 특히 총서기의 수중에 집중되며, 그 결과 총서기가 모든 일을 주도하고 결정함으로써 일어난다고 주장한다. 그러므로 당의 단일지도체제야말로 궁극적으로 한 개인의 독재가 되며, 이와 같은 현상을 중국의 봉건적인 전제정치와 중국 공산당 자체의 역사 속에서 그 원인을 찾고자 했다.[55]

鄧小平이 당의 단일지도체제를 비판하고, 권력이 당 중앙위에 과도하게 집중되는 것을 비판했다는 사실은 단순히 당내 권력구조를 논의하고 있는 것이 아니라 실제로 모든 분야에 대한 당의 지나친 통제나 간섭을 비판하고 있음을 의미하고 있다. 한편으로 그는 과거 여러 차례 당의 권한을 중앙과 지방에 분산시키고자 시도하기는 했으나 당, 정부, 여타 조직 사이의 권한을 어떻게 구분지어 분산할 것인지에 대해서는 지금까지 문제를 제기한 적이 없다.[56] 특히 그는

53 *Selected Works*, pp.230~232, 287.
54 Ibid., pp.287~293.
55 Ibid., pp.288~289.

당·정 분리와 관련해 지금까지 당이 주도적 역할을 담당하는 문제에 특별한 이의를 제기하지 않고 있다. 분명히 그는 이와 같은 권력의 과도한 집중은 사회주의 목적을 달성하는 데 장애요인이 되고 있음에도 불구하고, 이것에 관련된 개혁을 구체적으로 추진하지 않음으로써 그의 한계를 드러내고 있다.

가부장적인 통치 스타일에 대한 鄧小平의 비판 또한 개인이 조직위에 군림하고, 조직을 자신의 목적 달성의 수단으로 이용하며, 집단지도체제를 개인숭배로 대체하여 타인을 자신에게 복종시키며, 당헌과 법을 위반하는 업무를 수행하도록 명령을 내리는 자세 등에 집중된다. 이와 같이 전 근대적이며 권위적인 통치형태는 종신임기제로부터 연유한다고 보고 정부가 추진해야 할 가장 구체적인 계획이 바로 종신임기제의 폐지라고 주장한다.[57]

끝으로, 그는 현재 당, 정부, 군의 간부가 누리고 있는 각종 특권으로, 법과 제도에 의해 인정되어 있지 않은 각종 정치적 경제적 특혜를 지적하고 이와 같은 특권이 바로 봉건잔재의 유산이며, 민주적인 전통과 법제도의 결여에서 오는 것으로 보았다. 아울러 그는 법과 제도 앞에서 모든 인민이 평등하며 당원도 당헌과 당 규율 앞에서는 평등하다는 원칙을 거듭 밝히고 있다. 그는 단순히 간부들의 사고 변화와 근무태도 변화만으로는 이 문제를 해결할 수 없다고 생각하고, 이를 위해서 당과 정부의 제도를 효과적으로 완비하고 개혁하는 것이 중요하다고 주장한다. 그러므로 제도화에 대한 그의 주장은 중국 공산당이 지난 30여 년을 통치하면서 경험한 교훈에서 유래한다. 즉 鄧小平은 지난날의 실패가 일개인에게 전혀 책임이 없는 것은 아니지만 그보다도 인사와 조직의 제도화가 이루어지지 않은 데서 보다 근원적인 원인을 찾을 수 있다고 지적한다.[58]

鄧小平의 중앙당 구조개혁은 고문 위원회의 신설과 서기처의 복구를 포함하고 있으나 당 주석직을 부활하는 문제에 관해서는 언급하지 않고 있으며, 집단

56 Ibid., p.289.

57 개인숭배를 비판하고 집단지도체제에 대한 鄧小平의 선호도에 관해서는 Hsian Wang, *About Teng Hsia-ping* (Taipei: World Anti-Communist League, 1978) 참조.

58 *Selected Works*, pp.292~296.

지도체제와 각급 당위원회 수뇌들의 책임을 제도화하고자 하는 그의 제안은 1982년 당헌 제10조에 명시되었다. 그러나 종신임기제를 폐지하려는 그의 주장은 당 중앙위 구성원과 당 고위간부들의 이해관계로 인해서 완전히 실현되지는 않았으며, 단지 정부의 지도급 인사의 임기를 제한하는 내용만이 채택되었다. 한편 당·정 분리에 대한 그의 제안은 1982년 헌법 제62조와 제93조에서 "당은 당헌과 국법이 허용하는 범위 내에서 활동해야 한다"[59]고 상징적으로 표현되었을 뿐 구체적인 내용은 없었다.

한편으로 1980년 12월 鄧小平은 사회주의국가 내의 민주주의와 법률제도 사이에 불가분의 원칙을 강조하면서 조속히 민주적인 법제도의 완성을 주장한 胡耀邦의 당 12기 전국대표대회 연설을 승인했다. 1980년 8월에 이미 鄧小平은 각급 당대회의 제도적인 개선과 인민의 기본권을 확립하기 위한 법 개정을 지지했다. 이와 같은 태도는 그 뒤 관련 법규를 개정하는 데 중요한 지렛대 역할을 했음이 틀림없다. 그러나 다른 한편에서 鄧小平은 언론, 출판, 집회, 결사의 자유를 제한하고, 대자보 철폐를 주장하는가 하면, 법에 의거해서 불법 출판물과 불법조직을 금지시켰으며, 여기에서 그가 정치적 안정과 사회질서에 보다 큰 가치를 두고 있음을 지적할 수 있다.[60]

5. 과학·기술·교육혁신과 문학·예술관의 이중성

鄧小平은 복권 후, 자진해서 교육과 과학 분야의 책임을 맡아 지난날 4인방의 이념적인 기준과 정책을 완전히 폐지하는 한편 근본적인 변화를 시도했다. 그에 의하면 이 분야의 개혁은 어떤 의미에서 농업의 현대화보다 더 중요한 의미를 지니고 있다. 그 이유로서 교육과 과학 분야의 정책변화는 그 성과를 내는 데

---

59 *Beijing Review*, 1983.9.10, p.10.
60 Ibid., 1982.9.13, p.27; *Selected Works*, pp.159~162, 218, 299.

상당한 시일이 걸릴 뿐만 아니라, 정책수행에도 여러 가지 어려움이 따르기 때문이다. 1977년 8월 8일 鄧小平은 극좌세력이 문혁에 앞서 17년 동안 교육 분야를 지배해온 다수 지식인들을 근본적으로 부르주아적 세계관을 가진 부르주아적 지식인과 동일시하는 주장을 단호히 비판했다. 이와 같은 극좌세력의 견해는 1971년의 문헌에서 찾을 수 있으며 毛澤東의 승인을 받은 것이라고 鄧小平은 주장하고, 이는 당시 현실에 맞지 않는 이념적인 오류를 범하고 있다고 비난했다. 즉 극좌세력들의 주장은 이데올로기를 지나치게 강조함으로써 실제로 대다수 지식인들이 노동계급의 한 부분이며 육체노동과 정신노동의 분화는 단순히 노동의 분화에 지나지 않는다는 사실을 무시했다고 비난했다. 鄧小平에 의하면 專과 紅(red and expert)에 관한 문제에 있어서 과학 분야에서 사회주의의 목적을 달성하기 위해서 연구에 몰두하는 것이야말로 전문인으로서 해야 할 태도이며, 이는 어떤 면에서 투철한 이데올로기의 표현으로 간주될 수 있다는 견해를 피력했다.[61]

그러므로 鄧小平은 중앙당의 지도 아래 연구소장에게 보다 많은 책임을 부여하는 제도를 거듭 강조하면서, 당이 이들 연구소를 평가하는 기준은 좋은 연구결과와 연구원들의 자질향상에 있다고 주장했다. 즉 당은 과학과 기술 문제에 있어서 관련 연구소의 소장이나 간부 연구원에게 보다 많은 연구의 자유를 주어야 하며, 이들이 의무, 권한 및 책임을 다할 수 있도록 지원해야 한다는 것이다. 그에게 있어 과학과 기술은 4개 현대화를 달성하는 데 가장 중요한 분야로서, 이 과학과 기술이야말로 생산력이며, 교육은 이 과학적 연구를 수행하는 데 필요한 우수한 인력을 공급하는 기관이다.

그 후 鄧小平은 강력히 자신의 주장을 구체화하였다. 즉 문교부는 구태의연한 사고방식으로부터 탈피하여 과거의 잘못된 정책을 시정하는 한편 변화의 장애요인을 과감하게 제거할 것을 요구했다. 鄧小平은 교육과 과학 정책을 전면 수정하고 건전한 상식에 기초를 둔 새로운 정책을 채택함으로써, 지식인들

---

61 *Selected Works*, pp.55~63.

특히 과학 및 기술 분야의 전문 인력들을 강력한 정치적 지지기반의 한 부분으로 만드는 데 성공했다.[62]

앞서 언급한 대로 과학과 교육 개혁에 대한 그의 견해는 대단히 진보적인데 비해 문학과 이념분야에서의 당시 중국 공산당의 정책은 동 선집에 나타난 대로 일관성을 상실하고 있다. 예를 들면 1979년 10월 11일 열린 작가와 예술인들의 제4차 전체회의 전후 약 2년 동안 이 분야는 상당 수준의 자유화를 누렸다. 鄧小平도 동 회의에서 연설하기를 "문학과 예술 활동에 있어서, 당은 수시로 당면하고 있는 구체적인 정치적 과제에 이를 종속시켜서는 안 된다. 대신에 문학과 예술의 특징과 그들의 세계를 지배하는 법칙을 고려해서 작가와 예술가들이 문학과 예술에서 꾸준한 업적을 쌓는 데 필요한 환경여건을 만드는 것을 도와주어야 한다"는 것이다.[63]

1980년 1월에 가서도 그는 당이 결코 예술과 문학성을 정치에 종속시켜서는 안 된다고 거듭 천명했다. 이는 분명히 옌안회의에서 毛澤東이 주장한 문학과 예술에 관한 견해와 그 후 이 분야에 적용한 당의 기준과도 정면으로 배치된다.

그러나 1980년 12월에는 정치적 환경이 급변하기 시작했고 鄧小平은 4대 기본원칙을 반대하는 세력은 '부르주아 자유화'의 오류를 범하고 있으며, 이들과 투쟁할 필요성을 역설했다.[64] 앞에서 지적한대로 불법단체의 활동과 불법잡지의 출판을 금지하는 법규의 제정을 추진했으며, 1981년 3월 27일 당 간부회의에서 鄧小平의 8가지 지시사항 가운데 마지막 항목이 바로 이 문제를 지적한 것이다. "영화각본 '실연'은 마땅히 비난받아야 한다. 이것은 4대 원칙을 준수하지 못했다. 그러나 이를 비판하기에 앞서 사실을 검토하고, 이유를 분명히 밝혀야 한다. 결코 일방적인 해석이 되어서는 안 된다."[65]

鄧小平은 인민해방군 총정치부를 통해서 '짝사랑(Unrequited Love)'을 비판하

---

62 Ibid., pp.47, 65, 68.
63 Ibid., p.185.
64 Ibid., p.220; pp.323~324.
65 Ibid., p.337.

도록 유도했을 가능성이 크다. 물론 1981년 7월 17일 당 중앙위 내 선전을 담당하고 있는 고위 간부들과의 회의에서 鄧小平이 위와 같은 비판을 주도했다는 태도를 분명히 하지 않음으로써 이 비판이 자신의 본래 의도와 다른 것임을 간접적으로 나타냈다. 그럼으로써 그 책임을 총정치부 주임인 魏國慶(Wei Guoqing)에게 전가하는 동시에 그를 작가와 예술가들의 비난의 대상이 되도록 희생양으로 만들었다. 이와 같은 鄧小平의 행동은 어디까지나 공작적인 차원이지, 그의 기본적인 입장은 분명히 그 영화 시사회에서 밝힌 대로 "어디에 당에 대한 저자의 정신이 있느냐?"고 질문하면서 이 작품은 마땅히 비판을 받아야 한다고 생각했다. 그는 『해방군보(Liberation Army Daily)』가 이 작품을 비판한 내용과 방법을 만족스럽게 생각하지는 않았지만 이 작품을 비판한 이 신문의 결정을 묵인하면서 향후 불법 조직과 잡지에 대한 강력한 단속을 예고했다.[66] 결과적으로 이 사건은 鄧小平의 지시에 따라 처리되었으며, 저자인 白樺가 자기비판을 함으로써 종결되었다.

6. 결론

지금까지 분석한 鄧小平의 정치사상의 이론적 틀과 실질적인 정책의 성격과 한계를 통해서 우리는 그가 지난 날 고정관념인 마르크시즘·레닌주의·毛澤東 사상을 재해석함으로써 그의 사상적 기초인 '實事求是' 개념을 정립하고, 이를 통해 사상통일과 정치, 경제, 교육, 과학개혁의 정당성을 부여하는 동시에 정책수립의 기초로 삼았다는 것을 알 수 있다.

한편, 경제영역에서 그는 제한된 경제적 지식에서 오는 오류를 범하면서도 경제발전에 대한 일관성 있는 입장을 견지하는 한편 원로세력인 陳雲의 조정안을 수용하면서도 진보성향의 개혁세력인 胡耀邦과 趙紫陽의 고도경제성장정

66 Ibid., pp.367~71.

책을 강력히 지지하여 왔다.

鄧小平은 또한 중국의 핵심권력구조인 당・정・군의 개혁의 방향과 한계를 설정하는 데 결정적인 역할을 했다. 그는 지난날 林彪와 4인방을 추종하던 세력들을 제거하는 한편 이들에 의해서 숙청당한 간부들의 복권을 주도했다. 그의 많은 정책대안들은 비교적 효율적으로 실천에 옮겨졌으며, 그 성과도 있는 것으로 보인다. 그러나 경제개혁에 있어서 필요불가결한 제도적 개혁을 제외하고는 정치적 안정과 지도층의 단결을 유지하고 정신문명 건설을 위한 4대 기본원칙을 강조하고, 가능한 한 각 조직과 간부들의 이해관계가 첨예하게 대립되는 문제에 관해서는 타협과 합의점을 도출하고자 노력했다.

아울러 그는 교육과 과학정책에서 과학자와 기술 인력에 대한 사회적 인식의 변화를 촉구하고 이 분야의 획기적인 개혁을 단행했으나 문학과 예술분야에서 보여준 그의 보수성은 개혁의 한계를 드러내고 있다.

이와 같이 이론과 실제에서 實事求是적 발전, 개혁과 개방, 안정과 타협, 한계와 이중성을 보이고 있는 그의 사상적 특징은[67] 鄧小平 자신이 치밀한 이론가가 아니라 실천가인 동시에 사회주의 혁명가이며, 테크노크라트가 아니라 정치인이라는 사실을 보여준다. 또한 이는 발전을 위해서 '난(亂)'을 피하고 안정과 단결을 유지하려는 중국적 정치문화와 깊은 연관을 가진 것으로 보인다.

한편 아편전쟁 이후 150년이 지난 현재 중국은 가장 안정된 국제환경을 맞고 있으며, 이와 같은 안정된 국제환경이야말로 중국이 사회주의 현대화를 달성할 수 있는 절호의 기회로 여기고 있다. 만약 국내에서 이 기회를 상실하고 정치적 불안 내지 혼란이 야기된다면 국가적 목표를 이룩할 수 없을 뿐만 아니라, 국제정치에도 부정적인 파급효과를 미칠 것이기 때문에 오직 개혁과 개방을 통한 발전만이 다가오는 21세기의 국제무대에서 중국의 역할을 근본적으로 제고시킬 것으로 내다보고 있다. 그러나 국내의 정치적 안정과 단결 없이는 이 개혁과

---

67 특히 鄧小平의 사상 가운데 이중성에 관해서 Ching Hua Lee, *Deng Xiaoping: the Marxist Road to the Forbidden City* (Princeton, N.J.: the Kingston Press, Inc., 1985) 참조.

개방의 성과를 얻을 수 없기에 그는 이념적으로 實事求是와 4대 기본원칙의 조화를 도모하는 한편, 정치적 타협과 제한된 개혁을 추진하고 있다.

향후 鄧小平이 살아있는 한 중단기적 차원에서 이와 같은 국가 기본전략은 지속될 전망이다. 즉 중국은 實事求是를 통해서 새로운 정치·경제·사회적 현실을 분석하여 새로운 정책대안을 마련하고 급변하는 국제질서에 적응함으로써 안정된 국제환경을 추구할 것으로 보인다. 나아가서 이념적, 정치적 혼란을 피하기 위해서 마르크시즘·레닌주의·毛澤東 사상과 實事求是의 융합을 도모할 것이다. 그러나 지난 10여 년간 추진해 온 경제개혁이 향후 괄목할 만한 성과를 거두지 못하고, 최근 천안문 사태에서 본 바와 같이 지도층 간의 노선투쟁과 정치적 불안이 계속되며, 소련의 소수민족의 연방 탈퇴 움직임과 민족분규, 동구의 자유화운동이 국내에 부정적인 파급효과를 미칠 경우 중국은 새로운 대안을 모색할 가능성이 크다.

결론적으로 중국의 정치발전 과정에서 鄧小平의 공헌은 과거 지도자들이 누렸던 특권, 권력남용, 인맥관계에 관한 요소들을 최소화하고, 지도자 개인을 중심으로 이루어지는 인치보다 법과 제도의 확립을 강조했으며, 이를 통해 경제발전에 필수적인 정치적 안정과 지도층의 단결을 성공적으로 유지한 데서 찾을 수 있다. 나아가 實事求是를 통해 마르크시즘·레닌주의·毛澤東 사상이 지니는 보편적인 원리와 현재 중국이 직면하고 있는 현실을 조화시켜 개혁과 개방으로 유도하는 한편 중국식 사회주의의 현대화를 달성할 수 있는 이념적 근거를 제시했다는 점에서 鄧小平의 정치사상은 새로운 조명을 받을 것으로 보인다.

제2부

정치와 군

2

脫중앙집권화와 反분권화의 갈등구조*

1. 서론

중국 공산당 제11기 3中全會(1978.12)에서 鄧小平은 현대화를 국가중심과제로 설정하고, 이를 달성하기 위해서 지금까지 경제발전을 제약해 온 환경의 근본적인 개혁을 추진하였다. 여기에서 鄧小平과 진보성향의 개혁세력은 중앙정부의 기능을 축소하고 지방정부의 기능을 강화함으로써 지방정부의 역할과 구조에 변화를 시도하였다. 그 결과 연해안에 위치하고 있는 지방정부의 경우 중앙정부가 국가정책을 이들 지역에 실시하는 데 어려움을 겪을 정도로 그 통제력이 약화된 것이 사실이다.[1]

그러나 이와 같은 지방 분권화 과정에서 중국 공산당 지도부는 단일노선을 유지해 왔다기보다 지속적인 노선갈등을 노정하였으며, 이 脫중앙집권화와 反분권화의 갈등은 변증법적 발전과정을 거쳐 오늘에 이른 것이다.[2] 그러므로

* 「덩샤오핑 시대의 탈중앙집권화와 반분권화 갈등구조 : 중앙정부와 지방정부 관계」, 『중소연구』, 제18권 제3호, 1994.9.1, 119~138면.

1 *Far East Economic Review(FEER)*, Vol.151, No.16(April 18, 1991), p.13.

이 장에서는 鄧小平 시대의 분권화(decentralization)와 反분권화 갈등구조를 노선투쟁(two-line struggle)이라는 접근방법에 따라 분석하고자 한다. 먼저 분권화의 개념이 지나치게 포괄적이고 모호하므로, 이 장에서는 이 개념을 중앙정부와 지방정부 사이의 권한배분, 즉 중앙집권화와 지방 분권화 가운데 경제관련 제도적 차원으로 한정한다.[3]

2. 경제관련 분권화의 전개과정과 노선투쟁

鄧小平은 중국의 발전을 저해하는 중요한 장애요인 가운데 하나를 정치구조가 경제개혁의 필요성을 충족시키지 못하는 데 있다고 지적하고 있다.[4] 따라서 정치구조를 개선하지 않고서는 경제개혁의 결과를 보장하는 것이 불가능하며, 지속적인 경제발전을 보장할 수도 없다는 것이다. 이에 따라 鄧小平을 중심으로 한 胡耀邦, 趙紫陽, 江澤民 등 진보성향의 개혁세력들은 광범위한 시장경제 원리에 따라 급속하게 생산력을 확대하고자 지난날 지방정부에 대한 중앙정부의 불합리한 지배와 계획경제의 경직성을 배제하고 광범한 경제관련 지방 분권화를 추진하고자 했다.[5] 그러나 陳雲 등 원로세력과 보수성향의 개혁세력들은

2 이와 같은 현상은 毛澤東 시대에도 중국 공산당 지도부가 1950년대 초까지는 비교적 높은 응집력을 유지하여 왔으나 그 후 이들은 정책결정 과정에서 계속해서 갈등을 빚어왔다. 그 결과 反분권화에 이어 1957년, 64년, 67~70년에 脫중앙집권화가 있었다.

3 Bendict Stavis, *China's Political Reforms : An Interim Report* (N.Y. : Praeger, 1987), p.3; Gordon White, "Basic-Level Local Government and Economic Reform in Urban China," in Gordon White, ed., *The Chinese State in the Era of Economic Reform* (Armonk, N.Y. : M. E. Sharpe, Inc., 1991), pp.215~7. 일반적으로 공산권에서는 3가지 형태의 분권화가 있다: 1) 중앙의 권력을 지방으로 분산하는 제도적 차원의 분권; 2) 일당독재체제로부터 당·정 분리로 나아가는 권력 분립 차원의 분권; 3) 경제기획, 조정, 경영권이 정부로부터 기업으로 이양되는 경제적 차원의 분권이 있다. 이 3가지 분권 가운데 이 책에서는 경제관련 제도적 차원의 분권을 연구대상으로 하고 있다.

4 Ibid., p.17.

5 James M. Ethridge, *China's Unfinished Revolution* (San Francisco, CA : China Books and Periodicals, Inc., 1990), p.100.

중앙정부의 거시적인 계획경제의 중요성을 거듭 강조하고 급속한 지방 분권화의 과정에 제동을 걸어 왔다.[6] 여기에서 경제관련 제도적 분권화의 전개과정을 노선투쟁에 따라 살펴보면 다음과 같다.

먼저 鄧小平 시대의 중앙집권화와 反분권화의 갈등은 경제정책의 결과에 따라 지금까지 4번의 변증법적 발전과정을 거쳤으며, 그 과정에서 점진적으로 중앙의 권한이 지방으로 이양되어 가는 경향을 찾아볼 수 있다.

첫째는 1978~82년으로서, 鄧小平은 1978년 제11기 3中全會에서 원로세력의 동의를 얻어 현대화를 시작했으며, 농업에 최우선순위를 부여하고, 인민공사 제도를 폐지하는 한편 책임생산제를 통해서 농가소득과 생산력을 증대시키고자 했다. 이를 위해 중앙집권적 계획경제를 대폭 완화하는 한편 종래의 자력갱생주의를 포기하고 외국자본과 기술의 대규모 도입을 모색하였다.

그러나 농촌경제의 급속한 성장은 1981년부터 농민의 소비재에 대한 급격한 수요증대를 가져왔으며, 이는 과도한 대규모 건설, 수입프로젝트와 함께 경기과열현상을 일으켰다. 급기야는 陳雲을 중심으로 한 원로세력들의 비판으로 鄧小平의 개혁정책은 중앙정부가 중심이 된 2년간의 조정국면을 맞게 되었다.

둘째는 1983~86년으로서, 1982년 9월 제12차 당대회에서 華國鋒이 실각하고, 그 후임으로 胡耀邦이 등장하면서 시작되었다. 鄧小平은 趙紫陽, 胡耀邦 등 진보성향의 개혁세력을 중심으로 사회주의 시장경제를 당 노선으로 채택하는 한편 기존 공유제 소유 제도를 개편하고 주식제도, 기업의 자율성, 연해안지구의 대외개방을 확대하였다. 나아가서 가격과 조세제도 개혁, 국영기업에 대한 정부규제 완화, 도시인에 대한 정부보조금 삭감을 추진함으로써 농촌에서 책임생산제를 통해서 이룩한 성과를 도시에서도 이룩하고자 했다.

그러나 1985년에 이르러 일부 기업의 과열성장으로 인한 경제구조의 심각한

6 개혁정책을 둘러싸고 개혁세력 내부의 노선투쟁을 필자는 그 성격에 따라 진보성향의 원로와 개혁세력과 보수성향의 원로와 개혁세력으로 구분하고, 주로 2개의 의견군(opinion group)으로 나누어 노선투쟁의 내용을 살펴보고 있다. 여기에서는 중국 정치의 독특한 면인 원로세력의 역할이 중요하다.

불균형과 인플레이션, 나아가서 무역수지의 역조가 초래되어 개혁정책에 의문이 제기되었다. 여기에서 陳雲 등 보수성향의 원로들은 중앙의 계획부족과 시장경제 구조에 대한 지나친 의존을 비판했다. 1986년에 가서 陳雲이 鄧小平의 개혁정책의 부작용으로 나타난 경제 불안정을 다시 경고하면서부터 중앙정부가 거시적인 조정정책을 추진하기에 이르렀다. 더욱이 학생들의 데모로 인한 정치적 불안이 가중되자 보수성향의 원로세력들은 1987년 1월 胡耀邦을 당 총서기 직에서 퇴진시키고 '治理整頓'을 더욱 가시화 했다.

셋째는 1987년~91년으로서 胡耀邦의 후임으로 진보성향의 개혁세력인 趙紫陽이 들어서면서 시작되었다. 그는 경제성장을 이룩하는 과정에서 지역과 인민 간의 소득불균형과 인플레이션을 불가피한 현상으로 보고, 지속적인 경제성장만이 이 문제를 해결할 수 있으며, 이를 위해서 소유권의 다원화와 기업경영의 자율권을 더욱 확대하는 한편 보다 합리적인 중앙정부와 지방정부 간의 권한배분을 요구하였다. 특히 연해안 개발전략을 수립하여 연해안에 경제특구를 확대하고 수출주도형 경제발전을 통하여 총체적인 경제성장을 도모하는 한편 자신의 발전 전략을 사회주의 초급단계론이라는[7] 이론으로 정당화시키고, 시장기능과 계획경제 가운데 시장기능을 강화하였다.

그러나 1988년 1월부터 이 개혁조치는 더 이상 추진될 수 없을 정도로 인플레이션이 악화되었다. 여기에서 1988년 3월에 열린 全人大에서 보수적인 개혁세력과 원로세력들은 인플레이션, 실업 문제, 경제구조의 불균형, 경기과열, 부정부패 등을 지적하며 개혁정책을 비판함으로써 경제는 다시 한 번 조정국면을 맞게 되었다. 그 후 가격통제가 강화되고 중앙정부의 거시적인 계획경제의 중요성이 강조되기 시작했다. 뿐만 아니라 진보성향의 개혁세력들은 그 해 6월의 천안문 사태로 심각한 정치적 위기를 맞았으며, 마침내 趙紫陽의 실각을 가져왔다.

결국 1989년 11월에 개최된 당 13기 5中全會는 중앙정부의 주도하에 1)

---

7 *People's Daily*, 1987.11.5, p.4.

인플레이션의 통제와 소비자물가 상승률의 연 10% 미만 유지, 2) 통화증가 억제와 예산적자 감소, 3) 연평균 5~6%로 경제성장률의 축소를 결정했다. 그러나 중국의 경제는 그 후 실질적인 생산 감소와 경기침체를 가져왔으며, 1988년에는 1978년 이후 가장 낮은 경제성장률인 3.6%를 기록했다.

넷째는 1992년부터 鄧小平의 사망 때까지로서, 1992년 초 鄧小平이 深圳과 珠海경제특구를 방문하면서 행한 일련의 담화, 소위 南巡講話를 계기로 또 한 번의 개혁드라이브가 시작되었으며, 1992년의 경우 12.8%의 고도 경제성장률을 기록했다.[8] 그러나 다시 통화팽창, 인플레이션, 경기과열로 인해 李鵬 등 보수적인 개혁세력의 불만이 고조되었으며, 그 결과 1993년 7월부터 잇따라 조정정책을 발표하기에 이르렀다. 중앙정부는 인플레이션을 잡기 위해 우선 14%가 넘는 경제성장률을 10%선까지 끌어내리기로 하고, 각종 대형사업의 투자 재검토를 강구하는 한편 가까운 시일 내에 기업 및 개인 소득세, 유통세, 지방세 등 4개 부문에서 광범위한 세제개선을 단행하여 중앙정부의 재정수입을 확보하는 동시에 중앙의 통제력을 강화하는 조치를 발표했다.[9]

요약하면 중국은 1978년부터 덩의 사망 때까지 개혁과 개방정책을 통해서 실질적인 생산성 향상을 이룩했음에도 불구하고 심각한 통화팽창, 가격개혁으로 인한 부작용, 경제구조의 불균형, 만성적인 재정적자 등으로 4번에 걸쳐 경제조정을 경험했다. 이 과정에서 권력구조는 지방 분권화－중앙집권화－지방분권화라는 변증법적 변화를 되풀이했다. 그러나 개혁과 지방 분권화가 변증법의 중심축이 되면서 경제 분야에서는 지방정부로 권한이 상당 수준 이양되면서 중앙정부의 거시적인 통제능력이 현저하게 약화되었다.[10]

다음에서 중앙정부와 지방정부 간의 권한배분을 둘러싼 이와 같은 변증법적 전개과정의 원인이 시장경제와 계획경제, 이에 부수되는 구체적인 경제정책을 둘러싸고 보수성향의 원로세력・보수성향의 개혁세력과 鄧小平・진보성향의

8 *World Press Review*, Vol.38, No.3(March, 1991), p.27.
9 『조선일보』, 1993.7.6; 1993.7.7.
10 Gordon White, op. cit., p.215.

개혁세력 간의 노선마찰에서 비롯되었음을 알 수 있다.

계획경제와 시장경제를 둘러싸고 어느 부분을 主로 하고, 어느 부분을 從으로 할 것인가에 대한 논쟁에서 陳雲은 "새는 너무 손으로 꼭 잡게 되면 죽게 되고, 너무 느슨하게 풀어 놓으면 새장에서 날아간다"고 주장하면서[11] 시장기능이 지나치면 계획경제의 틀이 흔들려 통제력을 상실하게 되며, 계획경제를 지나치게 강조하면 생산성과 경제 활성화의 문제가 발생하므로, 공유제를 기초로 한 계획경제를 主로 하고 시장기능을 從으로 할 것을 주장했다. 이에 따라 보수적인 개혁세력은 시장기능에 맡겨도 될 만한 '작은 생필품'을 제외하고 나머지는 계획경제 속에 포함시키되 중요 기간사업은 지령성 계획 속에서 통제되어야 한다는 것이다.[12] 나아가서 중앙정부와 지방정부 간의 권한배분에 있어서도 인플레이션, 재정적자, 실업률 증대, 정치 불만, 경기과열을 막고 지속적이며 안정된 경제발전을 위해서 중앙정부의 거시적인 규제와 통제가 필요하며, 상대적으로 지방정부의 권한은 가급적 축소되어야 한다는 것이다.

이들 보수성향의 원로나 보수성향의 개혁세력들은 이와 같은 거시경제에 입각한 중앙정부의 계획과 통제기능을 1) 적정 수준의 경제성장 속도 유지, 2) 경제구조 특히 농업과 공업의 불균형 해소, 3) 부실한 국영기업의 정리, 4) 경제특구정책에서 오는 지역과 인민 간 소득 불균형 문제를 해결하는 데 구체적으로 적용하고자 한다.

첫째, 경제성장 속도와 관련해서 이들은 중국경제가 감당하기 어려운 고도경제성장으로 인해 고물가 속에서 경기침체까지 보이는 스태그플레이션을 우려한다. 실제로 중국은 1980년의 농업과 공업의 생산량을 20세기 말까지 4배로 증대시키는 데 연평균 7.2%의 성장률이 필요하지만, 지난 20년의 성장률이 9.5%로서 이를 초과달성했다.[13] 그 결과 중국경제는 만성적인 인플레이션으로 시달려왔다. 한 예로 1988년의 경제성장률은 11.2%를 기록했다. 그러나 물가상

11 *FEER*, Vol.150, No.45(Nov. 8, 1990), pp.19~20.
12 *People's Daily*, 1989.10.10.
13 *Beijing Review*, 1990.10.8~14, p.17.

승률은 18.5%로서 이는 중화인민공화국 수립(1946) 이래 가장 높은 인플레이션에 해당된다. 실제로 인민들이 피부로 느끼는 물가인상률은 30%에 달한 것으로 전해진다.[14] 그러므로 보수성향의 개혁세력은 경기과열에서 오는 부작용을 최소한으로 줄이고 균형 있는 발전을 위해서 적정선의 경제성장률을 희망하고 있다.

둘째, 경제구조에 있어서 보수성향의 원로와 보수성향의 개혁세력들은 농업을 중시하고 이에 대한 투자를 증대하는 동시에 농민의 부담을 경감시키는 조치를 원한다. 그들에 의하면 농민은 중국인구의 70% 이상을 차지하고, 정치・경제・사회적 안정차원에서 농업이 차지하는 비중이 높다. 이들은 "농업 없이는 사회 안정이 없으며, 식량 없이는 폭동이 일어난다"는 난순화된 논리를 통해서 12억 인구를 가진 중국에서 농업의 성공여부가 전체 경제에 결정적인 영향을 미친다고 믿고 있으며, 중앙정부만이 그 대책을 강구할 수 있는 것으로 간주한다.[15]

셋째, 부실한 국영기업의 처리 문제를 둘러싸고 보수성향의 원로와 보수성향의 개혁세력들은 대량실업자의 양산에서 오는 정치적 불안정을 우려한 나머지 이들 기업을 파산, 폐업 내지 합병으로 유도하지 않고 중앙의 계획경제를 보다 합리적으로 체계화함으로써 이를 해결하고자 한다. 그들에 의하면 고용인의 해고 문제가 미시경제의 효율성을 제고하는 데 도움이 될지 모르지만, 거시경제 차원에서는 다른 사회적 문제를 야기할 수 있기 때문이다.

넷째, 경제특구와 관련해서 보수성향의 원로와 보수성향의 개혁세력들에 의하면 연해안 지역은 눈부신 발전을 거듭하고 있으나 내륙지방의 발전은 지연되고 있을 뿐만 아니라 지역과 인민 간 소득격차가 두드러지고, 외자유입에 따른 정신오염상태가 심각하다고 비판한다. 나아가서 30개의 성・시・자치구 사이에 심화된 소득격차는 새로운 형태의 경제적 마찰을 야기하고 있으며, 이로

14 『조선일보』, 1992.6.15.
15 『동아일보』, 1990.4.6.

인해 각 지역은 자신의 경제적 이해관계를 보호하기 위해서 지역 상호간의 물자거래를 방해하는가 하면, 특히 원자재를 타 지역으로 유출되는 것을 의도적으로 저지하고 있다. 여기에서 이들은 경제특구를 추진하되 그 부정적인 영향력을 최소화하고, 여타 지역과 균형을 고려하여, 국가전체 경제를 발전시키는데 관심을 표명하고 있다.

한편 鄧小平은 "새가 날아가지 않을 정도로 최대한 느슨하게 풀어야 하며", "계획경제만이 반드시 사회주의 경제원리가 아니며 시장경제라고 해서 모두 자본주의의 경제원리가 아니라"고 주장하면서, 그는 시장기능을 主로 하고 계획경제를 從으로 하는 입장을 취한다.[16] 이에 따라 진보성향의 개혁세력들은 중국의 경제활동 가운데 75% 내지 그 이상이 국가통제로부터 벗어나야 하며, 단지 철, 석탄, 기름, 곡물, 면화 같은 전략품목을 제외하고는 모두 생산목표할당제로부터 면제하여 시장기능에 맡기고자 한다.[17] 이에 따라 이들은 개혁의 부정적인 면을 수습하기 위한 경제조정 시기에는 중앙정부의 거시적인 통제는 인정하지만, 고도 경제성장을 유지하기 위해서는 이와 같은 거시적인 계획운영방식을 직접적인 수단보다 간접적인 수단으로 전환하고 지방정부와 기업의 자율성을 강화하는 지방분권정책을 가속화할 것을 주장했다.

이와 같은 맥락에서 鄧小平과 진보성향의 개혁세력들은 시장경제에 따른 지방 분권화정책을 통해서 1) 고도 경제성장 속도의 유지, 2) 경쟁력 제고 차원에서 부실한 국영기업의 과감한 정리, 3) 연해안 개발전략과 그 파급효과를 구체화 하고자 한다.

첫째, 鄧小平과 그의 진보성향의 개혁세력들은 향후 중국이 선진국 대열에 서기 위해서는 오랜 시간에 걸쳐 지속적인 고도 경제성장이 필요하다고 생각한다. 이 과정에서 빈부 간의 격차, 지역 간의 불균형, 경기과열에서 오는 인플레이션, 경영합리화에서 오는 실업자 증대 등 부정적인 면이 나타나겠지만, 이는

16 『조선일보』, 1992.3.7.

17 *People's Daily*, 1989.10.10.

일시적이며 극복될 수 있다고 믿는다. 그러므로 이들은 천안문 사태 이후 실시된 중앙정부에 의한 경제조정 정책이 인플레이션을 진정시키는 등 부분적인 성공을 거두었지만 이는 어디까지나 일시적인 현상이고 전반적으로 경제체제의 무기력증을 야기하였음을 지적하고 보다 과감한 지방 분권화와 고도 경제성장을 촉구하고 있다.[18]

둘째, 경제구조 및 경제특구와 관련해서 진보성향의 개혁세력들은 1978년 이후 4차례에 걸친 비교적 짧은 '治理整頓' 기간을 제외하고는 대부분의 개혁과 개방을 주도하는 과정에서 농업에 대한 투자가 상대적으로 떨어졌음을 인지하고 있다. 그러나 이들의 연해안 개발전략(coastal development strategy)에 따르면 중국에서 가장 숙련된 기술과 노동력을 갖춘 연해안을 외국기술과 자본, 경영지식을 도입하고 무역을 신장시키는 경제특구로 지정하고 내륙의 저개발지역과 농촌지역을 연계하여 발전시킨다는 소위 '外引內聯' 전략을 따르고 있다.[19]

셋째, 부실한 국영기업을 둘러싸고, 진보성향의 개혁세력은 보수적인 개혁세력이 제시한 방법으로서는 지금까지 국가재정수입의 80%를 차지하는 40만 개의 국영기업 가운데 1/3이 적자운영을 하고, 그 이윤이 해마다 감소되고 있는 상황을 개선할 수 없다고 지적한다.[20] 그러므로 그들에 의하면 시장경제 원칙에 따라서 그 효율성을 제고하지 못하고 문제의 심각성을 가중시키는 국영기업은 과감하게 파산 내지 폐업으로 정리되거나, 보다 건강한 기업에 합병 내지 인수되어야 한다는 것이다.

결국 계획경제와 시장경제를 둘러싼 노선마찰은 개혁과 개방의 부정적인 결과를 수습하기 위한 일시적인 조정국면으로 중앙정부의 권한이 강화되기도 하였지만, 전반적으로 중앙정부가 통제할 수 있는 영역이 좁아지고, 중앙과 지방 사이에 합리적인 권한의 분화가 필요하다는 방향으로 진행되어 왔다.[21]

---

18 조성환, 「천안문 사태 이후 중국의 권력변동과 중국 사회주의 장래」, 한국국제정치학회 영남지회학술회의 발표논문, 1991.11.9, 23면.

19 *Beijing Review*, 1988.2.8~14, pp.18~23; 1988.2.15~21, pp.7~9.

20 *FEER*, Vol.150, No.45(Nov. 8, 1990), pp.19~20.

이것은 권위주의적인 중앙집권체제하에서도 경제발전이 가능하다고 주장하는 보수성향의 원로와 보수성향의 개혁세력이, 경제의 효율성을 제고하기 위해서는 지방 분권화가 수반되어야 한다는 鄧小平과 진보성향의 개혁세력에게 양보한 결과이다. 지금까지 보수성향의 원로와 보수성향의 개혁세력은 경제발전을 위해서 지방 분권화는 연기되어야 한다고 주장해왔다. 그 이유로서 아시아의 4마리 용 — 대만 · 한국 · 싱가포르 · 홍콩 — 가운네 전자 세 마리 용은 중앙집권적인 정치체제하에서 급속한 경제성장을 달성했음을 상기시키고 있다.[22] 이들에 의하면 중앙집권적인 정치체제야말로 경제성장에서 오는 부작용을 최소화하고 정치 및 사회 불안정을 효과적으로 대처할 수 있다는 것이다. 이에 반해 鄧小平과 진보성향의 개혁세력은 정치개혁 없이는 경제현대화가 성공할 수 없다는 차원에서 경제관련 분권화의 필요성을 강조하고 있다. 결론적으로 아직도 주요 부분에서 거시 경제적 차원의 결정과 규제가 중앙정부의 권한으로 귀속되어 있지만, 개혁과 개방으로 정책결정에 관한 자율성이 지방으로 확대되면서 지방정부의 권한이 서서히 강화되었다. 이를 보다 구체적으로 살펴보면, 1980년부터 재정권, 1984년부터 대외무역결정권 및 물자관리권에 있어서 중앙과 지방간의 분권화가 이루어졌다. 그 후 재정권으로 조성된 지방정부의 자본은 은행융자용으로 전용될 수 있었으며, 대외무역결정권에서도 1988년에는 무역에 따른 지방정부의 책임과 함께 관세를 중앙과 지방간에 분할하도록 개정하였다.[23]

이와 같은 지방분권의 확대로 인해 자원배분의 혼란과 국영기업의 막대한 손실이 초래되었으며, 중앙정부의 세입이 축소되고 방위비 등 비생산성 지출이 증대되면서 중앙정부의 세입과 세출의 불균형이 심화되었다. 나아가서 1989년

21 Gordon White, op. cit., p.227.

22 Bendict Stavis, op. cit., p.73.

23 Susan L. Shirk, "The Chinese Political System and the Political Strategy of Economic Reform," in Kenneth G. Lieberthal and David M. Lampton, eds., Bureaucracy, *Politics, and Decision Making in Post-Mao China* (Berkeley, CA : Univ. of Calif. Press, 1992), p.84.

2월에는 14개 해안도시와 4개의 경제특구에 특별재정 및 경제계획 권한, 무역과 투자도입 권한을 부여하며, 海南島에는 省과 같은 수준의 경제적 권한을 인정하는 등 연해안의 지방 분권화를 더욱 확대한 결과 지역 간의 격차가 더욱 심화되었다. 예를 들면 광둥성, 푸젠성, 상하이, 하이난도 등은 자신들의 지리적인 장점, 풍부한 인적 자원, 축적된 기술을 이용하여 대부분의 외국자본을 유치하고, 무역에 종사함으로써 급속한 경제발전을 이룩했으나, 내륙지역은 지리적 이유로 외국의 기술과 자본을 유치하지 못하고 무역에서 불리한 여건으로 인해 더욱 가난하게 되었다. 여기에서 빈곤한 내륙지역과 부유한 해안 지역 간에 마찰이 야기되었으며, 재정 형편이 열악한 지방정부들은 자신들의 경제적 이익을 지키기 위해서 부유한 지방에 원료공급을, 반대로 부유한 지방은 빈곤한 지방에 기술과 자본의 이전을 거부하는 경제봉쇄 현상이 일어나곤 했다. 아울러 부유한 지방정부는 경제력을 바탕으로 자신들의 권한을 더욱 강화시켰으며, 이로 인해 중앙정부의 거시적 경제통제력이 약화되고 중앙정부는 이 문제를 해결하기 위해서 이 지방의 지도자와 타협할 수밖에 없는 경제적 '군벌현상(warlords)'의 조짐이 일어났다.[24]

그러므로 중앙정부가 국가적 문제를 해결할 수 있는 적절한 세입을 확보하고 거시 경제적 통제능력을 회복하기 위해서는 지방정부의 脫중앙집권화에 대한 한계선이 요청되어 왔다. 지난 1991년 4월 9일에 폐막된 중국의 제7기 4차 全人大에서 제출된 李鵬총리의 '국민경제사회발전 10년 프로그램과 8차 5개년 계획'에서도 이 문제를 지적하고, 이를 해결하기 위해서 그는 지난날의 강력한 중앙집권에 의한 계획경제로의 복귀를 주장하지 않고, 사회주의 시장경제를 정착시키기 위한 중앙정부와 지방정부 사이의 보다 합리적인 권한배분이라는 절충안을 제시하며 노선 간의 타협점을 모색하고 있다. 그러나 그는 '합리적인 권한 배분'의 구체적 내용을 언급하지 않음으로써 정치적으로 이 문제의 성격

24 Wu Jiaxiang, "Neo-Authoritarianism : A Critique," *World Economic Herald*, Jan. 16, 1989, p.5; Melvin Gurtov, "The Future of China's Rise," pp.6~8. 1994년 극동문제연구소에 발표된 논문임.

을 희석시키고 있다.[25]

3. 정치 관련 제도적 분권화의 성격

먼저 정치차원 지방 분권화의 성격을 살펴보면, 첫째로 표면적인 변화를 들 수 있다. 중국의 헌법은 변화된 정치현실을 제대로 반영하지 못하는 단점이 있지만, 지방 분권화의 골격을 제시하고 그 변화과정을 일별하는 데 참고가 된다. 즉 지방의회를 포함한 지방정부에 관련된 조항이 1954년의 14개 조항, 1975년의 3개 조항, 1978년의 5개 조항, 1982년의 17개 조항, 1993년의 17개 조항으로서 1982년 헌법부터 이 부분에서 54년 수준 이상으로 회복하고 있음을 보여주고 있다. 이에 상응해서 지방정부의 예산, 조직, 인원의 확대를 찾아볼 수 있으니, 1986년의 경우 지방정부의 예산이 1978년에 비해 무려 250%나 증가되었으며, 지방정부의 공무원 숫자에 있어서도 1980년 이전에는 연평균 11만 명이 증가했으나 그 후로는 연평균 33만이 증가했고, 1986년 말 지방정부의 공무원 수는 734만 명을 헤아리게 되었다. 이는 1978년보다 무려 78.2%나 증가된 숫자이다.[26] 조직 면에서도 1980년 지방분권이 시작되기 이전에는 쓰촨성의 강서군의 경우, 그 행정조직이 64개였으나 1984년 말에는 84개로 약 31%의 증가를 보였으며, 그 직원 수도 15%나 증가되었다.[27]

둘째, 이와 같이 표면적으로 지방 분권화가 급속하게 진행된 것처럼 보이지만, 그 이면에는 지방정부에 대한 책임이 급속하게 증대되었으며, 이에 상응하는 중앙정부로부터 지방정부에 정치적·행정적 차원의 권한이양에는 상당히 제한된 면을 보여주고 있다. 지난날 중앙정부가 책임을 지던 인민들의 일상생활

25 *Beijing Review*, 1990.10.29~11.4, p.20; *Time*, 1991.1.7. 1991년 1월 초 중국 공산당 지도자들이 8.5계획과 10년 프로그램의 최종안을 수립하고자 모였지만, 지도자 상호간의 노선마찰로 합의를 도출할 수 없었다.

26 Susan L. Shirk, op. cit., p.85.

27 Gordon White, op. cit., pp.233~4.

에 관련된 공공서비스와 후생복지시설, 예를 들면 도로포장, 주거환경, 교통, 상・하수도, 전기, 도시가스, 주택, 건강, 교육, 보험, 연금 등을 확충하는 데 지방정부의 기능을 강화했다. 그러나 이와 같이 책임은 커졌지만 이 책임을 수행할 수 있는 권한, 특히 재정권의 뒷받침이 결여되어 있었다.[28] 따라서 지방정부는 부족한 재정으로 인해 성, 시, 군, 향, 진, 구 상호간에 재정분배에 따른 마찰이 있었다.

셋째, 지방정부에 대한 중앙정부의 통제기능 또한 약화되기보다 정리되지 않은 상태로 과도적 현상을 드러내고 있다.[29] 즉 중앙정부는 지방정부의 행정적 효율성을 신뢰하지 못한 나머지 중앙정부의 지방하부조직에게 권한의 일부를 이양함으로써, 중앙정부의 지방하부조직과 지방정부 사이에 기능이 확정되지 않은 채 과거의 관행을 존속시켜 왔다.

다시 말해서 지방정부에 대한 당의 통제가 완화된 것이 아니다.[30] 1992년 10월 18일 중국 공산당 14기 전국대표대회에서 통과된 당규 제9장에는 중앙과 지방정부에 당조를 설치할 수 있으며, 그 임무는 당의 노선, 방침, 정책의 실천에 책임을 지고 해당 기관의 중대한 문제를 토의하여 결정하도록 되어있다. 당위원회가 당조의 구성원을 임명하며, 당조는 이 위원회의 지도에 반드시 복종하여야 한다. 그러므로 인민들의 이익을 집약하고 그 욕구를 분출할 수 있는 제도적 장치로서 각급 지방정부의 장을 직접선출하거나, 지역 문제를 처리하는 과정과 그 결과에 대하여 인민들의 투입과 감독기능이 강화된 흔적은 찾을 수 없다. 과거와 다름없이 당조의 형식으로 지방정부는 직접적인 당의 통제하에 놓여 있음을 보여주고 있다.

넷째, 앞서 살펴본 대로 중국은 지방 분권화를 4차례(1980년, 83년, 86~87년, 89) 거치는 과정에서 반부르주아 자유화운동(anti-bourgeoisie liberation cam paign)

---

28 Ibid., pp.217~28.

29 John P. Burns, "China's Governance : Political Reform in a Turbulent Environment," *The China Quarterly*, No.119(Sep. 1989), p.516.

30 Susan L. Shirk, op. cit., p.83.

내지 반정신오염운동이라는 이름으로 反분권화 과정을 매번 경험했다. 1980년 봄의 경우 진보적인 지식인과 학생들이 대학 캠퍼스에서 지방 全人大 대표로 선출되었으며, 이들을 중심으로 자유화, 민주화를 실현하기 위한 폴란드 형태의 자유노조를 결성하고, 정치적 차원의 지방 분권화를 포함한 광범위한 정치체제의 구조개혁과 민주화를 요구했다. 그러나 중국 지도부는 이와 같은 사태발전을 긍정적으로 수용하기보다, 1981년 봄까지 이들을 투옥하고 1982년 여름 재판에서 이들을 10~15년의 징역선고를 내렸다.[31] 1983년도에도 정신오염 반대운동이라는 이름으로 약 2개월에 걸쳐 이들 반체제인사들을 탄압했다. 한마디로 1978년부터 1985년까지 중국 지도부는 사회주의 민주주의에 대한 수사적인 지지를 보내면서도 정치개혁에 대한 근원적인 변화에 별다른 관심을 보이지 않았다.

그러나 1986년 중반부터 중국 지도부 내에서 정치개혁이 정치의사일정에 중요한 문제로 대두되었다. 1986년 후반에는 많은 논문들이 지속적인 경제개혁을 위해서 이에 상응하는 정치개혁이 수반되어야 함을 주장했다. 이를 위한 학생시위가 1986년 12월에 있었으나, 1987년 1월 胡耀邦의 실각과 함께 부르주아 자유화를 반대하는 운동이 전국적으로 전개되었다. 같은 맥락에서 천안문 사태 당시(1989.6.4)에도 다양한 이해관계를 수렴할 수 있는 정치개혁의 요구가 있었으나, 趙紫陽의 퇴진과 무력진압으로 종말을 내렸다. 이와 같이 일부 진보세력과 젊은 지식인・학생들의 주장과는 반대로 정치적 차원의 제도적 분권화의 전형인 지방자치제도 즉 자치단체장에 대한 지방주민들의 직접선출 또는 지역 문제를 스스로 해결할 수 있는 지방의회의 구성과 그 기능의 활성화 등은 논의조차 금기시하거나 논의되더라도 학문적인 차원에 머물러 있었다. 이는 중국 지도부가 경제개혁과 함께 근본적인 정치적 개혁이 반드시 수반되어야 할 것인지에 대한 확신을 가지고 있지 않는 데서 연유한다.[32] 단지 이들은

31 Benedict Stavis, op. cit., p.4.

32 Nina P. Halpern, "Economic Reform and Democratization in Communist Systems : The Case of China," *Studies in Comparative Communism*, Vol.22, No.2~3(Summer~Autumn, 1989),

현재의 정치체제를 보다 합리적으로 개편하여 통치의 효율성을 제고하고 경제 현대화를 달성한다는 차원이다. 이를 위해서 경제와 관련된 제도적 지방 분권화는 있었지만, 정치변화를 위한 제도적 지방 분권화에는 소극적인 태도를 보여주었다.[33]

이와 같이 경제관련 제도적 분권화와는 달리, 정치관련 제도적 분권화가 실질적인 변화에 한계를 드러내고 있는 원인으로서 1) 중앙집권적인 정치문화, 2) 기득권을 유지하려는 현 지도부의 정치적 이해관계, 3) 노선마찰을 표면화시키지 않고 지도부의 단결과 정치적 안정을 유지하려는 정치엘리트의 합의를 들 수 있다.[34]

첫째, 2000년 이상 중국은 중앙집권적인 권위주의체제를 경험하여 왔다. 과거 중국의 정치엘리트들은 오로지 강력한 중앙집권체제만이 '亂'이나 무질서 등을 극복하고 이 거대한 국가를 효과적으로 통치하며, 부국강병을 이룩할 수 있다고 믿은 나머지 이들은 지방 분권화를 통한 인민들의 효율적인 정치참여나 정치형태로서의 민주주의 개념을 발전시키지 못했다.

이와 같은 전통적인 정치문화는 인민의 동의에 의한 국가목표설정보다 변증법적 유물론에 입각한 역사적 필연성을 실현하고자 하는 현 중국 공산주의체제 속에 여러 가지 형태로 남아 상승작용을 일으키고 있다.[35] 따라서 지나친 지방 분권화는 1910년대와 20년대 볼 수 있었던 군벌과 같은 무정부 상태를 초래할 것으로 보고 있다.

---

pp.146~147. 군 단위 全人大 대표까지는 주민들의 직접선출이 부분적으로 시행되고 있으나, 후보 선정과정에서 당의 주도적 역할로 인해 자치의 한계를 드러내고 있으며, 각급 지방정부의 단체장에 대한 선출제도는 아직 없다.

33 *Economist*, Vol.320, No.7724(Sep. 14, 1991), p.36; *FBIS-CHI*, 1991.4.2, p.42; Zano Xiaowei, "Elite Formation and the Bureaucratic-Technocracy in Post Mao China," *Studies in Comparative Communism*, Vol.24, No.1(march, 1991), p.123.

34 Benedict Stavis, op. cit., p.67.

35 Ibid., p.10. 오늘날 4가지 국가통치이념 가운데 "공산당 영도"라는 개념으로 중앙집권화 된 일당독재체제가 그대로 존속하고 있으며, 鄧小平의 1980년 논문인 "당과 국가지도체제의 개혁에 관하여"에서도 중앙집권체제는 오랜 중국의 역사와 모든 사회주의국가에서 찾아볼 수 있는 전통적인 통치형태임을 인정하고 있다.

둘째, 정치적 지방 분권화에 대한 반대는 기득권을 유지하려는 정치엘리트의 개인적인 이해관계로 비롯된다. 먼저 급속한 정치개혁은 고령의 지도자를 강제로 은퇴시키는 결과를 가져올지 모른다. 나아가서 이들은 분권화 과정에서 자신들의 권한이 줄어들고, 지금까지 부여되었던 각종 특권이 개혁으로 인해 철폐됨으로써 친척, 친구, 정치적 지지 세력에게 직장알선 등 부탁을 들어줄 수도 없으며, 기업으로부터 기부금이나 뇌물을 받을 기회를 상실할 것을 두려워하고 있다. 그러므로 상당수 지도자들은 점진적인 정치개혁을 승인하지만, 자신의 개인적 이해관계를 약화시키는 개혁에는 반대하고 있다.[36]

셋째, 현 중국의 엘리트는 현대화를 달성하기 위해서 오랜 시간에 걸쳐 지도부의 단결과 정치적 안정이 긴요하다는 데 공통된 인식을 하고 있다. 여기에서 노선마찰을 최소화하기 위한 정치적 타협이 필요했으며, 그 결과 경제와 관련된 지방 분권화는 비교적 광범위하고 포괄적으로 이루어졌으나, 정치적 차원의 지방 분권화는 미온적인 수준에 머물러 있다.

먼저 정치적 분권화에 대한 내용을 살펴보면, 보수성향의 원로세력과 보수경향의 개혁세력들은 사회주의 민주주의에 있어서 가장 중요한 부분인 정부와 인민과의 관계에 있어서 인민주의자(populist) 시각으로 民主集中制(democratic centralism)를 광의로 설명하고 있다. 즉 인민의 다양한 의견을 올바르게 집약하는 제도적 장치로서 이 개념을 해석하고, 이와 같은 민주 없이는 정책결정에 필요불가결한 정보를 얻을 수 없을 뿐만 아니라 정책수행 과정에서도 인민의 능동적인 참여를 기대할 수 없다는 것이다. 이는 다변화된 인민의 이해관계를 정책결정 과정에 반영하고 인민의 정치참여를 제고하기 위한 장치로서 지방자치 내지 지방 분권화를 고려한 서구식 민주주의 개념이 아니라 단지 통치의 효율성이라는 차원에서 개혁 아닌 개선의 필요성을 주장하고 있다. 그 수단으로 대중노선(mass line)에 따른 下方 즉 위에서 밑으로(top-bottom) 내려가서 인민들

---

36 *FBIS-CHI*, Oct. 9, 1986, p.k16. "더 많은 권력이 수중에 있으면 있을수록, 그 권력을 축소하거나, 다른 사람과 나누어 갖는다는 것을 더욱 주저하게 된다"는 현상이 노선을 떠나 보수성향의 개혁세력과 진보성향의 개혁세력 모두에게 공통으로 남아있다.

의 요구사항을 보고 듣고 확인하여 정책결정에 반영할 것을 권고하고 있다. 이는 정치체제 내 인민들의 참여를 허용하나, 어디까지나 제도적으로 보장된 능동적인 참여(bottom-top)라기보다 당에서 조직하고 통제하는 수동적인 참여이다.[37] 한마디로 보수성향의 원로와 보수성향의 개혁세력들은 통치의 효율성을 극대화하기 위해서 비제도적인 차원에서 정치체제와 인민 간의 관계개선을 인정하지만, 근본적인 정치구조의 개혁에 대해서는 의구심을 지니고 있다. 그들에 의하면 지방자치나 지방분권에 따른 서구식 민주주의 형태보다 공산당 일당독재체제와 인민민주독재가 노동자 계급의 정치권력을 보장하는 현 프롤레타리아 민주주의 형태인 것이다.[38]

한편 鄧小平과 진보성향의 개혁세력에 의하면 과거 중앙정부에게 집중된 권한은 중국 사회의 모든 분야에 침투하였으며, 지방정부는 일체의 자치권이 부재인 상태에서 중앙정부의 지시에 의존하였으며, 개인, 지역사회, 기업, 학교, 사회단체도 단지 중앙정부의 하부조직에 불과했음을 지적한다. 이와 같은 중앙집권은 개인의 창의성을 마비시키고, 생산성의 효율성을 저하시킬 뿐만 아니라, 관료조직의 무능과 부패를 심화시키며, 가치관의 단순성을 가져와 중국의 발전을 근본적으로 저해하고 있다고 비판하고 있다.[39] 특히 鄧小平의 1987년 논문에서는 현대화의 저해요인으로서 관료화, 권력의 집중현상, 가부장적인 통치방법, 고위 간부직의 무제한임기제도, 각종 특권 등을 지적하고 있다.

여기에서 鄧小平은 당과 국가지도체제의 개혁이 정부기능과 권한의 효율적

---

37 Bendict Stavis, op. cit., p.3.

38 Ibid., p.119.

39 Ibid., pp.10~11; Gordon White, op. cit., pp.244~5. Huang Shiqing and Chang Dehua, "Practice Needs Neo-Authoritarianism," in Liu and Liu, eds., *Neo-Authoritarianism* : Debate on Theories of Reform (Beijing: Economic Institution Press, 1989), pp.295~296. 鄧小平과 진보성향의 개혁세력의 정치개혁에 대한 기본입장은 당 제11기 3中全會의 鄧小平 보고서(78.12), 鄧小平의 1980년 논문 "당과 국가지도체제의 개혁에 관하여", 지방장관회의(86.4.)와 정치국 상무위원회(86.6.28.)에서 행한 鄧小平의 연설, 같은 내용의 부수상 萬里의 연설(86.4), 당 13기 전국대표대회(87)에 재등장한 수정된 80년의 鄧小平의 논문 속에 잘 나타나고 있다.

인 행사를 제고하고 각급 지방정부의 효과적인 업무수행 체제를 수립하는 데 목적을 두고 있음을 명시하고 있으나 그 세부적인 실천 프로그램을 제시하지는 않았다. 나아가서 鄧小平과 진보성향의 개혁세력들은 조직인으로서 民主集中制를 협의로 해석하며 통치조직을 운영하는 데 있어서 하부조직과 그 구성원들의 민주적인 토의과정을 존중하나, 결정사항은 일사불란하게 추진되어야 한다는 것이다. 이 또한 인민의 정치참여 확대를 뒷받침하기 위한 지방자치보다 기존 조직의 효율성을 제고하기 위한 제도개선에 관심을 기울이고 있으며, 인민과 정부 간에 있어서 지난날의 통제를 완화하고 서비스를 향상한다는 소극적인 자세를 보이고 있다. 이와 같은 맥락에서 江澤民은 "중국의 사회주의 실험은 이제 새로운 국면을 맞이하고 있으며, …… 우리는 인민을 통제하는 대신에 이들에게 더 많은 자율성을 부여하는 노선"을 강조하고 있다.[40] 그러나 그는 "더 많은 자율성"에 대한 구체적 언급을 하지 않고 있다.

앞서 분석에서 본 대로 보수성향의 원로, 보수성향의 개혁세력들은 인민주의자로서 정부와 인민 간의 비제도적 관계개선에 관심을 가지고 있는 반면에 鄧小平과 진보성향의 개혁세력들은 조직인으로서 조직의 기능을 강화하기 위한 제도적 개선을 주장하는 등 서로 상이한 견해를 보이고 있다. 그러나 이들은 통치의 효율성을 제고하기 위해서 기존 정치체제의 조정과 개선에는 동의하지만 지방정부에 대한 중앙정부의 대폭적인 권한이양이나, 지방자치에 따른 지방분권과 같은 근본적인 정치개혁에 대해서는 부정적인 인식을 함께 하고 있다. 여기에서 오늘날 중국의 정치제도가 지니는 독특한 면을 지적할 수 있다. 즉 중국의 정치제도는 제도화가 되었거나, 그 직위에 따라 권력이 행사되기보다는 복잡한 인간관계에 의해서 작용되고, 더욱이 정책결정 과정이 노선마찰의 성격을 띠고 있는 데서 필연적으로 지도부의 단결이 저해될 가능성이 높다.[41] 그러므로 鄧小平과 진보성향의 개혁세력들은 현대화라는 국가목표를 달성하기 위

40 『조선일보』, 1992.6.5.

41 Parris H. Chang, "China after Mao : Toward the 13th CCP Congress," *Problem of Communism*, May~June, 1987, p.32.

해서는 무엇보다 정치적 안정과 지도부의 단결이 필수적인 만큼 상이한 노선을 추종하는 보수성향의 원로와 보수성향의 개혁세력에게 때로는 타협이 불가피했던 것으로 보인다.[42] 그 결과 노선 간의 이해관계가 첨예하게 대립되는 정치 관련 구조개혁에 있어서 현재의 권력구조를 유지하되 지방정부에게 권한보다 책임을 강화하는 방향으로 분권화가 진행되고 있다.

4. 결론

중국 지도자들은 1978년 이후 선진 사회주의국가 건설이라는 전략적 목표를 설정하고, 이를 달성하기 위해서 대외개방과 개혁이 필요하다는 데 의견일치를 보이고 있다. 그러나 지금까지 이 개혁 가운데 분권화의 방향, 범위, 속도, 방법을 둘러싸고 노선마찰을 빚어왔다.

그러나 이 분권화와 反분권화의 갈등구도는 제로섬 게임에 따른 권력투쟁으로 보기보다 넌-제로섬 게임의 타협이란 규칙에 따른 노선마찰의 결과로 볼 수 있다.[43] 보수성향의 원로, 보수성향의 개혁세력과 鄧小平·진보성향의 개혁세력은 현대화에 필수적인 정치적 안정기반과 지도자 상호간의 단결을 유지하려는 공통된 인식과 함께 현실적 이해관계로 인해 노선마찰을 권력투쟁으로 표면화시키지 않고 공생을 바탕으로 한 설득과 타협이 정책결정 과정에 있었던 것으로 보인다.

경제와 관련해서 보수성향의 원로와 보수적인 개혁세력들이 개혁정책의 실패를 수습하기 위해 중앙정부의 거시적인 계획경제의 효율성을 강조하면 진보성향의 개혁세력은 강화된 중앙정부의 기능을 중심으로 한 조정정책을 수용하였다. 그 결과 처음에는 급속하고도 광범위한 개혁·개방정책과 함께 분권화가

---

42 Wu Jiaxiang and Chang Binjiu, "Democratization : Radical or Moderate?" in Liu and Liu, eds., op. cit., pp.27~33.

43 *FEER*, Vol.150, No.45(Nov. 8, 1990), p.19.

추진되었으나, 개혁의 부정적인 후유증이 심화되면서 중국 지도부 내 노선투쟁이 전개되고, 여기에서 긴축 내지 조정정책과 함께 反분권화가 되풀이되는 현상을 보여주고 있다.

그러나 지금까지 이 현상은 경제정책의 결과를 두고 표면적으로 악순환을 되풀이하는 것으로 보이지만, 이면적으로는 진보성향의 개혁세력이 중심축이 되어 보수성향의 개혁세력의 입장을 수용하는 상태이기 때문에 전반적으로 지방 분권화라는 변증법적 발전과정으로 나타나고 있다. 이는 毛澤東 시절에도 脫중앙집권화나 反분권화의 갈등이 변증법적으로 전개되었지만, 그 중심축이 중앙집권화에 있었다는 사실과 대조를 이룬다.[44]

한편 현 지도부의 이해관계가 첨예하게 내재되어 있는 정치적 지방 분권화는 통치의 효율성을 제고하는 동시에 변화된 환경과 증대된 인민의 욕구를 충족시키기 위하여 점진적인 제도의 개선 내지 조정을 인정한다. 그러나 아직은 책임에 상응하는 권한과 재정적 뒷받침이 결여된 상태에서 인민에 대한 통제완화와 서비스 향상을 위한 지방정부의 기능과 책임을 강화하는 수준에 머물러 있으며, 지방정부의 정책결정 과정이나 대표를 선출하는 데 인민의 참여를 제도화하는 지방 분권화는 학문적인 논의의 대상으로 남아있다.

앞으로 경제와 관련해서 지방 분권화의 방향과 범위는 중앙정부의 세입과 세출의 불균형에서 오는 만성적인 재정적자 그리고 총수요와 공급 간의 불균형, 특히 신용, 외환 및 원자재의 수요와 공급의 불균형, 경제의 비효율성을 극복하기 위한 경영의 합리성과 기술향상의 문제 및 지역과 지역 간의 불평등 발전(uneven development)과 인민과 인민 간의 소득 불균형, 지속적인 산업구조의 변화에도 불구하고 지나치게 비대한 가공 산업, 취약한 농업기반 · 기간산업 · 하부구조(infrastructure), 미분화된 노동시장, 인민의 일상생활과 경제발전의 필요성을 충족시키지 못하는 건설 산업과 서비스 분야 등의 문제점을 어느 정도 해소할 것인지 그 수준에 따라 결정될 것으로 보인다.[45]

---

44 Susan L. Shirk, op. cit., p.82.

한편 정치적 反분권화가 제1차 경제 조정기간 중에 2번, 그 후 3번에 걸친 경제 조정기간 중에 각각 한 번씩 있은 것으로 미루어 양자 사이에 상호 밀접한 연관관계가 있을 것으로 짐작된다. 그러므로 향후 경제발전이 가속화되면 정치와 관련해서 중앙정부와 지방정부 간의 권력 배분에도 커다란 파급효과를 미칠 것으로 전망된다.[46] 즉 경제발전의 결과 산업화와 함께 도시화가 이루어지고 교육시설이 확충되면서 문맹률이 낮아지고, 소득수준이 증대하면서 물질적 요구 외에 자유・평등・인간의 존엄성에 대한 민주화 요구가 증대될 것이다. 이와 같이 한꺼번에 분출하는 다양한 욕구를 충족하기 위해서 지난날 정치적 분권화 수준으로 이 새로운 변화에 적응하기가 쉽지 않을 것이다. 그렇다고 해서 이러한 원인으로 조만간에 현 중앙과 지방간의 권력배분 관계에 근본적인 변화, 예를 들면 서구식 지방 분권화가 이루어질 전망은 없다. 앞으로도 상당 기간에 걸쳐 변증법적 발전과정을 거치면서 점진적으로 한정된 분권화가 이루어질 것이다. 그러나 이것도 어디까지나 진보성향의 개혁세력이 중심축이 되었을 경우에 한하는 것이므로, 鄧小平 사후 현재의 중심축과 보조축의 변화 여부가 중요한 변수이며, 이에 따라 분권화의 성격과 범위도 영향을 받을 것으로 보인다.

45 *FBIS-CHI.*, 1991.3.27, p.34.

46 Mark P. Petracca and Mong Xiong, "The Concept of Chinese Neo-Authoritarianism," *Asian Survey*, Vol.30, No.11, Nov. 1990, pp.1109~10; Nina P. Halpern, op. cit., p.140.

3

李鵬 보고서에 나타난 정치발전 전략과 노선투쟁*

1. 문제의 제기

1991년 4월 9일 폐막된 중국의 全人大 7기 4차 전체회의에서 승인된 李鵬 총리의 '국민경제사회발전 10년 프로그램과 8차 5개년계획'[1]은 지난 1980년대 4개 현대화를 평가하고, 1990년대의 정치 · 경제 · 사회 · 이념 · 외교 분야에

---

* 「중국지도부의 정치발전 전략과 노선투쟁: 李鵬보고서 중심으로」, 『대구 · 경북 정치학회보』, 제2호, 1994.12.29, pp.111~129.

1 李鵬의 보고서에서 10년 프로그램은 1991년부터 2000년까지의 장기발전계획이며, 8차 5개년 계획은 1991년부터 1995년까지의 경제발전 계획을 의미한다. 이처럼 10년 프로그램과 8 · 5 계획을 통합한 배경은 국민의 사회생활과 국가경제의 발전주기가 일반적으로 5년 이상 걸리는 지속적인 과정이라는 데 기인한다. 이 보고서는 1990년에 제출된 약 7,000자의 「정부사업보고서」와는 달리 무려 38,000자에 해당하는 것으로서, 6개 부문 즉 1) 10년 프로그램과 8차 5개년 계획을 수립하고자 하는 배경, 2) 이 계획의 기본목표와 지침, 3) 경제건설에 관한 계획, 4) 사회발전에 관한 계획, 5) 경제구조 개선과 대외개방에 관한 계획, 6) 국제상황과 외교활동 등으로 구성되어 있다. 이 가운데서도 경제건설에 관련된 부분이 전체 보고서의 1/4로서 약 9,000자에 해당하며, 나머지 각 부문은 약 5,000자로 채워져 있다.

대한 정부의 공식입장을 밝힌 것으로서 향후 중국의 정치발전 전략의 성격을 이해하는 데 중요한 문건이 된다. 한편 李鵬 보고서를 분석하는 데 있어서 노선투쟁이라는 접근방법을 원용한 이유는 이 보고서에 앞서 1990년 말에 열린 당 제13기 7中全會에서 당시 중국은 지도부의 정책대립으로 인해서 현대화를 추진하는 데 있어서 2가지 기본원칙 즉 개혁·개방과 4대 원칙(사회주의 노선, 인민민주독재, 공산당의 영도, 마르크스시즘·레닌이즘·毛澤東 사상)의 준수라는 추상적인 합의만 도출하였을 뿐 구체적인 문제는 미결상태로 남겨두었던 것이다. 예를 들면, 사회주의자 민주주의(socialist democracy)의 개념과 그 실천방안은 무엇이며, 중앙정부와 지방정부 간의 합리적인 권한배분을 어떻게 설정할 것인지, 현대화를 추진하는 데 있어서 당의 과도한 권력집중이 장애요인이라면 당·정 분리를 어떻게 할 것인지, 경제성장의 결과로서 파생되는 지식인·학생들의 자유화·민주화 요구를 어떻게 수용할 것인지 등이 그것이다.

1991년 3월 25일 全人大에 제출된 李鵬의 보고서에서도 4대 원칙을 지키면서 개혁·개방정책을 계속 심화 발전시킬 것을 천명함으로써 당 제13기 7中全會의 결정과 별로 달라진 것이 없음을 거듭 확인시켜 주고 있다. 이는 앞서 언급한 여러 가지 문제에 대해서 지도부 내 의견대립이 여전히 해소되지 않았음을 의미한다.[2] 즉 그의 보고서는 중앙정부와 지방정부 사이의 脫중앙집권화와 反분권화[3]에 대해서 경제개혁과 관련된 부분적인 제도개선을 제외하고는 구체적인 언급을 회피하고 있으며, 당·정 분리 문제에 있어서는 지난날 정치구조의 근간이 되어온 일당독재체제를 그대로 유지할 것을 천명하고 있고, 자유화·민주화의 요구 또한 4대 원칙을 준수함으로써 극복될 수 있다는 종전의 주장을

2 1991년 1월 초 중국 공산당 지도자들이 8·5계획과 10년 프로그램의 최종안을 수립하고자 모였지만, 이때도 지도자 상호간에 노선대립으로 합의를 도출할 수 없었다. *Time*, 1991.1.7, p.6; 『조선일보』, 1991.3.26.

3 일반적으로 공산권에서는 3가지 형태의 분권화가 있다. 1) 중앙의 권력을 지방으로 분산하는 제도적 차원의 분권, 2) 일당독재체제로부터 당·정 분리로 나아가는 권력분립 차원의 분권, 3) 경제기획, 조정, 경영권이 정부로부터 기업으로 이양되는 경제적 차원의 분권이 있다. 이 3가지 분권 가운데 이 장에서는 제도 및 권력분립 차원의 분권을 연구대상으로 하고 있다.

되풀이하고 있다.

10년 프로그램과 8·5 계획이 승인된 1991년 4월의 全人大 이후에도 앞서 제기된 문제점을 해결할 수 있는 중국 공산당대회가 1991년 9월로 예정되어 있었지만 연기되었다. 여기에서 현 중국 지도부 내의 노선투쟁은 표면적으로 잘 드러나지 않고 있으나, 그 이면에는 상당 수준에 이르고 있음을 미루어 짐작할 수 있다.[4]

실제로 중국 공산당 지도부는 지금까지 정책결정 과정에서 단일노선을 유지한 적이 드물었다. 1930년대 말부터 1950년 초까지 중국 지도부는 비교적 높은 응집력을 유지했으나, 그 후 계속해서 노선마찰을 빚어왔다. 그러나 중국의 권력엘리트들은 일반적으로 상이한 정책대안을 가지고 마찰을 일으켰지, 결코 권력투쟁의 도구로서 노선마찰을 이용하거나 적대적인 세력을 조직적으로 결성하지는 않았다. 그러므로 중요한 이슈가 등장할 때마다, 이들은 상이한 의견군을 이루어 자신들의 노선이 정당하였음을 강조하였으며, 다수의 결정이 있고 난 뒤에는 일반적으로 지도부의 단결을 유지하기 위해 이 결정을 따랐던 것이다. 그럼에도 불구하고 노선을 달리하면서 파당을 조성하거나 권력투쟁의 가능성이 예상되는 경우에는 숙청이 따랐다. 1954년 高崗과 饒漱石의 숙청과 1959년 彭德懷의 숙청, 문화혁명시의 류사오치와 鄧小平의 숙청, 1971년 林彪와 1976년 4인방의 숙청 등을 들 수 있다.

한편 鄧小平이 최고실력자로 부상한 1978년 이후에도 비록 정치적 숙청은 없었지만 노선투쟁은 계속되었으며, 이 시기의 노선투쟁은 진보성향의 원로 및 개혁세력과 보수성향의 원로 및 개혁세력에 의해서 4차례(1978년~82년, 83년~86년, 87년~91년, 91년~현재)나 전개되었다. 분명히 1978년 이후의 중국 지도자들은 선진 사회주의국가 건설이라는 전략적 목표를 달성하기 위해서 정치적 안정과 지도부의 단결이 필수적이며 4대 원칙의 범위 안에서 개방과 개혁

4 Carol Lee Hamrin, *China and the Challenge of the Future: Changing Political Patterns* (Boulder: Westview Press, 1990) 참조.

정책을 추진한다는 데 의견일치를 보이고 있다. 그러나 이들은 국가발전 전략의 구체적인 내용, 방법, 범위, 속도를 둘러싸고 마찰을 일으켰다. 그러므로 매번 처음에는 급속하고도 광범위한 개혁·개방정책이 실시되었으나, 부정적인 결과가 심화되면서 중국 지도부 내 노선투쟁이 전개되고, 조정 내지 反분권화정책이 그 뒤를 이었다. 그러나 이와 같은 노선투쟁은 권력엘리트 상호간의 인간관계, 이해관계, 상이한 개성과 가치관, 세대차이 등 복합적인 요인에 의해 전개되어 왔다.

여기에서 본 연구는 李鵬의 10년 국가발전 전략과 8·5계획 속에 내재된 정치발전 전략을 둘러싸고 진행되고 있는 중국 지도부의 노선투쟁의 성격을 심층 분석하는 데 목적이 있으며, 이것이 향후 중국의 권력구조와 정책변화에 어떤 영향을 미치는지를 전망하고자 한다.

2. 정치발전 전략과 노선투쟁

가. 李鵬의 정치발전 프로그램

李鵬의 정치발전 프로그램은 "사회발전"이란 부분에서 (1) 사회주의자 민주주의(socialist democracy)를 실현하기 위한 법제도의 완성, (2) 범죄행위에 대한 엄격한 법적용, (3) 깨끗하고도 정직한 정부를 만들기 위한 부정부패 일소 등으로 요약할 수 있다.

첫째, 사회주의자 민주주의와 법률제도 사이에 불가분의 관계를 언급하면서, 李鵬은 조속한 시일 안에 민주적인 법제도의 완성을 약속하고, 이를 위해 각급 정부의 정책결정과 그 과정에서의 민주화, 정부활동에 대한 각급 全人大와 그 상무위원회의 감독체계를 확립하며, 인민정치협상회의를 활성화하여 여타 정당 및 대중조직과 긴밀히 협의하는 한편 이들의 감독을 수용하도록 촉구하고 있다. 나아가서 국가통치의 효율성을 제고하기 위해서 조직을 간소화하며, 보다 합리적인 인사제도를 실시하는 데 관심을 기울이고 있다.

이와 같은 李鵬의 보고서 내용은 1978년 이후 지금까지 지난날의 실패가 일개인에게 전혀 책임이 없는 것이 아니지만, 그보다는 민주적인 법과 제도가 이루어지지 않는 데서 그 원인을 찾고 민주주의를 제도화하려는 鄧小平의 노력에[5] 공감하고 있다. 그러나 鄧小平이 의미하는 민주주의의 제도화는 근원적인 구조개선보다 기존 조직과 관리의 민주화라는 기능적인 측면이 강하게 작용하고 있다. 이와 같은 맥락에서 李鵬도 정치구조를 개선하고, 민주적인 감독체계와 절차를 확립하며, 정책결정 과정에서 인민들의 참여를 제도화하는 것이 장기적인 안목에서 국내정치적 안정과 단결을 유지하는 데 필요하다는 당위성을 강조하고 있으나, 이를 실현할 수 있는 구체적 대안을 제시하지 않고, 단지 그의 보고서는 사회주의자 민주주의를 달성하는 데 있어서 경제발전의 중요성을 역설하고, 이에 관련된 법과 제도개선을 언급하고 있다.

둘째, 동보고서는 1989년 6・4 천안문 사태 이후 비교적 안정된 사회를 이룩하였음에도 불구하고, 아직도 불안의 요소가 완전히 해소되지 않았음을 시사하고, 반체제활동에 대한 인민민주독재와 각종 사회 및 경제범죄에 대해서 법집행기관의 엄격한 법적용을 거듭 확인하고 있다.

먼저, 반체제 활동에 관해서 천안문 사태 때 보수성향의 원로인 陳雲은 趙紫陽을 비롯한 진보성향의 개혁세력들이 지식인과 학생들의 민주화와 부정부패척결에 대한 요구를 부분적으로 수용하겠다는 태도를 강도 높게 비판하고 있다.[6] 陳雲에 의하면 이 사태는 진보성향의 개혁세력들이 급속한 개혁・개방과 이념교육을 소홀히 한 데 기인하는 것으로 보았다. 이와 같이 당시 중국 지도부는 천안문 사태로 인해 노선 간의 갈등이 증폭된 것이 사실이지만, 鄧小平과 陳雲 등 원로들이 경제현대화라는 국가목표를 달성하기 위해서 무엇보다 '亂'을 피하고 안정과 단결을 유지하려는 공감대를 형성함으로써 이 정치적 위기를

5 *Beijing Review*, 1991.4.22~28, p.24. *Selected Works*, op. cit., pp.292~96.
6 *FEER*, Vol.150, No.45(Nov. 8, 1990), p.19.

극복한 것으로 보인다.

다음으로 李鵬은 법 적용과 집행에 관련해서 검찰 및 사법기능의 강화를 언급하고 있다. 이는 범법사항을 법의 테두리 안에서 민주적인 절차에 따라 해결하고, 그 여건을 조성하기 위해서 지난날의 계급투쟁이나 억압적이고 폭력적인 수단을 배제하도록 설득하고 있는 鄧小平과 보수성향의 원로들의 견해를 같이하고 있다.

셋째, 대외개방과 경제성장 우선정책으로 인해 부정・부패가 만연하게 되자, 李鵬은 부정부패 척결을 선언하고, 특히 경제관련 부서, 예를 들면 금융・세제・가격 관련기관과, 세관, 경찰, 감사원에 대한 사정활동을 강조하고 있다. 한편 진보성향의 개혁세력도 계획경제에서 시장경제로 급속히 전환하는 과정에서 각종 부패가 확산되고 있음을 인정한다. 한 예로 1993년 3월 朱鎔基 부총리는 정경유착에 따른 부패를 언급하기를 "권력이 장사꾼이나 기업가와 손을 잡으면 그 권력은 반드시 부패한다. 중국 공산당이 살아남기 위해서는 권력과 경제의 결탁을 타도해야 한다."[7]

이와 같은 관리의 부패를 뜻하는 '官倒'의 심각성은 천안문 사태에서 첫째 구호가 '官倒打倒'라는 데서 극명하게 드러난 바 있다. 그러나 부정부패의 보다 근원적인 원인에 대해서 진보성향의 개혁세력들은 견해를 달리한다. 이들은 사회주의를 교조적으로 신봉하는 극좌적 보수 성향 때문에 부패구조가 시작되었다고 주장한다. 이에 대해 홍콩 언론인인 劉斯路는 다음과 같이 설명하고 있다.

> 인간에게는 잘 살고 싶어 하는 욕망이 있다. 毛澤東의 공산주의 사상과 이를 추종하는 교조적인 집단 때문에 이 욕망은 분출구를 찾지 못하고 기형적인 형태가 되었다. 그러나 이제 개혁・개방의 시대를 맞아 물질의 유혹에 전 인민이 거의 무방비 상태로 노출되었다. 부패의 악순환은 시작됐고, 그 빌미는 毛澤東의

---

7 『조선일보』, 1993.3.12.

절대 권력이 제공한 셈이다.[8]

나. 정치발전 전략을 둘러싼 노선마찰

한편 지금까지 살펴본 정치발전에 관한 내용 외 노선 간의 이해관계에 직접적인 영향을 미칠 수 있는 인민의 효율적인 정치참여, 당·정 분리, 중앙과 지방간의 권한배분, 인사개편 등에 관해서 동보고서는 구체적인 언급을 회피하거나 의도적으로 간과하고 있음을 다음에서 찾아볼 수 있다.[9]

첫째, 사회주의자 민주주의에 있어서 가장 중요한 부분 가운데 하나인 권력과 인민과의 관계에 있어서 보수성향의 원로 및 개혁세력들은 인민주의자(populist) 시각에서 民主集中制(democratic centralism)를 인민의 다양한 의견을 올바르게 집약하는 제도적 장치로 해석하고, 이와 같은 민주 없이는 정책결정에 필요불가결한 정보를 얻을 수 없을 뿐 아니라 정책수행 과정에서도 인민의 능동적인 참여를 기대할 수 없다는 것이다.

그러나 이들은 서구식 민주주의 개념에 따라 다양한 인민의 이해관계를 정책결정 과정에 반영하고, 이들의 정치참여를 제고하기 위한 근본적인 권력구조의 개혁을 의미하는 것이 아니라, 단지 통치의 효율성이라는 차원에서 개혁 아닌 개선의 필요성을 주장하고 있다. 이들은 그 수단으로 대중노선(mass line)에 따른 下方 즉 위에서 밑으로(top-bottom) 내려가서 인민들의 요구사항을 보고 듣고 확인하여 정책결정에 반영할 것을 권고하고 있다. 나아가서 정치체제 내 인민들의 참여를 허용하나, 이는 어디까지나 제도적으로 보장된 능동적인 참여(bottom-top)라기보다 당에서 조직하고 통제하는 수동적인 참여이다.[10] 나아가

---

8 『조선일보』, 1993.3.12.

9 1989년 6·4 천안문 사태, 1990년 소련의 쿠데타 실패와 소련공산당 해체 이후에도 중국 공산당은 정치개혁에 대한 근본적인 대책을 제시하고 있지 않다. 단지 '평화적인 그리고 점진적인 개혁'이라는 추상적인 단어로 자신들의 민주화 노력을 대신하고 있다. *Economist*, Vol.320, No. 7724, (Sep. 14, 1991), p.36.

10 Bendict Stavis, op. cit., p.3.

서 이들은 서구식 민주주의 형태보다 노동자계급의 정치권력을 보장하는 현 프롤레타리아 민주주의 형태인 공산당 일당독재체제와 인민민주독재에 대해서 확실한 연대감을 표시하고 있다.[11]

이에 대해 鄧小平은 조직인으로서 民主集中制를 협의로 해석하여 통치기구를 운영하는 데 있어서 하부조직과 그 구성원들의 민주적인 토의과정을 존중하나 결정사항은 그 효율성을 제고하기 위해서 일사불란하게 추진되어야 한다는 것이다.

이와 같은 견해 차이에 대해서 李鵬은 인민의 정치참여를 제고하기 위한 제도적인 뒷받침을 하기보다 인민에 대한 통제를 다소 완화한다는 소극적인 입장을 취하고 있다. 진보성향의 개혁세력인 江澤民도 "중국의 사회주의 실험은 이제 새로운 국면을 맞이했다"고 전제하고, "우리는 인민을 통제하는 대신에 이들에게 더 많은 자율성을 부여하는 노선"을 강조하고 있다.[12] 그러나 여기에서도 그는 '더 많은 자율성'에 대한 구체적 언급을 하지 않고 추상적으로 언급한 점으로 미루어 단지 천안문 사태로 취해진 통제를 부분적으로 해제하는 데 상호 동의하고 있음을 의미한다.

둘째, 일당독재체제와 당·정 분리 문제에 있어서 보수성향의 원로들 가운데 펑전에 의하면, 당·정을 포함한 지금의 국가권력기구들은 상호 간의 협력과 역할분담이 잘 이루어지고 있으며, 현 일당독재체제는 인민이 국가권력을 행사하고 요구할 수 있는 가장 효과적인 장치라고 주장한다.[13] 나아가서 그는 서구식 의회민주주의를 포함해서 체제개혁을 요구하는 반체제인사들을 부르주아 반동이라고 비판하면서, 지난 수년간 추진해온 급속한 현대화가 이들 반체제인사들에게 현 체제가 수용할 수 없는 무리한 민주화·자유화를 요구하는 분위기를 조성했다고 진보성향의 개혁세력들을 비난하고 있다.

그러나 진보성향의 개혁세력들은 정치적 민주개혁이 수반되지 않고서는 경

11 Ibid., p.119.
12 『조선일보』, 1992.6.5.
13 *FBIS-CHI*, 1991.4.2, p.42.

제발전에 한계가 있을 것으로 믿고 있다.[14] 따라서 이들은 권력구조 변화에 있어서 천안문 사태 당시 학생과 지식인들이 요구한 서구식 의회민주주의에 대해서 지지하는 입장은 아니라 하더라도 미온적인 태도를 보임으로써 부분적인 수용 가능성을 내비쳤다.

이에 대해서 李鵬은 권력구조의 민주화를 당·정 분리에 따른 권력분립과 견제와 균형의 원리를 적용하는 구조적 차원이 아니라 기존 당과 정부의 조직과 정책결정 과정의 효율성을 제고하기 위한 기능적 차원으로 이해하고 있다. 이는 사회주의 권력구조의 골간이 되는 일당독재체제를 그대로 유지하겠다는 의지의 표현으로 해석된다.[15] 이와 같은 맥락에서 1993년 3월에 폐막된 全人大 8기 1차 전체회의에서 周覺奎 대변인은 “중국 공산당은 집권당으로, 집권당의 지도자가 국가원수인 국가주석직을 겸임하는 것은 국제적인 추세에도 맞는 일”이라고 언급했다.[16] 이에 따라 江澤民 당 총서기를 국가주석으로 선출함으로써 그동안 진보성향의 개혁세력의 일부가 조심스럽게 거론해오던 당·정 분리 대신 일당독재체제를 그대로 수용하고 있음을 확인할 수 있다.

셋째, 지방 분권화(decentralization)와 관련해서 鄧小平과 진보성향의 개혁세력의 기본 입장은 당 11기 3中全會의 鄧小平 보고서(1978.12), 鄧小平의 1980년 논문 ‘당과 국가지도체제의 개혁에 관하여’, 지방장관회의(1986.4)와 정치국 상무위원회(1986.6.28)에서 행한 鄧小平의 연설, 같은 내용의 부수상 萬里의 연설(1986.4), 당 13기 전국대표대회(1987)에 재등장한 수정된 1980년의 鄧小平의 논문 속에 잘 나타나고 있다.[17]

鄧小平과 진보성향의 개혁세력에 의하면 과거 중앙에 집중된 권한은 중국

---

14 David Bachman, “Differing Vision of China’s Post-Mao Economy: The Ideas of Chen Yun, Deng Xiaoping and Zhao Ziyang,” *Asian Survey*, Vol.26, No.3(March 1986) 참조.

15 鄧小平의 개혁·개방정책과 정치엘리트관계에서 현대화를 본격적으로 가동시킨 80년대에도 테크노크라트가 당의 역할을 대체한 증거는 없다. Zano Xiaowei, “Elite Formation and the Bureaucratic-technocracy in Post Mao China,” *Studies in Comparative Communism*, Vol.24, No.1(March, 1991), p.123.

16 『조선일보』, 1993.3.31.

17 Gordon White, op. cit., pp.244~5.

사회의 모든 분야에 침투하였으며, 지방은 일체의 자치권이 부재한 상태에서 중앙의 지시에 의존하였으며, 개인, 지역사회, 기업, 학교, 사회단체도 단지 중앙의 하부조직에 불과했음을 지적한다. 이와 같은 중앙집권은 개인의 창의성을 마비시키고, 생산성의 효율성을 저하시킬 뿐만 아니라, 관료조직의 무능과 부패를 심화시키며, 가치관의 단순성을 가져와 중국의 발전을 근본적으로 저해하고 있다고 비판하고 있다.[18] 특히 鄧小平의 1987년 논문에서는 현대화의 저해요인으로서 관료화, 권력의 집중현상, 가부장적인 통치방법, 고위 간부들의 종신임기제도, 각종 특권에서 오는 폐해를 지적하면서 당과 국가지도체제의 개혁을 주장하고 있다.

그러나 鄧小平의 개혁은 인민의 정치참여 확대를 뒷받침하기 위한 분권화보다 경제정책의 효율성을 제고하기 위한 각급 지방정부의 효과적인 업무수행체제를 수립하는 데 목적을 두고 있으며, 이것마저도 그 세부적인 실천프로그램을 명시하지 않고 있다.

이에 따라 1978년부터 진보성향의 개혁세력은 경제와 관련된 중앙정부의 권한을 크게 위축시키고 지방정부의 권한을 강화시켜왔다. 그 결과 해안에 위치하고 있는 지방정부에 대한 중앙정부의 통제력이 약화되면서 중앙정부는 거시적인 경제정책을 이들 지역에 실시하는 데 많은 어려움을 겪어왔다.[19] 예를 들면 경제발전의 결과로 경제력이 크게 신장된 광둥성과 푸젠성의 경우, 중앙당과 정부는 이 지방의 지도자와 타협할 만큼 지방정부의 권한이 비대해졌다.[20]

한편 보수성향의 원로세력들은 이와 같은 지방분권의 확대가 자원배분의 혼란과 국영기업의 막대한 손실을 초래하였다고 주장하면서 중앙당과 정부가 거시 경제적 차원에서 통제력을 회복하도록 거듭 촉구하고 있다. 한편 李鵬의

---

18 Huang Shiqing and Chang Dehua, "Practice Needs Neo-Authoritarianism," in Liu and Liu, eds., *Neo-Authoritarianism : Debate on Theories of Reform* (Beijing : Economic Institution Press, 1989), pp.295~6.

19 *FEER*, Vol.151, No.16(April 18, 1991), p.13.

20 『조선일보』, 1989.7.25.

보고서는 이와 같이 지난날 과도하게 중앙당과 정부에 집중된 권한을 경제적 효율성의 제고를 위해 지방에 분산시켜온 진보성향의 개혁세력의 정책에 대해서 "일부 권한이 부적절하게 지방에 배분되었으며, 이것은 중앙의 재정수입 감소를 초래했고, 국가의 거시적 경제통제력을 약화시켰다"고 지적한다. 이와 같이 동보고서는 보수성향의 원로와 보수성향의 개혁세력의 주장을 수용하면서도 이 문제를 해결하기 위해서 지난날 강력한 중앙집권체제로의 복귀를 주장하지 않고 중앙과 지방 사이에 보다 적절한 권한배분이라는 절충안을 제시하며 노선 간의 타협점을 모색하고 있다.

넷째, 지금까지 중국의 권력구조는 원로세력 내부에서도 鄧小平을 정점으로 한 단일지도체제가 확립된 것이 아니고, 陳雲 등 보수성향의 원로들이 鄧小平에게 직・간접적으로 제약을 가하고 있는 집단지도체제의 성격을 띠고 있다. 陳雲에 의하면 모든 주요결정은 집단적으로 충분한 협의를 거쳐야 하며 결코 어느 한 사람이 마지막 결정을 내려서는 안 된다고 주장한다.[21] 이는 鄧小平의 독주를 견제하기 위한 원로세력들의 우려를 대변한 것으로 보인다. 이에 대해 鄧小平 자신도 권력의 집중이나 당의 단일지도 체제가 지나치게 강조되면 모든 권력이 부적절하게 당 중앙위에 집중되고, 집중된 당 중앙위의 권력은 결국 소수의 서기 특히 당 총서기의 수중에 집중되며, 그 결과 당 총서기가 모든 일을 주도하고 결정함으로써 독재가 일어난다고 주장한다. 그러므로 원로세력 상호간에는 집단지도체제야 말로 전근대적이며 권위적인 단일지도체제의 출현을 저지할 수 있다는 공감대가 형성되어 있다.[22]

이와 같이 양자의 견해가 일치되고 있는 배경은 먼저 이들 원로세력 간의 인간관계와 경험에 기인한다. 이들은 모두 대장정에 참여하였고, 공산혁명의 주체로서 일익을 담당하였으며, 문화혁명 때는 함께 숙청을 경험하였고, 毛澤東 사망 전후 다시 정치일선에 복귀한 공통점을 지니고 있다. 더욱이 1977년 鄧小

21 David Bachman, "Differing Vision of China's Post-Mao Economy: The Ideas of Chen Yun, Deng Xiaoping and Zhao Ziyang," *Asian Survey*, Vol.26, No.3(March 1986) 참조.

22 Parris H. Chang, op. cit., p.31.

平의 복귀에는 이들의 도움이 절대적이었다. 그러나 집단지도체제에 대한 원로들 간의 합의는 여기에서 종결된다. 후계구도와 관련된 인사개편에 있어서 보수성향의 원로인 陳雲 등은 '江澤民과 李鵬, 2개의 핵심론'을 주장한 반면에 鄧小平은 "제1세대의 핵심은 毛澤東 동지였고, 제2세대의 핵심은 나였으나, 앞으로 제3세대의 핵심은 江澤民 동지가 될 것"이라고 강조하면서 '1개의 핵심론'을 주장하였다.[23] 이에 대해서 李鵬의 보고서는 "부총리급 이상의 인사는 없을 것"이라고 언급함으로써 더 이상의 마찰을 의도적으로 회피하고 있다.[24] 그러나 1992년 10월 18일과 1993년 3월 31일에 각각 폐막된 중국 공산당 14기 전국대표대회와 全人大 8기 1차 전체회의에서 鄧小平은 향후 권력구조의 성격을 가늠할 수 있는 대규모 인사개편을 단행하였다.[25] 특히 93년 3월의 全人大에서 江澤民 당 총서기를 국가주석뿐만 아니라 국가중앙군사위원회 주석으로 선출함으로써 당·군·국가의 최고 지휘권을 한 사람에게 집중시켰다. 이와 같은 인사개편은 鄧小平의 '하나의 핵심론'에 따른 후계구도를 의미하는 것이다. 나아가서 全人大 상무위원장과 전국인민정치협상회의 주석에 鄧小平의 신임을 받고 있는 喬石과 李瑞環이 각각 선출되었으며, 공산당원이 아닌 榮毅仁 국제투자신탁공사 이사장이 국가부주석으로 발탁되었고, 또한 江澤民의 후임 상하이시장 출신으로 진보성향의 개혁세력인 朱鎔基를 수석부총리로 기용해 중국경제의 핵심적인 역할을 맡기는 한편 李嵐淸 부총리가 대외무역 문제를, 錢其琛 부총리가 외교문제를 각각 전담토록 조처했다.

23 『조선일보』, 1993.3.31.

24 *FEER*, Vol.151, No.16(April 18, 1991), p.12.

25 『조선일보』, 1992.10.19; 1993.3.31. 당 14기 전국대표대회에서 楊尙昆이 모든 당직을 사퇴했다. 이는 鄧小平의 '당의 年輕化' 요청을 수락한 데서 이루어진 것으로 알려졌다. 또 중앙위원 명단 가운데 萬里 全人大 상무위원회 위원장, 宋平과 姚依林 두 정치국상무위원, 吳學謙 부총리, 秦基偉 국방부장 등 7명의 원로정치국원들의 명단도 함께 제외됐다. 특히 그동안 원로에 의한 정치개입의 제도적 기구인 당 중앙고문위를 해체함으로써 보수성향의 원로의 중심인 陳雲의 당직은퇴를 공식화했다. 중국 공산당이 발표한 중앙위명단은 정위원 189명, 후보위원 130명 등 모두 319명으로 46.7%가 새로운 인물로 채워졌으며, 당의 3대 선전기구를 장악하고 있던 王忍之(당 선전부장), 賀敬之(국무원 문화부장 대리), 高狄(『인민일보』 사장)이 중앙위원 명단에서 제외되었다.

결국 이번 全人大의 인사개편은 鄧小平의 후계구도와 함께 사회주의 시장경제의 지속성을 가늠할 수 있는 진보적인 개혁성향의 인물로 인선되었다는 점에서 주목할 필요가 있다. 그러나 이와 같은 대규모 인사개편을 鄧小平이 단독으로 처리했다고 보기는 어려우며, 지난날 실제로 중국을 경영해 오던 8명의 원로 가운데(葉劍英, 李先念, 鄧穎超, 王震 등은 사망) 아직도 정치에 직·간접적으로 관여하고 있는 陳雲, 彭眞, 薄一波 등 3명의 보수성향의 원로들의 묵시적인 승인이 있었던 것으로 짐작된다.[26] 그 이유로서 李鵬 총리가 유임되고, 최근 경기과열과 심각한 인플레이션을 진정시키기 위해서 중앙정부의 '巨視調整' 정책을 발표한 것에서 찾아볼 수 있다. 그러므로 중국의 인사개편을 제로섬의 권력투쟁으로 보기에는 무리가 있다. 즉 4명의 원로들은 권력투쟁이 통제되지 않는 상태로 방치될 경우 정치적 혼란과 분열을 가져올 것이며, 이는 제2의 천안문 사태와 자신들의 정치적 입지마저도 상실할 가능성이 높다고 판단했기 때문이다.[27]

다. 정치개혁의 장애요인

현 중국 지도부는 근본적인 정치개혁에 관한 논의를 금기시하거나 논의되더라도 학문적인 차원에 머물러 있으며, 단지 이들은 기존의 정치체제를 보다 합리적으로 개선함으로써 통치의 효율성을 제고한다는 차원에 머물러 있다. 나아가서 후계구도와 관련한 인사개편이 있었지만, 이것 또한 권력 투쟁적 차원에서 이루어졌기보다 노선 간의 타협의 산물로 나타나고 있다. 이와 같이 정치개혁과 권력구도에서 실질적인 변화의 한계를 설명할 수 있는 원인으로서 1) 중앙집권적인 정치문화, 2) 기득권을 유지하려는 현 지도부의 정치적 이해관계, 3) 노선마찰을 표면화시키지 않고 지도부의 단결과 정치적 안정을 유지하려는

26 *World Press Review*, Vol.38, No.8(August, 1991), p.60; 『조선일보』, 1992.3.7; 1993.3.13.
27 David Bachman, "Preparing for the Succession", op. cit., p.253.

정치엘리트의 묵시적 합의를 들 수 있다.[28]

첫째, 2000년 이상 중국은 중앙집권적인 권위주의체제를 경험해 왔다. 과거 중국의 정치엘리트들은 오로지 강력한 중앙집권체제만이 '亂'이나 무질서 등을 극복하고 이 거대한 제국을 효과적으로 통치하며 부국강병을 이룩할 수 있다고 믿은 나머지, 이들은 지방 분권화, 권력분립, 인민들의 효율적인 정치참여나 정치형태로서 민주주의의 개념 등을 발전시킬 정치 환경을 조성하질 못했다.

이와 같은 전통적인 정치문화는 인민의 동의에 의한 국가목표 설정보다 변증법적 유물론에 입각한 역사적 필연성을 실현하고자 하는 현 중국 공산주의체제 속에 여러 가지 형태로 남아 상승작용을 일으키고 있다. 즉 오늘날 4가지 국가통치이념 가운데 '공산당 영도'라는 개념으로 중앙집권화 된 일당독재체제가 그대로 존속하고 있다. 鄧小平의 1980년 논문인 '당과 국가지도체제의 개혁에 관하여'에서도 중앙집권체제는 오랜 중국의 역사와 모든 사회주의국가에서 찾아볼 수 있는 전형적인 통치형태임을 인정하고 있다.[29] 따라서 중국 지도부는 정치문화 가운데 그 뿌리가 없는 지나친 분권화는 1910년대와 20년대 볼 수 있었던 군벌과 같은 무정부상태를 초래할 것으로 보고 우려하고 있다.

둘째, 정치적 분권화에 대한 반대는 기득권을 유지하려는 정치엘리트의 개인적인 이해관계에서 찾아볼 수 있다. 먼저 급속한 정치개혁은 고령의 지도자를 강제로 은퇴시키는 결과를 가져올지 모른다. 나아가서 현 지도층은 분권화 과정에서 자신들의 권한이 줄어들고, 개혁으로 인해 지금까지 부여되었던 각종 특권이 철폐됨으로써 친척, 친구, 정치적 지지 세력에게 과거와 같은 혜택을 줄 수도 없으며, 기업으로부터 기부금이나 뇌물을 받을 기회를 상실할 가능성도 높다. 그러므로 상당수 지도자들은 점진적인 정치개혁을 승인하지만, 자신의 개인적 이해관계를 약화시키는 개혁에는 반대하고 있다. 즉 "더 많은 권력이 수중에 있으면 있을수록, 그 권력을 축소하거나, 다른 사람과 나누어 갖는다는

28 Benedict Stavis, op. cit., p.67.

29 Ibid., p.10.

것을 더욱 주저하게 된다"[30]는 현상이 노선을 떠나 원로세력과 개혁세력 모두에게 공통으로 남아 있다.

셋째, 보수성향의 원로, 보수성향의 개혁세력들은 인민주의자로서 정부와 인민 간의 비제도적 관계개선에 관심을 가지고 있는 반면에 鄧小平과 진보성향의 개혁세력들은 조직인(organizationist)으로서 조직의 기능을 강화하기 위한 제도적 개선을 주장하는 등 서로 상이한 견해를 보이고 있다. 그러나 현 중국의 엘리트는 현대화를 달성하기 위해서 오랜 시간에 걸쳐 지도부의 단결과 정치적 안정이 긴요하다는 데 공통된 인식을 하고 있으며, 나아가서 통치의 효율성을 제고하기 위해서 기존 정치체제의 조정과 개선에는 동의하지만 당·정 분리나 지방정부에 대한 중앙정부의 대폭적인 권한이양이나, 지방자치에 따른 지방분권과 같은 근본적인 정치개혁에 대해서는 부정적인 인식을 함께 하고 있다. 여기에서 노선마찰을 최소화하기 위한 정치적 타협이 필요했으며, 그 결과 노선 간의 이해관계가 첨예하게 대립될 수 있는 정치관련 구조개혁에 있어서 현재의 권력구조를 유지하되 지방정부에게 권한보다 책임을 강화하는 방향으로 분권화가 진행되어 왔다.

3. 결론

지금까지 李鵬 보고서에서 나타난 정치발전의 성격과 향후 변화가능성을 요약하면 다음과 같다. 李鵬 보고서는 90년대 중국의 정치발전에 대한 대강을 밝히고 있지만, 동보고서가 담고 있는 정치개혁의 틀과 실천방안은 보수성향의 원로, 보수성향의 개혁세력과 鄧小平·진보성향의 개혁세력 간의 상이한 노선을 절충하고자 '개혁과 개방을 지속적으로 추진하되 4대 원칙의 준수'라는 원칙을 설정하고 있다. 그러나 동보고서는 노선 간의 이해관계가 첨예하게 대립되는

30 *FBIS-CHI*, Oct. 9, 1986, p.16.

정치개혁에 있어서는 경제발전에 필요불가결한 최소한의 제도개혁을 제외하고는 정치적 안정을 유지하기 위해 현재의 권력구도를 유지하되 중앙의 권한을 보다 강화하려는 데서 그의 중도좌파적인 성향을 읽을 수 있다.

4

江澤民 중심의 집단지도체제와 정치개혁*

1. 서론

지난 1997년 2월 중국의 최고 지도자 鄧小平이 사망한 이후 국내외 중국관계 전문가들은 江澤民 시대의 권력구조 성격과 향후 정치개혁의 방향을 분석하는 데 상당한 견해차를 보이고 있다. 일부에서는 江澤民을 정점으로 한 단일지도체제의 확립과 함께 鄧小平의 현대화 정책을 지속적으로 추진할 것으로 예견하는가 하면, 다른 한쪽에서는 江澤民을 중심으로 한 과도기적 집단지도체제의 등장과 함께 현대화 정책을 다소 수정할 것으로 전망하고 있다.[1] 이와 같은 상이한 분석의 배경에는 지난 18년 동안 강력한 리더십으로 정책대립과 권력투쟁을 견제하고 정치적 균형을 유지해온 鄧과 같은 카리스마적인 원로가 없는

* 「중국 문민집단지도체제와 정치개혁」, 『한국군사』 제9호, 1999.7.1., pp.76~102.

1 Bruce Bueno de Mesquita and Yi Feng, "Forecasting China's Political and Economic Future," *Problems of Post-Communism*, March / April 1997, pp.14~27.

현 상황에서, 누가 어떤 방법으로 이 권력의 진공상태를 채울 것인지 보는 이의 시각에 따라 다를 수 있기 때문이다.

1949년 이래 중국 공산당 지도부는 단일노선을 유지하기보다 상이한 정책대안을 두고 갈등현상을 일으켜 왔다. 鄧小平 시대에도 집단지도체제의 구성원들이 선진 사회주의국가 건설이라는 국가목표를 설정하고, 이를 달성하기 위해서 개혁·개방정책을 추진하는 데는 의견일치를 보였으나 개혁·개방의 내용, 범위, 속도, 방법을 둘러싸고 노선갈등을 빚어왔었다. 鄧小平 사망 후 처음으로 5천 8백만 명의 중국 공산당원 가운데 2,108명의 대표가 모인 중국 공산당 15기 전국대표대회(1998년 9월 12일~18일)에서 江澤民이 전체 당대회 분위기를 주도하면서 지도부 내 안정과 단결을 과시하고 있으나, 그 이면에는 지도부 내의 상당한 마찰이 있었다는 보도가 이를 뒷받침하고 있다.[2]

한편 이 노선투쟁은 1992년 초 鄧小平의 南巡講話 이후 鄧小平 중심의 집단지도체제 가운데 鄧과 陳雲 간의 대립에서 볼 수 있듯이 권력을 두고 泥田鬪狗하는 투쟁이 아니라 공생을 바탕으로 한 양보, 설득, 타협이 규범으로 작용하여 왔다. 이 경우 대체로 중요한 정책결정 과정에서 상이한 의견 군(opinion group)을 이루어 자신들의 노선이 옳았음을 강조하고, 다수의 결정이 난 뒤에는 안정과 단결, 기득권을 유지하기 위해서 그 결정을 따랐던 것이다. 그러나 개인의 이해관계나 노선을 추종하는 집단의 이해관계를 직접 위협하는 중대한 상황에서는 노선투쟁이 표면화되었다. 따라서 이 장에서는 鄧小平 사후 권력구조의 성격과 정치개혁의 방향을 분석하기 위해서 '노선투쟁의 변증법적 발전과정(the dialectical process of two-line struggle)' 개념을 원용하고자 한다.[3]

---

2 *South China Morning Post*, 1997.9.20; *Washington Post*, 1997.9.15.

3 鄧小平 시대의 권력엘리트는 상이한 정책대안을 두고 보수성향의 개혁세력과 진보성향의 개혁세력 간에 갈등현상을 빚어왔다. 노선갈등을 일으킨 구체적인 정책대안으로서 사회주의 민주주의 개념정의와 인민들의 정치참여 방안, 중앙정부와 지방정부 간의 권한배분, 당·정 분리와 全人大의 활성화 문제, 지식인들과 학생들의 자유화와 민주화 요구에 대한 대응방안, 정부의 경제정책 결정권과 기업의 자율성에 관한 문제, 시장경제와 계획경제의 비율설정, 경제성장 속도에 관한 문제, 지역과 인민 간의 소득격차 문제, 부정부패와 정신오염에 대한 진단과

2. 집단지도체제

집단지도체제는 중국 정치에서 생소한 개념이 아니다. 먼저, 鄧小平 시대의 권력구조는 鄧小平을 정점으로 한 단일지도체제가 아니고 陳雲 등 보수성향의 원로들이 鄧小平에게 직·간접적으로 제약을 가하는 집단지도체제의 성격을 띠고 있으며, 이와 같은 집단지도체제가 지난 18년간 유지되면서 하나의 정치문화로 자리 잡고 있다. 나아가서, 鄧小平은 자신이 사망한 이후에도 현대화를 지속적으로 추진하고자 진보성향의 개혁세력을 중심축으로 삼고, 보수성향의 개혁세력을 보조축으로 한 집단지도체제의 내실을 꾸준히 다져왔다. 따라서 鄧小平 사망 직후 江澤民을 중심으로 한 집단지도체제가 등장하는 것이 당연하다. 실제로 鄧 사후 처음으로 열린 당 15기 전국대표대회에서 행한 江澤民의 연설내용 또한 자신의 견해라기보다 '집단의 지혜를 집약한 것'으로 표현함으로써 당에서 그의 위치를 설명하고 있다. 나아가서 鄧小平 당시 江澤民을 '제3세대 집단지도 체제의 중심'으로 기술하였지만, 상기 논평에서는 '당 총서기 江澤民을 우두머리로 한 제3세대의 중국 공산당 집단지도체제'라고 2번이나

처방 등을 들 수 있다. 그러나 이 두 세력은 경제현대화에 필수적인 정치적 안정기반과 지도자 상호간의 단결이라는 공통의 명제와 함께 현실적인 이해관계로 노선마찰을 제한하고 공생을 바탕으로 한 타협을 모색하여 왔다. 그 결과 진보성향의 개혁세력이 보수성향의 개혁세력의 노선을 수용함으로써 4차례나 고도 경제성장과 '治理整頓' 사이에 변증법적인 변화과정을 보여주고 있다. 따라서 중국 정치를 분석하는 개념 가운데 하나로서 '노선투쟁의 변증법적 발전과정'의 유용성이 많은 학자들에 의해서 지적되어 왔다. 이 개념에 관한 보다 구체적인 참고자료는 다음과 같다: Richard Baum, *Burying Mao: Chinese Politics in the Age of Deng Xiaoping* (Princeton: Princeton Univ. Press, 1994), pp.5~12; Kenneth Lieberthal, "The Politics of Modernization in the PRC," *Problems of Communism*, May / June 1978, pp.1~17; Harry Harding, *China's Second Revolution: Reform after Mao* (Washington D.C.: The Brookings Institution, 1987), pp.70~71; Bill Brugger and Stephen Reglax, Politics, *Economy and Society in Contemporary China*, (Stanford, CA: Stanford Univ. Press, 1994), pp.48~88; 김영문, 「10년 국가발전 전략과 8·5 계획 속에 나타난 중국 지도부의 노선투쟁에 관한 연구」, 『국제정치논총』 제33집 2호, 1993, 225~244면; 앞의 책, 「鄧小平 시대의 脫중앙집권화와 反분권화 갈등구조」, 『중소연구』 제18집 제3호, 1994, pp.119~ 138; 앞의 책, 「중국 지도부의 정치발전 전략과 노선투쟁」, 『대구·경북정치학회보』 제2호, 1994, pp.111~129; 앞의 책, 「鄧小平 사후 중국권력구조의 성격분석」, 『대구·경북정치학회보』 제4호, 1996, pp.73~110.

언급함으로써 '중심' 아닌 '집단지도체제'를 거듭 강조하고 있다.[4] 따라서 본 절에서는 1) 鄧 사후 등장한 새로운 文民집단지도체제와 권력기구 상호간의 역학관계의 변화, 2) 현 집단지도체제의 성격, 3) 현 집단지도체제의 변화 가능성 등을 살펴보고자 한다.[5]

첫째, 江澤民 초기의 집단지도체제는 당, 정부, 全人大를 대표하는 江澤民, 朱鎔基, 李鵬으로 구성되어 있으며, 이들은 鄧小平이 남기고 간 권력의 진공상태를 메울 수 있는 주요한 권력의 경쟁자들인 동시에 당분간 중국 정치의 주류를 형성하고 있다. 이와 같은 배경으로서 鄧小平이 1978년 4개 현대화를 시작한 이래 당, 정, 군, 全人大의 성격, 위상 및 역학관계의 변화와 집단지도체제의 구성원들 가운데 카리스마적인 리더십의 부재를 들 수 있다.

1) 중국 공산당은 당의 역할에 대한 새로운 정의로 인하여 그 지도력이 약화된 동시에 당에 대한 일반 대중들의 지지 또한 약화되었다. 지난날 혁명적인 이념을 기반으로 대중정당의 성격을 지녔던 중국 공산당이 오늘날은 실용적이며 체제유지 내지 관리차원의 엘리트 정당으로 변하고 있음을 15기 전국대표대회에 선출된 중앙위원의 분석에서 찾아볼 수 있다. 이번 당대회에서 선출된 344명의 당 중앙위원들은 지난번보다 젊고, 더 많은 교육을 받은 기술관료 출신들이다. 이들 가운데 무려 63%가 초선위원이며, 평균연령은 55.9세로 지난번 대회 때 56.3세에 비해 다소 젊어졌으며, 교육정도 또한 지난번의 61%에 비해 72%가 대학 수준의 교육을 받은 것으로 나타났다. 특히 과학, 공학, 경영, 금융 등의 전문교육을 받은 기술관료 출신의 중앙위원이 56%로서 지난번의 40%에 비해 훨씬 높다.

나아가서 鄧小平은 1978년 3월 18일 국가과학회의에서 중국 공산당의 역할

4 *Beijing Review*, 1997.10.6~12, pp.4~5.

5 지난 50년 동안 중국을 지배해온 毛澤東과 鄧小平 시대에 八老 가운데 상당수가 군의 경험과 경력을 가지고 있었지만, 현 트로이카 체제의 구성원인 江澤民, 李鵬, 朱鎔基는 과거와 달리 군의 경험과 경력이 전혀 없는 민간 기술관료 출신이다. 이것은 중국의 파워 엘리트의 성격을 분석하기 위한 民·軍관계에서 文民 우위라는 새로운 환경을 제공하고 있으며, 필자는 이를 강조하기 위해서 '文民집단지도체제'라는 개념을 사용하고 있다.

을 기존의 총체적인 지도력에서 정치적인 지도력으로 재 정의하고 있다. 그에 의하면 지난날 중국 공산당은 정부, 군, 全人大 등 모든 조직을 통제하고 지휘 감독하는 권력의 중심이었으나, 향후 당은 모든 분야에서 권력을 독점하거나 간섭해서는 안 된다는 것이었다.[6] 당시 이와 같은 당 지도력에 대한 새로운 정의는 당의 지도적인 위치에 변화를 시도한 것이 아니라, 당이 경제현대화라는 지상과제를 효과적으로 추진하기 위해서 정부와 여타 사회경제적 조직에게 더 많은 재량권을 부여하기 위한 것이었다. 그 결과 당 지도력의 약화와 다른 조직의 위상강화는 당과 이들 조직 간의 역학관계에 상당한 영향을 미쳤다.[7]

나아가서 중국 공산당은 정권을 수립한 지 50년이 지나면서 과거와 같은 혁명적 열정과 이념으로 대중을 강제동원하고, 사회경제적인 하부조직에 대한 당의 강력한 통제력을 행사해온 당의 기능이 서서히 약화되었다. 특히 1990년대 들어서면서 당을 이탈한 당원의 증가로 도시의 국유기업과 향과 진에 있는 당 조직의 1/3이 기능을 제대로 발휘하지 못하고 있는 것으로 전해지고 있다.[8] 한 여론조사에 의하면 응답자의 71.6%가 대중들의 일상생활에 당이 아무런 영향을 미치지 못하고, 단지 5.4%만이 그 영향을 받았으며, 또한 당 기관지인 『인민일보』와 『광명일보』의 경우 그 구독률이 각각 28%와 35%나 감소되었다.[9] 이와 같은 기층인민들의 지방 당과 관영 언론매체에 대한 무관심과 부정적인 태도는 1990년대에 중국 공산당이 기초 하부조직으로 갈수록 인민을 동원하고, 이들의 지지를 유인할 수 있는 능력을 상실해 가고 있음을 그대로 반

6 *Selected Works*, op. cit., pp.113, 153.

7 *People's Daily*, 1986.9.3.

8 Suisheng Zhao, "Political Reform and Changing One-Party Rule in Deng's China," *Problems of Post-Communism*, Vol.44, No.5, September / October, 1997, pp.17~8. 통계에 의하면 1995년 유랑당원의 수가 전체당원의 5%(2백5십만 명)이며, 지방의 경우 이 숫자가 무려 10%로서, 이들의 상당수가 풀뿌리 당 조직의 책임을 지고 있는 간부들이다.

9 *FBIS-CHI.*, 1995.2.6., p.24. 이와 같은 숫치는 같은 질문에 대한 미국 국민들의 응답과는 대조적인 반응을 보이고 있다. 즉 미국의 경우 단지 10%만이 지방정부가 자신들의 일상생활에 아무런 영향을 미치지 않으며, 무려 1/3 이상이 상당히 영향을 미치고 있다고 답한다. Suisheng Zhao, Ibid., p.19. 『인민일보』는 1992년의 2백3십만 부가 1993년에 1백6십5만 부로, 『광명일보』의 경우 1992년의 2백3십만 부에서 1993년의 1백5십만 부로 감소되었다.

영하고 있다.

2) 당 지도력의 약화는 당·정 분리는 아니지만 기존 당·정관계의 변화를 가져왔다. 먼저, 정부의 위상 변화는 이번 당대회의 중앙위원 가운데 26%가 중앙정부의 각료급 출신이며, 이는 지난번 18%보다 높아졌다는 데에서 잘 나타나고 있다. 나아가서 인사제도에 있어서 각급 당 서기나 당 위원회 상무위원들로 하여금 정부의 직책을 겸임하지 못하도록 하고, 공개경쟁과 업적평가를 중심으로 한 새로운 정부 공무원제도를 통해서 정부의 인사에 대한 당의 개입을 제한함으로써 정부의 기능을 효율화하였다. 1993년 8월 14일 국무원에 의해 공포된 공무원 임시규정안은 기존의 당에 의한 임명제 외에 공개경쟁시험과 업적에 따라 간부를 채용하고 승진시키는 내용을 제도화하였으며, 이와 같은 정부 인사제도의 변화는 정부 내 당에 의해서 정치적으로 임명된 공무원의 수가 현저히 감소됨을 의미한다.

더욱이 같은 상하이 출신이면서도 정치적으로 江澤民과 마찰을 빚어온 정치국 상무위원회 서열 5위인 朱鎔基 부총리가 정치국 상무위원회 서열 3위이자 총리로 승격된 사실은 朱鎔基를 견제하기 위하여 심복인 吳邦國 부총리를 총리로 승격시키고자 노력하였던 江澤民에게 또 하나의 부담이다. 朱鎔基는 지난 1992년부터 다시 시작된 고도경제성장정책의 여파로 심각한 몸살을 앓고 있던 중국경제를 진정시키는 데 중심 역할을 해온 것으로 전해진다. 따라서 그는 향후 경제 문제에 관한 한 중앙정부의 권한을 강화하여 경제개혁을 효과적으로 추진하려는 자신의 주장을 강조할 것으로 보인다.[10]

3) 全人大는 수년 전부터 당과 정부, 중앙과 지방의 가교역할을 통해 입법 및 감독기구로서의 입지를 강화하는 데 비교적 성공적이었다. 과거의 노멘클라투라 체제하에서 全人大는 당·정의 고무도장(rubber stamp)에 불과했으나 全人大는 李先念, 彭眞, 喬石의 리더십에 의해서 보다 공개적이고 협의하는 정치기

10 Willy Wo-Lap Lam, *China After Deng Xiaoping: The Power Struggle in Beijing Since Tiananmen* (N.Y.: Wiley, 1995), p.345; Joseph Fewsmith, "Jockeying for Position in the Post-Deng Era," *Current History*, Vol.94, No.593(June 1995), p.255.

구로서 발전하였다. 이들에 의하면 "민주주의는 제도화되고 법적으로 조문화되어야 한다. 그렇게 해야만 이 제도와 법은 지도부의 변화에도 불구하고 변하지 않는다"라고 주장하면서 全人大를 국가헌법이 명시한 권력의 최고기관으로서 정부를 감시·감독하는 기능을 강화하는 한편 과거 어느 때보다 더 많은 법안을 심의 통과시킴으로써 全人大의 역할증대를 도모해왔다. 특히 差額選擧制하의 全人大 대표들은 과거보다 책임감과 정치적 경쟁의식을 갖고 있음으로 인해 당이 全人大를 과거와 같이 완전히 통제하는 것은 용이하지 않다. 따라서 1990년대 초 이후부터 당이 주요결정에 있어서 全人大를 통제한다는 기존의 관념이 서서히 퇴색하고 있다는 사실을 全人大 회기에 앞서 열린 全人大 대표들이 당의 결정을 종종 무시한 데서 찾아볼 수 있다. 이와 같은 변화는 1983~84년의 반정신오염운동, 1987년의 반부르주아 자유화운동, 심지어 1989년의 천안문 사태 이후의 반자유화, 민주화운동이라는 혼란 와중에도 계속되었다.

또한 全人大의 위상 변화는 집단지도체제하에서 지도자들의 상호경쟁과 全人大를 자신의 권력기반으로 삼고자 하는 동기가 중요한 역할을 하였다.[11] 全人大 주석 喬石은 全人大를 국가 최고 권력기구로서의 헌법상 권리를 이용함으로써 당과 정부를 견제하려는 시도를 찾아볼 수 있다. 그가 全人大의 주석으로 있는 기간 중 1993~95년 사이에 무려 70건 이상의 법안을 통과시켰으며, 이는 1979~1996년간 18년 동안에 304건의 법안과 결정을 한 사실과 비교된다. 나아가서 1997년에는 '법의 지배'로 이행하는 이정표로 볼 수 있는 형사법과 민법이 그의 노력으로 통과되었다.[12] 같은 맥락에서 全人大 상무위원회 주석직을

11 Pitman B. Potter, "Curbing the Party: Peng Zhen and Chinese Legal Culture," *Problems of Post-Communism*, Vol.45, No.3, May / June 1998, pp.17~28; Murray Scot Tanner and Chen Ke, "Breaking the Vicious Cycles: The Emergence of China's National People's Congress," *Problems of Post-Communism*, Vol.45, No.3, May / June 1998, pp.29~47.

12 Shi Sha, "Changes in the NPC," *China Times Magazine* 170(1995), pp.42~43; Li Jinshan, "The NPC System and Its Evolution: From Nomenklatura to Selectorate," *Issues & Studies*, Vol.34, No.3(March 1998), p.19. 喬石 全人大 주석은 93년 3월에 취임한 후 사회주의 민주주의와 법률제도 사이에 불가분의 관계를 언급하면서 조속한 시일 안에 민주적인 법제도의 완성을 약속하고, 이를 위해 각급정부의 정책결정 과정에서의 민주화, 정부활동에 대한 全人

승계하는 데 성공한 李鵬은 현재 집단지도체제의 성격이 과도기라는 점을 고려하여 헌법이 부여한 全人大의 역할 즉 정부를 감독하고 입법하는 권한을 강조하면서 자신의 입지를 넓힐 것으로 전망된다.

특히 분권화가 진행되면서 향후 중앙당과 중앙정부의 통제력이 약화되고, 심각한 인플레이션이 야기되며, 인민과 지역 간의 소득격차로 인민 가운데 특히 농민들의 상대적 박탈감이 심화되고, 당·정·군의 간부들과 그들의 자녀들 소위 태자당의 부정·부패로 국민들의 원성이 고조되며, 국유기업의 근로자들은 실직가능성으로 불안해하고, 청소년들의 정신오염 상태와 범죄율은 날로 심각해지고, 도시로 유입된 농촌인구는 극한적인 생활상으로 시달릴 경우,[13] 李鵬은 상기 문제들을 해결하는 과정에 능동적으로 참여하고, 다양한 사회적 이해관계 즉 다양한 분야, 조직, 지역의 요구에 대해 보다 폭 넓은 반응을 보임으로써 당과 일반 대중으로부터 지도자로서 자신의 이미지를 제고하는 데 全人大의 역할을 적극적으로 이용할 것이다.

4) 일부 관계전문인들은 鄧小平 사후 위기상황이 발생하고, 과도기적 집단지도체제에서 단일지도체제로 이행하는 과정에서 지도자들이 군부의 지지를 받아내고자 할 때 지난날 군의 정치적 역할로 미루어 군부의 정치개입을 배제할 수 없다고 주장한다.[14] 분명히 중국의 인민해방군은 국가의 군대가 아니라 당의 군대이며, 정치성이 배제된 서구식 직업군인제도가 확립되어 있지 않고 "권력은 총구로부터 나온다" 등 毛澤東의 어귀에서 찾아볼 수 있듯이 중국에서 군부의 정치개입은 하나의 정치문화로 자리 잡고 있다. 그 대표적인 사례로 문화대혁명과 6·4 천안문 사태에서 사태수습을 위한 군부의 개입을 들 수 있다.

그러나 이들은 향후 군의 정치개입을 최소화하는 데 기여할 수 있는 3가지

大의 기능 활성화를 촉구하여 왔다.

13 K. Griffin and Zhao Renwei, eds., *The Distribution of Income in China* (London: Macmillan, 1993), pp.34, 82; *Beijing Review*, 1995.4.3~16, p.2.

14 A. James Gregor, "The People's Liberation Army and China's Crisis," *Armed Forces and Society*, Vol.18, No.1(Fall 1991), pp.7~28; Chong-pin Lin, "The Stealthy Advance of China's People's Liberation Army," *the American Enterprise*, Jan. / Feb. 1994, pp.29~35.

요인을 과소평가하고 있다. 먼저, 오늘날 중국이 처하고 있는 사회·경제적 상황이 혁명적 위기상황이 아니며, 분권화 과정도 공국현상을 일으킬 정도가 아니다. 대만문제 또한 대만총선 이후 진정국면에 있으며, 베이징 정부 내 지도자 간의 노선투쟁은 있지만 통제된 범위 안에 있어 군의 정치개입이 정당성을 확보할 수 없는 상황이다.

나아가서, 鄧小平의 군 현대화 작업은 군의 전문성과 직업성을 강조하여 왔으며, 그 결과 극소수의 최고위 장성을 제외한 대부분의 장성과 중견간부들 가운데 정치성향을 가진 정치군인이 그 어느 때보다 적다. 중국은 1980년부터 당원의 군 입대가 중단되었으며, 인민해방군 간부들은 정치적 임용 대신에 사관학교 졸업생들로 충원되고 있고, 군의 인사, 예산, 교육, 훈련의 효율성·합리성·객관성을 제도화하고 있는 실정이다.[15] 특히 군의 커리큘럼은 전문성에 관련된 내용이며, 정치교육이 차지하는 비율은 현저히 줄어들어 과거 1960년대 40%를 차지하던 것이 1980년대 초에는 20%로 줄어들었고, 90년대 들어와서도 이 추세는 계속되었다.

일부 장성을 포함한 중견간부들이 군의 전문성과 비정치성을 내세워 천안문 사태를 수습하기 위한 계엄령에 군이 동원되는 것을 반대하거나 비판한 것은 이와 같은 인민해방군의 성격변화로 설명할 수 있다. 당시 중국의 정예부대인 38군이 동원명령을 받았으나 군사령관은 非무장한 국민을 상대로 무력을 행사하는 것을 반대한 나머지 칭병을 구실로 병력이동을 지연시켜왔다. 당시 군부는 합법적인 절차에 따른 당의 명령에는 복종하겠지만 특정 원로의 초법적인 결정에 따라 병력을 움직이는 것에는 반대했던 것으로 전해진다. 실제로 鄧小平은 무력사용을 결정하는 과정에서 당 지도부와 공식협의를 배제하고 소수의 원로,

15 David Shambaugh, "The Soldier and the State in China: the Political Work System in the People's Liberation Army," *The China Quarterly*, No.127(Sep. 1991), pp.527~68; Harlan W. Jencks, "Civil-Military Relations in China: Tiananmen and After," *Problems of Communism*(May ~June 1991), pp.14~29; Nan Li, "Changing Functions of the Party and Political Work System in the PLA and Civil-Military Relations in China," *Armed Forces & Society*, Vol.19, No.3, Spring 1993, pp.393~409.

퇴임 내지 퇴임직전의 군의 간부로부터 지지를 구하는 형식을 취했다.[16] 따라서 鄧 死後 중국이 처할 위기의 정도에 따라 군부가 과거와 마찬가지로 정책결정 과정에 영향력을 행사할 수 있는 중요한 비토그룹으로 존속하고는 있으나, 文民 집단지도체제의 견제와 군 현대화에 따른 전문성과 직업성의 강화로 말미암아 향후 군의 정치개입은 상당히 위축될 것으로 보인다.

5) 중국 공산당은 권력승계를 위한 제도적 장치가 없기 때문에 지금까지 후계자로 지목받아 성공한 예가 없었다. 따라서 집단지도체제의 구성원들 가운데 중국의 최고 지도자가 되기 위해서는 스스로 권력을 쟁취해야 하며, 이를 위해 이들은 정책결정 과정에서 지도력을 발휘하여 지도부의 마찰을 통제된 범위로 한정시키면서 자신의 결정이 옳았음을 증명해야 한다. 여기에서 일부 중국관계 전문가들은 鄧 사망 직후 江澤民을 중심으로 한 단일지도체제가 등장할 것이라는 가정을 제시했다.[17] 즉 鄧小平이 사망하기 이전부터 江澤民은 자신의 권력기반을 강화하고자 부정·부패 척결을 통해 정적들을 제거하는 한편 자파세력을 당·정·군의 주요인사로 승진기용 하였다.

특히 江澤民은 군의 경력이 없는 자신의 약점을 보완하고 군의 지지를 확보하기 위하여 국방예산의 대폭 증액과 함께 군의 대규모 기업 활동을 허용하고 군의 정치적 위상을 강화하여 왔다. 따라서 1977년과 1987년 사이에 당 정치국 내 군부출신이 57%에서 11%로, 당 중앙위원은 31%에서 17%로 감소되었으나, 江澤民이 군사위 주석직에 오른 당 14기 전국대표대회(1992.10)에서 군 출신인 劉華淸이 당 정치국 상무위원회 상무위원으로 선출되었으며, 당 정치국은 10명의 현역 내지 퇴역 장성들로 증가되었고, 당 중앙위에도 189명중 군 출신이 46명으로 24.3%를 차지하였다.[18]

---

16 June Teufel Dreyer, "The People's Liberation Army and the Power Struggle of 1989," *Problems of Communism*(Sep~Oct 1989), pp.41~48; *FEER*, 1990.2.1, p.22; *Beijing Review*, 1989.11.27~12.3, p.7; Chong-pin Lin, op. cit., p.32.

17 *FBIS-CHI*, 1992.3.2, pp.26~9; David Shambaugh, "The CCP's Fifteenth Congress: Technocrats in Command," *Issues & Studies*, Vol.34, No.1(January 1998), pp.1~37; Joseph Fewsmith, op. cit., pp.252, 256

그러나 文民집단지도체제하에 열린 당 15기 전국대표대회 중앙위의 군 대표는 21.2%(41명)로 떨어졌다. 나아가서 군 대표가 정치국상무위원으로 진출하는 데 실패했고, 張萬年과 遲浩田만이 정치국원으로 선출되었다. 더욱이 1998년 7월에는 인민해방군의 경제활동을 중단한다는 결정을 발표한 바 있다. 표면적인 이유는 군이 군사장비로부터 제약회사에 이르기까지 광범위한 경제활동을 하면서 부실경영과 부정부패가 만연하였지만 군부 지도자들은 부정부패를 저지하는 데 그다지 성의를 보이지 않았다는 것이다.[19] 최근에는 경제관련 부패와 규율 문제에 책임을 물어 군의 최고 실세인 張萬年의 사임설까지 나왔던 것이다.

뿐만 아니라 鄧 사후 江澤民은 단일지도체제를 구축하기 위한 다양한 구상이 좌절한 데서도 찾아볼 수 있다. 먼저 江澤民은 당 주석직을 부활하여 스스로 주석직에 취임하고자 하였으나 무산되었다. 이 사실은 鄧小平이 한 개인에 대한 우상숭배와 권력의 집중을 방지하기 위해 주석직을 폐지하였기 때문에, 당 주석직의 부활은 江澤民에게 자신을 중심으로 한 단일지도체제의 확립이란 상징적인 의미를 지니고 있었다. 나아가서 정치국 상무위원의 수를 7명에서 9명으로 증원함으로써 자신의 지역기반인 상하이 출신 인사, 예를 들면 부총리 吳邦國이나 당 선전부장 丁關根, 군의 기반이 약한 자신의 입지를 강화하기 위한 포석으로 군장성중 국방부장 遲浩田이나 군사위 부주석인 張萬年을 상무위원으로 충원하고자 하였다. 그러나 이와 같은 그의 시도는 喬石과 81세의 군부원로이자 상무위원인 劉華淸의 반대에 부딪쳤으며, 李鵬을 제외한 나머지 상무위원 李瑞環, 朱鎔基, 胡錦濤로부터도 지지를 얻는 데 실패함으로써 무산되었다. 반대로 喬石의 자리는 그의 심복인 베이징 당 서기대리이자 중앙 기률

18 David Shambaugh, op. cit., p.46; *FBIS-CHI*, 1989.4.4., pp.51~2; *FEER*, 1992.10.29., p.16; Li Cheng and Lynn White, "The Army in the Succession to Deng Xiaoping," *Asian Survey*, Vol.34, No.8, Aug. 1993, pp.758~60; Chong-pin Lin, op. cit., p.32.

19 Diana Hwei-An Tsai, "Regional Inequality and Financial Decentralization in Mainland China," *Issues and Studies*, Vol.32, No.5(1996), pp.40~71.

검사위 서기인 尉健行, 그리고 劉의 자리는 특별히 어떤 정치적 세력과 연결이 없는 대외무역전문가인 부총리 李嵐淸으로 충원되었다. 뿐만 아니라 당 15기 전국대표대회에서는 22명의 정치국원 가운데 7명이 새롭게 선출되었지만, 이들 가운데 친 江澤民 세력인 遲浩田과 張萬年만이 정치국원으로 선출되는 데 그쳤으며, 나머지 정치국의 빈자리는 국무원 서기장이자 李鵬의 심복인 羅幹과 베이징 시장 高慶林과 海南省 서기 李長春, 중앙서기처 서기인 溫家寶, 산둥성 서기인 吳官正으로 채워졌다. 江澤民의 친위대인 상하이파 가운데 중앙판공처 주임인 曾慶紅이 정치국 후보위원으로, 대외무역교섭 전문가이자 유일한 여성으로서 吳儀가 정치국 후보위원으로 임명되었다. 여기에서 江澤民은 당 정치국과 정치국 상무위원회의 인사이동에 대한 그의 구상이 실패로 돌아감으로써 그의 정치적 권위와 리더십에 심각한 손상을 입게 되었다.

더욱이 江澤民은 정치국원의 은퇴연령을 70세로 정하여 정적인 喬石을 실각시키려는 그의 계획 또한 난관에 봉착했다. 당시 상무위원 가운데 劉華淸이 81세, 喬石이 73세, 江澤民이 71세이며, 정치국원 가운데도 楊白氷이 77세, 鄒家華가 71세였다. 이와 같은 상황에서 江澤民은 원로 薄一波의 지지로 당 총서기직에 남아있을 수 있었지만, 5년이 지난 후 당과 정부의 모든 직책으로부터 사임하는 데 동의하도록 강요받은 것으로 보인다.[20]

결론적으로 江澤民이 단일지도체제를 확립하는 데 실패하고, 중국의 권력기구를 대표하는 당・정・全人大・군의 위상과 성격이 변화함으로 인해서 당・정・全人大를 대표하는 江澤民, 李鵬, 朱鎔基의 과도기적 집단지도체제가 한동안 중국 정치에 주도적인 역할을 할 것이다. 군은 비록 집단지도체제의 구성원이 아니라 하더라도 상황에 따라 비토권을 행사할 수 있는 집단으로 남아있을 것이다.[21]

둘째, 현재의 과도기적 집단지도체제는 집단지도체제 가운데 중심이라는 차

20 *South China Morning Post*, 1997.9.20.
21 Shi Sha, op. cit., pp.40~41.

원에서 권력을 행사한 鄧小平 시대의 카리스마적 통치와는 그 성격에서 근본적으로 차이가 있다.

1) 현재의 과도기적 집단지도체제 내 파워엘리트의 상호관계는 현재의 위치를 유지하고 다가올 권력의 변화를 대비한 '야합과 경쟁(collusion and contention)'이 되풀이 되는 과정에서 자연스럽게 '견제와 균형(check & balance)'의 원리가 적용되고 있다. 江澤民은 자신의 지지 세력을 중심으로 당·정·군의 기반을 강화하려 했으나, 그를 견제하고자 하는 지도자들의 반대로 그의 인사정책은 무산되었다. 그는 1994년 9월 당중앙서기처의 서기를 5명에서 7명으로 증원하여 자신을 포함해서 胡錦濤, 尉健行, 丁關根, 溫家寶와 함께 3명의 자신의 심복인 張萬年, 曾慶紅, 羅幹을 추가함으로써 서기처에 대한 그의 장악력을 과시하는 한편 상하이와 산둥성 인사들을 대거 고위직으로 임용하는 데 성공하였다. 나아가서 그는 1995년에 정치국원으로 기용된 吳邦國(전상하이당 서기)과 姜春雲(산둥성 당 서기)을 공업과 농업담당 부총리로, 黃菊 상하이시장을 정치국원으로, 曾慶紅 상하이 당부서기를 중앙판공처 주임으로, 龔心翰 상하이 당선전부 부장을 당중앙선전부 부부장으로, 측근인 巴忠潭(전 상하이 경비사령관)을 인민무력경찰 사령관으로, 상하이 보안책임자인 王力平을 중앙의 보안담당 부부장으로 각각 승진시켰다.

또한 江澤民은 당 14기 전국대표대회(1992)에서 군사위 주석이 된 이후부터 최근까지 楊尙昆, 그의 이복동생 楊白氷, 劉華淸과 張震(83세)을 당 군사위 부주석직에서 은퇴시키고 親江澤民세력인 張萬年과 遲浩田을 군사위 부주석직으로 재임명하는 데 성공함으로써 당 군사위에 대한 통제력을 강화하여 왔으며, 군의 3대 총부인 총참모부, 총정치부, 총후근부와 7대 군구의 주요 지휘관을 포함한 총 29명의 상장 중 25명을 자신의 지지 세력으로 교체하였다. 여기에서 한 가지 특기할 사항은 이들 장성들 가운데 9명이 산둥성 출신이라는 것이다.[22]

22 June Teufel Dreyer, "People's Army Serving Whose Interests?" *Current History*, Vol.93, No.584 (September 1994), pp.265~69; Li Cheng and Lynn White, op. cit., pp.766~85. 이와 같은 맥락에서 군부 내 당 중앙위원의 출신지를 살펴보면 산둥성 출신은 13전 대회(88년)

이는 江澤民이 자신의 권력기반인 상하이파와 군부 내 실세인 산둥파를 연대하여 자신의 기반을 다지려는 의도로 보인다.

그러나 江澤民은 자신의 독자적인 권력기반을 구축하는 과정에서 앞서 언급한 대로 상하이와 산둥성을 중심으로 한 편중된 인사정책을 추진함으로써 여타 지도자들을 자극했다. 그 결과 과거 90% 이상의 찬성으로 통과되었던 정부 고위직의 임명동의안이 1995년 3월에 열린 全人大에서는 전체 투표자 2,752명 중 吳邦國은 86%인 2,366표를, 姜春雲은 63%인 1,746표를 획득하는 데 그쳤다. 특히 姜春雲의 경우, 지금까지 국무원의 임명에 대한 全人大의 승인 가운데 가장 낮은 것이다.[23] 이는 쓰촨성, 광둥성과 같은 중앙의 권력기반이 강한 지역의 지도자들이 다 지역과 연대하여 江의 추종세력에 대한 인준과정에서 공개적으로 반발하였기 때문이다.

江澤民은 비록 산동파 군부의 지지를 얻었다 할지라도 군의 인맥으로 미루어 타 지역출신 군부의 지지를 확보할 가능성은 낮다. 현재 중국 군부의 인맥은 크게 둘로 나누어져 상호간의 견제와 균형을 이루고 있으며, 여기에서 어느 한쪽은 다른 한쪽이 득세하도록 좌시하지 않을 상황이다. 지난 18년간 鄧小平은 주로 산둥성 출신, 공산혁명 시 자신이 속했던 제8로군 129사단과 제2야전군 출신들을 군 요직에 배치함으로써 군권을 장악하여 왔다. 이와 같은 鄧小平의 군 인사는 非산둥성 출신과 공산혁명 시 제1, 3, 4야전군 출신들의 불만을 야기하였고, 여기에서 이들은 집단지도체제 내 나머지 지도자들과 긴밀한 인간관계를 형성하여 상대방을 견제하여 왔다.

2) 앞서 언급한 트로이카 체제는 鄧小平과 같은 카리스마적인 권력의 균형자가 없는 상황에서 당분간 체제의 안정과 단결을 유지하기 위해서 새로운 정책대

와 14전 대회(92년)에 27%와 28%를 각각 차지하고 있으나, 인구가 가장 많은 서남지역 예를 들면 쓰촨성은 3%와 2%를, 청대부터 많은 정치인과 군인들을 배출한 광둥성의 경우 88년에 1명, 92년에는 전무한 상황이다. 특히 중앙군사위원회 부주석이자 총참모부 참모장에 張萬年상장, 중앙군사위원회 위원이자 총정치부 주임에 王瑞林상장, 국방부장에 遲浩田상장, 북경군구사령관에 李乃柱상장 등 모두가 산둥파 출신이다.

23 Lam, op. cit., p.399; Fewsmith, op. cit., p.257.

안이나 주요 결정을 뒤로 미루고 현상유지에 전념할 것이다. 비록 새로운 정책 대안이나 주요 결정을 한다고 하더라도 그 결정을 집행하는 과정에서 정치사회적인 후유증이 예상되고, 자신들의 노선과 그 추종세력에 대한 이해관계에 치명적일 수 있는 문제에 대해서는 그 결정을 지연하거나 축소할 가능성이 크다. 한 예로 현 집단지도체제의 부정부패 문제에 대한 처리방침을 들 수 있다. 江澤民의 기조연설은 부정부패척결이 체제의 존립에 관한 중대한 문제라고 주장하면서도 여전히 법에 의한 엄정한 처리보다 당 스스로가 당원에 대한 감시와 감독을 강화하는 기존의 관행을 되풀이하고 있으며, 부정부패가 심화되고 있음에도 불구하고 1997년의 경우 전년도보다 2만 건이 적은 6만1천 건의 부정부패 사건을 처리한 바 있다. 이와 같은 사실로 미루어 현 지도부는 부정부패의 근원적인 척결이 자파세력에게 미칠 부정적인 파장을 우려하여 그 범위를 최소한으로 줄인 것으로 보이며, 동시에 자신들의 정치적 도전세력인 베이징 당 서기 陳希同과 廣東省 당 서기 謝非 등을 부정부패 혐의로 제거함으로써 자신들의 이미지를 인민들에게 제고하는 수단으로 이 부정부패 추방캠페인을 이용하고 있는 것으로 보인다.[24]

3) 현재의 집단지도체제는 인민들에 대한 자신들의 이미지를 개선하고, 조직을 효율적으로 운용하기 위해서 '온건한 권위주의(soft authoritarianism)' 형식을 취할 것으로 보인다.[25] 이 개념은 1970년대와 1980년대 급속도로 경제성장을 이룩하는 한편 경제성장에서 오는 부작용을 최소화하고, 정치 및 사회적 불안정을 효과적으로 대처한 아시아의 4마리 용을 염두에 두고 나온 것이다. 따라서 이 文民집단지도체제는 온건한 권위주의로 정치적 안정을 도모하는 한편 이 안정 기조 위에서 사회주의 시장경제의 발전을 도모하고, 그 부정적인 파급효과를 줄이기 위해서 강제와 설득을 동반한 중앙정부의 통제력을 강화하고자 할

24 Lam, Ibid., pp.335~40.

25 Denny Roy, "Singapore, China, and the 'Soft Authoritarian' Challenge," *Asian Survey*, Vol.34, No.3, March 1994, pp.231~42; Francis Fukuyama, "Asia's Soft-Authoritarian Alternative," *New Perspectives Quarterly*, Vol.9, No.2(Spring 1992), pp.60~1.

것이다.[26]

현재의 文民집단지도체제는 이를 뒷받침하기 위한 이념적 수단으로서 과거 중국의 권위주의체제를 지탱하는 데 중심적인 역할을 한 유교적인 가치관에 특별한 의미를 부여하고 있다. 그 이유는 현 집단지도체제의 인적 구성원들 가운데 그 어느 누구도 毛澤東이나 鄧小平과 같은 카리스마적인 리더십과 이념적 상징을 조작할 수 있는 능력의 소유자가 없기 때문이다. 즉 毛는 모순론, 鄧은 實事求是라는 중국적 특색을 가진 혁명적 사회주의 이론으로 무장하고 한 시대를 지배하였으나, 이들은 아직도 중국 정치에 이념적 특색을 부여할 만한 상징과 비전을 창출하지 못하고 있다. 江澤民의 경우 과학기술을 과거의 사회주의와 현재 진행되고 있는 사회주의 시장경제, 그리고 鄧小平 시대와 江澤民 시대를 연결할 수 있는 수단으로 보고, 이와 같은 상징 조작을 통해 鄧 이후의 시대를 열어 보려고 시도하였다. 그에 의하면 생산력을 증대시키는 것이 인류사회 발전의 원동력이며, 생산력의 발전을 가져올 수 있는 가장 효과적인 수단이 과학기술이라고 주장한다. 그러나 이와 같은 과학기술 혁명을 사회주의 이데올로기에 접목시키려는 그의 노력은 현 지도부의 공감을 얻지 못하고 있다.[27] 따라서 현재의 지도부는 중국의 개혁과 개방에 기여한 鄧小平 정치사상인 '중국특색을 가진 사회주의 건설'을 마르크시즘・레닌주의・毛澤東 사상과 같은 위치에 올려놓고, 이를 유교적인 가치관인 근면성, 충성, 성실, 올바른 사고와 행동 등에 접목시켜 이념적인 문제를 해결하고자 노력하고 있으나 그 효과는 미지수이다.

26 Ma Shu Yun, "The Rise and Fall of Neo-authoritarianism in China," *China Information*, Vol.5, No.3(Winter 1990~91), pp.1~19; Jonathan Unger and Anita Chan, "China, Corporatism and the East Asian," *The Australian Journal of Chinese Affairs*, No.33(Jan. 1995), pp.29~53; Bendict Stavis, China's Political Reforms: An Interim Report(N.Y.: Praeger, 1987), p.73; Huang Shiqing and Chang Dehua, "Practice Needs Neo-authoritarianism," Liu and Liu (eds.), *Neo-authoritarianism: Debate on Theories of Reform* (Beijing: Economic Institution Press, 1989), pp.295~96.

27 『조선일보』, 1995.6.9.

셋째, 鄧小平이라는 거목이 사라진 이후에 등장한 이 文民집단지도체제는 과도기로 끝날 가능성이 크다. 여기에서 그 준거의 틀(frame of references)은 毛澤東 사후 중국권력구조의 변화과정이다. 즉 毛澤東과 같은 카리스마적 지도자가 사망한 후(1976) 華國鋒이 권력을 승계하였으나 5년이라는 과도기를 거치면서 鄧小平은 趙紫陽과 胡耀邦으로 하여금 華의 총리직(1980.9)과 총서기직(1981.6)을 승계하도록 조치하는 등 권력을 완전히 장악했다. 이와 같은 '카리스마적 통치－과도기적 통치－카리스마적 통치'의 변화가 노선투쟁 차원에서 변증법적으로 이루어졌다.[28] 같은 맥락에서 현재의 집단지도체제도 오래가지 못하고 5년 내지 10년 이내로 카리스마적 리더십에 따른 지도체제로 대체될 가능성이 크다. 이와 같이 현 집단지도체제가 다른 권력구조로 이어질 수밖에 없는 정치 환경을 살펴보면 다음과 같다.

1) 현대화 과정에서 빚어진 사회 경제적 병리현상은 그 치유가 쉽지 않은 근원적인 문제점을 안고 있다. 즉 1980년대 중반 이후부터 심화되고 있는 소득격차, 2억 1천만 명으로 예상되는 유랑민과 실업자, 만연된 부정부패, 범죄율의 상승, 황금만능주의로 인한 사회주의 가치관의 붕괴와 도덕성의 상실 등, 이 모든 것은 분명히 현 체제를 위협하는 불안요인이 되고 있다.[29] 결국 현 체제는 안정과 질서를 유지하고자 강제력이라는 수단에 호소하게 될 것이고, 이와 같은 상황은 그 책임논쟁을 구실로 지도부의 노선투쟁이 통제의 범위를 넘어 권력투쟁으로 전위될 가능성 크며, 이는 과도기적 집단지도체제를 붕괴시킬 것이다.

2) 지난날 대장정에 참여하였고, 공산혁명의 주체로서 일익을 담당하였으며, 문화혁명 때에는 함께 숙청을 경험하였고, 毛澤東 사망 전후 다시 정치일선에 복귀하는 과정에서 서로 간의 도움을 주고받은 공통점을 지닌 鄧小平과 陳雲을

---

28 Parris Chang, "From Mao to Hau to Hu to Chao," *Issues and Studies*, Jan. 1989, pp.56～73; Joseph W. Esherick and Elizabeth J. Perry, "Leadership Succession in the People's Republic of China: 'Crisis' or Opportunity?" *Studies in Comparative Communism*, Vol.16, No.3(1983), pp.171～77; Jurgen Domes, "China in 1976: Tremors of Transition," *Asian Survey*, Vol.17, Jan. 1977, pp.1～17.

29 *FBIS-CHI*, 1995.4.19, p.29; *FEER*, 1994.6.9, p.22.

포함한 원로들은 집단지도체제에 대한 일치된 견해가 있었다. 그 배경에는 이들은 장기간에 걸쳐 毛澤東 일인독제체제의 폐해를 공통으로 경험한데 따른 것이다. 그러나 현재 중국 공산당 지도부는 대장정의 동지도 아니며, 문혁과정에 고통을 분담하고, 복권하는 데 상부상조한 인간적 유대관계도 없다. 오랜 인간관계와 공통된 경험이 없는 이들에게는 현실적인 이해관계만이 존재하고 있다. 따라서 이들은 공생을 바탕으로 노선마찰을 표면화 시키지 않고 타협을 모색하고 있으나 향후 단일지도체제를 구축하는 과정에서 현 집단지도체제의 구성원 사이에 상대의 약점을 이용하여 자신의 힘을 확대하고자 하는 유혹을 받을 가능성이 크다.[30]

3) 지난 18년 동안 鄧小平의 가부장적인 통치하에 집단지도체제는 정책결정과정에서 양보와 타협, 책임전가 내지 책임회피, 근본 치유책이 아닌 미봉책, 정책의 교착상태와 지연으로 인해 통치의 효율성이 감소되는 것을 경험하여 왔다. 鄧 死後 현재의 집단지도체제도 현상유지를 위한 노선 간의 타협으로 인해 지난날의 '통제완화－혼란－통제강화－정돈상태－통제완화'라는 현상을 되풀이 할 가능성이 크다.[31] 따라서 중국의 지도층 인사들은 21세기 중반까지 국제정치에서 미국과 쌍벽을 이룰 수 있는 강력한 중국이 되기 위해서는 지금의 집단지도체제가 지니는 구조적인 문제점을 해소하는 것이 긴요하다는 데 암묵적인 공감대가 이루어지고 있다. 이와 같은 상황은 향후 권력구조에 있어서 보다 효율적이며 능동적이고 적극적이며 강력한 단일지도체제의 출현을 선호할 가능성을 더욱 높일 것이다.

4) 지난날 중국 정치는 대장정에 참여한 혁명 1세대들이 연령을 초월하여 막강한 영향력을 행사해왔으나 鄧小平과 陳雲 사망 이후 생존해있는 원로들은 고령으로 현실정치를 떠났으며, 劉華淸, 張震 등 극히 일부 대장정 세대도 당

---

30 David Bachman, "The Limits on Leadership in China," *Asian Survey*, Vol.32, No.11, Nov. 1992, p.1048.

31 김영문, 「10년 국가발전 전략과 8·5 계획 속에 나타난 중국 지도부의 노선투쟁에 관한 연구」, op. cit., p.243.

15기 전국대표대회를 계기로 은퇴했다. 그러나 당 15기 전국대표대회에서 喬石을 실각시키고 李鵬으로 교체하는 과정에서 은퇴한 당 원로인 楊尙昆(1998.9.14. 사망), 萬里, 薄一波가 자신들의 지위에 관계없이 확대 정치국회의에서 영향력을 행사하였다. 당시 薄一波는 당의 분열을 막고, 당대회 직후 10월에 있을 江澤民의 미국방문을 들어 그를 유임시키되, 지도부의 연소화를 주장하는 江의 입장에서 70세 이상의 지도자들에게 사임을 촉구했다. 결국 喬石과 다른 70세가 넘은 지도자들은 사임하는 것 외에는 다른 선택의 여지가 없었다. 그럼에도 불구하고 현존하는 원로들 가운데 어느 누구도 지난날 鄧과 같은 집단지도체제 내 권력의 균형자로서 카리스마적 역량을 갖추지 못했을 뿐만 아니라 이들은 신체적으로도 수명의 한계치에 달해있기 때문에 5년이 지난 뒤에도 지난날과 같은 정치적 영향력을 기대할 수는 없다. 결국 이와 같은 상황은 현 지도부의 국정수행 능력과 정치력을 시험할 수 있는 새로운 환경이 되는 동시에 노선투쟁이 현실화될 가능성을 높여줄 것이다.

결론적으로 현재의 文民집단지도체제는 鄧小平 시대와 마찬가지로 상이한 정책대안을 두고 보수성향의 개혁세력과 진보성향의 개혁세력 간에 갈등이 내재하고 있으나, 이 갈등이 현실화 되지 않은 이면에는 경제현대화에 필수적인 정치적 안정기반과 지도자 상호간의 단결이라는 공통의 명제와 함께 공생을 바탕으로 한 현실적인 이해관계가 작용하고 있다. 더욱이 이 체제는 앞서 살펴본 대로 과도기로 끝날 가능성이 높기 때문에 책임이 따르는 과단성 있는 정책결정을 회피하고 현상유지 차원의 결정을 선호하며, 타협을 바탕으로 한 온건한 권위주의가 정책결정에 크게 영향을 미치고 있음을 다음의 정치개혁에서 찾아볼 수 있다.

3. 정치개혁의 실종과 그 원인 분석

일부 중국관련 전문가들은 그 동안 이룩한 성공적인 경제개혁으로 인해 중국이 점진적으로 민주주의로 나아갈 것으로 전망하고 있으나,[32] 다른 일부 학자들은 중국경제의 엄청난 변화에도 불구하고 중국은 권위주의적 정치문화로 인해 현재의 공산당 일당독제체제가 붕괴되고 서구식 민주주의로 이행할 가능성이 상당 기간 동안 없을 것이라고 주장한다.[33] 이와 같은 상반된 견해에도 불구하고 이들 중 다수 견해는 현 권력엘리트들이 정치개혁에 대해서는 여전히 보수적이고 조심스러우며, 현재로서는 의미 있는 정치적 개혁이 없을 것이라는 데 의견의 일치를 보이고 있다. 예를 들면 당 15기 전국대표대회에 앞서 일부 언론들은 '좌파들의 방해공작을 분쇄'하고 '사상해방'을 통해서 정치개혁을 이루자고 주장했다. 江澤民도 5월 말 당 중앙학교에서 행한 연설에서 胡耀邦, 趙紫陽, 鄧小平 등이 즐겨 쓰던 정치개혁의 구호를 사용했다. 같은 시기에 보수성향의 개혁세력인 李鵬 또한 정치발전이 경제발전에 비해 훨씬 뒤떨어지고 있음을 인정하고 정치개혁의 필요성을 강조했다.[34] 그러나 당 15기 전국대표대회에서는 예상과는 달리 획기적인 정치개혁에 대한 아무런 조치가 이루어지지 않았다. 이와 같은 배경을 살펴보면 다음과 같다.

첫째, 현 집단지도체제는 앞서 본 대로 풀뿌리 당 조직의 약화, 당 간부들의 기술관료화, 정부와 全人大의 기능 강화라는 정치적 환경변화로 인해 과거와 같은 총체적인 지도력을 갖춘 일당독제체제의 유지가 어렵다는 것을 인식하고 있다. 그러나 이들은 당·정 분리나 권력분권 차원에서 全人大를 인정하는 구조적인 권력기구의 변화를 모색하고 있는 것이 아니다. 단지 이들은 정치개혁을 일당독제체제의 테두리 속에서 국무원과 全人大를 보조축으로 하고, 기존 조직의 효율성을 제고하기 위한 기능적 차원으로 이해하고 있다.[35]

---

32 Gordon White, "Democratization and Economic Reform in China," *Australian Journal of Chinese Affairs* 31 (1994), pp.73~92.

33 Elizabeth J. Perry, "Trends in the Study of Chinese Politics: State-Society Relations," *The China Quarterly*, No.139(September 1994), pp.704~13; Harry Harding, "The Contemporary Study of Chinese Politics: An Introduction," *The China Quarterly*, No.139(September 1994), pp.699~703.

34 *People's Daily*, August 27, 1997.

35 *FBIS-CHI*, 1993.3.11., p.13.

江澤民은 그의 기조연설에서 서구식 민주주의의 중추적인 요소인 1) 다당제에 입각한 선거제도, 2) 권력집중을 방지하기 위한 제도적인 장치로서 삼권분립, 3) 다원주의에 따른 이익집단의 허용, 4) 인치가 아닌 법치를 위한 법제도의 확립, 5) 자유와 인권의 신장에 대한 언급을 삼가하고, 지난날 중국 공산당 전국대표대회에서 흔히 볼 수 있었던 수사적인 정치개혁을 반복하고 있다. 즉 사회주의 민주주의의 본질은 인민이 국가의 주인이 되는 것이며, 모든 국가권력은 인민에게 속한다고 전제하면서 사회주의 민주주의를 실현하기 위한 사회주의 법률체계를 4대 원칙의 범위 안에서 개선하되, 공산당의 영도와 인민민주독재는 역사적 선택인 동시에 인민에 의한 투쟁의 결과이므로 어떤 서구 민주주의를 모방하기보다 기존의 정치체제 안에서 개혁할 것임을 밝혔다.[36]

이와 같은 맥락에서 江澤民은 그의 연설 가운데 무려 32번이나 '민주'라는 단어를 사용하였지만, 이는 '인민민주독재'와 '민주적인 감시 및 감독'이라는 차원에서 사용되는 제한된 용어이다. 따라서 그가 의미하는 민주는 인민들의 실정을 올바르게 파악하고 이들의 요구를 정책결정에 올바르게 반영하기 위한 조치로서 공산당의 주도하에 민주적인 여러 정당과 긴밀히 정치적 협의를 할 수 있는 제도적 장치와 법의 개선을 강조하고 있다.

한편 신임 朱鎔基 총리는 경제정책을 효율적으로 집행하기 위한 정부의 기구개편과 인원감축을 강조하고 있다. 그는 첫 기자회견 석상에서 정부의 40개 부장급 기구를 29개로 축소하는 동시에 공무원 숫자를 절반으로 감축할 것을 약속하고 있다. 그에 의하면 기존 계획경제하의 정부조직은 사회주의 시장경제를 도입하면서 점차적으로 모순을 드러냈다는 것이다. 즉 기존 조직은 불필요한 인원으로 인해 정부의 재정지출에 상당한 부담을 주었을 뿐만 아니라 기능에서도 기구의 중복은 지나친 관료적 형식주의와 부정부패, 불건전한 경향을 낳았으며, 특히 정부와 기업 간의 역할을 분리하는 데 많은 문제점을 노출하였다.[37]

36 Suisheng Zhao, "Political Reform and Changing One-Party Rule in Deng's China," *Problems of Post-Communism*, Vol.44, No.5, September / October 1997, pp.13~21.

37 *Beijing Review*, 1998.4.27~5.3, pp.15~6.

따라서 朱鎔基의 기구축소 목적은 중앙정부가 경제의 전체적인 균형을 유지하고, 인플레이션을 억제하며, 경제구조를 조정하고, 지속적인 경제성장을 유도하며, 거시적인 통제력을 강화하고, 경제와 관련된 법률체계를 완성하는 데 있다. 특히 전문화된 경제 관련부처는 직접적인 기업경영으로부터 분리시키되, 무역에 관한 정책과 계획을 입안하고 이를 집행하며, 무역관련 기구의 재조정을 지도한다. 한마디로 기구와 인원의 감축 속에서도 거시 경제적 통제력과 법집행 및 법집행의 감독기구는 강화될 것임을 강조하고 있다. 결론적으로 江澤民과 朱鎔基는 민주주의의 제도화를 근원적인 구조개선이 아니라 기존 조직과 관리의 민주화와 경제정책의 효율성이라는 기능적인 측면으로 이해하고 있다.[38]

둘째, 시민사회의 대두 가능성이 점고되고, 당의 기초 하부조직이 급속히 붕괴될 가능성을 보이고 있는 정치적 환경변화에 적응하기 위해서 현재의 집단지도체제는 인민들의 정치참여를 제고하기 위한 기초조직의 선거제도에 관해서 부분적이지만 긍정적인 태도를 보이고 있다. Tisumanenu에 의하면 분명히 중국의 일반 시민들은 지난 20년간에 걸친 경제현대화의 결과로 정치의식 면에서 시민사회로 나아가는 문턱에 있다고 주장한다. 공산주의 사회에서 시민사회로 진행해 나가는 3단계 즉 1) 시민사회로서의 형태가 아직 없거나 그 시작에 있는 단계, 2) 분명하게 식별할 수 있는 시민사회가 당 및 정부와 더불어 공존하고 이들에게 도전할 수 있는 단계, 3) 궁극적으로 시민사회가 공산주의 정권을

38 *Beijing Review*, 1991.4.22~28, p.24; Selected Works, op. cit., pp.292~96; *Beijing Review*, 1998.4.27~5.3, p.17. 1949년 이후 중앙정부는 모두 6번의 조직개편을 추진했다. 최근 3번의 조직개편은 1982년, 1988년, 1993년에 있었으며, 주로 당시 사회경제적인 상황과 발전상태에 적응하기 위해서 기구조정 및 축소와 인원감축을 단행했다. 그러나 지금까지의 기구개편은 기구축소, 기구확대라는 악순환을 되풀이했다. 예를 들면 1981년에 정부는 100개의 기구를 1982년에 61개로 축소했다. 그러나 1988년에는 정부 기구의 수가 105개로 증가되었으며, 1993년에는 기구개편 이후에도 171개로 증대되었다. 이와 같이 과거의 조직개편이 실패로 돌아간 배경에는 다음의 세 가지 이유에서 연유되었다. 먼저, 조직개혁이 인사체계의 개혁과 병행해서 추진되지 않았으며, 다음으로 기구의 재조정과 설립이 민주적이면서도 과학적인 결정 과정을 결여하였고, 끝으로 구조개혁이 단순히 정부조직의 재조정에만 국한되었고 공공서비스의 질과 효율성의 개선을 무시해왔다. 따라서 지금까지 정부의 구조개혁은 일반 인민들의 지지를 거의 받지 못했으며 개혁의 업적 또한 다져지질 못했다.

붕괴시키고 민주주의 사회에서 볼 수 있는 이익단체로서 활동하는 단계를 구분해서 살펴본다면, 중국은 정치체제에 영향력을 행사할 만큼 시민사회가 성장하지는 못했지만, 1단계의 후자가 아니면 2단계의 문턱에 들어서고 있다.[39]

이와 같은 상황에서 현 지도부는 기초 인민대표대회 선거방식을 초기의 노멘클라투라(nomenklatura) 즉 임명제로부터 선발제(selectorate)로 변경하여, 差額選擧制(differential voting)에 따라 후보자들이 제한된 경쟁을 하도록 허용했다. 나아가서 향(town)과 진(township)의 직접선거를 군(county) 수준의 인민대표대회로 확대하는 한편,[40] 군 이하의 인민대표대회 선거에서 유권자들에게 후보를 추천하는 것을 허용했다. 그 결과 개인 사업을 통해서 부유해진 신흥 부르주아들을 포함한 다양한 분야의 후보가 인민대표대회에 진출할 수 있는 길이 열리게 되었다. 일부 언론에 의하면 5천 4백 명 이상의 개인 기업인들이 군급 인민대표대회에 진출하였던 것으로 보도되었다.[41] 江澤民은 이와 같은 자치실험이 해당 지역 내 인민들에게 지역 정치활동과 재정 상태를 알게 함으로써 자신들의 복지 문제를 포함한 지역 문제에 관심을 가지고 직접 결정에 참여하도록 유도하는 동시에 해당 지역의 당·정 간부들에 대한 인민들의 감시를 강화하는 데 기여할 것으로 기대하였다. 그러나 가까운 장래에 差額選擧制에 따른 직접선거가 全人大와 성급 인민대표대회에서 실시될 가능성은 없다. 1997년 초 정치국의 결정에 의하면, 2002년까지 선거법에 대한 개정이 없을 것이라는 내용이 이를 뒷받침하고 있다.[42] 따라서 현재의 文民집단지도체제는 서구식 민주주의

39 Vladimir Tismanenu, *Reinventing Politics: Eastern Europe from Stalin to Havel* (N.Y.: Free Press, 1992), pp.173~74.

40 Li Jinshan, "The NPC System and Its Evolution: From Nomenklatura to Selectorate," *Issues & Studies*, Vol.34, No.3(March 1998), p.4. 1979년 선거법은 1953년 선거법에서 이념적인 요소를 제거하고, 직접선거를 향과 진으로부터 군으로 확대하며, 차등투표제를 도입했다. 특히 차등투표제는 후보의 수가 직접선거를 실시하는 군 이하에서는 대표자수보다 50~100% 더 많으며, 그 이상의 인민대표회의의 대표는 간접선거로 하되 후보의 수가 20~50% 더 많다.

41 Asiaweek(Hong Kong), January 14, 1996. in Li Jinshan, op. cit., p.9.

42 Vivien Pik-Kwan Chan, "Officials Informed Reforms Postponed Until at Least 2002," *South China Morning Post* (February 25, 1997), p.5.

개념에 따라 국민의 능동적인 정치참여를 제고하기 위한 근원적인 지방자치의 정착이 아니라 아직도 당에서 조직하고 통제하는 수동적인 참여가 지배적이며, 단지 정치적 환경변화에 따른 소극적이지만 의미 있는 差額選擧制가 제한 실시되고 있다.

셋째, 현 지도부는 중앙 집권화와 지방 분권화 문제에 있어서 지방의 권한이 상대적으로 비대해짐으로 인해서 중앙의 통제력이 약화되었다는 데 인식을 같이하고 지방 분권화의 속도를 조절하는 한편 중앙정부의 통제력 특히 재정과 금융의 통제력을 강화하고자 한다. 중국은 1978년 현대화가 시작된 이래 중앙정부와 지방정부 간의 관계에서 재정과 경제정책에 관한 지방정부의 권한이 강화되면서 중앙정부는 심각한 세입과 세출의 불균형을 경험하였으며, 그 결과 중앙과 지방 간의 수직적인 통제와 명령관계 또한 약화되어 왔던 것으로 전해지고 있다. 실제로 지난 15년간에 걸쳐 GDP에서 중앙정부의 세수가 차지하는 비율이 26%에서 12%로 떨어졌으며, 이는 선진국의 1/3 수준이다. 厦門대학의 朱崇 교수는 이와 같은 중국의 정치경제적 상황을 티토 사망 후 유고슬라비아 중앙정부의 붕괴과정에 비교한다.[43] 이러한 중앙정부의 재정적 취약성은 중앙정부가 지방정부 특히 연해안에 위치하고 있는 부유한 지방정부에 대한 통제력을 행사하는 데 어려움을 가져왔다. 여기에서 Susan Shirk에 의하면 지방정부 특히 중국 남쪽의 부유한 지방정부의 지도자들은 당내 엘리트 집단 가운데 가장 규모와 세력이 큰 집단이며, 이들은 덩 사후 권력의 재분배과정에서 누가 무엇을 할 것인지에 대한 결정과정에 중요한 역할을 하고 있는 것으로 분석된다.

이 상황이 지속되는 한 일부 중국관계 전문가들은 鄧 死後 중앙정부의 통제력은 더욱 약화될 것이고, 지역이기주의 또한 더욱 심화될 수 있으며, 이는 정치체제의 통합에 중대한 위협이 될 수 있다고 지적한다. 따라서 지도부는 과거 중앙집권체제로의 복귀를 주장하지 않고 중앙과 지방 간에 적절한 권한배

43 *FEER*, 1995.5.11.

분이라는 절충안을 제시하며 노선 간의 타협점을 모색하고 있다.[44] 아울러 현재의 집단지도체제는 지난날 중앙정부가 책임을 졌던 국민들의 일상생활에 관련된 공공서비스와 후생복지시설을 확충하는 책임과 미시경제의 효율성을 증대하기 위한 권한을 지방정부에게 상당 수준 허용하겠지만, 현 지도부의 이해관계가 첨예하게 내재되어 있는 정치적 분권화와 거시경제에 관한 한 중앙정부의 통제력이 약화되는 것을 방지한다는 구실하에 지방 분권화의 속도를 둔화시키고, 중앙정부의 재정과 금융부문의 권한을 강화하고자 할 것이다.[45]

넷째, 현재의 집단지도체제는 진보성향의 학생과 지식인들이 요구하는 자유화와 민주화와 같은 급진적인 정치개혁을 수용할 가능성이 희박하다. 구체적인 예로써 언론정책에 대한 현 집단지도체제의 보수적인 태도를 들 수 있다. 즉 江澤民은 당이 언론의 구조와 질을 개선하는 데 통제력을 강화하여야 하며, 언론은 당의 지도이념을 충실히 지켜야 한다고 주장한다. 이와 같은 주장의 배경에는 현대화를 추진하는 과정에서 상대적으로 혜택을 보지 못한 일반 국민들의 불만이 정치사회적 혼란으로 이어지는 것을 방지하기 위해서 언론에 대한 당의 절대적인 통제가 필요함을 시사하고 있다. 특히 사회주의 초기단계에서는 사회적 안정과 단결이 필수적이므로 이를 저해하는 국내외 적대적인 세력에 의한 분열책동, 전복, 침투행위를 저지하고, 부르주아 자유화를 반대하는 수단으로써 언론의 역할을 강조하고 있다.

결론적으로 향후 당의 권력이 약해지고 새로운 정치적 이익집단이 흥기하더라도 중국 정부가 능동적으로 민주화 개혁을 추진할 가능성은 없다. 그 배경에는 중국의 정치문화, 사회경제적 구조, 독특한 권력엘리트의 성격이 여타 사회

---

44 *Beijing Review*, 1990.10.29~11.4, p.20; *Time*, 1991.1.7.

45 Gordon White, op. cit., pp.244~5; 김영문, 「鄧小平 시대의 脫중앙집권화와 反분권화 갈등구조: 중앙정부와 지방정부 관계」, 『중소연구』, Vol.63(1994년 가을), pp.119~38. 지방 분권화의 성격에 관해 鄧小平과 진보성향의 개혁세력의 기본 입장은 당11기 3中全會의 鄧小平 보고서(78.12), 鄧小平의 1980년 논문「당과 국가지도체제의 개혁에 관하여」, 지방장관회의(86.4)와 정치국 상무위원회(86.6)에서 행한 鄧小平의 연설, 1980년 논문의 수정판(1987) 속에 잘 나타나고 있다.

주의국가와는 판이할 뿐 아니라 1990년대 초에 있었던 소련의 붕괴가 중국의 지도자들에게 급속한 정치변화의 위험성을 일깨우는 데 일조하고 있다. 특히 중국의 정치문화는 민주주의라는 개념을 제도적으로 소화해본 적이 없다.[46] 교육을 제대로 받지 못한 절대다수 인구는 정치적으로 의식수준이 낮아 다른 사람의 상이한 의견에 관용이 결여되어 있으며, 심지어 대도시라 할지라도 전통적인 정치적 무력증이 아주 강하게 남아있는 것이 오늘날 중국의 현실이다.[47]

4. 결론

본고에서는 지금까지 江澤民 시대의 권력구조의 성격과 정치개혁의 방향을 살펴보았다. 鄧 死後 현재 중국의 권력구조는 江澤民을 중심으로 한 과도기적 文民집단지도체제이며, 5년 내지 10년이 지난 후에는 카리스마적인 단일지도체제가 등장할 가능성을 배제할 수는 없다. 아울러 통치양식에 있어서도 鄧 사후 文民집단지도체제는 온건한 권위주의의 성격을 띨 것이고, 인치와 법치가 혼재한 가운데 법치 아니면, 인치가 배제된 법치로 나아가게 될 가능성이 크다. 그러나 어느 상황이든 시민사회의 다양한 이해관계를 수렴하고, 권력기구의 상호경쟁과 타협을 통하여 국가목적을 추구하는 서구식 민주화가 아니라 공산당의 지도력하에 제한된 민주화가 이루어질 것이므로 서구적인 제도변화와는 근본적으로 상이할 것이다.

특히 지난 20년간에 걸친 중국의 현대화는 인민들의 생활수준을 향상시키고, 세계무대에서 중국인으로서의 자긍심을 심은 반면에 중국의 정치와 경제에 새로운 문제점을 제공했으며, 지난날 권력의 정통성을 부여한 도덕적, 이념적

46 Edward Friedman, *National Identity and Democratic Prospects in Socialist China* (Armonk, N.Y.: M.E. Sharpe, 1995), pp.313~14.

47 Zhu Qingfang, "The Urban-Rural Gap and Social Problems in the Countryside," *Chinese Law and Government*, Vol.28, No.1(1995), pp.81~101.

자산의 고갈을 가져왔다. 따라서 현 집단지도체제는 최소한 경제정책을 성공적으로 추진하여야 그 정통성이 유지될 것이다. 만약 날로 점고되고 있는 인민과 인민, 지역과 지역 간의 소득격차, 부실 국유기업과 금융기관의 구조조정 문제, 양쯔강과 동북 지역의 대홍수로 발생한 경기후퇴, 외국자본의 급속한 유입둔화, 높은 실업률 등으로 현대화가 난관에 봉착할 경우, 현 트로이카 체제는 급속히 붕괴될 가능성이 없지는 않다. 더욱이 현재 진행되고 있는 동아시아 지역의 경제적 불안이 중국으로 파급될 경우 '江澤民을 중심으로 한 집단지도체제'는 예측하기 어려운 방향으로 나아갈 수 있다.

한편 지속적인 경제발전은 향후 중국의 정치와 사회 전반에 큰 파급효과를 미칠 것이다. 즉 산업화와 함께 도시화가 이루어지고, 교육시설이 확충되면서 문맹률이 낮아지며, 소득수준이 증대하면서 중국인들은 물질적 요구 외에 민주화 요구가 증대될 것이고, 이는 현재의 사회주의 이념과 일당독제체제에 대한 변화로 이어질 가능성이 높다. 또한 1980년대 말부터 시작된 사회주의의 붕괴, 이념 및 체제를 떠나 경제발전과 민주화를 요구하는 추세를 외면할 수 없는 국제상황은 중국으로 하여금 체제의 변화가능성을 고려하도록 가중치 역할을 할 것으로 본다. 따라서 21세기에 중국은 지금까지 경험하지 못한 새로운 도전과 응전으로 점철될 것이다.

5

군 현대화와 인민해방군의 정치적 역할*

1. 문제의 제기

1970년대 말부터 시작되어 현재까지도 계속되고 있는 중국군의 현대화 작업과 그 정치적 역할의 상관관계에 대한 전문가들의 견해는 크게 두 가지로 나눌 수 있다. 일부 전문가들은 군 현대화로 인하여 인민해방군의 성격이 근원적으로 변하고 있으며, 이에 따라 인민해방군의 정치적 역할도 크게 변하고 있는 것으로 파악한다. 이들에 의하면 인민해방군은 공산혁명과 1949년 건국 이후에 발생한 중대한 정치·사회적 위기와 권력승계 과정에서 중요한 행위자로 역할을 하였으나, 군 현대화가 진행되면서 당·군 간의 조직과 기능의 분화가 심화되고, 군에 대한 당의 통제가 이완되면서 군의 정치적 역할이 축소되었다. 대신에 군부라는 특수한 집단의 이해관계와 전문성이 강조되는 직업군인제도(professionalism)가 정착될 가능성이 점증되었다.[1] 이와 같은

* 「모택동 사후 중국 군 현대화와 정치적 역할의 상관관계」, 『중소연구』 26권 2호, 2002.8,

추세는 궁극적으로 인민해방군을 당의 군대에서 국가의 군대로 전환시킬 것이며, 이는 서구와 마찬가지로 문민 우위를 인정하면서 정치적 중립을 지키는 조직으로 변화해가는 것을 의미한다. 이들은 1989년 6・4 천안문 사태 당시 사관학교 졸업생들을 중심으로 한 일부 중견 군 간부들이 무장하지 않은 시위대에 무력을 사용하는 것을 반대한 데서 그 가능성을 찾고 있다.

그러나 다른 일부 전문가들은 오늘날에도 인민해방군의 성격이나 그 정치적 역할에 있어서 큰 변화가 없다고 주장한다. 이들에 의하면 오늘날의 중국 군부는 국제 안보환경의 변화 속에 당의 군대라는 기존의 틀을 유지하면서 전투능력을 향상시키려 했던 鄧小平의 군 현대화, 그리고 권력을 장악하는 과정에서 군의 지지를 필요로 하는 江澤民의 등장을 거치면서, 비록 군부의 집단적 이익 추구로 인해 군의 정치참여 범위와 정도, 성격이 다소 변화하긴 했지만, 공산혁명기에 형성된 당・군 일체 내지 당의 군대라는 政治文化[2]적인 기본 골격이 유지되고 있어서, 毛澤東 시대와 비교했을 때 전통적인 군의 정치적 역할에는 큰 변화가 없다고 한다. 이들은 최근에 인민해방군이 보여준 대만에 대한 일련의 무력시위가 군이 과거와 마찬가지로 중국의 정책결정 과정에서 일정한 역할을 하고 있음을 보여주는 좋은 예라고 지적한다.[3]

---

pp.13 ~44.

1 June T. Dreyer, "The New Officer Corps: Implications for the Future," *The China Quarterly*, No.146 (June 1996), p.316; David Shambaugh, "China's Military in Transition: Politics, Professionalism, Procurement and Power Projection," *The China Quarterly*, No.146(June 1996), pp.299~314; Jeremy T. Paltiel, "PLA Allegiance on Parade: Civil-Military Relations in Transition," *The China Quarterly*, No.143 (September 1995), pp.784~800.

2 이 장에서는 군사문화라는 개념 대신에 정치문화란 개념을 사용하고 있다. 군사문화는 군의 구성원들이 군에 대해 공유하고 있는 가치관을 의미하는 협의의 개념으로서, 중국 정치에서 군의 역할을 분석하는 데 있어서 적합한 개념이 되지 않는다. 중국군은 건군 당시부터 당・군 일체와 당의 군대라는 가치관이 자리 잡으면서 권력기구의 한 축으로 기능하여왔기 때문에 군의 정치적 전통을 정치문화라는 광의의 개념으로 다루는 것이 보다 합리적으로 보인다. 여기에서 당・군 일체의 개념은 당이 군을 지배하는 동시에 군의 간부 대다수가 당원임을 의미한다.

3 Ellis Joffe, "Party-Army Relations in China: Retrospect and Prospect." *The China Quarterly*, No.146(June 1996). pp.299~314; Michael D. Swaine. "The PLA and Chinese National

이 장에서는 이와 같은 상이한 두 가지 관점에 유의하면서 毛澤東 사후 鄧小平과 江澤民의 군 현대화가 인민해방군의 정치적 역할에 미치는 영향을 다음의 네 가지 변수에 따라 분석하고자 한다. 먼저 毛澤東 시절에 군의 정치적 역할이 컸던 이유를 창군 및 공산혁명 과정에서 형성된 당·군 일체 혹은 당의 군대라는 政治文化적 변수에서 기인했기 때문이라고 보고, 이 장에서는 이와 같은 政治文化적 변수의 연속성을 살펴보고자 한다. 다음으로 鄧小平은 군 현대화의 필요성을 인정하면서도 경제현대화를 추진하기 위해서는 군 현대화를 우선순위에서 뒤로 돌릴 수박에 없다는 입장을 취했다. 이에 따라 중국의 군 현대화는 막대한 비용이 소요되는 하드웨어 즉 첨단 과학무기와 장비보다는 소수 정예화, 군의 전문성과 직업성으로 특징지을 수 있는 소프트웨어를 중심으로 하여 추진될 수박에 없었다. 이것이 군의 정치적 역할에 어떠한 영향을 미쳤는지를 살펴보는 두 번째 변수이다. 나아가서 군사적 경험과 군부 내의 지지기반이 없는 江澤民으로서는 鄧小平의 후계자로 권력을 承繼하는 과정에서 군부의 지지가 반드시 필요하였는데, 이와 같이 江澤民을 圍繞한 개인적 정치적 환경이라는 변수를 제3의 변수로 설정한다. 끝으로 인민해방군도 다른 어느 나라의 군대와 마찬가지로 스스로의 이익을 지키고 확대하기 위하여 노력하는 집단이므로, 이와 같은 集團理論적 관점에서 군 현대화에 따른 군부 자체의 성격변화와 군부라는 조직의 이익추구가 군의 정치적 역할에 어떤 영향을 미치는지 살펴보는 것이 또 하나의 변수이다. 한편 이러한 네 가지 변수 가운데 정치문화, 鄧小平의 군 현대화, 江澤民의 군사적 경험 유무와 권력승계 과정 등은 독립변수(independent variable)로서 군의 정치적 역할과 군부라는 조직의 성격과 그 이해관계를 새롭게 설정하는 데 영향을 미치고 있다. 따라서 변화된 군부의 성격과

Security Policy: Leaderships, Structures, Processes," *The China Quarterly*, No.146(June 1996), pp.360~93. 군의 정치적 역할을 협의로 해석하게 되면 정책결정 과정에서 안보와 관련된 업무 등과 같이 군의 고유 업무라고 할 수 있는 영역 이외의 영역에서 영향력을 행사하는 것을 의미한다. 그러나 이 장에서는 이를 광의로 해석하여 다른 영역에 대한 군의 영향력 행사뿐만 아니라 비록 군의 고유 업무라 하더라도 당 지도부의 노선과 다른 군부의 입장을 관철하기 위해 정책결정 과정에서 다양한 노력을 기울이는 경우까지를 포함하고 있다.

이해관계는 하나의 매개변수(intervening variable)로 보아야 한다.

한편 중국군에 관련된 자료의 빈곤성, 폐쇄성, 불투명성을 고려한다면, 인민해방군의 현대화와 정치적 역할의 상관관계를 분석한다는 것은 쉬운 작업이 아니다. 그러나 중국은 鄧小平에 의한 현대화가 진행되면서 대외문호를 개방하고, 최근 세계무역기구(WTO)에 가입하는 등 세계화 추세에 신속하게 적응하여 가고 있으며, 이로 인해 외국 정보기관, 언론, 관계 전문가들의 중국군에 대한 자료수집이 과거보다는 쉬워졌다. 문제는 자료수집이 용이해졌다 할지라도 자료를 분석하는 과정에서 서방의 학자들이 중국의 政治文化를 이해하는 데 한계를 드러내고 있으며, 이를 어느 정도 극복할 수 있는 동일 문화권의 학자라 할지라도 체제와 이념이 다른 데서 오는 편견으로 분석의 객관성과 신뢰성을 확보하는 데 한계를 드러내고 있다는 점이다. 따라서 필자는 이와 같은 연구의 어려움을 고려하여 관련된 주제의 1차, 2차 자료를 앞서 언급한 분석의 틀에 따라 보다 과학적이면서 합리적으로 분석하고자 한다.

2. 군과 政治文化

인민해방군은 서방 선진국이나 제3세계의 군과 비교했을 때 정치적 역할에 있어서 많은 차이점을 드러내고 있다. 전문성과 직업성에 바탕을 둔 직업군인제도의 전통이 자리 잡고 있는 서방의 경우, 민간 지도자들은 군을 정치적으로 이용하지 않고, 그 전문성과 자율성을 존중하고 있으며, 군 역시 민간 우위와 통제를 군의 주요한 가치로 받아들이고 있다. 따라서 서방의 군은 군 본연의 문제를 제외한 나머지 분야에 대해서는 그 영향력이 제약을 받거나 배제되었다. 반대로 제2차 세계대전 이후 제3세계의 군은 쿠데타를 통해 권력을 직접 장악하거나, 민간 정부의 정책결정 과정에 직・간접적으로 영향력을 행사하였다. 다시 말해 후진국의 군은 스스로 권력을 장악하기 위한 집단인 동시에 광범위하면서도 적극적이고 능동적인 정치적 역할을 수행하고자 하는 집단이었다.[4]

그러나 인민해방군은 정권 창출, 정책의 결정 및 집행 과정에서 중요한 의미를 가지는 조직으로 지금까지 발전해왔으나, 서방이나 제3세계의 군과 같은 맥락으로는 설명할 수 없는 독특한 정치적 역할을 수행해 왔으며, 이를 분석하기 위해서는 무엇보다 政治文化에 대한 깊은 이해가 필요하다.

역사적으로, 清 말 이후부터 장개석의 북벌(1926)이 단행되기 이전까지 중국에서는 군벌(warlord)들이 割據하여 청과 국민당 정부의 통치력을 마비시켜왔다. 당시 이들 군벌들은 독자적인 정치 및 군사집단으로서 일정한 지역을 장악하여 활동하였으며, 상호간의 合從連衡을 통해서 스스로 중앙의 대권을 넘보는 동시에 상대 군벌들이 중앙집권 세력으로 등장하는 것을 저지하고자 무력투쟁을 전개하여 왔다.

그 후 중국 공산당은 "권력은 총구에서 나온다"는 毛澤東의 어귀에서 찾아볼 수 있듯이 혁명을 수행하기 위해서는 무력이 절실히 필요하다는 것을 느끼고 홍군을 창설(1927)하게 되었고, 혁명이라는 특수한 환경 속에서 당과 군 사이에는 일체감이 자연스럽게 형성되었다. 이와 같은 맥락에서 毛澤東은 1929년에 당의 군대로서 군에 대한 당의 통제를 주장하였고, 그 뒤 홍군은 당의 군대임이 명문화되었다. 또 당은 이 원칙을 제도화하기 위하여 군 조직 내부에 총정치부와 당위원회를 설치하였다. 예컨대 毛澤東과 鄧小平은 당 지도부의 일원인 동시에 1931년 2월에 신설된 홍군의 총정치부 주임과 부주임을 각각 겸직하고 있었으며, 1945년의 경우 120만 명의 공산당원 가운데 100만 명 이상이 군인이었다.[5]

4 Samuel Huntington, *Political Order in Changing Societies* (New Haven: Yale University Press, 1968), pp. 194~96.

5 Donald W. Treadgold, *Soviet and Chinese Communism: Similarities and Differences*, (Seattle, WA: University of Washington Press, 1967), p.25. 중국군은 당·군일치 내지 당의 군대라는 일반적인 공산권의 정치문화를 공유하고 있지만, 역사와 경험에서 오는 특수성으로 인해 여타 공산국가의 군과 상이점을 보이고 있다. 예컨대 소련군은 공산정권 수립 직후부터 당·군간의 조직과 기능에서 분화가 이루어지고 군의 직업성과 전문성이 강조되었다. 1950년대 후반 중국군도 소련군의 제도를 답습하고자 하는 주장이 있었으나 1958년의 반교조주의 캠페인으로 지난날 인민해방군의 전통을 고수하고, 군 현대화를 위한 노력은 무산되었다. 한

혁명 초기부터 형성된 이와 같은 당·군 일체성에 따라 군은 당의 군대로서 당의 명령에 복종하고, 군 조직 내 정치위원과 당 위원회를 통한 당의 통제를 수용하여왔으며, 점령지역에서 군사, 정치, 경제, 이념에 관련된 다양한 임무를 수행하였다. 따라서 군은 군 본연의 역할 외, 당의 정책결정에 적극적으로 참여하였고 그 집행에서도 지지 세력으로서 광범위한 활동에 참여하여왔으며, 이 다양한 역할을 수행하는 과정에서 군 간부들은 지속적이고도 자연스럽게 당의 직책을 겸임하게 되었다.[6]

한편 공산정권 수립 이후 당과 군의 조직이 분화되었음에도 불구하고 인민해방군의 정치참여는 毛澤東과 그를 중심으로 한 정치엘리트의 요청에 의해 계속되었다. 비록 수동적인 것이지만, 그 참여의 범위와 정도에 있어서 광범하면서도 적극적인 면을 보여주었다. 1949~52년 사이 중국 정부는 전국을 6개 군사행정구역으로 나누어 군 간부들이 당과 군의 책임을 지도록 하였으며, 29개 성 대부분의 당 서기는 군 간부들이 겸임하였다. 당시 군 지휘관들은 당 중앙위원회(중앙위) 위원이나 정치국원으로 진출하였으며, 마찬가지로 당 고위 간부들도 군 정치위원 혹은 당 중앙군사위원회의 주석, 부주석을 겸임하였다.

특히 文化革命 당시 홍위병에 의한 혼란상태가 극에 달했을 때, 인민해방군은 毛澤東의 지시에 따라 질서를 회복하기 위해 개입하였으며,[7] 그 후 군은 林彪가 실각하기까지 상당 기간에 걸쳐 정치의 중심 역할을 수행하였다. 당시 성, 직할시의 혁명위원회 주임 29명 가운데 20명(68%)이 군구 사령관이나 군구 정치위원이었을 뿐만 아니라 이러한 성 단위에서 군의 주도적인 정치적 역할은

편 북한의 경우 군은 주체사상과 수령론에 따라 일인 독재체제를 유지하는 수단으로 전락되었다.

6 Ellis Joffe, *The Military and China's New Politics: Trends and Counter-Trends*, CAPS Papers No.19 (Taipei: Chinese Council of Advanced Policy Studies, September 1997), pp.2~10.

7 "Directive of the Central Committee, the State Council, Military Affairs Committee, and the Cultural Revolutionary Group Concerning the Dispatch of Central Support for the Left Units to Regional and Provincial Military Districts," *Studies on Chinese Communism*, Vol.2, No.8 (Aug. 31, 1968), pp.109~17.

文化革命 이후 당의 재건기(1970~71)에도 계속되어, 1971년 성 당 위원회 서기 가운데 60%를 군구나 그 예하 부대 간부들이 장악하였다.[8] 이와 같이 인민해방군은 당의 정책결정과 집행과정에 참여하여 왔다.

그러나 1971년 9월 林彪 사건 이후 당은 군에 대한 통제를 다시 강화하여 군의 정치적 개입과 역할을 축소시키기 위한 일련의 조치를 취하였다. 예를 들면 1973년 1월 4일 당 중앙군사위원회의 지시는 인민해방군에게 정치적인 역할이 아닌 군사적 임무에만 충실할 것을 강조하였다. 그 이유는 文化革命 당시 숙청을 당했던 당의 원로 간부들이 복권되면서 군의 정치적 영향력이 축소될 수밖에 없었으며, 이러한 변화는 1970년 초 당 정치국, 중앙위에서의 군부 출신의 점유율이 축소된 데서 찾아볼 수 있다. 예컨대 1969년 정치국원 25명 가운데 군 출신이 13명(52%)이었으나 1973년에는 21명의 정치국원 가운데 군부 출신은 7명(33%)에 그쳤다. 뿐만 아니라 당 중앙위에서도 1969년의 제9기 중앙위에서 중앙위원의 43%를 군부가 차지했으나, 제10기 중앙위에서는 32%로 감소하게 된다. 성 단위의 당 서기를 겸직하고 있던 군 간부들의 비중도 1970~1971년 60%에서 1974~75년 47%로 감소하였다.[9] 그러나 한 가지 주목할 사항은 군의 역할이 축소되는 상황 속에서도 군이 중앙당 정치국과 중앙위원회, 지방의 당 기구에 여전히 상당한 비중을 차지하고 있다는 사실이다. 이는 군이 여전히 중국의 정치 권력구조에서 중요한 역할을 수행하고 있음을 의미하는 것이다.

이처럼 毛澤東 시대의 군은 당의 군대로서 당과 국가, 인민의 생명과 재산을 지키는 군 본연의 의무를 수행하는 외에도 마르크시즘・레닌주의・毛澤東사상을 지키고, 능동적인 경제적 역할을 수행하는 한편 정치 엘리트의 요청에 의해 정치・사회적 혼란을 극복하는 과정에 개입하거나, 권력 승계과정에서

8 Ellis Joffe, op. cit., p.300; Ibid., "The PLA in Internal Politics," *Problems of Communism*, Vol.24, No.6 (Nov.~Dec., 1975), pp.1~12

9 Ibid., "The Chinese Army after the Cultural Revolution: The Effects of Intervention," *The China Quarterly*, No.55, July~Sep. 1973, pp.450~77.

갈등을 차단하는 방패로서 역할을 하는 등 포괄적이면서도 적극적으로 정치참여를 하여 왔다. 한편 인민해방군의 이러한 전통은 군이 권력기구의 핵심부분으로서 정책결정 과정에 합법적으로 참여하는 조직으로 발전하는 데 기여한 반면에 군 스스로가 직접 권력을 장악하려는 시도를 근원적으로 제한하는 장치로도 작용하여 왔다. 이와 같은 군의 정치문화가 정착하게 된 배경에는 물론 혁명기의 환경과 경험이 중요한 역할을 하였지만, 소련이나 서구식 직업군인제도보다는 군의 정치・경제・사회에 대한 적극적 역할을 수행하기를 원한 당 지도부 특히 毛澤東의 군에 대한 가치관이 크게 작용한 것으로 보인다.

3. 鄧小平 시대의 군 현대화

毛澤東 시대가 지나고 鄧小平이 1977년 복권되었을 때 그가 처음 맡은 직책은 인민해방군 총참모장과 당 중앙군사위원회 부주석이었으며, 1981년에는 당 중앙군사위원회 주석으로 선출되었다. 이때부터 그는 국제 안보환경의 변화에 걸맞지 않는 인민해방군의 낙후된 방위능력을 면밀히 분석하여 군 현대화의 목표를 '현대화, 정규화, 革命化'로 설정하였다. 이를 위해 병력을 감축하여 정예화를 시도하고, 국방산업에 적용할 수 있는 첨단 과학과 기술연구에 박차를 가했으며, 러시아와 서방 선진국으로부터 무기와 장비를 도입하고, 군 조직의 구조조정을 단행하여 현대전을 수행하는 데 적절한 군의 지휘체계를 일원화해 나갔다. 또 새로운 전략과 전술을 개발하는 한편 이에 따르는 법과 제도, 교육과 훈련을 강화해 나갔다. 이러한 군 현대화는 어디까지나 당의 군대로서 인민해방군의 전쟁 수행능력을 향상시키려는 차원에서 이루어진 것이지만, 군의 정치적 역할에 대한 방향과 성격변화에 상당한 영향을 미치게 된다. 여기에서 鄧小平의 군 현대화에 대한 방향과 내용을 먼저 살펴보고, 이것이 군의 정치참여에 미치는 영향을 분석해 보기로 한다.

가. 군 현대화의 방향과 내용

군 현대화를 지휘체계 및 구조, 전략, 훈련, 교육, 제도화 등의 소프트웨어와 무기 및 장비 등의 하드웨어로 나눌 수 있다. 먼저 소프트웨어의 현대화를 설명하면 다음과 같다. 첫째, 鄧小平의 군 현대화는 베트남과의 전쟁에서 노출된 중국군의 문제, 그리고 변화된 국제 환경과 깊은 관련이 있다. 그가 인민해방군 총참모장으로 있을 때 '베트남에 교훈을 준다'는 취지에서 중·월 국경전쟁을 시작했지만 결국 실패하였다. 당시 중국군은 지휘, 명령, 통신, 정보, 군 상호간의 협력 등 모든 방면에서 무능을 노출하였다. 나아가서 鄧小平은 70년대 主敵으로 간주되었던 소련이 더 이상 중국의 위협적인 존재로 남아있지 않는 80년대로 접어들면서 국제환경이 보다 평화적인 것으로 변모하게 되자, 이를 군 현대화의 기회로 진단하고 본격적으로 군 현대화를 착수하게 되었다. 우선적으로 그는 병력을 435만 명(1977년 기준)에서 293만 명(1991년 기준)으로 거의 142만 명을 감축하였으며, 이 감축된 병력들을 1983년에 창설된 인민무장경찰에 투입하였다.[10]

둘째, 현대전을 효율적으로 수행하기 위한 군 지휘계통의 일원화이다. 기존의 11개 군구는 7개 군구로 축소되었으며, 1989년에는 7대 군구의 자율성마저 상당히 축소되고 그 권한을 당 중앙군사위원회와 3총부 — 총참모부, 총정치부, 총후근부 — 에 귀속시켰다. 귀속된 권한 가운데 핵심 사항은 군의 이동 명령권으로서 공식적인 군의 이동에는 당 중앙군사위원회 주석의 서명이 반드시 필요하였다. 과거 사단의 경우 총참모부와 당 중앙군사위원회의 승인, 연대의 경우

10 Dennis J. Blasko, "The Chinese Military: An Assessment," *The World & I*, Oct. 1999, p.328; Yitzhak Shichor, "Demobilization: The Dialectics of PLA Troop Reduction," *The China Quarterly*, No.146(June 1996), pp.340~54. 1990~91년 사이에 중국군은 390만 명에서 303만 명으로 감축되었다. 1994년 런던의 국제전략연구소는 인민해방군의 병력이 293만 명이라고 보고했다. 1997년 9월 중순에 개최된 제15차 당대회에서 江澤民은 앞으로 다시 50만 명의 감축이 더 있을 것임을 밝혔다. 현재 인민해방군의 병력은 250만 명 정도로 추산되고 있다.

군구 당 위원회의 승인, 대대의 경우 집단군 당 위원회의 승인 그리고 중대의 경우 사단 당 위원회의 승인이 필요하였다. 그러나 1989년 6월 4일의 천안문 사태 이후 군구 사령관이 당의 명령에 불복할 가능성을 우려한 당 중앙군사위원회는 모든 병력을 당 중앙군사위원회의 직접적인 통제하에 두도록 결정하였다. 그 결과 대대급 이상의 군 병력이 이동할 때는 반드시 총참모부를 경유하여 당 중앙군사위원회의 승인을 받게 되었으며, 병력이 군구 경계선을 넘어 이동하는 경우에도 당 중앙군사위원회의 승인이 있어야 한다.[11]

셋째, 1979년 이후 군사적 목적을 달성하기 위한 기본 노선인 동시에 군의 조직, 장비, 무기체계에 대한 청사진을 제공하는 전략은 많은 변화를 경험하였다. 먼저 鄧小平은 현대전의 성격을 제한전과 국지전으로 인식하고, 기존의 방어전략 개념인 毛澤東의 '인민전'을 유지하면서도 그 속에 새로운 개념인 '현대적 상황하의 인민전'을 채택하였다. 이 개념은 인민전의 방어적 요소를 상당 수준 유지하면서 현대전에서 무기의 중요성을 강조하는 것인데, 이 변화는 그 뒤 '적극적인 방어'[12] 개념으로 보완되었다. 한편 '인민전'이나 '현대적인 상황하의 인민전'이란 개념은 기본적으로 방어적인 개념임에 비해 '적극적인 방어'란 보다 공격적인 요소를 가미하고 있다. 또한 이 '적극적인 방어' 전략은 적을 깊숙이 유인하여 '인민전'으로 끌어들이려는 목적이 아니므로 毛澤東의 3단계 전략 즉 전략적인 방어, 전략적인 교착상태, 전략적인 공세 대신에 적의 공격을 저지하기 위해서는 국경을 넘어 적을 공격한다는 적극적인 작전의 중요성을 인정하고 있다. 이 '적극적인 방어' 전략 개념은 앞서 언급한 제한전이라는 개념과 통합되어 새로운 전략개념인 '첨단 기술조건하의 제한전'이란 개념으로 발전되었다.

---

11 Nan Li, "Organizational Changes of the PLA, 1985~1997," *The China Quarterly*, No.158 (June 1999), pp.314~349.

12 적극적인 방어 개념은 1938년의 毛澤東 논문인 「지구전」에서, 그리고 1957~58년에 彭德懷가 거듭 사용한 개념이다. 그러나 현재 사용되고 있는 이 개념은 전투에 보다 공격적인 전략 개념을 적용한다는 점에서 기존의 적극적인 방어 개념과는 근본적인 차이점을 보이고 있다.

넷째, 鄧小平은 전략을 실천에 옮기고 부대 상호간에 유기적인 협력 체제를 구축하는 현대적인 훈련의 중요성을 강조했다. 이에 따라 군은 통합군의 작전효율성을 제고하고자 정기적으로 강도 높은 훈련을 실시하였다. 나아가서 1986~87년에는 '첨단 기술조건하의 제한전'의 개념에 따라 화생방과 전술 핵무기를 사용하는 전쟁을 가상하여 집단군의 전술훈련을 시작하였으며, 1994년에는 통합군과 그 지휘체계의 중요성을 확인하기 위해서 육·해·공군이 합동으로 참여하는 대규모 군사훈련을 실시하였다.[13]

다섯째, 군 간부들이 받는 교육도 과거에 비해 질적으로 개선되었고, 교과과정도 이념적인 내용보다 군사전략과 첨단 과학 및 기술에 관한 전문지식을 습득하는 방향으로 개편되었다.[14] 인사정책의 경우, 승진에 필요한 자격 요건을 심의하는 데 있어 과거보다 전문적인 지식과 관련된 교육과정의 이수 여부를 중요시하였다. 그 외에도 군의 전문성을 향상시키고자 국방대학 등 새로운 전문교육기관을 설립하였고, 보다 높은 수준의 교육을 받은 장교들을 충원함으로써 인민해방군의 질적 개선을 도모하였다. 준 드레이어(June Dreyer)의 논문(1990)에 의하면, 그 결과 집단군 수준 내지 그 이상의 간부들 가운데 90% 이상이 대학교육과정을 이수하였으며, 그 가운데 76%가 군사 전문교육을 받거나 50%가 전문기술을 가지게 되었다. 그리고 1992년 현재 집단군 수준 이상의 부대에서 근무하는 간부의 65%는 1985년에 설립된 국방대학을 졸업한 것으로 조사되었다.[15]

---

13 인민해방군은 아직도 '첨단 기술하에 제한전쟁'을 치르는 데 필요한 통합군의 작전에 많은 결함을 드러내고 있으며, 첨단 과학무기로 장비를 갖추고 전쟁에 병력을 효과적으로 투입하는 데는 적어도 10~15년 이상이 걸릴 것으로 전문가들은 전망하고 있다.

14 James C. Mulvenon, *Professionalization of the Senior Chinese Officer Corps: Trends and Implications* (Santa Monica, Calif.: RAND, 1997), pp.11~34.

15 June Teufel Dreyer, "The Modernization of China's Military," *Problems of Communism*, Vol.39, No.3 (May~June 1990), pp.104~121; Li Cheng and Lynn White, "The Army in the Succession to Deng Xiaoping: Familiar Trends and Technocratic Trends," *Asian Survey*, Vol.33, No.8(August 1993), pp. 760~61, 779~80; John W. Lewis and Litai Xue, *China's Strategic Seapower: The Politics of Forces Modernization in the Nuclear Age* (Stanford, Calif. Stanford University Press, 1994), p.122; *FBIS-CHI* 93~018, January 29, 1993, pp.1~25.

여섯째, 鄧小平은 당의 군대로서 통제의 효율성을 높이고, 현대전에 대응할 수 있는 능력을 제고하고자 과거 毛澤東 당시 거의 불모지에 가까운 군의 법과 제도의 개편을 점진적으로 추진하였다. 예컨대 1988년 당 중앙군사위원회는 계급제도를 부활하면서 계급에 대한 구체적인 자격 요건과 승진에 관한 새로운 제도를 발표하였다.[16] 또 같은 해 9월에는 인민해방군의 현역 장교 복무조례를 제정하였다.[17] 이 조례는 높은 수준의 교육, 전문 직업인으로서의 능력과 혁명적인 성향을 가진 젊은 간부집단을 만든다는 목적에 따라 간부를 일반병사로부터 직접 진급시키는 대신 사관학교 교육을 받은 사람들로부터 충원하도록 하였다. 한편 퇴직연령에서도 사단 급에서는 50세, 집단군 급에서는 55세, 군구 급에서는 65세로 명시하였으며, 계급정년에 따라 일정기간 복무한 간부가 승진을 못할 경우 퇴직하도록 하였다. 2001년 8월 중순에 폐막된 北戴河에서의 당 중앙공작회의에서도 젊은 간부들의 충원을 통하여 인민해방군의 전력을 강화하는 동시에 각 군구 급에서 65세 퇴직규정을 엄격히 지켜나갈 것임을 거듭 확인하고 있다.[18]

그러나 지난날의 관행과 군 간부들의 낮은 법 의식수준으로 인해서 인민해방군을 보다 효율적이고 전문화된 군으로 제도화하려는 鄧小平의 노력은 아주 느리게 진행되었다. 즉 1978년에 그의 군 현대화가 시작되었지만 군의 제도개선을 위한 당 중앙군사위원회 내 법제기관은 1988년에야 설립되었다. 그 후 당 중앙군사위원회는 해마다 군 현대화를 위한 제도적 개선을 발표하였으며, 1999년에 가서 처음으로 조직과 장비, 그리고 작전에 대한 새로운 기준을 제시하는 동시에 병역법 또한 대폭 개정하였다. 이와 같이 군의 법제화에 무려 20년 이상의 시간이 걸렸으며, 그것도 최근에야 완성되었음을 알 수 있다.

16 인민해방군의 계급제도는 과거 혁명 시에 운영되었던 게릴라식의 군 체계에서 보다 훈련된 정규군의 체계로 변화되면서 1955년에 처음으로 도입되었으나 문화대혁명이 시작되기 직전인 1965년에 폐지되었다. 그 후 이 제도는 1978년과 1980년대 초에 제기되었으나 반대에 부딪쳐 부활되지 못하다가 1988년에 가서 이루어졌다.

17 *FBIS-CHI*, 88~174, Sep. 8, 1988, pp.37~41.

18 『조선일보』, 2001.8.26.

다음은 군 현대화 가운데 무기와 장비 등 하드웨어에 해당하는 내용이다. 鄧小平은 현대전을 성공적으로 수행하는 데 있어서 현대화된 무기와 장비의 필요성을 절감하고 있었다. 그러나 경제현대화를 통해서 21세기 중반까지 선진 사회주의국가를 달성하고자 하는 국가목표로 인해 군 현대화는 그 우선순위가 최하위로 떨어졌다. 그 결과 1980년대 국방예산은 동결되거나 삭감되었다. 즉 1980년 이전 중국의 방위비 규모는 약 222억 元(143억 달러)에 달했으나 1980년에는 192억 元(130억 달러)으로, 1981년에는 168억 元(99억 달러)으로 더욱 낮아졌다. 따라서 1979년 수준에서 1981년 방위비의 감소 규모는 54억 元에 달했고, 이는 무려 25%가 감소한 액수이다. 국방예산은 1983년과 1984년에 이르러 178억 元(95억 달러) 수준에 머물렀다. 1985년에는 더욱 축소되어 약 10.5%가 감소했고, 이는 1983년에 비해 13%가 감소된 수치이다. 전체적으로 1979년부터 1988년까지 중국의 국방예산은 약 40%가 감소된 셈이다.[19] 이러한 국방예산의 삭감은 군의 무기 및 장비 도입에 심각한 지장을 초래했으며, 자국의 방위산업체가 현대전을 치르는 데, 그리고 신뢰할 만한 과학 기술 무기를 개발하는 데 적어도 10년~20년 이상을 지연시키는 결과를 가져올 것으로 분석되고 있다. 이와 같은 맥락에서 이 분야의 내용을 상술하면 다음과 같다.

먼저, 중국은 지속적인 경제현대화를 추진하기 위해서 무역노선과 항만, 해양자원과 에너지 루트를 보호하고 주변지역의 분쟁을 신속히 해결할 수 있는

19 Arthur A. Ding, "China's Defense Finance: Content, Process and Administration," *The China Quarterly*, No.146(June 1996), p.429; Blasko, op. cit., p.332. 인민해방군을 연구하는 사람들이 지적하는 공통된 어려움 가운데 하나는 중국 방위예산의 불투명성이다. 왜냐하면 293만 명의 현역, 거의 100만 명의 인민무장경찰, 120만 명의 예비군, 상당한 수의 민병대를 유지하고, 광범위하게 진행하고 있는 재래식 및 핵무기의 현대화에 소요되는 천문학적인 비용을 생각한다면 중국 정부에서 발표하고 있는 공식적인 국방예산의 허구성을 알 수 있다. 결국 중국의 공식 국방예산과 서방의 추정 국방예산 사이의 차이는 어떤 항목을 국방예산에 포함시킬 것인가에 달려있다. 중국 정부는 국방 관련 부서(전자, 핵, 항공, 우주, 조선 등)와 첨단 과학과 기술무기를 개발하고 연구하는 부서의 예산을 포함시키지 않고 있다. 따라서 일부 서방 학자들은 중국의 실질적인 국방예산을 공식 액수의 2배에서 심지어 12배까지로 추산하고 있다. 그러나 관계 전문가 사이에는 공식 액수의 4배에서 5배 즉 280억 달러에서 360억 달러로 추정하는 데 대체로 동의하고 있다.

능력을 제고할 필요가 있다. 이를 위해서는 현대적인 무기와 장비의 개발 및 도입이 필수적이다. 따라서 중국 해군은 1980년대 중반부터 다수의 낡은 구축함과 초계정들을 신형으로 교체하고, 인도양, 서태평양, 북극해에도 함대를 파견하는 등 연해안에서 近海岸으로 자신들의 힘을 투사할 수 있는 범위를 넓혀왔다. 그러나 중국 해군은 전진기지가 없기 때문에 장기간 원양작전을 수행할 수 있는 능력을 갖추지 못하고 있으며, 양적으로는 소련의 태평양 함대와 견줄 수 있는 세계 제3위(26만 명의 병력, 52척의 잠수함, 50척의 구축함과 호위함, 870척의 초계정, 121척의 어뢰정, 54척의 수륙양용함정, 약 164척의 보급 및 지원함)이지만, 질적으로는 일본 자위대 해군, 인도 해군, 아세안(ASEAN) 국가들의 연합해군, 대만 해군에 비해서도 떨어지는 것으로 평가되고 있다. 예를 들어 50척의 구축함과 호위함 가운데 단지 3척의 구축함과 4척의 호위함만이 현대적인 장비와 능력을 갖추고 있는 것으로 분석되고 있다.[20]

다음으로, 공군은 인민해방군 가운데 가장 노후화 된 무기와 장비를 갖춘 조직으로 평가되고 있다. 외견상 1992년에 26대의 SU-27 전투기를 러시아로부터 매입했고, 1995년에 50~75대의 동 기종의 구매계약을 체결했다. 그리고 최근에 중국은 20억 달러의 자본을 들여 SU-27을 소련과 공동 생산하기로 합의하였으며, 이를 통해 연간 15~20대의 SU-27기를 생산할 수 있는 것으로 알려졌다. 그러나 중국 공군의 주력은 여전히 1950년대와 60년대 소련에서 만든 Mig-17, Mig-19, Mig-21이다. 중국은 현재 약 4천대의 전투기를 보유하고 있지만 이 지역의 다른 국가들이 보유하고 있는 기종인 F-15, F-16과 Mirage 2000과 비교했을 때 상대적으로 성능이 떨어진다. 전폭기인 H-5, H-6 또한 속도가 떨어지며, 공중급유기와 조기경보기는 한 대도 없는 실정이다.[21]

이상에서 살펴본 바와 같이 鄧小平의 군 현대화는 그 폭과 깊이에서 인민해방군 역사에서 선례가 없는 작업이다. 그러나 鄧小平의 군 현대화는 경제현대

20 황병무 공저, 『중국 안보론』(서울: 국제문제연구소, 2000), 163~170면.
21 Ibid., pp.174~178.

화라는 국가목표로 인해 많은 제약이 따랐으며, 어디까지나 당의 군대라는 틀에서 벗어나지 않는다는 조건에서 현대전을 수행하는 데 필요한 전문성과 직업성을 제고하려 했다는 특색을 지니고 있다. 따라서 막대한 비용이 소요되는 첨단과학·기술 장비와 무기도입 내지 개발에 치중하기보다는 최소의 비용으로 최대의 효과를 거둘 수 있는 분야 즉 병력의 감축, 지휘 계통의 일원화, 새로운 전략과 전술의 개발, 교육훈련의 강화, 군 인사행정의 합리화와 제도화에 군 현대화의 초점을 두고 있다.

나. 鄧小平의 리더십과 군의 정치적 역할 축소

鄧小平의 군 현대화는 과거 인민해방군에 비해 군의 전문성과 직업성을 제고하는 데 크게 기여하였다. 그러나 鄧小平은 전문성과 직업성을 강조하는 군 현대화가 서구식 직업군인제도나 군부라는 독립적인 조직으로서 발전될 가능성을 우려하였으며, 이를 사전에 차단하고자 그의 카리스마적인 리더십을 통해 군 고위 간부들에게 당 중앙군사위원회 주석의 명령에 복종하도록 강조하고, 군에 대한 인사권과 병력이동에 관한 권한과 당의 감시감독 체계를 강화함으로써 군으로 하여금 당의 군대로서의 성격을 분명히 하는 한편 과거와 마찬가지로 군에 대한 당의 지배원칙을 관철하고자 세심한 노력을 기울여왔다. 아울러 鄧小平은 과거 군이 광범하면서도 적극적인 정책결정 과정에 참여하는 것을 제한하는 한편 단지 당의 노선과 정책에 대해서 군의 지지라는 투입기능을 유지할 수 있도록 하는 이중적인 태도를 취했다.

이와 같은 그의 태도는 당 중앙군사위원회 주석을 江澤民에게 물려주는 과정에서 잘 드러나고 있다. 1995년 3월 최고 지도자인 鄧小平은 권력승계 과정에서 군 지도부의 지지를 확보하기 위해 자택에서 정치국 특별회의를 열었다. 이 자리에서 鄧小平은 군 지도부가 江澤民 총서기에게 충성을 맹세할 것을 촉구하는 동시에 당 총서기인 江澤民의 명령에 복종하지 않음으로써 야기될 수 있는 문제점과 혼란에 대해 군 지도부에게 엄중히 경고한 것으로 알려지고

있다.[22]

鄧小平은 군 간부들의 충원방법을 바꾸고, 빈번히 행해지는 순환보직과 출신 지역을 회피하는 원칙을 통해서 과거 야전군 시절의 인맥관계를 단절시킴으로써 자신의 사후 권력승계 과정에서 군의 정치적 역할을 배제 내지 최소화하고자 하였다. 즉 군구 지휘관들을 다른 지역 출신으로 임명하는 한편 서로 다른 지역 출신의 간부들과 혼합 편성하여 각 집단군으로 하여금 다른 집단군의 간부들을 수용하도록 조치하였다. 이는 지역이나 부대에 연고를 두고 정치적인 파벌을 만들려는 군 지도자들의 의지를 좌절시키는 데 중요한 역할을 하였다.[23] 나아가서 그는 과거 정치적인 목적을 위해서 부대를 이동시켰던 예를 주목하여 군구와 집단군 지휘관들의 권한을 축소시키고 이를 중앙으로 귀속시키는 한편 인사와 재정 부문에서 중간 단계를 허용치 않는 중앙집권적 운영으로 일원화된 지휘체계를 확립하였다.

특히 鄧小平은 군에 대한 당의 절대적 지배원칙을 관철하기 위한 제도적 장치를 더욱 강화하였다. 1991년 이후 총정치부는 11개의 기능 부서로 확대 개편되었으며, 이들 부서는 이념교육, 당 노선의 선전, 군의 對民 이미지 개선, 군내에서 당 활성화 작업, 그리고 그 구성원의 인사관리에 대한 책임을 진다. 또 총정치부 산하 각급 정치위원에게는 군 지휘관과 동등한 지위가 허용되고 있다. 한편 총정치부와는 별도의 명령체계를 가지고 있는 인민해방군 내 당 위원회 조직은 군부 쿠데타의 징후, 군 파벌주의, 군 내부의 불순분자에 대한 감시와 더불어 군부에 대한 당의 정책, 노선, 지침 등을 선전하는 매개체로서의 역할을 하고 있다. 기율검사위원회는 군부 내의 공산당 하부조직으로서, 이 조직의 기본적인 업무는 당원의 군 조직 내에서의 업무수행을 감시하는 것이다. 군에 대한 당의 감시와 감독 기구인 이 세 조직은 독자적으로 기능을 수행하는

---

22 Lo Bing, "Deng's Meeting with Top PLA Heads with Four Messages," *Dongxiang* (Hong Kong), April 1995, pp.8~9.

23 Michael Swaine, "Chinese Regional Forces as Political Actors," in Richard A. Yang, et. al., *Chinese Regionalism: The Security Dimension* (Boulder, Colo., Westview Press, 1994), p.66.

것이 아니라 상호 보완관계를 유지하고 있다. 예를 들면 1990년대 인민해방군 내에서 당의 절대적인 지배원칙을 점검하고, '和平演變'과 '부르주아 자유화'라는 새로운 적과의 전쟁을 수행하며, 군 내부 기층조직이 수행하는 정치공작의 질을 향상시키는데 있어서 이 3조직은 상호간에 긴밀한 관계를 유지하고 있는 것이다.[24]

인민해방군의 정치적 역할에 대한 鄧小平의 입장은 1980년대 초 그의 발언에서 찾아볼 수 있다. 그에 의하면 "군은 인민민주독재를 지키는 기초이며, 사회주의 조국을 보호하고, 4개 현대화를 지원하는 영광된 사명을 지니고" 있으며, "현재는 당・정・군・민이 뜻을 같이하여 국가 현대화를 달성해야 하고 ……. 우리 군대가 앞장서 이 책임을 져야 하며, 이러한 상황에 잘 적응하고 행동해야 한다"는 주장이다.[25] 여기에서 鄧小平은 군에 대한 정치 및 이념교육을 통하여 당 노선과 정책, 특히 경제현대화를 지지하는 모델집단으로서의 역할을 기대하고 있음을 알 수 있다. 예를 들면, 鄧小平은 1992년의 南巡講話 때 인민해방군으로부터 자신의 고도경제성장정책에 대한 지지를 얻어 이 정책을 강력히 추진할 수 있었다.

그러나 鄧小平은 과거와 같이 당과 정책에 대하여 군의 지지를 요구하면서도 정책결정에 있어서 군의 참여기능을 약화시켜 왔다. 이는 鄧小平 시대의 정책결정 과정에서 군이 참여하는 비율이 점차 감소한 데서 알 수 있다. 鄧小平이 복권한 1977년에 열린 당 제11기 1中全會 중앙위원 가운데 62명(31%)이 군 출신이었고, 이 가운데 55명이 현역이었다. 나아가서 당시 성의 당 서기들 중에서도 29.5%가 군 인사들이었다. 그러나 1982년 당 제12기 1中全會에서는 군 지도자들의 참여가 21.5%로 줄어들었고, 성의 당 서기 경우에도 13%로 격감되

---

24 David Shambaugh, "Soldier and State in China: The Political Work System in the PLA," *The China Quarterly*, No.127(September 1991), pp.544~56; *Liberation Army Daily*, January 25, 1995, p.1. in *FBIS-CHI* 95~035, February 22, 1995, pp.28~9.

25 *Beijing Review*, Vol.45, Nov. 8, 1982, p.13; Vol.37, Sep. 13 1982, pp.21~6; Vol.47, Nov. 22 1982, p.3.

었다. 더욱이 1987년 당 제13기 1中全會 중앙위원의 경우 군 출신이 16%(28명), 성 당 서기는 0%로 그 비율이 현저히 감소되었다.[26] 1988년 이후 군구 정치위원이 성의 당 서기를 겸직하는 사례가 없어졌으며, 이는 지방에서 당·군 조직의 분리를 의미하는 동시에 중앙의 지방 軍에 대한 직접적인 통제를 의미한다. 한마디로 당의 군대로 존속시키되, 군의 정치참여 기능을 최소한으로 줄이고자 했던 그의 의도가 그대로 현실에 반영되었음을 확인할 수 있다.

앞서 살펴본 대로 鄧小平의 군 현대화는 예산상의 이유 때문에 현대전을 수행하는 데 필요한 첨단 과학무기와 장비를 갖추는 데는 많은 한계가 있었지만, 시대적 변화에 부응하여 새로운 전략·전술을 개발하고, 이에 따른 조직개편과 지휘체계를 일원화하며, 그밖에 병력의 질적인 향상을 위한 감축, 훈련과 교육의 강화, 현대전에 대비한 통합군 운영, 인사관리의 합리성과 제도화 등 군의 전문성과 직업성을 제고하는 부문에서는 크게 기여하였다. 그러나 이러한 변화는 어디까지나 당의 군대라는 기존의 제도적 틀 안에서의 변화로 간주할 수 있다. 한편 鄧小平은 정책결정 과정에 군의 개입을 최소한으로 줄이고, 기존의 투입기능 또한 경제현대화에 대한 지지라는 한정된 범위로 축소시켰음을 알 수 있다.

4. 江澤民의 등장과 군의 정치적 역할 변화

중국 공산당은 순조로운 권력승계를 이룰 수 있는 제도적 장치가 없기 때문에 후계자로 지목을 받아 성공한 예는 찾기 힘들다. 결국 중국의 최고 지도자가 되기 위해서는 원로의 지지, 리더십의 증명, 군부의 지지가 충족되어야 한다.

江澤民의 권력승계에 있어서 중국의 독특한 정치문화인 원로들의 지지를

26 James C. F. Wang, *Contemporary Chinese Politics: An Introduction*, 6th ed., (Upper Saddle River, NJ: Prentice Hall, 1999), pp.186~187.

鄧小平이 마련해 주었다. 앞서 언급한 대로 鄧小平은 그의 당 중앙군사위원회 주석직을 江澤民에게 넘기면서 江澤民에 대한 군의 지지를 거듭 당부했다. 이와 같은 그의 도움으로 江澤民은 1997년 2월 鄧小平의 사망 이전까지 鄧小平을 포함한 원로들의 지지를 받아 당과 군에 대한 통제를 할 수 있었다.

나아가서 지속적인 경제성장 또한 권력승계 과정에서 정치적 안정을 유지하고 자신의 권력기반을 다지는 데 있어서 필수적인 요소이다. 이를 통해 당 지도부의 단결을 도모하고, 당 노선과 국가목표에 대한 인민의 지지를 획득할 수 있기 때문이다. 江澤民은 천안문 사태 이후 과도기적 治理整頓의 단계를 거쳐 1992년 12.8%, 1993년 13.2%, 1994년 11.8%, 1995년 10.2%, 1996년부터 2000년까지(제9차 5개년 계획기간) 8.3%라는 고도 경제성장률을 달성하는 데 성공하였다.[27]

다음으로 江澤民은 군 경력이 없는 기술관료 출신이므로 자신에 대한 군의 지지를 확보하기 위해서, 毛澤東이나 鄧小平보다 더욱 노력할 필요가 있었다. 이러한 요소가 군의 정치적 역할과 성격 변화에 많은 영향을 미쳤음을 확인할 수 있다. 첫째, 江澤民은 당 중앙군사위원회 주석에 취임하면서 자신이 이 직책을 수행하는 데 경험이 부족함을 솔직히 인정하면서[28] 업무를 수행하는 과정에서 영향력 있는 원로 군 장성과 당 중앙군사위원회의 중진들 가운데 劉華淸과 張震 등이 내세운 군 현대화에 관한 주장에 귀를 기울이고 수용하는 태도를 보여주었다. 이와 같이 원로 군 장성들의 주장에 공감을 표시한 이면에는 이들의 지지를 도출하려는 그의 정치적 의도가 있었던 것으로 보인다.

둘째, 毛澤東이나 鄧小平과 같은 카리스마적 리더십이나, 군 경험이 없는 江澤民으로서는 당 중앙군사위원회 주석으로서의 권위를 확립하는 지름길이 제도적으로 자신에게 부여된 권한을 효과적으로 행사하는 데 있다. 이것은 군

---

27 *People's Daily*, 2001.3.5.

28 David Shambaugh, "China's Commander-in-Chief: Jiang Zemin and the PLA," in C. Dennison Lane(eds), et. al., *Chinese Defense Modernization* (London and Washington, DC, Kegan Paul International and the AEI Press, 1996), p.216.

인사권을 활용하여 자신의 지지 세력을 군부 내에 심는 江澤民의 인사전략으로 나타났다. 당 중앙군사위원회 주석에 취임한 그는 1989년부터 인사 문제에 직접 개입하였다. 특히 군부 내 막강한 영향력을 행사하던 楊尙昆과 그의 이복동생 楊白氷을 당 중앙위와 중앙군사위원회에서 축출하는 한편 이들의 추종세력인 소위 '楊家將'에 대한 인사조치를 단행함으로써 江澤民은 자신의 입지를 강화하였다.[29] 아울러 그는 군 고위 간부에 대한 연령정년을 엄격히 적용함으로써 군구 사령관 및 정치위원급, 군사학원장급 및 총부급 부장 및 정치위원급은 65세, 중앙군사위원회 위원은 70세에 퇴직하도록 조치하였다. 그리고 1994~1995년 숙청된 楊家將 세력들과 퇴역한 간부들의 자리에 27명의 중장을 상장으로 승진시키는 방법으로 자기세력을 확장하여 왔다. 그 후에도 江澤民은 퇴직연령 및 계급정년의 원칙에 따라 군 인사정책의 정례화와 제도화에 노력을 기울여왔다. 공석이 발생하였을 경우, 보직이동 또는 부사령관과 부정치위원급의 상위보직 승계를 원칙으로 한 인사를 단행하였고, 군구급 이하 군 인사에 대한 시기도 대부분 연말에 단행하는 등 군 인사의 정례화를 강화하여 왔다.[30] 鄧小平의 사망 이후 처음으로 개최된 1997년 9월 당 15기 전국대표대회에서 단행된 그의 새로운 군 지도부 개편에서도 이 점을 분명히 확인할 수 있다. 즉 당 중앙군사위원회 부주석 劉華淸과 張震이 정년이 되어 퇴진함에 따라 새로 구성된 중앙군사위원회에서는, 국방부장 遲浩田을 당 중앙군사위원회 부주석으로, 鄧小平의 군사비서인 王瑞林을 당 중앙군사위원회의 위원으로 승진시킴으로써 주석 江澤民, 부주석 張萬年・遲浩田, 위원 于永波・傅全有・王克・王瑞林 체제를 구성하였다. 이들의 군내 보직은 당대회 이전과 동일하였다.

---

29 *FEER*, July 6, 1989, p.12; *People's Daily*, Feb. 28, 1990, p.1; *Liberation Army Daily*, Feb. 28, 1990, p.1. 이들 양씨 형제들이 6・4 천안문 사태 당시 명령에 불복종한 군 인사를 숙청하고, 나아가서 군내 정치학습 운동을 전개함으로써 신임 중앙군사위원회 주석인 江澤民의 위상제고에 긍정적인 역할을 한 것이 사실이다. 그러나 이것은 어디까지나 이들의 野心과 군에 대한 자신들의 통제력을 강화한다는 정치적 동기가 크게 작용한 것으로 보인다.

30 June T. Dreyer, "The New Officer Corps: Implications for the Future," op. cit., p.316.

셋째, 江澤民은 국방예산의 증가를 통해 군의 지지를 얻고자 했다. 사실 그가 당 중앙군사위원회 주석으로 취임할 당시 군의 불만은 상당한 수준이었다. 인민해방군은 천안문 사태 당시 무장하지 않은 학생과 시민을 무력으로 진압함으로써 군에 대한 인민의 존경과 권위가 실추되었다는 점에서 사기가 저하되어 있었다. 나아가서 鄧小平의 계속적인 국방예산의 삭감 내지 동결 조치와 계속적인 인플레이션으로 인해 군은 상당한 경제적 어려움을 겪고 있었다.[31] 따라서 江澤民은 군의 명예를 회복하고 군의 상대적인 빈곤을 해소하면서, 동시에 鄧小平이 추구해온 군 현대화를 일관성 있게 추진해야 하는 복합적 문제에 직면하고 있었다.

먼저 그는 군 예산을 대폭 증액시키는 한편 군의 생활수준을 개선하는 데 많은 노력을 기울였다. 1988년 이후 중국의 국방예산은 해마다 증가되었다. 1998년까지 공식 국방예산은 무려 450%나 증가되었고, 이 증액된 예산의 대부분은 인건비 인상과 처우개선에 소요되었다.[32] 한편 江澤民은 부족한 국방예산을 보완하기 위한 방법으로 군의 기업 활동을 장려하였고, 이에 따라 군의 방위산업체는 농업, 공업, 텔레커뮤니케이션, 부동산, 관광, 제약 등 다양한 民需用品을 생산하게 되었으며, 외국기업과 합작회사를 설립하는 수준으로 발전하게 되었다. 이들의 기업 활동으로 벌어들인 금액은 파악하기 힘들지만, 태 밍 정(Tai Ming Cheung)에 의하면, 약 15,000개의 인민해방군 소유 기업이 연간 100억 달러의 수입을 올리고 있는 것으로 추산된다.[33]

---

31 *China Daily*, Jan. 23, 1990, p.1.

32 Blasko, op. cit., p.332. 그러나 이 국방예산은 총 국가생산의 1.1%에 지나지 않으며, 인플레이션을 감안한다면 실제로 50%의 증가이나, 이는 해마다 약 5%의 증가 수준에 그치고 있다. 그러나 한 가지 유의할 사항은 1997년부터 1999년까지 3년에 걸쳐 실제로 10~13%의 국방예산의 증가가 있었으며, 1999년의 경우 약 126억 달러로 추산되고, 2000년에는 그 증가폭이 더 큰 것으로 보고 있다.

33 Tai Ming Cheung, "The Chinese Army's New Marching Orders: Winning on the Economic Battlefield," in Jorn Brommelhorster and John Frankenstein, eds., *Mixed Motives, Uncertain Outcomes: Defense Conversion in China* (Boulder: Lynne Rienner, 1997), pp.181~204; James Mulvenon, "Military Corruption in China: A Conceptual Examination," *Problems of Post-Communism*, March / April 1998, pp.12~21; Thomas J. Bickford, "The Business

넷째, 江澤民은 과거 비용절감을 목표로 한 鄧小平의 군 현대화에서 비용이 많이 소요되는 군 현대화로 전환하였다. 앞서 언급한 대로 鄧小平의 군 현대화는 경제현대화라는 우선순위에 밀려 병력감축, 법과 제도정비, 교육 및 훈련강화, 전략과 전술 개발 등 적은 비용에 시간이 많이 걸리는 방법을 채택하였다. 그러나 천안문 사태로부터 1992년 당 14기 전국대표대회까지 江澤民은 지난날 電子部의 부장을 역임한 자신의 경력과 증가된 국방예산을 이용하여 다양한 전자전과 그 대응수단을 개발하고, 조기경보체제와 통신체제, 유도장치와 이를 장착한 무기, 레이저 기술, 야시장비, 미사일 방어체제를 개발하며, 선진국으로부터 현대전에 필요한 첨단 과학무기와 장비를 도입하는 데 많은 노력을 기울였다.[34] 특히 중국은 1998년 코소보 사태와 미·일의 전역미사일방어체제(TMD) 추진에 자극을 받아 그 해 4월에 무기와 장비의 현대화 사업을 총괄하는 총장비부를 신설하여 이 분야에 박차를 가하고 있다.

다섯째, 江澤民은 자신의 후견인이자 지원세력이었던 원로들이 1997년 말에 가서 거의 대부분 사망했거나, 건강상의 이유로 더 이상 정상적 활동이 불가능해짐에 따라, 이 상황이 자신의 위치를 약화시키는 방향으로 나아가는 것을 방지하고자 일련의 법적 제도적 장치를 더욱 확대하여 왔다. 이와 같은 인민해방군의 법제화 노력 중 한 가지 주목할 사항은 1999년에 공포된 새로운 인사관

Operations of the Chinese People's Liberation Army," *Problems of Post-Communism*, Nov. / Dec. 1999, pp.28~36; *US News & World Report*, Aug. 2, 1998, p.43; Andrew Tanzer, "The People's Liberation Army, Inc.," *Forbes*, Mar. 24, 1997, pp.4~6; *Zhengming* (Hong Kong), No. 191 (September 1, 1993), in *FBIS-CHI* 93~174, September 10, 1993, pp.35~6. 그러나 이와 같은 군의 경제활동은 많은 부작용을 수반하였다. 군은 심지어 노래방과 매춘, 부동산 투기에도 관여하고, 특히 연간 120억 달러 내지 300억 달러 어치의 밀수행위를 하고 있는 것으로 보도되고 있다. 이와 같이 군의 기업 활동은 군의 부패를 조장하였다. 또한 기업 활동에 참여하지 못하는 군부대의 경우 상대적으로 열악한 처지를 면하기 어려웠으며, 이는 결국 군 내부의 위화감이 조성되게 하고, 이는 군의 전문성과 직업성, 단결과 전투능력을 저하시키는 요소가 되어 왔다. 이 문제점을 해소하고자 당 중앙군사위원회는 많은 노력을 기울여왔지만 효과를 거두지 못했다. 결국 江澤民은 군의 모든 경제활동을 중단하는 조치를 1998년 12월에 발표하기에 이르렀다. 그러나 이 조치가 군으로 하여금 국방예산에 더욱 의존하게함으로써 군에 대한 당의 통제를 강화하는 방향으로 전개될 것인지는 보다 많은 연구가 요청되고 있다.

34 *Beijing Review*, Nov. 6~12, 1995, p.7.

리의 기본원칙 가운데 '지식화, 젊은이화, 전문화'된 군 간부의 양성을 표방하고 있다는 점이다. 여기에서 특이한 점은 지난날 간부 4화 — 혁명화, 지식화, 젊은이화, 전문화 — 가운데 사상과 정치성의 중요성을 의미하는 '革命化'가 삭제되었다는 사실이다.[35] 이것은 향후 중국군이 가급적이면 정치성을 탈피하고 전문화, 직업화, 제도화, 현대화라는 방향으로 나아갈 것임을 강하게 시사하고 있다.

여섯째, 江澤民의 등장은 중국군의 정치적 역할 변화에 새로운 변수로 작용하고 있다. 즉 기술관료 출신인 江澤民은 자신의 권력기반을 다지는 과정에서 군의 지지가 필요하였다. 이를 위해 그는 군의 정치적 위상을 상향 조정하였으며, 그 예로 정치엘리트 중 군 출신 인사가 차지하는 비율이 현저히 증가한 것을 들 수 있다. 군 또한 당의 군대라는 전통과 함께 군부의 이해관계와 군 고위 간부들의 개인적인 동기 때문에 이와 같은 자극(incentive)에 긍정적인 반응을 보였다. 예컨대 총참모부, 총정치부, 총후근부의 수뇌들인 張萬年, 于永波, 傅全有가 1995년 11월 당 중앙위 위원으로 피선되었을 뿐만 아니라 1992년 제14차 당대회에서는 129명의 중앙위 위원 가운데 46명(24.3%), 1997년 제15차 당대회에서 중앙위 위원 193명 가운데 41명(21.2%)의 군부 출신이 선출되었다. 이는 鄧小平이 당 중앙군사위원회 주석으로 재직할 당시인 1982년 제12차 당대회에서 선출된 210명의 중앙위원 가운데 군부가 28명(16%), 1987년 제13차 당대회에서 선출된 175명의 중앙위원 가운데 군부가 32명(18.6%)이었다는 것에 비교한다면 상당한 변화이다. 두 시기를 비교할 때 중앙위원에서 군부 출신이 차지하는 비율이 평균 5.45% 정도 늘어났다. 제14차 당대회에서는 劉華淸이 정치국 상무위원회 상무위원으로, 그리고 楊白氷이 군의 보직이 없는 정치국원으로 선출되었다. 제15차 당대회에서 당 중앙군사위원회 부주석인 張萬年, 국방부장 遲浩田이 정치국원으로 선출되었으며, 특히 張萬年의 경우 서기처 서기로 임명되었다. 이와 같은 군의 위상 제고는 군부의 이해관계를 당 지도부에 전달할 수 있는 제도적인 채널이 확대되었음을 의미한다. 나아가서 제14차 당

35 김태호, 「강택민 시대 중국의 새로운 당-군 관계」, 『현대중국』 제2호, 1998, 31면.

대회 직후 정치국은 전·현직 당 중앙군사위원회 위원을 포함한 10명의 군 원로들에게 투표권이 없이 참관인 자격으로 정치국 회의에 참여하는 것을 허용했고, 동시에 군구 사령관과 정치위원들도 성과 그 이하 지방 당 위원회에 참석할 수 있도록 허용하는 결정을 채택했다는 보도도 있었다.[36] 이와 같은 사실은 江澤民이 군의 지지를 확보하기 위해서 군부에 정치적인 발언권을 강화시켜 준 것으로 해석할 수 있다.

일곱째, 그러나 군에서 현재 진행되고 있는 세대교체와 현대화는 과거 군의 정치적 역할을 축소 내지 성격을 변화시키는 요인으로 작용하고 있음을 주목할 필요가 있다. 다음에서 상술하겠지만, 江澤民 시대의 군은 과거에 비해 군 본연의 업무에 대하여 보다 전문화된 지식을 갖고 있으며, 군사 이외 분야에 대해서는 전문적인 지식이나 경험이 적다. 따라서 군은 자신들의 이해관계와 관련된 정책 즉 군 현대화, 국방예산, 안보, 영토와 주권에 관련된 제한된 영역에서 영향력을 행사하는 조직으로 자리를 잡아가고 있다. 마이클 스웨인(Michael Swaine)은 남중국해에 위치한 남사군도에 대한 영유권 문제와 釣魚島에서의 중·일 간의 영토분규, 대만의 분리독립 문제, 인권, 미사일, 특히 대만문제에 대한 미국의 정책, 아시아의 다자간 안보 문제 등에서 인민해방군이 영향력을 행사하고 있는 것으로 분석하고 있다.[37]

결론적으로 毛澤東 시대와 비교했을 때 鄧小平 시대의 군 간부들은 당직을 겸임하는 경향이 현저히 약화되었으나, 江澤民 시대와 와서는 그의 정치적인 기반을 강화하는 과정을 통해 이와 같은 경향이 다소 회복되고 있음을 알 수 있다. 그러나 혁명기와 毛澤東 시대까지 남아 있던 당·군 일체의 성격은 유지되었지만 鄧小平과 江澤民의 군 전문화, 제도화, 직업화, 현대화가 진행되면서 당과 군의 기능분화는 더욱 발전하여 왔다. 毛澤東·鄧小平 시대가 지나가고 기술관료 출신 江澤民이 등장하면서 이와 같은 기능분화는 더욱 가속화되고

---

36 "The Fifteenth Party Congress," *China News Analysis*, No.1594 (Oct. 1, 1997), p.4.
37 Michael D. Swaine, *The Role of the Chinese Military in National Security Policymaking*, (Santa Monica: RAND Corporation, 1998), pp.19~36.

있으며, 이는 궁극적으로 당·군 일체라는 정치문화를 약화시키는 요인으로 작용할 가능성이 크다. 따라서 요페가 지적한 대로 앞으로도 군은 일당독재체제 속에서 당의 군대로 남아 있는 한 지속적으로 당의 영도를 수용할 것이나, 전문화와 현대화가 심화될수록 중국군은 정치에서보다 제한되고 소극적인 태도를 보일 것이다.[38]

5. 군의 이해관계와 정치적 역할

70년대 후반 이후 중국이 경제현대화를 추진하면서 정치구조에 있어서 의미 있는 변화가 있었다. 우선 중앙집권적인 체제가 점차 지방 분권화 되어 갔다. 그리고 기존 일당독재체제를 유지하면서 통치의 효율성을 극대화하기 위해 당과 정부·全人大와의 관계에 있어서도 미세하지만 의미 있는 변화가 있었다. 즉 당·정 관계에서 정부의 전문성에서 오는 역할증대와 거기에 따른 당의 상대적인 역할 감소, 기존의 고무도장(rubber stamp)에 불과 했던 全人大의 입법·정책심의·인사기능의 강화가 나타났던 것이다.

현대화 추진 과정에서 파생된 위와 같은 중국 정치체제의 변화는 당과 군의 관계를 변화시키는 거시적 환경요인이 되고 있다. 과거 인민해방군은 당의 군대로서 당의 통제라는 전통을 이어가면서도 당과는 구분되는 독자적인 조직과 이해관계를 발전시켜 왔다. 그리고 그 결과 인민해방군은 공산당 일당독재체제 하에서 당·정·군이라는 권력의 삼각 축의 한 부분으로 역할 하였다. 오늘날 중국군은 '현대적 조건하에서의 전쟁' 또는 '첨단기술 조건하에서의 전쟁'을 수행하기 위해서 새로운 전략과 전술을 개발하는 한편 군 지휘체계와 조직을 정비하고, 첨단 과학무기와 장비의 도입 및 개발, 교육과 훈련, 군 법제화 등에 많은 노력을 기울여왔다. 특히 인민해방군의 현대화 작업이 거의 25년에 걸쳐

38 Ellis Joffe, "Party-Army Relations in China," op. cit., pp.299~314.

진행되면서, 군과 민간지도자 간의 명확한 관계설정과 엄밀한 법적 제도적 장치를 지닌 서구식 직업군인제도의 가치관과 제도화에 중국군은 노출되어 왔다.[39] 이와 같은 새로운 환경에 적응해 가는 과정에서 군은 전문성과 직업성을 지닌 집단으로서의 또 다른 정체성을 점진적으로 뿌리 내리고 있었다.

앞서 언급한 대로 江澤民 시대의 군인들은 과거에 비해 나이도 젊고, 교육수준도 높다. 이들 가운데 상당수가 사관학교 출신이거나 국방대학 출신이다. 뿐만 아니라 제15차 당대회(1997)에서 중앙위원으로 선출된 41명의 군 출신 인사들의 교육경력을 살펴보면, 군사 전문교육만을 받은 군 인사는 28명(70%), 군사 전문교육과 정치학원 및 학교과정을 이수한 군 인사는 7명(17.5%), 정치학원 및 학교에서만 교육을 받은 군 인사는 5명(12.5%)으로 파악되었다. 이는 중국군의 현대화 방향, 군사령관과 정치위원 간의 실제 권한배분과 군 인사기준의 방향이라는 점에서 시사하는 바가 크다. 여기에서 鄧小平과 江澤民 시대의 군은 혁명성, 사회성, 정치성을 지닌 당의 군대라는 지난날부터 이어지는 政治文化와 더불어 군 현대화라는 시대적 요청에서 배태된 군부라는 특수한 집단으로서의 이해관계와 새로운 조직의 성격이 첨가되면서 과거와는 다른 정치적 역할을 하게 되었으며, 이에 대한 설명은 다음과 같다.[40]

첫째, 국내정치에 있어서 인민해방군은 경제현대화를 지지하면서도 자신들의 이해관계에 불리한 정책에는 비토권을 행사하거나 반대의사를 표시해 왔다. 예컨대 국방 담당 기구 중의 하나인 국방공업판공실은 방위산업의 현대화가

39 예를 들면 지금까지 약 2만 명 이상의 중국군 간부들이 연수차 해외에 다녀왔으며, 미국을 포함한 외국의 군 관계자들이 중국군에서 강의와 교육에 임하고 있다. 이와 같은 군사교류는 장기적으로 중국군에 미치는 영향이 심대할 것이다. 이미 중국군 내부에는 서구식 직업군인제도를 접한 군 간부들 가운데 군을 당으로부터 분리시켜 국가의 군대로서 정착시키는 동시에 정치적 상황에 군이 개입하는 것을 반대하고 군 본연의 임무 수행을 주장하는 일부 세력이 있는 것으로 보도되고 있다.

40 Li Cheng and Lynn White, "The Fifteenth Central Committee of the Chinese Communist Party: Full-Fledged Technocratic Leadership with Partial Control by Jiang Zemin," *Asian Survey*, Vol.38, No.3 (Mar. 1998), pp.231~64; David Shambaugh, "The CCP's Fifteenth Congress: Technocrats in Command," *Issues and Studies*, Vol.34, No.1(Jan. 1998), pp.1~37.

기타 산업의 성장을 촉진할 것이며, 이는 다시 전반적인 경제의 발전을 촉진시킬 것이라는 이유로 우선순위가 가장 낮은 군 현대화에 대한 재고를 요청한 바 있다. 이와 같은 맥락에서 胡耀邦 당 총서기도 그의 실각 6개월 전인 1986년 6월에 지도층 내부에 경제발전과 군 현대화 사이에 우선순위를 두고 마찰이 있었음을 인정했다.[41] 그러나 이 논쟁의 결론은 군 현대화보다는 경제발전이 중요하다는 것이었으며, 그 이면에는 鄧小平의 영향력이 강력하게 작용했던 것으로 보인다. 뿐만 아니라 경제현대화가 농촌에서 시작되면서 농촌경제가 비약적으로 발전하게 되었고, 그 결과 농촌 젊은이들은 열악한 군 처우를 이유로 들어 군대 지원을 기피하게 되자 군 간부들의 불만과 비판이 고조되었다. 설상가상으로 1981년과 1982년의 경우 국방예산의 축소와 이에 상응하는 병력 감축을 결정하자 일부 지역에서 강제로 전역한 군인들의 무장 폭동과 시위까지 발생했다.[42] 이와 같은 군의 조직적인 반발로 당 중앙군사위원회는 1986년 말까지 100만 명을 감축하기로 한 원래 목표의 달성을 미룰 수밖에 없었다.[43] 결국 당 중앙군사위원회는 감축된 병력의 상당수를 공안기구에 재배치하는 편법을 사용하게 된다. 통계에 의하면 1986년에서 1992년에 이르는 6년 동안 약 100만 명에 달하는 퇴역군인들이 인민무장경찰에 재배치되었다.[44]

권력승계 과정에서도 인민해방군은 鄧小平의 후계자인 胡耀邦 당 총서기를 당 중앙군사위원회 주석을 겸임하는 것을 거부하는 동시에 1986년 제1차 천안문 학생시위에 대해 다소 동정적인 시각을 보인 胡耀邦에 대해서 보수적인 당 원로들과 연대하여 학생시위에 대한 강경 진압을 주장함으로써, 그의 실각에 일정한 영향력을 행사한 것으로 알려지고 있다.[45]

---

41 *Peking Review*, Vol.21(May 10, 1977), p.18; *Ta Kung Pao Weekly Supplement* (Hong Kong), June 12, 1985, p.1.

42 *FEER*, Sep. 25, 1981, p.55; *Zhengming* (Hong Kong), Vol.65(March 1983), p.17.

43 *Beijing Review*, Vol.17, April 28, 1986, pp.15~19; June T. Dreyer, "The Demobilization of PLA Servicemen and Their Reintegration into Civilian Life," in June T. Dreyer, et. al., *Chinese Defense and Foreign Policy* (N.Y.: Paragon House, 1989), pp.309~10.

44 Tai Ming Cheung, "Guarding China's Domestic Front Line: The People's Armed Police and China's Stability," *The China Quarterly*, No.146 (June 1996), p.527.

1989년 6 · 4 천안문 사태 당시 학생시위를 무력으로 진압하는 과정에서도 군부의 저항이 있었으며, 이 배경에는 군의 전문성, 그리고 직업성 및 정치적 중립을 강조하는 군부의 원로들과 중견 군 간부들의 영향력이 작용한 것으로 보도되고 있다. 특히 당시 군부의 존경을 받고 있던 聶榮臻, 徐向前 등 퇴역장군과 당시 정치국원이자 국방 부장이었던 秦基偉가 무력사용에 대한 반대 의사를 나타냈다. 그 외에도 7명의 전직 고위간부들이 반대서한을 배포했을 뿐만 아니라 鄧小平이 무한에서 소집한 7개 군구사령관 회의에서도 3개 군구사령관(이들 중 북경 군구사령관은 끝까지 반대함)이 반대한 것으로 알려지고 있다.[46] 당시 군은 공식적인 절차를 거치지 않고 개인적인 권위를 이용하여 병력을 동원하고자 한 鄧小平의 계획에 부정적인 태도를 보인 것으로 알려졌는데, 38군의 경우 당시 사령관은 북경으로 이동하라는 당 중앙군사위원회 판공실의 전화 통지를 받았지만, 그는 중앙군사위원회 주석이 서명한 공식 文件을 받지 않았다는 이유로 이동을 거부했다. 당시 당 지도부는 이 위기를 대처하는 방안에 있어서 분열되어 있었기 때문에 지휘관으로서는 당과 당 중앙군사위원회 중 어느 것에 복종해야 하는지 모호한 상황이었다고 할 수 있다. 실제로 천안문 사태 당시 실질적인 군 지도자는 당 중앙군사위원회 주석인 鄧小平이었지만 형식상으로는 공산당 총서기인 趙紫陽이 군에 명령을 내릴 수 있는 당의 권한을 가지고 있었다.[47]

둘째, 영토, 주권, 안보에 관련된 대외관계에 있어서 인민해방군은 다양한 정치적 영향력을 행사하여 왔다. 특히 1995~1996년 대만해협의 군사적 긴장이 조성되었을 때, 군부는 대미정책과 對대만정책에서 강성기조를 유지한 것으로

---

45 *Zhengming* (Hong Kong), Vol.111(Jan. 1987), p.10.

46 June T. Dreyer, "The People's Liberation Army and the Power Struggle of 1989," *Problems of Communism*, Vol.38, No.5(Sep.~Oct. 1989), p.42. 1989년 5월 22일에 배포된 항의 서한에 서명한 전직 인민해방군 고위간부들은 전임 국방부장과 부부장, 鄧小平의 권력 장악시의 전임 총참모장, 전임 군구사령관, 해군 출신 간부, 그리고 사관학교(military academy)의 간부들이다.

47 Ibid., p.42.

알려지고 있다. 당시 鄧小平은 1994년 여름 이후부터 건강이 악화되어 활동이 불가능하였으므로 江澤民을 위시한 제3세대 지도자들이 결정을 내려야 할 상황이었다. 鄧小平 자신은 경제적 개혁과 개방 정책을 성공시키기 위한 안정적이고 평화로운 대외환경 조성이 필수적이라는 판단에 보다 온건한 대외정책을 선호했다. 또한 중국의 對미·對대만관계가 악화되면, 이는 중국 경제에 부정적인 영향을 미칠 수밖에 없었기 때문에 이 문제에 있어서 정치국원들 가운데 상당수를 차지하고 있는 경제관련 기술관료들의 주장이 군부를 압도하였다. 그러나 江澤民은 대만의 분리독립 가능성을 우려하는 군부의 주장을 받아들여 1995년 대만을 겨냥한 각종 무력시위를 승인하는 등 안보와 관련된 군부의 입장을 지지하는 태도를 보였다. 이는 주권과 영토 및 안보 문제에 관한 한, 중앙정부의 정책결정 과정에 군의 입장이 반영되고 있음을 의미한다.[48]

대만 사태 초기에 江澤民은 평화적 통일 가능성에 대해 비교적 낙관적인 견해를 표명하면서 대만에 대한 무력사용의 가능성을 회피하여 왔다. 그러나 군부는 주권에 관련된 대만문제에 관해 이와 같은 온건노선을 걷는 문민지도자들을 상대로 자신들의 강경 입장을 거듭 밝힘으로써 압력을 행사하고자 하였다. 군 지도부는 대만 총통 선거를 앞두고 거듭 전쟁불사를 경고하는 메시지를 내보냈으며, 제9기 全人大 3차 회의의 경우 遲浩田 국방부장이 “12명의 고위 군부 지도자들이 대만과의 군사 충돌 가능성에 대비해 단호하고도 철저하게 대비해 줄 것을 인민해방군에게 당부했다”고 밝혔다. 나아가서 당 중앙군사위원회 위원인 총참모부 참모장 傅全有도 “만약 (대만의) 친 獨立派가 조국 분할을 모색한다면 우리는 단호한 조치들을 취해야만 한다”고 강조했다. 아울러 군부는 20만 척의 어선에 200만 명의 병력을 동원하면 대만을 무력으로 해방시킬 수 있으며, 이 과정에서 미국과의 갈등이 핵 충돌로 악화되는 단계까지 상정하기도 했다.[49] 심지어 군부 내의 강력한 江澤民 지지세력 가운데 한 사람인

48 Andrew Scobell, “Show of Force: Chinese Soldiers, Statemen and the 1995~1996 Taiwan Strait Crisis,” *Political Science Quarterly*, Vol.115, No.2, 2000, pp.227~46.

49 *Ming Pao Daily*(Hong Kong) 2000.3.8.; 2000.3.21.

張萬年 당 중앙군사위원회 부주석까지도 중국으로부터 독립을 추구하려는 어떠한 대만의 시도도 단호히 분쇄될 것임을 경고하기에 이르렀다.[50] 결과적으로 江澤民은 대만해협에서의 미사일 발사(1996.3)를 최종 승인했으며, 이런 결정의 배경에는 이와 같은 군부의 태도가 자리 잡고 있었다.

군부는 陳水扁 대만 총통이 취임한 이후에도 대만이 본토의 일부라는 중국의 입장을 수용하라고 陳 총통에게 계속 압박을 가하였다. 2000년 10월 16일 신화사 통신은 『2000년도 중국 국방백서』를 인용하고 있는 데, 이 백서에서 군부는 강한 어조로 자신들이 대만에 대한 무력 침공태세를 갖추고 있다고 위협하였다. 그들은 이 백서를 통해서 "인민해방군이 국가주권과 영토보존을 위한 확고한 결심, 확신, 능력, 수단을 갖추고 있다"면서 "일부 세력이 조국을 분리하려고 기도하는 데 대해 결코 무관심하지 않을 뿐만 아니라 이를 坐視하거나 용납하지 않겠다"고 거듭 천명했다. 실제로 인민해방군은 2001년 8월 중순 푸젠성 등산다오에서 4개월 장기 훈련을 마쳤으며, 이어서 張萬年 당 중앙군사위원회 부주석의 참관하에 광둥성 산터우에서 육·해·공군의 부대들이 집결해 대규모 훈련을 실시한 것으로 알려졌다. 이는 군부가 자신들의 대만정책에 대한 강경 입장을 밝힌 상징적인 훈련이라고 할 수 있다.[51]

1990년대에 이르러서 중국 군부는 미국의 對대만정책을 중국에 대한 내정간섭 내지 주권침해로 보면서 인권, 주권, 안보 문제와 관련한 기존의 당의 입장을 비판하는 태도를 보였다.[52] 예컨대 1993년 9월, 180명의 장성들은 銀河號 사건[53]에 항의하여 미국 정부로부터 배상 및 공개사과와 재발방지에 대한 적절한

50 *Ming Pao Daily*(Hong Kong) 2000.4.5.

51 *Ming Pao Daily*(Hong Kong) 2001.8.27.

52 *Zhengming* (Hong Kong), No.201(July 1, 1994), in *FBIS-CHI* 94~143, July 26, 1994, pp. 32~6.

53 『조선일보』, 1993.9.9. 銀河號 사건을 요약하면, 미국 정부가 7월 15일 대련을 출항한 銀河號라는 중국의 화물선에 화학무기의 원료인 이황화글리콜과 염화티오닐이 적재되어 있으므로 항해를 중단하고 대련으로 되돌아갈 것을 희망했으며, 만약 회항하지 않을 경우 미국의 국내법에 따라 중국에 대한 제재를 가할 것이라고 경고했다. 8월 28일부터 9월 4일까지 은하호에 실린 782개의 컨테이너를 검색하였지만 미국은 자신들이 주장한 화학무기 원료를 발

조치를 받아내야 한다는 탄원서를 江澤民과 鄧小平에게 제출했을 뿐만 아니라 1996년 3월에 이들은 대만 총통선거 전날 대만해협에서의 미사일 공격을 주장하면서 대만문제에 대한 미국의 간섭에 외교부가 미온적으로 대처하고 있다고 비난하기도 했다.[54] 이 미사일 공격 주장이 받아들여진 직후 미국이 2척의 항공모함을 급파하자, 이들은 이를 저지하기 위한 노력으로 500여 명의 고위 군 간부들의 서명이 담긴 군 동원령을 요구하는 성명서를 작성하는가 하면, 중앙군사위원회 부주석인 張萬年은 미국 항공모함을 격침시켜야 한다는 주장과 함께 워싱턴 주재 중국대사의 소환을 요구하기도 했다. 또 38명의 퇴역장성과 48명의 현역장성들은 중·미 정상회담에서 양국의 화해를 추구하지 말라는 내용의 건의서를 江澤民에게 제출하는 적극성을 보였다.[55] 이와 같은 군부의 건의에 대해 江澤民은 중국 국내 문제에 대한 미국의 어떠한 개입도 반대한다는 중국 정부의 원칙을 재확인하는 한편, 정치국의 기본정책이 대미 대립이 아니라 협력이긴 하지만 이는 미국의 패권주의와 타협하는 것이 아님을 분명히 밝혔다.[56]

셋째, 중국 군부는 안보에 관련된 자신들의 이해관계를 정책결정 과정에 반영하면서 탄력성 없이 보수 강성기조만을 유지한 것이 아니라 현실에 따라 융통성 있게 적용하고 있다. 예를 들면 군부는 과거 다자간 협상에 있어서 처음에는 회의적인 입장을 취하였으나, 1990년대 중반 이후부터는 아세안지역포럼(ARF), 한반도 4자회담, 동북아협력대화(NEACD) 등 다양한 다자간 안보대화에 참여하고 있을 뿐만 아니라, 핵 실험중단, 군비통제 및 감축협상 참여, 그리고 대량살상무기의 수출을 제한하는 문제에 있어서도 과거에 비해 긍정적인 태도를 보이고 있다. 물론 이와 같은 중국군의 입장 변화에는 다양한 원인이 있겠으

견하지 못했다. 이에 대해 중국 정부는 외교부의 성명을 통해 미국이 즉각 사과하고 銀河號에 대한 경제적인 손실을 배상하라고 촉구했다.

54 *Ming Pao*, No.10 (October 5, 1993), in *FBIS-CHI*, October 13, 1993, pp.41~2. 1996년 3월에 대만해협의 미사일 발사를 결정하는 과정에 강성 발언을 한 군부의 지도자는 당시 총참모장인 張萬年과 국방부장 遲浩田을 중심으로 한 고위 장성으로 보고 있다.

55 *Zhengming* (Hong Kong), April 1996, pp.6~7, 14~16.

56 *FEER*, Oct. 1, 1993, p.13; Feb. 1, 1996, p.14.

나, 중요한 점은 안보와 주권에 관한 정책을 결정하는 과정에서 자신들의 이익과 당 및 국가의 이익 간에 차이가 크지 않을 경우, 군은 양자 간의 기회비용과 대외적 이미지 비용을 고려해 신축적인 결정을 한다는 입장을 취하고 있다는 점이다.

넷째, 군은 자신들의 이해관계를 추구하기 위한 여러 가지 제도적 장치를 가지고 있다. 정치국과 정치국 상무위원회 이외에도 당 중앙위 外事領導小組와 당 중앙위 總辦公室 등의 채널을 갖고 있는 것이다. 무엇보다 대외정책 결정에 있어 군의 입장이 반영될 수 있는 가장 중요한 기구는 정치국인데, 여기에는 江澤民 당 중앙군사위원회 주석과 함께 부주석을 겸임하고 있는 張萬年과 遲浩田이 군을 대표해서 정치국원으로 참여하고 있다. 이는 군부가 군사문제와 연관된 대외정책에서 상당한 영향력을 행사할 위치에 있음을 말해준다. 그 외에도 정치국 상무위원회, 국무원, 당 기구 내의 외교정책 조정, 의사전달, 감독 및 협의 기능을 담당하고 있는 外事領導小組에는 1980년대 중반 이후 국방부장 秦基偉, 이후는 총참모부 부참모장 徐信 및 徐惠滋가, 그리고 최근 熊光楷가 참여하고 있다. 당시 당 지도부는 외교 문제에 대한 인민해방군의 입장을 이해할 필요성이 있다고 판단하여 총참모부로부터 선출된 군의 대표를 이 소조활동에 참석시켰던 것이다. 한편 안보와 외교 분야에 관한 정보를 총괄하고 있는 당 중앙위 總辦公室은 당 중앙군사위원회와 外事領導小組의 구성원들 간의 접촉이 자연스럽게 이루어지고 있는 기구로서, 이 기구의 6명의 부주임 중에는 楊德中과 王瑞林이 군을 대표해서 참여하고 있다.

6. 결론

위와 같은 분석을 통해서 필자는 오늘날 인민해방군은 당·군 일체 내지 당의 군대라는 기존의 정치문화를 유지하면서, 그 정치적 역할의 범위, 정도, 성격에서 변화를 보이고 있는지 아니면 근본적인 변화의 조짐을 보이고 있는지를 살펴보았다. 인민해방군은 공산 혁명기를 거쳐 당·군 간의 조직이 분화된 건국 이후에도 정치참여를 허용하는 문화로 인해 당 노선과 정책에 대한 지지뿐만 아니라 정책결정 과정에서도 포괄적이고 적극적인 역할을 하여 왔다. 그러나 毛 사후 鄧小平 시대가 등장하면서 군은 당 노선과 정책에 대한 기존의 포괄적 지지보다 경제현대화와 이를 달성하기 위한 '주변의 평화로운 분위기 조성'이라는 한정된 범위에서의 지지기능을 수행하고 있으며, 정책결정 과정에서의 군의 역할 또한 현저히 축소되었다. 한편 군 경력이 없는 기술관료 출신인 江澤民이 등장하면서 군은 과거와 마찬가지로 당의 군대라는 정치문화를 그대로 유지하고 있지만 군의 전문성과 직업성이 더욱 강조되었으며, 권력승계와 경제현대화에 대한 정책결정 과정에서는 자신들의 영향력을 제한하거나 자제함으로써 기존의 일반적 지지기능은 더욱 약화되었음을 보여주고 있다. 그러나 군은 과거와 달리 자신들의 이해관계와 관련된 요구와 정책결정 과정에 있어서 보다 적극적인 영향력을 행사하고 있음을 주목할 필요가 있다.

인민해방군의 정치참여의 범위, 정도와 성격의 변화는 정치문화, 군 현대화에 대한 지도자의 가치관, 지도자의 경력과 리더십, 군의 전문성과 직업성에 따른 군부의 이해관계에 따라 이루어졌다.

먼저 毛澤東 사후 군은 전문성과 직업성을 강조하는 專과, 이념 및 정치성을 강조하는 紅의 관계에 있어서 전자가 主가 되고 후자가 從이 되는 형태로 자리잡았다. 그러나 당·군 관계에 있어서만큼은 지난날의 당·군 일체 내지 당의 군대라는 정치문화는 지속적으로 유지되고 있다. 중국 공산당 지도부는 기존의 일당독재체제하에서 자신들의 권력을 유지하고 확대하기 위해서 군에 대한 통제와 군의 지지가 필수적이라고 보고 있으며, 이를 위한 제도적 장치인 당·군 고위간부들의 兼任제(interlocking directorate)와 당의 군에 대한 감시감독 체제를 계속 유지하고 있기 때문이다.

다음으로 鄧小平의 군 현대화는 어디까지나 당의 군대로서의 전투능력을 제고하기 위한 것이지 서구식 직업군인제도에서 볼 수 있는 정치적 중립 가능성에 문호를 개방한 것이 아니라는 점에 주목해야 한다. 아울러 그는 인민해방군의 현대화, 전문성, 직업성, 제도화를 추진하되, 기존의 정책결정 과정에 군의 참여를 약화시키는 한편 결정된 정책 특히 경제현대화를 집행하는 과정에 군이 당의 입장을 지지하도록 기대하는 외견상 상호 모순된 입장을 보여 주었다. 이와 같이 이질적인 요소들이 갈등관계로 표면화되지 않도록 鄧小平 자신의 카리스마적인 지도력을 적절히 행사하였다. 그러나 천안문 사태와 같은 국가적 위기상황에서 군은 그의 명령에 소극적으로 반응하였음도 주목할 필요가 있다.

나아가서 혁명기에 당·군 일체의 경험을 가지고 있는 毛澤東, 鄧小平을 포함한 군 원로들이 역사의 무대에서 사라지고, 군 경험과 군사 문제에 대해 전문적 지식이 없는 기술관료 출신인 江澤民 시대가 등장하면서 군은 과거와 마찬가지로 당의 군대로서 당의 명령에 따라 움직인다는 공통점을 지니고 있으나, 그 기능과 역할에 있어서 과거와 달리 다양성을 보여주고 있다. 첫째, 비록 군 고위간부들이 중앙당의 직책을 겸임하는 당·군 일체의 전통은 유지되고 있으나, 당과 군의 기능적인 분화가 심화되면서 지방에서는 군 간부들이 성의 당 서기를 겸임하는 제도가 없어졌다. 한편 江澤民은 毛澤東이나 鄧小平처럼 군 경력에 바탕을 둔 권위로 군을 통제할 수 없기 때문에 군에 대한 당의 제도적 통제를 강화하는 동시에 당 총서기이자 당 중앙군사위원회의 주석이라는 자신의 지위를 최대한 활용할 수 있도록 군에 대한 법과 제도화를 강화함으로써 새로운 변화를 주도했다. 둘째, 군은 江澤民의 권력승계와 그의 경제현대화 정책에 대해서 비교적 소극적인 지지를 보였지만, 군의 전문성과 직업성이 더욱 강조되면서 과거 인민들의 지지를 유도하기 위한 다양한 모델로서의 기능에서 이 소극적인 성격을 더욱 드러내고 있다. 셋째, 군은 자신들의 이해관계와 고유 영역에 대한 영향력을 확대할 수 있는 정치적 여건이 조성됨에 따라, 주권, 안보, 영토에 관한 문제나 국방예산과 군 현대화에 대해서 과거보다 적극적인 영향력을 행사하고 있다. 그러나 나머지 정책결정 과정에서는 군의 영향력이 자제되거나 축소되는 경향을 보이고 있다.

한편 鄧小平에 의한 개혁·개방이 지난 25년에 걸쳐 진행되면서 당 지도부는 和平演變과 부르주아 자유화라는 위험 앞에 군이 노출될 가능성이 증대되었다고 판단하여 이를 저지하기 위한 노력을 강화하여 왔다. 따라서 중국의 군은 서구에서 볼 수 있는 소위 군부라는 특수한 이익집단이나, 전문성과 직업성을 갖춘 직업군인제도 내지 국가의 군대로 발전될 가능성이 구조적으로 제약되어 있다. 그럼에도 불구하고 지금까지 분석한 자료들에 의하면 군 현대화는 군의 전문성, 직업성, 제도화를 제고하는 뚜렷한 추세를 보이고 있다. 향후 이와 같은 경향은 궁극적으로 중국군을 현대적인 군으로 변모시키고, 군이라는 특수한 집단만이 지니는 가치관을 배태시키는 데 중요한 역할을 할 것으로 보인다.

결론적으로 향후 인민해방군은 중국 정치에서 '권력은 총구에서 나온다'는 정치문화와 일당독재체제가 존속하는 한 당의 군대로서의 역할을 앞으로도 계속할 것이나, 정치적 역할에 있어서는 과거와 달리 그 범위와 정도와 성격에는 많은 변화를 보이게 될 전망이다. 특히 군 현대화, 전문화, 직업화, 제도화는 당과 군의 기능적 분화현상을 가속시킬 것이므로 전반적으로 군에 대한 당의 통제력은 과거와 같지 않을 전망이다. 따라서 앞으로 중국에서 국내 위기상황이 발생하게 된다면 처음에는 인민무장경찰이 투입되겠지만, 만약 이들이 실패할 경우 의심할 여지없이 당은 군에 의존하게 될 것이다. 이 경우 군은 지금까지 분석에서 나타난 대로 제한된 범위 내에서 소극적이며 수동적인 차원에서 이를 수용하게 될 것이다. 그러나 毛澤東, 鄧小平과 같은 카리스마적인 지도자와 대장정과 항일전쟁을 경험한 군의 원로들이 사라진 상황에서 군 현대화에서 오는 젊은 군 간부들의 전문성과 직업성에 따른 의식변화와 군의 對民 이미지 개선을 고려한다면 군이 文化革命과 천안문 사태와 같은 수준의 정치적 개입을 할 것이라는 기대는 더욱 쉽지 않을 전망이다.

제3부

외교

6

대외정책에서 實事求是의 역할*

1. 문제의 제기

현재 鄧小平 시대의 중국 외교정책을 분석하는 대다수 중국 전문가들은 주로 국가이익(national interest)과 상황(situation)이라는 접근방법에 의존하고 있다. 그들에 의하면 이데올로기는 오늘날에 와서 단지 중국의 외교형태를 표현하는 수식어인 동시에 현 외교정책의 정당성을 부여하는 수단이다.[1]

그러나 앞서 언급한 국가이익과 상황 접근방법에 중요한 문제점이 제기된다. 먼저 국가이익이 정책결정 과정에 없어서는 안 될 기준이라는 것은 명백한 사실이며 재론의 여지가 없는 것이다.[2] 그러나 국가이익이란 개념은 국가마다 심지어 한 국가에 있어서 지도자들 사이에도 다르게 해석되어 왔다. 즉 국가와

---

* 「덩샤오핑 시대의 외교정책과 실사구시의 역할」, 『중소연구』 제17권 여름호, 1993.8.1, 15~36면.

1 Harold Hinton, China's Turbulent Quest (N.Y.: Macmillan, 1972); J. P. Simmonds, *China's World* (N.Y.: Columbia Univ. Press, 1971) 참조.

2 Stanley Hoffmann, *Contemporary Theory in International Relations* (Englewood Cliffs, N. J.: Prentice Hall, 1960), p.33.

지도자들은 지정학적, 정치문화적 요인 외에도 정치체제의 성격, 경제발전의 정도, 안보상황, 국제질서의 변화, 지도자의 가치관과 성향 등으로부터 파생된 다양한 경험을 통해서 국가이익이란 개념을 상이하게 정의 내린다. 그러므로 국가이익의 개념을 단일하게 현실에 적용하기가 쉽지 않다. 한편 특정 국가의 국가이익은 체제와 이념을 바꿀 수 있는 혁명적인 상황을 제외하고는 주어진 시기에 어느 정도 그 일관성을 지니고 있다. 이는 특정 시기에 그 국가만이 가지고 있는 독특한 가치, 태도, 신념의 체계로부터 유래된 일정한 인식의 틀이 작용하기 때문이다.

나아가서 중국 대외정책을 주로 국내외 상황 즉 지도층의 역학관계, 경제정책의 성패, 사회적 갈등의 정도, 정신오염의 상태, 외부상황에 대한 반응(response)으로 보는 이도 있다. 이것 또한 자명한 이치이기는 하나 지도자가 이들 상황적 요소들을 인식하고 있는 경우에 한해서 이들은 정책결정에 영향을 미칠 수 있다.[3] 만약 지도자가 이 상황적 요소를 제대로 인식하지 못할 때는 심각한 결과를 초래할지 모르며 또한 상황에 대한 지도자의 오판으로 불행한 결과를 초래할 수도 있다. 정책결정자가 인지하는 상황과 객관적 존재로서의 상황은 구분되는 것이다. 여기에서 상황인식에 결정적 영향을 미치는 요인이 무엇인지 규명해야 하는 문제가 제기된다. 이러한 질문에 있어서 인식의 틀은 상황에 대한 인식과 그 결과로서 채택되는 정책에 영향을 미친다는 것이다. 즉 중국 지도자들은 당시 지배적인 인식의 틀을 기반으로 하여 주어진 상황에 대한 정보를 수집, 선택, 사용, 평가하고, 또 이 인식의 틀에 의하여 객관적 상황을 근본적으로 다른 것으로 재구성할 수도 있었다.[4]

그러므로 중국 외교정책은 중국의 이익과 중국이 처하고 있는 내외상황에 대한 반응이라기보다는 이들을 정의 내리는 데 영향을 미치는 인식의 결과라고

3 Harold and Margaret Sprout, *The Ecological Perspective on Human Affairs with Special Reference to International Politics* (Princeton: Princeton Univ. Press, 1965), p.140.

4 Kenneth E. Boulding, *The Image : Knowledge in Life and Society* (Ann Arbor, Univ. of Michigan Press,1956), p.8.

할 수 있다. 여기에서 鄧小平과 개혁세력들의 인식에 중추적인 역할을 하고 있는 '實事求是' 개념이 오늘날 중국이 처한 국내외 상황을 분석하고, 경제현대화가 당면한 중국의 최우선 과제임을 분명히 하며, 이를 추진하기 위해서 외교정책을 지난날 1970년대 반소 연합전선으로부터 안정된 국제환경을 조성하기 위한 개방·독자정책으로 전환하는 데 결정적인 역할을 한다. 그러므로 鄧小平 시대의 대외정책을 보다 과학적으로 분석하기 위해서는 현재 중국의 지배적인 이데올로기인 實事求是의 역할에 대한 연구가 필요하다. 이데올로기란 일정한 시간에 걸쳐 변하지 않으며 행동을 수반하는 신념의 체계로서, 이는 국내외정책에 심대한 영향을 미친다.[5] 이데올로기는 끊임없이 변화하는 국내외 환경과 상호작용함으로써 중국의 대외정책을 결정하는 데 필요한 인식의 틀을 지도자에게 제공하는 동시에 주어진 시기에 정책방향을 설정하는 기능을 하고 있다. 따라서 鄧小平 시대의 대외정책을 이해하기 위한 시작은 바로 實事求是를 이해하는 데서 출발한다.[6]

이와 같은 맥락에서 이 장에서는 과거 毛澤東 시대 중국의 외교정책에 결정적 영향을 미친 모순론·제국주의·계급투쟁의 개념[7]과 鄧小平 시대의 實事求是 개념 사이의 상호 연관관계가 무엇이며, 이것이 1982년부터 공식으로 표명되고 있는 개방과 독자노선에 어떤 역할을 하고 있는지를 살펴보고자 한다.

---

5 Philip E. Converse, "Belief System in Mass Publics," in David E. Apter, ed., *Ideology and Discontent* (N.Y.: Free Press, 1964), p.207; George Lightheim, "The Concept of Ideology," *History and Ideology*, Vol.4, 1965, pp.164~95.

6 Samuel S. Kim, The Maoist Image of World Order (Center of International Studies, Princeton Univ. Press, 1977); J. D. *Armstrong, Revolutionary Diplomacy: Chinese Foreign Policy and the United Front Doctrines* (L. A.: Univ. of Calif. Press, 1977); *Peter Van Ness, Revolution and Chinese Foreign Policy* (L. A.: Univ. of Calif. Press, 1970) 참조.

7 이념적 구성요인에 관해서 Donald M. Lowe, The Function of "China" in Marx, Lenin, and Mao (Berkely: Univ. of Calif. Press, 1966); *Stuart Schram, The Political Thought of Mao Tse-tung* (N.Y.: Praeger, 1969) 참조.

2. 實事求是와 모순론 · 제국주의 · 계급투쟁과의 상관관계

鄧小平은 자신의 정치사상의 기초가 되는 實事求是 개념을 통해 모순론 · 제국주의 · 계급투쟁의 개념을 재해석하는 한편 지난날의 대외정책을 결정하는 常數로 작용하여온 위의 고정 개념들로부터 사상해방을 시도하고, 현재의 개방 · 독자노선을 추진하기 위한 이념적 당위성을 부여하고 있다. 그러나 이와 같은 그의 노력은 정통적인 마르크시즘 · 레닌주의 · 毛澤東 사상으로부터 단절이 아니라 연속이며, 이념적 스펙트럼에 있어서 좌도, 우도 아닌 중도의 특징을 지니고 있다.

여기에서 먼저 實事求是의 개념을 살펴보고, 다음으로 이 개념이 기존 국제관계를 인식함에 있어서 중추적인 역할을 하고 있는 모순론 · 제국주의 · 계급투쟁에 어떻게 작용하고 있는지를 검토하고자 한다.

가. 實事求是

鄧小平의 實事求是 개념은 기존 이데올로기를 재해석하고, 사상해방을 유도하며, 새로운 국내외정책을 수립할 수 있는 이념적 환경을 조성했다. 먼저 그는 자신의 복권이 허용된 1977년 7월 당 11기 2中全會 연설에서 實事求是, 즉 사실로부터 진리를 규명한다는 명제를 내걸었으며, 그 후 이에 대한 연구와 토론을 통해 많은 지식인과 이론가들의 커다란 반응을 불러일으켰다.[8]

당시 鄧小平은 "이론과 실제를 결합하고, 모든 것을 현실에서 출발하며, 진리를 사실로부터 규명하는 것이 마르크시즘의 기본적인 방법"이라는 毛澤東의 주장을 내세워 자신의 견해를 피력하였다. 이를 통해 鄧小平은 첫째, 새로운 문제점과 그 문제를 해결하는 방법을 찾아낼 것을 촉구함으로써 현대화와 대외

8 *Selected Works of Deng Xiao-ping: 1975-1982* (Beijing: People's Pub. Co., 1983), p.42; *People's Daily*, 1978.5.11.

정책에서 독자·개방노선의 정당성을 부여했다. 둘째, 과거 중국을 지배해온 기존 이데올로기 즉 마르크시즘·레닌주의·毛澤東 사상은 實事求是를 통해서 더욱 발전되어야 하며, 그렇지 않으면 쓸모없는 것이라고 주장함으로써 새로운 정책환경 조성과 정통 이데올로기를 재해석하는 길을 여는 계기를 마련하였다.[9] 셋째, 당 11기 3中全會를 준비하기 위한 중앙공작회의(The Central Work Conference)에서 '마음을 해방시키고, 머리를 쓰며, 사실로부터 진리를 찾고, 미래를 향해 하나로 뭉치자'라는 그의 구호에 따라 기존 이데올로기와 고정관념으로부터 자신들을 해방시킬 것을 권유하고 있다.[10] 특히 1978년 12월에 채택된 당 제11기 3中全會의 성명서에서도 이와 같은 鄧小平의 견해를 수정 없이 게재함으로써 實事求是와 사상해방의 상호연관성을 드러내고 있다: "만약 마르크시즘·레닌주의·毛澤東 사상의 지도 아래 온 국민과 당원들이 그들의 고정관념에서 벗어나, 새로운 환경과 사물과 문제를 연구하는 데 전심전력을 기울이고, 이론과 실제를 결합하며, 현실에서 문제 해결의 실마리를 찾고, 진리를 사실로부터 규명하려는 원칙을 지킨다면, 우리 당은 4개 현대화를 추진하는 구체적인 정책을 올바르게 수립할 수 있다."[11]

그 후 鄧小平은 새로운 이념노선을 "사실로부터 진리를 규명하고, 현실 위에서 문제해결의 실마리를 찾으며, 이론과 실제를 결합하고, 사실이 진리를 검증하는 유일한 기준"이라고 정의내리고,[12] 이 새로운 이념노선을 정립하는 과정에서 발생하는 장애요인은 고정관념에 사로잡혀 있는 지난날의 경직된 환경을 지적하고 있다. 1) 지난 10여 년 동안 林彪와 4인방은 마르크시즘 가운데서도 극좌이념을 강요함으로써 이념의 폐쇄성을 야기하였고, 2) 당의 권력이 지나치게 집중됨으로써 관료주의의 부정적인 측면 즉 권위의식, 기계화(mechanization), 관습화(routinization)가 사고의 자율성을 마비시켰으며, 3) 현상을 유지하고 발전

9 *Selected Works*, op. cit., p.109, 113, 123.

10 Ibid., p.13.

11 *Beijing Review*, 1978.5.11, pp.14~15.

12 *Selected Works*, op. cit., p.242.

과 개혁을 추구하지 않으려는 보수 성향을 지닌 세력들이 정통적인 이데올로기를 고수하고 신사고로의 전환을 기피함으로써 새로운 이념 환경을 마련하질 못했다.[13] 따라서 鄧小平은 당 간부와 모든 인민이 이 사상적 폐쇄성을 타파하지 못하면 4개 현대화와 신사고에 입각한 새로운 대외정책을 수립할 수 없다고 판단하고 기존 이데올로기의 재해석, 사상해방, 實事求是의 접목을 시도했다.

나. 모순론

毛澤東에 의해 발전된 모순론은 기본적으로 모든 인간과 자연현상이 변하고 있다는 것에 근거를 두고 있다. 변화의 원동력은 그 자체에 내재하고 있는 모순의 지속적인 발생이며, 이 모순은 모든 현상의 발전과 더불어 더욱 심화된다. 그리고 사회발전 과정에는 많은 모순이 존재하나 주어진 시점에서 가장 중요한 모순을 찾아내는 것이 최우선적인 명제라고 설명한다.[14]

이와 같은 모순론은 당시 대외정책에도 그대로 적용되었다. 먼저 毛澤東 시대(1949~76)의 외교정책을 설명할 수 있는 3가지 이론 가운데 1) 중간지대론(the theory of the intermediate zone) 시기(1949~62)에는 미국과 소련 사이에 광범한 중간지대를 언급하면서 미 · 소 양 초강대국 간의 마찰 · 대립이 중요한 모순이기는 하나 이것보다 미국과 중간지대 간의 모순이 더욱 중요한 것이라고 주장했다. 2) 제1 · 제2 중간지대론(the theory of the first · the second intermediate zone) 시기(1962~69)에는 중간지대의 개념을 확대하여 제3세계 국가들을 제1 중간지대로, 서구 · 캐나다 · 일본 · 오세아니아를 제2 중간지대로 구분하였다. 이 시기의 모순은 제국주의와 사회주의 진영 간의 모순, 자본주의국가 내의 모순, 제국주의국가 상호간의 모순, 제국주의와 제3세계 간의 모순으로 단순화하고, 이들 모순 가운데 제국주의와 피억압국가와의 모순이 가장 중요한 것이라고

---

13 金永文, 「鄧小平 정치사상에 관한 연구」, 『國際政治論叢』 제30집 2호, 1990, 287면.

14 Mao, "On the Correct Handling of Contradictions Among the People," *Selected Readings from the Works of Mao Tse-tung* (Peking: Foreign Language Press, 1967), pp.432~79.

주장했다. 그러나 3) 3세계론(the theory of three worlds) 시기(1969~76)에는 제1세계를 미·소 초강대국, 제2세계를 유럽(동구 포함)·일본·캐나다·오세아니아, 제3세계를 그 나머지라고 정의 내리고 있다.[15] 여기에서 (1) 피억압국가와 제국주의 또는 사회주의 제국주의(socialist imperialism) 간의 모순, (2) 자본주의국가와 수정주의국가 내에서의 프롤레타리아 계급과 부르주아 계급 간의 모순, (3) 제국주의와 사회주의 제국주의 간의 모순, (4) 사회주의국가와 제국주의 또는 사회주의 제국주의 간의 모순이 있으며, 이 가운데 피억압국가와 제국주의 또는 사회주의 제국주의 간의 모순을 가장 중요한 것으로 간주했다.

이와 같이 毛澤東은 국제관계를 마찰·갈등·대립으로 특징짓고, 이를 모순이라는 개념으로 정의한다. 세계역사는 바로 이 모순에 의해서 변하되며, 궁극적으로 제국주의가 타도되고, 계급 없는 공산주의 사회가 변증법의 과정을 통해서 등장할 것으로 확신했다. 그러나 毛澤東의 모순론에서 밝힌 바와 같이 국제사회에는 많은 모순이 존재하나 주어진 시점에 있어서 가장 중요한 모순(the principal contradiction)을 찾아내는 것이 최우선 과제이며, 이 가장 중요한 모순은 선도적이고 결정적 역할을 담당하는 데 비해, 다른 것들은 2차적이거나 부수적인 위치를 점하고 있다. 한편 毛澤東은 모순 가운데 가장 중요한 모순을 일으키는 원인을 주적(主敵)으로 간주하고, 이를 타도하기 위한 연합전선전략을 추구하였다.[16]

그러나 鄧小平은 이와 같은 毛澤東의 모순론에 관하여 새로운 이론적인 기여를 하였다기보다, 이를 적용하는 과정에서 實事求是 개념에 따라 기존 모순을 새롭게 해석함으로써 대외정책의 성격변화를 모색하였다고 볼 수 있다. 첫째, 지난날 국내외 모순 가운데 국제모순이 하나의 독립변수로 강하게 작용했던 것과는 달리 鄧小平 시대에는 국내외 모순 가운데 보다 중요한 모순을 증대하는 인민의 물질적 요구와 이를 달성할 수 없는 낙후된 생산력이라고 진단하고

15 金永文, 『중국외교론』(대왕사, 1993), 37~52면.

16 Mao, Tse-tung, "On Contradiction," *Selected Reading from the Works of Mao Tse-tung*, op. cit., pp.331 ~332.

국제모순은 거의 전적으로 이 경제적 모순을 해결하기 위한 종속변수로 기능하고 있다.[17] 따라서 「건국 이래 당의 몇 가지 역사적 문제에 관한 결의」와 당 12기 전국대표대회에 제출한 「새로운 역사적 시기의 주요과제」와 당 13기 전국대표대회에 제출한 「사회주의 초기단계에서 당의 기본노선」 등 주요문건은 이와 같은 주요모순을 해결하는 방법으로써 대외개방 노선을 바로 생산력의 수준을 향상시키고, 성공적으로 현대화를 추진하기 위한 수단이라고 주장한다.

둘째, 과거 모순론에 따라 국제정치의 갈등과 마찰을 분석하고, 외교 전략을 수립하여온 毛澤東과 마찬가지로 현 중국 지도부도 국제관계를 모순 개념으로 이해하고 있다. 따라서 이들은 오늘날 국제정세를 지난날 양극체제를 지배해온 모순들이 완전히 해소되지 않은 상태에서, 민족과 인종 간의 갈등, 국경분쟁, 종교마찰, 서방 선진국 간의 경제전쟁, 남북모순 등 새로운 모순들이 세계 도처에서 나타나고 있는 것으로 인식하고 있다.[18] 한편 이 모순들은 毛澤東 시대에 볼 수 있었던 단순화된 모순의 구조를 가지고 있지 않다. 앞서 3세계론에서 볼 수 있는 대로 4가지 국제모순 가운데 미제국주의 또는 소련 사회주의 제국주의와 그들의 억압으로부터 벗어나려는 제3세계 국가들 간의 모순을 가장 중요한 모순으로 보고, 나머지 국제모순을 이 중요모순에 종속시켰다. 그러나 鄧小平 시대의 대외정책에서는 이와 같은 기존의 틀을 찾을 수 없다. 따라서 이 주요모순을 일으키는 진원지를 주적으로 보고 이를 타도하기 위한 국제 연합전선전략을 형성하려는 구체적 노력 또한 찾을 수 없다.

이와 같이 지난날 주적에 대한 인식변화는 중국의 미・소 정책에서 더욱 분명히 드러난다. 먼저 현재 중국의 미국정책에서 중국은 대외개방정책을 통해서 경제발전에 필요한 미국의 과학과 기술, 자본, 경영지식을 도입하고 대미무역을 신장시키며, 미국이 주도하는 국제경제기구에 적극적으로 참여하고 있다. 물론 중・미 관계는 양국의 상이한 이념과 체제, 이해관계, 세계전략으로 인해

17 *Selected Works*, op. cit., pp.168~214.
18 *Beijing Review*, 1993.1.11, pp.8~10.

때로 불편하기도 하지만, 경제발전과 국제안정이라는 시각에서 중・미 간의 마찰은 통제될 수 있는 범위로 제한되고 있다. 중・소 관계개선 또한 미・소의 제2냉전이 한창 진행되고 있던 1980년대 초부터 시작되었으며, 이 관계는 고르바초프가 등장하면서부터 더욱 구체화되었다. 한편 미・소 데탕트는 중국이 추구하는 평화로운 국제환경을 조성하는 데 긍정적인 영향을 미칠 것으로 보고 중・소 관계개선에서 오는 미국의 우려를 최소한으로 줄이면서 중・소 관계를 적대관계에서 비적대관계로, 최근에는 관계 정상화와 상호협력이라는 수준으로 발전시켰다. 그러나 전반적으로 중국은 미・소 가운데 미국과보다 유대를 강화하고 있음을 볼 수 있다. 그 이유로서 미국에 비해 소련은 중국 현대화에 긴요한 자본과 기술, 무역, 경영지식을 제공하는 데 있어서 조건을 제대로 갖추지 못한 국가이며, 중・소의 지리적 근접성과 역사적인 적대관계 등으로 미루어 장기적 차원에서 중국과 대립할 가능성이 있는 것으로 인식하고 있기 때문이다.

셋째, 모순이라는 용어에서도 긴장과 갈등, 마찰과 대립 등보다 순화된 일반적 개념을 사용하고 있다.[19] 이는 일반적으로 국제관계에 볼 수 있는 갈등(conflict)이라는 차원에서 모순의 의미를 축소시켜 이해하고 있으며, 이 갈등을 해소하는 데도 연합전선전략보다 평화공존 5개 원칙과 이해당사자 간의 평화적 해결이라는 합리적 접근방법(rational approach)을 선택하고 있다. 한편 최소의 비용(cost)으로 최대의 반대급부(benefit)를 추출하려는 노력을 중국의 외교정책에서 찾아볼 수 있다.

특히 중국은 과거와 달리 제3세계 내 모순에 대해서 자신의 안보적 이해관계에 직접 영향을 미치는 동남아 지역을 제외하고는 모순의 성격과 해결에 있어서 국제적인 합의가 이루어진 것을 제외하고는 불개입을 원칙으로 삼고 있다.[20] 예를 들면 중국은 지속적으로 캄푸치아 문제 해결에 관심을 표명했으며, 이를

19 *Beijing Review*, 1992.4.20~26, p.11; 1992.2.17~23; pp.8~10.
20 *Beijing Review*, 1992.4.13~19, 「李鵬의 정부사업보고서」, XVI.

위해서는 베트남에 대한 소련의 지원을 중단시키는 것을 급선무로 생각하고 중·소회담의 재개를 요청하였던 것이다. 그러나 중국은 팔레스타인 문제, 남아공의 인종차별 문제와 같이 국제사회의 대체적인 합의가 이루어진 것을 제외하고는 기타 지역분쟁 예를 들면 모로코, 알제리, 리비아가 서로 주장하고 있는 사하라 영유권 문제, 에티오피아와 소말리아의 오가덴 사막 영유권 문제, 차드 내전, 이란·이라크 전쟁, 심지어 이라크의 쿠웨이트 침공 등에 있어서는 태도 표명을 유보하는가 하면, 표명을 한다고 해도 문제 해결을 분쟁당사자에게 맡김으로써 공식적으로 중립을 지키고자 했다.[21] 특히 이라크의 쿠웨이트 침공 시 중국은 분쟁당사국에 대해서 중립입장을 거듭 표명하거나, 유엔안보리의 결의안을 이라크가 수락함으로써 문제를 평화적으로 해결하도록 촉구하는 한편 미국을 중심으로 한 다국적군의 이라크 무력제재는 이 분쟁을 더욱 악화시킬 것이라고 경고했다. 결국 이와 같은 중국의 외교 형태는 국제분쟁의 개입에서 오는 불필요한 위험을 최소화하려는 의도에서 연유된다.

아울러 중국은 지난날 모순론에 따라서 아프리카를 제3세계에서 피억압국가들의 상징으로 간주하고 경제원조, 기술지원 및 군사원조의 대부분을 이 지역에 우선적으로 배정하였다. 그러나 鄧小平의 등장 이후 경제 및 군사지원은 급격히 축소되었으며, 소규모 원조로 최대한의 정치적 효과를 거둘 수 있는 프로그램에 집중되고 있다. 한 예로, 소수의 의료진을 파견하거나, 운동장, 공회장 등 가시적이고 선전성이 강하며 적은 비용으로 조속히 완공할 수 있는 프로젝트에 치중하고 있다. 또한 대상국가의 선정기준에 있어서도 자신의 독자적 이미지와 영향력을 증대시킬 수 있고, 경제적 실리를 가져다 줄 수 있는 국가에 한정하고 있다.

21 Evelyn Colbert, "Standing Pat," *Foreign Policy*, Spring, 1984.

다. 제국주의

毛澤東은 레닌의 제국주의를 중국의 외교정책 방향을 설정하는 기초적인 개념으로 원용하였다.[22] 당시 중국 대외정책의 궁극적인 목표는 제국주의를 타도하여 세계혁명을 달성하는 데 있었다. 이와 같은 맥락에서 중국은 국제마찰과 모순을 일으키는 진원지로서 1950년대와 1960년대에는 미제국주의, 1970년대에는 소련 사회주의 제국주의라고 지적하고, 이들을 타도하기 위해 국제 연합전선전략을 모색하였다.

그러나 鄧小平은 實事求是에 바탕을 둔 대외개방・독자노선을 추구하면서 1970년대 소련에 적용된 사회주의 제국주의 개념을 더 이상 사용하지 않았으며, 그 대신 미・소 초강대국뿐만 아니라 지역 패권을 추구하는 여타 국가를 공히 비난할 때 사용하는 패권주의(hegemony) 또는 지역 패권주의(regional or sub-re gional hegemony)라는 개념을 사용했다.[23] 이와 같이 제국주의 개념이 패권주의와 힘의 정치(power politics)로 바뀌면서 제국주의로부터 파생된 전쟁불가피론과 주적에 대한 연합전선전략은 패권주의에 대한 반대와 국제평화를 유지하기 위한 연합전선전략으로 변화하고 있음을 다음에서 살펴볼 수 있다.

이와 같은 변화의 배경으로써 먼저, 현 중국 지도층은 오늘날 국제질서를 지난날의 미・소 초강대국의 대립으로 특징지어지는 양극체제가 붕괴되고 다극체제로 재정립되는 과정으로 보았다. 이 과정에서 현 상태에 만족을 느끼지 못하고 힘의 변화를 추구하는 패권주의와 힘의 정치가 국제평화를 위협하고 국제긴장을 유발할 가능성이 높은 것으로 전망하고 있다.[24] 江澤民은 중・일 관계 정상화 20주년을 맞이하여 발표한 담화문에서 당면과제인 현대화를 성공적으로 추진하기 위해서 무엇보다 국제안정이 긴요하지만 패권주의와 힘의 정치가 이 안정을 저해하는 가장 큰 요인이며, 향후 평화적인 분위기를 장기간

---

22 金永文, 『중국외교론』, 前揭書, 20~23면.

23 *Beijing Review*, 1992.1.11~17, p.8.

24 *Beijing Review*, 1992.3.30~4.5, p.9.

유지하기 위한 새로운 국제질서를 수립하기 위해서 강대국이 약소국들의 주권을 침해하고, 내정을 간섭하며 억압하는 패권주의와 힘의 정치를 종식시킬 연합전선을 주장하였다.[25]

결론적으로 제국주의 개념이 더 이상 중국의 외교정책을 수립하는 데 영향을 미치지 않고 있음을 의미한다. 연합전선 또한 과거와 같이 전쟁을 지연하기 위한 연합전선이 아니라 평화를 유지하기 위한 연합전선이라는 점에서 큰 차이가 있다. 이와 같은 맥락에서 鄧小平은 현재의 국제평화와 안정, 발전을 저해할 수 있는 패권주의와 힘의 정치를 반대하는 모든 국가들의 단결을 호소하고 있다.

이와 같은 鄧小平과 毛澤東의 제국주의에 대한 분석은 전쟁불가피론에서도 현격한 시각차를 찾아볼 수 있다. 毛澤東 시대 중국 지도자들은 레닌의 제국주의 이론에 따라 제국주의가 존재하는 한 전쟁은 불가피하며, 이에 대한 대응책으로 연합전선의 필요성을 강조했다. 이와 같은 전쟁불가피론에 따라 세계전략을 수립했던 毛澤東 시절과는 달리 현 중국 지도자들은 자본주의로부터 사회주의로 이행해가는 과정에서 전쟁을 불가피한 현상으로 보려는 주장을 마르크스의 발전단계에 대한 기계론적 해석이라고 비판하고 있다. 그들은 성숙한 자본주의 단계를 거치지 않고 사회주의 단계로 들어선 중국의 경우, 생산력을 고도로 발전시킬 수 있는 사회주의 초기단계가 필요하며,[26] 현재 진행되고 있는 안정된 국제환경의 유지만이 이 초기단계를 완성시킬 수 있다고 확신한다. 그러므로 그들에 의하면 중국은 향후 수십 년, 심지어 다음 세기까지도 안정된 주변 환경 속에서 경제를 발전시키지 않고서는 중국의 특색을 가진 선진 사회주의국가를 만드는 것이 불가능하며, 이 국제환경을 저해하는 가장 큰 요인을 패권주의로 간주하고, 이를 방지하기 위해서 중국은 1) 초강대국에게 군비경쟁을 포기하고 다른 국가들을 군사적으로 위협하며 침략하는 것을 중단하도록 촉구하는 한편,

---

25 *Beijing Review*, 1992.3.30~4.5, p.8; 1992.4.20~26, p.11.
26 *People's Daily*, 1987.11.5, p.4.

2) 스스로 비동맹원칙을 고수하며, 3) 미국의 패권주의를 견제하는 세력으로서 EC와 일본의 역할을 강조하고, 4) UN의 기능 확대를 기대하고 있다. 그러나 毛澤東 시대에 제국주의를 반대하기 위한 연합전선에서 제3세계가 차지하는 높은 비중이 鄧小平 시대에 와서 상대적으로 평가절하 되고 있음은 간과할 수 없는 사실이다.

먼저 베이징은 1970년대 중반부터 시작된 소련 팽창주의가 제2의 미・소 냉전 상태를 유발하였으며, 이 상태가 계속된다면 전쟁의 위험이 높아질 것으로 판단하고, 양 초강대국 사이의 긴장완화를 적극 희망하였다. 나아가서 중국은 양 초강대국으로 하여금 우주공간의 군사화를 중단하는 내용의 협정을 체결하도록 종용하는 한편, 지난 1982년 6월 유엔총회 제2차 군축특별회의 때부터 양 초강대국의 핵무기와 화학무기 감축을 계속 주장하였다. 이와 같은 맥락에서 중국은 지난 1993년 1월 3일 미・러 간에 체결된 START II 협정을 양 초강대국의 긴장 완화뿐만 아니라 군축의 구체적 상징으로 보고 이를 크게 환영하였다.[27] 그러나 중국은 제3국의 안보를 위태롭게 하는 어떤 형태의 미・러 군축협상도 배격하고 있다. 예를 들면 중국은 아시아에 배치된 핵무기를 논의 대상에서 제외하고 유럽의 핵무기만을 감축하거나 폐기하려는 미・러의 노력을 비난해 왔다.

나아가서 중국은 특정 초강대국 내지 그룹과 동맹관계를 유지하는 것을 반대하고 독자노선을 선언하고 있다. 중국의 입장에서는 지난 1950년대 초 중・소 동맹과 같이 어느 한쪽의 초강대국과 동맹관계를 수립하는 것은 동맹국의 간섭과 통제를 받기 쉬울 뿐 아니라 다른 초강대국을 불필요하게 자극함으로써 안정을 해칠 수 있는 것으로 판단하고 있다. 그러므로 독자노선을 고수하되, 이념과 체제를 떠나 평화공존 5개 원칙에 따라 관계를 개선하는 개방정책을 표방하고 있다. 이에 따라 중국은 미국과 동맹관계를 지양하고 미국의 정책을 선별적으로 비판함으로써 일정한 거리를 유지하고 있다.

27 *Beijing Review*, 1993.1.18~31, p.14.

한 예로 베이징은 1980년대 중·소 국경지역과 인도차이나, 아프간에 대한 소련 팽창주의를 비판한 미국의 정책을 지지했지만, 반대로 중동, 중남미, 아프리카 분쟁지역에 대해서는 미국의 정책을 비난하였다. 이것은 결국 중국이 자신의 이해관계와 안보에 직접적인 영향을 미치는 주변지역에 대해서는 실리적인 차원에서 안정을 추구하면서도 기타 지역에 대해서는 1970년대의 '대미경사' 외교라는 이미지로부터 벗어나 자신의 독자적인 이미지를 심으려는 2중 성격을 드러내고 있다. 아울러 소련과 관계 정상화를 추진함으로써 자신의 자주적인 이미지를 제3세계에 구축하고, 미국과 러시아의 영향력이 지배적이었던 국제무대에서 이들 외에도 제3세계의 입장을 대표할 수 있는 정당한 관계 당사자로서 그 행동의 폭을 넓히려는 의지를 보였다.

아울러 중국은 앞서 언급한 대로 현 국제정세가 양극체제로부터 다극체제로 편성되고 있으며, 이와 같은 상황 가운데 패권 출현을 저지하는 세력으로서 EC와 일본의 역할을 지적하고 있다. 즉 세계 GNP의 65%를 차지하는 선진 7개국 가운데 1990년의 경우 EC의 GNP는 미국의 GNP를 능가하고 있으며, 일본은 미국의 3/5에 해당하는 GNP를 기록하고 있다.[28] 이와 같이 미국, EC, 일본 간의 대등한 경제적 위치는 향후 이들 간의 정치적 마찰을 심화시킬 것으로 중국은 전망하고 있다. 물론 워싱턴이 아직 EC와 일본에 영향력을 행사할 수 있는 강력한 군사력을 가지고 있지만, EC와 일본도 군사적으로 자신들의 입지를 강화하고 있다. 한 예로 프랑스와 독일이 '유럽 방위군(European Corps)' 창설을 추진하는가 하면, 일본도 해외파병을 합법화하기 위한 유엔 평화유지활동(peace keeping operation: PKO) 법안을 통과시켰다. 미국이 설사 걸프전 이후 유일한 초강대국으로서 일극 패권주의(unipolar hegemony)를 희망하고 있지만, 경제적으로 이를 뒷받침하지 못하고 있는 상황 속에서 이루어지고 있는 이와 같은 사태진전은 향후 국제질서가 다극화로 재편성될 가능성을 강력히 시사하고 있다. 그러므로 중국은 미국이 주도하는 국제질서를 수용하기보다 미국을

28 *Beijing Review*, 1992.2.3~16, pp.14~15.

견제하는 세력으로서의 EC와 일본의 독자적인 활동을 희망하고 있다. 이와 같은 맥락에서 중국은 독일의 소말리아 파병, EC국가들의 유고내전에 대한 개입과 일본의 캄보디아 파병을 긍정적으로 평가하고 있다.[29]

끝으로 중국은 전환기에 처해있는 현 국제정세에서 UN이 그 위상을 재정립함으로써 패권주의와 힘의 정치를 저지하는 데 일조할 것을 기대하고 있다. 최근 UN은 무력분쟁을 해결하고 세계평화를 실현하는 데 많은 노력을 기울였다. 1990년 8월 이라크가 쿠웨이트를 침공했을 때 UN은 안보리 결의안 제678호에 기초한 다국적군으로 하여금 이라크의 침공을 저지시키고, 쿠웨이트를 해방시켰다. 이와 같이 UN이 지역분쟁을 해결하는 데 과거 어느 때보다 적극적이나, 중국은 UN의 중재하에 분쟁낭사자가 평화적으로 문세를 해결하기를 원하며, 결코 일부 강대국이 UN의 미명하에 무력으로 분쟁당사국의 주권을 침해하는 힘의 정치를 반대하고 있다.

라. 계급투쟁

毛澤東은 마르크스의 계급이론에 따라 중국 사회를 분석하였으며, 적대적인 계급관계를 해소하기 위한 방법으로 계급투쟁을 강조했다.[30] 그러나 그에 의하면 현재의 중국은 자본주의 사회에서 볼 수 있는 적대적인 계급관계가 더 이상 존재하지 않고, 단지 인민 내부의 비적대적인 모순이 있으며, 이는 사회주의 제도를 통해서 해결될 수 있다고 주장했다. 한편 毛澤東은 이와 같은 마르크스의 계급분석을 자연스럽게 국제관계에도 적용하였다. 그 배경으로서 중국은 아편전쟁 이후부터 오랫동안 외세에 시달려왔으며, 중국 공산당의 혁명과정에서도 적대세력은 자신의 계급적 이해관계에 따라 외부의 동맹세력과 연대하였기 때문에 진정한 국내 계급투쟁은 국제적 힘의 역학관계와 분리할 수 없는

29 *Beijing Review*, 1992.3.30~4.5, pp.9~11.

30 "Analysis of the Classes in Chinese Society," *in Selected Readings from the Works of Mao Tse-tung*, op. cit., pp.11~22.

밀접한 상호연관성을 지니고 있다고 보았다. 그러므로 공산혁명을 성공시킨 후에도 이와 같은 경험에 비추어 국가 간의 마찰을 본질적으로 계급투쟁의 시각으로 분석하였다.

이와 같은 시각에 따라 毛澤東 당시 중국 지도부는 모든 국가와 인민을 계급 성향에 따라 분류하고 이를 대외정책 수립에 적용하였다. 즉 제국주의자로부터 착취를 당하고 있는 피억압국가를 국제 프롤레타리아 계급으로 간주하고, 국제 부르주아인 제국주의자를 타도하기 위한 연합전선전략을 추구하였다. 이를 상술하자면 1970년대 중국은 미국과 소련을 전 세계의 매판자본가, 대지주 또는 대자본가를 대표하는 국가로, 일본·프랑스·영국·캐나다·오세아니아 등은 민족적 부르주아 계급(national bourgeoisie)으로 간주했다. 마지막으로 제3세계 국가들은 개발수준과 국제질서 속에 차지하고 있는 위치에 따라 소규모 부르주아계급, 프롤레타리아 계급 또는 농민 계급으로 인식하였다.[31] 그들에 의하면 유물론적 변증법 사관에 따라 제국주의 체제의 붕괴는 필연적이나, 제국주의의 완전한 붕괴는 국제 부르주아 계급이 결코 자발적으로 자신의 기득권을 포기하지 않을 것이며, 프롤레타리아 계급이나 부르주아계급 모두 자신들이 보는 세계관에 따라 국제질서를 변화시키려 들기 때문에 국제 프롤레타리아 계급과 국제 부르주아 계급 간의 계급투쟁은 필연적인 것으로 이해하였다.[32] 그러므로 毛澤東은 프롤레타리아 계급의 단결에 초점을 맞추고, 국제적 규모의 계급연합이 중국 대외정책의 필요불가결한 주축임을 강조하고 있다. 이러한 맥락에서 毛澤東은 국제질서를 위협하고 마찰과 모순을 일으키는 국제 부르주아국가로서 미제국주의 또는 소련 사회주의 제국주의를 지목하고, 이들을 타도하기 위한 외교적 노력을 집중하였다. 이와 같은 맥락에서 당시 연합전선 구성원들의 계급성격을 규정하는 기준에 있어서도 70년대에 으뜸가는 모순의 진원지이자 주적인 소련 사회주의 제국주의에 대한 그 나라의 정책이나 국내 계급구조 분석에

31 金永文, 『중국외교론』, 21면.

32 *Chairman Mao's Theory of the Differentiation of the Three Worlds in a Major Contribution to Marxism-Lininism* (Beijing : Foreign Languages Press,1977), p.18.

의존하였다.

그러나 鄧小平 시대는 이전과는 달리 해당국가의 국제평화와 번영의 기여도를 계급의 기준으로 삼고 있다. “일부 국가들은 중국이 대외정책에서 계급기준을 적용하여야 한다고 주장하면서 중국을 비난하고 있다. 우리는 이와 같은 관점에 동의하지 않는다. 우리의 견해로는 어떤 지역의 정책이나 결정의 옳고 그름은 당사국의 이념과 체제에 의해 결정되는 것이 아니라, 세계평화를 유지하고 공동의 번영을 신장하며, 국제긴장을 완화하는 데 어느 정도 기여하고 있는지의 여부에 따라 판단되어야 한다.”[33]

이와 같은 맥락에서 鄧小平은 현재의 국제평화를 유지하기 위해 패권주의와 지역 패권주의를 반대하는 모든 국가들의 단결을 호소하고 있다. 이것은 그 국가의 체제나 이념에 관계없이 평화공존 5개 원칙에 따라서 중국이 제시한 연합전선에 참여할 수 있음을 의미한다.

이와 같은 현 지도부의 계급분석에 관한 새로운 기준은 다음과 같은 배경에서 연유된 것으로 보인다. 첫째, 현 개혁세력들에 의하면 毛澤東이 고수해 온 정통적인 계급기준은 시대에 뒤떨어진 것으로 보고 있다. 특히 1980년대 말부터 시작된 동구사회주의의 몰락과 소련공산당 및 소련연방의 해체 이후의 국제질서는 구조적인 차원에서나 이념적인 차원에서 더 이상 사회주의 진영과 자본주의 진영으로 구분될 수 없는 상황이다.

둘째, 대외정책에서 기존 계급분석을 더 이상 적용하지 않는 배경에는 국내 계급투쟁에 대한 鄧小平의 새로운 해석과 유기적인 관계가 있음을 알 수 있다. 鄧小平은 지난날 毛澤東의 계급분석이 정확했음에도 불구하고 이 개념을 실제로 적용하는 과정에서 오류가 있었음을 지적한다. 즉 문화혁명에서 毛澤東은 사회주의국가를 건설한 지 17년이 지난 뒤에도 중국 사회 내 자본주의 성향을 지닌 부르주아 세력을 숙청한다는 구실로 계급투쟁을 주장하여 이념적인 혼란을 야기하였으며, 실제로 당과 국민에게 심각한 피해를 입혔다고 주장한다.

---

33 *Beijing Review*, 1986.1.6, p.121.

鄧小平에 의하면 오늘날 중국 사회에는 과거와 같은 계급투쟁이 존재할 수 없으며, 현재의 모순은 다른 방법으로 해결되어야 한다는 것이다.[34] 다시 말해 국가목표를 사회주의 현대화 건설로 정한 지금에도 중국에서 계급투쟁이 존재할 수 있으나, 지난날 계급사회의 계급투쟁과는 근본적으로 다르다는 것이다. 중국 사회는 착취계급이 이미 소멸하였기 때문에 부르주아계급이나 기타 착취계급이 새로이 생겨날 수는 없으나, 반혁명세력, 형사범, 부패관리, 기회주의적인 新착취계급이 생길 수 있으며, 앞으로도 존재할 것이므로 이들에 대해서는 과거에 사용했던 계급투쟁과 대중운동의 방법이 아니라 법의 테두리 안에서 처리되어야 한다는 것이다. 이에 따라 鄧小平은 당원과 간부 모두가 헌법, 법률, 법령에 따라서 일을 처리하는 방법을 터득할 것을 거듭 강조한다. 그러므로 현재 진행되고 있는 국민 내부의 모순을 민주적인 절차에 따라 해결하고, 그 여건을 조성하기 위해서 당과 국민의 정치생활에 민주적인 방법을 선택하며, 억압적이고 폭력적인 수단을 배제하도록 설득하고 있다.[35]

나아가서 鄧小平에 의하면 과거 毛澤東 시절에 대다수 지식인을 부르주아 세계관을 지녔다고 매도한 극좌세력의 견해는 현실에 맞지 않는 이념적인 오류를 범하고 있다는 것이다. 이들 극좌세력들은 기계론적 이데올로기 해석에 골몰하고, 실제로 대다수 지식인이 육체노동과 정신노동 가운데 정신노동에 종사하는 노동계급의 한 부분이라는 사실을 무시했다는 지적이다. 그러므로 그에 의하면 專과 紅(red and expert)에 관한 문제에서 전문인은 사회주의의 목적을 달성하기 위해서 전문지식과 연구에 몰두하는 것이 진정한 프롤레타리아 가치관을 구현하는 것이다.[36]

셋째, 중국은 4대 현대화를 달성하는 데 필요한 기술, 자본, 경영지식을 도입하고 경제협력을 확대하는 동시에 첨단무기와 장비의 도입선을 다변화하며, 현대화 달성에 필요불가결한 안정된 국제환경을 조성하기 위해서 기존 계급기

34 *Selected Works*, op. cit., pp.134~135, 155, 169, 173, 330~331.
35 金永文, 「鄧小平 정치사상에 관한 연구」, 앞의 책, 290면.
36 *Selected Works*, op. cit., pp.55, 63.

준으로부터 탈피하여 국제번영과 평화의 기여도라는 새로운 계급기준을 설정하고 있다. 이와 같은 맥락에서 중국은 1992년 이스라엘과 외교관계를 수립했다. 특히 '주변의 평화로운 분위기 조성'이라는 원칙에 따라 아·태 국가들과 관계 정상화 내지 분쟁해결에 적극성을 보이고 있다.[37] 먼저 한·중 관계 정상화는 한반도와 아·태지역의 평화와 안정에 중심 역할을 할 것으로 기대하는 한편 캄보디아 문제에 있어서는 이해당사자들이 파리협정을 준수하도록 중국이 노력하고 있다. 나아가서 남사군도의 영유권 분쟁에 관해서도 중국을 포함한 이해관계국들의 협상에 적극적인 의사를 표명하는가 하면, 이 섬을 먼저 공동으로 개발할 것을 제의하고 있다. 그 외 베트남, 인도, 부탄, 타지키스탄, 카자흐스탄, 키르키즈스탄 등 주변국과도 국경분쟁을 해소하기 위한 협상을 진행하여 왔다.

3. 결론

지금까지 분석한 鄧小平의 實事求是 사상과 외교정책의 상관관계에서 다음의 몇 가지 특징을 추출할 수 있다.

첫째, 鄧小平의 實事求是 개념은 오늘날 중국의 현대화라는 국가목표와 더불어, 이를 달성하기 위한 구체적인 대외정책을 수립하는 인식의 틀을 제공한다. 둘째, 이 개념은 중국의 내외환경을 현실적인 바탕 위에서 지난날의 외교정책에 절대적인 영향을 미친 3가지 이념적 요소인 모순론·제국주의·계급투쟁을 재해석하는 기준으로서 작용하고 있다. 셋째, 實事求是에 따른 상기 이념적 요소의 재해석은 기존 마르크시즘·레닌주의·毛澤東 사상의 폐기나 단절을 의미하는 것이 아니라 과거와의 연속이라는 차원에서 대외정책의 새로운 방향을 설정하고 있다.

---

37 *Beijing Review*, 1992.12.28~1993.1.3, pp.8~9.

鄧小平에 의하면 당면하고 있는 국가 최대 과제인 현대화를 성공적으로 추진하기 위해서는 무엇보다 국제안정이 긴요하며, 연합전선 또한 현재 무르익고 있는 평화무드를 장기간 유지하기 위해서 필요하다고 본다. 그러므로 지난날의 제국주의와 모순론을 實事求是적 차원에서 재해석하여 패권주의 개념과 마찰 내지 갈등의 개념으로 전환시키고, 전쟁을 지연하기 위한 연합전선이 아니라 평화를 유지하기 위한 연합전선을 구축하고자 노력한다. 위와 같은 연합전선 구성원들의 계급성격을 규정하는 기준에 있어서도 1970년대 으뜸가는 모순의 진원지인 주적 즉 소련 사회주의 제국주의에 대한 자국의 정책이나 국내 계급구조에 의존하지 않고 해당국가의 국제평화 기여도에 따라 정하고 있다.

아울러 實事求是 개념은 대외 개방정책을 추구하되 독자노선을 견지하려는 자신들의 이율배반적인 노력에도 그 정당성을 부여하고 있다. 현대화와 주변 환경의 안정이라는 맥락에서 중국은 미국 및 러시아와의 관계를 개선하는 한편 서방 선진국과도 협력관계를 강화하고, 제3세계 내 지역분쟁, 민족해방운동 내지 혁명운동을 과거처럼 지지하거나 고무하지 않고 있다. 그러나 여기에서 파생되는 부담감 즉 자신의 현대화를 위해서 미·일·서구 등 자본주의국가와 附和雷同한다는 비난을 최소한으로 줄이면서 국제무대에서 제3세계 이익을 대변하고, 초강대국에 대해서는 국제긴장을 해소하는 데 있어서 중국이 정당한 협의당사자라는 입장을 확보하기 위해서 독자노선을 거듭 천명하고 있다.

결론적으로 (1) 모순론·제국주의·계급투쟁과 實事求是, (2) 독자노선과 개방노선이 표면적으로 상호 모순된 개념일지 모르나 鄧小平 시대의 외교정책 가운데 위와 같은 개념들은 변증법적 발전과정을 통해서 상호 유기적인 연관관계를 유지하고 있다.

위와 같은 분석의 결론은 일부 중국의 외교행태를 연구하는 전문가들이 (1) 지난날 중국 지도자들에게 응집된 하나의 세계관을 제공하는 데 중요한 역할을 해온 모순론·제국주의·계급투쟁이 오늘날에 와서 그 의미와 역할을 완전히 상실하고 그 자리를 실용주의가 대신했다는 주장과, (2) 중국이 국제무대에서 보다 중요한 역할을 담당하는 행위자로서 인정받고 자신의 현대화를 강력히 추진하기 위해서 채택한 독자·개방노선을 외부세계에 문호를 완전히 개방하여 이념과 체제를 떠나 외부의 다양한 가치를 수용하는 국제주의(internationalism)의 실천으로 간주하는 주장에 동의하지 않는다.[38]

먼저 모순론·제국주의·계급투쟁이라는 강성 이데올로기 용어 대신에 긴장과 마찰, 패권주의, 국제평화와 번영의 기여도라는 보다 순화된 용어를 사용한다고 해서 기존 이데올로기를 벗어나 실용주의가 중국의 외교정책 결정 과정을 전적으로 지배하고 있다고 볼 수는 없다. 지난 1986년 12월과 1989년 6월 천안문 사태에서 학생들의 민주화 요구를 무력으로 봉쇄한 뒤 부르주아 자유화를 반대하는 일련의 조치를 통하여 마르크시즘·레닌주의·毛澤東 사상이 국가 통치이념임을 분명히 하고 있다.[39] 더욱이 鄧小平과 그의 개혁세력들은 毛澤東과 마찬가지로 모순론·제국주의·계급투쟁의 중요성을 숙지하고 있는 공산주의자라는 사실을 과소평가할 수 없을 뿐만 아니라, 지난 40여 년에 걸쳐 토착화된 사회주의 정치문화의 지속성을 간과할 수도 없는 것이다.[40] 나아가서 현재 중국의 개방정책에서 국제주의 개념을 수용함으로써 경제현대화라는 국가목표를 달성하고, 이에 필요한 안정된 국제환경을 조성하는 한편 변모하는 국제정세를 이용 내지 이에 적응하려는 표면적인 노력을 앞서 지적했다. 그러나 그들의 독자노선 속에 '중화민족'이라는 전통적인 민족 자긍심이 강하게 작용하고 있음을 주목해야 한다.

한마디로 鄧小平은 實事求是를 통해 기존 이데올로기를 재해석하는 한편, 이를 당면하고 있는 국제정세에 적용하여 중국식 사회주의 현대화를 달성하기 위한 수단으로 대외개방과 독자노선을 추구하고 있다. 이와 같은 實事求是와 중국 외교정책의 유기적인 상호연관관계는 현 개혁세력이 권력기반을 유지하고 있는 한 앞으로도 상당 기간 지속될 것이다.

---

38 Michael Oksenberg, "China's Confident Nationalism," *Foreign Affairs*, Vol.65, No.3, 1987, pp.501~23.

39 *Beijing Review*, 1986.11.9, p.28.

40 Ibid., 1987.3.16, p.5.

7

중국의 초강대국 정책 : 개방 · 독자노선*

1. 서론

이 장에서는 1982년 개방 · 독자노선이 공식으로 천명되기에 앞서 鄧小平이 실제로 등장한 1978년부터 미 · 소 관계의 변화와 중국에 대한 미 · 소의 정책, 나아가서 중국이 당시에 처한 국내 상황을 살펴보고, 이 요인들이 1970년대 안보중심의 '반소 연합전선'으로부터 경제발전과 안정된 국제환경을 조성하기 위한 개방 · 독자정책으로 전환되어가는 과정에 미친 영향을 조명하고, 이를 바탕으로 현재 중국의 초강대국정책이 지니고 있는 성격과 문제점을 분석하고자 한다.

* 「80년대 중국의 초강대국정책 : 개방 · 독자 노선」, 『사회과학연구』 제9집 제1권, 1989.8.30, 75~96면.

2. 변화의 요인

첫째, 1970년대 초부터 미국은 워터게이트 사건, 월남전으로 인한 경제침체와 반전여론, 1975년의 사이공 함락과 함께 세계 도처에서 자신의 영향력이 급격히 퇴조하는 힘의 진공상태가 표면화되고 있는 반면, 소련은 1979년 중반부터 인도차이나, 앙골라, 자이레, 소말리아, 에티오피아, 중남미, 아프가니스탄 등에서 이와 같은 진공상태를 메우기 위한 팽창주의 전략을 적극적으로 추진하였다. 이에 대한 미국 내외의 비판과 함께 보수주의자인 레이건 대통령이 1981년 1월에 취임하면서 먼저 국내경제를 활성화시키고, 우방국가와 유대를 더욱 강화하는 한편 전임자인 카터 대통령의 대소 온건정책으로부터 탈피해서 방위력 증강을 기초로 한 강력한 반소 입장을 취했다. 이와 같은 그의 대소 강경정책은 소련의 팽창주의전략을 수정하는 데 크게 기여했다.

한편 소련은 계속되고 있는 국내경제의 침체, 아프가니스탄 침공에 따르는 전비부담, 쿠바와 중남미, 앙골라, 베트남의 캄푸치아 개입에 따른 엄청난 경제적 부담을 안고 있었으며, 이로 인해 대외정책에 있어서 자신의 영향력을 행사하고, 국익을 추구하는 능력이 현저하게 감소되고 있었다. 여기에서 베이징은 1970년대 소련을 '흥기하는' 혹은 '팽창하는' 세력으로, 미국은 '퇴조하는' 혹은 '수동적인' 세력으로 보았으나, 지금은 그 반대현상이 일어나고 있는 것으로 판단하고, 지난 1970년대의 국제환경을 분석하는 인식의 틀인 3세계론을 수정하기에 이르렀다.

이와 같은 베이징의 미·소에 대한 변화된 인식은 더 이상 소련 팽창주의를 반대하기 위해서 미국과 연계체제를 추구할 필연성을 감소시키는 한편, 지난날처럼 중국의 적극적인 반소 연합전선의 노력이 없다 하더라도 미국이 이 전선에서 주도적인 역할을 수행할 것으로 확신했다. 아울러 이 상황은 중국이 현대화에 전념할 수 있는 안정된 국제환경을 조성하는 데 기여하고 있는 것으로 판단했다.

둘째, 미국의 대중국 정책을 살펴보면, 1972년 닉슨의 중국 방문과 상하이 공동성명이 발표된 이후에도 계속 지연되어온 양국의 외교관계가 1979년에 공식적으로 수립되었다. 한편 국교가 정상화된 직후 '베트남에 교훈을 주기 위한' 공격에 앞서 1979년 초에 이루어진 鄧小平의 미국방문은 소련의 팽창전략을 저지하기 위한 중·미 연계체계를 더욱 구체화하려는 것이었다. 그러나 1979년 중·월 국경전쟁 중에 미국이 중국에게 보여준 유동적인 자세와 대만문제, 경제마찰 등 일련의 양국 현안 문제는 베이징으로 하여금 미국에 대한 환상과 기대에서 벗어나도록 만들었다. 특히 1979년 4월 미 상원은 96대 6으로, 하원에서는 345대 55로 대만관계법을 통과시켰다.[1] 나아가서 1980년과 1982년 사이에 이루어진 미국의 대만 무기판매는 중·미 관계를 더욱 긴장시켰다. 당시 중국은 양국관계가 대만관계법으로 인해 후퇴하든지 아니면 공동성명의 정신에 따라 전진할 것인지 중대한 시점에 처해있다고 경고했다.

한편 미국의 기술과 자본이 중국의 경제발전에 중요한 역할을 할 것으로 기대했던 처음의 예상과는 달리 에너지와 같은 부분을 제외하고는 그다지 큰 성과를 거두지 못했으며 중국의 대미 무역적자를 줄이기 위해 중국 상품에 대하여 미국시장을 더욱 개방해줄 것을 요청했으나 이 또한 미국 내 보호무역의 높은 파고로 인해서 좌절되었다. 이와 관련해서 1982년 10월 6일 유엔에 참석 중인 중국 외교부장 黃華는 중국에 대한 미국의 첨단기술 및 지원장비 수출제한과 중국 상품에 대한 미국의 수입규제를 비난하면서, 그는 레이건 행정부에게 중국을 "친구로 보는지 아니면 적으로 보는지" 반문했다.[2]

이와 같이 불편한 중·미 관계는 중국으로 하여금 소련과 긴장완화를 추구함으로써 소련과의 관계를 개선하는 새로운 대안을 찾아 나서도록 자극하였음에 틀림없다. 더욱이 그 후 나타난 중국의 대소정책의 변화는 단순한 전술적인 차원이 아니고 전략적인 차원임을 알 수 있다. 예를 들면, 1980년 8월 부시

---

1 U. S Congressional Record, *96th Congress, 1st Session*, pp.4778~4956. 이 법은 대만의 자위능력을 보장하기 위한 미국의 약속을 강조하고 평화적인 수단 이외의 방법으로 대만의 장래를 결정하려는 중국의 어떤 노력도 서태평양의 평화와 안전을 위협하는 중대관심사라고 선언했다.

2 *New York times*, 1982.10.6.

부통령후보가 선거유세 기간 중 중국을 방문했을 때, 중국은 과거 먼데일 부통령과 헤이그 국무장관의 중국방문과는 달리 중·미 간의 반소협력의 전략적 중요성을 전혀 언급하지 않았다. 심지어 부시가 '패권주의자'로서 소련의 '팽창주의'를 비난하고, 중·미 간의 상호 이해증진이 이룩되었다는 그의 주장을 하였으나 이를 보도조차하지 않았다.[3] 나아가서 1981년 10월에 있었던 1911년 혁명 제70주년 기념식에서 당 총서기 胡耀邦은 "중국이 외교 문제에 있어서 제국주의에 의존하던 시절은 지나갔다. 우리는 외교정책을 독자적으로 입안해서, 이를 실천할 것이며 …… 우리는 제국주의와 패권주의를 단호히 반대한다"고 언급함으로써 미국과 일정한 거리를 유지하려는 중국의 의도를 분명히 했다

1981년 말부터 베이징은 과거 소련을 지칭했던 '패권주의자'라는 용어를 미국에 대해서도 사용하기 시작했다.[4] 예를 들면 1981년 12월 15일 유고슬라비아 언론인과의 대담에서 鄧小平은 소련과 마찬가지로 미국도 국제무대 특히 중남미에서 패권주의자임을 밝혔다.[5] 이 사실은 베이징 언론이 1981년 초까지만 해도 중남미에서 소련의 팽창을 저지하기 위해서 엘살바도르 사태에 개입하려는 레이건 행정부의 노력을 적극적으로 지지했던 것과 좋은 대조를 이룬다.

한마디로 당시 중·미 관계는 제한된 범위이지만 마찰을 노출시켰다. 당시 중국은 미국을 선별적으로 비판하는 새로운 독자정책을 선택함으로써 소련과의 긴장을 완화하려는 의도를 모스크바에 전달하고, 중·소 관계개선의 실마리를 풀고자 했던 것이다.

셋째, 소련의 대중국정책을 살펴보면, 1970년대 말까지만 해도 모스크바는 중국에게 기본적인 안보와 정치문제를 타협할 아무런 징후를 보이지 않았지만, 그 후 거듭된 중국에 대한 화해제스처 속에 對중국정책의 변화를 찾아볼 수

3 Robert G. Sutter, *Chinese Foreign Policy: Developments After Mao* (N.Y., N.Y.: Praeger, 1986), p.149.

4 *FBIS-CHI*, 1981.10.9.

5 Ibid., 1981.12.31.

있다. 한편 중국은 베트남의 캄푸치아 침공(1978.12)과 중・소국경선을 따라 끊임없이 증강되고 있는 소련 군사력이 중국의 안보를 위협하고 있는 것으로 간주하였지만, 중・월 국경전쟁 직후 신화사 통신(1979.4.3)은 지난날 중・소 관계개선에 앞서 중・소 국경분쟁 지역으로부터 소련군의 철수를 요구했던 주장을 철회하고 중・소 회담을 제안했다. 이에 대한 모스크바의 반응은 소극적이었다. 소련 외교부부장 그로미코는 그 2주 뒤인 4월 17일 모스크바주재 중국대사에게 이 회담의 주제와 목적에 대한 중국의 입장을 밝히도록 요청하였다. 이에 따라 베이징은 이 회담이 중・소 국경회담의 재개이며, 양국관계 정상화를 위한 장애를 제거하고, 무역, 과학, 기술 및 문화교류를 증대하기 위한 원칙을 마련하기 위한 것이라고 답변했다. 그러나 1979년 가을에 열린 중・소 국경회담은 아무런 결실을 보지 못하고 끝났다. 그 직후 소련이 아프가니스탄을 침공함으로써 중・소 관계는 계속해서 냉각상태로 남아 있었다.

그러나 1980년 초부터 소련은 회담재개, 경제교류, 기술교환, 무력사용금지 및 불가침을 제안하는 등 적극적인 화해 제스처를 중국에게 보내기 시작했다. 한 예로 1980년 4월 7일 프라우다는 중・소 관계개선 및 국경 문제에 대한 회담재개를 중국에게 요청하는 기사를 실었다.[6]

이와 같은 소련의 태도에 대해 중국은 입장을 정리하지 못한 채 강경과 온건으로 점철된 과도기적 상태가 1981년 초까지 계속되었다. 폴란드 위기 시(1981년 초) 중국 지도자들은 소련의 폴란드 개입을 비난하는 단호한 입장을 취하는 한편 소련 패권주의는 한 지역에 국한되어 있는 것이 아니라 범세계적이라고 주장하고 반소 국제연합전선을 강조했다. 이에 대해 브르즈네프는 1981년 2월 제26차 소련공산당대회에서 행한 연설에서 "불행하게도 베이징의 외교정책에서 양국관계를 개선하기 위한 어떤 새로운 변화를 찾을 수 없다"고 지적하고 있다.[7] 그러나 그해 후반부터 중국의 반소 태도는 현저히 약화되었다.

6 Sutter, op. cit., p.154.

7 *FBIS-CHI*, The Proceedings of the 26th CPSU Congress, Washington D.C., Vol.6, 1981.2.24, p.9.

그 후 시작된 소련의 對중국 유화정책의 배경은 당시 소련이 처한 내외의 어려운 국면을 앞서 지적하였다. 특히 동아시아에서 미・일의 동맹체계가 더욱 강화되고 미국의 군사력이 꾸준히 증가되어 왔다. 이와 같은 상황에서 소련은 미・일・중의 연계체제가 필연적으로 소련의 안보를 위협하는 중요한 변수로 작용할 것으로 보고, 이에 대한 대응전략으로서 중국과의 관계개선을 적극적으로 추진하기에 이르렀다. 이와 같은 맥락에서 1982년 3월 브르즈네프의 타시켄트 연설은 중국과 관계개선이 중요한 과제임을 시사했다. 이 연설 직후 중・소 회담이 재개되었으나, 중국이 제시한 중・소 국경선의 긴장완화, 베트남의 캄푸치아 침공에 대한 소련지원 중단, 아프가니스탄으로부터 소련군의 철수라는 3가지 전제조건으로 인해 아무런 진전을 보지 못했나. 그해 브르즈네프는 9월 바쿠(Baku)와 10월 모스크바에서 열린 군부 지도자들에게 행한 연설에서도 중국과의 관계개선을 거듭 강조했으며, 소련 언론 또한 중국에 대한 비난을 일체 중단했다. 이와 같은 對중국 유화정책은 1982년 11월 브르즈네프의 사망과 함께 안드로포프가 등장하면서 더욱 구체화되려는 조짐을 보였다.

넷째, 앞서 언급한 새로운 미・소 관계의 성립과 중국에 대한 미・소의 상이한 접근태도 외에도 중국의 초강대국에 대한 개방・독자노선을 결정하는 요인으로 자신의 국내정치적, 경제적, 군사적 측면을 들 수 있다.

먼저 중국은 현대화를 추진하는 과정에서 나타난 여러 가지 부정적인 파급효과를 최소한으로 줄이기 위해서 발전계획의 전면 재조정이 불가피하였다. 베이징은 1979년과 1980년 각각 10억 달러, 20억 달러의 무역적자를 기록했으며, 무리한 건설계획과 인플레이션 등으로 1979년에는 100억 달러가 넘는 재정적자를 냈다. 여기에서 1981년도 예산의 세입과 세출을 9%, 13% 각각 감소시키는 균형예산으로 전환하는 한편, 1981년 계획된 건설의 45%를 취소하는 결정을 내렸다.[8]

한편 2,000만이 넘는 도시의 젊은 실업자들의 서구식 사고와 생활 형태의

8 Sutter, op. cit., p.134.

모방, 그리고 지난날 문화혁명 때 씌워진 억울한 누명을 벗기 위한 대규모 청원 사태로 인하여 심각한 사회적 정치적 문제가 제기되었다. 나아가서 중국은 당시 중・소 국경전선에 배치된 소련군사력과 비교하여 자신이 처한 상대적인 열세를 만회하기 위해 절실히 필요한 군 현대화는 경제발전에 예산을 치중함에 따라 더욱 지연되었다. 여기에서 중국은 미국과 긴밀한 유대를 다시 강화하는 동시에 소련과 어느 정도 긴장을 완화하기 위한 대화를 시도함으로써 양국 간의 마찰을 통제된 범위 안에 두고자 하였다.[9]

여기에서 진보성향의 개혁세력들은 보수성향 개혁세력들의 도전을 저지하는 동시에 계속해서 현대화를 추진하는 데 긴요한 정치적 안정과 지도층의 단결을 위해서 정치 및 경제개혁의 속도를 다소 완화시키는 한편, 대외정책에서도 변화를 모색하지 않을 수 없었다. 이와 같은 맥락에서 鄧小平의 대소 강경노선은 당내 공개적인 논쟁을 피하면서 타협하는 방향으로 진행되었다. 鄧小平은 1970년대 소련 팽창주의를 경고하고, 이에 대항하기 위해 미국과 협력을 강화할 것을 주장했다. 1978년 5월에도 鄧小平은 중국을 방문 중인 美안보담당보좌관 브레진스키에게 소련 패권주의의 위험을 거듭 지적하였고, 1979년 10월 소련과 관계 정상화를 협의하기 위한 회담이 열리기 수일 전까지만 해도 그는 소련 패권주의에 대한 국제연합전선전략의 타당성과 중・미・일의 관계강화를 강조했다.[10]

그러나 이와 같은 鄧小平의 입장과는 달리 중국 공산당 내 상당수의 지도자들은 反蘇 연합전선에 대한 명백한 태도를 유보하고 새로운 대소전략을 암중모색하고 있음을 시사했다. 1979년 4월 『철학연구(Philosophical Research)』에 실린 한 논문은 중국의 경제건설과 국방력을 강화하기 위해서 국내외 안정이 긴요함을 강조하고, 이를 위해 국내 자본주의 관행에 대한 규제를 완화하고, 대외적으로 적과의 관계를 개선한 레닌의 신경제정책(NEP)으로부터 교훈을 배울 것을

9 Ibid., p.145.
10 *FBIS-CHI*, 1979.10.19, D.2.

주장했다.[11]

그해 4월 중국은 모스크바와 회담을 제의하는 한편, 지난날 소련과 관계개선을 주장한 이유로 해임된 일부 관리들을 복권시켰다. 이와 같은 복권조치는 중국이 소련과 관계를 개선하려는 의도를 모스크바에 분명히 전달하기를 원하고 있음을 암시했다.[12] 이와 같이 소련과 관계개선을 희망하는 중국 지도층의 관심은 1982년까지 계속해서 증폭되었다. 여기에서 鄧小平은 이들의 단결을 유지하기 위한 수단으로 보다 균형 있는 미 · 소 정책을 실시하는 데 동의한 것으로 보인다.

결론적으로 중국은 현대화를 추진하기 위해서 안정된 국제환경이 요구되었으며, 같은 논리로 소련과의 관계개선은 현대화에 필요한 경제적 협력 외에도 현대화에 주력할 수 있는 주변의 안정된 분위기를 조성하는 데 기여할 것으로 전망했다.[13] 그 후부터 오늘에 이르기까지 중국은 독자 · 개방노선에 따라 중 · 소 관계개선을 꾸준히 진행하여 왔다.

3. 전개과정

가. 중 · 미 관계

1982년 이후에도 중국과 미국의 관계는 통제된 범위이지만 계속해서 마찰을 노출하였다. 최근 2년에 걸쳐 미국의 첨단기술이전 문제, 보호무역법안에 따라 중국 상품 특히 섬유제품에 대한 미국의 규제, 미국 유학에서 돌아온 지식인을 중심으로 일어난 자유화운동에 대한 중국 정부의 반자유화운동(anti-liberalization campaign), 중국의 티베트 민족해방운동에 대한 탄압을 미 의회가 인권유린이라

11 *Philosophical Research*, No.4, 1979.4, pp.21~26.
12 *FBIS-CHI*, 1979.10.5, B.5.
13 *People's Daily*, 1980.1.17; 3.10.

고 비난하고, 이는 내정간섭이라고 반발하는 중국, 중국제 실크웜 미사일의 이란 유출에 대한 미국의 항의와 급기야 2명의 중국 외교관을 간첩혐의로 추방하는 등 양국 간의 갈등이 노출되었다.

첫째, 정치적으로 중·미 관계 정상화 이후에도 양국관계를 불편하게 만든 대만문제가 여전히 불협화음의 초점이 되어 왔다.[14] 대만문제에 대한 중국과 미국의 기본입장은 3개의 공식성명인 1972년의 상하이 공동성명, 1979년의 양국 관계 정상화 성명, 1982년의 미국의 대만 무기판매 문제와 관련된 성명 속에 나타나 있다. 여기에 담긴 2가지 기본원칙 가운데 먼저, 대만해협을 중심으로 양쪽에 중국인이 있으나, 하나의 중국이며 대만은 중국의 일부임을 인정하고 있으며, 나아가서 대만의 장래에 관해서 해협 양쪽에 있는 중국인 스스로가 결정하되, 평화적인 수단에 의해서 해결되어야 한다는 것이다. 특히 1982년 8월 17일 양국의 공동성명서는 중국이 유일한 합법정부임을 거듭 인정하고, 이 지역의 상황이 호전되는 대로 미국은 대만에 판매하는 무기의 질과 양을 1980년대 초의 수준을 넘지 않도록 하는 데 동의하고 있다. 이 경우 미국은 중국이 비평화적인 수단에 의해 대만 통일을 추구하지 않을 것이라는 전제 위에서 이루어진 것이라는 주장을 한다. 그러나 1983년 10월 중국 외교부부장 吳學謙이 미국방문 중 이와 같은 미국의 해석을 중국에 대한 내정간섭이라고 반발하면서 다음과 같이 언급하고 있다. "미국이 계속해서 대만에 대규모 무기판매를 하고 있다. 이것은 우리들의 주권을 침해하고 내정을 간섭하는 처사일 뿐 아니라 대만으로 하여금 협상을 통해서 본토와 평화적으로 재통일하려는 공동의 노력에 참가하는 것을 거부하도록 고무시키고 있다. 우리는 이와 같은 사실을 단연코 반대한다."[15]

그러나 미국은 계속해서 대만의 장래를 결정하는 데 있어서 어떠한 형태의 비평화적인 노력도 "미국의 중대 관심사이며, 서태평양 지역의 평화와 안보를

---

14 *Beijing Review*, 1987.4.13.

15 Vladimir Lukin, "Relations between the U. S and China in the 1980s'," *Asian Survey*, Vol.24, No.11, 1984.11, p.1152.

위협"하는 것으로 간주하고, 중국 지도자들에게 무력에 의한 대만문제 해결을 공식적으로 포기할 것을 계속해서 촉구하였다. 이에 대해 중국은 평화적인 수단으로 통일하는 것을 지지하고 있으나 지금까지 무력사용에 대한 포기를 공식으로 천명한 적은 없었다. 이와 같이 미국이 대만에 대해서 깊은 관심을 보이고 있는 이유는 대만을 아시아 대륙에 연결하는 태평양의 '침몰하지 않는 항공모함'에 비유하는 안보적 인식과 대만에 대한 미국의 경제적 이해관계 때문이다. 후자의 경우 대만과 미국 사이의 무역거래량은 1978년 이후 4배나 증가했으며, 1987년에도 무려 250억 달러의 교역거래가 있었고, 대만의 전체 수출량 가운데 50% 가량이 미국으로 수출되며, 대만은 미국의 11번째로 큰 교역상대국이고, 대만에 대한 미국의 직접투자만 해도 75,000만 달러에 해당한다.[16] 그러므로 중국은 대만문제와 관련한 미국의 태도를 '하나의 중국정책'을 반복해서 강조하면서도, '2개의 중국' 입장을 여전히 견지하고 있는 것으로 의심하고 있다.

나아가서 대만문제에 대한 미국의 '불개입' 입장에 대해서도 중국은 상당한 불만을 표시해왔다. 베이징에 의하면 미국은 지금까지 대만문제에 지속적으로 개입해왔음을 상기시키면서, 현재 중국이 추진하고 있는 우편, 무역, 항공 및 선박화물, 서비스의 교류에 미국이 적절한 영향력을 행사해 줄 것을 요구하고 있다. 그러나 미국은 이와 같은 미국의 개입이 역효과를 가져올 것으로 간주한 나머지 양측의 문제를 중국인들 스스로 해결해야 할 내부 문제라고 주장하면서 대만에 영향력을 행사하는 것을 거부해왔다.[17]

다음으로 미국이 중국의 전략적 중요성을 재검토함으로써 빚어진 양국 간의 마찰을 지적할 수 있다. 이와 같은 전략적 수정은 국무장관 헤이그의 사임(1983.3)과 함께 일어났다. 전임 국무장관 슐츠는 미국의 대소방어전략에서 중국의 위치를 주니어 파트너(junior partner)로 격하시키고, 그 자리에 일본을 넣고자 했다.[18] 지난날 카터의 안보담당보좌관 브레진스키를 포함한 미행정부 내 전략

16 *Beijing Review*, 1986.9.22, p.5.

17 Ibid., 1988.1.4.

18 Sutter, op. cit., pp.144~147; Zhang Jia-Lin, "The Romanticism in the Reagan Administration's

수립자들은 대소방어전략에서 중국의 중요성을 강조하였으며, 이와 같은 미국의 필요성은 대만과 기타 미·중 현안 문제를 해결하는 데 중국에게 유리한 입장을 제공할 것으로 생각했다. 그러나 중국에 대한 전략적 중요성을 미국이 재평가함에 따라 중국은 과거와 같은 기대를 충족시킬 수 없음을 깨닫게 된 것이다.

나아가서, 최근에 등장한 정치적 문제로서 티베트 문제와 중국제 실크웜 미사일의 이란유출을 들 수 있다. 1987년 3월 티베트의 망명지도자 달라이 라마가 미국을 방문했을 때, 그로 하여금 미 의회 인권소위원회에서 티베트 문제 해결을 위한 5개항의 원칙을 발표하게 하는 등 정치적 활동을 허용한 데 대해 중국은 강력히 비난했다. 또한 최근에 있었던 라사의 소요에 대해 미 상원은 98대 0으로 중국의 인권탄압을 비난하는 결의안을 채택했을 때, 중국은 티베트가 1264년 이래 중국의 영토임을 주장하고, 미 의회가 인권이라는 구실하에 티베트 독립을 지지함으로써 중국에 대해 내정간섭을 자행하고 있다고 비난했다.

나아가서 미국은 1986년 중순부터 중국제 실크웜 미사일의 이란 유출에 대한 사실을 알고 1987년부터 이 무기의 판매를 중단할 것을 중국에게 촉구해왔다. 미국 측에 의하면 중국은 일 년에 10억 달러의 대이란 무기판매 가운데 96기의 실크웜 미사일이 포함되어 있다고 주장했다. 물론 중국은 이 사실을 부인했지만 이 실크웜 미사일에 의해서 미국 국적의 유조선이 피격됨에 따라 미 상원은 중국에 대한 군사관련 기술이전을 재검토하도록 행정부에 요청하고, 베이징이 계속해서 이를 판매할 경우 양국관계를 위태롭게 할 것이라고 경고했다. 결국 레이건 행정부는 민간·군사 겸용 첨단기술에 대한 대중국 이전을 완화한 1987년 4월의 결정을 그 해 10월에 일시적으로 동결했다. 이에 대해서

Asian Policy", *Asian Survey*, Vol.24, No.10, 1984.10, p.107. 슐츠는 중·미 "양국 사이에 좌절과 마찰은 불가피하다"고 주장하면서 "이것은 단순히 대만문제로 야기된 것이라기보다도 쌍방 간의 상이한 체제에 기인하고 있다"고 지적하고, 미국의 안보파트너로서 사회체제가 동일한 일본에 기대를 하고 있음을 시사했다. 이와 같은 미국 지도층 내부의 논의는 양국 간의 갈등을 더욱 심화시켰음에 틀림없다.

중국은 종전의 주장대로 이란에 직접 무기를 판매한 적은 없으며, 국제 무기시장으로부터 중국제 무기가 이란으로 유입되는 것을 저지하기 위해 엄격한 조치를 취해왔다고 주장하면서, 1987년 11월 18일 베이징은 동 미사일의 수출금지를 발표했다.[19]

이와 같이 중·미 관계는 여러 가지 장애요인이 남아있음에도 불구하고, 지금까지 이 마찰을 제한된 범위로 통제하면서 발전하여 왔다. 한 예로서 중국 지도자들은 양국 간의 빈번한 교환방문을 통해서 현안 문제에 대한 상호이해를 증진시키고자 노력해왔다. 趙紫陽은 1984년 1월에 미국을 방문하고, 그 답례로서 레이건이 그 해 5월에 중국을 방문했다. 1986년에는 국가주석 李先念과 부시 부통령의 교환방문이 있었으며, 양국의 고위층 관리들의 상호방문으로 교육, 문화, 어업, 핵에너지 등에 대한 협정이 있었다. 그 후 1987년 3월 국무장관 슐츠(George P. Shultz)가 중국을 방문하고, 5월에는 법무장관 미즈가 무역, 투자, 경제에 관한 법률회의에 참석하기 위해서 방문했다. 그 외에도 그 해 중앙당 군사위원회 부주석 楊尙昆이 미국을 방문하고 미 상무장관 맬콤 볼드리지(Malcolm Baldrige)와 레이건 대통령의 과학담당보좌관이 중·미 상업협력위원회와 과학기술협력위원회에 각각 참석하기 위해 중국을 방문했다. 특히 1989년 2월 말 부시 대통령은 일본 국왕의 장례식이 끝난 직후 중국을 공식 방문함으로써 중국에 대한 그의 관심을 표명했다.

둘째, 중·미 경제관계 또한, "강력하고도 번영된 중국은 미국의 국익에 부합되므로 중국의 현대화에 필요한 모든 지원을 아끼지 않을 것"이라는 미국의 거듭된 주장에도 불구하고, 양국의 상이한 경제환경과 정치체계로 인하여 순조롭지 못했다. 그 대표적인 예로 중국제 섬유제품 수입 문제를 들 수 있다. 베이징은 섬유제품의 수출을 현대화에 필요한 최신 기술과 장비를 도입하는 데 지불해야 할 주요한 외화를 획득하는 수단으로 보고 있다. 그러나 1982년 말 미국은 중국 섬유의 대미수출을 규제했다. 이와 같은 결정의 이면에는 미국

---

19 *New York times*, 1987.11.18.

노스캐롤라이나 상원의원인 제시 헬름스(Jesse Helms)와 사우스캐롤라이나 상원의원인 스트롬 서몬드(Strom Thurmond)의 섬유규제 로비가 주요했던 것으로 풀이된다. 이에 대한 반발로서 중국은 미국으로부터 농산물 수입을 격감시킴으로써 미국 농업관계자들에게 5억 5천만 달러의 손실을 입혔다. 그 결과 1982년 전반기에 6억 6천2백7십만 달러의 미국의 대중국 무역흑자가 1983년 같은 기간 중 3천3백십만 달러의 무역적자로 돌아섰다. 1983년 초에는 중국이 미국으로부터 밀수입을 전면 취소함으로써 이 사정은 더욱 악화되었다. 결국 농산물업자들은 미 의회를 상대로 로비활동을 전개하였으며, 상원의원 밥 돌(Bob Dole)을 중심으로 한 이들의 로비활동으로 중국의 대미섬유수출에 대한 규제를 완화하게 되었다. 그 내용은 중국의 미 농산물, 주로 곡물을 구매하는 양에 따라 중국제 섬유제품 수입량을 늘리기로 결정하였다.[20] 그러나 그 후에도 계속해서 미국의 보호무역 장벽이 높아짐에 따라서 섬유쿼터 문제가 제기되었으며, 지난 1987년 12월에는 향후 4년 동안 중국의 대미섬유수출을 매년 3% 증대시키도록 합의하는 데 그쳤다. 이와 같이 중국 상품을 제한하려는 미국의 노력은 베이징으로부터 강한 반발을 일으켰으나, 전반적으로 양국의 경제협력은 개선되어 왔다. 먼저 양국 간의 교역량은 1984년에 61억 달러, 85년에 77억 달러, 86년에 73억 달러, 97년에 90억 달러로써, 이것은 일본, 홍콩, 유럽공동체(EC)에 이어서 4번째이다.

아울러 미국은 1979년 양국 정상화 이래 일본에 이어 두 번째로 30억 달러 이상을 중국에 투자한 국가이다. 물론 미국 투자가들은 중국의 빈약한 투자환경과 수입 장벽, 분명하지 못한 무역제도에 대해서 강한 불만을 표시해왔지만 미국기업은 중국의 원유탐색, 탄광, 생산업체, 법률서비스, 금융에 이르기까지 광범하게 투자해왔다.[21]

---

20 Vladimir Lukin, op. cit., p.1153.

21 *Beijing Review*, 1988.1.4; *The Economist*, 1988.1.9, p.29. 지금까지 미국이 투자해온 대형 프로젝트 가운데 남중국해의 유전탐색은 실패했지만, 6억 5천만 달러를 투자한 산시성에 위치한 안타이바오 석탄 광산이 지난 1987년 9월부터 작업을 개시했고, 합작투자에 의해서 생산된

다음으로 양국 간의 현안 문제 가운데 하나인 기술이전 문제는 1983년 6월 미 상무장관 볼드리지가 중국을 방문하여 현대화에 필요한 기술이전에 대한 일부 규제를 완화하는 조치를 발표했다. 이것은 미국이 중국을 우호적인 비동맹 국가로 간주하고, 기존의 특별관리국가에서 수출규제국인 V로 변형시켰기 때문에 이루어졌다. 이에 따라 미국은 정부부처 간의 검토 없이도 중국에 통상적으로 수출 승인을 받을 수 있는 첨단기술의 종류를 정하는 기준을 발표했다. 이 기준에 의하면 미국은 첨단기술 가운데 95% 이상을 CoCom(Coordinating Committee for Multilateral Export Controls)의 승인 없이 중국에 이전할 수 있게 되었다. 그러나 이 기준은 對공산권 수출을 규제하는 CoCom이나, 미국의 국가안보와 관련된 기관의 검토를 완전히 면제받는 것이 아니다.

셋째, 중·미 간의 군사관계 또한 점진적으로 그러나 조심스럽게 발전해왔다. 중국은 동아시아에서 미군의 주둔은 그 동안 역내 꾸준히 증강해 온 소련의 군사력을 견제하는 데 필요한 힘을 제공할 뿐 아니라, 자신의 군현대화에 필요한 무기, 장비, 기술, 훈련, 전략 및 전술개발에도 기여할 것으로 기대했다. 이와 같은 맥락에서 중국은 1986년 10월 미 국방장관 와인버그의 중국방문 중 양국의 군사교류, 라이선스에 의한 무기 및 항공장비 생산에 대한 합의를 했다. 나아가서 동년 11월에는 3척의 미 해군 함정이 1949년 이후 처음으로 중국항구 칭타오에 기항했으며, 남중국해에서 양국 해군의 항로훈련까지 있었다고 전해진다. 1987년 말에는 미국이 약 5억5천 달러 상당의 잠수함 공격용 어뢰, F-8 방어용 전투기 개선을 위한 항공장비, 대형구경의 포탄제조 공장건설 등 군현대화에 필요한 첨단기술과 정밀무기의 판매를 허가했다.[22] 지난 1986년 중국 군 총참모장 楊得志가 미국을 방문했을 때 미국은 그에게 초현대 무기와 전술을

제트기가 현재 운항 중에 있으며, 중국의 만리장성회사(Greet Wall Co.)는 2개의 미국 우주항공회사와 중국제 로켓으로 미국의 위성을 발사하기 위한 협정을 맺었다. 나아가서 1987년 10월 중국은행(Bank of China)은 처음으로 미국 증권시장에 진출해서 2억 달러의 자금을 조달하는 등 마찰 가운데서도 경제협력이 꾸준히 이루어졌다.

22 *The Economist*, Ibid.

보여주고, 중국 군현대화에 미국이 보다 깊이 개입할 것을 원했으며, 양국 합동 군사기동훈련의 가능성까지도 타진했다. 그러나 중국은 이 사실을 부인하면서, "중국이 합동기동훈련에 참여할 것이라고 주장하는 이들은 중국의 외교정책을 이해하지 못하기 때문이다. 중국은 비동맹 국가이다"라고 강조했다.[23] 이와 같이 미국은 소련에 대항해서 공개적인 중·미 군사협력을 원하고 있음에도 불구하고 중국은 가급적이면 자신의 군현대화에 필수적인 군사협력관계로 제한하는 한편 자신의 독자노선을 계속 유지하고자 하였다.[24]

넷째, 1980년 초 이후 양국 간의 문화관계도 독자·개방이라는 맥락에서 발전하였다. 중국은 자신의 젊은이들이 부정적인 미국의 생활양식으로부터 감염되는 것을 방지하기 위해서 여러 가지 조치를 취하고 있는 반면 미국지도자들은 중국이 점진적으로 서구화되고 서구의 가치체계에 대해서 더 많은 관용을 베풀 것을 요구하고 있다. 예를 들어, 1986년 미국에서 유학하고 돌아온 양웨이가 상하이에서 학생시위로 인한 2년 징역형을 받았을 때, 미 상원은 그의 유죄 판결에 앞서 조속한 석방을 촉구하는 결의안을 제출했다. 워싱턴이 이 사건에 개입할 아무런 법적 근거가 없지만, 이 사건은 중국 내 인권유린에 대한 미 의회의 우려를 더욱 심화시켰다. 여기에서 미 의회는 유학을 끝내고 귀국해서 기소를 당할 우려가 있는 중국학생의 망명신청을 긍정적으로 고려하도록 행정부에 요청했다. 이에 대해 중국은 미국이 교환학생을 통해 중국의 사회주의 체제전복을 도모하고 있다고 신랄히 비난했다.[25]

그러나 최근(1988.3) 중국 외교부장 吳學謙이 미국을 방문했을 때, 지난 10년 동안 정신오염을 우려한 나머지 거부해온 평화봉사단(Peace Corps)을 받아들이

23 *FEER*, 1986.5.22, p.32.

24 Ibid., 1986.8.28. 예를 들면 지난 1986년의 경우 9천8백만 달러에 해당하는 포탄 제조기술을 계약했지만, 실제로 중국은 천4백만 달러어치의 구매실적을 보였으며, 앞서 언급한 군사장비와 기술을 구매하는 데도 서두르지 않았다. 물론 중국은 이와 같은 값비싼 무기를 구매할 능력에도 문제가 있지만 더 근원적인 이유로 독자정책에 기인하고 있으며, 아울러 현재 진행되고 있는 중소 관계개선 분위기를 저해하지 않으려는 데서 찾을 수 있다.

25 Ibid., 1988.1.7, p.15.

는 데 동의함으로써 미국은 1987년 10월 중국제 실크웜 미사일의 이란유출과 티베트 사태로 동결된 미국의 대중국 기술이전을 재검토하는 데 합의했다.

지금까지 살펴본 대로 중·미 관계는 현안 문제를 둘러싸고 제한된 범위이지만 긴장과 마찰이 있었다. 그러나 중국이 추구하는 국가이익 즉 중국의 현대화와 대소 견제세력으로서 미국의 역할에 대한 기대로 인하여 양국관계가 꾸준히 발전되어왔음을 지적할 수 있다.

나. 중·소 관계

중·소 관계는 1982년 양국 관계 정상화를 위한 회담재개 이후 외교부장들의 정기회담, 유엔총회에서의 외교부장 접촉, 부수상급 및 외교부장의 교환방문이 뒤를 이었다. 양국은 지난 1989년 5월 15일부터 18일 사이에 정상회담을 개최함으로써 완전한 관계 정상화를 도모하기에 이르렀다. 그 동안 양국의 정치적 접촉은 부분적으로 정상화된 상태였으며, 상호접촉의 분위기 또한 비난보다는 우호적인 성격을 띄어왔다. 이번 중·소 정상회담으로 지난 1950년대 말부터 시작된 중·소 분쟁을 종식시키고 새로운 관계개선을 이룩할 것으로 전망되고 있다. 중·소 간의 경제 및 문화교류도 꾸준히 확대되어 왔다. 20년간 중단되어온 양국 간의 여행이 재개되어 1986년의 경우, 1만 명 이상의 소련 인이 중국을 방문했다. 지금은 이데올로기가 더 이상 분쟁의 중요한 요인으로 작용하고 있지 않으며, 오히려 이념적 동질성이 쌍방 간의 이해를 도모하는 견인차 역할을 하고 있다.

첫째, 중·소의 정치적 관계에서 가장 중요한 변수로 지적할 수 있는 것은 소련 권력구조의 변화이다. 1982년 11월 브르즈네프의 사망 이후 안드로포프 정부가 등장하면서 대중국 유화정책을 더욱 구체화하려는 조짐을 보였지만, 1984년 2월 그의 갑작스런 죽음으로 무산되었다. 그 뒤를 이은 당 이론가이며 보수적인 체르넨코는 그의 집권초기에 보여준 대중국강경노선과는 달리 1984년 말부터 중·소 관계개선을 위해서 보다 적극적인 자세를 보였다. 그러나 그 또한 전임자와 마찬가지로 오래 집권하지 못하고 13개월의 단명으로 끝났다. 1985년 3월에 현 고르바초프가 들어서면서 중・소 관계는 새로운 모습으로 탈바꿈하기 시작했다. 그는 소련의 당면과제로서 경제개혁을 강력히 주장하는 한편 소련이 그 동안 추구해온 팽창주의 전략은 손익(cost and benefit)면에서 부정적인 결과를 가져왔다고 결론짓고, 이에 대한 궤도수정을 검토하기 시작했다. 실제로 아프가니스탄 침공, 베트남의 캄푸치아 침공에 따른 지원, 소련의 쿠바지원 등은 소련경제에 엄청난 부담을 주었다. 나아가서 지난날 중국을 고립시키고 이 지역 내 정치적, 안보적 영향력을 증대시키기 위한 아시아 집단안보체제(Asian Collective Security System)를 21세기 태평양시대의 도래라는 동아시아의 변모하는 새로운 질서에 능동적인 대처방안이 되지 못하는 것으로 간주하는 한편 국내 개혁정책과 발맞추어 새로운 동아시아 정책을 구상하고 있음을 1986년 7월 블라디보스토크에서 행한 그의 연설에서 찾아볼 수 있다. 그 후 고르바초프는 유엔연설(1988.12.7)에서 일방적인 소련군 감축계획을 발표하는가 하면, 중국이 내세운 3가지 장애요인에 대해서도 적극적으로 해결할 기미를 보임으로써 중・소 양국관계는 급속한 진전을 가져왔다.

한편 중국 공산당 12기 전국대표대회(1982)에서는 1977년의 당 11기 전국대표대회에서 강조되었던 소련 팽창주의에 대한 비난을 되풀이하지 않았으며, 1984년 趙紫陽이 미국을 방문했을 때도 지난 1979년 鄧小平의 방미와는 달리 소련을 비난하는 일이 거의 없었다. 같은 맥락에서 1982년과 1984년 사이에 중국 언론의 대소 보도성향을 분석하면 대체로 '조용하며, 솔직하고, 유익하며, 일상 업무처럼(calm, frank, useful and businesslike)' 양국의 접촉을 가치중립적인 용어로 표현했으며, 1984년 말부터 양국 간의 접촉이 잦아지면서 중국 언론의 소련에 대한 기사는 긍정적이며 우호적인 용어로 발전하였다.[26] 그러나 1986년

26 *FBIS-CHI*, 1985.7.17, C1; 1985.3.5, C1; 1985.3.22, C1; 1985.10.21, C1; 1985.3.18, C1; 1985.9.27, A1. 예를 들면 1984년 12월 소련 제1부수상 아르히포프의 방중과 그 답례로 1985년 7월 중국 부수상 姚依林의 방소에 대한 기사들은 우호적 또는 상호호혜적인 것으로, 1985년 3월 고르바초프와 중국 부수상 李鵬과의 회담 또한 우호적이며 긍정적으로, 1985년

초까지도 양국 관계개선을 위한 전제조건으로서 중국이 제시한 3가지 장애요인에 관해 원칙에서는 거의 변화가 없었다. 따라서 중국 언론은 중·소 관계 정상화에 있어서 3대 장애요인을 거듭 지적하면서, 이와 관련된 소련의 불성실한 태도를 비난했으며, 1986년 1월 초 외교부부장 錢其琛은 "소련이 이 장애요인을 간과하거나, 이 장애요인들이 시간이 지나면 소멸될 것으로 생각하는 것은 잘못된 것이다. 이와 같은 소련의 계산은 비현실적이며 현명하지 못한 것"이라고 주장하고, 2주 뒤 외교부 부장 吳學謙 또한 소련이 이 장애요인을 제거하지 않는 데 대해서 비난했으며,[27] 1월 말 胡耀邦도 양국 외교부 부장의 교환방문은 소련이 이 장애요인을 제거하기 위해 실질적인 노력을 기울이는 데 달려있다고 주장하였다.[28] 그 뒤 소련이 이 문제와 관련해서 적극적인 해결입장을 보임으로써 중국의 태도 는 큰 변화를 보이고 있다.

먼저, 3대 장애요인 가운데 중·소 국경 긴장완화 문제는 중국이 소련에 대해 더 이상 불평등조약 문제를 제기하지 않음으로써 그다지 중요한 문제가 되지 않았다. 먼저 1987년 4월 3일 외교부부장 錢其琛은 베이징주보 회견에서 소련이 제정러시아 때 불평등조약을 통해서 중국 영토의 일부를 강점했다는 역사적 사실을 인정하면서도, 중·소 간의 국경 문제를 '기존조약의 바탕' 위에서 해결할 의사를 보였다. 그러므로 현재 문제가 되는 것은 동부 국경선 우수리강과 아무르강에 있는 몇 개의 섬과 신장, 위구르와 우즈베키스탄 사이에 가로놓인 천산산맥의 정확한 국경선을 결정하는 일이다. 그 가운데서 실질적인 견해차는 하바로프스크 중심을 지나는 2 강의 합류점에 위치한 헤이하이츄타오(Hei Haai Tzu Tao)의 영유권 문제이다. 그러나 고르바초프는 1986년 7월 블라디보스토크의 연설에서 그 섬의 소유권을 결정하는 방법으로서 탈베그(Talweg)원칙, 즉 강의 지류 아닌 본류의 중간지점에 동의함으로써 사실상 중국에 이 섬을

9월의 양국 외교부 부장회담에서도 '솔직하면서도 우호적'일 것으로 표현됐다. 이와 같은 표현상 변화는 실질적인 양국 관계개선을 상징하고 있다.

27 Ibid., 1986.1.3, C1; 1986.1.16, C1.

28 Ibid., 1986.1.29, D1.

돌려주겠다고 약속했으며, 그 후 양국은 국경회담을 재개하고 합동 국경확정팀을 만들어 2년간 작업하는 데 동의함으로써 1987년 2월에 다시 외교부부장급의 국경회담(이 국경회담은 1969년에 시작되었으나 1978년 6월에 중단되었음)을 재개하였다.

나아가서 1970년대부터 1980년대 초기까지 소련은 지상군과 공군의 1/4과 해군의 1/3을 중・소 국경선과 동아시아에 증강 배치함으로써 중국을 위협하였으며, 이에 대응해서 중국은 군사력의 거의 절반을 중・소 국경선에 배치하는 한편, 자신의 군현대화를 서두르고 나아가서 대소방어전략으로서 미・일과 연계체제를 적극적으로 추진하였다. 그러나 1984년 말부터 중국 언론은 극동지상군이 여전히 도발적인 것이라고 비난하면서도, SS-20 핵미사일, 핵적재 백파이어 전폭기, 베트남의 캄란만에 배치된 공군 및 해군력이 중국을 위협하기보다는 미국과 일본을 겨냥하고 있는 것으로 간주함으로써 소련의 군사적 위협을 다른 시각에서 평가하기 시작했다. 실제로 1986년부터 소련은 자신의 극동군을 태평양쪽으로 이동배치하고, 그 곳에 새로운 병참기지를 건설함으로써 이와 같은 전략수정을 강력히 뒷받침하고 있다. 나아가서 일부 보도에 위하면 소련군의 약 8～9만이 중・소 국경선으로부터 비밀리에 철수한 것으로 전해지며, 동시에 중국 또한 전체병력 가운데 100만을 감축시켰다.[29] 이와 같은 결과는 1945년 이후 최대의 군축으로서, 1980년대 후반부터 병력감축에 대한 중・소 간의 비밀협상이 있었던 것으로 풀이된다. 같은 맥락에서 베이징은 1985년 5월, 소련과 우호적인 지난날의 관계를 중국 국민에게 상기시키기 위해서 소련 전몰장병 40주년 기념식을 가졌으며, 항일전쟁 당시 소련군의 희생에 대한 애도의 논평을 싣고, 심지어 인민해방군 오페라단은 소련 오페라 '새벽이 여기 있다(Dawn is Here)'를 공연하기도 했다.[30] 나아가서 1986년 7월에 일어난 국경 총격사건은 7년 만에 처음 있었던 것이라 하여 양국이 그다지 크게 취급하지 않았다. 1987

29 Gerald Segal, "Sino-Soviet Detente: How Far, How Fast:", in *The World Today*, 1987.5, p.88.
30 *FEER*, 1986.3.20, p.66.

년 이후 양국 국경의 긴장은 국경초소의 개방과 국경철도의 개통으로 더욱 감소되었다. 한편 소련은 같은 해 1월에는 몽고에 주둔하고 있는 8개 사단(약 7만5천 명의 병력) 가운데 1개 사단을 철수하고, 고르바초프는 유엔연설(1988.12.7)에서 2년 이내에 몽고로부터 대부분의 병력을 철수할 것임을 암시하는 한편 동아시아에 배치된 100개의 중거리미사일 SS-20의 폐기를 선언하고 있다.[31]

다음으로, 고르바초프는 블라디보스토크 연설 이후 소련군의 아프가니스탄 철수 문제에 관해서 상당한 적극성을 보였다. 먼저 그는 소련군을 단계적으로 철수할 것을 약속하고, 그 일환으로 전체 주둔병력 가운데 1/12에 해단하는 6개 연대병력을 철수시켰다.[32] 나아가서 1988년 초에 맺은 제네바합의에 따라 1989년 2월 15일까시 소련군의 진면철수를 단행했다.

마지막으로 고르바초프의 블라디보스토크연설 속에서는 앞서 두 가지 장애요인이 언급되었지만, 베트남의 캄푸치아주둔군 철수 문제에 대해서는 아무런 언급이 없었다. 이 연설이 있기 3개월 전에 있었던 1986년 4월 제27차 소련공산당대회에서 고르바초프는 제3국(여기에서 베트남)을 희생시키지 않는 범위 안에서 중·소 관계개선을 암시함으로써 소련이 캄푸치아 문제로 베트남에 대해 영향력을 행사하는 것을 주저하고 있음을 암시했다. 이에 대해 鄧小平은 양국의 긴장완화와 관계개선을 위한 고르바초프의 제안을 거부하지 않으면서도 중국의 최대관심사인 캄푸치아 문제가 제외된 데 대해서 예민한 반응을 보였다.[33]

---

31 *FBIS-CHI*, 1987.11.9, pp.6~8. 1987년 1월에 소련과 몽고는 소련군 1개 사단(병력 13,000명과 250대 탱크)를 철수하는 데 합의했다고 발표했다.

32 *The Economist*, 1986.8.2, p.28.

33 *Beijing Review*, 1986.9.22, p.5. "캄푸치아에 대한 베트남의 침공이 중소 관계에 중요장애가 된다. …… 이 문제가 해결된다면 나는 고르바초프를 만날 용의가 있다. …… 솔직히 말해서 이미 내 나이 82살이 넘었으며 …… 더 이상 미국여행을 하지 않으려고 한다. 그러나 중·소 관계개선에 가로놓인 장애를 제거한다면 나는 이 결정을 번복하고 고르바초프를 만나기 위해서 소련으로 갈 것이다. 내가 믿기에는 이와 같은 회담은 양국 관계개선과 국가관계의 정상화에 중요한 의미를 지닐 것이다." 그 후 87년 11월 일본대표단을 만난 자리에서도 鄧小平은 중·소 정상회담을 개최하는 조건으로 2년 이내 캄푸치아로부터 베트남군의 철수를 주장하면서, 소련이 이 문제를 해결하기 위해서 베트남에 적절한 영향력을 행사하지 않고 있다고 항의하면서, 양국 관계정상화에 있어서 이 문제의 중요성을 거듭 밝혔다. 또한 소련은

이와 관련해서 소련은 정치적으로 해결할 의사를 표명하고, 베트남에게 캄푸치아 문제를 캄푸치아 지도층이 스스로 해결하도록 압력을 가했으며, 그 결과 시아누크공과 현 캄푸치아 수상 훈 센(Hun San) 사이에 87년 12월 프랑스에서 회담이 개최되었다. 동시에 베트남은 캄푸치아 문제에 대한 정치적 해결을 수용하고 1990년까지 자신의 병력을 단계적으로 철수시키는 일정을 당겨 1988년 6월 이전에 베트남의 캄푸치아 주둔병력 120,000명 가운데 50,000명을 철수시킨 것으로 보도되고 있다.

나아가서 중국 외교부부장 錢其琛은 1988년 11월 말과 12월 초 소련을 방문하여 고르바초프와 수차례의 회담을 가졌고, 이 자리에서 고르바초프는 이 문제를 해결하는 데 더욱 적극성을 보였으며,[34] 실제로 그의 방소 기간 중에 베트남은 18,000명의 추가병력을 캄푸치아로부터 12월 5일과 21일 사이에 철수할 것을 발표했다. 나머지 캄푸치아주둔 베트남군의 철수는 1989년 2월 5일에 발표된 중·소 양국 외교부장의 공동성명서에 1989년 9월 말로 예정되어 있다. 그러나 가능한 빠른 시일 내 캄푸치아 사태를 정치적으로 해결한다는 방침에 양국이 동의하고 있으나, 철수 후의 캄푸치아 정부형태에 관해서 중국은 노로돔 시아누크가 이끄는 4개 파의 과도연립정부 구성을 희망하지만, 소련은 이들 외 훈 센 등이 이끄는 4개 파와 공동으로 과도정부를 구성하자고 제의함으로써 상호이견을 보였다.

요약해서 1982년 이후의 중·소 간의 정치관계는 1986년 7월 2일 중국외교부 외교부부장 錢其琛이 언급한 대로 비정치적 관계는 상당히 개선되었으나, 정치적 관계개선을 위한 3가지 전제조건과 여타 정치문제로 인해 난관에 처해 있다.[35] 그러나 고르바초프의 블라디보스토크연설(1986.7.28) 이후 당 대 당 관

86년 중반 제네바에서 열린 미·소 군축회담의 소련 측 수석대표인 빅토르 칼포프(Vitor Karpov)를 베이징에 보내, 군축협상 과정을 중국 지도자들에게 설명했으며, 87년 12월에 있었던 레이건, 고르바초프 정상회담 직후에도 소련 외교부 부부장 이골로가 채프를 중국으로 보내서 이 회담에 대해 설명함으로써 양국관계의 새로운 발전양상을 보였다.

34 *Los Angeles Times*, 1988.12.3.

35 Ibid., 1986.7.2.

계 정상화수준에는 이르지 못했지만 3대장애에 대해 적극적인 해결모색과 양국 지도자들의 빈번한 교환방문으로 국가와 국가의 관계는 급속히 개선되었다.[36]

이상에서 본 대로 중・소의 정치적 관계는 1980년대 들어서면서 양국이 지난날 적대관계를 벗어나 개혁에 필요한 외적 안정을 추구함으로써 상호간의 접근이 이루어졌다고 볼 수 있다. 브르즈네프의 집권 말기까지만 해도 소련은 미・일・중의 연계체제가 소련의 안보와 동아시아에 대한 자신의 이익을 저해할 것으로 우려했으나, 고르바초프가 개혁정치를 추진하면서 소련은 단순한 안보차원을 떠나 중국과의 관계개선이 자신의 개혁정치와 급속히 변모하는 동아시아의 경제적 발전에 능동적으로 대처할 수 있을 것으로 보았다. 마찬가지로 중국 또한 毛澤東 시절의 안보적 차원이 아닌 경제발전과 대외안정이라는 맥락에서 소련과 관계개선을 추구하여 왔으며, 여기에서 지나친 미・일・중의 연계체제는 소련에게 1960년대와 1970년대의 적대관계로 다시 돌아갈 수 있는 불필요한 자극을 줄 것이며, 자신의 개혁에 필요한 외적 안정을 심각하게 해칠 것으로 우려하였다. 이와 같은 양국의 전략은 그 동안 누적된 적대감정을 해소하고 단순히 관계를 개선하는 이상으로 최근에는 서로가 경제적으로, 이념적으로 필요한 이해당사자라는 차원에서 양국관계를 발전시키는데 기여했다.

둘째, 1982년 이후 중・소 간의 경제관계는 급속히 발전하였으며, 앞으로도 양국의 경제개혁에 따른 상호 보완관계로 인해 이 관계가 더욱 심화될 것으로 보인다. 현재 중국의 대외무역 가운데 소련이 차지하는 비율은 1986년 기준으

36 *FBIS-CHI*, 1985.3.18, C1-2. 1985년 7월에 중국 부수상 姚依林이 아르히포프의 중국방문(1984.2)에 대한 답례로 소련을 방문했으며, 85년 3월 중순에는 중국 全人大의 대표단이 모스크바를 방문하고, 1986년 10월 소련 최고소비에트의장 톨쿠노프(Tolkunov)가 이끄는 소련대표단이 중국을 방문함으로써 20년 만에 처음으로 양국 간의 의회관계가 회복되었음을 시사했다. 1986년 9월 소련 제1부수상이며, 정치국 후보위원인 니콜라이 타리진(Nikolai Talyzin)이 중국을 방문함으로써 1969년 이후 중국을 방문한 소련지도자 가운데 최고위층 방문객이 되었다. 한편 1986년 9월 26일과 27일 유엔총회 기간 중에 있었던 중・소 외교부부장 간의 비밀 회담에서 양국은 관계개선을 위한 정치회담과 국경회담의 재개, 외교부부장의 상호교환 방문에 합의를 봄으로써 1987년 2월과 8월에 9년 만에 처음으로 양국 국경회담이 각각 열렸다. 나아가서 양국 간의 영사업무에 대한 조약이 1987년부터 효력을 발생함에 따라 소련은 상하이에 총영사관을, 중국은 레닌그라드에 총영사관을 각각 개설하였다.

로 약 3.2%이다. 이는 일본의 28%, 유럽공동체의 11.7%, 미국의 10.8%에 비해 그다지 큰 비중을 차지하지 않으나, 미국 다음으로 큰 교역상대국이다. FBIS에 의하면 중・소 교역량은 3억3천 달러(1982년 기준)에서 83년에는 2배 이상으로 증가되었고, 84년에 다시 60%(약 12억 달러), 1985년에는 64%(약 18억 달러), 1986년에는 40%(26억 달러)의 증가추세를 보였다.[37] 현재 중・소 관계 정상화가 이루어지고 양국이 경제적으로 상호 보완관계에 있다는 점을 고려한다면 앞으로 이 관계는 더욱 증대될 것으로 보인다. 즉 중국은 자신의 현대화에 있어서 서구보다 질은 떨어지나 값싼 중간수준의 소련기술과 생산방법을 필요로 하고 있는 반면, 소련은 중국의 농산품, 섬유계통, 광물질과 시베리아 개발에 필요한 노동력을 중국으로부터 제공받을 수 있으며, 소련・동구・서구를 연결하는 육로수송로를 중국에 제공할 수 있다. 더욱이 이와 같은 상호간의 필요를 거래함으로써 외화를 절약할 수 있는 장점이 있다.

셋째, 1950년대 말부터 시작된 중・소 간의 이념마찰은 1970년대 말까지 20여년 계속되었다. 그러나 1979년 이후 베이징은 '소련수정주의(Soviet revisionism)'라는 용어에 대해서 계속 침묵을 지키는가 하면, 문화혁명 당시 소련지도자들을 '사회주의 파시스트(Social Fascists)'라고 비난한 상투어조차 1985년 이후에는 사용하지 않았다.[38] 이와 같이 鄧小平의 등장과 더불어 중・소 간의 이념마찰은 급속히 감소되었으며, 1980년대 들어서면서 오히려 양국의 이념적 동질성은 중・소 관계개선에 중요한 요인으로 작용하고 있다. 특히 소련의 고르바초프가 집권하면서부터 중・소양국은 사회주의국가로서 지난날의 경험과 개혁노력에 대해 서로 공감을 표시하고 있다. 한편 중국은 서구와 경제관계를 강화하면서 파생되는 여러 가지 이념과 체제상의 부작용을 경험했으며, 이에 대해 1983년 말과 1984년 초에 '정신오염(spiritual pollution)'에 대한 방대한 캠페인과 86년 12월 학생시위와 관련해서 '부르주아 자유화반대(anti-bourgeois

---

37 Jonathan D. Pollack, "China's Changing Perception of East Asian Security and Development" *Orbis*, Winter 1986, pp.771~794.

38 Ibid., 1986.4.10, p.36.

liberation)' 캠페인을 전개했다. 이와 같은 캠페인은 소련을 포함한 여타 공산권 국가와 이념적 동질성을 고무하는 데 크게 이바지했음에 틀림없다. 양국의 이념 전문가들은 중 · 소를 개혁과 현대화를 모색하는 같은 사회주의국가로 서술하고, 자본주의국가가 비록 과학과 기술, 경제적 업적에 있어서 앞서고 있지만, 자본주의국가들은 부패하고 타락했으며, 궁극적으로 사회주의국가로 대체될 것이라는 견해를 같이하고 있다.[39] 한편 이들은 사회주의국가라고 해도 그 체제를 발전시키기 위해서는 자본주의국가로부터 필요한 것을 배우고 수용해야 하며, 같은 사회주의 체제 내에서도 어느 특정 국가의 경제모델이나 사회체제가 우월하다는 생각을 포기하는 데 서로 동의하고 있다. 결론적으로 1978년부터 중 · 소 관계의 전반적인 기류는 제한된 긴장완화에서 실질적인 관계개선으로 진행되었다. 특히 1982년 이후 중국은 소련과 긴장을 완화하기 위해서 개방과 독자노선을 적극적으로 추진하였으나, 거듭된 소련의 권력 진공상태로 그 효과를 거두지 못했다. 그러나 고르바초프의 대중국정책의 실질적인 변화와 함께 양국은 개혁의 공통된 인식을 바탕으로 상호의존의 필연성을 재확인하고, 정치지도자들의 교류를 포함해서, 국경 및 관계 정상화를 위한 회담과 무역 및 기술 등의 경제협력과 과학 및 문화교류가 급속히 진전되었다. 더욱이 중 · 소 관계 개선을 지금까지 저해하여 왔던 3가지 전제조건으로 인해 당 대 당의 관계는 표면적으로 변화가 거의 없었지만, 1988년과 1989년에 걸쳐 이 3대 장애요인이 제거되면서 1989년 5월에 완전한 관계 정상화의 상징으로 양국의 정상회담이 이루어지게 되었다.

39 Gilbert Rozman, "China Soviet Watchers in the 1980s: A New Era in Scholarship" *World Politics*, July, 1985, pp.463~464.

4. 결론

지금까지 중·미, 중·소 관계를 분석하였다. 여기에서 중국의 초강대국정책에서 나타난 개방·독자노선의 성격을 요약하고자 한다.

중국은 국제안정을 저해하는 요인을 초강대국들의 패권경쟁으로 보고, 이들의 개입으로 야기된 모든 국제분쟁으로부터 이들의 불개입을 촉구한다. 한편 베이징은 1970년대 중반부터 시작된 소련 팽창주의가 제2의 미·소 냉전 상태를 유발하였으며, 이와 같은 상태가 계속된다면 전쟁의 위험이 더욱 가중될 것으로 판단하고 초강대국 사이에 긴장완화를 적극 희망하고 있다. 그러므로 중국 지도자들은 양 초강대국의 긴장완화를 위해서 먼저 우주공간을 군사화하는 프로그램을 중단하는 미·소 간의 협정체결, 그리고 중국이 지난 1982년 6월 유엔총회 제2차 군축특별회의 때부터 제안한 양 초강대국의 핵무기 50% 감축을 주장하고 있다. 그러나 중국은 제3국의 안보를 위태롭게 하는 어떤 형태의 미·소 군축협상도 배격하는 한편 아시아에 배치된 핵무기를 논의대상에서 제외하고 유럽의 핵무기만을 감축하거나 폐기하려는 미·소의 노력을 비난하여 왔다.

나아가서 중국은 독자노선에 따라 미국과 동맹관계를 거절하는 동시에 미국의 대외정책을 선별적으로 비판함으로써 일정한 거리를 유지하고, 다른 한편으로 소련과 적대관계를 청산하고 관계 정상화를 추진함으로써 자신의 자주적인 이미지를 제3세계에 구축하고, 나아가서 양 초강대국의 영향력이 지배적인 국제무대에서 중국이 초강대국 외에도 제3세계의 이익을 대변할 수 있는 의미있는 당사자로서 그 행동의 폭을 넓히려는 의지를 보여주고 있다. 그러므로 중국은 3세계론에 따라 1970년대에는 양 초강대국 가운데 소련 사회주의 제국주의(socialist imperialism)를 주적이라고 비난하다가 지금은 미·소 패권주의를 잠재적인 국제 불안의 요인이라고 비난하고 있다. 그러나 이와 같은 중국의 태도는 실리를 앞세운 이미지 개선으로 설명할 수 있다. 즉 베이징은 주변지역인 중·소 국경지역과 인도차이나, 아프가니스탄에 있어서 소련 팽창주의를 비판하면서, 이 지역에 대한 미국의 정책을 지지하고, 그 외 중동, 중남미, 아프리카의 분쟁지역에 대해서는 반대로 미국의 정책을 비난하고 있다. 이것은 결국 중국이 자신의 이해관계와 안보에 직접적인 영향을 미치는 주변지역에 대해서는 실리적인 차원에서 안정을 추구하면서도, 기타 지역에 대해서는 1970년대의 '대미경사' 외교라는 이미지로부터 벗어나 자신의 독자적인 이미지를 심으려는 2중 성격을 드러내고 있다.

한편 지금까지의 중국의 초강대국정책을 일부학자들은 미 · 소 등거리외교정책 혹은 중국, 미국, 소련 3각 관계를 이용한 스윙전략(swing strategy)로 보는 이가 있다.[40] 그러나 중국의 정책은 양자 가운데 그 어느 것도 아니며 개방과 독자노선 테두리 내에서의 내비경사정책으로 보인다.

먼저 등거리외교정책이라고 주장하는 학자들은 구체적인 예로서 중국은 1982년 8월 17일 대만 무기판매와 관련된 중 · 미 공동성명을 발표한 날에 그 대표단이 중 · 소 관계 정상화를 재개하기 위한 회담을 위해 모스크바에 체류하고 있었으며, 그 다음해 초에도 이 회담이 슐츠 국무장관의 중국방문 직후 재개되었는가 하면, 슐츠와의 회담에서도 중국은 반소전략보다 '국제평화와 안정'만을 강조한 점을 들고 있다.[41] 실제로 미국의 일부 지도자들은 중국이 소련과의 관계를 개선하면서부터 중국에 대한 미국의 무기판매가 부진하고, 미국의 대외정책에 대한 중국의 비판이 점증되고 있는 점을 중시하고, 이와 같은 중국의 태도는 바로 미 · 소 등거리 외교정책에 기인하지 않는가하는 강한 의구심을 품어왔다. 이와 같은 맥락에서 1986년 5월 중국주재 미국대사 윈스톤 로드(Winston Lord)는 "우리가 중국을 우방국가라고 언급하고 있음에도 불구하고 중국은 국제분쟁의 진원지를 양 초강대국의 패권을 위한 치열한 경쟁에 기인한다고 주장한다면, 우리는 중국이 미국을 소련으로 혼돈하고 있다는 점에 대해서 유쾌하게 생각하지 않을 것이다. 이는 양국관계에 대한 미국 내의 지지

40 Michael Oksenberg, "China's Confident Nationalism" *Foreign Affairs*, Vol.65, No.3, 1987, pp.508~509.

41 *FBIS-CHI*, 1984.1.5, A1.

를 감소시킬 것"이라고 경고하고 있다.[42]

그러나 전반적으로 중국은 발전과 안정이라는 거시적 맥락에서 자신의 경제발전을 위해서는 미국으로부터 더 많은 첨단기술과 자본, 경영지식을 도입하고 무역을 신장하기 위한 환경을 개선하기 위해 중・미 간의 마찰을 통제할 수 있는 범위로 제한하고 있다. 물론 소련과는 적대관계에서 비적대관계로, 최근에는 상호협력이라는 수준으로 관계개선을 도모하고 있지만 소련에 비해 미국과 보다 광범위한 유대를 강화하려는 노력을 발견할 수 있다.[43]

중국의 개혁세력들은 비록 중국과 소련이 체제와 이념을 같이 하고, 더욱이 현재 고르바초프가 추진하고 있는 경제개혁의 동질성으로 미루어 중・소 관계가 강화될 가능성이 있지만 소련은 중국의 현대화에 긴요한 자본과 기술, 투자, 경영에 대한 지식을 제공하는 데 미국보다 상대적으로 열세인 초강대국으로 보고 있다. 그리고 중・소의 지리적 근접성과 역사적인 적대관계, 향후 공산세계에 대한 주도권 쟁탈 등으로 미루어 중국은 장기적 차원에서 소련과 대립할 가능성이 상존하고 있음을 인지하고 있다. 그러므로 중국은 등거리정책이 오히려 자신의 영향력을 축소시키는 결과를 가져올 것으로 보고 있다. 즉 지나치게 급속한 중・소 관계개선은 미국으로 하여금 중국의 미・소 등거리외교정책에 대한 우려를 증대시킬 가능성이 있으며, 이는 자신의 현대화 능력에 필요한 미국의 지원을 위태롭게 할 것으로 판단한다.

다음으로 중・미・소 삼각관계를 이용한 중국의 스윙전략을 주장하는 학자들은 중국이 자신의 국익을 극대화하기 위해서 중・미, 중・소 관계를 이용하고 있다고 지적하고 있다. 물론 베이징이 양 초강대국 가운데 어느 한 쪽에 영향력을 행사하기 위해서 다른 한쪽을 이용한 증거는 찾을 수 있다. 그러나 중국의 개혁세력들이 이와 같은 스윙전략을 지지하고 있는 것으로 간주하기는

42 *FEER*, 1986.8.28.
43 Oksenberg, op. cit., p.508. 한 예로 1985년 중・미 양국의 무역은 77억 달러인데 비해 소련과의 무역은 19억 달러에 그치고 있으며, 1985년 통계로 17,000명의 중국 유학생과 학자들이 미국에 있었으나 소련에는 겨우 200여 명의 수준이었다.

어렵다. 그들은 이 전략이 잘못되면 자신들이 통제할 수 있는 범위를 벗어날 수도 있다는 점을 잘 알고 있다. 그러므로 중국은 모스크바와 소련 블록에 대한 관계개선이 급속히 진전되고 있다는 인상을 불식시키고자 워싱턴을 상대로 외교적인 노력을 기울였다.

결론적으로 중국의 초강대국정책은 미·소의 제2냉전이 한창 진행되고 있었던 1980년대 초부터 중·소 관계개선의 조짐을 보였다. 한편 고르바초프가 등장하면서부터 구체화되어왔던 미·소 데탕트는 중국의 안보와 발전에 긍정적인 영향을 미칠 것으로 보고, 중·소 관계에서 오는 미국의 우려를 최소한으로 줄이면서 중·소 관계를 더욱 개선하는 방향으로 전개되었다. 중·미 관계는 양국이 상이한 이념과 체제, 이해관계와 세계전략으로 인해 그동안 불편한 때도 있었지만, 전반적으로 양국관계는 발전하였다. 이와 같은 전반적인 상태는 앞으로도 당분간 지속될 전망이다.

8

한 · 중 관계 정상화 이후 중국의 대북한정책*

1. 서론

2000년 10월 미국과 북한은 지난 50년간 양국의 적대관계를 청산하고 관계 정상화의 전기를 마련하고자 趙明祿 차수가 미국을, 올브라이트 국무장관은 북한을 방문하였다. 한편 미 국무장관의 방북과 같은 시기에 중국의 遲浩田 국방부장은 대규모 군사대표단을 이끌고 중국의 6 · 25 참전 50주년 기념식을 갖고자 북한을 방문하였다. 이 모든 상황은 향후 미 · 북 관계, 중 · 북 관계뿐 아니라 한반도를 둘러싼 주변 4강과의 관계에 지금까지 경험하지 못한 새로운 도전과 응전의 환경을 조성하고 있다.

여기에서 이 장은 한 · 중 관계 정상화 이후 중국의 대북한정책을 분석하고자 한다. 이를 위해 먼저 毛澤東 시대와는 달리 중국의 외교정책을 국가목표인

* 「한 · 중 관계정상화 이후 중국의 대북한정책」, 『대한정치학회보』 제8집 2호, 2000년 겨울, 247~274면.

현대화의 종속변수로 간주하는 현 중국 지도자들의 독특한 인식의 틀을 살펴보고, 다음으로 중국의 대북한정책을 결정하는 요인을 거시적인 요인과 미시적인 요인으로 나누어 분석하며, 아울러 북한의 주요 현안인 주한미군, 정전협정, 남・북한 정상회담, 핵과 미사일에 대한 중국의 입장을 설명하고, 끝으로 위의 분석을 바탕으로 한국의 대응방안을 모색하고자 한다.

한편 이 장에서 다루고자 하는 연구시기와 범위는 1992년의 한・중 수교 이후로 한다. 1990년의 한・소 수교 이후에 이루어진 한・중 관계 정상화는 상이한 이념과 체제를 바탕으로 한 지난날 북・중・소의 북방 삼각관계와 한・미・일의 남방 삼각관계의 틀을 근원적으로 변화시켰으며, 더욱이 1980년대 말부터 소련과 동구 공산권의 붕괴가 시작되면서 그 여파는 중국과 북한의 이념 및 체제의 위기로 다가왔다. 1990년대의 중국은 현대화의 성과와 지도자들의 단결로 이 위기를 극복할 수 있었지만, 북한의 경우 거듭되는 식량난, 에너지 부족, 사회간접자본의 붕괴에서 나타난 경제적 파탄, 김일성의 급작스런 죽음, 1992년 한국과 중국과의 국교수립에서 오는 상대적인 외교적 고립으로 체제의 위기까지 경험하게 되었다. 金正日 정부는 이와 같은 총체적인 위기로부터 벗어나기 위해서 지난날 우방국가인 중국과 러시아와의 관계를 복원하고, 핵과 미사일을 포함한 대량살상무기의 개발을 수단으로 삼아 미국과 일본과의 관계개선에 적극 나서는 한편 기존의 通美封南의 자세를 버리고 남・북한 관계 개선에도 적극적인 자세를 보이고 있다.

2. 인식의 틀과 대북한정책의 결정요인

중국 전문가들은 중국의 한반도정책을 설명하기 위해서 상황－반응(situation-response) 접근방법과 국익(national interest) 접근방법을 원용하고 있다. 전자의 경우 중국이 처하고 있는 국내외 상황 가운데 최고 지도자의 사망, 지도층 내부의 노선투쟁이나 권력투쟁의 존재 가능성, 현재 추진되고 있는 현대화 정책의 성공 여부, 사회적 혼란이나 정신오염의 정도, 한반도를 둘러싼 동북아 국제질서의 변화 등에 대한 반응으로서 중국의 한반도정책을 이해하고자 한다. 후자의 경우 중국의 국가이익 즉 정치와 사회적 안정, 현대화의 성공적인 추진, 동북아 지역의 평화로운 분위기 조성, 한반도에서 자국의 영향력 증대라는 차원에서 중국의 한반도정책을 설명하고 있다. 그러나 이와 같은 당위적인 접근방법이 지니는 단점은 중국의 한반도정책을 결정하는 데 어느 변수가 상대적으로 중요한 역할을 하고 있는지를 설명하는 데 한계를 드러내고 있다. 상황에 대한 해석과 국익에 대한 정의는 기계론적으로 이루어지는 것이 아니라 중국의 오랜 역사 속에서 형성된 정치문화, 현재 중국의 지배적인 이데올로기, 지도자 개개인의 상이한 가치관에 따라 인식되어지고 정의 내려지고 있는 것이다. 그러므로 한・중 수교 이후 중국의 대북한정책을 과학적으로 분석하기 위해서는 먼저 중국 지도부의 인식에 중추적인 역할을 하고 있는 이념적 체계를 검토할 필요가 있다.

가. 實事求是・이념・외교정책

과거 毛澤東 시대 중국 지도자들의 인식에 응집된 틀을 제공하는 데 중요한 역할을 한 이념적 요소들은 모순론・제국주의・계급투쟁이었다.[1] 그러나 오늘날 중국은 鄧小平 정치사상의 중심개념인 實事求是에 따라 모순론・제국주의・계급투쟁을 재해석하여 현대화라는 국가목적을 설정하고, 국제정세를 분석하는 한편 이에 따른 외교정책의 목적과 수단을 모색하고 있다.

鄧小平은 實事求是를 "사실로부터 진리를 규명하고, 현실 위에서 문제 해결의 실마리를 찾으며, 이론과 실제를 결합하고, 사실이 진리를 검증하는 유일한 기준"이라고 정의를 내리고, 이에 따라 기존 이데올로기를 재해석하고, 사상

1 Donald M. Lowe, *The Function of "China" in Marx, Lenin and Mao* (Berkeley : Univ. of Calif. Press, 1966); Stuart Schram, The Political Thought of Mao Tse-tung (N.Y.: Praeger, 1969) 참조.

해방을 유도함으로써 새로운 국내외 정책을 수립할 수 있는 이념적 환경을 조성하였다. 여기에서 實事求是에 따른 상기 이념적 요소의 재해석은 기존 마르크시즘·레닌이즘·毛澤東 사상의 폐기나 단절이 아니라 연속적 차원에서 대외정책의 새로운 대안을 모색하고 있음을 의미한다. 따라서 鄧小平의 實事求是 개념과 기존 이념적 요소 간의 상호작용을 검토함으로써 오늘날 중국의 대외정책을 지배하는 인식의 틀을 이해할 수 있다.[2]

鄧小平은 毛澤東의 모순론을 적용하는 과정에서 實事求是에 따라 기존 모순론을 새롭게 해석함으로써 인식의 틀에 변화를 시도했다. 여기에서 1) 과거 毛澤東 시대에는 국제정치의 모순이 하나의 독립변수로 작용하였지만, 鄧小平 시대에는 국내외 모순 가운데 가장 중요한 모순을 증대하는 인민의 물질적 요구와 이를 따라가지 못하는 낙후된 생산력이라고 설명함으로써 국제정치의 마찰, 갈등, 대립을 부차적인 모순으로 해석하였다. 2) 오늘날 중국의 지도자들은 현 국제정세를 냉전체제를 지배해 온 모순들이 완전히 해소되지 않은 상태에서 새로운 모순이 발생하여 국제사회를 긴장시키고 있는 것으로 인식하고 있다.[3] 3) 毛澤東 시대에는 이념적으로 경직된 모순이라는 단어를 사용하였으나, 오늘날 중국은 국제정치에서 일반적으로 통용되는 개념인 갈등, 대립, 마찰이라는 용어를 사용하고 있으며, 이는 모순의 개념을 국제관계에서 일반적으로 볼 수 있는 갈등이라는 차원에서 모순의 의미를 축소시켜 이해하고 있음을 보여준다.

중국은 냉전체제가 붕괴된 오늘날에도 국제정세가 마찰과 갈등과 대립으로 특징지어지는 이면에는 'fishing in the troubled water'라는 분쟁지역에서 자국의 영향력을 확대하고자 하는 유일한 초강대국가인 미국과 지역 패권을 노리는 국가들이 있기 때문이라고 주장한다. 중국은 이들을 大패권주의와 小패권주의

---

2 Samuel S. Kim, *The Maoist Image of World Order* (Center of International Studies, Princeton Univ, Press, 1977) 참조.

3 *Beijing Review*, 1990.11.12~18, pp.9~13; 1991.1.14~20, pp.24~27; 1994.1.3~9, pp.18~20.

라고 지칭하고 이들의 패권주의를 저지하기 위한 국가들의 단결을 호소하고, 이를 달성하기 위해서 중국은 지난날 국제정치의 모순을 해결하는 연합전선전략 대신 평화공존 5개 원칙을 중심으로 이해 당사자 간의 평화적 해결과 외세 개입이 불가피할 경우에는 유엔 또는 다자간 협의를 선호한다.[4] 특히 중국은 상호 주권존중과 내정불간섭을 내세워 제3세계의 분쟁에 대해서도 불개입을 원칙으로 삼되, 자신의 이해관계에 직접 영향을 미치는 주변 지역과 大義名分에 있어서 국제적인 합의가 이루어진 분쟁에 대해서는 예외로 하고 있다.

毛澤東 시대의 중국 지도자들은 레닌의 제국주의론과 마르크스의 계급투쟁을 연관 지어서 국제적 규모의 계급투쟁을 설명하고 있다.[5] 그러므로 毛澤東은 제국주의에 대항하기 위한 국제 프롤레타리아 계급의 단결에 초점을 맞추고, 으뜸가는 모순(principal contradiction)의 진원지에 대한 해당국가의 정책을 연합전선 구성원들의 계급성향을 분석하는 기준으로 삼았다. 그러나 鄧小平 시대에 오면서 이 계급기준은 해당국가의 패권주의에 대한 태도와 국제평화에 대한 기여도로 변화되었다.

나. 거시적 요인

鄧小平 시대에 와서 앞서 언급한 實事求是, 마찰과 갈등, 大・小 패권주의, 국제평화의 기여도라는 새로운 계급 기준들이 상호 작용하여 중국의 대외정책을 결정하는 데 영향을 미치는 거시적인 요인을 만들어 내고 있다. 중국은 21세기 중반까지 선진 사회주의국가를 건설하기 위한 현대화를 당면한 국가목적으

4 Robert G. Sutter, *Chinese Foreign Policy: Development after Mao* (N.Y.: Praeger, 1986), pp. 134~149; *Beijing Review*, 1992.5.11~17, pp.8~12; 1993.5.2~8, p.9; 1993.10.11~17, pp. 8~11. 1954년 4월 중국의 周恩來 수상이 인도와 통상・외교협정을 체결하면서 이 5개항의 원칙 즉 주권의 상호존중, 상호불가침, 내정불간섭, 평등호혜, 평화공존을 그 전문에 삽입함으로써 처음으로 등장하였으며, 그 후 중국의 주요 외교원칙으로 자리 잡게 되었다.

5 *Chairman Mao's Theory of the Differentiation of the Three Worlds in the Major Contribution to Marxism-Leninism* (Beijing: Foreign Language Press, 1977), p.18

로 삼고, 이 목적을 달성하기 위해서 4개 원칙의 범위 안에서 개혁과 개방정책을 지속적으로 추진하고 있다. 나아가서 이 개혁과 개방정책이 성공적으로 추진되기 위해서는 장기간에 걸쳐 주변의 평화로운 국제질서가 필요하다. 그러나 大패권주의와 小패권주의가 국제질서를 위협하고 있는 것으로 인식하고 있다. 따라서 국제사회에서 패권주의의 등장을 저지하고 안정과 질서를 유지하기 위해서 중국의 대외정책은 반패권・개방・자주노선을 추구하고 있다.[6]

오늘날 중국의 국가목표인 4개 현대화 즉 농업, 공업, 국방, 과학기술의 현대화는 1973년 10차 당대회에서 周恩來의 보고서에 명시적으로 나타나 있었지만 4인방의 방해로 실현되지 못하였다. 그러나 毛澤東 사망 後 鄧小平이 정치일선에 등장하자 그는 현대화가 중국의 최우선 과제임을 분명히 하고, 경제발전을 2단계로 나누어 20세기 말까지 공업과 농업의 총생산량을 4배로 증대시켜 국민들의 생활수준을 향상시키고, 21세기 중반까지 중국을 선진 사회주의국가로 만든다는 국가목표를 1978년 제11기 3中全會에서 천명했다. 그 이후 중국은 지금까지 매년 9.7%라는 고도 경제성장률을 달성하여 왔다. 한편 이와 같은 목적을 달성하기 위한 수단으로서 중국은 4개항의 원칙 즉 사회주의 노선, 공산당 영도, 인민민주독재, 마르크시즘・레닌주의・毛澤東사상과 개혁・개방을 표방하고 있다. 4개항의 원칙과 개혁・개방은 외견상 모순을 일으키는 것으로 보이지만 4개 원칙의 테두리 안에서 개혁과 개방의 내용, 범위, 속도, 방법을 모색하려는 鄧小平의 의도로 보인다.

중국 공산당 12기 전국대표대회(1982.9)는 현대화를 위해서 시장경제 원칙을 도입하는 한편 대외개방과 자주노선을 채택하였다. 그 이후 이 개방과 자주노선은 큰 변화 없이 오늘에 이르고 있다. 먼저 중국은 개방노선을 통해서 경제발전에 필요한 기술, 자본, 경영지식을 도입하고 대외무역을 신장시키고자 한다. 그러나 개방정책으로 파생되는 부정적인 측면 즉 사회주의의 본질을 위협할 수 있는 서구 자유화운동이나 주권침해를 저지하고 국제무대에서 자신의 영향

6 Ibid., 1992.2.17~23, pp.8~10.

력을 증대하기 위해서 자주노선을 추구하고 있다.[7]

중국은 현대화를 성공적으로 추진하고 선진 사회주의국가가 되기 위해서는 오랜 시간에 걸쳐 국제사회의 마찰과 갈등을 최소한으로 줄이고 안정된 주변 분위기를 유지하는 것이 필요하다고 보고 있다. 그러나 중국은 지금의 국제정세를 소련과 동구공산권의 붕괴로 냉전구도가 종식되고, 대규모 무력분쟁 발발 가능성은 감소되었지만 1990년대에 들어오면서 민족과 인종 간의 갈등, 종교적 대립, 영토분쟁, 마약, 환경오염, 테러, 자본주의의 세계화로 인한 국가 간 빈부 격차, 무역마찰을 포함한 경제전쟁 등 새로운 갈등요인이 분출됨으로써 지역과 국가 간 분쟁 가능성은 오히려 증대되었다고 판단하고 있다.[8] 특히 동북아의 경우 중국은 냉전체제의 마지막 잔재인 한반도의 분단 상황, 일제의 침략으로 야기된 과거사 청산 문제, 중국과 대만 간의 양안 문제, 釣魚島 영유권 문제 등 과거의 갈등요인과 새로운 갈등요인이 복합적으로 작용하면서 지역안정과 중국의 안보를 위협하는 것으로 판단하고 있다.[9]

중국은 지난날 동북아 지역에서 세력균형을 유지하는 데 중요한 역할을 한 소련이 해체됨에 따라 미국을 중심축으로 하고 일본을 보조축으로 하는 패권질

---

7 Ibid., 1990.10.15~21, pp.10~11. 중국이 자주노선을 견지하고자 하는 배경에는 1) 50년대 초 중・소동맹이 보여준 불행했던 과거를 교훈삼아 자신을 특정 초강대국에 종속시키지 않음으로써 초강대국과의 마찰에서 문제를 스스로 해결할 수 있는 환경을 만들 수 있으며, 2) 동구 사회주의의 몰락과 소련의 해체 이후 중국과의 경제 협력을 빌미로 중국의 체제 변화를 유도하고자 하는 서방의 '和平演變' 전략을 자주노선을 통해서 저지할 수 있고, 3) 여타 국제분쟁이 발생할 경우 이 자주노선은 국제무대에서 중요한 역할을 담당하는 행위자로서의 중국, 특히 제3세계의 입장을 대변할 수 있는 정당한 협의대상자로서 중국의 존재를 인식시키고자 하는 의도가 있었기 때문이다.

8 *People's Daily*, 1993.12.24.

9 중국은 1992년 영해법을 제정하여 주변국과 영유권을 다투고 있는, 앞서 언급한 분쟁지역을 중국영토로 규정한 바 있다. 이와 같은 중국의 주장은 장기적인 경제발전을 위해서 해상수송로의 안정을 확보할 필요가 있으며, 동시에 중국 또한 원유 등 에너지원을 수입에 의존해야만 하는 상황이므로 에너지난을 해소하기 위해서도 원유 매장량이 풍부한 것으로 알려지고 있는 이 지역의 해저를 확보하는 것이 중요하다. 따라서 중국은 이 지역의 영유권 확보를 위해 해군력을 증강하는 등 과거 소극적인 연안방어 전략으로부터 원양방위를 목적으로 하는 적극적인 방어개념으로 안보전략을 수정하고 있는 것으로 보인다.

서가 등장하는 것을 우려하고 있으며, 이 과정에서 동북아의 평화와 안정이 깨질 뿐 아니라 자신의 국가이익에도 중대한 위협을 줄 것으로 인식하고 있다. 먼저, 미국의 안보강화, 경제번영과 해외 민주주의 확대를 3대 주요 전략목표로 제시하고 있는 미국의 「21세기 국가안보전략」 보고서를 중국은 주목하고 있다.[10] 중국의 관점에서 미국은 이와 같은 전략적 목표를 달성하기 위해서 '양안' 전략을 구사하고 있는 것으로 보고 있다. 즉 동쪽에서 나토전략에 대한 신 개념인 대서양전략을 실시하여 러시아의 전략공간을 억제하고 있으며, 서쪽에서 나토형식의 전략구상에 따라 일본과의 군사협력을 강화함으로써 중국의 전략공간을 억제하려는 것으로 중국은 인식하고 있다.[11] 이와 같은 맥락에서 중국은 미・일 양국이 유사시 주변사태에 대한 군사 활동의 범위를 확대하는 신 미・일 방위협조지침(1997)과 미・일 간의 전역미사일방어체제(TMD) 공동연구개발을 우려하고 있다.

나아가서 일본은 1990년대 들어서면서 패망 후 처음으로 자위대를 해외에 파견하고, 유엔안보리 상임이사국으로 진출하고자 적극적인 외교적 노력을 기울이며, 막대한 양의 플루토늄을 수입하고, 국방비 지출에서도 미국에 이어 세계 2위를 기록하는 등 막강한 경제력을 바탕으로 역내에서 정치, 외교, 군사적 역할증대를 모색하고 있다. 중국은 이와 같은 일본의 노력을 국제사회에서 보다 중요한 역할을 담당하는 행위자로서 인정받으려는 노력을 넘어 동북아에서 지역 패권주의자로서 역할을 수행하려는 것으로 판단하고 있다.

중국은 역내에서 이와 같은 미국과 일본의 정치・군사적 역할증대 움직임을 견제하기 위해 1) 지금까지 자신의 성공에서 오는 자신감과 경제력을 토대로 전방위 외교에 적극 나서는 한편 안보상으로도 연해안 전략에서 *近海岸* 전략으로 확대 수정하는 한편 군 현대화를 위한 막대한 국방비를 지출하고, 2) 미국의

10 Young Whan Kihl, "American Grand Strategy and East Asia's Security Problem," Prepared for Presentation at the International Seminar, Korean-American Studies Association, October 15~17, 1999, p.1.

11 Liu Jiangyong, "Three Major Factors in East Asian Security", *FBIS-CHI*, 1999.9.28.

주도하에 미·일 군사협력과 일본의 군사력을 강화하는 정책을 비판하며, 3) 기존의 북한에 대한 영향력을 유지 내지 확대하는 한편 한국과도 정치, 안보협력의 범위를 확대하고,[12] 4) 특히 역내 미·일 패권주의의 등장을 저지하고자 러시아를 전략적 동반자로 인식하여 1991년부터 러시아와 국경 조약을 체결함으로써 동부 국경선 문제를 해결하고, 양국 국경선에 배치된 병력을 감축하는 한편 경제, 군사협력을 통해서 전략적 동반자관계를 강화하여 왔다.[13]

이와 같이 중국은 미국의 패권정책과 일본의 지역 패권주의에 반대하면서도 다른 한편으로 미·일과의 갈등관계를 심화시키기보다는 대내경제현대화와 이를 위한 안정된 주변 환경을 조성하는 데 있어서 미국과 일본의 긍정적인 역할을 인정하고, 자신의 주권에 관련된 현안인 인권 문제, 대만문제, 영유권 문제 등을 제외한 나머지 문제들, 예를 들면 미·일 안보협력, 일본의 과거사 청산 문제, 한반도 문제 등에 있어서 미·일과 불필요한 마찰을 최소화하는 한편 역내안정과 대일 견제를 위해서 지역의 갈등을 해소하기 위한 외교적인 노력을 경주하고 있다.

12 Li Changjiu, "Boost All-round National Strength, Preserve World Peace", *FBIS-CHi*, 1999. 6.30.

13 『조선일보』, 1993.3.17; 『동아일보』, 1993.5.14. 중국은 외교관계를 정도에 따라 관계 정상화, 선린우호 및 호혜협력, 건설적 동반자, 전략적 동반자라는 상이한 개념을 사용한다. 중국과 러시아는 1996년 4월 양국의 정상회담에서 향후 양국의 관계를 전략적 동반자 관계로 발전시켜 나가기로 방향을 설정했다. 예를 들면 군사적으로 러시아 태평양함대 소속 군함 3척이 중국을 방문하였으며, 중국은 러시아로부터 93년에 수호이 27기 26대, 일루신 76 군수송기 6대, SA-10 방공미사일, 공중급유 기술 및 우라늄 농축 기술을 도입하였으며, 미그 29기와 미그 31기 그리고 키에프급 항공모함 2척을 도입하고자 러시아와 협상을 진행하고 있다. 아울러 러시아는 10억 7천만 달러 상당의 대중부채 중 5억 달러를 첨단무기로 상환하기로 중국과 합의하는 한편 중국은 러시아로부터 약 1,000명의 핵 과학자와 첨단무기 전문가를 유치하고 있는 것으로 전해지고 있다. 한편 중국은 미국에 대해서도 건설적, 전략적 동반자(1997.10. 江澤民 총서기 방미 시), 일본에 대해서는 미래 우호 지향적 협력관계(1998.2. 李鵬 총리 방일 시), 한국에 대해서는 건설적 동반자(1998.11. 金大中 대통령 방중 시)라는 개념을 사용하다가 최근에는 전면적 협력관계라는 격상된 개념을 사용하고 있음을 주목할 필요가 있다.

다. 미시적 요인

중국의 대북한정책을 결정하는 데 영향을 미치는 미시적인 요인으로 북한과 한국의 외교·안보적 위치, 정치·경제적 상황, 이념적 동질성, 남·북한 관계를 들 수 있다. 그러나 이와 같은 객관적인 변수들은 있는 그대로 중국의 대북한정책을 결정하는 데 영향을 미치기보다 앞서 살펴본 이념적인 요소로 구성된 인식의 틀을 통해서 새롭게 해석되어 대북한정책의 결정요인으로 작용하여 왔다. 특히 이 미시적 요인들은 현대화라는 국가목적과 이 목적을 달성하는 데 긴요한 주변의 평화로운 분위기 조성이라는 거시적 요인에 종속되어 있기 때문에 단순히 중·북 관계라는 쌍무 관계를 떠나 한반도와 주변 4강이라는 다자간 관계와 중국의 국가목표와 세계전략이라는 복합적인 차원에서 분석되어야 한다.

첫째, 북한이라는 변수 가운데는 전략적, 경제적 주요 거점인 중국의 東北三省과 접해 있다는 지정학적 요인, 이념적 동질성, 양국 지도부 간의 인간적 유대관계, 주변 4강에 대한 북한의 인식, 김일성·김정일 권력구조의 성격, 북한의 경제적 상황 등이 있다. 이들은 앞서 언급한 중국 지도부의 인식의 틀이라는 프리즘을 통해서 재해석되어 중국의 대북정책에 적용되어 왔으며, 그 결과는 지난 50년 동안 굴절된 중·북 관계에서 찾아볼 수 있다.

1950년대 중·북 관계는 중국이 한국전쟁에 개입하면서 본격적으로 시작되었다. 당시 중국은 1949년 10월에 중화인민공화국을 선포한 후 8개월 뒤에 벌어진 한국전에 참여할 수 있는 상황이 아니었다. 그럼에도 불구하고 중국은 김일성의 남침계획을 수립하는 과정에서부터 깊이 관여하였으며, 그 이면에는 북한을 미제국주의에 대항하는 진보적인 동맹세력(progressive)인 동시에 북한의 무력도발을 미제국주의와 그 반동세력(reactionary)을 타도하기 위한 민족해방 전쟁으로 인식하였던 것이다. 아울러 脣亡齒寒의 전략개념에 따라 중국과 국경을 접하고 있는 북한이 적대적인 세력에 넘어갔을 때 중국에 미칠 부정적인 결과를 저지하기 위해서 참전하였다. 그 이후부터 북한 지도부와 生死苦樂을 같이한 중국의 혁명 제1세대 지도부는 북한에 대해서 남다른 관심을 가지고 있었다.

그러나 1950년대 후반부터 중·소 분쟁의 와중에서 북한은 중·소 등거리외교정책을 추진하였으며, 중국은 이와 같은 북한을 중도 계급(the middle of the road)으로 인식하고, 북한을 반미제국주의와 반소수정주의자의 연합전선에 보다 긍정적인 역할을 하는 진보적인 세력으로 만들고자 노력을 기울였다. 그럼에도 불구하고 대북 경제와 안보지원에서 소련과 경쟁할 수 없었던 중국의 사정으로 인해 1960년대의 중·북 관계는 심각한 후퇴를 경험하게 되었다.

더욱이 1969년 중·소 간의 국경전쟁이 터지면서 중국의 主敵(the principal enemy)은 미국에서 소련으로 바뀌었고, 중국은 북한을 반소 연합전선에 끌어들이고자 노력하였으나 북한은 중·소 등거리외교정책을 고수함으로써 여전히 중국의 대북정책에 한계를 드러냈다. 이와 같은 양국의 불편한 관계로 인해 1975년 사이공함락 직후 김일성이 북경을 비밀리에 방문하여 무력에 의한 한반도 통일에 대한 중국의 지원가능성을 타진하였으나 중국은 한반도의 평화적 통일에 대한 자국의 기존방침을 재확인하고 무력지원에 대한 거부의사를 표명함으로써 북한의 중·소 등거리정책에 대한 불만을 나타냈다.

한편 鄧小平이 정치전면에 부상한 1978년 이후부터 중국은 實事求是의 개념에 따라 현대화의 달성에 긴요한 주변의 안정을 이룩하기 위해서 1978년 한해에 華國鋒과 鄧小平이 북한을 5월과 9월에 각각 방문하는 등 북한과의 관계개선을 적극 모색하기에 이르렀다. 그러나 여기에서도 중국은 북한의 무력적화통일 가능성을 약화시킴으로써 한반도의 안정 기조를 유지하려는 자국의 입장을 분명히 하였다.

한편 1980년대 말부터 시작된 동구 공산권의 붕괴와 소연방의 해체는 동북아 국제질서에 많은 파장을 가져왔다. 중국은 냉전체제의 붕괴가 평화로운 국제질서를 조성하려는 자국의 노력에 미치는 긍정적인 측면을 인정하면서도, 자신의 이념과 체제에 대한 심각한 위협을 느끼고 있었던 것도 사실이다. 중국은 미국을 비롯한 서방진영이 동북아에 남아있는 공산국가인 중국과 북한을 붕괴시키려는 '和平演變' 전략을 구사하고 있는 것으로 의심하고, 중·북간 이념과 체제의 동질성을 유지하기 위해서 유대강화에 나섰다.

그러나 1990년대에 들어 중국의 대외정책을 결정하는 국내정치적 환경이 크게 변화되면서 중·북 관계는 또 한 번 시련을 경험하게 되었다. 즉 1992년 당 14기 전국대표대회와 1993년 全人大 8기 전체회의에서 혁명 1세대가 퇴진하고 경제적 실리를 중시하는 기술관료 출신이 등장함으로써 이념적 동질성이나 인간적 유대관계보다는 국가적 이해관계가 대외정책을 결정하는 데 더욱 중요한 요소가 되었다. 이와 같은 맥락에서 1992년 8월 한·중 수교가 성사되었으며, 이로 인해 중·북 간의 동맹관계는 심각한 균열양상을 보여 주었다. 북한은 중국의 한국과의 국교 정상화에 대해 불만을 표시하는 한편 개혁과 개방정책을 통해 중국이 수정주의의 길을 걷고 있다고 공개적으로 비난하고, 대만과의 관계개선을 시사함으로써 양국 관계를 긴장시켰다.[14] 이에 대응해서 중국은 지금까지 북한에 제공해 오던 식량과 원유지원을 감축하고, 양국 무역에 있어서 경화결재를 요구하며, 국제무대에서도 북한에 대한 일방적인 지지입장을 더 이상 취하지 않았다. 결국 한·중 수교 이후 중·북 간의 경제 및 인적 교류는 격감되었으며, 지난날의 양국의 혈맹관계 또한 단순한 국가 간 우호협력관계로 변화되어 가는 추세를 보여주고 있다.[15] 아울러 한·소 관계 정상화와 함께 한·중 관계 정상화는 북방 삼각관계의 구조적인 와해를 가져왔으며, 이는 북한에게 심각한 외교적 고립을 가져다주었을 뿐 아니라 1994년 김일성의 급사에서 오는 정체성의 불안, 거듭되는 식량난으로 인한 난민의 발생, 에너지난과 노후화 된 사회간접자본의 붕괴 등은 북한에서 예기치 못할 사태가 일어날 가능성마저 배제할 수 없게 만들었다. 북한은 이와 같은 위기상황을 극복하기 위해서 대량살상무기인 핵과 미사일 개발을 수단으로 미·일과의 관계개선에 서두르는가 하면, 심지어 무력도발까지도 고려하기에 이르렀다.

14 『노동신문』, 1994.11.4.

15 Bannig Garrett & Bonnie Glaser, "Looking Across the Yalu: Chinese Assessments of North Korea," *Asian Survey*, Vol.35, No.6 (June 1995), pp.539~541.

중국의 관점에서 만약 북한이 위기를 극복하는 데 실패할 경우, 대규모 탈북 난민이 발생할 것이고, 북한 체제가 붕괴될 가능성을 배제할 수 없으며, 최악의 시나리오로서 한반도에서 전쟁이 발생할 가능성도 상정할 수 있다. 어느 경우에도 중국은 직접 내지 간접으로 개입할 수밖에 없는 입장이며, 이로 인해 중국은 현대화라는 국가목표를 달성하는 과정에 치명적인 손상을 입게 될 뿐만 아니라 이와 같은 한반도의 마찰을 이용하고자 하는 역내 패권주의가 등장할 가능성이 높아질 것으로 보고 있다. 실제로 1990년대 초 북·일 관계개선 움직임과 1994년에 체결된 북·미간 제네바 합의서는 중국의 대북 인식에 많은 영향을 미친 것으로 보인다. 당시 북한은 대미·일 관계개선을 통해 한국의 중·러 관계발전을 견제하는 동시에 대외고립을 타개하며, 다른 한편으로 미·일은 중국을 견제하기 위해서 북한을 중국의 영향권으로부터 밀어내고 자신들의 영향력을 확대하고자 했던 것이다.

따라서 중국은 북한을 예측 불가능한 문제 국가로 남겨두기보다는 자신의 영향력하에 묶어두고 국제사회의 책임 있는 일원으로 변화시키는 것이 자국에게 긴요한 동북아의 안정을 확보할 수 있을 것으로 보고 보다 능동적인 대북정책에 나서게 되었다. 이를 위해 1) 김일성 사후 권력의 공백에서 오는 체제불안을 조기에 해소하도록 金正日 체제를 신속히 승인하는 한편, 2000년 5월 그의 방중 시 개혁과 개방을 권유하고 이로 인해 우려되는 정체성의 위기를 철저한 사상통제를 통해 극복할 수 있음을 조언하고, 2) 북한에 대한 경화결재 실시를 유보하는 동시에 식량과 에너지 등 경제지원을 강화하며, 3) 抗美援朝 50주년을 기념하는 행사에서 중국과 북한 간 혈맹관계를 강조하는 동시에 북한에 대한 중국의 특수한 위치를 대내외에 과시하고,[16] 4) 중국은 한반도 문제에 대하여 외세를 배제하고 당사자 해결이라는 원칙을 내세워 북한의 무력적화통일이라는 기존의 대남전략에 변화를 유도하는 동시에 북한의 무력에 의한 체제

16 *People's Daily*, 2000.10.25. 북한도 중국과 미·일에 대한 등거리정책을 활용함으로써 모두로부터 이익을 얻어낼 수 있기 때문에 중·북한 의 전통적인 "친선협조 관계는 대를 이어 발전시켜야 한다"고 주장하는 등 대중 관계회복에 나서고 있다. 『노동신문』, 1995.9.30.

보장보다는 평화와 경제협력을 통한 체제유지라는 방향으로 국가전략을 수정하도록 유도하기 위해서 한국의 대북 경제지원과 남・북한 간의 경제협력 확대를 적극적으로 권유하며, 5) 중국은 한・미・일 공조체제와 국제기구를 통해 북한을 고립시키는 것을 반대하는 한편 북한의 미・일 관계개선에 중재자로서 입지를 강화하고자 한다.[17] 특히 마지막의 경우 중국은 북한의 미・일 관계개선이 북한의 외교적 고립을 해소시켜 남・북한 간의 세력균형을 회복케 함으로써 한반도 평화와 안정에 기여하도록 하는 것이 자국의 경제발전에도 유리한 국제환경을 조성한다고 판단하고 있다. 하지만 북한의 급속한 대미・일 관계개선은 지금까지 중국이 누려온 북한에 대한 기득권에 부정적인 영향을 미칠 가능성이 있으므로 이를 통제된 범위 안에 묶어두고자 노력할 것으로 보인다.

둘째, 중국의 대북한정책의 내용과 범위와 속도를 결정하는 데 한국이라는 변수가 차지하는 비중은 시기별로 상당한 차이점을 보이고 있다. 중국의 관점에서 1950년대와 1960년대의 한국은 미제국주의를 추종하는 반동세력으로 타도의 대상이었으나, 1970년대 들어서면서 한국에 대한 인식이 변화되기 시작했다. 즉 중국의 主敵이 미국에서 소련으로 바뀌면서 반소 연합전선에 있어서 미국의 긍정적인 역할을 강조하고, 미국의 동맹인 한국에 대한 계급적용 또한 미제국주의의 '앞잡이', '주구', '반동'이란 용어를 직접 사용하기보다 인용구 형식을 통해서 간접적으로 표시했다. 1970년대 중반부터 이 방식마저도 피하고, 한국을 '친구(미국)의 친구'라고 언급함으로써 반소 연합전선의 일원으로서 가능성을 탐색하기 시작했다.

나아가서 1980년 5월 5일자 베이징 리뷰는 한국을 '수구 계급(diehard)'으로 지칭함으로써 한국과의 관계개선에 필요한 이념적 당위성을 부여하고 있다.

17 통일연구원, 『남북정상회담의 의의와 전망』, 2000.3, p.37. 1999년 백남순 외상이 유엔총회에 참가한 이후 북한의 외교는 눈에 띄게 활발해졌다. 김영남 최고인민회의 상임위원장의 중국방문, 이탈리아와 수교, EU와의 외교관계 진전, 북일 국교정상회담 재개, 페리 보고서 이후 북미관계의 진전, 호주와 필리핀과의 국교정상화 논의, 아세안지역안보포럼(ARF) 참가, 金正日의 방중, 조명록 특사의 방미 등 북한의 활발한 외교를 볼 수 있다.

이 계급개념은 연합전선의 구성원들 가운데 진보세력이나 중도 계급으로 전환시키기 위한 대상에게 적용되는 것이다. 한편 한・중 경제관계에서도 이와 같은 변화의 추세를 반영하고 있다. 1981년의 경우 한・중 간의 무역관계가 처음으로 중국의 관영매체에 보도되었으며, 당시 홍콩과 일본 등 제3국을 통해 이루어진 무역거래량은 6억 달러에 달한 것으로 전해지고 있다.

1989년부터 시작된 사회주의 체제의 붕괴, 1990년의 한・소 수교, 동아시아에서 일본의 영향력 확대, 북・미・일 간의 관계변화에서 기존 중국의 대북 역할 감소에 대한 우려,[18] 한국으로부터 필요한 기술, 자본, 경영지식의 도입과 무역 확대를 도모하고자 하는 중국의 현대화 전략이 1992년의 한・중 간의 관계 정상화로 이어지게 되었다. 여기에서 한 가지 주목할 점은 중국이 한국과의 수교교섭 과정에서 북한의 강력한 반대가 있었음에도 불구하고 이를 추진하였으며, 이는 북・중 간의 '脣齒關係' 즉 이념적 연대감이나 항일투쟁, 한국전 참전 등 역사적 유대감보다 현대화와 이를 위한 환경조성이 우선했다는 것이다.

1992년 한・중 수교 이후 양국의 경제협력은 급속도로 증대하여 무역에 있어서 양국의 거래량은 1999년의 경우 2백30억 달러에서 2백50억 달러 수준에 달하고 있으며(여기에서 교역총액은 홍콩을 통한 교역을 포함시키느냐에 따라서 다소 차이가 남), 이와 같은 수치는 양국의 대외무역에 있어서 각각 3위를 기록하고 있다. 투자에 있어서도 중국은 한국에게 있어서 미국에 이어 두 번째 투자 대상국이다. 한・중 양국은 이와 같은 경제 분야의 협력관계를 바탕으로 정치,

---

18 Daniel Russel, "U.S.-North Korean Relations," in *Current Issues in Korean-U.S. Relations: Korean-American Dialogue* (Seoul: The Institute for Far Eastern Studies, 1993), p.49. 미국은 1988년 한국 정부의 7・7 선언에서 표명된 대북한 포용정책에 준거하여 1988년 10월 31일 미 국무부의 외교관 행동지침 발표를 통하여 북한에 대한 적대정책을 완화시킨 바 있다. 즉 미국은 미 외교관들이 제3의 장소에서 북한 측 관리를 접촉하는 것을 허용하고, 북한의 비공식, 비정부 인사가 학술 및 기타 행사에 참석하기 위하여 미국을 방문하는 것을 권장하였으며, 미국 시민의 방북을 사안별로 허용하고, 외국자산규제법을 수정하여 인도주의적 차원의 대북 수출을 허용하는 등 조치를 취하였다. 한편 일본은 북한과의 관계개선을 위해 1991년 1월에 1차 대북한 수교교섭을 개최한 이래 제8차 수교교섭(1992.11)까지 8차에 걸쳐 수교교섭을 개최하였다.

안보관계를 적극 모색하는 단계에 접어들고 있다. 즉 중국은 정치와 안보적 차원에서 한국이라는 카드를 북한에 대한 자신의 기득권을 유지 내지는 확대하는 데 이용할 수 있으며, 나아가서 동북아지역에서 미국이라는 大패권주의와 일본이라는 지역 패권주의의 등장을 견제하는 수단으로서도 한국의 효용도가 높은 것으로 보고 있다. 이와 같은 맥락에서 1) 중국이 미・일의 전역미사일방어체제(TMD)를 중국을 견제하기 위한 것으로 간주하고 이를 반대하였을 때, 한국은 이 계획에 대한 미・일의 참여요청이 있었음에도 불구하고 참여불가를 결정함으로써 안보차원에서도 한・중 간의 협력 가능성을 열어놓았다. 특히 양국은 이미 상대국 주재 대사관 내에 무관을 파견하고 양국 군함의 상호방문을 추진기로 합의하는 등 군사 분야의 상호 신뢰를 구축하는 단계로 나아가고 있다.[19] 2) 1994년 10월 북・미 제네바 핵합의서가 체결된 직후 북・미 관계개선의 속도를 조절하고자 李鵬 총리가 방한하였고, 중・미 관계가 국교 정상화 이후 최악의 상황으로 치닫고 있는 1995년에 喬石 全人大 상무위원장과 江澤民 주석이 방한하였다. 당시 한국은 중・미 관계개선에 조정자 역할을 자임하고 나설 정도로 한・중 간의 정치 환경이 상당히 빠른 속도로 변화되고 있음을 실증적으로 느끼게 하였다. 3) 중국은 한국의 유엔안보리 이사국 가입을 지지하고, 북한의 핵과 미사일 개발을 반대하며, 남・북한의 정상회담에서 중재자로서의 역할을 성공적으로 추진하고, 4자회담을 통해 평화체제가 구축되기 전까지 정전체제의 유지를 원하는 한국의 입장을 지속적으로 지지하여 왔다.

결론적으로 1998년 金大中 대통령과 江澤民 주석 간의 정상회담에서 향후 양국이 협력적 동반자관계를 구축할 것임을 밝힌 지 2년이 채 되지 않아 2000년 10월 아셈회의에 참석한 朱鎔基 총리는 金大中 대통령과의 회담에서 이와 같은 양국의 협력관계가 '협력적 동반자 관계'에서 '전면적 협력 관계'로 격상되었음을 설명하고 있다.[20] 이와 같이 이 지역의 다자간 구도 속에서 한・중 관계의

19 『조선일보』, 2000.10.19.
20 Ibid.

발전은 중국의 대북정책에 직・간접적으로 영향을 미쳤음을 알 수 있다.

셋째, 한반도는 주변 4강의 이해관계가 복잡하게 얽힌 중심지역으로서 남・북한 간의 긴장고조는 동북아 안보환경에 중대한 위협을 줄 수 있는 위치에 있다. 따라서 남・북한 간의 관계발전이 중국의 대북한 정책결정에 또 하나의 변수로 지금까지 작용하여 왔다.

1950년대와 1960년대의 남・북한 관계는 북방 삼각관계와 남방 삼각관계라는 냉전구조의 틀 속에서 상호간의 대화가 없는 긴장의 연속이었다. 여기에서 중국의 한반도정책 또한 북한의 대남정책을 전적으로 지지하는 일관된 태도를 견지하였다. 그러나 1970년대 들어서면서 남・북한을 둘러싸고 있는 냉전구조의 틀이 존속되고 있었지만 미・소 데탕트, 중・소 간의 국경전쟁과 중국의 반소 연합전선, 중・미 관계개선 등 외적 환경변화가 이루어짐에 따라서 북・중・소의 북방 삼각관계가 붕괴되기 시작하였다. 여기에서 남・북한은 각기 자신의 정체성을 강화하기 위한 수단의 하나로서 남・북한 대화에 나섰으며, 이와 같은 노력이 1972년의 '7・4 남북 공동성명서'로 나타났다.

1978년 이후 鄧小平의 현대화가 시작되면서 중국은 한반도의 안정과 평화를 정착시키는 것이 주요한 과제였으며, 이를 달성하기 위한 외교적인 노력을 기울였다. 한 예로 1979년 10월 26일 박정희 대통령의 시해사건으로 한국의 정치적 불안이 야기되자 북한이 이를 무력적화통일의 기회로 포착하고 사이공함락 때와 마찬가지로 중국의 무력지원 가능성을 타진하였으나 중국은 북한이 한국의 혼란상황을 이용할 능력이 없다고 논평함으로써 간접적으로 한국에 대한 북한의 군사적 행동을 포기하도록 유도했다.

한편 동구 공산권의 붕괴가 독일의 흡수통일로 이어지자 중국은 한반도에서도 이와 같은 현상이 일어날 것을 우려했다. 중국은 남한에 의한 흡수통일이 이루어질 경우 북한에 대한 기존의 영향력과 안보에 대한 완충지대를 상실할 뿐 아니라 강력한 경제력과 군사력을 구비한 통일 한국은 자신의 영향력 범위를 벗어날 가능성이 많으며, 더욱이 통일된 한반도에 미군이 주둔할 경우 중국을 견제하려는 미국의 군사력과 직접 접촉함으로써 안보상의 심각한 위협을 초래할 것을 우려했다.[21] 당시 중국은 동독이 서독에 의해서 흡수통일 된 직후 소련이 해체되었다는 사실을 他山之石으로 인식하고 있었기 때문이다.

따라서 중국은 한반도에서 급격한 변화보다 현 상태가 유지되는 것을 원하며, 변화가 온다 하여도 오랜 시간에 걸쳐 주변 4강의 개입 없이 남・북한 이해당사자가 평화적이고 자주적인 노력에 의해 냉전구도를 해체하고 화해와 협력, 나아가서 궁극적인 평화통일이 이루어지기를 희망하고 있으며, 외세개입이 불가피할 경우 자신을 포함한 다자간 협상을 통해서 문제가 해결되기를 원한다.[22]

지금까지 중국의 대북한정책의 결정요인을 거시적인 요인과 미시적인 요인으로 나누어 살펴보았다. 이 양자 간의 관계는 거시적인 요인이 보다 중요한 요인(principal elements)이며, 미시적인 요인은 거시적인 요인에 의해 해석되고, 정의 되어지는 부차적인 요인(secondary elements)으로 작용하고 있음을 다음에서 찾아볼 수 있다.

3. 주요 현안에 나타난 중국의 대북한정책

여기에서 1992년 한・중 수교 이후 등장한 남・북한과 한반도를 둘러싼 4강 사이에 심대한 영향을 미칠 주요 현안인 주한미군 철수 문제, 정전협정을 평화협정 내지 평화체제로 전환하는 문제, 남・북한 정상회담, 북한의 대량살상무기인 핵과 미사일개발 문제에 대한 북한의 입장을 중국이 어떤 시각으로 보고 있는지 살펴보고자 한다.

---

21 Banning Garrett & Bonnie Glaser, op. cit., pp.538~539.

22 *Beijing Review*, 1991.12.30~1992.1.5, p.13; 1992.2.3~16, p.15; 1992.3.9~15, p.12; 1992.8.10~16, pp.10~11.

가. 주한미군 철수 문제

金大中 대통령의 대북 포용정책이 남・북한 정상회담으로 구체화되면서 한반도와 동북아에서 주한미군의 역할이 무엇인지에 대한 논의가 활발하게 진행되고 있다. 한국 정부는 통일 이후에도 미군이 한반도에 계속 주둔해야 한다는 입장인 반면에 북한은 남・북한 정상회담과 趙明祿 특사의 방미 이전까지만 하더라도 주한미군의 철수를 주장하였으나 최근에 와서 동북아의 안정을 위하여 주한미군의 긍정적인 역할을 인정하고 주둔군의 역할변경을 통해서 계속 주둔의 필요성을 공감하고 있다.[23]

한편 중국은 1970년대 반소 연합전선을 주장할 당시에는 주한미군이 소련 패권주의를 저지하는 데 중요한 역할을 하는 것으로 간주하였으나 1990년대 들어서면서 主敵인 소련이 붕괴되고, 한국과 수교관계를 수립하며, 홍콩과 마카오에 대한 주권을 회복하고, 중국의 주변 국가들과 국경분쟁을 평화적으로 해소한 상황에서 주한미군의 역할에 대한 평가는 과거와 비교해서 달라질 수밖에 없었다.

먼저 긍정적인 측면에서 중국은 주한미군을 포함한 동북아 지역에 주둔하고 있는 10만 미군병력은 일본의 지역 패권주의를 견제하고, 동북아의 군사적 긴장을 완화하는 데 주요한 역할을 할 것으로 보고 있다. 앞서 언급한 대로 동북아는 남・북한의 분단 상황, 대만의 분리독립 문제와 일본의 과거사 청산 등 지난날의 분쟁요인이 청산되지 않은 상황에서 북한의 핵과 미사일 개발 문제, 일본의 군사대국화와 釣魚島 영유권 문제 등 새로운 분쟁요인의 발생으로 여전히 긴장은 높다. 특히 최근 일본은 극우세력의 활동 영역이 넓어지고, 초강대국의

23 『조선일보』, 2000.10.11. 북한은 남북 정상회담과 그 이후 열린 남북한 고위급회담에서 명시적으로 주한미군이 현재뿐만 아니라 통일 이후에도 상당 기간에 걸쳐 주둔할 수 있다는 입장을 명시적으로 밝힌 바 없다. 다만 金大中 대통령이 북한의 주한미군 주둔에 대한 묵시적인 동의가 있었음을 간접적으로 밝히고 있다. 최근 북한의 趙明祿 특사도 지난 방미 때 "동북아 지역안정을 위해 미국의 역할을 기대한다"고 말해, 주한미군에 대한 북한의 달라진 인식을 확인할 수 있다.

위치에 있는 경제력을 바탕으로 정치, 외교, 군사대국화로 나아가고 있다. 여기에서 중국은 주한미군이 역내 마찰과 갈등을 통제된 범위 내에서 작용할 수 있도록 그 안전판 역할을 할 것으로 기대하고 있다.

그러나 중국은 중장기적 차원에서 한반도의 냉전구조가 해체되고, 평화통일이 달성된 이후에는 미군이 한반도에 주둔할 명분이 없는 것으로 판단하고 있다. 그럼에도 불구하고 주한미군의 주둔은 1) 탈냉전 후 남아있는 유일한 초강대국으로서 역내 패권적 지위를 계속 유지하려는 데 목적이 있으며, 2) 대만에 대한 중국의 주권을 회복하는 과정에 무력사용을 방해하고, 3) 동북아에서 중국의 영향력 확대를 견제하며, 4) 21세기 중반에 가서 선진 사회주의국가로서 중국이 추구하고 있는 세계전략과 미국의 국가이익이 충돌을 일으킬 경우 중국을 포위하기 위한 전략의 첨병역할을 우려하고 있다.

이와 같은 중국의 관점에서 주한미군은 단기적으로 긍정적인 면과 중·장기적으로 부정적인 면이 혼재하고 있는 상황이다. 따라서 중국은 갑작스러운 주한미군의 철수는 역내 국가들 간의 군비경쟁으로 나타날 수가 있기 때문에 점진적으로 주한미군의 역할변화 내지 단계적 철수와 함께 한반도 통일 이후에는 철수되어야 한다는 입장이다. 현재 북한은 북·미 관계개선을 고려한 나머지 현재의 주한미군에 대해서 반대하지 않고 있으나, 이 문제와 관련해서 중·장기적 차원의 입장을 밝히지 않는 것에 주목할 필요가 있다.

나. 정전협정

북한은 지금까지 한국을 배제한 북·미 간의 평화협정을 체결하고자 정전협정의 무력화를 시도하였다. 그러나 중국은 한반도에서 긴장을 완화하고 항구적인 평화를 이룩하기 위해서 북·미 간의 관계개선이 필수적이라는 것에 북한과 인식을 같이 하면서도, 정전협정을 평화협정 내지 평화체제로 이행하기 위해서는 이해당사자인 남·북한과 중·미가 참여하는 4자회담의 중요성을 강조하고 있으며,[24] 이를 통해서 평화체제가 정착되기까지 현재의 정전체제는 유지되어야 한다는 입장이다. 이와 같은 중국과 북한 간의 입장 차이는 趙明祿 특사의 방미결과로 나타난 미·북 공동성명에서 북한이 '1953년의 정전협정을 공고한 평화보장 체계로 바꾸어 조선전쟁을 공식 종식시키는 데 4자회담 등 여러 가지 방도'[25]들이 있음을 밝힘으로써 양국의 차이점이 어느 정도 해소되어가고 있음을 찾아볼 수 있다.

지금까지 북한은 북·미 간의 평화협정을 체결하고자 1990년대 초부터 정전위원회에서 북한대표단을 철수시키는 한편 1993년 4월 중립국 감시위원회의 기능을 마비시키기 위해서 중감위의 일원이었던 폴란드와 체코 대표단이 철수하도록 압력을 행사하였고, 1996년 4월에는 3차에 걸쳐 판문점 공동경비 구역에서 무력시위를 함으로써 정전협정의 무효화를 시도하여 왔다. 그 후 북한은 남·북한 정상회담과 趙明祿 특사의 방미가 있기 전까지 通美封南 즉 미·북 간의 직접적인 협상을 통해서 현안을 일괄타결 하려는 전략을 고수하고 4자회담에 소극적인 반응을 보여주었다. 비록 4자회담에 참석한다 하여도 북한은 이를 미·북 간의 대화창구로 이용하고자 하였다.

한편 중국은 이와 같은 북한의 정전협정 무력화전략에 호응하여 정전위원회 중국 측 대표를 소환하였으며, 지금까지도 자신들의 대표를 파견하지 않고 있다.[26] 그 배경에는 중국이 기존의 정전협정을 폐기하고 북·미 간의 평화협정을 체결하려는 북한의 입장을 지지한다는 것이기보다 1) 북·미 관계개선을 통해서 북한에 대한 미국의 체제위협을 제거하고, 2) 북한의 외교적 고립을 탈피할 수 있으며, 3) 비록 제한된 개혁과 개방이지만 북한이 시작할 수 있는 환경을 마련할 수 있다는 것에 의미를 부여하고 있다. 그러나 중국은 한반도의 긴장완

---

24 『중앙일보』, 2000.9.14. 한국은 지난 50년간의 대결과 반목을 청산하여 한반도에서 긴장을 완화하고 항구적 평화를 구축하고자 1996년 4월 16일 한·미 정상회담에서 4자회담을 제의하였으며, 지난 9월 10일 金大中 대통령의 미국 방문 중 "4자회담에서 평화협정 합의가 이루어져야 하며, 협정당사자는 남·북한이 되고 미국과 중국이 이를 지지하는 방식으로 되어야 할 것"을 거듭 밝혔다.

25 Ibid., 2000.10.13.

26 『조선일보』, 1994.9.1; *Beijing Review*, 4.18~24. 1994, p.21.

화를 다루는 데 있어서 남·북한 간의 당사자 해결이라는 중국의 입장을 무시하고 한국을 소외시킨 채 북한이 북·미 간에 평화협정을 서두를 경우 미국의 영향력이 급속히 증대되어 기존 중국의 대북 영향력을 위축시키는 결과를 가져올 것으로 우려하고 있다.

중국의 관점에서 한반도 긴장완화와 평화정착은 남·북한이 해결할 수 있는 부분과 국제적 차원에서 해결해야 하는 부분이 서로 복합되어 있는 문제로 인식하고 있다. 즉 남·북한 간의 상호 무력사용의 포기와 무력충돌의 방지는 남·북한의 합의만으로 실질적인 효과를 낼 수 있지만 정전협정에서 평화협정 내지 평화체제로 이행하는 데 있어서는 남·북한의 합의만으로 불충분하며, 휴전협정 당사자와 한반도 주변국의 이해와 협조를 필요로 하는 복잡한 사안으로 보고 있다. 이러한 문제의 복잡성을 감안하여 중국은 남·북한과 중·미가 참여하는 4자회담에서 남·북한이 평화협정을 체결하고 중·미가 이를 보증함으로써 한반도에서 항구적인 평화체제를 구축할 필요가 있으며, 이 체제가 정착하기까지 현재의 정전협정은 준수되어야 한다는 점을 강조하고 있다. 이와 같은 중국의 입장은 정전협정의 서명 당사국으로서 자신의 적극적인 역할을 확보할 수 있는 동시에 무모한 북한의 무력도발이나 긴장조성을 제어하는 데 기여할 것으로 판단하고 있다.

4자회담에 관해서 중국은 북한과 마찬가지로 처음에는 소극적인 자세를 보였으나 최근에는 과거보다 적극적인 자세를 보이고 있다. 이와 같이 중국이 4자회담과 관련해서 소극적인 입장을 수정한 배경에는 1) 북한을 개혁과 개방으로 유도하고 한반도에서 평화를 정착시키는 데 북·미 관계개선이 중요하므로 4자회담을 포함한 다양한 형태의 북·미 접촉가능성을 열어 놓는다는 점에서 이해될 수 있으며, 2) 4자회담이 실질적으로 작동되기 위해서는 정전협정의 당사자인 중국의 역할을 과소평가 할 수 없다는 인식을 남·북한과 미국에게 심어줄 수 있고, 3) 한반도 문제에 있어서 남·북한 당사자가 주도적으로 해결하되 중국과 미국의 지지를 구하고자 하는 한국 측 4자회담의 구도에 중국이 동의함으로써 한·중 협력적 동반자관계를 심화시킬 수 있는 동시에 미국주도의 역내 정치구도에 제동을 걸 수 있기 때문이다.

이와 같은 맥락에서 중국은 1999년 4자회담 4차 본 회담 분과위에서 관련 당사자 간의 대화와 협의를 바탕으로 한 긴장완화를 위한 5대 협상원칙을 제시하였다. 1) 당사자 간의 상호신뢰를 구축하기 위해서 정치, 외교, 군사, 경제, 사회적 분야에서의 호혜적 협력을 구축하여야 하며, 2) 미·북 간의 관계개선이 점진적으로 이루어져야 하고, 3) 당사자 간의 군사 분야에서 복합적이고 다각적인 상호 신뢰조치를 취해야 하며, 4) 당사자 간의 잠재적 군사적 분쟁을 저지하기 위한 효과적이며 가시적인 조치를 취해야 하고, 5) 당사자 상호 간의 적대적이고 돌발적인 군사적 행위를 자제해야 된다는 입장을 밝히고 있다.[27]

다. 남·북한 정상회담

2000년 6월 13일부터 15일까지 평양에서 열린 역사적인 남·북한 정상회담에는 그 동안 金大中 정부의 대북 포용정책과 通美封南에서 通美通南이라는 북한의 전략적 변화가 중요한 변수로 작용하였다. 한편 이와 같은 남·북한 정상회담의 이면에는 남·북한 대화의 중재자로 나선 중국의 적극적인 역할에 주목할 필요가 있다.

金大中 정부는 지난 2년 반 동안 북한을 흡수통일 할 의사가 없으며, 한반도의 냉전구도를 해체하고 남·북한이 서로 화해하고 협력하여 한반도에 평화를 정착시키려는 대북 포용정책을 일관성 있게 추진하였다. 최근까지 정부는 남·북한 경제공동체(1999.10.19)를 만들 것을 제의하였으며, 베를린선언(2000.3.10)에서 김 대통령은 한반도 냉전구조의 해체와 평화정착, 이산가족 문제의 해결 그리고 남·북한 간의 화해협력을 위한 정부 간의 대화를 제의하였다. 아울러 정부는 북한의 사회간접자본의 확충, 남·북한 간의 투자보장협정과 이중과세 방지협정의 체결, 북한의 식량난 해결을 위한 비료지원, 농기구 개량, 관개시설

27 *FBIS-CHI*, 1999.1.22, "China: PRC Outlines 5 Principles to Reduce Tension in Koreas".

개선 등 대북 경제지원 및 협력방안을 제시하였다. 그 동안 남・북한 교역은 1998년 2억 달러 수준에서 1999년에는 3억 3,343만 달러를 기록하였다. 대북 경협 또한 현대의 금강산개발, 서해안 공단조성사업, 삼성전자제품의 임가공, 소프트웨어 공동개발사업, 평화자동차의 자동차 수리, 조립공장 건설사업, 국제 옥수수재단의 신품종 옥수수 개발사업 등이 추진되었다. 사회, 문화 교류는 2000년 2월 말 현재 총 9,599명이 북한을 방문하였고, 이는 金大中 정부 출범 이전까지 약 9년 간 방북인원 2,582명의 거의 4배에 달한다.

한편 북한이 남・북한 관계개선에 긍정적인 태도를 보이게 된 배경에는 1) 앞서 언급한 金大中 정부의 대북 포용정책의 진의가 전달되었으며, 2) 김일성 사망 후 체제안정에 주력하였던 金正日은 경제난을 극복하는 과정에서 인민과 군부 그리고 당의 지지를 획득함으로써 체제결속에 대한 자신감을 확보하였고, 3) 남・북한 관계개선이 한국으로부터 직접적인 경제지원과 협력을 이끌어낼 수 있을 뿐 아니라, 이를 발판으로 외국의 경제지원과 협력을 유도하는 계기가 될 수 있으며, 4) 지금까지 북한은 미・일 특히 미국과의 관계를 개선하고자 외교적인 노력을 경주하였지만 제네바에서 이루어진 북・미 간의 핵 합의 외에는 테러 지원국 해제를 포함한 경제협력, 북・미 간의 미사일회담, 연락사무소 개설, 북・미 간의 평화협정 등 어느 하나 해결된 것이 없는 상황이었다.[28] 여기에서 지금까지 한국 정부의 정체성을 부인하고 通美封南으로 일관해온 북한이 通美通南을 희망하는 중국의 충고를 받아들여 남・북한 정상회담에 나선 것으로 보인다.

한편 양국 정상회담을 성사시킨 주역으로서 한국 정부의 朴智元 문화관광부 장관과 북한의 宋浩景 아・태 평화위 부위원장이 언급되고 있으나, 그 배후에는 중국 정부의 적극적인 개입이 있었다. 2000년 3월 주북한 중국대사관의

28 『노동신문』, 2000.1.1. 북한은 2000년 신년사에서 "강성대국 건설에서 결정적 전진을 이룩해나가는 총진격의 해"로 규정하고 "사상, 총대, 과학기술 중시"를 제시하고 있다. 이는 주민에 대한 사상통제와 군사력의 증강을 강조하면서도 과학과 기술을 바탕으로 한 경제건설에 역점을 두고 있음을 의미한다.

완 대사를 위한 이임파티에 金正日의 이례적인 방문이 있었으며, 그 자리에는 江澤民 주석의 대북 특사로 파견된 정치국원이자 상하이 당 서기인 黃菊이 있었다. 여기에서 金正日과 黃菊 사이에 남・북한 정상회담에 관련된 의미 있는 대화가 있었던 것으로 전해지고 있다. 5월 말 金正日은 북경을 비밀리에 방문하여 江澤民과 극비 요담을 하였으며, 당시 江澤民은 金正日에게 남・북한 간의 대화와 협상을 통해 한반도 현안을 해결하도록 권유한 것으로 보인다.[29] 특히 江澤民은 金正日에게 현재 당면하고 있는 경제적, 안보적, 외교적 곤경으로부터 벗어나기 위해서는 중국의 경험을 거울삼아 개혁과 개방정책을 추진하되, 이것을 성공적으로 추진하기 위한 주변의 평화로운 분위기 조성이 중요하며, 이를 위해 미・일 관계개선과 함께 한국과 적극적인 화해와 협력 및 교류에 나설 것을 촉구하였다. 이에 대한 金正日의 반응은 개혁과 개방에 따르는 체제상의 위협을 언급하고 있으나, 江澤民은 중국의 예를 들어 이념적으로 4개항의 원칙을 지키면서 개혁과 개방을 할 경우 체제상의 위협은 해결될 것이라고 충고하고, 향후 중국이 북한의 제10차 경제개발 5개년 계획에 적극적인 지원을 아끼지 않을 것을 다짐하면서 金正日을 설득한 것으로 전해진다. 그 결과 6월 1일 북・중 정상회담에 관한 중국 측 발표문에서 江澤民 주석은 남・북한 정상회담에 "환영과 지지"를 표명하고 있다.[30] 아울러 金大中 대통령의 방북에 앞서 黃菊 정치국원이 6월 3일 방한하여 金大中 대통령에게 金正日의 방중 내용과 남・북 정상회담에 대한 보다 구체적인 언급을 담은 江澤民의 메시지를 전한 것으로 보도되고 있다.[31]

중국이 남・북한 정상회담에 직접적으로 개입한 이면에는 지금까지 한반도 문제에 있어서 이 지역의 안정과 평화라는 목적에는 주변 4강이 일치된 견해를 보이고 있음에도 불구하고, 자국의 안보이익에 따라서 남・북한의 적대적 대치 국면을 이용해 왔기 때문이다. 이러한 한반도 문제의 국제화는 외세의 개입

29 『중앙일보』, 2000.6.3.
30 Ibid., 2000.6.1.
31 Ibid., 2000.6.3.

없이 분쟁당사자 간의 해결을 희망하는 중국의 대외정책의 기조와 상치된다. 따라서 중국의 중개로 남・북한 정상회담이 성사될 경우, 이것은 1) 남・북한 간의 당사자가 한반도 문제를 자주적으로 해결할 수 있는 환경을 만들 수 있고, 2) 북한에 대한 기존의 영향력을 유지 확대할 수 있으며, 3) 한국에 대해서 남・북한 관계에서 중국의 역할이 얼마나 중요한지를 일깨우는 구실을 할 수 있고, 4) 이 지역에서 미국의 영향력을 약화시킬 수 있는 기회가 될 수 있으며, 5) 남・북한 정상회담을 통해서 한반도 긴장완화와 북한의 평화적 변화가 조성될 경우 북한 위협론을 근거하여 추진되고 있는 미・일 군사동맹의 강화와 일본방위력 증강계획의 명분을 약화시킬 수 있고, 6) 남・북한 정상회담이 북한을 국제적인 고립으로부터 벗어나 개혁과 개방으로 유도하는 데 필수적인 외교경로인 미・일・북 간의 관계개선의 촉매역할을 할 것이며, 7) 남・북한 정상회담이 앞으로 남・북한 간에 화해와 협력으로 이어질 경우 지금까지 북한의 체제유지와 한반도의 안정된 현상유지를 위해서 자신의 경제적인 부담에도 불구하고 대북 지원을 지속적으로 해왔으나 이와 같은 중국의 경제적 부담을 한국에 지울 수 있고, 8) 중국은 남북한 정상회담으로 이루어진 한반도의 긴장완화가 양안 문제를 대화로 해결할 수 있는 분위기를 조성하는 데 긍정적인 영향을 미칠 것으로 보고 있다.

중국은 남・북한 정상회담이 한반도와 양안관계에 부메랑의 효과를 가져다 줄 것이며, 궁극적으로 주변의 평화 분위기 조성에 도움을 줄 것으로 보고 있다. 그러나 북・미와 북・일 간의 관계개선이 지나치게 빠른 속도로 진행될 경우 북한에 대한 자신의 영향력에 부정적인 영향을 미칠 것이므로 중국은 중재자로서 속도조절에 나서 한반도 문제에 있어서 급격한 현상타파에서 오는 부작용을 줄이고자 할 것으로 보인다.

라. 북한의 핵과 미사일 문제

1990년대 들어서면서 북한은 국내외 총체적인 위기를 맞았으며, 이를 극복하기 위한 생존전략 차원에서 핵과 미사일이라는 대량살상무기의 개발에 나섰다.[32] 그러나 북한은 국제적인 압력이 가중되자, 이를 카드로 내세워 자신의 안전을 보장받고 경제적 위기를 해소하고자 미국과 직접적인 협상을 추진하게 되었다. 이와 관련해서 중국은 북한의 핵과 미사일 개발이 한반도와 동북아의 안정을 해칠 수 있는 것으로 판단하고, 이 대량살상무기의 개발을 반대한다는 입장을 분명히 함으로써 국제무대에서 책임 있는 주요 국가임을 증명해 보였으나, 이 문제를 해결하는 과정에 있어서 미국, IAEA, 유엔 등 국제사회의 대북 제재나 압력을 반대하고 이해 당사자 간의 대화와 협상을 촉구함으로써 북한에 대한 자신의 영향력을 유지 내지 확대하고자 한다.

먼저 북한의 경제적 어려움과 남・북한의 경제발전의 격차는 1990년대 들어서면서 더욱 심화되었으며, 이로 인한 북한의 국방비 지출은 한국에 비해 상대적 열세에 처하게 되었다. 뿐만 아니라 북한의 맹방이었던 중국과 러시아가 한국과 관계를 정상화함으로써 북・중・러의 북방 삼각체제가 근본적으로 붕괴되었고, 이것은 북한으로 하여금 지난날 기대할 수 있었던 중・러의 경제 및 안보지원에 대한 의구심을 증폭시켰다. 특히 소련과 동구 공산권의 붕괴는 북한으로 하여금 심각한 외교적 고립과 함께 독일식 흡수통일 방식이 한반도에 적용될 가능성이 예견되면서 북한은 심각한 체제불안을 느끼게 되었다. 雪上加霜으로 1994년 7월 김일성의 급작스러운 죽음은 권력의 진공상태와 리더십 교체기에 흔히 있는 정체성의 혼란을 야기하였다. 이와 같은 상황을 고려한다면

32 「북한군의 미사일 개발 실태」, 『북한』(통권 제299호), 1996.11, pp.191~195; *Janes Defense*, 1997.1.24; 『연합통신』, 1997.4.17, 5.19; 이춘근, 「북한의 핵, 미사일 문제와 한국의 안보」, 한국국제정치학회 학술회의 발표논문(1999.3.20), pp.33~34; 『중앙일보』, 1999.7.24. 북한은 90년대 초부터 스커드 미사일 100기 이상을 생산할 수 있는 능력을 보유하고 있었음을 미국의 헤리티지 재단의 보고서는 밝히고 있다. 북한은 핵 관련 미・북 기본합의서에 서명한 이후에도 1000km 사정거리인 노동 1호 미사일(적어도 7기로 추산)을 실전에 배치하였으며, 1995년부터 장거리 미사일 개발에 주력하여 한국과 일본을 위협하였다. 현재 사정거리 2000km인 대포동 1호(일명 노동 2호)는 실용화 단계에 있으며, 북한은 1999년 여름 사정거리 4000~6000km인 대포동 2호 시험발사를 시사하면서 동북아의 긴장을 고조시켰다. 북한은 국제적인 압력에 굴복하여 일단 발사계획을 연기하고, 그 후 3차에 걸친 미・북 간의 미사일회담을 통해 위기를 수습할 수 있었으나 아직도 완전히 타결되지 않은 상태에 있다.

북한의 핵과 미사일 개발은 1) 군사적 억제효과, 2) 군사비 효율성의 극대화, 3) 핵과 미사일의 보유국으로서 기대되는 국제적인 위상, 4) 이념 및 체제의 우월성과 金正日의 리더십에 대한 대내용 선전효과, 5) 핵과 미사일이라는 카드의 활용을 통한 미·일과의 관계개선, 6) 국제사회로부터 효과적인 경제지원과 협력 등을 얻어낼 수 있는 수단이 될 수 있었다.

여기에서 북한은 1993년 초부터 국제원자력기구(IAEA)의 특별 핵사찰을 거부하였으며, 그 후 계속되는 국제적인 압력에 대항해서 IAEA의 탈퇴를 선언하였다. 이와 같은 북한의 강경한 태도는 미국으로 하여금 핵무기의 확산을 방지하기 위한 대북 협상에 나서게 하였으며 오랜 협상을 거쳐 1994년 10월에 제네비에서 미·북 핵 합의를 도출할 수 있었다. 여기에서 북한은 미국으로부터 경수로 건설이라는 실리와 안전보장 장치로서 '한반도 비핵화 공동선언 지지', '핵무기를 포함한 무력불사용 보장', '핵 안전적용의 공정한 보장' 등의 요구를 관철시켰다.[33]

한편 북한의 장거리 미사일 개발은 미국과 일본을 위협하기 위한 것이라기보다 한반도에서 전쟁이 발발할 경우 미국과 일본의 개입을 저지하는 데 목적이 있다. 즉 북한의 장거리 미사일이 일본 본토와 오키나와 등을 사정권 내에 둠으로써 한반도의 전쟁 억제력인 주일 미군의 한반도 증파를 저지시키는 데 있으며, 더욱이 핵탄두를 장착한 장거리 미사일을 북한이 보유할 경우 미국과 일본은 한반도 전쟁 개입 자체를 주저할 수밖에 없을 것으로 북한은 판단하고 있는 것으로 보인다.[34]

이와 관련해서 중국은 북한의 핵과 미사일이 주변지역에 긴장을 조성할 뿐 아니라 군비경쟁을 가중시키고, 역내 중·북을 겨냥한 새로운 안보환경이 형성

---

33 Scott Snyder, *Negotiating on the Edge: North Korean Negotiating Behavior* (Washington, D.C.: United States Institute of Peace Press, 1999), pp.65~96.

34 William T. Pendley, "North Korean Challenge: Short and Long Term," The Council on U.S. Korean Security Studies & the Korean Association of International Studies Joint International Conference, Washington, D.C.,(1999.10.29), p.4.

될 것이며, 자국의 지속적인 경제현대화와 국제사회에서 자신의 위상에도 부정적인 영향을 미치게 될 것으로 우려하고 북한의 대량살상무기에 대한 반대 입장을 분명히 하고 있다. 1) 실제로 미국과 일본은 북한 위협론을 근거로 하여 신안보동맹체제, 전역미사일방어체제(TMD), 국가미사일방어(NMD) 계획을 수립하는 등 미・일의 안보결속을 다져왔으며, 일본은 자신의 방위력을 증대시키는 기폭제로 삼았다. 2) 중・장기적 차원에서 중국을 포위하기 위한 수단으로 전환될 가능성이 있는 한・미・일 공조체제를 강화하는 계기가 될 것이며, 북・미 고위급회담과 북・일 수교회담이 재개되어 한반도 문제의 국제화가 가속화되었고, 이것은 북한에 대한 자신의 영향력을 축소시킬 가능성을 증폭시켰다. 3) 한편 북한의 핵과 미사일 문제에 있어 유일하게 북한에 대해 영향력을 행사할 수 있는 중국이 이를 외면할 경우 미・일과의 관계를 악화시킬 것이며, 이것은 현대화라는 자국의 국가목표를 실현하는 데 장애요인으로 인식하고 있다. 특히 중국은 자신의 경제 도약에 필수적인 항구적 정상무역관계(PNTR)법안의 미 의회 통과와 세계무역기구(WTO)의 가입에 있어서 미국의 지지를 관철해야 할 입장에 처해 있었다.

그러나 중국은 이 문제와 관련해서 자신의 반대 입장을 간접적인 방법으로 호소하는 한편 국제사회의 압력이나 제재를 반대하였다. 1) 중국은 북한에 대해서 내정불간섭의 원칙을 내세워 북한을 간접적으로 설득하여 왔다. 즉 중국 스스로 핵확산금지조약(Non-Proliferation Treaty: NPT)에 가입함으로써 북한에 핵 기술을 이전하지 않을 것임을 밝히는 한편 북한에게 NPT체제에 대한 자신의 입장을 설명함으로써 북한으로 하여금 국제원자력기구(International Atomic Energy Agency: IAEA)의 핵사찰을 수용하도록 압력을 행사했다.[35] 2) 중국은 한국의 '한반도 비핵화 5원칙' 선언을 지지하고, 동년 12월 남・북한이 채택한 '한반도 비핵화 공동선언'과 '화해와 불가침 및 교류협력에 관한 합의서'를 긍정적으로 평가했다.[36] 이와 같은 맥락에서 중국은 북한 핵과 미사일 문제를

35 *Beijing Review*, 1993.9.13~19, pp.8~9.

외세의 개입 없이 남·북한 직접대화를 통해서 평화적으로 해결할 것을 촉구하고, 지난날 남·북한 간에 이루어진 기본합의서와 비핵화 공동선언을 성실히 준수할 것을 촉구함으로써 남·북한 가운데 어느 한쪽의 일방적인 지지요구를 회피하는 동시에 주변 강대국, 특히 미·일의 개입을 저지함으로써 향후 한반도 내에서 이들의 패권적인 영향력 행사를 예방하고자 하였다. 3) 중국은 유엔안보리 등 국제사회의 대북 제재를 반대하여 왔다. 이에 따라 중국은 결의안이 심의되는 과정에서도 자신의 안보리 상임이사국의 지위를 최대한 활용하여 북한의 입장을 고려한 내용으로 수정하는 한편 형식에 있어서도 결의안이 아닌 의장성명서로 대신하도록 영향력을 행사하고, 심지어 성명서를 채택하는 과정에서 기권함으로써 이를 무력화시키는 전략을 구사했다

이와 같은 중국의 태도에는 미국이 주도하는 NPT체제나 유엔안보리 결의안은 국제기구의 이름으로 분쟁 당사국의 주권을 침해하려는 힘의 정치로 간주할 뿐 아니라 현존하는 사회주의국가를 붕괴시키고자 하는 '和平演變' 전략의 일환으로 인식하고, 만약 이와 같은 대북 제재로 북한 사회주의가 붕괴될 경우 중국의 안보에도 부정적인 영향을 미칠 것으로 우려하고 있다. 나아가서 중국은 실제로 북한에 대한 무력제재나 경제봉쇄 전략이 있을 경우 북한의 고립은 더욱 가중될 것이며, 이로 인해 북한 지도부는 自暴自棄와 같은 형태로 국지전 또는 전면전의 무력도발을 감행할지도 모른다는 것이다.[37] 이와 같은 최악의 시나리오에서 중국의 개입은 불가피할 것이며, 이는 지금까지 성취한 경제적 성과를 물거품으로 만드는 엄청난 결과를 가져올 것으로 받아들이고 있다. 아울러 북한에 대한 국제사회의 제재 발동 시 중국이 외교적으로 난처한 입장에 처할 위험성이 있다.

결국 중국은 자신의 독특한 인식의 틀에서 도출된 국가목적과 연계하여 북한의 핵과 미사일 문제를 이해하고 있으며, 자신의 국가목적과 상충되지 않는

---

36 Ibid., 1991.12.16~22, pp.10~11; 1994.6.20~26, p.33.

37 Steven Erlanger, "U.S. Puzzling Over Motives of North Korea In the DMZ," *New York times*, 1996.4.9.

범위 안에서 이 문제가 분쟁당사자 즉 북한과 한국, 미국, 국제기구 간의 평화적인 방법으로 해결되기를 희망한다.[38] 특히 중국은 이 문제를 해결하는 관건이 될 수 있는 미・북 간의 대화가 북한을 개혁과 개방으로 유도하는 출구로서 긍정적으로 인식하면서도, 미국의 북한에 대한 급속한 영향력의 확대를 저지하기 위해 지금까지의 중재자로서 위치를 최대한 활용하고자 할 것이다.

4. 결론: 한국 정부의 새로운 대안 모색

이 장에서는 중국 지도자들의 인식의 틀을 통해서 대북한정책의 거시적, 미시적 결정요인을 분석하고, 이 요인들이 한반도를 둘러싼 주요 현안 즉 주한미군, 정전협정, 남・북한 정상회담, 북한의 핵과 미사일에 적용함으로써 중국의 대북한정책을 분석하였다.

결론적으로 중국의 대북한정책은 현대화의 달성과 안정된 주변 환경의 조성이라는 독립변수에 종속되어 있으며, 이를 올바르게 이해하기 위해서는 중국과 북한이라는 쌍무관계뿐만 아니라 남・북한을 포함한 주변 4강이라는 다자관계 속에서 접근해야 할 것이다. 즉 중국은 자신의 현대화라는 국가목표를 차질 없이 추진하기 위해서 무엇보다 장기간에 걸쳐 한반도에서 평화로운 분위기가 유지되어야 하지만, 미국 패권주의와 일본 지역 패권주의의 등장으로 인해 한반도의 안정이 위협을 받고 있는 것으로 판단하고, 이들의 패권주의 노선을 저지하기 위해서 기존의 북한과의 관계를 강화하는 한편 한국에 대해서도 경제협력과 함께 정치와 안보차원의 관계강화를 적극 모색하고 있다. 그러나 중국은 자신의 현대화에 미국과 일본의 자본, 과학・기술, 경영지식과 무역증대를 필요로 하며, 다자간 경제협력기구의 지원이 긴요한 만큼 이들 국가와의 갈등이 통제된 범위 안에서 조정될 수 있도록 세심한 노력을 기울이고 있다.

---

38 *Beijing Review*, 1994.4.4~10, p.20; 1994.6.20~26, p.33.

이와 같은 관점에서 중국은 주한미군 주둔 문제에 있어서 단기적으로 한반도의 무력도발을 억제하고 일본의 팽창주의를 저지하는 수단으로서 그 효용성을 인정하면서도 한반도 통일 이후나 중・미 간의 세계전략에서 마찰이 예상되는 21세기 중반까지 주한미군의 철수를 주장하는 한편 정전협정에 있어서도 이 협정을 파기하려는 북한의 태도를 긍정적으로 수용하면서도 직접적인 이해당사자 간의 평화협정이 체결되기 전까지 북한에게 정전협정의 준수를 촉구하고 있다. 나아가서 중국은 지난 6월 남・북한 정상회담에서의 중재자 역할을 통해서 한반도의 이해 당사자임을 미・일에 주지시키는 한편 자신의 영향력을 한국까지 확대할 기회로 삼았으며, 북한의 핵과 미사일 문제에 대해서는 역내 긴장조성과 국제여론에 비추어 반대 입장을 취하면서도 분쟁당사자 간의 평화적인 해결을 내세워 북한의 울타리 역할을 함으로써 한반도에서 자신의 영향력을 제고하고자 하였다. 이와 같은 맥락에서 한국은 다음과 같은 대중국 정책을 모색할 필요가 있다.

첫째, 金大中 대통령이 지난 방미 때 밝힌 대로 4자회담을 통해 정전체제를 평화체제로 전환할 필요가 있으며, 먼저 한반도의 직접적인 이해당사자인 남・북한이 평화협정을 체결하고, 정전협정의 서명당사자인 미국과 중국이 이 협정의 이행을 보장하는 형식이 되어야 한다. 나아가서 한반도의 평화체제를 정착시키기 위해서 한국과 중국, 북한과 미국 간의 상호 불가침조약을 체결할 필요가 있다. 그러나 한국이 중국에게 북・중간 군사동맹조약의 수정을 요구할 경우 중국은 한국에게 한・미 군사동맹관계의 재조정을 요청할 가능성이 있음을 유의해야 한다. 나아가서 남・북한 간의 평화협정의 효력을 극대화하기 위해서 4자회담에서 제외된 러시아와 일본으로부터 2차 보장을 확보하는 것도 중요하다.

둘째, 중국은 향후 동북아에서 전개될 미국의 대중견제전략과 일본의 지역패권주의에 대처하기 위해서, 먼저 현재 진행 중인 북・미 관계개선과 북・일 수교 교섭이 가속화되고 있는 상황을 예의주시하면서 북한의 대미・일 관계개선을 자신의 이익에 부합되는 방향으로 속도를 조절해 나가고자 할 것이다.

나아가서 한국과의 경제교류뿐만 아니라 정치와 안보적 협력관계를 지속적으로 발전시키는 동시에 한・미・일 공조체제에서 한국의 역할을 관심 있게 지켜볼 것이다.

여기에서 한국은 한・미・일 공조체제가 중국을 포위하기 위한 것이 아니라 어디까지나 한반도의 긴장완화와 평화구축을 위한 것임을 중국 정부에 주지시키는 외교적 노력이 절실하다. 아울러 한국은 현재로서 중국과의 안보협력을 한・미・일 공조체제와 한・미 동맹관계의 틀에 크게 벗어나지 않는 범위 내에서 완만히 진행할 필요가 있다. 만약 지난 남・북한 정상회담에서 나타난 것처럼 한국이 대북 중재자로서 중국의 역할을 과대평가할 경우 미국과 일본은 우리의 대중경사외교에 대한 불필요한 의구심을 가질 가능성이 있으며, 이는 한국의 안보 및 통일 환경에 부정적인 영향을 미칠 수 있기 때문에 한・미・일・중 4개국 간에 보다 균형 잡힌 대화와 보다 세심한 사전 정지작업이 긴요하다.

셋째, 오늘날 중국의 지도자들은 이데올로기로 뭉쳐진 혁명 1세대가 아니라 實事求是에 따라 현대화를 추진하려는 기술관료들이다. 따라서 북한이 한국으로부터 경제지원과 협력을 얻어내고, 핵과 미사일 개발 문제와 정전협정을 평화체제 내지 평화협정으로 전환하는 문제에서는 한국을 배제한 채 미국만을 상대하려는 전략을 고수할 경우, 한반도의 긴장과 마찰을 외세의 개입 없이 남・북한 당사자 간의 평화적인 대화를 통해서 해소하기를 희망하는 중국의 기본입장에 정면으로 배치되고 있음을 한국은 중국에게 거듭 주지시킬 필요가 있다. 효과적인 대중국 설득을 위해서, 북한의 위와 같은 태도를 방치할 경우 한반도에 미・일의 패권주의가 등장할 것임을 경고하는 동시에 지난날 중・소 분쟁 때 북한의 등거리외교정책이 보여준 이중성과 한・중 수교 직후 북한이 보여준 적대적인 태도를 중국에 상기시킬 필요가 있다.

넷째, 과거 한국은 장기적인 한・중 양국의 우호협력 관계를 확립하는 데 외교적인 노력을 기울이기보다는 남・북한 간의 현안을 해결하는 데 있어서 중국의 역할을 지나치게 의식한 대중국 '냄비외교'로 일관했다. 이와 같은 우리의 태도는 양국관계에 부정적인 영향을 미칠 것이므로 향후 한국의 대중국 접근은 역사적인 관점에서 한국의 국익을 정의하고 적용하되 동북아의 평화로운 환경을 조성하고, 한반도 통일 이후에도 동북아의 번영과 발전을 고려한 장기적인 안목에서 한·중 관계를 정립하는 것이 긴요하다.

일부 학자들은 한국의 대중국 협상카드로서 대만을 활용할 것을 제안하고 있지만 이와 같이 단기 이익을 노려 대만카드를 이용하는 데에는 신중을 기해야 할 것이다. 1995년 6월 李登輝 대만 총통의 미국 방문을 이유로 중국은 주미대사를 소환하고 지도부의 방미계획을 취소하는 등 미국에 대해 강경한 태도를 보여 주었듯이 중국은 대만의 독립 움직임, 국제기구의 재가입과 대외관계개선 등에 민감한 반응을 보이고 있다.

다섯째, 현재 진행 중인 중·일의 군사력 증강은 남·북한의 독자적 안보역량 강화를 불가피하게 할 것이며, 이와 같은 동북아의 안보환경은 남·북한 간의 군비통제를 포함한 신뢰구축에 도움을 주지 못할 것이다. 특히 북한은 전체예산 가운데 상당 부분을 군사비로 지출하고 있어서 경제발전에 막대한 타격을 받고 있으며, 만일 중·일의 군사력 증강에 발맞추어 남·북한이 군비경쟁을 할 경우 북한의 경제는 회생이 불가능해질 뿐 아니라 한국의 경제발전에도 결코 도움이 되지 않을 것이다. 따라서 한국은 동북아 지역에서 군비경쟁을 지양하고 한반도의 평화통일로 갈 수 있는 안보환경을 조성하기 위해서 남·북한의 평화체제만으로 부족하며 다자간 안보협력체제를 확립하는 것이 긴요하다.

현재 아·태 지역에서는 다자간 안보협력 논의를 위해서 아세안지역포럼(ARF)과 동북아협력대화(NEACD)가 있으나, 역내 국가들의 상호 불신으로 유럽안보협력회의(CSCE)와 같은 형태의 포괄적인 다자간 안보협력체가 형성되지 못하고 있는 실정이다. 특히 중국은 1994년부터 이 지역의 다자간 안보협의를 위해 대표단을 파견하고 있지만 소극적이다. 그 이유는 미국과 일본이 주도하는 역내 다자간 안보협력체는 향후 중국을 포위 내지 견제하는 수단으로 전락될 것이라는 의구심을 중국은 가졌기 때문이다. 그러나 중국은 1997년 이후 중·

미관계가 개선되면서 지역 다자간 안보협력 논의과정에 상당한 관심을 보였다. 중국은 1998년 국방백서에서도 지역의 다자간 안보협력 논의에 참여할 것을 거듭 천명하는 등 긍정적인 자세를 보이고 있으므로 한국은 북·중·일의 군사력 증강을 견제하고 역내 평화가 정착되도록 이 협력체의 활성화를 다각적으로 모색할 필요가 있다.

여섯째, 남·북한 관계가 중국의 대북한정책의 미시적인 결정요인 가운데 중요한 변수임을 앞서 지적하였듯이 현재 급류를 타고 있는 남·북한 관계를 성공적으로 추진하기 위해서 우리의 대북 협상능력을 제고하기 위한 전략과 전술의 개발이 필요하며, 이 새로운 대북 협상전략이 효과를 거두기 위해서는 국내정치적, 경제적, 사회적 상황에 대한 면밀한 검토와 대책을 세워야 할 것이다.

먼저, 지금까지 한국의 대북 포용정책의 특징은 대북 제재와 압력수단을 수반하지 않은 전형적인 유화전략으로 일관하여 왔다. 이와 같은 대북 협상태도는 외교의 수단으로서 압력과 위협을 이용하는 북한의 협상전략과는 대조가 된다. 그 결과 최근 남·북한 대화는 북한의 의도대로 일방적으로 진행되었으며, 우리가 주고 기대했던 만큼 받지 못한 것이 사실이었다. 따라서 한국은 남·북한이 한 민족이라는 특수한 관계와 남·북한 정부 간의 협상이라는 일반적 관계 사이에 균형을 유지하는 것이 필요하다. 다음으로 대북 협상과정에서 과도한 목표를 설정하거나 조급하게 그 목표를 달성하려고 할 경우 북한의 바겐 칩(bargain chip)의 가치만 높이는 결과를 가져올 것이다. 나아가서 과거처럼 남·북한 대화를 정치적 목적에 이용하고자 할 경우 일회용 이벤트성 결과를 가져다 줄 것이기 때문에 이 자체가 우리의 협상력을 떨어뜨리게 될 것이다. 그러므로 다소 시간이 걸린다 하여도 협상의 기본 예의와 절차와 원칙을 지키면서 줄 것은 주고, 받을 것은 받는 협상 관행을 이루어나갈 필요가 있다. 그러나 산술적인 상호주의가 아니라 보다 융통성 있는 상호주의가 정착 되도록 북한을 유도해야 할 것이다.[39] 이와 같은 맥락에서 金大中 정부는 일부 대북 강경론자들이 주장하는 엄격한 상호주의에 얽매일 필요는 없지만 경직된 현재의 유화정책을 고집해서는 안 된다.

다음으로, 국내적 상황을 진단하고 그 처방을 살펴보면 다음과 같다. 1) 대북한정책의 추진에 있어서 우리는 여・야 간의 상당한 견해 차이를 찾아볼 수 있다. 여당은 향후 통일비용을 절감하기 위해서 다소 경제적인 희생이 따른다 하더라도 더 큰 희생을 줄이기 위해 현재의 대북 포용정책을 지속적으로 추진하여야 한다고 주장한다. 그러나 야당은 우리가 엄청난 희생을 치르고 대북 경제지원과 경협에 나섰지만 이에 상응하는 북한의 전략적인 변화는 어디에도 찾아볼 수 없는 현 정부의 대북정책을 유화정책이라고 비난하고 있다. 따라서 정부는 일방적으로 야당을 반통일세력 또는 보수・수구세력으로 매도하기보다 야당의 비판을 대북한정책의 효율성을 제고하는 카드로 활용할 필요가 있다.

나아가서 북한의 관점에서, 현재와 같이 남・북한 문제에 있어서 여・야가 상반된 태도를 보이고, 향후 야당인 한나라당이 정권을 잡았을 경우 金大中 정부의 대북 포용정책의 근본적인 변화를 예상할 것이다. 따라서 북한은 金大中 정부의 잔여임기 중에 경제지원과 협력 등 자신에게 필요한 것을 최대한 얻어내고자 할 것이며, 전략적인 차원의 남・북한 화해와 협력, 교류와 긴장완화를 피하고자 할 것이다. 그러므로 앞으로 대북 문제에 관한 한 金大中 정부는 다음에 어떤 정부가 들어선다 하여도 민족의 통일 문제를 평화적으로 해결하고 金正日의 오판을 불식시키기 위해서 국민적 합의와 투명성을 바탕으로 한 여・야 간의 타협과 양보를 통해 한 목소리를 낼 수 있는 대북 관련 특위 내지 상임위원회를 조속히 구성하는 것이 필요하다.

2) 한국 정부는 남・북한 간의 균형 있는 민족경제를 육성 발전시키기 위해서 현재 진행되고 있는 대북한 경제지원과 협력의 속도를 보다 융통성 있게 조정할 필요가 있다. 오늘날 한국경제는 기업, 공공, 금융, 노사부분의 구조조정 실패로 제2의 IMF 경제위기가 다시 도래될 처지에 놓여있다. 따라서 대북 경협과 지원을 일과성 이벤트가 아니라 지속적으로 추진하기 위해서 먼저 우리

39 『조선일보』, 2000.10.11.

경제의 내실을 다질 필요가 있다.

3) 金大中 정부가 들어서면서 우리 사회 내 보·혁 간의 갈등이 그 어느 때보다 심각한 대립양상을 보이고 있다. 상반된 이데올로기를 추종하는 세력들은 사실(fact)을 놓고 보다 진솔한 대화를 나누려는 자세를 보이지 않고 있으며, 두 세력 간의 이해의 폭 또한 상상을 초월할 정도로 넓고, 감정의 골은 깊은 상황이다. 따라서 金大中 정부는 더 이상 이데올로기로 인한 내부 갈등과 대립을 방치해서는 안 되며, 진정으로 한민족 전체 구성원들의 자유와 평등과 인간의 존엄성을 누릴 수 있는 제3의 이데올로기가 무엇인지를 찾아내려는 노력을 통해 이들의 갈등을 대승적 차원에서 해소시켜야 할 것이다.

제4부

경제

9

李鵬 보고서에 나타난 경제발전 전략과 노선투쟁*

1. 문제 제기

1991년 4월 9일 폐막된 중국의 제7기 4차 전국인민대표대회(全人大)에서 승인된 李鵬 총리의 '국민경제사회발전 10년 프로그램과 8차 5개년 계획'은 1980년대의 4개 현대화 추진상황을 평가하고, 1990년대의 경제발전 프로그램에 대한 정부의 공식 입장을 밝힌 것이다. 10년 프로그램과 8・5 계획을 통합해서 수립한 배경에는 국민생활과 국가경제의 발전주기가 보편적으로 5년 이상 소요되며, 경제발전이 지속적인 과정이라는 데 기인한다.[1] 그러므로 동 보고서는 지금부터 2000년까지 중국의 경제・정치・외교・이념적 흐름을 이해하는 데 중요한 문건인 것이다.

---

* 「10년 국가발전 전략과 8・5 계획 속에 나타난 중국지도부의 노선투쟁에 관한 연구: 경제정책 중심으로」, 『국제정치논총』 제33집 2호, 1993.6.15, 225~244면.

1 *Beijing Review*, 1990.10.29~11.4, p.20. 10년 프로그램은 1991년부터 2000년까지의 장기발전 계획이며, 8차 5개년 계획은 91년부터 95년까지의 경제발전 계획을 의미한다.

이 보고서는 1990년에 제출된 약 7,000자의 「정부사업보고서」와는 달리 무려 38,000자에 해당하는 것으로써, 6개 부문 즉 1) 10년 프로그램과 8차 5개년 계획을 수립하고자 하는 배경, 2) 이 계획의 기본목표와 지침, 3) 경제건설에 관한 계획, 4) 사회발전에 관한 계획, 5) 경제구조 개선과 대외개방에 관한 계획, 6) 국제상황과 외교활동 등으로 구성되어 있다. 이 가운데서도 경제건설에 관련된 부분이 전체 보고서의 1/4로서 약 9,000자에 해당하며, 나머지 각 부문은 약 5,000자로 채워져 있다.

鄧小平은 지난 78년 중국 공산당 제11기 3中全會에서 2000년까지의 3단계 발전계획을 제시했다. 그 내용은 1) 1980년에서 1989년까지 10년 동안에 국민총생산(GNP)을 80년대의 2배로 증가시켜 국민의 의복과 식량 문제를 해결하고, 2) 1990년에서 2000년 사이에 GNP를 다시 2배로 증가시켜 국민생활의 질을 높이며, 3) 21세기 중반까지 중국의 국민개인총생산량(per-capita GNP)을 선진국 수준으로 끌어올려 현대화를 달성한다는 것이다.

그 동안 중국은 제1단계 목표를 달성했다. 1990년 GNP는 1980년 GNP의 123%를 기록했으며, 약 4천만 명을 제외한 나머지 11억 국민의 생활수준을 상당히 향상시켰다. 국민 대다수의 의복과 식량은 충분하며, 일부 국민은 여유를 즐길 수 있는 수준까지 향상된 것으로 전해진다. 그러므로 현대화 프로그램 제2단계는 중국에 있어서 제1단계의 결실을 다지고, 이를 바탕으로 21세기 현대화를 완성하기 위한 새로운 가능성을 여는 중요한 시기인 것이다. 바로 이와 같은 중요한 발전계획을 이번 全人大가 결정한 것이다.

그러나 이 결정에 앞서 1990년 말에 열린 당 제13기 7中全會는 당시 중국 지도부의 노선대립으로 인해 경제발전을 추진하는 데 있어서 2가지 기본원칙 즉 개혁과 개방정책을 유지하되 4대 원칙(사회주의 노선, 인민민주독재, 공산당의 영도, 마르크시즘－레닌이즘－毛澤東 사상)을 준수하는 것에 합의했을 뿐 구체적인 문제를 다음으로 미루었다. 예를 들면, 지난 1988년 9월에 시작된 긴축경제정책인 '治理整頓'을 언제까지 계속할 것인지? 지방정부의 경제정책 결정권과 기업의 자율성을 어느 정도 확대할 것인지? 시장경제와 계획경제의 비율은 어떻게 설정할 것인지? 현대화를 달성하는 데 있어서 당의 과도한 권력집중이 장애요인이라면 당·정 간의 권한을 어떻게 분리할 것인지? 경제성장의 부정적인 결과로서 지역과 국민들 사이에 파생되고 있는 빈부격차와 상대적 빈곤, 나아가서 정신적 오염을 어떻게 처리할 것인지? 이에 대한 문제는 결정되지 않았다.

그러나 1991년 3월 25일 全人大에 제출된 李鵬의 보고서는 4대 원칙을 지키면서 개혁·개방정책을 계속 심화 발전시킬 것을 재천명함으로써 중국의 전략이 1990년의 당 제13기 7中全會의 결정과 별로 달라진 것이 없음을 거듭 확인해 주고 있다. 이는 앞서 언급한 여러 문제에 대해서 지도부 내 의견대립이 아직 해소되지 않았음을 의미한다.[2] 그의 보고서는 '治理整頓'의 종결 여부에 대해 구체적인 언급을 회피하고 있으며, 중앙정부와 지방정부, 정부와 기업 간의 경제정책 결정권과 자율성에 대해서 중앙정부의 거시 경제적 통제와 조정권을 강화하는 동시에 기업의 자율성을 제고한다는 선언적 의미를 담고 있고, 시장경제와 계획경제의 비율설정 문제에 대해서도 시장경제와 계획경제를 결합해야 한다는 추상적인 원칙만 밝히고 있다. 나아가서 당과 정부의 조직 문제에 있어서는 경제개혁과 관련된 부분의 제도개선을 제외하고는 지난날 정치구조의 근간이 되어온 일당독제체제를 그대로 유지할 것을 천명하고 있고, 점고되고 있는 빈부격차와 상대적인 빈곤감에 관해서, 이는 단기간에 공동의 번영을 추구하는 과정에서 일어나는 일시적인 현상이며, 정신오염은 4대 원칙을 준수함으로써 극복될 수 있다는 종전의 주장을 되풀이 하고 있다.

10년 프로그램과 8·5 계획이 승인된 1991년 4월의 全人大 이후에도 앞서 제기된 문제점을 해결할 수 있는 중국 공산당대회가 1991년 9월로 예정되어 있었지만 연기되었다. 여기에서 현 중국 지도부 내 노선투쟁은 표면적으로 잘 드러나지 않고 있으나, 그 이면에는 상당 수준에 이르고 있음을 미루어 짐작할

2 1991년 1월 초 중국 공산당 지도자들이 8·5 계획과 10년 프로그램의 최종안을 수립하고자 모였지만, 이때도 지도자 상호간에 노선대립으로 합의를 도출할 수 없었다. *Time*, 1991.1.7, 1991, p.6; 『조선일보』, 1991.3.26.

수 있다.[3] 따라서 이 장은 현 10년 국가발전 전략과 8 · 5 계획을 둘러싼 현 지도부의 노선마찰의 내용과 원인, 그 전개과정을 경제정책 중심으로 살펴보고, 이것이 향후 중국의 권력구조와 정책변화에 어떤 영향을 미칠지를 전망하고자 한다.

2. 鄧小平 체제하 노선투쟁의 전개과정과 그 성격

실제로 중국 공산당 지도부는 지금까지 정책결정 과정에서 단일노선을 유지한 적이 드물었다. 이들은 1930년대 중반부터 1950년 초까지는 비교적 높은 단결력을 유지했으나, 그 전후 중국 지도부는 많은 노선마찰을 빚어왔다. 당시 중국의 권력엘리트들은 중요한 이슈가 등장할 때마다, 상이한 의견 집단을 이루어 자신들의 노선이 정당하였음을 강조하였다. 그러나 다수에 따른 결정이 있고 난 뒤에는 일반적으로 지도부의 단결을 유지하기 위해서 이 결정을 따랐으며, 권력투쟁의 도구로서 노선마찰을 이용하거나 적대적인 세력을 조직적으로 결성하지는 않았다. 그럼에도 불구하고 노선을 달리하면서 파당을 조성하여 권력투쟁의 가능성을 보일 경우에는 숙청이 따랐다.[4]

한편 鄧小平이 최고실력자로 부상한 1978년 이후에도 정치적 숙청은 없었지만 노선투쟁은 계속되었다. 이 시기의 노선투쟁의 성격을 살펴보면 다음과 같다.[5]

---

3 Carol Lee Hamrin, *China and the Challenge of the future: Changing Political Patterns* (Boulder: Westview Press, 1990) 참조.

4 1954년 高崗과 饒漱石의 숙청과 1959년 彭德懷의 숙청, 문화혁명시의 劉少奇와 鄧小平의 숙청, 1971년 林彪와 1976년 4인방의 숙청 등을 들 수 있다.

5 Harry Harding, *China's Second Revolution: Reform after Mao* (Washington D. C.: The Brookings Institution, 1987), pp.70~1; *Beijing Review*, 1991.4.22~28; 안인해, 「중국의 권력엘리트와 정책대립: 하이난성의 양포경제특구개발을 중심으로」, 『한국정치학회』, Vol.26, No.2, 1992, 325~344면. 필자는 권력엘리트의 노선대립이 일정한 시간이 경과한 뒤 되풀이 되는 현상이 아니고 불규칙적인 시간간격에 따라 일어나는 현상이므로 주기라는 단어 대신에 시기로 표현

첫째, 鄧小平 시대의 노선투쟁은 2개의 상이한 의견群(group) 즉 진보성향 개혁세력과 보수성향 개혁세력에 의해서 4차례나 있었다. 제1기는 1978~82년으로서, 鄧小平은 1978년 당 제11기 3中全會에서 4개현대화를 시작할 때 농업에 최우선 순위를 두고, 인민공사제도를 폐지하는 한편 책임생산제를 통해서 농가소득과 생산력을 증대시키고자 했다. 이를 위해 중앙집권적 계획경제를 대폭 완화하는 한편 종래의 자력갱생주의(self-reliance)를 포기하고 대규모 외국자본과 기술도입을 모색하였다.

그러나 농촌경제의 급속한 성장은 1981년부터 농촌인구를 중심으로 소비재의 급격한 수요증대를 가져왔으며, 이는 대규모 건설과 수입프로젝트와 함께 경기 과열현상을 일으켰다. 따라서 陳雲을 중심으로 한 보수성향의 원로세력은 이를 비판하였으며, 鄧小平을 포함한 진보성향의 개혁세력들은 이들의 비판을 수용하여 2년간의 조정정책을 실시하게 되었다.

제2기는 1983~86년으로서, 1982년 9월 당 12기 전국대표대회에서 華國鋒이 실각되고, 그 후임으로 胡耀邦 총서기와 趙紫陽 총리가 등장하였다. 이들 진보성향의 개혁세력을 중심으로 鄧小平은 사회주의 시장경제를 당 노선으로 채택하는 한편 기존 공유제 소유 제도를 개편하고 주식제도, 기업의 자율권, 연해안 지구의 대외개방을 확대하였다. 나아가서 가격과 조세제도를 개혁하고, 국영기업에 대한 정부규제를 완화하는 한편 책임생산제를 통한 농촌에서의 성과를 도시에서 얻어내고자 일련의 개혁조치를 단행했다. 그러나 1985년부터 성장과열로 인한 경제구조의 심각한 불균형과 인플레이션, 나아가서 무역수지의 역조로 개혁정책에 의문이 제기되었다.

여기에서 陳雲은 1985년 9월에 열린 한 회의에서 鄧小平의 개혁조치를 다시 비판하였으며, 중앙의 계획부족과 시장경제 구조에 대한 지나친 의존, 당의 기강해이와 부정부패, 나아가서 사회 전반적인 타락현상을 지적하였다. 1986년

하고 있음. 나아가서 개혁정책을 둘러싸고 개혁세력 내부의 노선투쟁을 필자는 그 성격에 따라 진보성향의 개혁세력과 보수성향의 개혁세력으로 구분하고, 중국 정치의 독특한 면인 원로세력의 역할을 중시하여 3개의 의견 군으로 나누어 노선투쟁의 내용을 살펴보고자 한다.

에도 그는 개혁조치의 부작용이 빚어낸 경제 불안정을 지적하면서 이에 대한 조정정책을 강조하기에 이르렀다. 더욱이 학생들의 시위로 인한 정치적 불안이 가중되면서 보수성향의 원로세력들은 1987년 1월 胡耀邦을 총서기직에서 퇴진시키는 한편 '治理整頓'을 가시화했다.

제3기는 1987~91년으로서, 胡耀邦의 후임으로 진보성향의 개혁세력인 趙紫陽이 들어서면서 시작되었다. 그는 경제성장을 이룩하는 과정에서 지역과 지역 간, 인민과 인민 간의 소득 불균형과 인플레이션을 불가피한 현상으로 보고, 지속적인 경제성장만이 이 문제를 해결할 수 있다고 주장하였다. 이를 위해 그는 소유권의 다원화와 기업경영의 자율권을 더욱 확대하는 한편 보다 합리적인 당・정 분리를 요구하였다. 특히 연해안 개발전략에 따라 연해안에 경제특구를 확대하고, 수출주도형 경제발전을 통하여 경제성장을 도모하고자 했다. 나아가서 자신의 경제발전 전략을 사회주의 초급단계론[6]이라는 이론으로 정당화시키는 한편 시장기능을 강화하는 차원에서 시장경제과 계획경제의 관계를 새롭게 설정하였다.

그러나 趙紫陽은 1988년 1월부터 이 개혁조치를 더 이상 추진할 수 없을 정도로 인플레이션이 악화되어 가격개혁의 정책을 연기하게 되었다. 이어서 1988년 3월에 열린 全人大에서 보수성향의 개혁세력과 원로세력들은 인플레이션, 실업 문제, 경제구조의 불균형, 경기과열, 부패를 지적하면서 가격통제와 중앙의 거시적인 경제계획을 중심으로 한 개혁정책의 조정을 강조하기 시작했다. 1989년 1월에는 鄧小平을 포함한 진보성향의 원로세력은 趙紫陽과 진보성향의 개혁세력에 대하여 공개적인 지지를 하였지만, 이들은 심각한 정치적 위기를 맞았으며 마침내 6월에 있었던 천안문 사태로 말미암아 趙紫陽은 실각되었다.

결국 1989년 11월에 개최된 당 제13기 5中全會에서는 보수성향의 개혁세력과 원로세력의 '治理整頓' 정책에 따라서 1) 인플레이션의 통제와 연 10% 미만

6 *People's Daily*, 1987.11.5, p.4.

의 소비자물가 상승률의 유지, 2) 통화증가의 억제와 예산적자의 감소, 3) 연평균 5~6%의 경제성장률 축소를 결정했다. 그 후 중국의 경제는 실질적인 생산 감소와 경기침체로 1989년에는 1978년 이후 가장 낮은 경제성장률인 3.6%를 기록했다.

제4기는 1992년~97년 2월(鄧小平 사망)로서, 1992년 초 鄧小平이 深圳과 珠海 경제특구를 방문하면서 행한 그의 南巡講話를 계기로 또 한 번의 개혁드라이브가 시작되어, 1992년의 경우 12.8%의 고도 경제성장률을 기록했다. 그러나 통화팽창, 인플레이션, 경기과열로 인해 李鵬 등 보수성향의 개혁세력의 불만이 고조되었으며, 그 결과 1993년 7월부터 계속하여 조정정책을 발표하기에 이르렀다. 중국 정부는 인플레이션을 잡기 위해 우선 14%가 넘는 1993년의 경제성장률을 10%선까지 끌어내리기로 하고, 각종 대형사업의 투자를 재검토하는 한편 가까운 시일 내에 기업 및 개인의 소득세, 유통세, 지방세의 세제개편을 단행하여 중앙정부의 재정수입을 확보하는 동시에 중앙정부의 통제력 강화를 발표했다. 그러므로 李鵬의 10년 프로그램과 8·5 계획에 관한 보고서는 이와 같은 전체적인 흐름 속에서 이해되어야 한다.

둘째, 1978년 이후 중국 지도자들은 선진 사회주의국가 건설이라는 전략적 목표를 달성하기 위해서 지속적 안정과 경제구조의 유기적인 발전을 유지하되, 대외개방과 개혁정책을 추진하고, 시장경제와 계획경제 간의 조화를 추구하며, 교육과 과학기술의 발전을 도모해야 한다는 데 의견일치를 보이고 있다. 그러나 앞서 언급한 대로 각 시기마다 이 개혁과 개방, 경제발전의 방법, 내용, 범위, 속도를 둘러싸고 마찰을 일으켰다. 즉 鄧小平과 趙紫陽 등 진보성향의 개혁세력들은 광범위한 시장경제 원리에 따라 자신들의 급진적인 개혁을 추진하고자 했다. 그러나 陳雲을 위시한 보수성향의 개혁세력은 '새장이론(bird cage theory)'에 따라 계획경제를 새장에, 시장경제를 새장 안의 새로 비유하면서 중앙정부의 거시적인 계획경제의 중요성을 거듭 강조하고 있다.[7]

7 *FEER*, Vol.150, No.45(Nov. 8, 1990), pp.19~20.

따라서 각 시기마다 처음에는 급속하고도 광범위한 개혁과 개방정책이 실시되었으나, 부정적인 결과가 심화되면서, 중국 지도부 내 노선투쟁이 전개되고, 긴축 내지 조정정책이 그 뒤를 이었다. 그러나 이와 같은 노선마찰은 인간관계, 이해관계, 상이한 개성과 가치관, 세대차이 가운데 어느 한 가지 요인에 따라 일어나는 것이 아니고 복합적인 요인에 의해 전개되었다.

셋째, 중국의 정치를 이해하는 데 중요한 요인 가운데 하나는 원로세력의 역할이다. 이들은 자신들의 현재 지위에 관계없이 보다 젊은 지도자들에게 영향력을 행사하여 왔다. 그러므로 정치국에서 투표를 통해서 안건을 처리하는 일은 거의 없으며 '한 사람, 한 표'라는 기준도 적용되지 않는다.[8] 즉 1980년 9월 華國鋒이 총리직에서 실각되었을 때, 鄧小平은 趙紫陽으로 하여금 그 자리를 승계하도록 지명했으며, 그 몇 개월 뒤(1981.6)에는 胡耀邦이 華國鋒을 대신해서 당 주석직을 폐지하고 총서기직을 승계하도록 조처했다.

이와 같은 원로세력의 역할에 관해서 다음과 같이 陳雲이 언급했다. "당 간부들 가운데 노장과 소장 간의 세대차이가 있기 때문에, 원로들이 한꺼번에 당을 떠나서는 안 되고, 당분간 주어진 상황과 실제 필요에 따라 전면에 남아 있어야 한다. 비록 과다한 일상 업무를 감당할 수 없더라도 원로들은 주로 당 간부들을 지도 편달하는 한편, 자신들의 경험을 살려 중요한 문제에 충고하고 체제의 기본 방향으로부터 이탈하지 않도록 세심한 감시와 감독을 하는 데 자신들의 정열을 쏟아야 한다"고 지적했다.[9] 한마디로 그들은 혁명가에게 결코 은퇴란 있을 수 없으며 마지막 순간까지 나라를 위해서 봉사하는 것이 자신들에게 부여된 책임이라고 간주한다.

한편 원로세력의 성격은 鄧小平을 정점으로 한 단일지도체제가 아니고, 陳雲 등 보수성향의 원로들이 鄧小平을 직·간접적으로 제약을 가하고 있는 집단지도체제이다. 陳雲에 의하면 鄧小平의 독주를 견제하기 위해서 모든 중요한 결

8 Parris H. Chang, "China after Mao: Toward the 13th CCP Congress," *Problem of Communism*, May~June, 1987, p.32.
9 *People's Daily*, 1982.9.7, p.2.

정은 집단적으로 충분한 협의를 거쳐야 하며 결코 한 사람이 마지막 결정을 내려서는 안 된다고 주장한다.[10] 이에 대해 鄧小平도 당의 단일지도체제가 지나치게 강조될 때 모든 권력이 부적절하게 당 중앙위에 집중되고 당 중앙위의 권력은 결국 소수의 서기, 특히 당 주석의 수중에 집중되며, 그 결과 당 주석이 모든 일을 주도하고 결정하게 되는 데서 독재가 일어난다고 주장한다. 그러므로 당 주석직을 폐지하고 집단지도체제를 유지하는 것이 일인 독재자를 중심으로 한 권위적인 단일지도체제의 출현을 저지할 수 있는 방법으로 간주하고 있다.[11]

이와 같이 권력구조에 대한 원로세력들의 견해가 일치되고 있는 배경에는 먼저, 이들 원로세력 간의 공유된 인간관계와 경험을 들 수 있다. 이들은 모두 대장정에 참여하였고, 공산혁명의 주체로서 일익을 담당하였으며, 문화혁명 때는 모두 숙청을 경험하였고, 毛澤東 사후 다시 정치일선에 복귀한 공통점을 지니고 있다. 그러나 집단지도체제에 대한 원로들 간의 공통된 견해는 여기에서 끝난다. 鄧小平은 현대화를 조속히 달성하기 위해서는 강력한 지도력이 필요하며, 자신의 '한개 핵심론'에 따라 1993년 3월 江澤民으로 하여금 당·정·군을 장악하도록 조치하였다. 이것은 다음 세대의 권력구조에 대한 자신의 의중을 밝힌 것으로 보인다.

결론적으로 중국은 1978년부터 지금까지 개혁과 개방정책을 통해서 실질적인 생산성 향상을 이룩하였지만 심각한 통화팽창, 가격개혁으로 인한 부작용, 경제구조의 불균형, 만성적인 재정적자로 4차례의 경제조정을 경험하였다. 이것은 정책대안을 둘러싸고 노선 간의 심각한 마찰이 있어왔음을 의미한다. 뿐만 아니라 중국의 권력구조는 제도화가 되었거나, 그 직위에 따라 권력을 행사하기보다 복잡한 인간관계에 의해서 작용되고, 더욱이 집단지도체제의 성격을 띠고 있는 데서 필연적으로 권력의 분산이나 지도부의 단결이 저해될 가능성이 높다. 그러므로 鄧小平은 현대화를 조속히 달성하기 위해서는 무엇보다 정치적 안정

---

10 David Bachman, "Differing Visions of China's Post-Mao Economy: The Ideas of Chen Yun, Deng Xiaoping and Zhao Ziyang," *Asian Survey*, Vol.26, No.3(March 1986) 참조.

11 Parris H. Chang, op. cit., p.31.

과 지도부의 단결이 필수적인 만큼 상이한 노선을 추구하는 세력 간의 설득, 타협, 양보가 불가피하였던 것으로 보인다. 가령 대소 관계에 있어서 陳雲 등 원로세력들은 강경노선을 완화시키고 유화적인 태도를 원한 반면에 진보성향의 개혁세력들은 소련에 대한 타협은 중국의 약점을 노출시킬 것이므로 계속해서 대소 강경 입장을 고집했다. 결국 후자의 양보로 1980년대 중·소 관계 정상화의 물고를 터놓았던 것이다.

3. 李鵬 보고서의 정책방향과 노선투쟁

李鵬의 보고서는 성공적인 제6차 5개년 계획과 제7차 5개년 계획으로 말미암아 1980년의 GNP를 2배로 늘릴 수 있었으며, 제8차 5개년 계획과 10년 프로그램의 바탕을 마련할 수 있었다고 평가했다. 그러나 1980년대의 경우 물질적 발전에 치우친 나머지 정치교육과 이념적 발전을 소홀히 했으며, 급격한 경제발전과 개혁은 과열된 경제성장과 인플레이션을 가져왔고, 일부 경제 분야에서는 지나치게 지방에 권한이 이양된 나머지 중앙정부의 거시적인 통제능력을 현저하게 약화시켰다고 지적하고 있다.

한편 李鵬의 보고서는 1989년 6·4 천안문 사태 직후에 열린 당 제13기 4中全會로부터 2년에 걸친 자신의 재임기간 중에 이념과 정치 분야 외에도 경제 분야에서 '治理整頓' 프로그램을 통해서 경기과열과 인플레이션을 저지할 수 있었다고 주장하면서, 향후 해결되어야 할 많은 과제 가운데 세입과 세출의 불균형에서 오는 재정난, 수요와 공급의 불균형과 이에 따른 유통구조상의 문제점, 경제의 비효율성, 경제구조상의 문제점 등을 구체적으로 열거하고 있다.

가. 정책방향

李鵬의 보고서는 앞으로 10년에 걸쳐 추구해야할 중국 경제발전의 방향을

다음의 5가지로 요약하고 있다.[12]

첫째, 고도 경제성장과 인플레이션을 방지하고 지속적이며, 안정되고, 조화 있는 경제발전을 위해서 총수요와 공급 간의 균형을 강력히 요구하고 있다. 특히 재정, 신용, 외환 및 원자재의 수요와 공급 간의 균형을 강조한다.

둘째, 1980년대 지속적인 산업구조의 변화에도 불구하고 농업기반은 여전히 취약하고, 기간산업과 인프라스트럭처는 여타 산업에 비해 뒤떨어지며, 가공 산업은 지나치게 비대하고, 전문 인력과 노동 분화의 수준은 낮으며, 건설 산업과 서비스 분야 또한 인민의 일상생활과 경제발전의 필요성을 충족시키지 못하고 있음을 지적하고 앞으로 산업화가 가속화되고 무역이 신장되면 산업구조의 근본적인 변화가 더욱 요구될 것이므로, 이에 대한 적절한 대응책을 촉구하고 있다.

셋째, 합리적인 생산력의 지역분배와 지역 간의 경제통합을 강조하고, 중앙과 지방, 지역과 지역 간의 경제에 대한 올바른 정책수립을 요청하고 있다. 그 이유로서 건설프로젝트의 과다중복, 유사한 산업단지의 난립, 불합리한 자원배분, 지역과 시장 간의 여러 가지 장벽으로 인해 합리적이고 통합된 상품생산과 유통에 방해를 받고 있음을 지적하고, 그 개선을 요구하고 있다.

넷째, 지난날 경제 효율성을 제고하기 위한 노력이 있었음에도 불구하고 여전히 생산에 있어서 과다한 원자재 소비, 질적 저하, 건설에 과다한 자원낭비, 완만한 자본회전, 낮은 생산성으로 인한 막대한 기업 손실이 존재하며, 이에 대한 대응책으로 경영의 합리성과 기술향상을 강조하고 있다. 실제로 중국은 7차 5개년 계획 기간 중 농업, 공업, 건설, 교통, 상업 부분에서 총생산은 크게 달라진 것이 없으면서도 원자재 소비율은 1985년의 57.6%에서 1989년 62.1%로 높아졌다.[13] 이는 경제 효율성이 갈수록 악화되고 있음을 증명하고 있다. 따라서 8차 5개년 계획 기간 중에는 10,000元의 GNP를 생산하는 데 소요되는

12 *FBIS-CHI*, 1991.3.27, p.34.
13 *Beijing Review*, 1991.2.18~3.3.

에너지 소비량을 석탄기준으로 9.3톤에서 8.5톤으로 줄이고, 노동생산성을 매년 3.5% 증가시키며, 자본회전 일수는 127일에서 95일로 단축할 것을 제시하고 있다.

다섯째, 계획된 사회주의 상품경제(a planned socialist commodity economy)를 수립하기 위해서 계획경제와 시장경제의 결합을 중시하고, 이에 대한 대응책으로서 다음과 같은 정책을 열거하고 있다: 1) 소유구조에 있어서 공유제를 원칙으로 하되, 생산력의 발전을 위해 그 다원화를 모색하고, 2) 정부와 기업 간의 기능과 책임을 구분하는 동시에 기업의 소유권과 경영권을 분리하고, 국영기업의 경영에 있어서 손익에 대한 책임과 창의력을 발휘하도록 유도하며, 3) 국가의 지침과 관리하에 소비재, 생산재, 자금, 기술, 정보, 주택 및 노동력 시장을 발전시키고, 4) 국가와 집단과 개인 간에, 중앙정부와 지방정부 간에 보다 합리적 분배관계를 수립하며, 5) 중앙정부와 성(省)급에서 가격통제, 세금, 이자율, 환율 등의 수단을 이용하여 경제규제의 효율성을 제고하는 것이다.

나. 노선투쟁

위와 같은 경제정책 방향을 설정하는 과정에서 다음의 노선갈등이 노정되었던 것으로 보인다.[14] 첫째, 계획경제와 시장경제 사이의 우선순위를 둘러싸고 어느 것을 主로 하고, 從으로 할 것인가에 대한 논쟁이 끊이지 않았다. 陳雲의 경우 "새를 너무 꼭 잡으면 죽게 되고, 너무 느슨하게 풀어놓으면 도망간다"고 주장하면서 시장기능이 지나치면 계획경제의 틀이 흔들려 통제력을 상실하게 되고, 계획경제를 지나치게 강조하면 생산성과 경제 활성화의 문제가 발생하므로, 공유제를 기초로 한 계획경제를 主로 하고 시장기능을 從으로 할 것을 주장했다.[15] 그에 의하면 중국의 시장은 결코 자본주의에서 볼 수 있는 자유시장이

14 경제정책에 관한 지도부의 견해 차이를 살펴보기 위해서 David Bachman, op. cit., 참조.

15 *FEER*, Vol.150, No.45(Nov. 8, 1990): 19~20; Nicholas R. Lardy and Kenneth Lieberthal, eds., Chen Yun's Strategy for Development: A Non-Maoist Alternatives (Armonk, N.Y.: M.

아니라 사회주의 경제 원리에 따른 시장이기 때문에 시장기능을 지나치게 과신하여 계획경제를 상대적으로 약화시키는 것을 비판하는 입장이다.

한편 鄧小平은 “새가 날아가지 않을 정도로 최대한 느슨하게 풀어야 하며”, “흰 고양이든 검은 고양이든 쥐만 잘 잡으면 된다”(白猫黑猫論)는 實事求是 정신에 따라 대외 경제개방을 서두르는 한편 시장기능의 긍정적인 역할을 통해서 새로운 경제건설을 표방하고 있다. 이어서 1990년 말 당 제13기 1中全會에서 그는 “계획경제만이 반드시 사회주의가 아니며 시장경제라고 해서 반드시 자본주의가 아니다”라는 이른바 ‘新猫論’을 제창했다. 한마디로 그는 시장기능을 主로 하고 계획경제를 從으로 하는 입장이다. 이에 따라 鄧小平은 1978년부터 농업에 물질적 유인(material incentive) 제도를 도입하여 생산성을 높이고, 1984년부터는 도시에 이를 적용하여 국가재정의 80% 이상을 의존하고 있는 도시기업에 보다 큰 자율성을 부여하는 한편 불합리한 가격제도를 개선하여 도시경제를 활성화시키고자 했다.

나아가서 어떤 품목을 지령성 계획, 지도성 계획, 시장기능에 포함시킬 것인가의 문제는 현실적이고 복잡한 작업이다.[16] 여기에서 보수성향의 개혁세력들은 시장기능에 맡겨도 될 만한 ‘작은 생필품’을 제외하고 나머지는 계획경제 속에 포함시키되 중요 기간산업은 지령성 계획 속에서 통제되어야 한다는 것이다. 이에 반해 진보성향의 개혁세력들은 단지 철, 석탄, 기름, 곡물, 면과 같은 전략품목을 제외하고는 경제활동 가운데 75% 내지 그 이상을 국가통제로부터 벗어나 시장기능에 맡기고, 생산목표 할당제로부터 면제하고자 한다.

이와 같이 상반된 견해에 대해서 李鵬은 자신의 보고서에서 다음의 4가지 기준을 제시하고 있다. 1) 계획경제와 시장경제의 적절한 배합이 과연 필요하며 또 가능한지의 문제가 아니라 어떻게 이 두 가지를 보다 효율적으로 배합할 것인지의 문제이며, 2) 경제구조를 개편하는 과정에서 향후 계획경제의 2가지

E. Sharpe, 1983) 참조.

16 *People's Daily*, 1989.10.10.

요소인 지령성 계획과 지도성 계획(guidance plan)에서 후자의 영역을 넓히는 동시에 시장의 기능을 보다 중시하고, 3) 계획경제는 거시 경제적 차원에서 경제성장의 목표, 총수요와 공급의 통제, 중요 경제 분야의 지역안배와 경제구조의 재조정, 국가 전체 경제에 영향을 미치는 중요한 경제활동에서 역할을 담당하지만, 기업의 생산 활동, 기술향상 및 소규모 건설 프로젝트는 시장기능에 맡겨야 하며, 4) 계획경제의 운영은 균형 있는 경제발전 법칙과 시장의 수요나 공급에 따라 결정되는 가격법칙을 따르되, 시장기능은 국가 전체적인 계획과 법령 및 제도에 따라 운영되어야 한다.

이상에서 李鵬은 계획과 시장 간의 균형이라는 원칙만 제시하고 계획경제와 시장경제의 세부적인 비율설정에 대해서는 언급을 회피함으로써 보수성향의 개혁세력과 진보성향의 개혁세력 간의 타협을 모색하고 있다.[17] 지난날 중국의 경제체제는 지령성 계획이 중심이며, 이것은 구속력을 가지고 일단 하달되면 반드시 실행되어야 한다. 이 지령성 계획은 경제조직 하부체계의 자율성을 위축시키고 신축성과 창의성이 결여되어 경제의 효율성을 떨어지게 하는 반면에 목표 달성이 확실히 보장된다는 장점을 가지고 있다. 한편 지도성 계획은 구성원의 자발적인 노력을 유도하여 효율성을 높이고 상황변동에 신축성 있게 대응함으로써 지령성 계획경제의 경직성을 보완할 수 있다. 그러므로 동보고서는 지령성 계획의 폭을 줄이는 대신 지도성 계획을 넓히려는 노력으로 요약된다. 아울러 불필요하게 통제해온 생필품의 생산, 수급, 가격은 완전히 지령성 계획에서 제외시켜 시장기능에 맡기고, 이에 따른 기업의 조직과 운영을 자율적인 경쟁하에 두겠다는 것이다. 그러나 동보고서는 시장기능의 중요성을 인정하면서도 어디까지나 거시적인 계획에 따라 이루어져야 한다(a planned economy with market regulation)고 주장함으로써 그의 보수 성향을 드러내고 있다.

둘째, 경제정책을 결정하는 과정에서 중앙정부와 지방정부 간의 권한배분을 둘러싸고, 보수성향의 개혁세력은 인플레이션, 재정적자, 실업률 증대, 정치

17 *Beijing Review*, 1990.12.3~9, pp.12~13.

불안, 경기과열을 막고 지속적이며 안정된 경제발전을 위해서는 중앙정부의 거시적인 규제와 통제가 필요하며, 상대적으로 지방정부의 권한은 가급적 축소되어야 한다고 주장한다. 반면에 진보성향의 개혁세력은 앞서 언급한 개혁의 부정적인 면을 수습하기 위한 경제조정 시기에는 중앙정부의 거시적인 통제를 인정하지만, 고도 경제성장을 유지하기 위해서는 이와 같은 거시적인 계획 운영방식을 직접적인 수단보다 간접적인 수단으로 전환할 것을 주장하는 동시에, 지방정부의 자율성을 강화하는 지방분권정책(decentralization)의 가속화를 희망한다.

여기에서 李鵬의 보고서는 거시 경제적 차원에서 국가의 통제 기능을 제고시키고자 중앙정부와 지방정부 간의 합리적인 관계정립을 모색하고 있다.[18] 李鵬에 의하면 개혁과 개방 과정에서 지난날 중앙정부의 권한을 과도하게 지방정부로 이양함으로써 지방정부, 기업, 생산근로자에게 활력을 불어넣는 데 상당한 성공을 거두었으나 그 권한이 지나치게 이양됨으로써 거시적 통제가 신속하게 이루어지지 못했고, 특히 중앙정부의 세수가 축소되면서 중앙정부의 거시적인 통제능력을 약화시켰다. 그러므로 중앙정부가 국가적 문제를 해결할 수 있는 적절한 세수와 통제기능을 확보하기 위해서는 중앙정부와 지방정부 간의 합리적 권한배분의 필요성을 역설하고 있으나 '합리적인 권한 배분'의 구체적 내용을 언급하지 않음에 따라 정치적으로 이 문제의 성격을 희석시키고 있다.

셋째, 경제성장 속도와 관련해서 보수성향의 원로와 개혁세력들은 중국경제가 감당하기 어려운 고도 경제성장으로 인해 고물가 속에서 경기침체까지 보이는 스태그플레이션을 우려하고 있다. 실제로 1980년의 농업과 공업의 생산량을 20세기 말까지 4배를 증대시키기 위해서 연 평균 7.2%의 성장률이 필요하지만, 지난 20년간의 성장률은 9.7%로서 이를 초과 달성하였다.[19] 특히 6차 5개년 계획 기간 중 그 후반의 급속한 경제성장률과 7차 5개년 계획 기간 중 첫 3년

18 Ibid., 1990.10.8~1.
19 Ibid., 1990.10.8~14, p.17.

(86~88) 동안에 이룩한 10.1%의 GNP 성장률은 경기과열 현상을 초래하였다.[20] 특히 1988년 경제성장률은 무려 11.2%(공업의 성장률은 20.7%)를 기록하였으며, 그 해 여름에는 과다한 투자에 비해 소비재, 에너지, 원자재의 부족으로 경제적 긴장이 발생하였다. 특히 투자와 인플레이션의 구조적 불균형을 초래함으로써 그 해 물가인상률은 18.5%로써, 이는 1949년 중화인민공화국 수립 이래 가장 높은 인플레이션이며, 실제로 인민들이 피부로 느끼는 물가인상률은 30%에 달한 것으로 전해진다.[21] 이와 같이 부작용이 통제범위를 벗어날 정도로 심각해짐에 따라 중국은 다시 경제조정 정책을 취할 수밖에 없었으며, 1988년 9월에 개최된 당 13기 3中全會는 경제정책의 수뇌부를 趙紫陽 총서기, 田紀雲 부수상으로부터 李鵬 수상과 姚依林 부수상으로 교체하였다.

그러므로 보수성향의 개혁세력들은 생산력에 대한 투자는 시장규모와 균형을 이루어야 한다는 L. Walras와 J. R. Hicks의 'dynamic equilibrium' 이론에 따라 경기과열에서 오는 부작용을 최소한으로 줄이고 균형 있는 발전을 위해서 적정선의 경제성장률을 지지하고 있다.[22]

그러나 鄧小平과 그의 진보성향의 개혁세력들은 의심할 여지없이 오늘날의 경제성장이 1980년대 초보다 훨씬 더 급속히 이루어지고 있으며, 앞으로도 중국이 선진국 대열에 서기 위해서는 오랜 시간에 걸쳐 지속적인 고도 경제성장이 필요하다고 주장한다. 이 과정에서 빈부 간의 격차, 지역 간의 불균형, 경기과열에서 오는 인플레이션, 경영합리화에서 오는 실업자 증대 등 부정적인 면이 일시적으로 나타나더라도, 이는 극복될 수 있다고 믿는다. 이들에 의하면 금융과 대규모 소비를 강조하는 J. M. Keynes 이론과 P. A. Samuelson의 시장경제이론이나, 헝가리 경제학자인 Janos Kornai의 'shortage' 이론에 따라 중국 경제는 근본적으로 원자재가 부족하기 때문에 중국에서 과잉생산이란 있을 수 없으며, 투자규모가 크면 클수록 좋다는 입장이다.[23] 이들은 천안문 사태 이후 실시한

---

20 Ibid., 1991.2.18~3.3.
21 『조선일보』, 1992.6.15.
22 *Beijing Review*, 1990.12.3~9, p.13.

'治理整頓' 정책은 인플레이션을 진정시키고 공업 부문에서 투자와 생산억제에 부분적으로 성공을 거두었지만, 이는 어디까지나 일시적인 현상이며 전반적으로 경제체제의 무력증을 유발시켜 왔음을 지적하고, 1991년 말부터는 보다 과감한 개혁・개방을 촉구하고 있다.[24] 이번 8차 5개년 계획에서도 이들은 10% 이상의 고도 경제성장을 주장한 것으로 전해지고 있다. 나아가서 1992년 초 鄧小平은 '南巡講話'에서 개혁과 개방의 가속화를 촉구하고, 이를 반대하는 인사들의 퇴진을 요구하였다.

이와 같은 여건 속에서 李鵬은 지난날 중국 경제를 '통제완화－혼란－통제강화－정돈상태－통제완화'라는 악순환의 연속이라고 진단하고, 이 악순환의 고리를 끊고 보다 높은 차원으로 경제를 끌어올리기 위해서는 경제 성장속도를 중심으로 한 발전모델(a growth speed-oriented pattern)보다 균형과 경제적 효과 내지 결과를 중심으로 한 발전모델(an economic return-oriented type)로 전환할 것을 주장하고 있다.[25] 따라서 그는 신규 건설프로젝트를 선호하기보다 기존 기업의 생산성 향상을 위하여 경영합리화와 기술혁신을 도모하며, 경제적 결과를 고려하지 않고 외적 환경변화에 의존하는 관행을 수정하도록 요구하고 있다. 이와 같은 맥락에서 李鵬은 8차 5개년 계획 기간의 연평균 경제성장률은 6%로 산정하고 이 기간 가운데 전반 3년을 계획 중심의 '治理整頓' 정책을 계속 실시하고 후반 2년에 가서 시장화의 확대를 구상하고 있다. 따라서 1991년의 경우 불요불급한 투자를 삭감하고 은행대출을 억제하는 동시에 성장속도를 하향으로 조정하고 물가관리를 더욱 강화함으로써 안정 기반을 다지는 보수성향 개혁세력의 노선을 유지할 것임을 강력히 암시하였다.

그러나 1992년 초 '南巡講話'로 시작된 개혁드라이브 정책은 1992년도에 12.8%와 1993년도 1분기에 무려 14.1%라는 고도 경제성장률을 이룩하였다.

---

23 Ibid., 1990.12.3~9, p.13.

24 조성환, 「천안문 사태 이후 중국의 권력변동과 중국 사회주의 장래」, 한국국제정치학회 영남지회 학술회의 발표논문, 1991.11.9, 23면.

25 *Beijing Review*, 1990.10.8~10.14, p.17; 10.29~11.4, p.8.

이와 같은 고도 경제성장의 결과로 많은 부작용이 있었으며, 이로 인해 1993년 후반에 다시 '治理整頓' 정책을 채택할 수밖에 없었다. 이는 개혁의 속도를 두고 노선 간의 논쟁이 끝나지 않았음을 증명하고 있다.

넷째, 경제구조 개선에 있어서 보수성향의 원로와 개혁세력들은 11억 인구를 가진 중국에서 농업의 성공여부는 전체 경제에 결정적인 영향을 미친다고 믿고, 이에 대한 투자를 증대하는 동시에 농민의 부담을 경감시키는 조치를 원한다. 그들에 의하면 농민은 중국인구의 70% 이상을 차지하고, 정치적 · 경제적 · 사회적 안정차원에서 농업이 차지하는 비중이 높다는 지적이다. 한마디로 이들은 "농업 없이는 사회 안정이 없으며, 식량 없이는 폭동이 일어난다"고 판단하고 있다.

이에 반해 진보성향의 개혁세력들은 1984년 말부터 비농업분야, 특히 수출주도형 경제특구를 건설하는 데 지대한 관심을 기울이고 있다. 이에 따라 1978년 이후 4차례에 걸친 비교적 짧은 '治理整頓' 기간을 제외한 대부분의 기간 중 농업에 대한 투자가 상대적으로 떨어졌다. 예를 들면 6 · 5 계획 기간 중 마지막 해인 1985년 농업, 경공업, 중공업의 비율은 23.9% : 38% : 38.1% 이던 것이 7 · 5 계획 기간의 마지막 해인 1990년에는 그 비율이 17.4% : 42.4% : 40.2%로 나타났다. 나아가서 농업과 공업 사이의 성장비율이 6 · 5기간의 1 : 1.48에서 7 · 5기간 중 1 : 3.28로 떨어졌다.[26]

여기에서 李鵬의 보고서는 경제성장과 함께 급속한 산업화를 필연적인 추세로 인정하고 있음을 그의 재임기간 중에 일어난 위의 경제구조 간의 비율을 통해 잘 드러내고 있다. 그러나 도시와 농촌 간의 분배 불균형이 심화될 경우 농촌인구의 불만이 커질 것으로 전망하고 이에 대한 신중한 대응을 "균형발전"이란 개념으로 표현하고 있다.

다섯째, 부실한 국영기업의 처리 문제를 둘러싸고 중국 지도부는 현재 경제 침체의 주범이 국영기업이라는 데 상호 일치된 견해를 나타내고 있다. 실제로

---

26 *Beijing Review*, 1991.2.18~3.3.

국가 재정수입의 80%를 차지하는 40만 개의 국영기업 가운데 1/3이 적자운영을 하고 있으며, 그 이윤은 해마다 감소되어 왔다. 1990년의 경우 1월부터 9월까지 전년에 비해 60%나 그 이윤이 감소되었고, 이로 인해 생긴 손실을 충당하는 데 무려 84억 7천만 달러를 낭비했으며, 재고는 무려 50%(254억 1천만 달러 상당)나 증가되었다.[27]

이 문제에 관해서 보수성향의 개혁세력들은 대량실업자의 양산과 정치적 불안정을 우려한 나머지 기업의 파산, 폐업 내지 합병으로 유도하지 않고 중앙의 계획경제를 보다 합리적으로 체계화함으로써 이를 해결하고자 한다. 이들에 의하면 자본주의 관행 가운데 위와 같은 방법들이 있지만, 그 결과는 실업자를 양산하는 등 만족스럽지 못한 것으로 간주한다. 왜냐하면 사람은 식량을 가져야 하며, 이것 없이는 사회적 혼란을 가져올 것이 분명하기 때문이다.[28]

한편 진보성향의 개혁세력들은 보수성향의 개혁세력들이 이 문제를 해결하기 위해서 제시한 방법은 지금까지 실패를 거듭했다고 지적한다. 그러므로 이들은 시장경제 원칙에 따라 그 효율성을 제고하지 못하고 문제의 심각성을 가중시키는 국영기업은 과감하게 파산 내지 폐업으로 정리되거나, 보다 건강한 기업에 합병되거나 인수되어야 한다고 주장한다.

여기에서 李鵬의 보고서는 주로 전자에 초점을 맞추어 부실기업의 경영과 환경을 개선하기 위한 다음의 조치를 제시하고 있다. 1) 책임계약제를 개선하고, 2) 기업경영을 정부로부터 분리시키는 동시에 소유권과 경영권을 분리시키며, 3) 기업그룹(enterprise groups)을 발전시키고, 4) 기업의 조직, 인사, 경영을 쇄신하며, 5) 국가로부터 기업에게 불필요한 부담을 가중시키는 행위를 금지시키고 있다.

여섯째, 경제특구와 관련해서 1992년 1월 초 당 중앙고문위 보수성향의 원로 10여 명이 당 중앙에 발송한 공식 서한에서 "경제특구들이 자본주의 노선

27 *FEER*, Vol.150, No.45(Nov. 8, 1990), pp.19~20.
28 *World Press Review*, Vol.38, No.3(March, 1991), pp.26~8.

을 따르고 있으며, 결과적으로 중국을 평화적으로 변혁 즉 和平演變으로 몰고 가려는 서방측 음모의 온상이 되고 있다"고 주장하고 경제특구의 전면폐지를 요구하였다.

한편 鄧小平은 이 서한을 접수한 직후 바로 深圳, 珠海 경제특구를 포함해서 광둥성을 방문하였으며, 이 기간 중에 중요 담화를 "南巡講話"라는 당 중앙의 문건으로 채택하여 4,800만 당원에게 배포하였다. 특히 광둥성을 방문하게 된 배경으로서 이 지역은 1980년대에 평균 19.7%의 경제성장률과 1991년에는 무려 27.7%의 경이적인 성장률을 기록했으며, 외국자본의 60%를 이용하여 5백만 명의 새로운 고용을 창출하고, 중국 수출의 1/6을 담당하였다.[29]

이와 같은 鄧小平의 연해안 개발전략(coastal development strategy)은 중국에서 가장 숙련된 기술과 노동력을 갖춘 이 지역에 외국자본을 끌어들여 내륙의 미개발지역과 연계하여 발전시킨다는 소위 外引內聯 전략에 따른 것이다.[30] 그러나 연해안 지역은 눈부신 발전을 거듭했으나 內聯 효과는 지연되고, 지역간 소득격차는 더욱 심화되었다. 이로 인해 가난한 지역은 자신의 경제적 이해관계를 보호하기 위해서 지역 간의 물자거래를 방해하는가 하면, 특히 원자재가 타 지역으로 유출되는 것을 의도적으로 저지하였다. 뿐만 아니라 연해안을 중심으로 외자유입에 따른 정신오염 상태가 우려할 정도로 심각하게 되자, 보수성향의 개혁세력들이 연해안 개발전략을 비판하기에 이르렀다. 陳雲 등 보수성향의 원로들은 경제특구를 통해서 유입된 외국자본이 중국경제를 다시 착취하지 않을까 우려하고 있다. 1982년의 한 회의에서 陳雲은 경제특구가 조성된 이후 여타 지역에서도 경제특구로 지정되어 외자도입을 희망하고 있음을 지적하고, 이 경우 외국자본이 중국 전역으로 흘러들어갈 것이며, 이들 외국자본의 목적은 단지 중국에서 경제적 이익을 추구하는 것이므로, 여기에서 오는 결과를 경고하였다.[31]

29 Ibid., p.27.

30 *Beijing Review*, 1988.2.8~14, pp.18~23; 2.15~21, pp.7~9; 『중앙일보』, 1984.10.23.

31 *FEER*, Vol.150, No.45(Nov. 8, 1990), pp.19~20.

나아가서, 경제특구를 중심으로 외국자본 유입에 따른 정신오염을 들고 있다. 개혁・개방과 함께 외국인 기술자와 기업인, 그 가족이 이 지역에 거주하게 되고, 외국과의 무역이 증대되면서 이 지역에 거주하는 주민 특히 청소년들이 자본주의 양식에 따른 의식구조의 변화를 보이고, 외국을 무조건 선호하는 경향을 보일 뿐 아니라 마약, 매춘, 도박과 같은 사회적 문제를 일으켜왔다.[32]

이와 같은 부정적인 현상들을 들어 보수성향의 개혁세력은 경제특구를 비판하고, 특히 경제 조정기 동안에는 이 지역에 대한 통제를 강화하였다. 이에 따라 1990년에는 광둥성의 지속적인 발전에 필요한 외국차관의 대부분을 취소하는가 하면, 이 지역의 32%에 해당하는 약 13,000개의 회사를 폐쇄하거나 합병하도록 명령했다.[33] 그러나 경제특구에 대한 외국 기업인들의 우려가 심하되자, 李鵬은 경제 조정기의 이와 같은 경제특구에 대한 정책변화가 외국 기업인들을 위축시키려는 데 목적이 있는 것이 아니고 단지 경제특구에서 일어나고 있는 부정적인 요소를 최소화하는 데 있다고 설명하면서 경제특구와 외자도입을 위한 개방정책을 지속적으로 추진하되 여타 지역과의 균형을 고려하고 있음을 보여 주었다. 그의 보고서는 외부세계에 중국을 개방하는 데 있어서 연해안 지역이 지니고 있는 장점을 최대한 살려서 수출주도형 경제를 발전시키고, 이를 통해 전체 국가경제를 발전시키는 데 관심을 표명하였다. 특히 상하이의 신푸동 지역을 집중적으로 개발하는 데 큰 의미를 부여하였다. 그럼에도 불구하고, 그는 어디까지나 국가의 균형 있는 경제발전과 이를 구체화하는 정책에 우선순위를 둘 것을 거듭 촉구하고 있다.

지금까지 李鵬의 보고서에 나타난 경제정책 방향과 노선 간의 마찰을 일으키고 있는 쟁점을 살펴보았다. 전반적인 흐름은 진보성향의 개혁세력이 1978년부터 농업의 책임계약제를 도입하였으며, 1985년 1월부터 가격체계에 시장기능을 적용하였고, 1987년 10월에 열린 당 13기 전국대표대회에서는 趙紫陽

32 Parris H. Chang, op. cit., p.34.
33 World Press Review, op. cit., p.28.

의 '사회주의 초급단계론'을 통해서 이론적 근거를 확보하는 동시에 특히 1992년 초 鄧小平의 '南巡講話' 후에 열린 당 14기 전국대표대회에서 당 규약으로 시장경제의 원리를 중국 경제건설의 지도적인 개념으로 정립하였으며, 1993년 3월에 열린 全人大에서 헌법 개정으로 이를 확인하였다. 물론 이들 진보성향의 개혁세력들은 시장경제에 바탕을 둔 고도 경제성장이 중국 사회주의 혁명에 획기적인 변화를 가져올 것으로 판단하고 있지만, 실제는 개혁과정에서 나타난 부정적 결과로 인해 보수성향의 개혁세력들의 '治理整頓' 정책을 수용할 수밖에 없었으며, 이로써 양 노선 간의 마찰은 통제된 범위 내에서 조화를 이루어왔다.

여기에서 한 가지 기억해야 할 사실은 진보성향의 개혁세력과 보수성향의 개혁세력이 모든 경제관련 정책에서 노선을 달리하는 것이 아니며, 동일 노선을 걷고 있는 자라도 모든 정책에서 견해를 같이하는 것이 아니라는 것이다.[34] 한 예로 江澤民과 李鵬은 노선을 달리하면서도 1989년 당시 급성장을 하고 있는 농촌의 집단기업이 인플레이션을 선도하고 있다고 함께 비판했다. 한편 같은 보수성향 개혁세력의 대다수가 중앙의 계획경제를 재강화하고, 금융긴축정책과 시장기능의 축소를 주장하였지만, 李鵬은 시장의 자율 조절기능을 더욱 확대하는 동시에 신용차관의 조건을 완화하고, 경제특구와 가격개혁을 계속 추진하였던 것이다.

4. 전망

李鵬의 1990년대 중국의 경제발전에 대한 10년 프로그램과 8차 5개년 계획은 개혁과 개방을 지속적으로 추진하되 4대 원칙의 준수라는 테두리 안에서

34 David Bachman, "Preparing for the Succession," *Current History*, Vol.90, No.557(Sep. 1991), p.253.

그 방향을 설정하고 있는 동시에 보수성향의 원로와 개혁세력, 鄧小平과 진보성향의 개혁세력 간의 상이한 노선을 절충하려는 노력과 함께 李鵬의 중도좌파적인 성향을 드러내고 있다. 즉 노선 간의 이해관계가 첨예하게 대립되는 정치개혁에 있어서는 경제발전에 필요불가결한 최소한의 제도개혁을 제외하고는 정치적 안정을 유지하기 위해 현재의 권력구도를 유지하되 중앙의 권한을 보다 강화하고자 한다. 경제정책에 있어서는 고도 경제성장 정책에서 오는 부작용을 줄이기 위해 안정 기조 위에서 균형 있는 발전을 도모하는 한편 과학・기술의 중요성을 인정하면서도 부르주아 자유화를 저지하기 위한 이념교육을 강조하고 있다.

그러나 이와 같은 李鵬의 타협안이 얼마나 취약한지를 그 후의 사태 진전으로 짐작할 수 있다. 그의 보고서가 나온 직후 鄧小平과 그의 진보성향의 개혁세력들이 개혁과 개방을 위한 새로운 공세를 취하고, 이로 인해 李鵬의 입지는 급속히 약화되었다. 비록 1993년 全人大에서 그의 재임명이 확인되었지만, 그 후 3개월에 걸쳐 공식석상에 일체 모습을 나타내지 않았다.

그러나 지난 6월 이후 경기과열에 대한 '治理整頓'의 필요성이 다시 강조되면서 공식행사에 그 모습을 드러냈다. 여기에서 중국은 현재 표면적으로 1992년 당대회와 1993년 全人大에서 진보성향의 개혁세력이 鄧小平 사후 21세기를 겨냥한 개혁과 개방의 기초를 다지기 위한 권력구조를 구축한 것으로 보이지만, 이면적으로 개혁과 개방을 추진하되 그 방법과 내용, 범위에서 분명히 차이를 드러내고 있는 보수성향의 원로와 개혁세력들의 계획경제와 사회주의 이념노선에 따라 시장경제 구조를 제한하려는 시도를 결코 과소평가할 수 없음을 입증하고 있다.

이와 같은 현재의 노선마찰을 이해하기 위해서는 중국의 현대화를 시작한 지난 1978년 당제11기 3中全會로부터 지금까지 4차례에 걸친 개혁과 "治理整頓"의 순환과정을 분석함으로써 가능하다. 분명히 鄧小平과 진보성향의 개혁세력이 개혁과 개방정책을 급속히 추진하는 과정에서 부작용은 심각했으며, 이들은 개혁 초기부터 보수성향의 원로와 개혁세력으로부터 개혁・개방노선에 대한 비판을 받아왔다. 그 결과 진보성향 개혁세력의 중심이 되어온 胡耀邦, 趙紫陽이 퇴진하고, 시장경제를 바탕으로 한 고도경제성장정책은 안정을 바탕으로 한 균형정책으로 수정되었으며, 이념교육의 중요성과 부르주아 자유화를 반대하는 캠페인이 전개되었다. 그러나 1992년 鄧小平의 '南巡講話'에서 나타난 대로 진보성향 개혁세력의 강한 반발은 党章과 헌법에서 사회주의 시장경제 원칙을 확립하는 한편 당 중앙고문위의 해체, 이념 분야를 주도해온 신4인방을 포함한 보수성향 개혁세력의 대거 탈락을 가져왔다. 나아가서 鄧小平의 사후에도 그의 개혁과 개방정책이 보수성향의 원로와 개혁세력의 공세로 중단됨이 없이 지속적으로 추진되기 위해서 江澤民을 毛澤東 이후 처음으로 당·정·군의 수장을 겸임하도록 하는 한편, 당 중앙위원 가운데 거의 절반을 새로운 인물로 대체하고, 정부 내 41명의 부장과 위원회 주임들 중 22명을 신임각료로 충원하여 권력구조의 기틀을 江澤民을 중심으로 구체화하고, 앞으로 있을지도 모를 江澤民 시대의 불안요인을 최소화하고자 했다.

그러나 현재 진행되고 있는 권력구조의 변화를 제로섬 게임에 따른 권력투쟁으로 해설하기보다 넌-제로섬 게임(non-zero-sum game)에서 타협이란 규칙에 따른 노선투쟁의 결과라고 보아야 할 것이다. 지난날 상이한 노선의 대부라고 볼 수 있는 鄧小平과 陳雲은 오랜 인간관계에 바탕을 둔 타협을 통하여 정치적 위기를 극복하여 왔다.[35] 그러나 鄧小平과 陳雲이 사망한 뒤, 江澤民과 李鵬의 관계는 전자의 두 사람처럼 대장정의 동지도 아니며 문혁과정에서 고통을 분담하고, 복권하는 데 상부상조한 공통분모도 없다.

그럼에도 불구하고 이들은 경제현대화에 무엇보다 필수적인 정치적 안정기반과 지도자 상호 간의 단결을 유지하려는 공통의 명제와 현실적인 이해관계로 인해 노선마찰을 제한하고 공생을 바탕으로 한 타협을 모색할 것으로 보인다.

35 *FEER*, Vol.150, No.45(Nov. 8, 1990), p.19. 陳雲은 1976년 천안문 사태 당시 반혁명으로 낙인찍혀 실각된 鄧小平을 77년에 복귀시키는 데 중추적인 역할을 했으며, 그 후에도 鄧小平의 오른팔이었던 胡耀邦을 1978년에 정치국원으로, 1981년에는 당 총서기로 선임하는 데 중요한 후원자였던 것이다.

왜냐하면 이들 두 노선이 공개적으로 마찰과 대결을 할 경우, 이 '亂'의 와중에서 서로가 얻는 것 없이 희생의 대가를 치를 수밖에 없을 것이다. 결국 타협은 개혁 · 개방과 함께 4대 원칙의 준수라는 상호 모순된 형태로 나타날 것이며, '통제완화－혼란－통제강화－정돈상태－통제완화'라는 현상을 되풀이 할 가능성이 높다. 한편 지금까지 이 현상은 진보성향 개혁세력이 보수성향 개혁세력의 입장을 수용함으로써 나타나는 변증법적 변화과정(dialectical process)이었다.

그러나 앞으로도 이 변증법적 과정에서 진보성향의 개혁세력과 보수성향의 개혁세력 가운데 전자가 중심축이 되고, 후자가 보조축이 될 것인가의 여부는 별개의 문제이다. 江澤民은 鄧小平과 같은 정치적 권위나 카리스마적 자산을 가진 정치인이 아니기 때문에, 지금은 진보성향의 개혁세력이 중심축을 이루고 있는 것으로 진단되지만, 그 계속성 여부는 향후 89세인 鄧小平이 얼마나 더 오래 살아서 그의 지도력을 발휘하느냐에 달려있다. 비록 현재 그가 당 · 정 · 군의 최고 지위를 지니고 있다 하더라도 그는 당 · 정 · 군의 고위간부들과 장기간에 걸쳐 형성된 인간관계를 결여하고 있다. 여기에서 鄧小平 사후 江澤民과 그의 진보성향의 개혁세력이 어느 정도 보수성향의 개혁세력과의 노선마찰을 통제된 범위로 한정시키면서 개혁을 추진할 수 있을지는 미지수이다.

뿐만 아니라 지난날 華國鋒, 胡耀邦, 趙紫陽의 실각에서 나타난 데로 중국의 최고 지도자는 어느 누구도 후계자로 지명 받아 권력을 승계한 경우에는 그 권력을 오래 유지하지 못하고, 그 스스로 쟁취해야만 오래가는 특징이 있다. 그러므로 江澤民이 스스로 정책결정과 수행과정에서 정치적 능력을 발휘하여 진보성향의 개혁세력뿐만 아니라 보수성향의 개혁세력에게도 자신의 노선이 옳았음을 실증해야 한다. 만약 江澤民이 이 점에서 실패한다면 華國鋒, 胡耀邦, 趙紫陽과 같이 단명으로 끝날 가능성을 배제할 수 없다.

한편 중국의 현 지도부는 노선마찰을 떠나 경제발전이라는 하나의 중심과제와 개혁 · 개방 및 4대 원칙의 준수라는 2가지 기본전략에 따라 선진 사회주의 국가를 건설하고자 하나, 향후 경제발전이 가속화되면서 필연적으로 정치와 사회적 변수(politico-social variables)에 커다란 파급효과를 미칠 것이다. 즉 산업화와 함께 도시화가 이루어지고, 교육시설이 확충되면서 문맹률이 낮아지고, 소득 수준이 증대하면서 물질적 요구 외에 자유 · 평등 · 인간의 존엄성에 대한 민주화 요구가 증대될 것이다. 이와 같이 한꺼번에 분출하는 다양한 욕구를 충족시키기 위해서 사회주의와 일당독재체제라는 낡은 이념과 통치기구를 가지고 이 새로운 변화에 적응하기가 쉽지 않을 것이다. 더욱이 1980년대 말부터 시작된 사회주의 몰락과 함께 전 세계가 이념과 체제를 떠나 경제발전과 민주화에 전념하고 있는 현재의 국제상황은 중국 정치체제의 변화 가능성을 제고시킬 가중치 역할을 할 것이다. 물론 이러한 요인으로 인해 중국 공산당이 조만간에 붕괴될 것이라고 주장하지는 않는다. 앞으로도 상당 기간 동안 '개발독재' 형식으로 '서커스와 빵'을 사회구성원에게 적절히 제공함으로써 일당독재체제가 위기를 극복하고 유지될 수 있을 것이다. 그러나 언제까지 이와 같이 이율배반적인 상황이 계속될 것인지 아무도 장담할 수 없는 불확실한 미래가 가로 놓여 있다.

10

江澤民 중심의 집단지도체제와 현대화 전략*

1. 서론

지난 1997년 2월 중국의 최고 지도자 鄧小平이 사망한 뒤 국내외 중국관계 전문가들은 江澤民 시대의 권력구조 성격과 향후 경제정책의 방향을 분석하는 데 상당한 견해차를 보이고 있다. 일부에서는 江澤民을 정점으로 한 단일지도 체제의 확립과 함께 鄧小平의 현대화 정책을 지속적으로 추진할 것으로 예견하는가 하면, 다른 한쪽에서는 江澤民을 중심으로 한 과도기적 집단지도체제의 등장과 함께 현대화 정책을 다소 수정할 것으로 전망하고 있다.[1] 이와 같은 상이한 분석의 배경에는 지난 18년 동안 강력한 리더십으로 정책대립과 권력투쟁을 견제하고 정치적 균형을 유지해온 鄧과 같은 카리스마적인 원로가 없는

* 「강택민 중심의 문민집단지도체제와 경제정책의 방향」, 『국제정치논총』 제38집, 2호, 1998. 12.30, 177~196면.

1 Bruce Bueno de Mesquita and Yi Feng, "Forecasting China's Political and Economic Future," *Problems of Post-Communism*, March / April 1997, pp.14~27.

현 상황에서, 누가 어떤 방법으로 이 권력의 진공상태를 채울 것인지 보는 이의 시각에 따라 다를 수 있기 때문이다.

1949년 이래 중국 공산당 지도부는 단일노선을 유지하였다기보다 노선대립을 빚어왔으며, 상이한 정책대안을 두고 갈등 현상을 일으켜 왔다. 鄧小平 시대에도 집단지도체제의 구성원들이 선진 사회주의국가 건설이라는 국가목표를 설정하고, 이를 달성하기 위해서 개혁・개방정책을 추진하는 데 의견일치를 보였으나 개혁・개방의 내용, 범위, 속도, 방법을 둘러싸고 노선갈등을 빚어왔다. 鄧小平 사망 후 처음으로 5천8백만 명의 중국 공산당원 가운데 2,108명의 대표가 모인 중국 공산당 15기 전국대표대회(1998.9.12~18)에서 江澤民이 전체 당대회 분위기를 주도하면서 지도부 내 안정과 단결을 과시하고 있으나, 그 이면에는 지도부 내의 상당한 마찰이 있었다는 보도가 이를 뒷받침하고 있다.[2]

한편 이 노선투쟁은 1992년 초 鄧小平의 '南巡講話' 이후 鄧小平 중심의 집단지도체제 가운데 鄧과 陳雲 간의 대립에서 볼 수 있듯이 제로섬 게임(zero-sum game)의 권력투쟁이 아니라 넌 제로섬 게임(non-zero-sum game)의 규범으로 작용한다. 따라서 일상적인 정책결정 과정에서는 노선 간의 갈등이 나타나지 않고 공생을 바탕으로 한 설득과 타협이 있었다. 이 경우 대체로 상이한 의견 군(opinion group)을 이루어 자신들의 정당성을 강조하고, 다수의 결정이 난 뒤에는 안정과 단결, 기득권을 유지하기 위해서 그 결정을 따랐던 것이다. 그러나 개인의 이해관계나 노선을 추종하는 집단의 이해관계를 직접 위협하는 중대한 상황에서는 노선투쟁이 표면화되었다. 따라서 이 장은 鄧小平 사후 권력구조의 성격과 경제정책의 방향을 분석하기 위해서 '노선투쟁의 변증법적 발전과정(the dialectical process of two-line struggle)' 개념을 원용하고자 한다.[3]

---

2 *South China Morning Post*, 1997.9.20; *Washington Post*, 1997.9.15.

3 鄧小平 시대의 권력엘리트는 상이한 정책대안을 두고 보수성향의 개혁세력과 진보성향의 개혁세력 간에 갈등현상을 빚어왔다. 노선갈등을 일으킨 구체적인 정책대안으로서 사회주의 민주주의의 개념 정의와 인민들의 정치참여 방안, 중앙정부와 지방정부 간의 권한배분, 당・정 분리와 全人大의 활성화 문제, 지식인들과 학생들의 자유화와 민주화 요구에 대한 대응 방안, 정부의 경제정책 결정권과 기업의 자율성에 관한 문제, 시장경제와 계획경제의 비율

2. 文民집단지도체제

천안문 사태 이후 등장한 집단지도체제의 구성원인 江澤民, 李鵬, 朱鎔基는 과거와 달리 군의 경험과 경력이 전혀 없는 민간 기술관료 출신이다. 이것은 중국의 권력구조 성격을 분석하는 데 있어서 民·軍관계에서 文民 우위라는 새로운 환경을 제공하고 있다. 따라서 이 장은 이를 강조하기 위해서 '文民'이라는 개념을 사용하고 있다. 집단지도체제 또한 사회주의국가인 중국에서 생소한 개념이 아니다. 먼저, 鄧小平 시대의 권력구조는 鄧小平을 정점으로 한 단일지도체제가 아니고 陳雲 등 보수성향의 원로들이 鄧小平에게 직·간접적으로 제약을 가하는 집단지도체제의 성격을 띠고 있으며, 鄧小平은 이 집단지도체제의 중심이었다. 나아가서, 鄧小平은 자신이 사망한 이후에도 현대화를 지속적으로 추진하고자 진보성향의 개혁세력을 중심축으로 삼고, 보수성향의 개혁세력을 보조축으로 한 집단지도체제의 내실을 꾸준히 다져왔다. 따라서 鄧小平 사망 직후 江澤民을 중심으로 한 집단지도체제가 자연스럽게 등장하였다. 이와

설정, 경제성장 속도에 관한 문제, 지역과 인민 간의 소득격차 문제, 부정부패와 정신오염에 대한 진단과 처방 등을 들 수 있다. 그러나 양 세력은 경제현대화에 필수적인 정치적 안정기반과 지도자 상호간의 단결이라는 공통의 명제와 함께 현실적인 이해관계로 노선마찰을 제한하고 공생을 바탕으로 한 타협을 모색하여 왔다. 그 결과 진보성향의 개혁세력이 보수성향의 개혁세력의 노선을 수용함으로써 4차례나 고도 경제성장과 '治理整頓' 사이에 변증법적인 변화과정을 보여주고 있다. 따라서 중국 정치를 분석하는 개념 가운데 하나로써 '노선투쟁의 변증법적 발전과정'의 유용성이 많은 학자들에 의해서 지적되어 왔다. 이 개념에 관한 보다 구체적인 참고자료는 다음과 같다: Richard Baum, *Burying Mao: Chinese Politics in the Age of Deng Xiaoping* (Princeton: Princeton Univ. Press, 1994), pp.5~12; Kenneth Lieberthal, "The Politics of Modernization in the PRC," *Problems of Communism*, May / June 1978, pp.1~17; Harry Harding, *China's Second Revolution: Reform after Mao* (Washington D.C.: The Brookings Institution, 1987), pp.70~71; Bill Brugger and Stephen Reglax, *Politics, Economy and Society in Contemporary China*(Stanford, CA: Stanford Univ. Press, 1994), pp.48~88; 김영문, 「10년 국가발전 전략과 8·5 계획 속에 나타난 중국 지도부의 노선투쟁에 관한 연구」, 『국제정치논총』 제33집 2호, 1993, 225~244면; 김영문, 「鄧小平 시대의 脫중앙집권화와 反분권화 갈등구조」, 『중소연구』 제18집 제3호, 1994, pp.119~138; 김영문, 「중국 지도부의 정치발전 전략과 노선투쟁」, 『대구·경북정치학회보』 제2호, 1994, 111~129면; 김영문, 「鄧小平 사후 중국 권력구조의 성격분석」, 『대구·경북정치학회보』 제4호, 1996, 73~110면.

같은 맥락에서 鄧 사후 처음으로 열린 당 15기 전국대표대회에서 행한 江澤民의 연설을 관영매체가 '집단의 지혜를 집약한 것'으로 표현함으로써 집단지도체제 내 그의 위치를 설명하고 있다. 한편 동 매체는 鄧小平의 생존 시에는 江澤民을 '제3세대 집단지도체제의 중심'으로 기술하였지만, 여기에서는 "당 총서기 江澤民을 우두머리로 한 제3세대의 중국 공산당 집단지도체제"라고 2번이나 언급함으로써 '중심' 아닌 '집단지도체제'를 거듭 강조하고 있다.[4] 이와 같은 맥락에서 鄧 사후 등장한 文民집단지도체제와 권력기구 상호간의 역학관계, 현 집단지도체제의 성격, 앞으로 이 집단지도체제의 변화 가능성 등을 살펴보고자 한다.

첫째, 江澤民 초기의 집단지도체제의 구성원은 당, 정부, 全人大를 대표하는 江澤民, 朱鎔基, 李鵬이다. 이들은 鄧小平이 남기고 간 권력의 진공상태를 메울 수 있는 주요한 권력의 경쟁자들인 동시에 당분간 중국정치의 주류를 형성하고 있다. 이와 같은 배경으로서 鄧小平이 1978년 4개 현대화를 시작한 이래 당, 정, 군, 全人大의 성격, 위상 및 역학관계의 변화와 집단지도체제의 구성원들 가운데 카리스마적인 리더십을 보유한 지도자의 부재를 들 수 있다.

1) 鄧小平은 1978년 3월 18일 국가과학회의에서 중국 공산당의 역할을 기존의 총체적인 지도력에서 정치적인 지도력으로 재정의하고 있다. 그에 의하면 지난날 중국 공산당은 정부, 군, 全人大 등 모든 조직을 통제하고 지휘, 감독하는 권력의 중심이었다. 그러나 앞으로 당은 모든 분야에서 권력을 독점하거나 간섭해서는 안 된다는 것이었다.[5] 당시 이와 같은 당 지도력에 대한 새로운 정의는 당의 지도적인 위치에 근원적인 변화를 시도한 것이 아니라, 당이 경제현대화라는 지상과제를 효과적으로 추진하기 위해서 정부와 여타 사회경제적 조직에게 더 많은 재량권을 부여하기 위한 것이었다. 그러나 결과적으로 당 지도력의 약화는 다른 조직의 위상 강화와 함께 당과 이들 조직 간의 역학관계

4 *Beijing Review*, 1997.10.6~12, pp.4~5.
5 *Selected Works*, op. cit., pp.113, 153.

에 상당한 영향을 미쳤다.[6]

나아가서 당에 대한 일반 대중들의 지지 또한 약화되었다. 지난날 혁명적인 이념을 기반으로 대중정당의 성격을 지녔던 중국 공산당은 점진적으로 엘리트 정당으로 변함으로써 일반 대중으로부터 유리되어 갔다. 즉 당 15기 전국대표대회에 선출된 중앙위원의 분석에서 이와 같은 엘리트 당으로서의 가속화를 찾아볼 수 있다. 이 당대회에서 선출된 344명의 당 중앙위원들은 지난번보다 젊고, 더 많은 교육을 받은 기술관료 출신들이다. 이들 가운데 무려 63%가 초선위원이며, 평균연령은 55.9세로 지난번 대회 때 56.3세에 비해 다소 젊어졌으며, 교육정도 또한 지난번의 61%가 대학수준의 교육을 받은 것에 비해 이번에는 그 비율이 72%로 높아졌다. 특히 과학, 공학, 경영, 금융 등의 전문교육을 받은 기술관료 출신의 중앙위원이 56%로서 지난번의 40%에 비해 훨씬 높다.

아울러 중국 공산당은 정권을 수립한 지 50년이 지나면서 과거와 같은 혁명적 열정이 점점 식어갔으며, 이념적으로 대중을 강제로 동원하고 사회경제적인 하부조직에 대하여 당의 통제력을 행사해온 당의 기능 또한 서서히 약화되어 갔다. 특히 1990년대 들어서면서 당을 이탈한 기층 당원의 증가로 도시의 국유기업과 향 및 진에 있는 당 조직의 1/3이 기능을 제대로 발휘하지 못하고 있는 것으로 전해지고 있다.[7] 그 결과 한 여론조사에 의하면 응답자의 71.6%가 대중들의 일상생활에 당이 아무런 영향을 미치지 못하고, 단지 5.4%만이 그 영향을 받고 있다고 답하고 있다. 또한 당 기관지인 『인민일보』와 『광명일보』의 경우 그 구독률이 각각 28%, 35%나 감소되었다.[8] 이와 같은 기층인민들이 지닌

---

6 *People's Daily*, 1986.9.3.

7 Suisheng Zhao, "Political Reform and Changing One-Party Rule in Deng's China," *Problems of Post-Communism*, Vol.44, No.5, September / October 1997, pp.17~8. 통계에 의하면 1995년 유랑당원의 수가 전체당원의 5%(2백5십만 명)이며, 지방의 경우 이 숫자가 무려 10%로서, 이들의 상당수가 풀뿌리 당 조직의 책임을 지고 있는 간부들이다.

8 *FBIS-CHI*, 1995.2.6, p.24. 이와 같은 숫치는 같은 질문에 대한 미국 국민들의 응답과는 대조적인 반응을 보이고 있다. 즉 미국의 경우 단지 10%만이 지방정부가 자신들의 일상생활에 아무런 영향을 미치지 않으며, 무려 1/3 이상이 상당히 영향을 미치고 있다고 답한다. Suisheng Zhao, op. cit., p.19. 『인민일보』는 1992년의 2백3십만 부가 1993년에 1백6십5만

지방 당과 관영 언론매체에 대한 무관심 내지 부정적인 태도는 1990년대에 중국 공산당이 기초 하부조직으로 갈수록 인민을 동원하고, 이들의 지지를 유인할 수 있는 능력을 상실해 가고 있음을 그대로 반영하고 있다.

2) 당 지도력의 약화는 기존 당·정관계의 변화를 가져왔다. 먼저, 정부의 위상 변화는 이번 당대회의 중앙위원 가운데 26%가 중앙정부의 각료급 출신이며, 이는 지난번 18%보다 높아졌다는 데에서 잘 나타나고 있다. 나아가서 인사제도에 있어서 각급 당 서기나 당 위원회 상무위원들로 하여금 정부의 직책을 겸임하지 못하도록 하고, 공개경쟁과 업적평가를 중심으로 한 새로운 공무원제도를 통해서 정부의 기능을 효율화하는 한편 정부의 인사에 대한 당의 개입을 제한하였다. 특히 1993년 8월 14일 국무원에 의해 반포된 공무원 임시규정안은 기존의 당에 의한 임명제 외에 공개경쟁 시험과 업적에 따라 간부를 채용하고 승진시키는 내용을 제도화하였다. 이와 같은 정부 인사제도의 변화는 당에 의해서 정치적으로 임명된 공무원의 수가 정부 내에서 현저히 감소됨을 의미한다.

더욱이 같은 상하이 출신이면서도 정치적으로 江澤民과 마찰을 빚어온 정치국 상무위원회 서열 5위인 朱鎔基 부총리가 정치국 상무위원회 서열 3위이자 총리로 승격된 사실은 朱鎔基를 견제하기 위하여 심복인 吳邦國 부총리를 총리로 승격시키고자 노력하였던 江澤民에게 또 하나의 부담이었다. 朱鎔基는 지난 1992년부터 다시 시작된 고도경제성장정책의 여파로 심각한 후유증을 경험하고 있던 중국경제를 진정시키는 데 중심 역할을 해온 인물로 전해진다. 따라서 그는 향후 경제 문제에 관한 한 중앙정부의 권한을 강화하여 경제개혁을 효과적으로 추진하려고 할 것이다.[9]

3) 全人大는 수년 전부터 당과 정부, 중앙과 지방의 가교역할을 통해 입법 및 감독기구로서의 입지를 강화하는 데 비교적 성공적이었다. 과거의 일당독제 체제하에서 당·정의 고무도장(rubber stamp)에 불과했으나 全人大는 李先念,

부로, 『광명일보』의 경우 1992년의 2백3십만 부에서 1993년의 1백5십만 부로 감소되었다.

9 Willy Wo-Lap Lam, *China After Deng Xiaoping: The Power Struggle in Beijing Since Tiananmen* (N.Y.: Wiley, 1995), p.345; Fewsmith, op. cit., p.255.

彭眞, 喬石의 리더십에 의해서 보다 공개적인 협의기구체로서 발전하였다. 이들에 의하면 "민주주의는 제도화되고 법적으로 조문화되어야 한다. 그렇게 되어야만 이 제도와 법은 지도부의 변화에도 불구하고 변하지 않는다"라고 주장하면서 全人大를 국가헌법이 명시한 권력의 최고기관으로서 정부를 감시・감독하는 기능을 강화하는 한편 과거 어느 때보다 많은 법안을 심의 통과시킴으로서 全人大의 역할증대를 도모해왔다. 특히 差額選擧制하의 全人大 대표들은 과거보다 책임감과 정치적 의식을 갖고 있음으로 인해 당이 全人大를 과거와 같이 완전히 통제하는 것은 용이하지 않다. 특히 1980년대 초 이후부터 당이 주요결정에 있어서 全人大를 완전히 통제한다는 기존의 관념은 서서히 퇴색되어가고 있다는 사실을 全人大 대표들이 당의 결정을 종종 무시한 데서 찾아볼 수 있다. 이 변화는 1983~84년의 반정신오염 운동, 1987년의 반부르주아 자유화운동, 심지어 1989년의 천안문 사태 이후의 반자유화, 민주화운동이라는 혼란의 와중에도 계속되었다.

이와 같은 全人大의 위상 변화는 집단지도체제하에서 지도자들의 상호경쟁과 全人大를 자신의 권력기반으로 삼고자 하는 동기가 중요한 역할을 하였다.[10] 全人大 주석 喬石은 全人大 국가의 최고 권력기구라는 헌법상 권리를 이용하여 당과 정부를 견제하려고 시도하였다. 그가 全人大의 주석으로 있는 기간 중 1993~95년 사이에 무려 70건 이상의 법안이 통과된 사실은, 1979~96년의 18년 동안에 304건의 법안이 통과된 사실과 좋은 대조를 이루고 있다. 특히 1997년에는 '법의 지배'를 확립하는 이정표로 볼 수 있는 형사법과 민법이 그의 노력으로 통과되었다.[11]

---

10 Pitman B. Potter, "Curbing the Party: Peng Zhen and Chinese Legal Culture," *Problems of Post-Communism*, Vol.45, No.3, May / June 1998, pp.17~28; Murray Scot Tanner and Chen Ke, "Breaking the Vicious Cycles: The Emergence of China's National People's Congress," *Problems of Post-Communism*, Vol.45, No.3, May / June 1998, pp.29~47.

11 Shi Sha, op. cit., pp.42~43; Li Jinshan, "The NPC System and Its Evolution: From Nomenklatura to Selectorate," *Issues & Studies*, Vol.34, No.3(March 1998), p.19. 喬石 全人大 주석은 1993년 3월에 취임한 후 사회주의 민주주의와 법률제도 사이에 불가분의 관계를 언

같은 맥락에서 全人大 상무위원회 주석직을 승계한 李鵬은 현재 집단지도체제의 성격을 고려하여 헌법이 부여한 全人大의 역할, 즉 정부를 감독하고 입법하는 권한을 강조하면서 자신의 정치적 지경을 넓힐 것으로 전망된다. 더욱이 분권화가 진행되면서 향후 중앙당과 중앙정부의 통제력이 약화되고, 도시에 대한 농민들의 상대적 박탈감과 이로 인해 도시로 유입된 농촌 인구의 극한적인 생활고가 심화되며, 당・정・군의 간부들과 그들의 자녀들 소위 태자당의 부정・부패에 대한 국민들의 원성이 고조되고, 국유기업의 근로자들은 실직 가능성으로 불안해하며, 청소년들의 정신오염 상태와 범죄율이 날로 심각해질 경우, 李鵬은 상기 문제들을 해결하는 과정에 능동적으로 참여하고, 다양한 사회적 이해관계의 충돌을 해소하고 이들의 요구에 대한 보다 폭 넓은 반응을 보임으로써 당과 일반 대중에게 지도자로서 자신의 이미지를 제고하는 데 全人大를 적극적으로 이용할 것이다.[12]

4) 일부 중국관계 전문인들은 鄧小平 사후 위기상황이 발생하거나, 과도기적 집단지도체제에서 단일지도체제로 이행하는 과정에서 지도자들이 군부의 지지를 받아 내고자 할 때 지난날 군의 정치적 역할로 미루어 군부의 정치개입을 배제할 수 없다고 주장한다.[13] 분명히 중국의 인민해방군은 국가의 군대가 아니라 당의 군대이며, 정치성이 배제된 서구식 직업군인 제도가 확립되어 있지 않고 "권력은 총구로부터 나온다"는 毛澤東의 어귀에서 찾아볼 수 있듯이 중국에서 군부의 정치개입은 하나의 정치문화로 자리 잡고 있다. 그 대표적인 사례로 문화대혁명과 6・4 천안문 사태에서 혼란을 수습하기 위한 군부의 개입을 들 수 있다.

급하면서 조속한 시일 안에 민주적인 법제도의 완성을 약속하고, 이를 위해 각급 정부의 정책결정 과정에서의 민주화, 정부활동에 대한 全人大의 기능 활성화를 촉구하여 왔다.

12 K. Griffin and Zhao Renwei, eds., *The Distribution of Income in China* (London: Macmillan, 1993), pp.34, 82; *Beijing Review*, 1995.4.3~16, p.2.

13 James A. Gregor, "The People's Liberation Army and China's Crisis," *Armed Forces and Society*, Vol.18, No.1(Fall 1991), pp.7~28; Chong-pin Lin, "The Stealthy Advance of China's People's Liberation Army," *The American Enterprise*, Jan. / Feb. 1994, pp.29~35.

그러나 이들은 향후 군의 정치개입을 최소화하는 데 변수가 될 수 있는 3가지를 과소평가하고 있다. 먼저, 오늘날 중국이 처하고 있는 사회·경제적 상황이 혁명적 위기상황이 아니며, 분권화 과정도 공국현상(公國現狀)을 일으킬 정도가 아니다. 대만문제 또한 대만총선 이후 진정국면에 있으며, 베이징 정부 내 지도자 간의 노선투쟁은 있지만 통제된 범위 안에 있어 군의 정치개입이 정당화될 수 없는 상황이다.

나아가서, 鄧小平의 군 현대화 작업은 군의 전문성과 직업성을 강조하여 왔으며, 그 결과 극소수의 최고위 장성을 제외한 대부분의 장성과 중견간부들 가운데 정치성향을 띈 정치군인은 그 어느 때보다 적다. 특히 중국은 1980년부터 당원의 군 입대가 승난되었으며, 인민해방군 간부들은 정치적 임용보나 사관학교 졸업생들로 충원되고 있고, 이 외에도 군의 인사, 예산, 교육, 훈련이 효율성·합리성·객관성에 따라 제도화되고 있는 실정이다.[14] 특히 군의 커리큘럼은 전문성에 관련된 내용이 주를 이루고 있으며, 정치교육이 차지하는 비율은 현저히 줄어들어 과거 1960년대만 하더라도 40%를 차지하던 것이 1980년대 초에는 20%로 줄어들었으며, 1990년대 들어와서도 이 추세는 계속되었다. 따라서 일부 장성을 포함한 중견간부들이 군의 전문성과 비정치성을 내세워 천안문 사태를 수습하기 위한 계엄령에 군이 동원되는 것을 반대하거나 비판한 것은 이와 같은 인민해방군의 성격변화에서 설명될 수 있다. 당시 중국의 정예부대인 제38군이 동원명령을 받았으나 군사령관은 비무장한 인민을 상대로 무력을 행사하는 것에 반대하여 칭병을 구실로 병력이동을 지연시켰다. 당시 군부는 합법적인 절차에 따른 당의 명령에는 복종하겠지만 특정 원로의 초법적인 결정에 따라 병력을 움직이는 것에는 반대했던 것으로 전해진다. 실제로

14 David Shambaugh, “The Soldier and the State in China: the Political Work System in the People’s Liberation Army,” *The China Quarterly*, No.127(Sep. 1991), pp.527~68; Harlan W. Jencks, “Civil-Military Relations in China: Tiananmen and After,” *Problems of Communism* (May~June 1991), pp.14~29; Nan Li, “Changing Functions of the Party and Political Work System in the PLA and Civil-Military Relations in China,” *Armed Forces & Society*, Vol.19, No.3, Spring 1993, pp.393~409.

鄧小平은 무력사용을 결정하는 과정에서 당 지도부와의 공식협의를 배제하고 소수의 원로, 퇴임 내지 퇴임 직전의 군의 간부로부터 지지를 구하는 형식을 취했다.[15] 그러므로 鄧 死後 중국이 처할 위기의 정도에 따라 군부가 과거와 마찬가지로 정책결정 과정에 영향력을 행사할 수 있는 중요한 비토그룹으로 존속할 수는 있으나, 文民집단지도체제의 견제와 군 현대화에 따른 전문성과 직업성의 강화로 말미암아 향후 군의 정치개입은 상당히 축소될 것으로 보인다.

5) 중국 공산당은 권력승계에 따른 제도적 장치가 불완전하기 때문에 지금까지 후계자로 지목받아 성공한 예가 없었다. 따라서 집단지도체제의 구성원들 가운데 최고 지도자가 되기 위해서는 스스로 카리스마적 리더십을 발휘하여 지도부의 마찰을 통제된 범위로 한정시키면서 정책결정 과정에서 자신의 결정이 옳았음을 증명해야 한다. 여기에서 일부 중국관계 전문가들은 鄧 사망 직후 江澤民을 중심으로 한 단일지도체제가 등장할 것이라는 가정을 제시했다.[16] 즉 鄧小平이 사망하기 이전부터 江澤民은 자신의 권력기반을 강화하고자 부정・부패척결을 통해 정적들을 제거하는 한편 자파세력을 당・정・군의 주요 인사로 승진 기용하여 왔다.

특히 江澤民은 군의 경력이 없는 자신의 약점을 보완하고 군의 지지를 확보하기 위하여 국방예산의 대폭 증액과 함께 군의 대규모 기업 활동을 허용하고 군의 정치적 위상을 강화하여 왔다. 따라서 1977년과 1987년 사이에 당 정치국 내 군부출신이 57%에서 11%로, 당 중앙위원은 31%에서 17%로 감소되었으나, 江澤民이 군사위 주석직에 취임한 이후 당 14기 전국대표대회(1992.10)에서 군 출신인 劉華淸이 당 정치국 상무위원회 상무위원으로 선출되었으며, 당 정치국

15 June Teufel Dreyer, "The People's Liberation Army and the Power Struggle of 1989," *Problems of Communism* (Sep~Oct 1989), pp.41~48; *FEER*, 1990.2.1, p.22; *Beijing Review*, 1989.11.27~12.3, p.7; Chong-pin Lin, op. cit., p.32.

16 *FBIS-CHI*, 1992.3.2, pp.26~9; David Shambaugh, "The CCP's Fifteenth Congress: Technocrats in Command," *Issues & Studies*, Vol.34, No.1(January 1998), pp.1~37; Joseph Fewsmith, "Jockeying for Position in the Post-Deng Era," *Current History*, Vol.94, No.593 (June 1995), pp.252~256.

은 10명의 현역 내지 퇴역 장성들로 증가되었고, 당 중앙위에도 189명 중 군 출신이 46명으로 24.3%를 차지하였다.[17]

그러나 江澤民의 카리스마적 리더십의 결여는 곳곳에서 감지되어왔다. 먼저 文民집단지도체제하에 열린 당 15기 전국대표대회 중앙위의 군 대표는 21.2%(41명)로 떨어졌다. 더욱이 군이 군사장비로부터 제약회사에 이르기까지 광범위한 경제활동을 하면서 부실경영과 부정부패가 만연하였으며, 군부 지도자들은 이를 일소하는 데 성의를 보이지 않았다는 것이다. 이를 이유로 江澤民은 1998년 7월에 인민해방군의 경제활동을 전면 중단한다는 결정을 발표할 수밖에 없었다.[18]

뿐만 아니라 鄧 사후 江澤民은 단일지도체세를 구축하기 위한 다양한 계획을 구체화하고자 했으나 이것이 좌절되었다. 먼저 江澤民은 당 주석직을 부활하여 스스로 주석직에 취임하고자 하였으나 무산되었다. 이 사실은 鄧小平이 한 개인에 대한 우상숭배와 권력의 집중을 방지하기 위해 주석직을 폐지하였기 때문에, 당 주석직의 부활은 江澤民에게 자신을 중심으로 한 단일지도체제의 확립이란 상징적인 의미를 지니고 있었다. 나아가서 정치국 상무위원의 수를 7명에서 9명으로 증원하여 자신의 지역기반인 상하이 출신 인사, 예를 들면 부총리 吳邦國이나 당 선전부장 丁關根, 나아가서 군의 기반이 약한 자신의 입지를 강화하기 위한 포석으로 군 장성 중 국방부장 遲浩田이나 군사위 부주석인 張萬年을 상무위원으로 충원하고자 하였다. 그러나 이와 같은 그의 시도는 喬石과 81세의 군부원로이자 상무위원인 劉華淸의 반대에 부딪쳤으며, 李鵬을 제외한 나머지 상무위원 李瑞環, 朱鎔基, 胡錦濤로부터도 지지를 얻는 데 실패함으로써 무산되었다. 오히려 喬石의 상무위원 자리는 그의 심복인 베이징 당

---

17 David Shambaugh, op. cit., p.46; *FBIS-CHI*, 1989.4.4, pp.51~2; *FEER*, 1992.10.29, p.16; Li Cheng and Lynn White, "The Army in the Succession to Deng Xiaoping," *Asian Survey*, Vol.34, No.8, Aug. 1993, pp.758~60; Chong-pin Lin, op. cit., p.32.

18 Diana Hwei-An Tsai, "Regional Inequality and Financial Decentralization in Mainland China," *Issues and Studies*, Vol.32, No.5(1996), pp.40~71.

서기대리이자 중앙 기률검사위 서기인 尉健行으로, 그리고 劉華淸의 상무위원 자리는 특별히 어떤 정치적 세력과 연결이 없는 대외무역 전문가인 부총리 李嵐淸으로 충원되었다. 뿐만 아니라 당 15기 전국대표대회에서는 22명의 정치국원 가운데 7명이 새롭게 선출되었지만, 이들 가운데 친 江澤民 세력인 遲浩田과 張萬年만이 정치국원으로 선출되는 데 그쳤으며, 나머지 정치국의 빈자리는 국무원 서기장이자 李鵬의 심복인 羅幹과 베이징 시장 高慶林과 海南省 서기 李長春, 중앙서기처 서기인 溫家寶, 산둥성 서기인 吳官正으로 채워졌다. 江澤民의 친위대인 상하이파 가운데 중앙판공처 주임인 曾慶紅이 정치국 후보위원으로, 대외무역 교섭 전문가이자 유일한 여성으로서 吳儀가 정치국 후보위원으로 임명되었다. 여기에서 江澤民은 당 정치국과 정치국 상무위원회의 인사이동에 대한 그의 구상이 실패로 돌아감으로써 그의 정치적 권위와 리더십에 심각한 손상을 입게 되었다.

더욱이 江澤民은 정치국원의 은퇴연령을 70세로 정하여 정적인 喬石을 실각시키려는 그의 계획 또한 난관에 봉착했다. 당시 상무위원 가운데 劉華淸이 81세, 喬石이 73세, 江澤民이 71세이며, 정치국원 가운데도 楊白氷이 77세, 鄒家華가 71세였다. 이와 같은 상황에서 江澤民은 원로 薄一波의 지지로 당 총서기직에 남아있을 수 있었지만, 5년이 지난 후 당과 정부의 모든 직책으로부터 사임하는 데 동의하도록 江澤民이 강요받은 것으로 보인다.[19]

결론적으로 중국의 권력기구를 대표하는 당·정·全人大·군의 위상 및 성격 변화와 함께 江澤民의 카리스마적 리더십의 결여로 그는 단일지도체제를 확립하는 데 실패하였으며, 이로 말미암아 당·정·全人大를 대표하는 江澤民, 李鵬, 朱鎔基의 과도기적 집단지도체제가 한동안 중국 정치에 중심적인 역할을 할 것으로 보인다. 군은 비록 집단지도체제의 구성원이 아니라 하더라도 상황에 따라 비토권을 행사할 수 있는 집단으로 남아 있을 것이다.[20]

---

19 *South China Morning Post*, 1997.9.20.

20 Shi Sha, "Changes in the NPC," *China Times Magazine*, 170(1995), pp.40~41.

둘째, 현재의 과도기적 집단지도체제는 '집단지도체제 가운데 중심'이라는 차원에서 권력을 행사한 鄧小平 시대의 카리스마적 통치와 비교할 때 근본적으로 그 성격에서 차이가 있다.

1) 현재의 과도기적 집단지도체제 내 파워엘리트의 상호관계는 현재의 위치를 유지하는 동시에 다가올 권력의 변화를 대비하여 '견제와 균형(check & balance)'의 원리가 작동하는 '야합과 경쟁(collusion and contention)'을 되풀이 할 것이다. 江澤民은 1994년 9월 당 중앙서기처의 서기를 5명에서 7명으로 증원하여 胡錦濤, 尉健行, 丁關根, 溫家寶와 함께 자신의 심복인 張萬年, 曾慶紅, 羅幹을 추가함으로써 서기처에 대한 그의 장악력을 과시하였다. 한편 그는 상하이와 산둥성 인사들을 성공적으로 고위직에 임용하였으니, 1995년에 정치국원으로 기용된 吳邦國(前상하이 당 서기)과 姜春雲(산둥성 당 서기)을 공업과 농업담당 부총리로, 黃菊 상하이 시장을 정치국원으로, 曾慶紅 상하이 당 부서기를 중앙판공처 주임으로, 龔心翰 상하이 당 선전부부장을 당 중앙선전부 부부장으로, 측근인 巴忠潭(전 상하이경비사령관)을 인민무력경찰사령관으로, 상하이 보안책임자인 王力平을 중앙의 보안담당 부부장으로 각각 승진시켰다.

또한 江澤民은 당 14기 전국대표대회(1992)에서 군사위 주석이 된 이후부터 최근까지 楊尚昆, 그의 이복동생 楊白氷, 劉華淸과 張震(83세)을 당 군사위 부주석직에서 은퇴시키고 친 江澤民 세력인 張萬年과 遲浩田을 군사위 부주석직으로 재임명하는 데 성공함으로써 당 군사위에 대한 통제력을 강화하여 왔으며, 군의 3대 총부인 총참모부, 총정치부, 총후근부와 7대 군구의 주요 지휘관을 포함한 총 29명의 상장 중 25명을 자신의 지지 세력으로 교체하였다. 여기에서 한 가지 특기할 사항은 이들 장성들 가운데 9명이 산둥성 출신이라는 것이다.[21]

---

21 June Teufel Dreyer, "People's Army Serving Whose Interests?", *Current History*, Vol.93, No.584 (September 1994), pp.265~69; Li Cheng and Lynn White, op. cit., pp.766~85. 이와 같은 맥락에서 군부 내 당 중앙위원의 출신지를 살펴보면 산둥성은 당 13기 전국대표대회(88년)와 당 14기 전국대표대회(92년)에 27%와 28%를 각각 차지하고 있으나, 인구가 가장 많은 서남지역 예를 들면 쓰촨성은 3%와 2%를, 청대부터 많은 정치인과 군인들을 배출한 광둥성의 경우 88년에 1명, 92년에는 전무한 상황이다. 특히 중앙군사위원회 부주석이자

이는 江澤民이 자신의 권력기반인 상하이파와 군부 내 실세인 산둥파를 연대하여 자신의 기반을 다지려는 의도로 보인다.

그러나 江澤民은 자신의 독자적인 권력기반을 구축하는 과정에서 앞에서 살펴본 대로 상하이와 산둥성을 중심으로 한 편중된 인사정책을 추진함으로써 여타 지도자들을 자극하였다. 그 결과 과거 90% 이상의 찬성으로 통과되었던 정부 고위직의 임명동의안이 1995년 3월에 열린 全人大에서는 전체 투표자 2,752명 중 吳邦國은 86%인 2,366표를, 姜春雲은 63%인 1,746표를 획득하는데 그쳤다. 특히 姜春雲의 경우, 지금까지 국무원의 임명에 대한 全人大의 승인 가운데 가장 낮은 것이다.[22] 이는 쓰촨성, 광둥성과 같은 중앙의 권력기반이 강한 지역의 지도자들이 타 지역과 연대하여 江의 추종세력에 대한 인준 과정에서 공개적으로 반발하였기 때문이다.

江澤民은 비록 산동파 군부의 지지를 얻었다 할지라도 군의 인맥으로 미루어 타 지역출신 군부의 지지를 확보할 가능성은 낮다. 현재 중국 군부의 인맥은 크게 둘로 나누어져 상호간의 견제와 균형을 이루고 있는데, 이러한 상황에서는 어느 한쪽이 다른 한쪽의 득세를 좌시하지 않을 것이다. 지난 18년간 鄧小平은 주로 산둥성 출신과 공산혁명 시 자신이 속했던 제8로군 129사단과 제2야전군 출신들을 군 요직에 배치함으로써 군권을 장악하여 왔다. 이와 같은 鄧小平의 군 인사는 非산동성 출신과 공산혁명 시 제1, 3, 4야전군 출신들의 불만을 야기하였고, 여기에서 이들은 집단지도체제 내 여타 지도자들과 긴밀한 인간관계를 형성하여 상대방을 견제하여 왔다.

2) 과도기적 집단지도체제는 鄧小平과 같은 카리스마적인 권력의 균형자가 없는 상황에서 당분간 체제의 안정과 단결을 유지하기 위해서 새로운 정책대안이나 주요결정을 뒤로 미루고 현상유지에 전념할 것이다. 정치사회적인 후유증이 예상되고, 자신들의 노선과 그 추종세력의 이해관계에 치명적일 수 있는

총참모부 참모장에 張萬年 상장, 중앙군사위원회 위원이자 총정치부 주임에 王瑞林 상장, 국방부장에 遲浩田 상장, 북경군구사령관에 李乃柱 상장 등 모두가 산둥파 출신이다.

22 Lam, op. cit., p.399; Fewsmith, op. cit., p.257.

새로운 정책대안이나 주요결정에 대해서는 그 결정을 지연하거나 축소할 가능성이 크다. 한 예로 현 집단지도체제의 부정부패 문제에 대한 처리과정을 들 수 있다. 江澤民의 기조연설은 부정부패척결이 체제의 존립에 관한 중대한 문제라고 주장하면서도, 여전히 법에 의한 엄정한 처리보다 당 스스로가 당원에 대한 감시와 감독을 강화하는 기존의 관행을 되풀이하고 있다. 그 결과 간부들의 부정부패가 심화되고 있음에도 불구하고 1997년의 경우 전년도보다 2만 건이 적은 6만1천 건의 부정・부패 사건이 처리되었다. 이와 같은 사실로 미루어 현 지도부는 부정・부패의 근원적인 척결이 자파세력에게 미칠 부정적인 파장을 우려하여 그 범위를 최소한으로 줄일 것으로 보인다. 그러나 자신들의 정치적 도전세력인 베이징 당 서기 陳希同과 廣東省 당 서기 謝非 등을 부정・부패혐의로 제거함으로써 자신들의 이미지를 제고하는 수단으로 이 부정・부패 추방 캠페인을 이용하고 있는 것으로 보인다.[23]

3) 현재의 집단지도체제는 인민들에 대한 자신들의 이미지를 개선하고, 조직을 효율적으로 운용하기 위해서는 '온건한 권위주의' 형식을 취할 것으로 보인다.[24] 이 개념은 1970년대와 1980년대 급속한 경제성장을 이룩하는 한편 경제성장에서 오는 부작용을 최소화하고, 정치 및 사회적 불안정을 효과적으로 대처한 아시아의 4마리의 용을 염두에 두고 나온 것이다. 따라서 이 文民집단지도체제는 온건한 권위주의를 통해 정치적 안정을 도모하는 한편 이 안정 기조 위에서 사회주의 시장경제의 발전을 도모하고, 그 과정에서 파생된 부정적인 결과를 최소한으로 줄이기 위해서 강제와 설득을 동반한 중앙정부의 통제력을 강화하고자 할 것이다.[25]

---

23 Lam, Ibid., pp.335~340.

24 Francis Fukuyama, "Asia's Soft-Authoritarian Alternative," *New Perspectives Quarterly*, Vol.9, No.2(Spring 1992), pp.60~1; Denny Roy, "Singapore, China, and the 'Soft Authoritarian' Challenge," *Asian Survey*, Vol.34, No.3(1994), pp.231~42.

25 Ma Shu Yun, "The Rise and Fall of Neo-Authoritarianism in China," *China Information*, Vol.5, No.3 (Winter 1990~91), pp.1~19; Jonathan Unger and Anita Chan, "China, Corporatism and the East Asian," *The Australian Journal of Chinese Affairs*, No.33(Jan. 1995),

현재의 文民집단지도체제는 사회주의 이념의 이탈을 방지하기 위한 수단으로서 과거 중국의 권위주의체제를 지탱하는 데 중심적인 역할을 한 유교적 가치관에 특별한 의미를 부여하고 있다. 그 이유는 현 집단지도체제의 인적 구성원들 가운데 그 어느 누구도 毛澤東이나 鄧小平과 같은 카리스마적인 리더십과 이념적 상징을 조작할 수 있는 능력의 소유자가 없기 때문이다. 즉 毛는 모순론, 鄧은 實事求是라는 중국적 특색을 가진 혁명적 사회주의 이론으로 무장하고 한 시대를 지배하였으나, 이들은 아직도 중국 정치에 이념적 특색을 부여할 만한 상징과 비전을 창출하지 못하고 있다. 江澤民의 경우 과학기술혁명을 과거의 사회주의와 현재 진행되고 있는 사회주의 시장경제, 그리고 鄧小平 시대와 江澤民 시대를 연결할 수 있는 수단으로 보고, 이와 같은 상징조작을 통해 鄧 이후의 시대를 열어 보려고 시도하였다. 그에 의하면 생산력을 증대시키는 것이 인류사회 발전의 원동력이며, 생산력의 발전을 가져올 수 있는 가장 효과적인 수단이 과학기술이라고 주장한다. 그러나 이와 같은 과학기술 혁명을 사회주의 이데올로기에 접목시키려는 그의 노력은 그 개념이 지니고 있는 당위성과 일반성으로 인해서 현 지도부의 공감을 얻지 못하고 있다.[26] 따라서 현재의 지도부는 중국의 개혁과 개방에 기여한 鄧小平 정치사상인 '중국 특색을 가진 사회주의 건설'을 마르크시즘·레닌주의·毛澤東 사상과 같은 위치에 올려놓고, 이를 유교적인 가치관인 근면성, 충성, 성실, 올바른 사고와 행동 등에 접목시켜 이념적인 문제를 해결하고자 노력하고 있으나 그 효과는 미지수이다.

셋째, 鄧小平이라는 거목이 사라진 이후에 등장한 이 文民집단지도체제는 과도기로 끝날 가능성이 크다. 여기에서 그 준거의 틀(frame of references)은 毛澤

---

pp.29~53; Bendict Stavis, *China's Political Reforms: An Interim Report* (N.Y.: Praeger, 1987), p.73; Huang Shiqing and Chang Dehua, "Practice Needs Neo-Authoritarianism," Liu and Liu, eds., *Neo-Authoritarianism: Debate on Theories of Reform* (Beijing: Economic Institution Press, 1989), pp.295~96.

26 『조선일보』, 1995.6.9.

東 사후 중국 권력구조의 변화 과정이다. 즉 毛澤東과 같은 카리스마적 지도자가 사망한 후(1976) 華國鋒이 권력을 승계하였으나 5년이라는 과도기를 거치면서 鄧小平은 趙紫陽과 胡耀邦으로 하여금 華의 총리직(1980.9)과 총서기직(1981.6)을 승계하도록 조치함으로써 권력을 완전히 장악했다. 한편 이와 같은 카리스마적 통치－과도기적 통치－카리스마적 통치의 변화는 노선투쟁 차원에서 변증법적으로 이루어졌다.[27] 같은 맥락에서 현재의 집단지도체제도 오래 가지 못하고 5년 내지 10년 이내로 카리스마적 리더십에 따른 지도체제로 대체될 가능성이 크다. 이와 같이 현 집단지도체제가 다른 권력구조로 이어질 정치 환경을 살펴보면 다음과 같다.

1) 현대화 과정에서 빚어진 사회 경제적 병리현상은 그 치유가 쉽지 않은 근원적인 문제점을 안고 있다. 즉 1980년대 중반 이후부터 심화되고 있는 소득 격차, 2억1천만 명으로 예상되는 유랑민과 실업자, 만연된 부정부패, 범죄율의 상승, 황금만능주의로 인한 사회주의 가치관의 붕괴, 도덕성의 상실 등, 이 모든 것은 분명히 현 체제를 위협하는 불안요인이 되고 있다.[28] 결국 현 체제는 안정과 질서를 유지하고자 강제력이라는 수단에 호소하게 될 것이고, 이와 같은 상황은 그 책임논쟁을 구실로 지도부의 노선투쟁이 통제의 범위를 넘어 권력투쟁으로 전위될 가능성 크며, 이는 과도기적 집단지도체제를 붕괴시킬 것이다.

2) 지난날 鄧小平과 陳雲 등 원로들 사이에는 집단지도체제에 대한 일치된 견해가 있었다. 그 배경에는 이들의 오랜 인간관계와 공통된 경험에 기인하고 있다. 즉 鄧 시대의 원로들은 모두 대장정에 참여하였고, 공산혁명의 주체로서 일익을 담당하였으며, 문화혁명 때에는 함께 숙청을 경험하였고, 毛澤東 사망 전후 다시 정치일선에 복귀한 공통점을 지니고 있다는 것이다. 특히 1977년

27 Parris Chang, "From Mao to Hau to Hu to Chao," *Issues and Studies*, Jan. 1989, pp.56~73; Joseph W. Esherick and Elizabeth J. Perry, "Leadership Succession in the People's Republic of China: 'Crisis' or Opportunity?" *Studies in Comparative Communism*, Vol.16, No.3(1983), pp.171~77; Jurgen Domes, "China in 1976: Tremors of Transition," *Asian Survey*, Vol.17, Jan. 1977, pp.1~17.

28 *FBIS-CHI*, 1995.4.19, p.29; *FEER*, 1994.6.9, p.22.

鄧小平의 복귀에는 이들의 도움이 절대적이었다. 그러나 현 지도부의 기술관료들은 이와 같은 공통분모가 전혀 없다. 이들은 대장정의 동지도 아니며, 문혁과정에서 고통을 분담하지 않았으며, 복권하는 데 상부상조한 인간적 유대관계도 없다. 단지 이들은 현실적인 이해관계로 인하여 노선마찰을 지금까지 표면화시키지 않고 공생을 바탕으로 타협을 모색해 왔다. 그러나 이들은 나름대로 약점(예를 들면 李鵬의 경우 천안문 사태에 대한 강경진압으로 무고한 시민을 희생시킴)을 가지고 있으므로 향후 단일지도체제를 구축하는 과정에서 집단지도체제의 구성원들 사이에 이 약점들이 이용될 가능성이 크다.[29]

3) 지난 18년 동안 鄧小平의 가부장적인 통치하에 있던 집단지도체제는 지도부 내 이해관계와 노선투쟁으로 정책결정 과정에서 양보와 타협, 책임전가 내지 책임회피, 근본 치유책이 아닌 미봉책, 정책의 교착상태와 지연으로 통치의 효율성이 감소되는 것을 경험하여 왔다. 한편 鄧 死後 집단지도체제 또한 현상유지를 위한 노선 간의 타협으로 지난날의 '통제완화－혼란－통제강화－정돈상태－통제완화'라는 현상을 되풀이 할 가능성이 크다.[30] 따라서 이들은 집단지도체제가 지니는 구조적인 취약점을 탈피하기 위해서 보다 효율적이며 능동적이고 강력한 지도력의 출현을 선호할 가능성이 높다.

4) 지난날 중국 정치는 대장정에 참여했던 혁명 1세대들이 연령을 초월하여 막강한 영향력을 행사하여 왔으나 鄧小平과 陳雲 사망 이후 생존해 있는 원로들은 고령으로 현실정치를 떠났으며, 劉華淸, 張震 등 극히 일부 대장정세대도 당 15기 전국대표대회를 계기로 은퇴하였다. 그러나 이 대회에서 喬石을 실각시키고 李鵬으로 교체하는 과정에서 은퇴한 당 원로인 楊尙昆(1998.9.14. 사망), 萬里, 薄一波가 자신들의 지위에 관계없이 정치국 확대회의에서 영향력을 행사하였다. 당시 薄一波는 당의 분열을 막고, 당대회 직후 10월에 있을 江澤民의

29 David Bachman, "The Limits on Leadership in China," *Asian Survey*, Vol.32, No.11, Nov. 1992, p.1048.

30 김영문, 「10년 국가발전 전략과 8·5 계획 속에 나타난 중국 지도부의 노선투쟁에 관한 연구」, op. cit., p.243.

미국 방문을 들어 그를 유임시키되, 지도부의 연소화를 주장하는 江의 입장에서 70세 이상의 지도자들에게 사임을 촉구했다. 결국 喬石을 포함하여 70세가 넘은 지도자들은 사임하는 것 외에는 다른 선택의 여지가 없었다. 그럼에도 불구하고 현존하는 원로들 가운데 어느 누구도 지난날 鄧과 같은 집단지도체제 내 권력의 균형자로서 역할을 감당할 수 있는 카리스마적 지도력을 지니지 못했을 뿐만 아니라 이들은 신체적으로도 수명의 한계치에 달해있기 때문에 5년이 지난 뒤에도 지난날과 같은 정치적 영향력을 기대할 수는 없다. 결국 이와 같은 상황은 현 지도부의 국정 수행능력과 정치력을 시험할 수 있는 새로운 환경이 되는 동시에 권력투쟁이 현실화 될 가능성을 높여줄 것이다.

결론적으로 현재의 文民집단지도체제는 鄧小平 시대와 마찬가지로 상이한 정책대안을 두고 보수 성향 개혁세력과 진보성향 개혁세력 간에 갈등이 내재하고 있으나, 이 갈등이 현실화 되지 않은 이면에는 경제 현대화에 필수적인 정치적 안정기반과 지도자 상호간의 단결이라는 공통의 명제와 함께 공생을 바탕으로 한 현실적인 이해관계가 작용하고 있다. 더욱이 이 체제는 앞서 살펴본 대로 과도기로 끝날 가능성이 높기 때문에 책임이 따르는 과단성 있는 정책결정을 회피하고 현상유지 차원의 결정을 선호하며, 타협을 바탕으로 한 온건한 권위주의가 정책결정에 크게 영향을 미칠 것이다. 이와 같은 성격을 다음의 경제정책에서 찾아볼 수 있다.

3. 경제정책

현재의 트로이카 체제는 공유된 가치관과 경험에 기초된 것이 아니므로 경제적인 성취도가 정통성을 확립하는 과정에 중요한 변수이다.[31] 따라서 현 중국

31 Muthiah Alagappa, *Political Legitimacy in Southeast Asia: The Quest for Moral Authority* (Stanford: Stanford University Press, 1995), pp.15~25, 32~49; John B. Londregan and Keith T. Poole, "Poverty, the Coup Trap, and the Seizure of Executive Power," *World*

정치지도자들은 지난날 현대화 과정에서 문제점으로 등장한 만성적인 재정적자에서 오는 중앙정부의 거시경제적인 통제력의 약화, 고도 경제성장에 따른 부작용, 부실 국유기업과 금융체계의 구조조정, 대량실업으로 예상되는 정치사회적 불안, 지역 간의 불평등 발전, 인민 간의 소득불균형을 해결하는 데 역점을 둘 것이다.

첫째, 文民집단지도체제는 중앙정부의 거시경제적 통제 조정권을 강화하는 동시에 기업의 자율성을 제고한다는 정책을 제시하고 있다. 이들에 의하면 중국은 자본주의에서 볼 수 있는 자유시장이 아니라 사회주의 시장경제 원리에 따른 시장인 것이다. 따라서 이들은 최근 경제정책 가운데 시장기능을 지나치게 과신한 나머지 계획경제를 상대적으로 약화시키고 있음을 지적하고, 지금까지 불필요하게 통제해온 상품의 생산, 수급, 가격을 시장기능에 맡기되, 거시경제의 중요성을 재확인하고, 이에 따라 국가의 주요 기간산업은 계획경제 속에서 통제되어야 한다는 것이다.[32] 아울러 지난날 경제와 관련된 중앙정부의 권한을 지방정부와 기업에게 이양함으로써 지방정부, 기업과 생산근로자에게 활력을 불어넣었으나, 그 권한이 지나치게 이양됨으로써 거시적 통제가 신속하게 이루어지지 못했고, 중앙정부의 세입과 세출의 불균형을 악화시켰던 것이다. 그러므로 중앙정부가 국가적 문제를 해결할 수 있는 적절한 세수와 통제기능을 확보하기 위해서 재정과 금융정책을 강화하고 있다.

둘째, 경제속도에 관한 한 중국은 1978년부터 지금까지 급속한 경제성장으로 심각한 부작용을 경험하여 왔다. 鄧小平이 경제현대화를 주창한 이래 중국의 경제성장률은 연 9.5%로서 20세기 말까지 GNP의 4배를 증대하는 데 필요한 경제성장률 7.2%를 초과 달성했다. 그러나 이 과정에서 과다한 투자에 비해 소비재, 에너지, 원자재의 부족으로 경제적 긴장과 인플레이션을 유발했으며, 그 결과 1994년의 경우 중화인민공화국이 수립된 이래 가장 높은 21.7%의

Politics, Vol.42, No.2(January 1990), pp.151~83.
32 *People's Daily*, 1989.10.10.

인플레이션을 기록했다. 한편 보수성향의 개혁세력들은 인플레이션뿐만 아니라 인플레이션 속에서 경기침체까지 보이는 스태그플레이션으로 진단하고, 이를 시정하고자 4차례나 경제조정을 단행했다. 따라서 현 집단지도체제는 이와 같은 '통제완화—혼란—통제강화—정돈상태—통제완화'라는 악순환의 고리를 끊고 보다 높은 차원으로 경제를 끌어올리기 위해서는 경제 성장속도 중심의 발전모델보다 균형 있는 경제발전과 경제적 효과 및 결과를 중심으로 한 발전모델로 전환할 것으로 보인다.[33] 이에 따라 이들은 삼협댐 등 필요불가결한 건설사업을 제외한 신규 건설 프로젝트를 가급적 규제하고, 기존 기업의 생산성 향상을 위하여 경영합리화와 기술쇄신을 도모하며, 경제적 결과를 고려하지 않고 외적 환경변화에 의존하는 관행을 수정할 것이다. 아울러 현 지도부는 생산력에 대한 투자는 시장규모와 균형을 이루어야 한다는 이론에 따라 경기과열에서 오는 부작용을 최소한으로 줄이고 균형 있는 발전을 위해서 적정선의 경제성장률을 강조할 것이다.[34] 이와 같은 맥락에서 1998년 3월에 열린 제9기 全人大(1998.3.5~19)에서 정부보고서는 금년도 GDP의 성장률을 1997년의 8.8%보다 다소 낮은 8%로 정한 것으로 보인다.

셋째, 부실 국유기업의 처리 문제를 둘러싸고 진보성향의 개혁세력과 보수성향의 개혁세력 모두 경제침체의 주범이 국유기업이라는 데 동의하고 있지만, 이것을 정리하는 과정에서 발생할 수 있는 대량실업을 최소한으로 줄이기 위해서 부실 국유기업의 구조조정을 완만히 추진하고자 한다. 1994년에 경우 118,000개의 국유기업 가운데 약 1/3이 적자를 냈으며, 1996년에는 무려 절반 이상이 적자를 냄으로써 국가재정에 엄청난 부담을 가중시켰다.[35] 江澤民의

33 Ibid., 1990.10.8~14, p.17; 10.29~11.4, p.8.

34 Beijing Review, 1990.12.3~9, p.13.

35 Neil C. Hughes, "Smashing the Iron Rice Bowl," *Foreign Affairs*, 1998. July / August, pp. 70~74. 현재 중국에는 약 8백만 개의 기업이 있으며, 이 가운데 약 6백만 개는 고용인이 8명 미만의 개인 내지 가족기업이며, 약 5만 개는 8명이상의 고용인을 가진 개인 기업이거나 외국과의 합작기업이다. 그 나머지는 헌법이 규정하고 있는 공공소유 기업이다. 그러나 국유기업이라고 분류할 수 있는 기업은 중앙, 성, 시급으로서 앞서 언급한 대로 118,000개이며,

기조연설에서는 이 부실 국유기업에 대한 구조조정이 1978년의 鄧小平의 개혁, 1992년 鄧小平의 고속 경제성장을 위한 재도약에 이어 제3의 도전으로 간주될 만큼 중요한 과제임을 강조하고, 이에 대한 폐쇄, 합병, 매각, 전환 등 과감한 조치를 촉구하고 있다. 江澤民은 자신의 부실 국유기업 정책을 정당화하기 위해서 1987년 제13차 당대회에서 趙紫陽이 사회주의국가의 기업독점을 저지하기 위해서 창출한 '사회주의 초급단계론'까지 거론했다. 江澤民은 이 이론에 따라 공공소유가 국가경제의 기초로 남아있되, 새로운 소유형태가 생산력을 증대시키는 한 이는 사회주의에 이바지할 것이며, 이를 바탕으로 2010년까지 부실 국유기업의 정리를 주장하여 왔다.

이와 관련해서 그는 공공 소유권의 개념을 마르크스의 기준으로부터 주식의 공개라는 차원으로 '공공'의 개념을 확대 해석하는 한편 그 적용 범위에 있어서도 집단 부문과 집단–개인의 혼합 부문을 포함하고 있다. 혼합 부문의 소유형태가 확대되고, 국유 부문이 차지하는 비율이 낮아져도, 이 현상은 사회주의 이념에 부합됨을 암시하고 있다. 나아가서 최근 자영업과 개인 기업을 포함한 비공공 부문의 급속한 성장은 사회주의 시장경제의 중요한 요소이며, 법으로 이들의 권리와 이익은 당연히 보호받아야 한다고 그는 주장한다. 따라서 정부는 전체 국유기업의 약 20%를 차지하는 중·대형 국유기업 가운데 무려 10,000개 정도를 매각하겠다는 계획을 발표했다.[36] 그러나 그 내용을 살펴보면 국가가

그 중 13,000개의 중·대형의 국유기업이 생산의 대부분을 차지하고 있다. 그 외 약 180만 개는 향과 진급의 집단소유 형태의 기업이다. 향과 진의 집단소유 기업은 국가재정 지원이 거의 없는 열악한 상황에서도 이들이 총 기업생산에서 차지하는 비율은 약 40%인데 비해 국유기업은 총생산에서 단지 34%를 차지하고 있다. 한편 국유기업은 기업자산의 72%, 산업인력의 70%, 기업세수의 65%를 차지하고 있다. 이와 같이 국유기업은 기업자산의 약 2/3을 넘지만 그 생산비율은 단지 1/3을 차지할 정도로 비능률적이다. 7천6백만 명의 국유기업의 근로자(1993년 통계) 가운데 1천5백만 명은 공식적으로 공급과잉근로자로 추산되고 있다. 뿐만 아니라 이들 국유기업은 약 2천만 명의 은퇴한 근로자들을 지원하고 있다. 朱鎔基 총리는 국유기업의 약40%가 적자운영을 하고 있음을 지적하고 있지만, 세계은행에서는 50%, 일부에서는 더 많은 국유기업이 적자운영을 하고 있다고 주장한다. 그 결과 1978년부터 1995년 사이에 세수가 GDP의 35%로부터 11%로 하락했다. 이와 같은 하락은 국유기업의 2/3가 이윤감소로 세금감면의 혜택을 받은 데 기인한다.

일부 주식을 소유하되 주식의 과반을 넘지 않는 혼합형태의 기업이다. 이것은 정부가 국유기업에 투자한 자본 비율에 따라 소유권자로서의 권리와 이익을 향유할 뿐 아니라 기업에 특별 감사팀을 보내 기업의 손익과 자산관리를 감독하며, 기업의 경영자들에 대한 평가와 임면권을 행사한다. 따라서 이들 국유기업은 단지 법에 따라 독자적인 경영을 하되 기업자산의 증식과 보존, 세금과 손익에 대한 책임을 지는 한편 소유권자인 정부의 권리와 이익을 침해해서는 안 된다.[37] 그러나 85,000개 소규모 국유기업의 대부분은 근로자, 사무직원, 경영자에게 주식공개를 희망하고 있다.

넷째, 이와 같이 부실 국유기업의 구조조정 없이는 중국은 시장경제를 확립할 수 없을 뿐만 아니라 공공부문에서 현대적인 기업체계를 확립할 수도 없다. 그러나 이 과정에서 대량 실업이라는 정치사회적 문제가 따를 전망이다. 鄧小平 당시(1988)에도 파산법을 제정하고, 정부는 공식적으로 만성적인 적자 국유기업의 파산을 지지하였지만, 이 실업 문제로 인해 1997년까지 이 법을 적용한 국유기업은 전체의 약 1%에 지나지 않았다.[38] 만약 江澤民의 부실 국유기업에 대한 구조조정이 강행될 경우 대량실업은 불가피할 것이며, 이로 인해 상당수의 근로자들이 고통을 당할 것으로 보인다. 이를 최소화하기 위해 정부와 당은 사회보장제도, 연금, 건강보험, 실업보험, 사회구제 등을 포함한 복지제도를 강화하고, 직업훈련과 새로운 직장알선에 적극적으로 나설 것임을 거듭 천명하고 있다. 전(前) 노동부 부장인 李伯勇이 1998년 3월에 가진 기자회견에서 1997년 한 해만 해도 해고된 근로자의 수가 7백8십7만 명의 국유기업 근로자를 포함해서 1천1백5십1만 명이나 되며, 3백5십만 명이 1998년에 추가로 해고될 것으로 전망하고 있다. 이와 같이 대량실업의 발생 원인은 지난날 오랜 기간에 걸쳐 실시해오던 계획경제에 의한 고용구조가 기업혁신, 기술쇄신, 경제구조 조정에 적응하지 못했기 때문이다.[39] 즉 전통적인 분야에서 근무하는 근로자와

36 *Asian Wall Street Journal*, 1997.9.23; *Time*, 1997.9.15.
37 *Beijing Review*, 1998.4.27~5.3, pp.20~1.
38 Neil C. Hughes, op. cit., p.75.

사무직원들은 경제발전 추세에 적응하여 새로운 생산과 서비스 분야로 전환하지 못했다. 따라서 과도기적 고통은 따르겠지만, 일시적인 해고와 재고용은 불가피한 현상으로 보았다.

여기에서 중국 정부는 실직 근로자들에게 재고용의 기회를 제공하고, 근원적인 개혁을 통해 경제를 더욱 발전시키는 방법을 모색해왔다. 예를 들면 江蘇省은 1990년대 중반 이후 1백만 명 이상의 실직자들이 발생하였지만, 1995년부터 재고용 프로젝트로 3십만 명 이상의 일시 해고된 근로자들의 재훈련을 실시한 바 있다. 그 결과 8십만 명 이상의 실업자들이 새로운 직장을 얻었으며, 이것은 江蘇省의 경제구조 조정에 유리한 환경을 조성하고 있다. 그러나 전국적인 재고용 프로젝트는 아직도 가시적인 성과를 거두지 못하고 있다.[40] 한편 세계은행은 중국의 1억 1천3백만 명의 산업근로자들의 약 1/3을 잉여 노동력으로 추산하고 있다. 따라서 약 4천만 명의 잉여근로자, 약 1억 명의 유랑민, 그 동안 노동시장에 누적된 7천2백만 명의 해고근로자를 합하면 무려 2억 1천만 명 이상의 실직자가 발생할 것이므로 실업불안은 날로 점고될 것이다. 이와 같은 노동 불안으로 인해 1996년에는 정부가 무려 9,737건의 노동분쟁을 다루었고,[41] 1997년의 경우 실직한 근로자들이 중국 도처에서 인민무력경찰과 충돌했다. 3월에는 남창의 근로자 약 2만 명이 정부가 지방은행에게 몇 달간 체불된 월급을 지불하도록 명령할 때까지 방직공장 매니저를 인질로 하는가 하면, 쓰촨성의 自貢, 綿陽, 都江堰에서도 이와 비슷한 폭동이 일어났다. 또한 광둥성, 요령성, 길림성, 헤이룽장성, 광시성에서는 도시 근로자의 폭동이, 장시성과 허베이성에서는 농촌에서 폭동이 일어났으나, 이 모든 소요는 인민무력경찰에 의해 진압되었다. 따라서 현 지도부는 급속한 국유기업의 파산, 폐업, 합병으로 인한 대량 실업은 핵폭탄과 같은 잠재적인 불안 요인을 제공할 것이므로, 이를

---

39 *Beijing Review*, 1998.5.18~24, pp.9~10. 이 실업률은 지난 4년간의 실업률 5.3%, 4.9%, 3.8%, 3.2%와는 비교할 수 없지만 1982년 이래 여전히 가장 높은 수준을 유지하고 있다.

40 Ibid., p.9, pp.11~12.

41 *Washington Post*, September 10, 1997.

보다 합리적으로 체계화된 거시경제를 통해 해결하고자 할 것으로 보인다. 비록 국유기업의 통·폐합이 미시경제의 효율성을 제고하는 데 도움이 될지 모르지만, 거시경제에서는 다른 정치사회적 문제를 야기할 수 있기 때문이다. 특히 국유기업의 소유권과 구조조정에 관련된 세부적인 법 규정이 명문화되어 있지 않는 상황에서 이를 대규모로 급속하게 추진할 경우 1990년대 러시아에서 볼 수 있듯이 지방의 국유기업 경영자들이 국가재산을 부당하게 사유화하거나 국유기업을 책임지고 있는 관리들의 부정으로 국가경제를 전국적으로 마비시킨 현상이 중국에서도 일어날 수 있다.

다섯째, 현 중국 지도부는 국유기업의 구조조정과 함께 금융개혁을 우선순위로 한다. 당 15기 전국대표대회에서 인민은행장 戴相龍을 포함한 일부 고위 금융인들이 당 중앙위원에 피선된 것으로 미루어 금융개혁에 대한 비중을 반영하고 있다. 중국은 다른 아시아 국가들과 마찬가지로 심각한 금융구조의 취약성, 예를 들면 1) 투명성의 결여, 2) 엄청난 부실대출, 3) 부실한 규제체계, 4) 거품 자산 가치, 5) 막대한 해외차입 자본, 6) 취약한 자산시장을 갖고 있다. 더욱이 태국, 인도네시아, 한국, 일본에 불어 닥친 최근의 금융위기는 이 지역의 자산 가치 감소를 가져왔다. 이것은 이 지역 국가로부터 중국으로의 자본유입을 감소시키는 동시에 이 지역에 대한 중국의 수출 감소와 여타 수출시장을 두고 이들 국가와 경쟁하는 상황을 심화시키고 있다. 또한 1997년 중국의 GDP 성장률은 8.8%로서 정부가 처음 예상했던 것보다 다소 낮았으며, 양쯔강과 동북지방의 대홍수로 인한 경제성장의 둔화로 금년의 성장률은 6%선으로 더욱 낮아질 전망이다. 이와 같은 상황 속에서 중국이 합리적인 금융체계를 수립하기 위해 부실금융의 주범인 국유기업을 개혁하고, 국제적인 기준에 따라 금융 구조조정을 단행하며, 이상의 과제를 효과적으로 처리하기 위한 인적 자원을 확보하더라도, 급속한 금융 구조조정은 경기둔화와 실업자를 유발시키고, 정치사회적 혼란을 야기할 가능성이 있기 때문에 이를 신중하게 추진할 것으로 보인다.

여섯째, 도시와 농촌, 연해안과 내륙 간의 발전불균형이 심화되고 있으며, 상대적으로 저발전된 지역의 불만이 날로 커지고 있다. 먼저 중국은 12억 인구 가운데 80%가 농촌에 거주하고 있다. 이들 가운데 약 8억이 경작 가능한 지역에 살고 있으나, 그 나머지는 경작지의 절대부족으로 가난에 시달리고 있다. 나아가서 농민들은 鄧小平이 경제현대화를 농촌에서 시작함으로써 일시적으로 활기를 찾았으나 그 뒤 정책의 우선순위가 도시근로자로, 연해안과 경제특구로 옮겨지면서 도시와 농촌 간의 소득격차가 무려 4대 1로 벌어졌다. 같은 농촌이라도 1994년의 경우 중국 동부의 농민소득이 3,677원인 데 비해 서부는 단지 1,328원에 불과하다.[42]

여기에서 파생된 농민들의 불만을 해소하고자 全人大 제8기 3차 전체회의(1995.3)에서 농업 예산을 전년도에 비해 13.7%가 증가된 447억 元을 편성하는 등 많은 노력을 하고 있으나, 농촌문제는 단시일에 해결이 어려운 실정이다. 이와 같은 상황에서 1995년 3월 쓰촨성, 허베이성, 후베이성의 일부 농촌에서 정부의 아주 낮은 곡물 매입가에 항의해서 추곡 수매를 거부하는 사태가 있었다. 따라서 정부는 "농업이 없으면 사회 안정이 없고, 식량이 없으면 폭동이 일어난다"는 슬로건에서 나타난 대로 정치, 경제, 사회적 안정 차원에서 농촌경제를 활성화시키고자 농업에 대한 투자를 증대하는 동시에 농민의 부담을 경감시키는 조치를 취할 것이다.[43]

일부 보도에 의하면 지방정부 간의 수평적인 관계 또한 연해안의 지방정부와 경제특구에 대한 특혜가 확대되고, 지역 간 소득격차와 불균형발전이 심화됨에 따라 상당한 긴장관계를 보였다. 예를 들면 광둥성, 푸젠성, 상하이, 하이난성 등은 자신들의 지리적인 장점과 우수한 인적, 물적 자원을 이용하여 대부분의 외국자본을 유치하는 동시에 대외무역을 통하여 급속한 경제발전을 이룩했으나, 내륙지역은 외국의 기술과 자본을 유치하지 못하고 지리적 이유로 대외무역 또한 부진하여 가난을 면치 못하였다. 따라서 1980년 중반부터 내륙에 위치하

42 Gregory Veeck, "Development, Regional Equity, and Political Change in China," *Bulletin of Concerned Asian Scholars*, Vol.25, No.3(1995), pp.14~18.

43 김영문, 「鄧小平 시대의 脫중앙집권화와 反분권화 갈등구조」, 『중소연구』 제18집 제3호, 1994, 125면; 『조선일보』, 1995.3.10.

고 있는 가난한 지방정부들은 자원의 타 지역 유출을 의도적으로 방해하는가 하면, 해안지역의 부유한 지방정부는 기술과 자본의 내륙이전에 인색함으로써 마찰을 빚어왔다.[44]

경제특구와 관련해서 이들은 지금까지 내륙지역은 해안지역과 경제특구에 대한 각종 우대정책으로 인해 상대적으로 저발전과 박탈감이 심화되었다고 생각하므로 이 정책에 대한 수정보완이 불가피할 것으로 본다. 즉 경제특구에 대한 특혜를 축소하는 한편 이 지역에 대한 규제를 강화하고, 경제특구를 통해 오는 혜택을 여타 지역으로 확산하기 위한 정책을 실시할 것이다. 즉 이들은 연해안 개발전략에 따라 중국에서 가장 숙련된 기술과 노동력을 갖춘 이 지역에 외국자본을 끌어들여 먼저 발전시키되, 내륙의 농업지역과 미개발지역은 연계한다는 소위 外引內聯 전략을 고수할 것이다.

4. 결론

이 장에서는 지금까지 江澤民 중심의 文民집단지도체제와 경제정책의 방향을 살펴보았다. 鄧 死後 현재 중국의 권력구조는 江澤民을 중심으로 한 과도기적 文民 집단지도체제이다. 그러나 5~10년이 지난 후에는 중·장기적으로 카리스마적인 단일지도체제가 등장할 것으로 전망된다. 아울러 통치양식에 있어서도 鄧 사후 文民 집단지도체제는 온건한 권위주의의 성격을 띨 것이고, 인치와 법치가 혼재한 가운데 법치 아니면 인치가 배제된 법치로 나아가게 될 가능성이 크다. 그러나 어느 상황이든 시민사회의 다양한 이해관계를 수렴하고, 권력기구의 상호경쟁과 타협을 통하여 국가목적을 추구하는 서구식 민주화가 아니라 공산당의 지도력하에서 이루어질 것이므로 서구의 제도변화와는 근본

44 Maria Hsia Chang, "China's Future: Regionalism, Federalism, or Disintegration?" *Studies in Comparative Communism*, Vol.25, No.3(Sep. 1992), pp.211~27.

적으로 상이할 것이다.

특히 지난 20년간에 걸친 중국의 현대화는 인민들의 생활수준을 향상시키고, 세계무대에서 중국인으로서의 자긍심을 심은 반면에 중국의 정치와 경제에 새로운 문제점을 제공했으며, 지난날 권력의 정통성을 부여한 도덕적·이념적 자산의 고갈을 가져왔다. 따라서 현 집단지도체제는 최소한 경제정책을 성공적으로 추진하여야 그 정통성이 유지될 것이다. 만약 날로 점고되고 있는 인민과 인민, 지역과 지역 간의 소득격차와 함께 부실 국유기업과 금융기관의 구조조정에 실패하고, 양쯔강과 동북 지역의 대홍수로 발생한 경기후퇴를 제대로 수습하지 못하며, 외국자본의 유입이 급속히 둔화되고, 길거리에 실업자가 넘쳐날 경우, 현 트로이카 체제는 급속히 붕괴될 가능성이 없지 않다. 더욱이 현재 진행되고 있는 동아시아 지역의 경제적 불안이 중국으로 파급될 경우, '江澤民을 중심으로 한 집단지도체제'는 예측하기 어려운 방향으로 나아갈 수도 있다.

한편 지속적인 경제발전은 향후 중국의 정치와 사회 전반에 큰 파급효과를 미칠 것이다. 즉 산업화와 함께 도시화가 이루어지고, 교육시설이 확충되면서 문맹률이 낮아지며, 소득수준이 증대하면서 중국인들은 물질적 요구 외에 민주화 요구가 증대될 것이고, 이는 현재의 사회주의 이념과 일당독제체제에 대한 변화로 이어질 가능성이 높다. 또한 1980년대 말부터 시작된 사회주의 붕괴, 그리고 이념과 체제를 초월하여 경제발전과 민주화를 요구하고 있는 시대적 상황은 중국으로 하여금 체제의 변화가능성을 고려하도록 가중치 역할을 할 것으로 본다. 따라서 중국은 21세기에 지금까지 경험하지 못한 새로운 도전과 응전을 경험하게 될 것이다.

제 5 부

사회와 정신문명

11

현대화 과정에서 나타난 부패의 원인 분석*

1. 서론

천안문 사태 당시 학생들의 시위 구호에서 나타난 대로 중국은 현대화가 시작된 이래 관료들의 부패로 인하여 심각한 도전을 받아 왔다. 이에 중국 정부는 지금까지 4차례나 부패와의 전쟁을 치렀지만, 부패의 정도가 더욱 심화되면서 중국 공산당의 정통성마저 위협받을 수 있다는 가능성이 제기되고 있다.

이와 같이 오늘날 중국의 부패가 사회의 병리현상 가운데 중요한 부분을 차지하고 있음에도 불구하고 지금까지 이에 대한 연구는 제대로 이루어지지 않았다. 그 배경에는 부패의 개념조차 학자들 간의 이념적 기준, 주관적인 판단, 조사대상자, 조사지역의 문화적인 차이 등의 이유로 인하여 합의를 도출할 수 없었을 뿐만 아니라, 과학적 일반화의 정도 또한 낮은 수준에 머물러 있기 때문

* 「중국의 현대화 과정에서 나타난 부패원인에 관한 연구」, 『대한정치학회보』 제11집 3호, 2004.2.28, 1~30면.

이다. 특히 개인의 인식, 태도, 동기, 가치관, 성장 환경을 통해서 부패의 원인을 찾으려는 미시적 접근방법은 여타 공산국가들과 마찬가지로 자신들의 조직 구성원 가운데 책임자에 관련된 부정적인 정보를 외부에 노출하지 않으려는 중국의 특성으로 인해 연구자들은 심각한 자료 부족에 직면하게 된다.

이와 같이 열악한 연구 환경에도 불구하고 학계에서는 거시적인 차원에서 부패의 원인을 권력의 구조와 기능적 측면, 경제·사회적 측면, 또는 문화적 측면으로 나누어 분석하여 왔다. 첫째, 권력의 구조와 기능적 접근방법은 부패를 권력구조의 성격 및 미비한 법과 제도에서 파생되는 부정적인 산물로서 파악하고, 권력의 분립과 권력기구 간의 견제와 균형, 중앙과 지방간의 분권화 정도, 나아가서 감시, 감독, 규제와 관련된 법과 제도에 초점을 맞추어 부패의 원인을 분석하고 있다.[1] 둘째, 경제·사회적 접근방법은 부패를 경제발전의 정도와 경제정책의 변화추이, 그리고 이것이 사회 구성원들에게 미치는 부정적인 영향 가운데 그 원인을 찾고 있다.[2] 셋째, 문화적 접근방법은 부패를 그 사회를 지배하고 있는 가치관의 붕괴와 관습 및 전통에 기초를 둔 인간관계 변화의 부산물로 규정하고, 연구 대상 국가의 문화적 환경에 초점을 맞추고 있다.[3] 앞서 언급한 3가지 거시적 접근방법은 중국의 부패를 분석하는 데 유용한 도구이다. 즉 권력의 구조와 기능적 접근방법은 법과 제도가 제대로 확립되어 있지 않고, 모든 권력이 공산당에 집중되어 있는 중국의 현실에 비추어 중국의 부패를 연구하는 데 원용될 수 있는 장점을 지니고 있다. 나아가서 경제·사회적 접근방법은 현대화라는 국가목표와 수단이 중국의 부패에 어떠한 영향을

1 E. Banfield, "Corruption as a Feature of Governmental Organization," *Journal and Economics*, Vol.18, 1975, p.599.

2 Samuel P. Huntington, "Modernization and Corruption", in Arnold J. Heidenheimer, et. al., ed., *Political Corruption*.(New Brunswick: Transaction, 1989), pp.377~388.

3 John G. Peters, & Susan. Welch, "Politics, Corruption and Political Culture: A View from the State Legislature", *American Political Quarterly*, Vol.6, 1978, pp.345~356; Kathryn L. Malec, "Public Attitude toward Corruption: Twenty-five Years of Research", in H. Frederickson, ed,. *Ethics and Public Administration*(N.Y.: M. E. Sharpe, 1993), pp.13~27.

미치는지를 분석하는 틀로서 이용될 수 있다. 뿐만 아니라 문화적 접근방법은 중국의 부패에 대한 진단과 처방을 과학적으로 분석하고 평가하기 위해서는 현상학적 분석만으로 부족하며, 이를 보완하기 위해서 중국의 문화적 환경에 대한 분석이 요구됨을 강조하고 있다.

그러나 각 접근방법은 부패 연구의 한 측면만을 강조함으로써 부패를 체계적이며 종합적으로 분석하는 데 있어서 한계점을 드러내고 있고, 부패 원인들의 상대적 중요성을 찾아내는 데 있어서 균형감각을 잃고 있다. 주지하는 바와 같이 현대화 시기의 중국의 부패는 아직도 진행 중에 있으며, 다양한 변수가 작용하고 있어 그 분석이 매우 어렵고 복잡한 과제이다. 그럼에도 불구하고 이 주제와 관련된 연구 가운데 대다수는 오늘날 중국에서 진행되고 있는 부패의 원인을 서구 자본주의국가로부터 기술과 자본을 도입하고, 경영지식을 도입하며, 무역을 하는 일련의 현대화 과정에서 파생된 부정적인 현상으로 분석하고, 그 대응방안으로 현 중국 정부가 고수하고 있는 4가지 원칙 즉 사회주의, 공산당의 영도, 인민민주독재, 마르크시즘・레닌주의・毛澤東 사상에서 찾고 있다. 그러나 중국의 부패를 단순히 현대화의 부작용에서 찾으려는 노력은 많은 문제점을 노출하여 왔다. 즉 중국 정부는 지금까지 4가지 원칙을 강조하였지만 부패를 막을 수가 없었으며, 오히려 부패의 정도와 범위가 날이 갈수록 심화되어 가는 추세를 보여 왔다는 점이다.

여기에서 본 연구는 각 접근방법의 약점을 보완하면서 이 주제를 심층적이며 과학적으로 분석하기 위해 수평적인(latitudinal) 차원뿐만 아니라 수직적인(longitudinal) 차원에서 살펴보고자 한다. 즉 부패의 원인을 단순히 현대화에서 파생된 부정적인 요소뿐만 아니라 이념적 해이, 중국만이 가지는 전통 가운데 관시(關係)라는 문화적 요인의 성격변화, 그리고 "권력은 부패하는 속성이 있으며, 절대 권력은 절대로 부패한다"는 정치권력의 일반적 특성에 주목하여 중국의 일당독재체제에서 찾고자 한다. 이와 같은 맥락에서 이 장은 먼저 오늘날 중국에서 진행되고 있는 부패의 내용과 성격, 범위와 정도를 살펴본 다음 공산당 일당독재체제가 중국의 부패에 미치는 영향, 부패와 경제현대화와의 상관관계를 심층 분석하고, 끝으로 부패를 보다 근원적으로 이해하기 위해서 관시를 중심으로 한 인간관계와 이념적 변화를 분석하고자 한다.

2. 부패의 개념과 특징

마르크시즘을 기계론적으로 해석하는 일부 사회주의 이론가들은 부패를 자본주의 사회에서만 볼 수 있는 병리현상이라고 주장하고 있다. 즉 부패는 자본주의 체제하에 부르주아들이 자본의 축적을 위해 국가를 이용하는 과정에서 일어난다는 것이다. 그러나 소련과 동구 공산주의 국가의 부패를 설명하는 일부 학자들은 일당독재체제라는 절대 권력과 공산주의라는 경직된 이념으로 인해 사회주의 체제가 자본주의 체제보다 부패에 있어서 훨씬 심각하다고 주장하고 있다. 따라서 부패는 자본주의국가뿐만 아니라 사회주의국가에서도 일어나는 일반적인 현상이라고 볼 수 있다. 이 장은 이와 같은 차원에서 먼저 부패의 개념을 살펴보고자 한다.

Heidenheimer는 부패를 공직중심(public-office-centered), 시장중심(market-centered), 그리고 공익중심(public-interest-centered)으로 나누고, 1) 공직중심의 부패는 관료들이 지위나 권력을 이용하여 개인의 이익을 추구하는 일체의 법적 규범적 일탈 행위를 말하는 것이며, 2) 시장중심의 부패는 경제활동을 하는 과정에 개입하여 부당한 이익을 취하는 행위를 의미하고, 3) 공익중심의 부패는 개인의 목적을 위해 공익을 파괴하는 행위 등을 지적한다.[4] Myrdal은 부패를 공직이 부여하는 지위, 영향력, 권력을 부당하게 사용하여 개인의 이익을 취하는 행위라고 규정하였으며,[5] Dobel은 공공의 복리를 증진하는 데 헌신해야 할 관료들이

---

4 Arnold J. Heidenheimer, ed., Political Corruption: Readings In Comparative Analysis (N.Y.: Holt, Rinehart & Winston, 1970) 참조.

5 Gunnar Myrdal, *The Challenge of World Poverty: A World Anti-poverty Program in Outline* (N.Y.: Pantheon, 1970), pp.200~210.

그렇게 하지 못하는 도덕적 파탄으로 규정한다.[6] Rogow와 Lasswell은 부패를 관료가 개인적으로 물질적 이익을 얻으려는 동기에서 야기된 일체의 부당행위라고 정의한다.[7]

그러나 앞서 언급한 부패의 개념들은 동기와 결과, 구체성과 모호성, 법과 규범이 상호 중첩되어 있으며, 부패를 개인적인 이익을 위해 사회적 규범이나 법률적 제약을 넘어 권력을 남용하고 있는 관료들의 행위로만 다루고 있을 뿐, 중국에서 볼 수 있는 협의의 공익을 내세워 조직의 이익을 추구하거나, 조직 자체가 직접 내지 간접적인 경제활동을 하는 과정에서 이루어지는 부패를 논의하지 않고 있다.[8] 따라서 이 장에서는 부패를 '관료들이 자신에게 부여된 권한을 이용하여 사적 이익을 추구하거나, 조직의 이익을 위해서 보다 큰 공적 이익을 침해하는 행위를 포함한 일체의 법과 규범에서 벗어난 일탈행위'를 의미하는 것으로 보고자 한다.

다음으로 중국이라는 특수성에 비추어 부패의 1) 정도, 2) 유형, 3) 주체를 권력구조의 성격, 경제정책의 변화와 발전의 정도, 사회문화적인 환경, 그 사회를 지배하고 있는 이념과 지도자의 가치관에 따른 설명이 가능하다. 먼저, 부패의 정도를 살펴보면, 1978년부터 1995년 사이에 중국의 부패는 여타 개도국의 부패와 비교해서 급상승하고 있음을 한 보고서는 보여주고 있다.[9] 1995년 이후

6 Patrick J. Dobel, "The Corruption of a State", *The American Political Science Review*, September, 1978, p.958.

7 Arnold A. Rogow & Harold D. Lasswell, *Power, Corruption, and Rectitude* (Englewood Cliffs: Prentice-Hall, 1966), p.2.

8 Xiaobo Lu, "Booty Socialism, Bureau-preneurs, and the State in Transition: Organizational Corruption in China", *Comparative Politics*, April, 2000, p.274. 부패에 대한 개념 정의에 있어서 공적인 이익과 사적인 이익 간의 애매모호한 경계선이 종종 문제가 된다. 일반적으로 공적 이익을 국가 전체나 당의 이익과 같이 광의로 해석한다면 사적인 이익에는 개인이 속한 조직 즉 직장, 기관 또는 지역의 이익을 의미한다.

9 Melanie Frances Manion, "Effects of Institutional Change on Elite-Mass Linkages: Electoral Quality and Local Corruption in Chinese Villages", Prepared for the 97th Annual Meeting of the American Political Science Association, San Francisco, August 29~September 2, 2001, p.1; Zenke He, "Corruption and Anti-corruption in Reform China". *Communist and Post-Communist Studies*, Vol.33, 2000, pp.245~246.

제3세대 지도자들이 반부패운동을 강력히 추진해온 결과 다소 개선이 이루어졌지만, 여전히 만연하고 있는 부패에 대한 인민들의 불만이 팽배하고 있으며, 오늘날 중국의 지도자들은 이 부패를 중국 공산당이 집권한 이래 공산당의 통치기반을 위협할 만큼 심각한 요인으로 인식하고 있다.

나아가서 중국의 부패 유형은 시간, 지역, 환경에 따라 차이가 있고, 새로운 부패가 기존의 부패를 대체하거나 또는 첨가되는 형태로 변화되어 왔기 때문에 이를 도식화하기는 어렵다. 이와 같은 점을 고려하여 부패의 유형을 분석의 편의상 그 강도(intensity)의 차이에 따라 흑색 부패, 회색 부패, 흰색 부패로 분류할 수 있다.[10]

흑색 부패는 경제적·사회적·윤리적 범죄로서 명백하게 사회 구성원들이 불법으로 인정하는 밀수, 뇌물, 횡령 등의 형태를 말한다. 중국 정부는 밀수를 세수 감소뿐만 아니라 중국의 경제성장 목표와 국가의 전반적인 경제 개혁을 위협하는 국가에 대한 중대 범죄행위로 간주하고, 이를 근절하고자 관련자들을 극형에 처하는 등 많은 노력을 하였으나 실패하였다.[11] 그것은 밀수를 단속해야 할 공직자들과 지도층 인사들이 이 일에 개입되어 있기 때문이었다. 푸젠성 珠海에서 일어난 밀수사건에서 볼 수 있듯이 2명의 珠海 당 부서기, 세관장, 전 중앙군사위원회 주석 유화청의 아들, 현 정치국원이자 中國全國政協主席인 賈慶林의 부인 林幼芳 등이 관련되어 있는데, 이 사건은 賈慶林으로 인해 더 이상 문제가 되지 않고 사라졌다.[12]

뇌물의 경우, 1980년대 초만 해도 대형 사건이라면 그 규모가 1만 元이였지만 지금은 10만 元, 심지어 일부 사건은 1백만 元으로 그 단위가 가파르게 상승곡선을 그리고 있다. 공식보고에 의하면 1993년 1월부터 9월까지 수뢰사건 중 1만 元 이상이 59.7%를 차지한다. 이 가운데 50만 元이 개입된 대형 사건은

---

10 Zenke He. Ibid., p.244.

11 Benjamin C. Astor, "The Fight against Smuggling", *The China Business Review* (July~August, 2000), pp.1~2.

12 Ibid, p.5.

1992년의 같은 기간보다 2배나 증가되었고, 1백만 元이 개입된 사건은 무려 3배나 증가하였다.[13]

이상에서 언급한 흑색부패의 성격을 살펴보면 1990년대 이후부터 횡령, 뇌물, 밀수 등에 있어서 거액의 금전이 개입한 대형부패 사건의 수가 급격하게 증가되고 있으며, 부패사건에서 縣과 그 이상의 간부들이 차지하는 비율이 급상승하고 있고, 간부들의 밀수와 투기 대상이 경제성장의 단계에 따라 1980년대 초에는 컬러텔레비전 및 자전거와 같은 소비재로부터 1980년대 중반에는 철판과 같은 생산재로, 1990년대 초에는 증권, 토지, 신용대출과 같은 것으로 그 대상이 변화하고 있다.[14]

회색 부패는 법을 악용하거나, 법과 제도의 미비함을 이용하거나, 불법적인 방법을 동원하면서도 협의의 공적 이익으로 포장하여 개인이나 조직의 이익을 추구하는 행위를 포함하고 있다. 먼저, 법적 근거도 없이 각종 벌금, 공과금, 기부금을 요구하는 행위를 들 수 있다. 정부는 실제로 이와 같은 행위를 합법적으로 보거나 묵인한다. 예를 들면 상하이와 천진을 포함한 11개 성과 시에서 8만9천 건의 공과금 가운데 5만3천 건은 불법이었으며, 1만3천 건의 벌금 가운데 1만2천 건은 지방정부나 중앙정부의 시행세칙에 없는 것이었다.[15] 다음으로, 공 기관이 직접·간접으로 기업 활동에 관련하여 발생하는 범죄인 지대추구(rent seeking)와 이익분배(profit sharing)를 들 수 있다. 전자의 경우 불법으로 원자재를 매입하거나 상부의 승인 없이 원자재의 가격을 올려서 기업에 다시 판매하는 행위가 포함된다.[16] 후자의 경우 1980년대의 국유기업이 이윤을 추구하는 경제활동과는 달리 1990년대에는 공공기관이 회사를 설립하여 기업 활동을 하고 이윤을 추구하는 과정에서 자신들의 권한을 사용하는 새로운 양상을 띠고

---

13 Zengke He, op. cit., p.246.

14 S. Zhang, "Punish Graft, Bribery and Other Economic Crimes Firmly", *Procurator Daily of China*, 1993.11.3.

15 *People's Daily*, 1996.12.9.

16 James T. Myers, "Modernization and 'Unhealthy Tendencies'", *Comparative Politics*, January, 1989, pp.195～197.

있다.[17] 즉 母기관(mother agency)이 고객(clients)에게 각종 혜택을 약속하거나 아니면 행정과 재정상의 불이익이라는 위협 수단을 동원함으로써 위성회사들의 기업이윤을 도모하는 것이다. 예를 들면 지방법원이 컨설팅 회사를 설립하여 이 회사를 찾는 기업인들에게 소송 등 각종 법적 특혜를 주거나, 정부의 재정 담당기관이 설립한 자동차 수리공장이 수개월 동안 손해를 입게 됐을 때 그 기관의 장은 자신의 부서 예산에 의존하는 타 기관에게 자동차 수리를 이 공장에서 하도록 주선하고, 만약 이를 거부할 경우 그 기관에 대해서 불이익을 주는 것 등이다.[18]

물론 이와 같은 방법으로 얻은 재정수입의 일부는 지방의 공공 프로젝트나 지역주민의 삶의 질을 향상시키는 데 사용되기도 한다. 그러나 그 대부분은 자신의 이익, 예를 들면 공금으로 호화 향응이나, 개인 주택, 차, 선물을 매입하는 데 사용되었다.[19] 현재 중국 관료들의 회색부패는 이와 같이 개인과 조직의 이익을 위해 협의의 공익을 가장해서 공권력이 남용되고 있으며 또 기강해이와 함께 사치와 낭비가 급속히 증가하고 있다.

흰색 부패는 사회적 일반 관행과 관련이 있는 부패이다. 즉 혈연, 학연, 지연에 따른 관련자와 知人에게 채용과 승진, 인가와 허가, 정보와 거래 등에서 각종 특혜를 주는 행위이다. 이와 같은 관행은 중국 사회에 일반화되어 있는 것으로서 과거부터 중국은 관시를 정상적인 인간관계로 간주하고 있으며, 이것

---

17 1993년 10월에 나온 정부의 지침은 정부기관은 그 기관 자체가 설립한 회사와 관련을 끊을 것을 명령하였지만 지금까지도 위성회사에 대한 재정, 인사 또는 이윤 분배에 연계를 가지고 있는 것으로 보도되고 있다.

18 Lu, Xiaobo. op. cit., pp.279~281.

19 Xiaobo Lu, Ibid., pp.281~282; *People's Daily* 1985.2.7, 3.2, 3.27, 4.15; *FBIS-CHI*, 1985.2.27, 3.14, 3.21, 3.25. 예를 들면 1988~89에 한 공공기관의 금고에서 지출된 2백 6십만 元 가운데 단지 13.7%만이 주민의 복지와 조직 구성원의 상여금으로 사용되었으며, 나머지는 사치스런 향응이나 횡령 등으로 유용되었다. 하이난성의 감사기관이 16개 시에 대해 재정의 부당 지출의 내역을 조사한 것을 살펴보면 다음과 같다. 승인을 받지 않은 건설비 422.8(백만 元), 자동차 및 다른 사치품 매입 576.7(백만 元), 개인에게 지급된 상여금 및 물품 334.6(백만 元), 선물과 향응 835(백만 元), 개인적 착복 내지 횡령 470.4(백만 元), 수뢰 및 절도 104.5(백만 元) 등이다.

을 이용하여 자신의 목적 내지 이해관계를 효과적으로 달성하여 왔다. 따라서 이 관계망을 가지지 못하는 사람들은 상대적으로 피해를 보게 된다.

그러나 현대화 이후 이와 같은 전통적인 관계에 새로운 내용이 접목되고 있다. 먼저 관시가 장기적인 인간관계의 형성에 있는 것이 아니라 단기적인 개인의 이익을 얻는 수단으로 상업화되어 오늘날 많은 중국인을 포함한 외국인들은 반대급부를 기대하면서 이와 같은 관계망을 만들고 유지하는 데 돈을 투자한다. 이 관계망의 주된 대상은 당 고위간부들과 이들의 자녀 소위 태자당이다.[20] 나아가서 신형 관시는 정치와 경제가 연계된 소위 정경유착형의 부패로 나타나며, 공공사업이나 공공서비스의 입찰, 정부 조달 계약, 증권거래소나 부동산 시장의 거래 과정에서 커미션을 받는 행위 등을 포함하고 있다. 아울러 관료들 상호간에 뇌물 수수가 이루어지는 '公賂'를 들 수 있다. 예를 들면 국유기업의 매니저가 자신의 제품과 관련하여 규정에 벗어난 독점권과 신용장을 얻기 위해서 관련 간부들에게 뇌물을 상납하거나, 지방정부 간부들이 예산, 자원배분, 정책에 있어서 타 지방정부보다 상대적으로 유리한 고지를 확보하고자 관련 상부기관의 관료들에게 뇌물을 주는 행위이다. 그리고 간부와 개인기업 간의 후원자－고객(patron-client) 관계를 들 수 있다. 이는 고위 간부들이 고객이라고 할 수 있는 개인기업을 외부 압력으로부터 보호해주는 대가로 그들로부터 후원금이라고 할 수 있는 경제적인 지원을 받는 관계이다.[21]

끝으로 이 3가지 유형의 부패에 개입하는 주체를 개인과 조직으로 나누어 살펴보면, 개인은 모든 부패에 관여하고 있으나, 1990년대로 접어들면서 공공기관 차원의 비리가 증가하고 있다. 즉 1995~97년 사이에 중국 내 경제범죄와 부패에 관한 조사에서 거의 60%가 공공기관과 관련되어 있었으며, 그 결과 1998~99년에 전개된 반부패운동의 대상 가운데 조직 차원의 부패가 최우선 순위였다. 먼저, 농민들은 지방정부에 공공서비스 제공을 위한 세금을 납부했음

20 Zengke He, op. cit., p.247.
21 Ibid., pp.247~248.

에도 불구하고 2중으로 각종 부과금을 내도록 강요당해 왔다. 여기에서 중앙정부는 불법으로 공과금, 벌금, 기부금이 부과되는 것을 막기 위해 주민들에게 과세 아닌 공과금을 연간 수입의 5%를 초과하지 못하도록 정하였지만 실제로 이것이 지켜지지 않았다. 1992년의 보고서에 의하면, 개인기업 또한 30여 가지의 각종 세금을 내고 있지만 확실한 법적 근거를 가지고 있는 것은 불과 몇 가지뿐이었고 나머지는 지방 공공기관의 조례에 의해 부과되고 있었다. 1992년 산시성 楡次市의 경우, 농민들에게 과세 아닌 징수가 13.98%나 되었으며, 허난성 博愛縣의 농민들은 1991년에 무려 136가지나 되는 각종 서비스에 대한 공과금으로 이들의 수입 가운데 무려 15.1%를 지불하였다.[22]

이와 같이 조직 차원에서 불법으로 조성된 기금은 각 기관마다 비치된 일명 '검은 금고'에 보관된다. 한 예로서 1985년 감사원은 66,200 기관의 회계감사를 하였으며, 100억 元의 은폐된 회계 가운데 76%가 불법으로 이 금고에 보관되어 있었다. 일부 기관은 상부기관의 회계감사를 피하기 위해서 시중 은행에 개인 명의로 예치하고 있었으며, 1990년의 경우 은행의 개인저축 7800억 元 가운데 15%인 1,200억 元이 실제로 각 기관의 '검은 금고'에 해당하는 돈으로 추산되고 있다.[23]

3. 권력의 구조와 기능

신화사는 중국 공산당이 1989년 이후부터 13년간에 걸쳐 부패 등의 이유로 47만 3천명의 당원을 제명했다고 2002년 10월 13일자로 보도했다. 그 대표적인 사례로서 1987년부터 1995년까지 전 베이징 시장이자, 당시 베이징 당 서기이

22 Xiaobo Lu. op. cit., pp.276~278. 농민들의 공과금 내역을 보면 금융, 토지이용, 도시계획, 수자원보호, 농기계, 공중보건, 동물치료(수의사), 종자보급, 산림보호, 가족계획, 민사사건, 법원, 경찰, 문화, 체신, 전기 공급, 환경보호 등의 명목으로 군이나 향·진 차원의 공공기관에 농민들이 납부하고 있다.

23 Ibid. p.279.

며, 정치국원이었던 陳希同을 들 수 있다. 그는 무려 20억 달러의 공금횡령 내지 뇌물을 받았다는 혐의로 기소되어 결국 16년의 징역형을 선고받았다.[24] 이와 같은 관료들의 부패 원인을 분석하기 위해서는 중국 권력구조의 특징인 1) 일당독재체제에서 오는 권력의 집중과 남용, 2) 법치와 인치가 공존하면서도 인치가 법치 위에 있는 데서 오는 법제도의 미비함, 3) 부패에 대한 체계적인 감시와 감독의 결여를 고찰할 필요가 있다.

먼저 중국 공산당의 특징을 살펴보면 다음과 같다. 중국 공산당은 혁명과 건국 과정에서 중추적인 역할을 감당해왔을 뿐 아니라 그 후 중국 사회를 통합하고 질서를 유지하는 역할을 수행하면서 거대한 관료조직으로 발전하였다. 특히 중국의 관료화 수준은 과거시험을 통해 관료제도가 확립된 한나라 무제 이후부터 청나라까지 세계에서 가장 오래된 역사를 가지고 발달하여 왔으므로 어느 자본주의국가나 사회주의국가보다 훨씬 높다.

다음으로 중국 공산당은 소수 엘리트의 정책결정과 노선을 전달하고 집행하는 신경조직이고, 결정 과정에서는 民主集中制(democratic centralism)의 원칙에 따라 결정에 앞서 정책 대안에 대한 토론이 허용되지만 결정 이후에는 모든 당원들이 그 결정에 절대 복종하여야 하며, 정치국 상무위원회가 모든 결정의 중심에 있다. 결국 중국 공산당은 조직 구성원들의 참여가 극도로 제한된 전체주의적인 체제라고 할 수 있다.

끝으로 중국 공산당은 입법, 사법, 행정, 軍의 권력과 기능을 총체적으로 장악하고 있다는 점에 주목할 필요가 있다. 권력남용을 방지하기 위한 권력분립과 견제·균형이라는 장치가 없는 이 일당독재체제는 당내 고위간부들의 전횡을 효과적으로 막을 수 없으며, 법적으로 정부를 감독할 수 있는 각급 全人大가 있지만 이들은 당 지도부의 승인 없이 권력남용을 저지른 지도자를 해임할 수 없다. 아울러 일당독재체제 속에서는 다른 대안을 제시하고, 비판적이며,

24 p. Steidlmeier,. “Gift Giving, Bribery and Corruption: Ethical Management of Business Relationships in China”, *Journal of Business Ethics*, Vol.20, 1999, p.124; *Beijing Review*, 1996.4.1~7, pp.16~21.

체제에 대해서 도전하려는 조직을 허용하지 않는다. 1978년 이후 현대화로 인한 급격한 경제적 변화에도 불구하고 중국 공산당은 사회주의 이념, 권위주의적인 정체성, 당에 모든 권력이 집중된 국가체제를 여전히 유지하고 있다. 그러므로 중국의 개혁은 어디까지나 경제발전에 관련된 개혁이며, 정치 개혁은 단지 통치의 효율성을 제고하는 차원에서 소극적인 수준에 머물러 있는 것이다.

한마디로 중국 공산당은 Weber식의 계층적(hierarchical) 단일 의사결정 구조가 합법적으로 제도화되어 있는 대규모 피라미드 조직이며, 이 조직의 활동공간은 국가와 전체 인민의 정치, 경제, 사회, 문화를 포함한 모든 영역을 망라하고, 모든 권력을 장악하여 나머지 권력기구인 정부, 군, 全人大에 대한 지배를 확립하고 있는 일당독재체제인 것이다.

이와 같은 중국의 일당독재체제는 외부환경에 능동적으로 적응하고, 내부적으로 합리적이며, 능률적인 조직으로 발달하지 못하고, 일정한 순환작용에 치중하는 폐쇄성과 정적 균형(static equilibrium) 상태를 유지함으로써 조직의 구성원들은 개성을 상실하고, 책임을 회피하며, 형식주의와 무사안일에 빠지고, 특히 부패와 같은 역기능적 병리현상에 오염될 수밖에 없다.[25] 1978년~1980년 사이의 중국의 부패를 분석한 Alan Liu는 중국의 경우 국가의 생산, 분배, 규제에 대한 결정과 집행, 감시와 감독에 대한 모든 권력이 공산당에 집중되어 있기 때문에 이와 같은 일당독재체제하의 간부들은 부패에 있어서 자본주의 체제보다 더 심각할 수밖에 없다고 주장한다.[26]

---

25 김영종, 『부패학: 원인과 대책』(박영사, 1995), p.222.

26 Alan p.L. Liu, "The Politics of Corruption in the People's Republic of China". *American Political Science Review*, Vol.77, 1983, pp.616~618; James C. Scott, *Comparative Political Corruption* (Englewood Cliffs: Prentice-Hall, 1972), pp.12~14; Xueqin Jiang, "Stealing the Land", *FEER*, February 7, 2002, pp.58~59. 예를 들면 중앙정부는 지방정부에게 토지를 농민들에게 대여할 수 있는 권한을 부여했다. 그 후 지방정부의 國有資産管理局이 이 권한을 행사하는 과정에 각종 비리가 난무하였음을 지적하고 있다. 이 보고서에 의하면 불법으로 토지를 점유한 17만 건 가운데 무려 15% 이상이 지방 정부의 간부들이 개입되어 있다. 그러나 이와 같은 간부들의 비리에도 불구하고 이들은 거의 체포당하지 않았으며, 체포되어도 소액의 벌금형으로 풀려났다. 심지어 토지 거래에 있어서 지방정부 간부들의 권력남용을 방지하기 위해서 國家國有資産管理局은 지역 주민들로 구성된 독립기구를 설립하도록 당에

특히 중국은 법에 의한 지배보다 인치가 중요한 변수로 작용하고 있는 정치문화가 자리 잡고 있다. 지난 2천 년 동안 절대왕정하에서 중국의 관료들은 주어진 권력을 임의로 행사하는 데 익숙하여 왔으며, 그 결과 이들은 부와 권력을 소유한 지배계급이 되었다. 이와 같은 정치문화는 중국 공산당 치하에서도 지속되고 있다. 건국 당시로 소급해서 毛澤東은 법과 제도에 의한 지배보다 인치를 선호하였으며, 그의 카리스마적인 리더십의 영향으로 인해서 제도 확립에 주체적인 역할을 하여야 할 중국 공산당은 법과 제도보다 한 개인을 추종하는 조직으로 전락하였다.[27] 毛澤東에 대한 개인숭배와 독재를 경험한 鄧小平은 인치 아닌 법치를 구현하고자 제도화(institutionalization)에 노력을 기울였지만, 초법적인 위치에서 이를 추진하려는 모순으로 인해 법이 있어도 시실상 기능을 발휘하지 못하고 있다. 그 후 제3세대와 제4세대 지도자들은 개혁과 개방이 성공하기 위해서 법과 제도의 확립이 긴요한 것임을 주지하면서도 중국의 정치문화 가운데 인치가 엄존하고 있음을 부인하지 못한다. 오늘날에도 지도자의 현장지도, 실무지도가 법에 따른 결정보다 더 중요하게 다루어지고 있다. 따라서 중국의 법 제도는 전문화, 세분화, 다양화라는 시대 환경에 적응하지 못하고, 과거와 마찬가지로 미비할 뿐 아니라 모호한 특징을 보이고 있다.

Feinerman에 의하면 중국에게 있어서 법과 절차는 단지 당의 정책수행을 위한 도구일 뿐이며, 이와 같은 법 환경은 오늘날의 부패를 설명하는 중요한 단서를 제공한다.[28] 현대사회에 있어서 일정한 행동규범에 기초한 법질서를 제도적으로 확립할 수 있다면 부패에 대한 기회나 그 기회를 통해서 이익을 취하려는 생각은 상당히 줄어들 것이다. 그것은 이해관계가 상이한 개인이나 집단들 사이의 갈등을 해소할 수 있는 객관적이고, 합리적이며, 투명한 제도가

권고하였지만 중국 공산당은 이를 월권행위로 간주하고 그 기구의 설립을 반대하였다.

27 James T. Myers, "The Political Dynamics of the Cult of Mao Tse-tung". in Yung Wei, ed. *Communist China: A System-Functional Reader* (Columbus: Charles E. Merrill, 1972), pp.78~101.

28 James V. Feinerman, "Economic and Legal Reform in China, 1978~1991", *Problem of Communism*, Vol. 11, No.5, September~October, 1991, p.66.

부패를 감소하는 데 기여하기 때문이다. 그러나 중국의 경우, 정책결정 과정에 영향을 미칠 수 있는 합법적인 채널이 극도로 제한되어 있으며, 그 결정을 시행하는 과정에서도 정치가 절대적인 영향력을 미친다.[29] 특히 지도방침을 수행해 나가는 관료들은 이 방침이 지니는 실질적인 우선권을 이용하여 부패에 개입하게 된다. 그 이유로 관료들은 그 직책에 따른 권력을 행사하는 데 있어서 제도화된 행동규범을 따르기보다 임의적인 행동을 하게 되며, 이와 같은 행동은 단순히 정보나 경험의 부족 또는 자신의 역할에 대한 이해의 결여에서 나오는 경우라면 문제가 되지 않지만 적극적이고 의도적인 일탈행위를 통해 주어진 재량권을 남용하는 경우 사회적 가치에 부당하게 접근하게 되므로 부패할 수밖에 없다.

부패를 방지하기 위한 메커니즘으로 중국 공산당은 당 기율검사위원회와 정부의 새로운 감찰 부서를 만들어 산하 공공기관을 감시 감독하는 한편 각 기관의 상급 부서 또한 하부조직을 감시 감독하게 하고 있지만 이들 기구의 체계적인 감시와 감독 기능이 제대로 작동되지 않는 상황이다.[30] 그 이유는 다음과 같다. 1) 이들 기구들이 독립성을 결여하고 있다. 감시와 감독 기구로서 각급 당 기율검사위원회, 인민 검찰원, 인민법원, 經濟犯罪報告中心(the Center for Reporting Economic Crimes)[31] 등이 있지만 이들 기구들은 중요한 정치적 결정이나, 인사결정에 있어서 정치국이나 정치국 상무위원회의 결정을 따라야 하며, 기구의 예산 또한 전적으로 정부에 의존하고 있고, 같은 기구의 하급 부서들은 상급 부서의 지시를 받아야만 한다. 이와 같은 체계로 인해 이들 기구들은 독립

29 Scott Gehlbach, "Social Networks and Corruption". Paper Prepared for Presentation at the 2001 Annual Meeting of the American Political Science Association, August 7, 2001, p.4; James T. Myers, op. cit., p.206.

30 Andei Shleifer & Robert W. Vishny, "Corruption", *Quarterly Journal of Economics*, Vol.58, August, 1993, p.599.

31 이 기구는 1988년에 설립되었으며, 국유기업이든 사기업이든 정부가 정한 상업규제와 가격규제 및 기술요건을 제대로 지키고 있는지를 감독하고 있으며, 첫 5년 동안에 무려 1천 4백건의 첩보를 입수하여 조사하였으며, 부패에 연루된 범법자들을 체포하는 등 부패를 방지하는 데 많은 노력을 기울이고 있다.

적으로 부패를 조사할 수 있는 능력에 있어서 심각하게 제한 받고 있다. 2) 부패를 추방하기 위한 기구 상호간의 긴밀한 업무협력이 결여됨에 따라 업무처리에 있어서도 많은 한계를 드러내고 있다. 3) 현대화시기에 새로운 형태의 부패는 이들 기구의 새로운 과제이자 중요한 도전이지만 이를 효과적으로 대처할 수 있는 경험과 기술이 결여되어 있다. 4) 관련 법규의 전문화가 이루어지지 않고 변화에 적응할 수 없었기 때문에 법 적용에 있어서도 많은 어려움을 경험하고 있다. 5) 이 기구들의 간부들은 각종 유혹을 받고 있으며, 이로 인한 업무태만으로 인해 많은 불법행위가 노출되지 않은 채 은폐되고 있다. 심지어 이 기구들은 비리에 관한 제보가 있음에도 불구하고 별다른 조치를 취하지 않음으로써 부패의 경향을 심화시키고 있다.[32]

이와 같은 상황으로 인해 법원은 경제사건에 있어서 가능한 한 판결을 지연내지 회피하려는 소극적인 태도를 보이고 있다고 최고인민법원이 全人大에 제출한 연례보고서는 지적하고 있다. Donald C. Clark에 의하면 이것은 비적대적인 모순에 대해서 강제력을 발동하기보다 평화적인 수단에 호소하고자 하는 毛澤東의 이데올로기에서 기인하는 것이라 주장하고 있지만, 毛澤東의 이념보다 더 중요한 것은 법원의 예산, 인사, 주택공급 등의 문제에 있어서 지방의 간부들에 의존할 수밖에 없는 상황, 제도상의 미비함, 기강해이 등이 법원의 판결에 영향을 미치고 있는 것으로 간주될 수 있다.[33]

4. 현대화

중국은 먼저 농업부문의 개혁을 단행하여 농촌에서 성과를 이루자 이를 도시와 연해안의 경제특구로 확대 실시하였다. 그 과정에서 계획경제에서 시장경제

32 *People's Daily*, 1993.11.26.

33 Donald C. Clark, "The Execution of Civil Judgment in China", *The China Quarterly*, Vol.141, March, 1995, p.71.

로, 경제정책과 관련해서 중앙집권화에서 지방 분권화로, 소유권과 경영권의 분리와 소유권의 다원화를 단계적으로 실시하는 한편 선진국의 자본, 과학기술, 경영지식을 도입하였다. 그 결과 지금까지 연평균 9.7%라는 눈부신 경제성장을 기록하여 왔으며, 지금은 이와 같은 경제발전의 성과를 서부 미개발 지역까지 확대하고 있다.

이와 같은 고도 경제성장은 제3세계에서 그 유례를 찾아보기 어려운 것이지만, 다른 한편으로 부정부패, 지역과 지역 및 인민과 인민 간의 소득격차, 환경오염 등 많은 문제점을 야기하였다. 여기에서 부패와 현대화 사이의 관계에 주목할 필요가 있다. 이와 같은 문제에 대해서 鄧小平, 胡耀邦, 趙紫陽 등 진보성향의 개혁세력들은 부패를 현대화 과정에서 파생된 부정적인 결과의 일부임을 인정하면서도, 근원적으로 문화혁명의 영향력이 완전히 제거되지 않은 상황에서 발생한 것이므로 법질서의 확립과 교육을 통해 이와 같은 부정적인 면을 교정할 수 있을 것으로 진단하여 왔다. 이에 반해 陳雲, 胡喬木, 鄧力群 등 보수성향의 개혁세력들은 마르크시즘에 의거하여 상부구조에 해당하는 부패가 하부구조인 경제발전 또는 생산력에 직접적인 영향을 받고 있기 때문에 부패란 고도 경제성장에서 오는 부정적인 결과라고 주장하며, 현대화에 대한 내용과 범위와 속도에 있어서 治理整頓을 요구하는 한편 부패를 척결하기 위한 강도 높은 이념투쟁과 반부패운동을 요구해 왔다. 그러나 이러한 시각의 차이에도 불구하고 양 세력들은 현대화가 부패에 일정부문 영향을 미치고 있음을 인식하고 있다는 공통점이 있다.[34] 여기에서 현대화와 부패와의 상관관계를 살펴보고자 한다.

첫째, 중국 현대화는 기존 계획경제 위에다 시장경제를 도입하면서 추진되었으며, 이런 상황은 부패를 더욱 심화시키는 데 일조를 하였다. 먼저, 중국은

34 Wendy Larson, "Realism, Modernism, and the Anti-'Spiritual Pollution' Campaign in China". *Modern China, January*, 1989, p.68; *Beijing Review* 1985.2.18: 15, 1986.10.6: 4; *People's Daily* 1985.3.11, 3.26; The Economist, Feb. 4, 1984, p.40; Oct. 6, 1984, p.79; *China Daily*, 1984.7.14, 1985.3.11.

시장경제 원리를 도입하면서 국가가 소유하던 생산수단을 다원화하여 국유제 외에도 개인이나 집단, 외국인에 의한 소유를 허용하였다. 이와 같은 소유체제의 다원화로 생산과 서비스 분야에서 합작, 합자 또는 개인 소유의 사기업이 크게 늘어났으며, 1992년의 경우 생산기업 가운데 13%, 소매 서비스기업 가운데 24%를 사기업이 점유하고 있는 것으로 보도되었다. 그러나 이 현대화 과정에서 사기업(향진기업, 가족 기업, 개인 기업, 외국인 소유기업, 외국인과의 합자기업)의 설립과 운영은 기존의 국유기업 중심의 경제정책으로 인해 많은 어려움을 겪어왔다. 특히 원자재의 구매, 자금지원, 원활한 물류 수송, 상품시장의 개척과 재산에 대한 법적 보호에 있어서 국유기업에 비해 상대적으로 불리한 경쟁을 할 수밖에 없었으며, 이 과정에서 이들 사기업은 부패라는 수단에 의존할 수밖에 없었다.[35] 그 결과 부패는 기존의 경직되고, 시대에 뒤진 규제들을 제거하고 사기업을 발전시키는 데 일정부분 기여하여 왔으나, 경제활동 영역에서 경쟁상대(국유기업과 다른 사기업)보다 더 많은 몫을 차지하기 위해서 지방정부나 중앙정부에 로비를 하지 않을 수 없었고, 그 결과 뇌물의 단위는 더욱 고액화될 수밖에 없었다. 이것은 기업의 생산 원가에도 상당한 부담을 주었다. 예를 들면 향진기업의 발전 초기에는 이익분배(profit sharing) 모델이 적용되어 신용거래, 원자재 공급, 상품 시장, 세금 등에서 유리하게 접근하고자 지방정부의 간부들에게 부당한 이익분배를 제공하였다. 이와 같은 접근은 향진기업의 성장에 기여한 것도 사실이나 이들 간부들은 계속해서 더 많은 이익분배를 위한 구실을 찾거나, 아니면 손실에도 불구하고 이익분배를 강요함으로써, 궁극적으로 이들 기업이 부패의 희생자가 되는 결과를 초래하였다.[36]

---

35 Yan Sun, "Reform, State, and Corruption: Is Corruption Less Destructive in China Than in Russia?" *Comparative Politics*, October, 1999, p.5~6.

36 중국의 향・진 기업은 1984년 농촌공업화를 통한 유휴노동력 활용 및 농촌경제의 부흥을 목적으로 전국적으로 권장되기 시작하였다. 향・진 기업은 농촌주민들이 단체 또는 개인적으로 경영하거나 향・진 단위 또는 촌 단위, 또는 향・진・촌이 연합하여 세울 수도 있다. 중국 정부는 농촌인구의 도시 유입을 막고 도시지역의 슬럼화를 피하기 위하여 향・진 기업을 적극 지원하고 있다. 그 결과 1990년 현재 전국에는 1천8백 50만 개의 향・진 기업이 생겨

다음으로, 정부는 국영기업의 경영합리화와 이윤을 위해서 소유권과 경영권을 분리하는 한편 경영에 관해서는 정부의 감독을 완화하면서 기업 매니저들에게 많은 권한을 이양하였다. 그럼에도 불구하고 국영기업은 만성적자에 시달려 왔으며, 이를 시정하기 위해 정부는 국영기업의 매각, 합병 내지 폐쇄 등을 추진하여 왔다. 결국 이들 국영기업의 매니저들은 자신의 위치를 지키고자 인사권을 가지고 있는 관련 기관의 간부들에게 뇌물이라는 부정한 방법을 동원하였다.[37]

둘째, 광범위한 개혁과 개방에도 불구하고 중국은 정책의 결정, 집행, 감독, 평가 외에도 생산과 분배과정, 인가와 허가, 가격 결정, 세제, 심지어 각종 규제사항에서 여전히 폐쇄성을 벗어나지 못했으며, 개혁과 개방을 뒷받침하지 못하는 제도적 결함을 드러냈다. 여기에서 Huntington은 이와 같은 '제도의 부재' 자체가 관료들의 부패를 도와주는 요인으로 작용하고 있다고 주장한다.[38] 단적인 예로서, 중국의 새로운 세제는 법적으로 숫자의 정확성을 강조할 뿐이며, 이와 같은 단순성은 개인적인 경제 사정과 시장경제의 복잡성을 반영하지 못하고 있다. 더욱이 영수증을 주고받는 제도가 정착이 되어 있지 않고 현금거래가 관행이 되어 있는 중국의 실정을 감안한다면 지방정부의 세무 관리들이 임의적인 판단에 따라 세금을 결정하는 경우가 많다. 따라서 세금 문제와 관련해서 미납, 감면, 탈세, 거부 등 각종 비리가 끊이지 않았다. 그 결과 국내총생산(GDP) 가운데 정부의 세수가 차지하는 비중은 90년대 들어와서 지속적으로 하락하여 왔다. 즉 개인의 소득이 GDP에서 차지하는 몫이 1978년의 49%에서 1998년의 61%로 증가되었지만, 반대로 정부의 세수는 1978년의 경우 GDP 대비하여 32%에서 1998년에는 12%로 하락하였던 것이다. 이와 같은 세수감소는 중앙정

났고, 이들이 중국 공업생산액의 30%, 농촌사회의 총생산액의 60%를 생산하고 있다. 이중 3분의 2가 촌 단위의 기업으로 향·진 기업은 중국 전체농촌인력의 25% 가량을 흡수하고 있으며, 총 고용인원이 9천만 명을 헤아린다.

37 Yan Sun, op. cit., p.4~12.

38 Samuel P. Huntington, *Political Order in Changing Societies* (New Haven: Yale University Press, 1969), p.59.

부의 거시적 경제통제뿐만 아니라 경제 계획에 대한 심각한 차질을 초래하고 있다.[39] 중국 정부는 이 문제를 해결하고자 거액 탈세자에 대해서 공개처형을 하는 한편 세무관청의 컴퓨터 시스템을 업그레이드하고, 은행 및 증권거래에 대한 지휘 감독을 강화하여 왔지만, 이 추세를 막을 수 없었다.

셋째, 중앙정부는 지방경제를 발전시키고자 경제관련 권한들을 지방정부에 대폭 이양하면서 지방정부의 조직과 기능과 인원이 증가되었지만 만성적인 예산부족에서 오는 낮은 임금으로 인해 공직자들의 어려움이 가중되었으며, 이 상황은 자연스럽게 개인과 조직 차원의 부패로 이어졌다. 먼저, 지방 정부는 만성적인 예산부족으로 기구를 축소할 수밖에 없음에도 불구하고 지방정부의 조직은 확대되어 왔다.[10] 즉 지방정부의 조직 가운데 일상적이고 규칙적인 기능을 행사하는 조직에는 거의 변화가 없었지만, 시장경제를 도입하면서 지역 정부의 기능을 상당히 변화시켰던 것이다. 각 지방정부 마다 공공의 안전, 공중보건, 가격 통제, 도로 관리, 국가 재산 관리, 토지 관리, 질과 표준 관리, 가족계획, 금융규제 및 감독을 담당하는 새로운 임시기구가 상설기구로 변하고, 이 기구의 구성원들은 정식 직원으로 전환되었으며, 그 결과 省마다 자신들의 예산 가운데 간부들의 봉급이 차지하는 비율이 급속히 증대되었다. 특히 지방정부의 하부조직인 향과 촌의 간부들의 숫자는 인민공사가 있을 때보다 훨씬 빠른 속도로 증가되었다. 예를 들면 과거 60년대에 베이징 근교 한 인민공사(지금은 향)의 비 생산직 간부들은 평균 12명 정도였지만, 1992년의 경우 이 향의 간부들은 160명에 이른다. 이와 같은 현상이 중국 전역에서 이루어졌으며, 1995년에는 한 해에만 95만 명이 증원되었다.[41]

이와 같이 적정 예산의 뒷받침이 없는 상태에서 조직 구성원들의 증가는

---

39 William Gamble, "The Middle Kingdom Runs Dry-Tax Evasion in China", *Foreign Affairs*, Vol.79, November~December, 2000, p.16.

40 Tyrene White, "Post-revolutionary Mobilization in China", *World Politics*, Vol.43, 1990, pp. 53~76.

41 Xiaobo Lu, op. cit., p.284. 장쑤 성의 경우 행정 요원들에게 지출되는 봉급이 1993년 성 전체 예산 가운데 무려 42%를 차지하였다.

저임금으로 이어졌으며, 이것은 민간부분의 높은 임금 수준으로 인해 더욱 차별화되었다. 그것은 1978년 현대화를 시작하면서 누구든지 먼저 부자가 되도록 허용하는 先富論[42]에 따라 소득체계의 급속한 붕괴가 진행되었으며, 그 결과 국유기업, 개인기업, 외국인 기업, 또는 합자회사에 근무하는 매니저나 근로자들의 임금은 급속하게 증대되었으나, 간부들의 소득은 상대적으로 낮았고, 임금의 상승폭도 완만하였다. Hu Heli의 보고서에 의하면 1987년 공무원들의 평균 연봉이 1,472元 인데 비해 국유기업의 근로자들은 상여금, 여타 복지혜택을 제외하고도 1,546元이었다.[43] 하지만 이 연봉은 개인기업의 근로자에 비하면 더 낮았다. 이와 같이 민간부분에 비해 상대적으로 낮은 관료들의 소득은 이들로 하여금 개인 기업으로 전직하거나, 공직을 이용하여 부수입을 추구하도록 만들었던 것이다.[44]

한편 지방정부는 조직차원에서 이 엄청난 인건비를 지출하고 새로운 경제 프로그램을 추진하는 데 필요한 예산을 충당하기 위해서 다양한 방법을 강구하였으며, 중앙정부도 지방정부의 이와 같은 방법에 대해서 모호한 입장을 취하거나, 예산 외 기금조성을 묵인하거나, 심지어 불법 자금조성을 긍정적으로 인정하였다.[45] 여기에서 조직 차원의 부패가 자행되어 왔으며, 이 부패는 조사하기가 쉽지 않을 뿐만 아니라 단속 때마다 일시적으로 부패가 감소되었지만 오래가지 못하고 다시 기승을 부렸다.

넷째, 개방에서 오는 서구 물질문명은 중국의 관료들로 하여금 권력을 이용한 보상심리를 자극하기에 충분하였다. 중국은 대외개방 정책을 단계별로 추진

42 David G. Goodman, "China: The State and Capitalist Revolution," *The Pacific Review*, Vol.5, No.4, 1992, pp.350~359; Richard Robinson & David. Goodman, *The Rich in Asia: Mobile Phones, McDonalds and Middle-Class Revolution* (London: Routledge, 1993), p.350.

43 H. Hu, "Three Strategies of Anti-Corruption," *Comparative Economic and Social System*, Vol.3, 1989, p.20.

44 Yan Sun, "The Chinese Protests of 1989: The Issue of Corruption", *Asian Survey*, Vol.31, 1991, p.765; Alan P. L. Liu, op. cit., p.618. 『인민일보』(1991.5.5)에 의하면 천명이상의 국무원 전 현직 관료들이 개인 기업으로 전직한 것으로 보도하고 있다.

45 Xiaobo Lu, op. cit., p.282.

하면서 외국 자본, 기술, 경영지식의 도입, 무역 신장을 도모하였다. 1980년에 처음으로 深圳, 珠海, 厦門, 汕頭 등 4개 지역을 경제특구로 지정한 이래, 1984년에 14개의 연해안 도시를 경제기술 개발구(준 특구)로 지정하고, 1985년에는 3개의 삼각주 지역을 개방하였다. 또 1988년에는 海南島를 성으로 격상시켜 경제특구로 지정하는 동시에 요동반도와 산둥 반도를 개방하였다. 이와 같이 중국 정부는 연해안 지구를 개방하면서 외국자본을 끌어들이고, 내륙의 미개발 지역과 연계하는 이른바 외인내연전략을 추구했다. 그러나 연해안 지역은 눈부신 발전을 거듭하고 있음에도 불구하고 내연효과가 크지 않게 되자, 1991~2년부터 내륙지역의 중요 도시를 수출가공구라는 이름으로 개방하기에 이르렀다.

이와 같은 중국경제를 세계정세에 접목시킨 대외 개방정책은 분명히 옳은 노선임에도 불구하고 이와 관련하여 간부들의 부패라는 새로운 가능성을 열어놓은 것이다. 즉 서구의 높은 소비 패턴은 간부들의 욕구심리를 자극하였으며, 이들이 개인 기업과 외국기업의 인·허가, 무역과 투자, 관세와 세금 등 다양한 경제행위에 간여하게 되면서, 자신들도 이와 같은 생활수준을 누리기 위해서 부의 축적을 주요한 목적으로 삼게 되었던 것이다.[46]

다섯째, 중국의 고도 경제성장에서 오는 1980년대와 1990년대 초의 높은 인플레이션은 공공부분의 봉급자 생활을 더욱 힘들게 하였다. 예를 들면 1978년부터 1984년까지의 인플레이션은 2.8%에 머물러 있었지만 1985년부터 1988년까지의 인플레이션은 12.1%를 기록하고 있다. 특히 1988년의 인플레이션은 20.8%, 1989년 1/4분기에는 무려 27.5%이다. 비공식적인 인플레이션은 공식기록보다 훨씬 상회하는 것으로 추측되고 있다. 1980년대 후반기에 부패현상은 이 시기의 높은 인플레이션과 무관하지 않은 것으로 조사되고 있다.[47] 실제로

---

46 Colin Mackerras, "'Party Consolidation' and the Attack on 'Spiritual Pollution'", *The Australian Journal of Chinese Affairs*, Vol.11, January, p.177.

47 Yan Sun, op. cit., 1991, p.769; T. David Mason, "Modernization and Its Discontents Revisited: The Political Economy of Urban Unrest in the People's Republic of China". *The Journal of Politics*, Vol.56, No.2, 1994, p.418. 부패와 인플레이션의 관계를 살펴보면, 상품을 만드는 과정과 이것을 시장에 운반하는 각 과정마다 뇌물이 개재되는 시스템은 이 상품이

오늘날 관료들은 인플레이션이 자신들의 생존권을 위협하고 있으며, 이를 해결하기 위한 방법의 하나가 권력을 이용한 부패임을 인정하고 있다.[48]

앞서 언급한 요인들로 인해서 관료들은 개인적으로 또는 조직 차원에서 부패에 개입하여 왔음을 다음의 사례에서 확인할 수 있다. 즉 국가기관들이 1) 직접 위성회사를 만들어 경제활동을 하였으며, 이 가운데 인민해방군 소속 무역회사들의 부패가 대표적인 예이다.[49] 2) 각종 벌금, 차압 내지 통행료 등 부당한 징수를 자행하고 있다. 國家工商行政管理局(the state administration of industry and commerce)의 보고에 의하면 기관에 의한 기업의 벌금과 차압의 금액이 1993년 10% 이상 증가하였으며, 그 액수가 무려 8억元에 달하고, 허베이 성의 한 縣은 성과 성을 연결하는 고속도로에 검문소를 설치하여 30가지의 통행료를 부과하여 왔다.[50] 3) 원자재와 상품에 대한 부당한 거래행위로서 공공 기관이 국가에서 정한 가격으로 구매한 원자재나 상품을 시장가격으로 판매함으로써 막대한 차액을 남기는 행위 등이 포함 된다.[51] 4) 금융대출, 인・허가 등에 관여하고, 특히 영업과 관련된 각종 인・허가 과정에서 신속한 업무처리를 위해

소비자에게 도달하기까지 이미 상당한 비용이 들었기 때문에 결국 상품의 가격이 상승된다. 한 예로 석탄은 소비자에게 도달하기까지 49가지의 다양한 비용이 들어가며, 결국 소비자의 가격은 생산가격의 500%나 비싼 값으로 정해진다.

48 Barry Naughton, "Inflation and Economic Reform in China." *Current History*, Vol.88, 1989, p.270.

49 William Gamble, op. cit., pp.5, 6.

50 Xiaobo Lu, op. cit., p.278.

51 Ibid.: 285. 사회주의 체제는 기본적으로 자유로운 시장 유통기구를 인정하지 않고 수요 공급의 균형이론에 기준한 시장가격의 형성을 허용하지 않고, 국가가 관장하는 배급기구와 국가당국이 결정하는 지정가격만이 존재했을 뿐이다. 그러나 鄧小平 정권은 "사회주의에도 시장경제가 존재한다."라는 사회주의 초급단계론을 개발, 이를 중국식 사회주의라고 명명하고 1978년 이후 지금까지 단계적이고 점진적인 가격체제 개혁을 단행해왔다. 통제 가격체제로부터 시장경쟁 가격체제로 전환하는 과정에서 이 지대추구(rent seeking)가 성행하고 있다. 91년 말 현재 정부 결정가격의 적용을 받는 상품이 국민경제에서 차지하는 비중은 약 45%이며, 나머지는 정부 지도가격 혹은 자유시장 가격의 적용을 받고 있다. 정부가격은 주로 중화학공업 제품과 에너지 제품이며 생필품과 농산물 중에서도 국가 수급계획 대상 또는 민생에 중대한 비 중을 차지하는 상품은 정부에서 결정한다. 1991년 현재 농산물의 20%가 정부 결정가격, 18%가 지도가격, 나머지 62%가 시장가격의 적용을 받고 있다.

관료들에게 뇌물을 제공하는 것이 관행처럼 되었으며, 수입에 대한 국가 통제를 이유로 수입업자로부터 수입허가에 따른 뇌물 등이 실례이다. 5) 지방경제발전을 위한 예산 및 정책결정에서 다른 지방정부보다 유리한 고지를 先占하기 위해서 중앙정부에 대한 로비가 중요하였으며, 이 과정에서 부당한 방법 즉 '公賂'가 동원되었다.[52]

5. 이념적 해이와 관시(關係)

시금까지 정치적 요인과 경제적 요인이 어떻게 중국 사회주의 체제에서 부패를 발생시킬 수 있는지를 살펴보았다. 여기에서는 문화적 요인인 이념적 해이와 관시라는 중국의 전통적인 인간관계가 관료들의 부패에 어떻게 영향을 미치는지 살펴보고자 한다.

지금까지 중국 공산당의 이념은 정권의 정통성을 보존하고, 사회적 응집력을 창출하는 데 크게 기여하여 왔다. 그러나 Lusian Pye에 의하면 개혁과 개방 이후 중국 공산당 당원들의 정권에 대한 충성심은 현저히 약화되었으며, 당은 도덕적인 권위를 잃어가고, 인민들은 당의 지시를 잘 복종하지 않고 있다. 당분간 중국 공산당은 경제 개혁의 성과로 권력을 유지할 수 있지만 향후 경제사정이 악화될 경우 현재의 이념 상황에 비추어 사회 구성원들의 합의에 기초한 정통성을 도출하기가 쉽지 않을 것이다. 따라서 중국 공산당은 사회 도처에서 분출되고 있는 요구와 불만을 억제하고 안정과 질서를 유지하기 위해서는 필연적으로 강제력에 호소할 것이며, 이에 따른 통치 비용은 증대하게 될 것이다.[53]

따라서 지금까지 중국 공산당은 이념적 상황이 정권의 정통성을 위협할 정도로 약화되고 있음을 인지하고 이념교육과 반자유화운동을 전개하여 왔다. 그러

52 T. David Mason, op. cit., p.416.

53 Feng Chen, "Rebuilding the Party's Normative Authority: China's Socialist Spiritual Civilization Campaign", *Problems of Post-Communism*, Vol.45, No.6, 1998, pp.34~35.

나 그 결과는 기대에 미치지 못했다. 그 이유는 출판물, 비디오, 영화, 인터넷 등 정보 및 오락매체 속에 내재된 서구 자유주의(liberalism) 가치관이 중국 청소년들에게 급속도로 전파되고 있으며, 특히 서구의 전문학술지는 지식인들에게 소외(alienation)의 뿌리가 사회주의 체제에도 내재되어 있음을 논리적으로 인식시킴으로써 공산주의 이데올로기에 대한 불신을 가중시켰기 때문이다.[54] 이와 같은 맥락에서 중국 공산당은 1986년 당 12기 6기中全會에서 시장개혁이 사회주의 가치관에 부정적인 영향을 미치고 있는 점을 지적하고 '사회주의 정신문명 건설을 위한 결의안'을 통과시켰다.[55]

이 결의안의 주된 내용은 개혁과 개방 이후 이데올로기에 대한 인민들의 가치관과 인식에 변화가 있음에도 불구하고, 당이 이념교육을 소홀히 하였으며, 그 결과 인민들 가운데 광범위한 가치혼란, 황금만능주의, 향락주의, 개인주의, 부패, 여타 사회적 병폐가 일어나고 있음을 지적하고 있다. 향후 당은 퇴폐적인 부르주아적 경향과 봉건적인 이데올로기의 확산을 저지하기 위해서 '四項基本原則'을 중심으로 이념교육을 강화하고, 사회주의를 부정하고 자본주의를 옹호하는 부르주아 자유화운동에 대한 '反資產階級自由化運動'을 전개할 것을 결정하였다.[56]

1986년의 결의안이 발표된 직후 『인민일보』는 부르주아 자유화는 사회주의의 안정과 질서를 해칠 뿐 아니라 개혁개방정책의 성공적인 추진을 저해할 것이기 때문에 반드시 근절되어야 한다는 사설을 게재했다.[57] 그 다음 해 1월의 『인민일보』는 다시 지난 10년에 걸친 이념교육의 실패를 지적하면서, 중국이 개혁과 개방과정에서 자본주의국가의 선진 과학과 기술을 습득하는 것은 인정하지만, 서구 자유주의 가치관까지 무조건 옹호하는 일부 지식인들은 비난하면

---

54 James T. Myers, "Socialist Spiritual Civilization and Cultural Pollution: The Problem of Meaning", *Issues & Studies*, Vol.21, No.3, 1985, p.65.

55 *Zengming*, Vol.109, November, 1986, p.30.

56 *Feng Chen*, op. cit., pp.4~5; *Beijing Review*, 1986.10.6, p.2.

57 *Beijing Review*, 1987.1.19, p.15.

서 지속적인 이념투쟁의 중요성을 강조하고 있다.[58]

그러나 이와 같은 중국 공산당의 노력에도 불구하고 지금까지 이념교육의 효과에 대해서는 심각한 의문이 제기되고 있다. 물론 그 배경은 이념적 이완현상과 부패를 조장하는 광범위한 개혁·개방과 고도 경제성장의 추진에 있다. 毛澤東이 사망하고 鄧小平의 물질적 자극(material incentive)에 따른 현대화가 시작되면서 중국 사회는 이념보다 현대화라는 국가목적을 달성하기 위해 변화하기 시작하였다. 鄧小平과 그의 개혁세력들은 경제현대화를 성공적으로 추진하기 위해서 소유권의 다원화, 경영권과 소유권의 분리, 개인이나 기업의 창의성과 자율성의 존중, 중앙집권에서 지방 분권화로 전이, 외국의 기술, 자본, 경영지식을 도입하면서 상대적으로 이념적 통제를 완화할 수밖에 없었다. 뿐만 아니라 1949년 중화인민공화국을 수립한 지 30년이 지나면서 과거 혁명적인 열정이 식어가고, 당에 대한 충성, 인민들을 위한 헌신, 청렴성 등의 프롤레타리아 가치관이 급속히 붕괴되어 가면서, 그 빈 공간에 사리사욕을 위한 세속적인 가치관이 대신하기 시작하였던 것이다.[59]

오늘날도 간부들은 사심 없이 성실하고 검소하게 살도록 요구받고 있지만, 이들은 자신들이 처한 새로운 경제환경에 발맞추어 부패의 가능성을 증대시키는 모순을 범하고 있다. 특히 소득분배에 있어서 심각한 불균형과 사회적으로 부자가 되고 출세하기 위해서는 부정한 수단을 사용해야 하는 현실 앞에서 이들은 위험부담이 있지만 주어진 권한을 이용하여 자신과 조직의 이익을 추구하려고 한다. 지방정부의 지도자들 또한 경제발전에 기여한 간부들에 대해서는 관용을 베풀고 이들의 부패를 눈감아주거나 이들을 처벌하기보다 보호하여 왔다. 이와 같은 과도한 경제발전에 대한 강조는 이념과 도덕적 해이를 수반하는 결과를 초래하게 되었으며, 이와 같은 상황 속에서 이념교육이 제대로 기능될 수 없는 것이다.[60] 일부에서는 중국 공산당이 프롤레타리아 가치관을 유지하는

58 *People's Daily*, 1987.1.12, p.1.
59 James T. Myers, op. cit., p.20.
60 Ibid. 1989. op. cit.: 207.

사회주의 시장경제하에서는 관료들의 부패는 한계를 드러낼 것이라고 주장하고 있다. 그러나 이 주장은 자본주의 가치관 속에서 발전하여온 기업인과 직업인의 윤리와 합리적인 관료체계가 사회주의 체제에서도 부합한다는 주장과 같은 맥락으로서 그 정당성을 잃고 있다. 그것은 사회주의 가치관의 핵심인 집단주의와 자본주의 가치관의 중심인 개인주의가 어떻게 상호 조화를 이룰 수 있는지를 설명하는 데 실패하고 있기 때문이다.

이와 같이 중국 공산당의 전통적인 이념이 더 이상의 역할을 감당하지 못하고, 새로운 이데올로기가 창출되지 않은 상태에서 과거 중국 사회를 지배해온 가치관 가운데 관시의 부정적인 면이 부패에 작용하고 있음을 알 수 있다.[61] Alan Liu는 자신의 연구에서 중국에서는 선물, 소액의 금전, 연회, 호의를 주고받는 행위는 전통적인 인간관계로서 이를 부패로 볼 수 없으나 현대화가 진행되면서 이와 같은 인간관계는 변질하여 부패로서 자리 잡게 되었음을 지적하고 있다.[62] 여기에서 관시의 구조와 기능과 수단인 선물과 뇌물의 차이점을 살펴보고자 한다.

중국은 아직도 농경사회의 관행과 습관으로부터 상당한 영향을 받고 있다. 중국 인구 가운데 약 9억이 농촌에 살고 있으며, 대부분 간부들의 출신지는 농촌이다. 따라서 이들은 공직생활을 하면서도 관시와 관련된 농촌의 관습에 익숙해 있어 친분이 있는 가까운 사람에게 편의나 혜택을 주고자 하는 행위를 보통으로 여기고 있다.

이 전통적인 인간관계인 관시의 개념은 단순히 '뒤에서 도와주는 힘'이라는 의미와는 전혀 다른 생활철학의 한 부분이다. 즉 열심히 일하는 것은 자신들의 몫이지만 성패를 좌우하는 것은 관시라고 중국인들은 보고 있다. 그래서 평소 이 관계를 형성하고, 유지하며, 발전시키고자 노력한다. 그것을 까오 관시(搞關係) 또는 라 관시(拉關係)라고 한다. 이렇게 하여 관계가 얽혀진 상황을 관시

61 Feng Chen, op. cit., p.33.
62 Alan P. L. Liu, op. cit., pp.616~618.

왕(關係網)이라고 부르며, 유사시 관시 왕을 동원하는 것을 카오 관시(靠關係) 또는 판 관시(攀關係)라 한다. 또 관시를 맺어 놓은 상대를 관시 후(關係戶)라고 한다. 중국인들은 '내 사람'과 '남'의 구별이 강하여, 일단 이 관계망에 든 '내 사람'에 대해서는 모든 친절을 다 베풀지만 '남'에 대해서는 철저하게 무관심하다. 이 관계망에는 일차적으로 학연, 혈연, 지연 등의 전통적인 변수가 작용하고 있지만, 그 외에도 친구의 친구, 직장 동료, 동호인 등 다차원의 변수가 있다.[63] 중국 사람들은 관계망 가운데서 인위적인 혈연관계를 선호하며, 여기에는 수직관계와 수평관계가 있다. 수직관계에는 깐(乾)이라는 말이 붙어 깐빠(乾爸), 깐마(乾媽), 깐 얼쯔(乾兒子)라고 부르며, 수평관계는 삼국지의 도원결의에서 나오는 유비, 관우, 장비처럼 의형제를 맺는 것이다.

관시의 기능은 일반적으로 상징적 자본 내지 사회적 자본으로 나누어 설명될 수 있다. Yang은 주장하기를 관시는 상징적인 자본을 축적하려는 노력의 결과이며, 이 자본은 선물, 연회, 호의 등을 베푸는 사람이 자신의 관계망을 과시함으로써 이를 받는 사람보다 도의적으로 상징적으로 우월한 위치에서 주는 사람의 의도에 따라 받는 사람이 행동하도록 유도할 수 있다고 한다. 이 과정에서 받은 은혜에 보답한다는 호혜정신과 상호간의 신뢰와 명예를 존중하는 규범이 동원된다는 것이다.[64]

한편 Moore는 관시를 상징적인 자본이라기보다는 사회적 자본으로 보고 있다. 즉 자신이 다양한 사회적 목적 내지 개인적 이해관계를 추구하는 과정에 사용되는 인간관계를 의미한다는 것이다. 따라서 이와 같은 사회적 자본을 가지고 있는 자는 이 자본이 없는 사람보다 상대적으로 그 사회에서 자신의 목적을 달성하기가 훨씬 용이하다.[65] 그러나 관시가 단지 개인적인 이윤이나 목적을

---

63 Alan Smart, "Gifts, Bribes, and Guanxi: A Reconsideration of Bourdieu's Social Capital", *Cultural Anthropology*, Vol.8, No.3, 1993, p.399.

64 Mayfair Yang, "The Gift Economy and State Power in China", *Comparative studies in Society and History*, Vol.31, pp.35, 46.

65 R. L. Moore, "Face and Networks in Urban Hong Kong", *City and Society*, Vol.2, 1988, pp.50~59.

달성하기 위한 수단에 사용되는 것으로 이해한다면 관시를 제대로 이해한 것이 될 수 없다. 관시 문화 속에는 장기적으로 문제를 해결하는 수단으로서의 인간관계가 상위문화이고 단기적 이해를 달성하는 수단으로서의 관시는 하위문화에 해당하기 때문이다.

이 사회적 자본인 관시를 쌓기 위한 수단으로서 선물, 연회, 호의 등이 동원된다. 과거에는 선물을 단기적 목적을 달성하기 위한 수단으로 이용할 경우 받는 사람은 이를 거절하거나, 선물의 가치를 떨어뜨릴 수 있고, 궁극적으로 주는 사람이 원하는 것을 이루는 데 실패할 가능성이 크다. 이는 전략적으로 상대방을 이용하고자 하는 인간관계에는 상호 간의 신뢰가 존재하지 않기 때문이다.[66]

그러나 현대화가 진행되면서 앞서 살펴본 전통적 관시의 성격이 급속히 변화하고 있다. 즉 돈을 가진 사람이라면 누구나 이 관시를 만들고 유지하며 발전시킬 수 있으며, 과거 폐쇄적인 성격으로부터 벗어나 보다 공개적인 형태로 변화되었고, 소액의 선물 아닌 고액의 뇌물 성격을 지니게 되었다. 이와 같이 사회주의 시장경제와 先富論이 채택된 이후에는 개인주의와 배금사상이 확산되면서 관시의 긍정적인 인간관계가 무너지고 단기적인 목적을 위한 수단으로서 관시를 이용하는 사례가 급속도로 늘어났다.[67] Scott Gehlbach에 의하면 오늘날 중국에서 문제를 해결하고자 영향력 있는 사람을 찾을 때 친인척 또는 생면부지의 사람 가운데 누구를 찾아가며 선물의 크고 적음을 조사한 결과, 친인척과 知人을 찾기보다 생면부지의 사람을 찾아가는 경향으로 바뀌고 있으며, 친인척이나 知人을 찾을 때는 선물을 받지 않거나, 선물을 받아도 그 단위가 소액이지만, 생면부지의 사람을 찾을 때는 선물의 단위가 커지고 있다는 것이다.[68] 분명히 1978년 이전의 관시는 친인척이나 知人으로 제한되는 비교적 폐쇄적인 성격을 띠는 동시에 선물의 가격 또한 소액이었다. 관시망에 있는 간부들은 선물을 준 사람과 오랜 관계를 유지하여왔기 때문에 보상심리가 작용하고 있으며, 문제

66 Alan Smart, op. cit., p.403.
67 T. David Mason, op. cit., p.417.
68 Scot. Gehlbach, op. cit., p.11.

가 있을 때마다 선물을 요구한다면 자신의 명예와 우정에 손상을 입을 가능성이 큰 것으로 간주하였다. 따라서 문제를 해결하고자 관계있는 간부를 만날 때 '평소의 관계'가 이것이 없는 사람보다 선물의 단위에 영향을 미칠 수밖에 없는 것이다.[69]

한편 선물과 뇌물은 이를 주고받는 형식과 의미에 따라서 선물이 되기도 하고, 뇌물이 될 수도 있으므로 그 경계선이 모호하다. 특히 중국문화에 익숙하지 않은 외국인들은 중국인의 일상생활 중 선물을 주고받는 사회적 관습을 뇌물로 혼돈 하는 경우가 많다. 그러나 부패와 관시의 연관관계를 설명하는 일부 학자들에 의하면 비록 선물을 주고받는 형태라 하더라도 기존의 규범인 인간 상호간의 신뢰와 명예, 호혜와 우의를 지키면서 장기적인 인간관계를 형성하는 수단이 아니라 단기적인 이해관계를 관철하는 수단일 경우,[70] 약속한 부탁을 들어주지 못하거나, 들어줄 위치에 있지 않으면서 선물을 받아 양심과 기본적인 도덕률과 사회정의에 벗어난 경우, 중국의 경제를 착취하기 위한 수단으로 투자하려는 외국기업으로부터 선물을 받을 경우나, 아니면 자신이 받은 선물이 보잘것없는 것으로 생각하고 감사하는 마음이나 답례에 대한 의무감을 가지지 않는 경우 등을 뇌물로 간주한다.[71]

한편 이 뇌물은 자본주의 형태의 사회적·법적 기반이 취약한 중국과 같은 나라에다 투자를 할 경우, 여기에서 발생하는 예측할 수 없는 위험부담이나 거래상의 비용을 최소한으로 줄이는 데 긍정적인 역할을 한다는 주장도 있다.[72] 실제로 중국은 1978년 이래 외국자본을 도입하고, 자본주의 경영방식에 따라 운영되는 기업이 늘어나면서 많은 문제가 발생하여 왔다. 여기에서 오는 위험부

69 Colin Ash, "Social-Selfinterest", *Annals of Public and Cooperative Economics*, Vol.71, No.2, 2000, pp.261~284.

70 Richard Levy, "Corruption, Economic Crime and Social Transformation Since the Reforms: The Debate in China", *The Australian Journal of Chinese Affairs*, Vol.33, January, 1995, pp.1~28.

71 Alan Smart, op. cit., p.401.

72 Pierre Bourdieu, "The Forms of Capital", in J. Richardson, ed., Handbook of Theory and Research for the Sociology of Education (N.Y.: Greenwood Press, 1986), p.248.

담을 줄이고, 합법적으로 우선권이 있는 사람보다 자신의 이익을 관철하기 위해서 관시를 통한 뇌물수수가 자연스럽게 이루어졌다.[73] 예를 든다면 외국의 다국적기업이 중국에 합자회사를 설립하는 데는 일반적으로 수년이 걸렸지만 홍콩의 기업인들은 광둥성에 51억 달러를 투자하여 1만3천 개의 기업을 설립하는 데 불과 3개월밖에 걸리지 않았다. 그 과정에서 이들 홍콩 기업들은 관시를 이용하였던 것이다. 서구의 기업들도 이 사실을 알고 나서 홍콩의 기업인들을 중개인으로 내세워 중국시장에 진출할 수 있었다.[74] 그러나 이 뇌물은 궁극적으로 정치 불신을 키우고, 경제발전을 저해하며, 긍정적인 인간관계를 파괴하는 데 작용하여 왔다.

6. 결론

지금까지 이 장은 경제현대화의 과정에서 일어난 부패의 원인을 권력의 성격, 경제발전의 내용, 이념과 문화에 따라 분석하였다. 이 거시적 요인들이 부패에 직접적으로 어떻게 영향력을 미치는지 과학적으로 측정한다는 것은 어려운 과제이다. 그러나 부패의 동기를 부여하는 데 있어서 현대화라는 경제환경이 결정적인 역할을 하고 있음을 찾아보긴 어렵지 않다. 즉 분배 불균형에서 오는 상대적 위기의식을 불식하고자 관료들이 권력을 이용하여 보상을 받고자 하는 심리현상이 일어나고, 광범위한 개혁·개방과 고도 경제성장은 관료들의 부패를 위한 기름진 토양이 되었다. 뿐만 아니라 권력구조의 성격에서 나타난 대로 인치와 일당독재체제, 나아가서 급속히 식어가고 있는 혁명적 열정과 이념적 해이, 과거 전통적인 규범과 도덕에 기초를 둔 관시의 변화는 중국의 부패를

73 Josephine & Alan Smart, "Personal Relations and Divergent economies: A Case Study of Hong Kong Investment in China", *International Journal of Urban and Regional Research*, Vol.15, No.2, 1991, pp. 216~233.

74 Alan Smart, op. cit., pp.387, 398.

심화시키는 가중치로서 역할을 하고 있는 것으로 보인다.

이와 같은 중국의 부패는 사회 전반에 많은 문제점을 드러내고 있다. 먼저, 중국의 부패는 본질적으로 관료조직의 기능을 마비시키고, 합리적 의사결정을 왜곡시킬 뿐만 아니라 정부에 대한 불신과 정치적 불안을 고조시키고, 국가권위를 잠식할 수 있다. 이와 같은 상황은 인민에 대한 통제력을 약화시키는 동시에 정권에 대한 정통성 위기를 야기할 수 있다. 권력은 공공의 목적과 선을 이룩하는 데 사용되어야 그 정통성을 확보할 수 있는 것이지, 만약 관료들이 자신들의 이익을 얻는 데 이 권력을 사용한다면 권위와 정통성은 상실될 것이고, 궁극적으로 인민의 저항에 부딪칠 가능성을 키울 것이다.

나아가서, 지금까지 고도 경제성장에도 불구하고 부패는 경제적으로 유해한 지하시장을 발전시키고, 외국의 투자를 방해하며, 기회의 불평등을 제고하고, 자율적인 경쟁에 부정적인 영향을 미치므로 기업 간의 경쟁력을 감소시킬 뿐만 아니라 장기적으로 경제의 비효율성을 증대시킴으로써 국가이익을 훼손시키는 결과를 낳을 수 있다. 이와 같은 맥락에서 博一波는 앞으로 부패 문제가 신속하게 해소되지 않는다면 중국의 경제는 치명적인 피해를 입을 것이며, 궁극적으로 경제현대화는 실패로 돌아갈 수 있다고 경고하고 있다.[75]

아울러, 중국 공산당이 개혁과 개방을 시작한 이래 직면한 여러 가지 문제점 가운데 이념상의 해이와 전통적 인간관계인 관시의 부정적인 면을 들 수 있다. 먼저, 사회주의 가치관 가운데 중요한 개념인 집단주의와 개인의 이익을 추구하는 시장경제를 조화하는 것이 문제이다. 선진 사회주의국가가 되기 위해서는 무엇보다 생산력을 발전시키는 것이 국가목적이고, 이를 위해서 시장경제 원리를 채택한 이상 시장에 대한 개인의 이익 추구가 경제발전의 원동력으로 집단주의보다 선행될 수밖에 없고, 여기에서 기존 사회주의 가치관들은 의미를 상실하게 된다. 다음으로, 급격한 사회경제적 변화와 이에 걸 맞는 새로운 가치관이 형성되지 않은 상황에서 관료들은 자신의 영달과 부의 축적에 보다 많은 관심을

75 *People's Daily*, 1996.7.1, p.4.

갖게 되고, 이들을 이용하고자 하는 기업인과의 유착으로 인해 전통적인 인간관계의 긍정적인 요소가 급속하게 파괴하고, 부정적인 요소가 활성화되면서 부패라는 일탈행위가 심화되었던 것이다.

한편 중국 공산당은 1978년 이후 4차례나 반부패 캠페인을 전개하였으나, 이 노력은 한계성을 드러내고 있다. 가장 큰 이유는 사회경제적 조건의 변화와 이념의 약화로 당 하부조직이 무기력증[76]을 노정하고 있기 때문이다. 따라서 중국 공산당은 부패의 조건을 근원적으로 개선하기 위해서 다음사항을 고려하여야 할 것이다.

하드웨어(hardware) 차원에서, 지금까지 중국의 정치체제는 변화에 대한 취약점을 노출하면서 지속적으로 긴장을 보이고 있는 데 그 이유는 현대화 기간 동안 여러 가지 이점을 확보할 수 있었던 기득권 세력들이 정치적 변화를 반대하고 있기 때문이었다. 이들은 일당독재체제에 대한 근원적인 변화를 모색하기보다는 간부들로 하여금 민간 경제활동으로부터 격리시키려는 소극적인 제도개선을 통해서 점진적인 변화를 모색하여온 것이다. 그러나 이와 같은 소극적인 변화가 부패 문제를 해소할 수 있을 것인지에 대해서는 회의적이다. 따라서 중국이 효과적으로 부패와의 전쟁에서 성공하기 위해서는 다음의 정치개혁이 선행되어야 한다.

먼저, 다당제의 도입과 견제와 균형의 원리에 기초한 권력분립을 고려할 필요가 있다. 현재의 일당독재체제 속에서 중국의 대규모 시장 개혁과 폐쇄된 정치체제의 결합은 관료들의 엄청난 권력남용 기회를 제공하고 있으므로, 이 폐쇄된 정치체제에 대한 개혁 없이 자본주의적 경제개혁을 추진하려는 중국의

76 Feng Chen & Ting Gong, "Market vs. Party in Post-Mao China: The Erosion of Leninism from Below", *Journal of Communist Studies and Transition Politics*, Vol.13, No.3, 1997, pp.148~166. 중국 공산당은 1978년 이래 경제개혁을 추진하면서 점차적으로 당의 기본 조직의 무기력함을 드러내고 있다. 과거 정책을 실시하는 과정에 인민들을 동원하고, 위로부터 지시사항을 실시하는 데 중요한 역할을 하여온 이 하부조직은 기존의 업무평가가 이념적인 기준으로부터 이윤과 성과라는 기준으로 변화되면서 사기가 급격하게 떨어지고 심지어 개혁에 걸림돌로 인식되면서 상당수 하부조직의 기능이 마비되어갔다.

정책은 부패와 불법의 온상이 될 수밖에 없다. 1986년과 1989년 학생들의 민주화 요구는 정치체제가 인민들에게 보다 책임을 질 수 있는 정치개혁에 대한 요구로 볼 수 있다. 즉 민주화는 관료들의 부패를 폭로하고 근절하는 제도적인 장치가 될 수 있으므로, 이들 관료들은 인민들에게 보다 책임 있는 행동을 할 수밖에 없고, 부패를 저질렀을 경우 그 책임에서 벗어나기 힘들다.

나아가서, 지방자치를 중심으로 중앙과 지방정부 간의 권력배분이 중요하다. 오늘날 각국 정부는 급변하고 있는 시대 상황에 맞추고, 변화에서 오는 발전의 긍정적인 특징을 극대화하기 위해서 중앙의 권력을 지방으로 이양하여 지방정부로 하여금 자신들의 책임하에 더 많은 권한을 행사하도록 하고 있다. 그러나 중국은 표면적으로 지방 분권화를 추진하면서도 경제 외적 문제에 관해서는 기존의 권한을 유지하고자 이를 지체하고 있다. 나아가서 중국은 지방분권의 내실을 기하기 위해 주민 스스로가 지역 문제에 관심을 가지고 문제를 해결할 수 있는 지방자치의 확대를 필요로 한다.

아울러, 鄧小平은 법과 제도를 강조하면서도 자신은 법 위에서 군림함으로써 법치의 한계를 보여주었고, 江澤民 또한 鄧小平과 같이 법과 제도를 강조하면서 胡錦濤를 포함한 제4세대 지도자들의 막후에서 鄧小平과 같은 역할을 하려는 속내를 보이고 있다. 이와 같은 인치의 전통이 지속되는 한 관료들의 인위적인 판단에 따라 권력남용을 할 수 있으므로 선진국에서 볼 수 있는 법과 제도의 확립이 긴요하다.

소프트웨어(software) 차원에서, 중국은 지난 20년에 걸쳐 시장경제정책을 추구하여 왔다. 물론 중국 공산당은 사회주의 시장경제, 사회주의 초급단계론, 사회주의 상품경제라는 개념을 통하여 사회주의와 시장경제원리를 조화시키고자 노력을 하여 왔지만, 중국은 사유재산권과 시장경쟁을 경제 성장의 수단으로 정당화함으로써 점차적으로 사회주의와 자본주의와의 구분이 어려워지는 위기를 경험하고 있다. 일부에서는 '중국 특색을 지닌 사회주의'를 중국 공산당이 실시하는 자본주의로 이해하고 있는 데, 이는 놀라운 일이 아니다.[77] 이와 같이 이념적 기준이 명확하지 않은 상황에서 사회주의 가치관을 재정립하려는 캠페인이 성공적으로 추진될 수 없다. 앞서 언급한 대로 현재의 경제적 환경에서는 인민에 대한 봉사를 최고의 선으로 간주하는 집단주의와 기업 간의 자율경쟁과 개인의 이윤추구라는 경제적 동기는 서로 대조된다. 따라서 중국 공산당은 '나'와 '남' 사이에 '남'을 인정하는 서구식 개인주의를 채택하든지, '나'와 '남' 사이를 구분하지 않고 전체라는 이름으로 개인의 희생을 강요하는 집단주의를 유지하든지, 아니면 새로운 환경에 기초한 새로운 가치관을 정립해야 하는 기로에 서 있다. 여기에서 중국 공산당은 그 사회 구성원들에게 집단주의가 올바른 가치관이라고 주장하기에는 이미 그 설득력을 잃어가고 있는 것으로 미루어 새로운 가치관의 확립이 필요하다.[78]

분명히 오늘날 중국 공산당은 이념적 딜레마에 빠져 있다. 현대화를 성공시키기 위해서는 이념적 통제를 완화하여야 하며, 이념적 통제를 완화할 경우 정통성의 위기가 필연적으로 확산될 것이고, 이를 극복하기 위해서 다시 통제를 강화할 것이며, 이 통제가 경제에 있어서 침체를 가져올 것이기 때문이다. 이와 같은 '완화-위기-통제-침체'의 악순환을 막을 수 있는 방법은 없는 것일까? 지금까지 중국 공산당의 정통성을 부여해온 이념인 마르크시즘, 레닌주의, 毛澤東 사상을 포기하고 체제와 이념의 다양성을 추구한다면 이 악순환에서 탈피할 수 있을 것인가? 이것은 20세기가 물려준 마지막 수수께끼(puzzle)가 될지도 모른다.

결론적으로 세계를 풍미하고 있는 조류는 낡은 이념, 투명성이 결여된 폐쇄성, 미비한 법적 체계, 엄격한 언론통제, 반체제인사에 대한 탄압과 관료들의 부패로 얼룩진 오늘날의 중국과는 동떨어져 있다. 따라서 중국이 새로운 세기의 도전을 효율적으로 대응하기 위해서는 모든 분야에서 획기적인 변화가 필요하다. 이와 같은 맥락에서 중국을 거듭 태어나도록 주도한 鄧小平의 현대화는 아직도 미완성이며, 가야할 먼 길 앞에 서 있는 것이다.

---

77 Feng Chen, op. cit, pp.49~50.

78 Ibid. p.40.

12

문명건설의 허구성 : 실패 요인을 중심으로*

1. 서론

鄧小平은 당면하고 있는 모순 가운데 인민들의 물질적 욕구는 증대하고 있으나 생산력이 이를 따라가지 못하는 것이 가장 중요한 모순이라고 지적하고 생산력 향상을 위해서 개혁과 개방을 추진하였다. 이후 중국은 이를 이론적으로 정당화하기 위해서 사회주의 초급단계론을 개발하는 한편 시장경제 원리, 자본주의 경영지식과 관행, 과학과 기술을 도입하고, 대외 무역을 확대하였다. 그 결과 "1978년부터 2004년까지 국내총생산액이 1473억 달러에서 1조 6494억 달러로 연평균 9.4%, 수출입 총액이 연평균 16%로 각각 성장하고 지난해 말 외국직접 투자액이 누계 5천621억 달러"에 이르는 고도 경제성장을 이룩하였다.[1] 그러나 이 과정에서 집단주의(collectivism) 가치관은 서서히 퇴색하고 개인

---

* 「반정신오염 및 정신문명건설운동과 그 실패원인에 대한 연구」, 『대한정치학회보』 제13집 3호, 2006.2.28, 121~151면.

주의가 그 자리를 대체했으며, 자본주의국가의 과학과 기술, 지식과 문물을 접촉하면서 사회주의의 우월성과 중화사상에 기초를 둔 국가주의에 대한 의구심이 늘어났고, 황금만능주의, 부정부패, 퇴폐와 향락, 도박과 매춘 등 도덕과 윤리적 문제가 심화되어 왔다. 중국 공산당 지도부는 이와 같은 정신오염이 체제와 이념에 부정적인 영향을 미칠 것으로 인식하고, 이념, 윤리, 문화에서 사회주의 정체성을 회복하고자 반정신오염운동과 정신문명 건설운동을 전개하여 왔다. 그러나 정신오염은 여전히 심각한 수준에 이르고 있는 것으로 보도되고 있다.[2]

여기에서 이 장은 반정신오염운동과 정신문명 건설운동이 효과를 거두지 못한 원인을 노선투쟁이나 사회주의 이념과 시장경제 가치관의 충돌 등 단일변수에서 찾기보다 공산당 일당독재체제, 경제현대화, 급속한 사회경제적 변화, 기존 가치관의 붕괴에 따른 대안부재라는 다변적 변수에 기초한 구조적 시각(structural perspectives)에서 분석하고자 한다.[3] 이를 위해서 먼저 정신오염과 정신

1 『연합뉴스』, 2005.10.30. 胡錦濤는 최근 북한 방문에서 김정일에게 자국의 경제발전상을 구체적인 수치를 제시하면서 설명하였다.

2 『조선일보』, 2005.7.21. "중국은 '발전이야말로 확고한 도리(發展才是硬道理)'라는 鄧小平의 구호아래 초고속 성장을 질주해 왔다. 경제력은 34배로 커졌다. 그러나 정치적 자유를 억압하고 부에 대한 욕구를 풀어놓으면서 퇴폐향락과 금전만능이 뒤엉킨 천민자본주의라는 고질병을 키웠다. 중국에 '권력과 돈의 거래(權錢交易)', '권력과 섹스의 거래(權色交易)'이란 유행어가 있다. 지난 5월 海南省 臨高縣 鄧善紅 도시감찰대장이 거액의 수뢰 혐의로 체포됐다. 검찰조사 결과 그는 무려 6명의 첩을 두고 있었다. 전통시대의 축첩문화가 현재 중국 부유층과 부패 간부들 사이에 되살아났다. 부녀 연합회 조사에 따르면 부정부패 사건에 연루된 고위 간부의 95%가 내연관계가 있었고, 60%는 아예 첩을 두고 있었다. …… 권력이 돈으로 직결되니 매관도 심각하다. 2003년 黑龍江省 綏化市에서는 중국 최대 매관매직 사건이 있었다. 綏化市 馬德 당 서기는 시장 직을 90만 위안에 현장 직을 7만 위안에 팔았다……. 극도의 금전만능과 향락풍조는 중국의 섹스산업도 급속 팽창시켰다. 베이징과 廣州, 深圳, 大連, 瀋陽 등 대도시에는 매춘부가 2만~5만 명씩에 달한다고 외신들은 전한다. 베이징에서 1993년 처음 문을 연 섹스용품점은 지금 2,000여 개나 된다. 중국 섹스용품 시장은 세계시장의 70%(1,000억 元, 약 12조 5000억 원)을 차지한다. 사회주의 시장경제로 포장된 중국식 자본주의는 섹스와 향락, 극단적인 금전만능주의란 질병을 동시에 앓고 있다."

3 張平의 "決擇" 등 중국의 부패를 소재로 한 작품들은 중국의 부패가 개인의 도덕성 상실에 따른 인간성의 문제가 아니라, 권력구조, 법률체계, 사회의 윤리규범, 경제개혁 등과 밀접히 관련된 구조적 문제임을 지적하고 있다.

문명에 대한 개념을 고찰해 보고, 반정신오염과 정신문명 건설 운동의 전개과정과 그 특징을 살펴보며, 결론에서 이 정신오염이 향후 중국의 정치체제와 이념에 미칠 영향을 검토하고자 한다.

2. 정신오염과 정신문명의 개념, 전개과정과 그 특징

가. 정신오염과 정신문명의 개념

중국 공산당이 사용하는 정신오염의 개념은 주어진 상황과 지도자에 따라 다양하게 정의되고, 일관성과 체계성을 결여하고 있지만, 주로 개혁과 개방과정에서 파생된 부정적인 산물로서 사회주의 이념, 사회주의 윤리, 사회주의 문화에서 이탈된 의식과 행위를 의미한다. 정신오염이라는 개념이 처음에는 외국에서 불법으로 들어온 음란비디오, 매거진, 영화, 음악, 사진 등을 단속하는 데 사용되었지만, 당시 이 개념이 정확하게 무엇을 의미하는지 분명하지 않았다. 그 후 출판된 『鄧小平 선집』에서도 자유주의, 개인주의, 무정부주의, 배금주의, 모더니즘을 표현한 문학과 예술 작품을 비난하면서도 정신오염이라는 용어를 사용하지는 않았다. 그러나 등소평은 1983년 당 12기 2中全會에서 부르주아 및 여타 착취계급의 부패하고 퇴폐적인 이념을 확산하고 사회주의 이념과 공산당의 지도력에 불신감을 조장하는 지식인, 소설가, 예술인들을 대상으로 정신오염이라는 개념을 사용하였다.[4]

같은 맥락에서 당 중앙 선전부장 鄧力群은 1983년 10월 28일 기자회견에서 정신오염을 이념과 이론, 문학과 예술 영역에 침투한 퇴폐적인 이념의 부식작용

4 *People's Daily*, Nov. 3, 1983; Thomas B. Gold, "'Just in Time': China Battles Spiritual Pollution on the Eve of 1984," *Asian Survey*, Vol.24, No.9, Sept. 1984, p.952; Wendy Larson, "Realism, Modernism, and the Anti-'Spiritual Pollution' Campaign in China," *Modern China*, Vol.15, No.1, Jan. 1989, pp.44~45.

으로 파악하고, 구체적으로 사회주의 이념과 체제에 대한 반대, 부르주아 자유화와 민주화, 무정부주의, 문학과 예술표현 중의 음란성, 야만성, 세속화, 개인주의 등을 열거하였다.[5] 당시 문예계의 현실주의자(realist)들은 현실, 일상생활, 대중에게 접근하지 않는 모더니즘(modernism)을 비판하면서 정신오염의 개념을 보다 구체화하였다. 1984년 6월 30일 당 정풍을 위한 중국 공산당 중앙위원회의 <회람> 9호는 당·정·군 간부들의 부정부패 특히 개인의 이익을 얻기 위해서 자신의 위치나 권력을 이용하는 불건전한 경향을 정신오염의 범주에 넣었다.[6]

한편 정신문명은 정신오염이라는 부정적인 개념의 안티테제로서 올바른 사회주의 가치관과 윤리관 외에도 환경, 보건, 문화를 포함하는 광의의 개념이다. 당 총서기 胡耀邦에 의하면 사회주의 정신문명은 이념과 문화로 구성되어 있다. 먼저, 이념은 노동자 계급의 세계관인 인터내셔널리즘, 사회주의 이념과 사회주의 윤리, 인민에 대한 봉사와 사회주의 공유체제에 부합하는 집단주의와 사회주의 애국심으로 표현되는 국가관, 사회주의 정치체제에 대한 소속감과 규율, 권리와 의무, 노동에 대한 공산주의자로서의 태도로 구성되어 있다. 이들 가운데서도 가장 중요한 것은 사회주의 혁명의 이상, 윤리, 규율이다. 다음으로, 문화는 교육, 과학, 예술, 문학, 언론, 출판, 방송과 텔레비전, 공중위생과 환경, 체육과 레크리에이션, 도서관, 박물관 등을 포함하고 있다. 이 두 가지 개념 가운데 사회주의 이념에 따라 문화 활동이 이루어지기 때문에 이념이 상위개념이다.

따라서 중국 공산당은 정신오염과 정신문명을 동전의 양면으로 간주하고, 이를 다음과 같이 구체적으로 설명하고 있다. 1) 중국 특색의 사회주의 이념과

---

5 Colin Mackerras, "'Party Consolidation' and the Attack on 'Spiritual Pollution'," *the Australian Journal of Chinese Affairs*, Vol.11, Jan. 1984, p.180; Gold, Ibid., pp.957, 964.

6 James T. Myers, "Modernization and 'Unhealthy Tendencies," *Comparative Politics*, Jan. 1989, p.195; *People's Daily*, 1985.2.7; *FBIS-CHI*, 1984.12.7, 12.13, 12.26, 1985.1.29, 2.25, 3.11, 3.12, 3.21, 3.25.

인민에 대한 관심, 애정, 존경, 희생, 봉사를 강조하는 집단주의와 지난날 사회의 응집력을 유지하는 데 촉매역할을 해온 유가 사상 가운데 긍정적인 요소를 추가하여 새로운 사회주의 윤리관을 확립하되, 자본주의 관행과 시장경제를 도입하는 과정에서 퇴폐적인 자본주의 사상이 침투하여 발생한 황금만능주의와 개인주의, 자유화와 민주화, 봉건잔재의 하나인 조혼풍조, 자유의사가 아닌 상거래와 같은 혼인, 사치스러운 결혼식, 남아선호와 남녀차별과 같은 낡은 사고방식, 구습 및 불건전한 경향을 반대하며, 2) 공산주의자로서 각자의 능력에 따라 열심히 노동하며, 근검절약을 하되 사치와 낭비를 반대하고, 3) 국익과 집단과 개인의 이익 사이에서 개인의 이익보다 공익을 우선하되, 공직을 이용하여 부당 이익을 취하거나 공익을 희생시키면서 개인의 이익을 추구하는 것을 반대하며, 4) 이성과 경험과 합리성에 바탕을 둔 과학과 교육을 강조하되, 각종 미신행위를 반대하고, 5) 건전하고 유익한 독서, 음악, 연극, 레크리에이션, 운동 등 문화 활동을 권장하되, 마약, 도박, 음란물을 반대하며, 6) 인민들에게 애국심과 국가의 주인으로서의 책임감을 강조하되, 한족과 소수민족 간에 단합을 방해하는 차별행위를 반대하고, 7) 당 · 정 · 군에 대한 인민의 지지와 혁명 열사 및 군인들의 가족에 대한 특별한 배려를 권장하되, 군민관계를 저해하는 잘못된 생각과 행동을 반대하며, 8) 외국인에 대한 우의를 강조하되, 인종차별을 반대한다.[7]

결론적으로 중국 공산당은 앞서 살펴본 대로 정신오염과 정신문명에 대한 체계적이고 일관된 정의를 내린 적이 없으며, 개념 또한 모호하고, 개념 상호간

7 Ching-li Chang, "Promotion of Socialist Spiritual Civilization on the Chinese Mainland," *Issues & Studies*, Vol.19, No.8, August 1983, p.28; *Beijing Review*, No.50, December 13, 1982, pp.16~18, Nov. 21, 1983, p.22; *FBIS-CHI*, Nov. 19, 1984, p.K7, Feb 27, 1985, p.K25, Mar 14, 1985, p.K5. 12차 당대회(1982)에서 鄧小平은 "우리는 마르크시즘의 보편적인 진리와 중국이라는 구체적인 현실을 접목하여야 하며, 이와 같이 중국 특색을 가진 사회주의라는 새로운 길을 열고 건설하여야 한다"고 주장하였다. 이 개념은 마르크시즘 교조적인 해석을 배격하고, 현실과 창의성을 통한 마르크시즘의 발전을 모색하는 동시에 마르크시즘-레닌주의의 보편적인 원리와 중국의 제2혁명인 경제현대화를 성취하기 위한 개혁과 개방이라는 실제를 통합한 이념적 산물이다.

에 모순성과 중첩성을 드러내고 있다. 그럼에도 불구하고 지금까지 나타난 내용을 요약해 보면, 사회주의 정신문명 개념은 정신오염의 상반된 개념으로서 퇴폐적인 부르주아 사상을 배격하고 사회주의 이념을 견지하며, 봉건잔재를 청산하되 유가의 긍정적인 가치관으로 사회주의 윤리를 윤택하게 하고, 저(low) 문화가 아닌 고(high) 문화를 창달하기 위한 의식과 행위라고 이해할 수 있다.

한편 이와 같은 개념을 토대로 지금까지 시행한 정책의 내용, 적용대상, 방법은 지도자, 상황, 시간에 따라 엄청난 변화를 보이고 있다. 이것은 바로 중국공산당 지도부 내 진보성향의 개혁세력과 보수 성향의 개혁세력 사이에 노선투쟁이 존재하고, 경제 개혁의 성공과 그 후유증의 정도에 따라 반정신오염과 정신문명 건설을 주도하는 세력이 교체되면서 개념 변화에 영향력을 미쳤기 때문이다. 따라서 상당수의 하급 간부들은 이와 같은 상황 속에서 정신오염을 제거하고 정신문명을 건설해야 할지 방황하여 왔으며, 때로는 이 모순과 혼란이 당의 단합을 저해하거나, 때로는 개혁과 개방을 반대하는 구실로, 때로는 자신들의 권력을 강화하는 수단으로 이용하고 있음을 다음의 전개과정에서 찾아볼 수 있다.[8]

나. 전개과정

중국 지도부는 정신오염이 사회주의 체제와 이념에 미칠 위험성과 현대화를 성공적으로 추진하는 데 정신문명 건설의 중요성을 인지하고 1980년대 초부터 반정신오염운동과 정신문명 건설운동을 진행하여 왔다. 먼저 개혁과 개방이 시작된 1978년부터 2년에 걸쳐 중국 사회는 사회주의 이상보다 물질, 공공의 이익보다 개인의 이익, 지위와 권력을 이용한 부정부패로 오염되어왔으며, 이를 우려한 鄧小平은 이념과 정치교육을 강화하도록 지시하였다.[9] 특히 반체제

8 Shu-shin Wang, "The Rise and Fall of the Campaign against Spiritual Pollution in the People's Republic of China," *Asian Affairs* (N.Y.), Vol.13, No.1, Spring 1986, p.50.

9 *Liang Heng and Judith Shapiro, Cold Winds: Intellectual Life in China Today*, (Middletown,

인사들이 자유화와 민주화를 주장하는 '민주의 벽 운동(The Democracy Wall Movement)'에 놀란 그는 1979년 3월 16일부터 이 운동의 전면 금지를 지시하고, 당시 반체제 인사의 상징적 인물인 魏京生을 체포하기에 이르렀다.

사회주의 이념과 체제에 도전하는 이와 같은 상황은 1980년 12월 하순에 열린 당 중앙위 공작회의에서 격렬한 이념논쟁으로 이어졌다. 이 회의에서 개혁과 개방에 대한 변화나 거부를 모색하지는 않았지만 여기에서 오는 이념과 도덕적 해이, 사회적 무질서와 혼란에 대한 평가가 있었으며, 이 부정적인 영향을 최소화하고자 하는 노력이 구체화되었다. 1980년 12월 말부터 당은 공작회의의 공식문건을 교육과 토론을 위해서 당내 배포하였으며, 공작회의에서 설정한 이념 캠페인을 효과적으로 달성하기 위해서 인민해방군 외에도 청년조직, 여성조직, 무역조합, 중국 민주 연맹 등 대중 조직들을 동원하였다. 심지어 1976년 毛澤東 사후 금기시해온 文化革命의 테마인 '雷鋒'과 '王杰'을 배우는 캠페인이 다시 등장하는가 하면, 毛澤東의 논문 '산을 옮긴 어리석은 노인'의 정신과 '연안 정신'을 학습하도록 강조하였다.[10]

1981년 1월 중국 공산당은 공식적으로 4개 현대화의 성공을 위해서 사회주의 정신문명이 선행되어야 함을 주장하고, 그 연장으로 중국 공산주의 청년단의 간부회의(1981.1.7~16)에서 공산주의 이념, 도덕, 규율, 동지애를 지키고, 공산주의 정신으로 청년들을 교육시키며, 자본주의에 대한 숭배와 부르주아 자유화를 반대하고, 자신의 이익을 위해서 남에게 손해를 입히는 행위, 공익보다 사익을 우선하는 행위, 배금주의, 무정부주의, 개인주의를 배격할 것을 선언하였다. 이와 같은 내용은 공손함, 예의, 위생, 규율, 도덕 등 5가지에 대한 강조, 생각, 언어, 행동, 환경의 아름다움 등 4가지에 대한 강조, 당과 조국과 사회주의를

Connecticut: Wesleyan Univ. Press, 1986), p.49.

10 *FBIS-CHI*, December 30, 1980, L33~34; Jan. 19, 1981, L4~8; Mar. 3, 1981, L18. 雷鋒은 인민해방군 군인으로서 그의 죽음은 사회에 대한 사심 없는 봉사와 毛澤東 사상에 대한 열정의 표상으로서, 王杰은 죽음도 고난도 두려워하지 않는 혁명정신의 화신으로 文化革命 동안에 선전되었다.

사랑하는 3가지의 강조로 발전하였으며, 당 중앙위의 요청에 따라 학생, 무역조직, 여성단체 등 9개 민간단체가 1981년 2월부터 이 운동을 시작하였다.[11] 나아가서 1981년 2월 28일 胡耀邦은 '전국 사회주의자 윤리와 예절의 달'을 만들어 길거리 청소와 거리 질서를 위해 베이징에만 2백만 명의 군인과 시민을 동원하였다. 이와 같이 반정신오염운동과 정신문명 건설운동 초기에는 그 적용 대상에 따라 지식인, 문학인, 예술인의 경우 반부르주아 자유화 운동으로, 인민을 대상으로 할 경우 '5・4・3' 운동, '윤리와 예절의 달' 등으로 그 명칭을 각각 달리 사용하여 추진되었다.

1982년 당 12기 전국대표대회는 사회주의 정신문명 건설을 당의 기본 과제 가운데 하나임을 당규에 포함시켰다. 당시 총서기 胡耀邦은 사회주의 이념과 정신문명의 중요성을 강조하고, 당과 군인과 인민들에게 이념학습을 지시하는 한편 외국 음반, 카세트테이프, 비디오테이프의 수입을 전면 금지하였다.

그러나 1983년 중순부터 고도 경제성장 정책을 다시 추진하면서 사회적 통제가 이완되고, 밀수, 부당이익행위, 매춘, 음란 등 정신오염 문제가 증가되기 시작하였다. 당내 보수성향의 개혁세력들은 개혁과 개방에서 오는 이와 같은 부정적인 결과를 비난하였으며, 이들 가운데 胡喬木은 1983년 7월 인민해방군이 주최한 문학과 예술작품 시상식에서 작가들이 사회에 미치는 영향을 고려하지 않고 무책임하게 부르주아 자유주의를 유포하고, 작품을 상품화하는 문제를 제기하였다.[12] 마침내 1983년 11월 중순부터 鄧力群의 지도 아래 부르주아 민주화와 자유화, 휴머니즘과 소외, 모더니즘, 서구문화에 대한 숭배, 개인주의, 기회주의, 미신, 음란 영화와 비디오테이프 등을 정화하는 반정신오염운동이 추진되었다. 이 과정에서 사회주의국가에도 정치, 경제, 이념적 소외감이 존재하며, 인간의 가치와 존엄성, 휴머니즘에 대한 재조명을 주장한 王若水와 周揚, 사회주의 체제의 민주화를 요구하였던 胡績偉 등이 희생되었다.[13] 나아가서

11 *FBIS-CHI*, Jan. 22, 1981, L1~2; Gold, op. cit., p.965.

12 *People's Daily*, July 29, 1983; *Beijing Review*, No.42, Oct. 17, 1983.

13 Shu-shin Wang, op. cit., p.50.

다수의 작가들이 비판에 시달려왔으며, 이들 가운데 白樺, 戴厚英, 徐敬業 등은 모더니즘, 실존주의, 허무주의, 극도의 개인주의, 무정부주의를 유포한 혐의를 받았다. 당시 공식문건에 의하면 문학과 예술은 사회주의와 당에 기여하여야 하며, 당의 단점을 폭로하기보다 장점을 드러내야 한다고 주장하고, 심지어 공상 과학소설과 세속적인 영화와 음악과 드라마를 금지시켰다.[14]

교육과 출판 분야에서도 이념정화가 강화되었으며, 학자들과 연구원들은 자신들의 연구가 오염이 되었는지 점검하도록 요청받았으며, 도서관들은 논란의 여지가 있는 책들을 폐기하도록 명령을 받았고, 특히 법, 철학, 사회과학에서 봉건적 사고와 퇴폐적인 부르주아 이념을 담고 있는 저서와 논문을 금지하였으며, 대학생들은 애국심, 집단주의, 사회수의 이념을 학습하도록 강요받았다.[15]

도시지역에서는 일상생활 속에서 장발과 파마 등 머리스타일, 필터담배, 노출이 심한 옷, 하이힐, 퇴폐적인 음악, 서구 형 광고 등이 비난을 받았다. 베이징시 당 본부의 정문에는 장발, 미니스커트, 폭이 좁은 바지, 분과 립스틱을 바른 사람의 출입을 제한하는가 하며, 심지어 蘭州에서는 수염이나 구레나룻, 불건전한 유행가, 게으름, 제멋대로의 행동에 대해서 경고를 보내기도 했다. 나아가서 도시 근로자들은 이념 학습에 참석하고, 집에 음란 서적이나 테이프 등을 제출하도록 지시를 받았으며,[16] 향과 촌에서는 사회주의 이념과 도덕을 지키고 부르주아 이념으로부터 오염을 방지하고 봉건잔재를 일소한다는 구실로 마약, 도박, 미신 추방에 나서는 한편 사회주의 문화 창달을 위해서 문화원, 운동장, 독서실을 개장하였다.

그러나 이 반정신오염운동이 원래 의도한 것보다 개혁과 개방의 범위와 속도를 줄이고, 시장경제 정책을 반대하려는 조짐마저 보여줌에 따라 진보성향의 개혁세력은 일시적이나마 서구 자본주의국가나 기업을 접촉함으로써 정신오염이 되었다는 비난을 두려워한 나머지 외국 기업과의 거래를 주저하였으며, 외국

---

14 *People's Daily*, Oct. 31; Nov. 5, 1983.
15 *People's Daily*, Nov. 3, 1983; Mar. 27, 1984.
16 *FEER*, Feb. 16, 1984; *New York times*, Jan. 24, 1984.

기업인과 투자자들은 이 운동이 지닌 반기업적 태도, 개방과 개혁 정책의 지속 여부, 자신들의 투자가 보호받을 수 있을 지를 우려하고, 중국과의 경제적 계약 체결을 유예하는 사태로 이어졌다. 특히 국내 광고회사들은 외화 획득을 위해서 외국 기업의 대형 입간판을 중요한 곳에 설치하여 국가의 자존심을 훼손하면서도 양심의 가책을 느끼지 않는다고 비난받았다. 이 과정에서 일부 광고업자들은 정신문명 건설에 반하는 세속적인 광고를 제작하거나, 자신들의 이익만을 추구한다는 이유로 벌금을 받거나 영업을 폐쇄하는 조치를 받았다. 나아가서 계약책임제하에서 경제적 혜택을 누린 농민들은 자신들이 프롤레타리아의 적이라는 비난을 받을까 두려워하여, 지방정부와의 계약을 파기하거나 생산기구들을 처분하거나 심지어 농사를 포기하려는 움직임마저 보였다.[17]

이와 같은 반정신오염의 역기능이 심화되면서, 1983년 말 胡耀邦과 趙紫陽은 이 운동에 대한 외국인들의 우려를 불식시키고자 외국 기업들의 투자와 이익이 위협받지 않을 뿐만 아니라 개혁과 개방정책에는 전혀 변화가 없음을 거듭 확인하였다. 나아가서 이들은 이 운동이 더 이상 계속되는 것을 반대하고, 이 운동 자체를 가치중립적인 용어인 정신문명 건설로 전환하기를 희망했다.[18] 이에 따라 1984년 2월부터 이 반정신오염운동은 범위가 축소되고, 방법은 완화되었으며, 캠페인에 대한 정의 또한 협의로 재해석되어 한계선을 분명히 하였다. 그 후 반정신오염운동에서 과학과 기술 분야, 경제 분야, 농촌은 제외되었다. 예를 들면 연구를 위한 첨단기자재의 도입을 허용하고, 과학과 기술에 관한 문제점에서 당 간부들과 과학과 기술직 종사자 사이에 견해 차이가 있더라도 이것을 당의 결정에 불복하는 것으로 간주하지 않았으며, 특히 기업의 자율성과 경제 개혁의 성공에서 오는 부의 축적 등은 정신오염이 아닌 것으로 인정되었다. 나아가서 일부 지식인, 소설가, 예술가에게 사회주의와 공산당에 대한 불신,

17 *People's Daily*, Nov. 7, 8, 1983; *New York times*, Jan. 24, 1984; Randall Stross, "The Return of Advertising in China: A Survey of the Ideological Reversal," *The China Quarterly*, Vol.124, Sept. 1990, pp.496~499.

18 *FEER*, April. 5, 1984; *New York times*, Jan. 24, 1984.

극도의 개인주의, 부르주아 자유화, 퇴폐적인 부르주아 이데올로기 등을 유포한 데 대한 책임을 물을 필요가 있지만, 이들을 죄인 취급하여서는 안 되며, 이들의 문제를 과거 文化革命과 같은 폭력적 수단에 호소하지 말고, 연구, 교육, 토론, 비판, 자아비판을 통해서 해결하도록 수정되었다. 아울러 인민들의 보다 나은 문화적, 물질적 삶에 대한 정당한 욕구를 정신오염으로 혼동해서는 안 될 것임을 지적하고, 여성들의 헤어스타일이나 남자들의 블루진 착용과 같은 사적인 취향을 자유롭게 허용하였다.[19] 결국 반정신오염운동의 중심적 역할을 한 鄧力群은 당 중앙 선전부장에서 해임되었으며, 진보성향의 개혁세력은 1983년 10월부터 1984년 말까지 혁명성, 연소화, 지적 능력, 전문성의 기준에 따라 당 내 극좌 文化革命 세력의 잔존 세력과 무능하고, 부패하며, 신뢰성이 없는 6만 명의 당원들을 숙청하고, 이들 자리에 자신들과 노선을 같이하는 사람을 충원한 것으로 보도되고 있다.[20]

1984년 여름부터 胡耀邦은 사기업에 관한 규제를 크게 완화하는 등 강력한 경제 개혁을 다시 추진하면서 정치적, 이념적 캠페인은 퇴조되었다. 그 해 "부자가 되는 것은 좋은 것이다"라는 鄧小平의 어귀가 중국 전역에 가장 인기 있는 개혁 슬로건이 되었다. 특히 1985~6년 사이에 蘇紹智, 方勵之, 劉賓雁, 嚴家其, 李洪林, 于浩成, 甘陽, 王若望 등 지식인들은 보다 개방되고, 민주와 법치, 학문의 자율성, 정치개혁을 요구하는 논문들을 발표하였으며, 鄧小平을 포함한 당 지도부는 경제개혁을 위해서 제한된 정치개혁이 필요하다고 인정하여 이들의

19 *People's Daily*, November 29, December 1, 2, 18, 31, 1983, January 6, 1984; *Beijing Review*, Vol.27, No.24, June 11, 1984, p.11.

20 Chen-pan Chang, "Party Consolidation and Work Style Rectification," *Issues & Studies*, Vol.19, No.8, Aug. 1983, pp.1~2; Ibid., "A New Stage of the CCP Consolidation," *Issues & Studies*, Vol.20, No.12, Dec. 1984, p.3; *People's Daily*, Sept. 23, 1985; *Beijing Review*, September 30, 1985, pp.6~7; Richard Baum, Burying Mao (Princeton, N. J.: Princeton University Press, 1994) p.163. 당시 4천2백만 당원 가운데 文化革命 이전에 가입한 당원이 1천8백만 명이며, 文化革命 중에 1천8백만 명이며, 1978년 당 11차 3中全會 이후에 가입한 당원이 6백만 명이다. 마지막 가입자를 제외하고 文化革命 이전 가입자 가운데 상당수와 文化革命 당시 가입자 모두는 숙청대상이 된다.

발표를 묵인하여 왔다. 한편 대학생들도 문화적인 욕구와 열망을 자유롭게 표현하고, 미래에 대한 자신들의 목소리가 보다 많이 반영되어야 한다는 요구가 표면화되기 시작하였다. 1986년 초 도시 주민들의 29%는 급속히 증대하고 있는 인플레이션, 부패, 범죄, 소외감에 대한 불안과 불만을 표출하는 한편 개혁이 모든 인민들에게 기회가 균등하게 제공하는 쪽으로 추진되어야 한다는 입장이다. 이와 같은 상황에서 당 간부들과 태자당의 부패가 인민들과 학생들을 자극하였으며, 마침내 1985년 9월 18일 베이징에서 학생들의 시위가 일어났다.

1986년 9월 당 12기 6中全會는 학생들의 시위를 사회주의 체제, 이념, 도덕의 해이와 무질서에서 초래된 것으로 진단하고 '중국 공산당 중앙의 사회주의 정신문명 건설 지도방침에 관한 결의'를 통과시켰다. 동 결의안에서 정신문명과 물질문명은 상호보완적이며, 공히 발전이 이루어져야 함을 강조하고 있다. 그러나 12월까지 학생들의 시위가 이어지자 이 결의안은 휴지가 되었다. 마침내 鄧小平을 위시한 당내 8노들과 보수성향의 개혁세력들은 학생들의 부르주아 자유화 운동에 대한 반대를 분명히 하는 한편 4대 원칙의 고수를 거듭 확인하였다. 이들에 의하면, 부르주아 자유화는 청소년의 정신을 오염시키고, 사회안정을 저해하며, 개혁과 개방정책에 부정적인 영향을 미칠 것으로 분석하였다. 그 결과, 胡耀邦은 1987년 1월 16일자로 해임되고, 부르주아 자유화를 주장한 지식인에 대한 해임, 경고, 사찰이 이루어졌으며, 학생들에 대한 통제가 강화되었다. 그럼에도 불구하고 1987년 10월 말에 열린 13차 당대회에서 보수성향의 개혁세력의 상징적인 인물인 鄧力群이 중앙위에 선출되지 못하고, 반대로 좌천된 胡耀邦이 가장 많은 표를 획득하여 중앙위에 선출됨으로써 반정신오염운동에 또 다른 반전이 이루어졌다.

1987~89년 인플레이션, 부패와 실업에 대한 인민들의 불만이 더욱 커지면서 중국 전역의 불안은 심화되었으며, 이것은 6·4 천안문 사태로 이어져, 진보성향의 개혁세력인 당 총서기 趙紫陽의 실각을 가져왔다. 특히 1989년부터 소련과 동구권 공산국가들이 붕괴되면서 보수성향의 개혁세력들은 자본주의국가의 和平演變에 대한 의구심을 품고, 자유화와 민주화에 대한 공격을 배가하면서

경제개혁 프로그램은 다시 한 번 조정국면을 맞게 되었다. 그러나 1991년 鄧小平은 深圳 등 경제 특구를 방문하여 "공산주의는 말만으로 유지될 수 없다. 오직 인민들의 삶의 수준을 개선함으로써 유지될 수 있다"고 주장하면서 다시 고도경제성장정책을 요구하였고, 이에 따라 놀라운 경제성장률을 이룩하였다. 그러나 이 과정에서 부패, 매춘 등 타락 현상은 개혁과 개방 초기보다 심화되었으며, 이 현상에 대응하고자 중국 지도부는 사회주의 정신문명 건설을 위한 노력을 더욱 강화하였다. 1992년 14차 당대회에서는 중국 특색을 지닌 사회주의 건설을 위해서 애국심, 집단주의, 사회주의 이념, 사회주의 도덕, 직업인의 윤리, 가족의 가치관, 올바른 세계관을 교육하고, 영웅적인 인민의 모델을 선정하여 배우도록 권장하였으며, 문화 활동에 대한 일반 대중들의 참여를 적극 독려하는 한편 1993년에는 외국 인터넷, 위성TV 수신, 음란성 출판물과 영상물, 이질적인 이데올로기의 유포에 대한 통제를 강화하였다. 나아가서 당은 자신들의 업무를 개선하고, 깨끗한 정부와 법과 제도를 강화하며, 부패와 범죄, 각종 사회악을 소탕하는 일을 추진하였다.

특히 1994년 1월 江澤民은 향후 2, 3년 동안 정신문명 건설을 위한 특별한 조치를 강구하도록 당 간부들에게 공식으로 요청하는 한편 정치적, 이념적 문제, 사회적 무질서, 범죄, 도덕적 타락, 인민에 대한 봉사와 희생, 깨끗한 환경 등을 위해서 당·정·군은 물론 공장, 상업, 서비스 산업, 커뮤니케이션과 교통, 문화와 교육, 공중위생, 과학과 기술, 도시, 농촌, 여타 전문직과 무역에 종사하는 사람들까지 동원하여 현재 자신들이 처하고 있는 정신문명 건설의 문제들 가운데 우선순위를 두어 집중적으로 계획하고, 체계적으로 접근하도록 지시하였다. 이에 따라 정신오염을 해결하는 과정에서 모범적인 역할을 한 사람들을 전면에 내세우고, 직업인의 윤리와 업무개선을 지속적으로 추진하였으며, 도시와 농촌에서 정신문명의 프로그램을 적극적으로 실천하되 이를 정기적으로 점검하고, 다른 곳과 비교해서 평가하였다.[21] 1995년 江澤民은 全人大 대표들에

21 *FBIS-CHI*, Mar. 7, 1994, pp.29~36.

게 중국 사회 내 이념과 도덕 재무장을 강조하는 한편 서구의 퇴폐적인 이념으로부터 국가를 보호하고, 중국의 전통문화를 권장하도록 촉구하였다. 이 정신문명운동을 위해서 1996년 10월 당 14기 6中全會는 '사회주의 정신문명 건설을 위한 중요 문제에 관한 당 중앙의 결의'를 통과시켰다. 이 결의안은 지난 10년 동안 당의 가장 큰 잘못은 정치와 이념 교육을 소홀히 하고 경제개혁만을 강조한 나머지 도덕적 타락, 배금사상, 쾌락주의, 개인주의가 성행하고, 봉건잔재, 매춘, 도박, 마약과 같은 사회적 악들이 다시 등장하였으며, 가짜상품과 사기가 기승을 부리고, 부정부패현상이 만연하여 당과 정부에 대한 신뢰를 훼손하였으며, 인민들의 확고하지 못한 국가관으로 인해 사회주의의 장래가 의심받는 등 이념적 해이와 도덕적 타락이 심화되었음을 인정하고, 앞으로 정신오염을 극복하는 데 당 지도부가 앞장 설 것임을 약속하고 있다. 1997년에 열린 당 15기 전국대표대회에서도 물질문명과 정신문명 사이에 균형을 유지하기 위해 정신문명 건설을 거듭 강조하였다.[22]

1999년 정권수립 50주년에 즈음한 성명서에서 중국은 그 동안 세계에서 가장 급속히 경제성장을 이룩하였다고 발표하였으나, 이와 같은 경제 성장의 이면에는 이념적 해이와 도덕적 무질서가 여전하고, 간부들의 부정부패가 심화되고 있음을 보여주고 있다. 2004년 베이징에 있는 국무원 산하 국정자료처(The State Council Information Office)의 인터넷 웹 사이트(www.china.org.cn, June 11, 2003)의 자료는 지난 25년(1978~2002)에 걸쳐 이루어진 차관급 이상 고위 간부들의 부패가 양적 차원뿐만 아니라 질적 차원에서도 악화되고 있음을 구체적으로 지적하고 있다.[23] 예를 들어, 1) 1980년대에서 1990년대로 가면서 부패로 인해 처벌된 수의 증가를 들 수 있다. 1987~92년 사이에 중앙부처와 성급 간부들이

22 Feng Chen, "Rebuilding the Party's Normative Authority: China's Socialist Spiritual Civilization Campaign," *Problems of Post-Communism*, Vol.45, No.6, Nov. / Dec. 1998, pp. 33~34; *Beijing Review*, Nov. 4~10, 1996, p.22.

23 Tsinghua Univ. & Chinese National Conditions Research Center of the Chinese Academy of Sciences, "Characteristics and Development Trend Research on Chinese Senior Officials' Corruptions," *China Report* 40, 1 (2004): pp.106~110; *People's Daily*, June 12, 2003.

개입한 부패관련 사건의 수가 110건이었으며, 이 가운데 79건이 1990~92년 사이에 이루어졌다. 한편 1992년 이후, 대형 부패사건으로 처벌받은 간부들의 수가 상당 수준으로 증가되었다. 1992년 이전에는 이 가운데 단지 5건이 재판을 받았으나, 이후에는 64건의 고위 간부들이 관련된 부패사건 가운데 31건이 사법당국에 이첩되어 26건이 재판을 받았다. 2) 1980년대 보다 1990년대 들어서면서 뇌물의 액수가 급속하게 증대되고 있다. 1992년 전에는 10만 元을 초과하는 횡령죄나 뇌물죄가 없었으나, 1992년 이후에는 10만元을 초과하는 사건이 27건이나 있었으며, 이 가운데 12건은 100만元이 넘었고, 4건은 무려 1,000만元이 넘었다. 2000년 이후에는 5건이 1,000만元이 넘었다. 3) 1989년에 법원과 검찰은 간부들의 부패를 엄벌에 처할 것임을 선언했음에도 불구하고 고위 간부들의 부패사건 50건 가운데 43건이 1988~95년 사이에 시작된 것으로 미루어 부패를 근절하고자 하는 당의 노력이 전혀 실효를 거두지 못하고 있음을 반증하고 있다. 4) 1992년 이전의 부패는 주로 무역 등 경제에 관련된 중앙부처와 위원회의 검토와 승인과정에서 조직의 이익을 추구한 특징을 보이고 있다. 그러나 1992년 이후에는 자신의 지위와 권한을 이용한 고위 관료들이 지방의 기업들과 야합하여 개인의 이익을 추구하는 특징을 보이고 있다. 5) 해안지역의 부패 사건이 내륙지역의 부패사건보다 약간 높게 나타났으며, 금전이 개제되는 부패사건은 내륙지역보다 해안지역이 훨씬 높게 나왔다. 6) 1989년 철도부 부부장 羅雲光의 뇌물사건 이후 중국의 검찰당국은 중앙과 성급의 관료들이 한 사건에 집단적으로 연루된 부패사건을 상당 수 찾아냈다. 특히 지방정부에서 집단이 개입한 부패가 훨씬 심각한 것으로 나타났으며, 遼寧省 瀋陽의 경우 한명의 부성장급 관료와 4명의 부국장급 관료, 11명의 과장급 관료, 7명의 郡(county)의 과장급 관료가 부패사건에 연루되었으며, 이들은 불법으로 무려 2억元 이상의 돈을 받아왔다. 이와 같은 집단의 부패는 주로 집단의 최상급자로부터 시작되어, 그 조직의 구성원들이 이와 같은 행태를 답습하는 경향을 보여주고 있다. 7) 1980~92년 사이에 부패가 시작되어 발각이 되기까지의 평균 기간이 1.43~1.44년이었다. 이것은 대부분의 부패 사건이 거의 즉시 발각되었음을 의미한다. 그러나 1992년 이후 부패의 잠복기간이 점차적으로 길어지는 것으로 나타났다. 특히 1998~2002년에는 그 잠복기간이 무려 6.31년으로서 이것은 사법당국의 직무유기, 부패와 부패 사건이 점점 지능화, 부패 방지에 따르는 제도적 장치가 부패 환경을 따라가지 못하고 있음을 보여주고 있다. 이와 같은 현상은 사건이 처리되는 기간에서도 찾아볼 수 있다. 1992년 이전 부패관련 17건의 사건이 처리된 기간이 평균 0.41년이었다. 이 가운데 11건은 1년 안에 재판이 완료되었다. 그러나 1992년 이후 같은 성격의 43건의 사건이 처리된 기간이 평균 1.88년이었으며, 이 가운데 최장 처리기간은 4년이나 되었다. 특히 놀라운 사실은 1992년 이전에 조사된 17건의 사건에서 부패 관료가 발각되었음에도 불구하고 그 직위에 그대로 머물러 있었지만, 1992년 이후에는 37건의 부패사건에 연루된 부패관료 가운데 22명은 사건이 터진 후에도 승진되었다. 이것은 중국의 부패에 대한 당국의 인식과 인사제도에 문제가 있음을 의미한다. 8) 고위층의 부패 사건에서는 자신이 뇌물을 받기보다 그 배우자와 자식들을 내세우고, 가족들이 경영하는 회사를 통해서 이 뇌물을 세탁하는 경향을 보이고 있다. 이상에서 본 대로 최근까지도 권력을 이용하여 자신의 이익을 추구하는 당・정・군 간부들의 부패의 정도는 갈수록 심화되고 있으며, 이 같은 상황은 반정신오염운동과 정신문명 건설 노력을 무위로 만들고 있다. 瀋陽의 국유기업에서 행한 조사응답자의 71%가 도덕 교육은 일반인을 대상으로 하기보다 간부들을 대상으로 해야 한다는 주장이 이를 반증하고 있다.[24]

한편 2002년 3월 胡錦濤 시대가 열리면서, 그는 당 16기 중앙정치국 1차 전체회의(2002.11.16)에서 "마르크스주의의 착오적이고 교조적인 이해에서 벗어나고, 주관주의와 형이상학적인 질곡에서 벗어나야 한다"며 사상해방과 實事求是를 강조하였다. 이는 정신문명 건설 가운데 이념에 관한 한 기존의 정책에 큰 변화가 없음을 시사하고 있다. 그러나 권력형 부패사건은 공산당의 집권기반을 위협하는 수준에 도달하였다고 판단하고, 시스템 구축을 통한 부패척결을

24 *China Report*, Vol.40, No.3, 2004, p.331.

강조하였다. 중앙검찰기관이 지방검찰기관을 직접 지휘해 지방정부로부터의 독립성을 강화하고, 심계서의 감사기능을 비공개에서 공개로 전환하며, 간부 선발에 있어서 기존의 상부 내정에 의존하던 것을 조금씩 선거제로 전환하는 것도 이와 같은 맥락이다.[25]

다른 한편으로 중국은 정신문명 건설운동 가운데 문화적 부문에 대한 상황적 대처를 강조하고 있다. 2004년 3월 5일에 열린 全人大 10기 전체회의에서 溫家寶 총리는 2003년에 발생한 급성 호흡기 증후군(SARS)이 중국의 열악한 공중위생과 환경 및 의료체계로 인해 발발하였음을 인정하고, 이 증후군의 확산을 방지하기 위해서 이 분야의 정신문명 건설이 중요함을 강조하고 있다. 아울러 중국 공산당은 2008년 베이징 올림픽과 2010년의 상하이 엑스포를 준비하는 작업의 일환으로 정신문명 건설 가운데 도서관, 박물관, 공연장, 보건, 환경 개선을 서두르고 있다.[26]

다. 특징

반정신오염운동과 정신문명 건설운동은 공히 그 목적에 있어서 사회주의 이념, 윤리와 도덕, 문화 향상을 통해서 사회주의 체제와 이념을 유지하고, 중국 공산당의 통치 효율성을 제고하며, 개혁과 개방과정에서 발생된 부정적인 정신오염을 최소화하고, 궁극적으로 물질문명과 정신문명의 균형적 발전을 통해서 지속적이고도 건전한 경제성장을 도모하는 데 있다. 그러나 이 운동은 胡耀邦과 趙紫陽 시대와 江澤民 시대 사이에 다음의 4가지 차이점을 찾아볼 수 있다.

첫째는 "정신오염"의 명칭, 대상, 성격에 변화를 들 수 있다. 胡耀邦과 趙紫陽 시대에는 정신오염이 개혁과 개방을 하는 과정에서 부수적으로 일어난 것으로 해석되었으며, 대상은 주로 文化革命 잔존세력, 이념 및 선전담당기구, 부패한

25 『조선일보』, 2004.10.12.
26 Ibid., pp.338, 339.

간부, 모더니즘을 주장하는 문학과 예술인, 민주화와 자유화를 강조하는 학생과 지식인으로 한정되었으며, 이들은 정신오염, 이념적 해이, 윤리적 타락, 잘못된 경향, 모더니즘, 부르주아 자유화라는 이름으로 공격을 받았고, 인민을 대상으로 할 경우 정신문명 건설운동 차원에서 '5·4·3' 운동이나, '사회주의 윤리와 예절의 달'이라는 이름으로 실시되었다. 그러나 앞서 이원화된 반정신오염운동이 鄧力群을 위시한 보수성향의 개혁세력들의 노선과 정치적인 입지를 강화하기 위한 수단으로 전락되면서, 이 운동은 정신문명 건설보다 과거 毛澤東 시절의 정치적 대중운동의 성격이 가미된 반정신오염운동으로 중국 사회 각계각층으로 확대되었다. 한편 鄧力群이 실각되면서부터 胡耀邦, 趙紫陽 등 진보성향의 개혁세력은 물질문명에 상응하는 정신문명의 중요성에 의미를 부여하되, 이념과 문화 두 가지 요소로 구성된 정신문명 가운데 이념적 요소를 우선하여 왔다. 즉 봉건잔재와 부르주아 가치관으로부터의 오염을 방지하고, 기존 사회주의 가치관과 사회주의 윤리의 회복에 주안점을 두어 왔다.

그러나 江澤民은 반정신오염운동이라는 용어를 사용하지 않고 정신문명 건설 운동이라는 명칭을 사용하는 한편 대상에 따라 이원화하지 않고 이 운동을 사회 모든 분야로 확대하였으며, 성격에서도 과거와 달리 사회주의 이념의 역할이 감소되고 있음을 인지하고, 일부 전통적인 규범과 가치를 재조명하고 있는 신 보수주의와 국가주의를 사회주의라는 지배적인 가치에 접목시킴으로써 이념적 업그레이드를 시도하고 있다. 따라서 江澤民의 정신문명 건설운동은 1) 유가사상과 중화사상에 뿌리를 둔 국가주의, 애국심, 도덕교육이며, 2) 마르크시즘, 레닌이즘, 毛澤東사상, 鄧小平 이론, 江澤民의 3개 대표 이론[27]을 종합한 이념교육이고, 3) 미신과 봉건잔재에 대항하여 과학정신과 지식을 강조하며, 4) 사회주의 시장경제 시각에서 문화산업을 육성하고, 5) 보건, 환경, 스포츠, 여가활동, 도서관, 각종 문화 공연까지 포함한 다양성을 지니고 있다.

요약하면 胡耀邦과 趙紫陽 시대에는 정신오염과 정신문명의 개념이 혼재하

---

27 당이 선진 생산력, 선진 문화, 광범위한 인민의 근본이익을 대표해야 한다는 이론이다.

면서도 1984년 초 이전에는 정신오염이 강조되었고, 이후에는 정신문명이 강조되었다. 江澤民 시대에는 정신문명이 지배적인 개념으로 등장하였다.

둘째는 반정신오염운동과 정신문명 건설운동을 실천하는 방법에서의 변화이다. 毛澤東 시절, 영원한 혁명론에 따라 정신적, 물리적 폭력을 수반한 수많은 대중운동을 전개하였다. 같은 맥락에서 鄧力群이 주도한 반정신오염운동은『인민일보』부 논설주간인 王若水의 해임,『인민일보』국장인 胡績偉의 강제퇴진, 중국 문학·예술 협회 회장인 周揚의 자아비판, 당내 이론가이자 중국 사회과학원 부원장인 汝信과 동 과학원 산하 마르크시즘—레닌주의 연구소 소장인 蘇紹智의 숙청 등 부분적으로 폭력을 수반하고 있었다.[28] 그러나 鄧力群의 실각과 더불어 胡耀邦과 趙紫陽 시기에 이 운동은 지난날 毛澤東 시절과는 달리 비교적 온건한 방법으로 추진되었다.

한편 江澤民 시대는 앞서 언급한 내용을 이벤트성보다 일상 생활화된 비폭력적인 방법을 통해서 정신문명을 건설하고자 하였다. 이와 같은 방법의 변화는 애국심을 교육하는 방법에서 찾아볼 수 있다. 1994년 9월 당 중앙위원회는 '애국심 고취를 위한 교육대강'에서 먼저 유치원부터 대학까지 정규 커리큘럼에 애국심을 고취하기 위한 과목을 개설하고, 군 총정치국의 지원하에 혁명순교자의 기념비, 혁명가의 생가, 역사유적지, 박물관을 애국 교육장으로 만들며, 애국심을 고취하기 위한 노래와 소설, 영화와 텔레비전 프로그램을 제작하는 한편 이를 관람한 시청자와 독자들의 수기를 선정 포상하고, 공공건물과 학교에 국기를 게양하며, 만18세로 성년이 되면 국기 앞에서 국가에 대한 충성을 서약하도록 하고, 공공 집회와 운동행사에 애국가를 부르도록 지시하였다. 뿐만 아니라 2차 대전 종전 50주년 기념식 등 각종 행사를 통하여 국가를 위해서 돌아가신 애국선열들을 청소년들에게 기억하도록 하는 한편 전통 절기까지 애국심을 고취하는 데 이용하였다. 즉 1994년 청명절에 당 정치국 상무위원회

28 Zhengyuan Fu, *Autocratic Tradition and Chinese Politics* (UK: Cambridge Univ. Press, Jan. 1994), p.336.

위원이자 인민정치협상위원회 주석인 李瑞環이 전설의 조상인 黃帝 묘의 제사에 참석하였다. 『인민일보』는 이 행사를 통해 같은 조상, 같은 언어를 사용하는 국가 정신을 강조함으로써 위대한 하나의 중국으로 거듭 태어나도록 하는 데 의미를 찾았다. 나아가서 1995년에는 李瑞環과 李嵐淸 부총리는 공자 탄신 2425년을 기념하는 행사에 참석하여, 유교가 사회주의 정신문명을 건설하고 중국을 하나의 국가로 단결시키는 데 긍정적인 역할을 하여왔음을 강조하였다. 이상의 두 가지 행사에 당 지도부가 참석한 것은 처음 있는 일로서 큰 상징적인 의미를 지니고 있다.[29]

셋째는 이 운동을 전개하는 데 있어서 이념적 배경의 차별성을 들 수 있다. 胡耀邦은 1982년 9월 당 12기 전국대표대회에서 정신문명과 물질문명의 관계에 대해서 다음과 같이 설명하고 있다. 객관적인 세계는 자연과 사회로 구성되어 있으며, 사회의 변화는 새로운 생산관계와 새로운 정치사회적인 체제의 수립과 발전에 따라 이루어진다. 자연의 변화는 물질문명의 결과로 일어나며, 이 물질문명은 생산을 위한 보다 나은 환경과 인민들의 보다 나은 물질적 생활에서 나타난다. 객관적 세계의 변화 과정에서 인민들은 자신들의 주관적인 세계인 정신적 가치를 변화시킨다. 따라서 사회의 변화와 체제의 발전은 궁극적으로 물질문명에 달려있으며, 정신문명은 물질문명에 종속되어 있음을 강조한다.[30] 같은 맥락에서 趙紫陽은 물질문명은 사회주의 정신문명의 기초를 제공하기 때문에 물질문명의 중요성을 강조하면서, 중국은 사회주의 체제를 수립한 것을 제외하면 여전히 물질적으로 발전되지 못한 초급단계에 머물러 있기 때문에 고도의 물질문명을 이룩하려는 노력이 긴요함을 역설하였다. 따라서 이들은 물질문명의 발전을 저해하지 않는 범위 안에서 하위개념인 반정신오염운동을 추진하고자 하였다.

---

29 *People's Daily*, Sep. 6, 1994, Jan. 15, 1995, Sep. 2, 1996; 『조선일보』, 1995.5.10. 江澤民은 중국 고유의 사회윤리와 전통가치가 위기로 치닫고 있으며, 이를 치유할 수 있는 방법은 전통적인 유교문화로 간주하고, 1994년부터 유교의 부활을 추진하였다.

30 *Beijing Review*, No.37, Sep. 13, 1982, pp.21~26.

그러나 江澤民은 물질문명과 정신문명 사이에 균형발전이 긴요하다는 시각에서 이 운동의 변화를 시도하고 있다. 그에 의하면, 정신문명의 발전은 보다 높은 교육, 과학, 문화 수준과 보다 높은 이념, 정치, 도덕 수준에서 나타나며, 특히 문화는 경제, 정치와 상호 밀접한 관계를 가지는 동시에 전반적인 국가 경쟁력을 키우는 데 중요한 역할을 하고 있는 것으로 인식하고 있다.[31] 이와 같은 맥락에서 江澤民은 정신오염 문제를 부정적인 시각에서 보지 않고, 현대화가 성공적으로 추진되고, 경제와 사회가 획기적으로 발전하며, 인민들의 문화적 욕구가 분출되는 과정에서 나타난 산물로 진단하고, 이를 선진 사회주의 문화를 발전시키는 환경으로 활용하는 데 이 운동의 초점을 맞추고 있다.

넷째는 반정신오염운동과 정신문명 건설운동의 동기와 과정에서 노선투쟁의 개입 여부에서 차별성을 들 수 있다. 胡耀邦과 趙紫陽 시절, 반정신오염운동의 시작, 과정, 끝이 개혁과 개방의 방법, 내용, 속도, 범위를 두고 보수 성향의 개혁세력과 진보성향의 개혁세력 사이에 노선 마찰이 크게 작용한 것으로 보인다. 鄧小平을 중심으로 한 胡耀邦과 趙紫陽 등 진보성향의 개혁세력들에 의하면 사회주의는 빈곤한 가운데 성공할 수 없으며, 이 가난을 퇴치하고 고도 경제성장을 이룩하기 위해서 시장경제를 중심으로 한 광범위한 개혁과 개방정책을 주장한다. 이 과정에서 발생할 수 있는 부정부패, 이념과 도덕적 해이, 향락과 황금만능주의 등 정신오염은 4대 원칙이라는 '방충망'과 법의 테두리 속에서 해소될 수 있다고 보고 있다.[32]

한편 彭眞과 陳雲을 정점으로 한 鄧力群, 胡喬木, 李鵬 등의 보수성향의 개혁세력은 경제현대화를 이론적으로 수용하지만, 시장경제보다 계획경제를 선호하고 개혁과 개방정책의 한계를 주장한다. 陳雲에 의하면 지나친 경제개혁은 자본주의에 백기를 드는 것이며, 이는 마르크시즘과 레닌주의를 위배하고, 정신오염을 단순히 부수적인 문제로 여기지 않고 사회주의 체제와 이념의 근간

31 *China Report*, Vol.39, No.2, 2003, pp.271.
32 Shu-shin Wang, op. cit., p.55.

을 저해할 수 있는 심각한 것으로 보고 이에 대한 지속적인 대중운동을 요구하고 있다.

이와 같은 상이한 노선 간의 마찰은 반정신오염운동의 전 과정에 나타났다. 1981년 8월 베이징 리뷰에 발표된 胡喬木의 연설문은 부르주아 이념에 의한 오염을 경고하고, 만약 중국 공산당이 물질문명의 건설에만 전념하고 정신문명 건설을 소홀히 한다면, 인민들은 사회주의가 추구하는 이상과 가치관을 상실하고 자신의 이익만을 추구하는 守錢奴로 전락하게 될 것이라고 경고하였다. 당시 언론매체를 장악하고 있는 보수성향의 개혁세력들은 1982년 3월 15일『인민일보』사설에서도 현재 당면하고 있는 중국의 위험은 부르주아 국가의 和平演變 정책과 이념, 도덕, 문화에서 퇴폐적인 부르주아 사상, 봉건잔재, 외제를 선호하는 풍조라고 지적하고 있다.[33]

그러나 1984년 12월 7일『인민일보』는 사설에서 '이론과 실제'에서 "마르크스는 101년 전에 사망했다. 그의 이론은 한 세기나 오래된 것이다…… 우리는 오늘날의 문제를 해결하기 위해서 마르크스와 레닌의 이론에 의존할 수 없다……. 마르크스의 후계자로서 우리는 마르크시즘을 발전시키고 풍요롭게 할 책임이 있다…… 이론과 선전에 책임을 지고 있는 간부들은 더 이상 미사여구로 빈말을 늘어놓아서는 안 된다"라고 주장하고 있다. 이 사설은 胡耀邦의 당시 당 선전 간부들의 회의에서 행한 연설에 기초한 것이지만 실제로는 반대세력인 당 이론가 胡喬木과 鄧力群을 겨냥한 것이었다. 이에 대한 胡喬木의 반응은 "오늘날 우리가 처한 모든 문제를 해결하기 위해서 마르크스와 레닌의 이론에만 의존할 수는 없다"는 내용으로 이 사설의 수정을 요청한 것으로 나타났다.[34]

뿐만 아니라 1984년 12월 29일부터 1985년 1월 5일까지 胡耀邦이 주재한 제4차 전국 작가회의에 이 부서에 책임을 지고 있는 胡喬木과 鄧力群이 불참했다. 이 회의에서 胡耀邦의 오른 팔인 胡啓立은 작가들에게 표현의 자유를 보장

33 *Beijing Review*, Jan 25, 1982, pp.15~18.
34 *FEER*, Dec. 20, 1984; NYT, Dec. 22, 1984.

하고, 이들의 삶에 대한 심층적인 이해와 창의성을 존중하며, 예술작품에 대해서 극좌적인 성향을 적용해서는 안 된다고 주장했다.[35] 이와 같은 胡啓立의 입장은 반정신오염운동 기간 중에 나타난 胡喬木과 鄧力群의 입장과는 완전히 상반된 것이다. 한편 1985년 1월 28일 『인민일보』는 반정신오염운동 당시 숙청당한 周揚을 위대한 당 사상가이자 뛰어난 마르크시즘의 이론가로 인정하는 장편의 논문을 게재했다. 이와 같은 그의 명예회복 배경에는 胡耀邦이 있었던 것으로 보인다.

그러나 1985년 3월 10일과 25일 鄧力群은 다시 "개혁이 저질 타블로이드, 음란영화, 부르주아 사상과 자유화, 민주화의 선전, 간부들의 부패, 매춘과 같은 해악을 부채질하고 있다"고 비난하고, 특히 청소년들에게 자본주의 가치관을 배격하고 공산주의 이념으로 교육시킬 것을 주장하였다.[36] 이에 대해 胡耀邦은 鄧力群을 좌파 모험주의자이며, 이념과 선전분야에서 胡耀邦의 오른팔인 王若水와 胡績偉를 추방하는 데 반정신오염운동을 이용하고 있다고 비난하였다.[37] 결국 1984년 봄, 鄧力群은 반정신오염운동의 실패에 책임을 지고 실각되었다는 보도가 나왔다. 그러나 일 년이 지난 1985년 6월 13일 신화사 통신은 공식적으로 鄧力群이 당 중앙 선전부장 직에서 물러나고, 貴州省 당 서기 朱厚澤로 바뀐 사실을 발표했다.[38] 이 사실은 鄧力群을 포함한 보수성향의 개혁세력 기반이 약화되었지만, 당내 상당 수준의 영향력을 여전히 유지하고 있음을 증명하고 있는 것이다.

그러나 이들의 노선마찰은 권력투쟁으로 이어지지 않고 타협과 화해를 통해서 해결되어 왔다. 고도 경제성장의 부정적인 결과가 거의 주기적으로 일어나면서, 鄧小平과 그의 개혁세력은 개혁의 부작용을 최소한으로 줄이고자 보수성향의 개혁세력이 제시한 '治理整頓'을 수용하여 현대화 프로그램을 축소하고 속

35 *Beijing Review*, Vol.28, No.2, Jan. 28, 1985, p.6.
36 *People's Daily*, Mar. 11, 26, 1985.
37 *The Economist*, Vol.290, No.7327, Feb. 4, 1984, p.40.
38 *The Washington Post*, July 14, 1985.

도를 늦추는 한편 정신오염을 정화하고자 반정신오염운동을 강화하여 왔다.[39]

한편 江澤民 시대에 보수성향의 개혁세력은 1990년 초부터 그 영향력이 눈에 띄게 약화되었다. 그럼에도 불구하고 이들은 15차 당대회가 열리기 2년 전부터 당의 이념적 해이를 지적하고, 이에 대한 대응책을 江澤民에게 요구하여 왔다. 다른 한편으로 江澤民의 권력에 도전할 수 있는 잠재적인 정치인은 같은 진보성향의 개혁세력인 喬石이다. 江澤民 등장 초기에 이 정신오염 문제로 江澤民과 喬石 사이에 상당한 마찰이 있었던 것으로 보인다. 이와 같은 상황을 감안한다면 당시 정신문명 건설운동은 상이한 노선과 마찰의 合(synthesis)이라는 성격을 지니고 있다.[40] 물론 이 두 세력이 江澤民의 정신문명 건설운동에 직・간접적으로 영향을 미쳤음을 부정할 수는 없다. 그러나 이보다 물질문명이 지속적으로 건전하게 발전하기 위해서는 정신문명의 뒷받침이 긴요하다고 보는 江澤民의 균형발전론이 중요한 역할을 한 것으로 보인다.[41]

이와 같은 관점에서 1996년의 당 결의안은 애국심, 집단주의, 사회주의에 대한 교육 그리고 사회적 도덕, 직업인의 윤리, 가족의 미덕에 대한 운동과 과학, 보건, 환경, 스포츠, 영화, 예술 등의 문화 창달을 주요한 과제로 정했으며, 이에 따라 도시마다 1960년대와 1970년대 대중운동 기간 중에 볼 수 있었든 사상학습이 강화되고, '아름다운 환경'과 '건전한 사회질서'를 위해서 쓰레기를 플라스틱 봉지에 넣고, 길거리 청소를 하는 모범 가정을 배우도록 권장하며, 퇴폐적인 서구 사상의 침투를 저지하기 위해서 인터넷의 접근을 제한하는 조치를 취했다. 나아가서 향과 촌을 위시한 농촌지역에서는 구습과 불법적인 종교행위를 추방하여 문명화하도록 요청하였다.[42]

---

39 Ibid., July 5, 1985.

40 Feng Chen, "An Unfinished Battle in China: The Leftist Criticism of the Reform and the Third Thought Emancipation," *The China Quarterly*, No.158(July 1999), pp.447~467.

41 Gold, op. cit., p.965; 『조선일보』, 2004.2.23. 胡鞍鋼. 청화대 국정연구센터소장은 "지금의 부패는 건국 이래 가장 심각한 상태"라며 "부패로 인한 경제손실이 GDP의 17%"라고 지적했다.

42 *Beijing Review*, Nov. 4~10, 1996, pp.28, 29; *Los Angeles Times*, Sep. 15, 1996, p.A-2; *The Wall Street Journal*, Sep.13, 1996, p.A~6.

3. 실패의 원인 분석

중국 지도부는 현대화의 부작용인 정신오염을 정화하고 정신문명을 건설하기 위한 노력을 지금까지 기울여왔으며, 이 노력으로 정신오염의 속도를 늦추거나 일정 분야에서는 성과가 있었다. 그러나 이들이 설정한 목적을 달성하는 데는 실패한 것으로 보이며, 이는 다음의 구조적인 원인에서 찾을 수 있다.

첫째 원인은 법과 제도의 미비와 일당독재체제에서 오는 과도한 권력의 집중화이다. James Scott에 의하면 법과 제도가 미비한 상황 속에서 모든 권력이 당에 집중된 일당독재체제하의 간부들은 그 지위를 이용해서 부정부패를 저지르는 것을 피할 수 없으며, 이는 정치권력이 모든 재화, 서비스, 고용, 생산의 중심적인 역할을 하고, 그 사회 구성원들의 일상생활에 깊이 간섭하는 것에서 연유된다.[43] 이와 같은 맥락에서 모든 권력을 독점하고 있는 중국 공산당의 간부들은 권력의 중심에 접근할수록 그 지위가 보장하는 공적 자원의 획득과 함께 사회적 공공영역에 속한 자원들에 대한 사유화가 비공식적 통제를 통해서 암묵적으로 보장되기 때문에, 이들의 부정부패가 어느 집단보다도 크다.[44]

한편 선진 사회의 공적 신뢰구축은 제도화 혹은 법치주의의 도입을 통해서 이루어진다. 그러나 중국의 경우 과거 毛澤東 시절부터 권력은 제도화되지 못하고 인치에 의해 행사되어 왔다. 鄧小平은 이와 같이 일개인에게 집중된 과도한 권력이 권력남용과 개인숭배를 가져왔다고 판단하고, 인치를 법치로 전환하기 위한 제도화를 주장하였다. 그러나 실천과정에서 스스로 초법적인 위치를 고수함으로써 인치의 한계선을 넘을 수 없었다. 이와 같이 법치가 확보되지 않은 상황에서는 정책에 대한 간부들의 자의적 해석이 가능하며, 사회 구성원들은 미래의 불확실성에서 오는 상황적 피해를 최소화하고 이익을 극대화하기

---

43 James C. Scott, *Comparative Political Corruption*, (Englewood Cliffs: Prentice-Hall, 1972), pp.12, 14.

44 『조선일보』, 2005.2.1. 최근 사망한 趙紫陽은 자신의 발언록에서 중국 공산당은 이익집단으로 변했으며, 개혁할 방법도, 이상도, 신념도 없다고 일당독재체제를 강력히 비판하였다.

위해서 당・정・군 간부들과 사적인 신뢰관계를 형성하고자 하기 때문에 이 과정에서 부정부패가 심화되는 것이다. 그러나 간부들의 권력남용과 공적 자원의 사유화는 단순히 개인의 이득확대로 끝나는 것이 아니라 현대화 과정에서 경제적 손실을 입히고, 일당독재체제의 통치기반에도 심각한 위협을 주는 동시에 중국 사회 전 영역으로 이 부패가 확산되도록 영향을 미치게 된다.[45]

둘째 원인은 모호한 개념으로 인한 정책의 일관성과 구체성의 결여, 정책을 집행하는 기구의 난립, 만성적인 예산부족, 사회경제적 변화를 따라가지 못하는 방법의 비현실성과 약화된 당의 기층조직이다. 먼저 당 14기 6中全會(1996.10)의 결의안은 정신문명의 개념에서 상이한 노선 간의 타협의 산물임을 그대로 드러내고 있다. 즉 이 결의안은 한편으로 문학과 예술에서 百家爭鳴의 원칙에 따라 다양성을 강조하면서도 다른 한편에서 오늘날 시대정신인 인민에 대한 봉사와 사회주의 이념을 구현하는 데 노력을 기울여야 한다는 리얼리즘 시각을 보여주고 있다.[46]

이와 같이 정신오염과 정신문명의 개념이 모호할 경우, 이를 실천할 수 있는 정책을 일관성 있게 구체화 할 수 없다. 당 지도부는 물질문명과 정신문명이 공히 중요하다는 원칙에는 동의하고 있지만, 지도자에 따라 이 운동의 경중이 달랐다. 실제로 1980년대 말까지 胡耀邦과 趙紫陽은 경제현대화에 전념한 나머지 이념과 정치교육을 소홀히 하여 왔으나, 江澤民이 등장하면서 중국 특색을 지닌 사회주의 건설에 있어서 정신문명의 중요성을 인식하고, 이것에 대한 적극적인 노력을 기우려왔다.

한편 당이 정신오염 문제를 다루기 위한 정책들 대부분이 정치적 구호나 훈계를 담고 있으며, 모호하면서도 이상적인 처방에 치우쳐 정신오염 문제를 해소하기 위한 방법으로서 그 구체성을 결여하고 있다. 따라서 하급 당원이나 지방정부는 실제로 이 문제를 다루는 데 상당한 혼란을 드러냈다.[47]

---

45 이재열, 「민주주의, 사회적 신뢰, 사회적 자본」, 『계간 사상』, Vol.64, 1998년 여름호, 82면.
46 *Beijing Review*, Nov. 4~10, 1996, p.27.
47 *FEER*, Apr. 18, 1985, pp.12~13.

나아가서 중국 공산당은 정신문명 건설운동을 효율적으로 전개하기 위해서 관련된 수많은 기구를 단일지도체제 아래 두도록 지시하고 있지만, 1997년 5월에 가서 비로소 당 중앙위 산하 '정신문명 건설을 위한 중앙지도위원회(the Central Guidance Committee on Spiritual Civilization Construction)'가 만들어졌다. 그러나 이 위원회의 역할은 분명하지 않고, 관련 기구들 간의 유기적인 역할 분담 또한 이루어지지 않았으며, 난립된 기구들 간의 상이한 이해관계로 자신들의 고유 업무 외에는 책임을 지지 않으려는 관료주의 태도마저 보였다. 따라서 당은 정신문명 건설에서 미디어의 중요성을 강조하면서 신문, 방송, TV, 저널, 인터넷을 당 통제하에 두고 적극 활용하고자 하였지만, 이들을 관리하는 정부의 기구는 통합되지 않고 라디오, 영화 및 텔레비전 총국, 언론 및 출판청, 문화부, 정보산업부, 체신 및 텔레커뮤니케이션부, 전자산업부, 공안부, 중앙당의 선전부, 인민해방군 내의 해당기구로 난립되어 있고, 이들 기구 사이의 정신오염에 관련된 업무의 중복성과 역할의 불명료함으로 인해 서로 책임을 미루고, 감시와 감독을 어렵게 하여 왔다.[48]

한편 1996년 10월 당 14기 6中全會에서 발표된 6가지 내용 가운데 정신문명 건설 부문에 예산을 지원하되, 앞으로 전체 예산의 증액에 비례하여 이 부문 예산도 증액하도록 결의하였다. 그럼에도 불구하고 정신문명 건설 관련기구들은 계속하여 만성적인 예산부족에 시달려왔으며, 이를 타개하기 위해서 이들 기구들이 인터넷 웹 사이트와 위성 TV 수신 등 과학 기술 분야에서 인민들에게 다양한 정보를 제공한다는 구실로 사업을 시작하였다. 그러나 이 사업 내용 자체가 정신오염을 제공하는 원인이 될 수 있다는 이유로 엄격한 제한을 받았다.

48 Daniel C. Lynch, "Dilemmas of Thought Work in Fin-de-Siecle China," *The China Quarterly*, Mar. 1999, pp.189, 199; 『조선일보』, 2002.6.12. 중앙당의 매스컴에 대한 감시와 감독이 제대로 기능하지 않는 예로 당 중앙 선전부장인 丁關根이 사회주의 사상을 오염시킬 수 있는 몇몇 TV 프로그램과 광고를 중단하라고 지시했으나 방송국과 광고주들의 강력한 반발로 이를 취소하는 사건이 있었다.

나아가서 공룡과 같은 중국 공산당은 닷컴시대의 변화에 적응하지 못하고 전통적인 행사, 문화적 상징, 관영매체, 교육기관, 각종 회의를 통한 이념학습, 모델의 활용 등 개혁 이전의 진부한 방법에 의존하였다. 이와 같은 경직된 재래식 방법은 오늘날과 같은 중국의 사회경제적 변화에 효과적으로 대처하는 데 한계를 드러내었다. 1996년의 경우, 江澤民의 지시에 따라 모든 성급 당 위원회는 정신문명을 건설하고자 나름대로 최선을 다했다. 이들 지방정부는 "정신문명 건설을 위한 시민의 맹세"를 채택하고, 항일전쟁을 기념하는 기념관을 포함하여 애국심을 고취하기 위한 문화시설을 건설하며, 공공의 이익을 우선하기 위한 광고를 게재하고, 정신문명 건설을 위한 소설, 에세이, 드라마, 영화, 텔레비전 프로그램을 제작하였다. 나아가서 개혁 이전에 흔히 사용되었던 역할 모델(role models)을 적극 활용하였다. 따라서 '雷鋒으로부터 배우는 운동', '李肅立으로부터 배우는 운동', '인민해방군으로부터 배우는 운동'을 전개하고, 문명화된 향과 촌을 건설하고 모범적인 도시건설에 앞장 선 집단이나 개인을 선정하여, 이들을 지방 순회강연에 참석시키거나, 이들의 스토리를 관영매체에 대대적으로 취급하거나, 드라마나 텔레비전 프로그램으로 제작하여 개인적 이윤을 추구하는 시장 경제 속에서도 헌신, 희생, 근면을 실천하는 중국인이 여전히 존재하고 있음을 선전하였다.[49] 그러나 이 모든 방법들은 과거와 달라진 것은 없으며, 급변하는 사회 분위기와 첨단 과학·기술의 발달을 따라갈 수 없었다.

특히 당 기층조직의 무력증은 이들의 정신문명 노력을 무용지물로 만들거나 심지어 역효과를 가져왔다. 기층조직은 중앙당을 대신하여 사회 하부조직에 대한 직접적인 통제를 할 수 있고, 일반인들에 대한 이념교육 또한 이들의 몫이다. 그러나 이 기층조직의 성과에 대한 평가가 이념에서부터 경제적 목표달성으로 변화함에 따라 정신오염과 정신문명 분야에서 이들 조직이 담당해야 할 역할과 목표는 분명하지 않았다. 시장경제 도입과 함께 개인주의와 황금만능주

49 *FBIS-CHI*, Jan. 30, 1997; Feng Chen, op. cit., p.38. 특히 이들 본보기를 극대화하기 위해서 정부는 '5-1 프로젝트'에 따라 매년 5개 분야 즉 소설, 드라마, 텔레비전, 영화, 잡지에서 하나의 모범 작품을 창작하도록 요청되었다.

의 등 퇴폐적인 부르주아 가치관이 등장하면서 심지어 이들 기층조직의 구성원들마저 조직을 이탈하여 대도시로 돈벌이에 나서는 상황에서 기층조직이 과거와 같이 대중을 동원하고 상부로부터의 지시를 제대로 수행한다는 것이 어려울 수밖에 없으며, 인민들 스스로도 이 조직을 불필요한 것으로 여겼다.[50]

셋째 원인으로서 경제현대화 과정에서 파생된 사회주의 가치관의 이완과 자본주의 관행, 방법, 가치관의 유입을 들 수 있다. 1978년 이후 중국 공산당 지도부는 고도 경제성장을 위해서 시장경제와 사유재산을 허용하고 자본주의 관행과 방법을 원용하게 되면서부터, 인민들에게 자본주의 가치관이 서서히 파고들게 되었으며, 부자가 되고자 하는 배금사상과 개인주의가 현실적으로 자리 잡고, 사회주의와 개인의 희생과 봉사를 근간으로 하는 집단주의 가치관과 충돌을 일으켰다. 특히 1990년대 공산권의 급속한 몰락과 자본주의 체제의 세계화로 인해서 기존 사회주의 가치관의 우월성에 대한 의구심이 심화되고 자본주의 선진국에 대한 새로운 평가가 이루어지면서 자유민주주의와 개인주의 등 다양한 자본주의 가치관이 주목을 받아왔다. 중국은 이와 같은 상이한 가치관의 충돌을 최소화하고자 사회주의 초급단계론, 사회주의 상품경제, 사회주의 시장경제와 같은 개념을 창출하는 동시에 집단주의와 시장경제 사이에 긴장관계를 완화하고자 노력하였다.[51] 이와 같은 맥락에서 당 14기 6中全會 이후 관영매체에 나타난 많은 논문들 가운데 王霞林의 논문은 중국의 사회주의 시장경제는 경쟁과 협력, 능률과 공정, 개인적인 부와 공공의 번영, 경제적 비용과 사회적 비용 사이에 균형을 유지할 필요성을 강조하였다. 나아가서 당 이론가이자 중앙선전부의 부부장인 鄭必堅은 시장경제에 종사하는 중국인들은 자본주의국가의 기업인과는 달리 자신들의 부를 사회에 환원하는 데 관심을 가지고 있기 때문에 이 문제를 해결할 수 있다고 주장하였다.[52] 이들은 집단주의 가치관을 준수하는

50 Feng Chen and Ting Gong, "Market vs. Party in Post-Mai China: The Erosion of Leninism from Below," *Journal of Communist Studies and Transition Politics*, Vol.13, No.3, 1997, pp. 148~166.

51 Feng Chen, op. cit., p.39.

시장경제를 사회주의 시장경제라고 지칭한다. 그러나 시장경제와 공공의 선과의 관계는 이미 자본주의 윤리에서 확립되어 있기 때문에 사회주의 시장경제에 관한 이들의 논거는 확실하지 않을 뿐 아니라 사회주의 가치관 가운데 집단주의가 시장 경쟁 속에 있는 개인과 어떤 의미를 가지고 있는지를 설명하는 데 실패하고 있다. 뿐만 아니라 집단주의의 규범적 모델인 雷鋒의 가치관은 당에 대한 충성과 복종, 헌신과 봉사, 근검과 절약, 규율과 근면이지만, 4개 현대화의 과정에서 나타난 '먼저 부자가 된 다음에 사회주의를 건설하는 것'이라는 구호는 기존가치관의 안티테제(antithesis)에 가깝다. 이는 한 달의 수입이 만 元인 새로운 영웅이 인민들에게 더 어필하며, 이를 위해 경쟁하고 자신의 이익을 추구하는 가치관이 인민들에게 더욱 친숙하기 때문이다.

같은 맥락에서 개혁과 개방 과정에서 자본주의 시장경제 원리를 도입함으로써 국유기업의 매니저와 사기업의 경영인은 기업의 목표를 달성하고 경영의 효율성을 개선할 수 있었다.그러나 이 과정에서 원자재의 공급이나 생산품과 서비스의 흐름을 책임지고 있는 관료들은 뇌물이라는 유혹을 받을 수밖에 없었다.[53] 물론 부패가 경제에 긍정적인 효과를 가져 올 수도 있다는 주장이 있지만, 이와 같은 행위가 만연될 경우 이는 현대화의 주요 장애가 될 뿐만 아니라 경제를 혼동 속으로 빠져들게 할 가능성이 높아지며, 궁극적으로 당의 지도력에 치명적인 해를 끼치게 된다.

나아가서 성공적인 현대화의 이면에 도시와 농촌, 내륙과 해안 간에 소득격차가 벌어지고, 고농과 임대로 인한 빈부격차로 불평등이 증대되었다. 이와

---

52 Ibid., p.37.

53 Alan P. L. Liu, "Kleptocracy on Mainland China: A social-Psychological Interpretation," paper delivered to the Thirteenth Sino-American Conference on Mainland China, Taipei, June 12~15, 1984, p.1; 『연합통신』, 2005.8.14. Liu의 연구에 의하면, 長沙에 거주하는 조사연구의 응답자 100가구 가운데 99가구가 매달 평균 8元의 뇌물을 지불하였다고 답했다. 여기에는 중국인이 여전히 법률과 도덕, 법률과 인정을 구별하지 못하는 등 희박한 법의식이 자리 잡고 있다. 최근 중국 검찰 기관지 『검찰일보』는 중국인의 66.4%가 "뇌물을 잘 사용하면 죄가 성립되지 않는다"고 대답했다.

같은 불평등에 대해 田紀雲 부총리는 중국 전체 생산량 가운데 사기업과 외국 투자자와의 합자회사가 차지하는 비율이 1% 미만이며, 국유기업의 경영과 소유를 구분하되 여전히 국가가 소유하고, 농촌에서는 토지를 집단적으로 소유하되, 단지 책임생산제에 따라 대여하고 있으므로 자본주의와는 거리가 멀다고 지적한다.[54] 그러나 토지개혁에 관한 Fanshen의 저자 William Hinton은 농촌의 책임생산제하에서도 토지를 대여한 농민과 고농 사이에 이미 양극화가 진행되고 있음을 주장한다.[55] 아울러 田紀雲도 도시의 임금 노동자들 가운데 임금 격차가 상당 수준 벌어지고 있음을 인정하였다. 이와 같이 도시와 농촌, 내륙과 해안, 동일 지역 내에도 인민 간의 소득격차가 심화되면서, 이들 사이에 수단과 방법을 가리지 않고 부를 축적하고자 하는 배금풍조가 만연하게 되었으며, 특히 가난한 자들은 이 가난을 벗기 위해서 도시로 해안으로 무작정 이주하면서 이들에 의한 각종 오염이 증폭되었던 것이다. 따라서 인민들은 '중국 특색을 가진 사회주의' 개념을 중국 공산당에 의해서 선도되고 있는 자본주의라고 조롱하고 있으며, 물질적 풍요를 위해서 다른 사람을 의식하지 않고 자신의 개인적 이익을 추구하는 사회로 변질되면서 더 이상 집단주의 가치관을 주장하기 어려운 현실이 되었다.[56]

넷째 원인은 경제현대화로 인해 과거에 경험하지 못한 중국 사회의 엄청난 변화이다. 그러나 이 변화의 혜택을 보지 못한 소외된 세대이든, 이 혜택을 본 보다 젊은 세대이든 정신문명 건설운동에 대해서 냉소적이거나 무관심을 보였으며, 지난날 중국 사회를 유지하는 데 긍정적인 기능을 하여온 관시 또한 개혁과 개방이 심화되면서 부정적인 부패의 활성화로 변질되어 정신오염의 견인차 역할을 하여 왔다. 먼저 文化革命 세대의 높은 실업률은 사회적 문제가 되고 있으며, 이들에 의한 범죄와 사회 무질서는 심각한 수준에 이르고 있다.

---

54 *Beijing Review*, No.5, Feb. 3, 1986, p.17.

55 William Hinton, "Transformation in the Countryside: Part 1-From the Communes to the Responsibility System," *U.S.-China Review*, Vol.8, No.3, May~June 1984, p.9.

56 Ching-li Chang, op. cit., p.38; Feng Chen, op. cit., p.39.

文化革命 기간 중 8세에서 18세까지의 연령에 해당하는 약 1억 6천만 명 가운데 2천만 명이 下放운동으로 시골로 내려갔다. 그 결과 이들은 직장에 필요한 교육과 기술을 받을 수 없었으며, 이로 인해 이들 중 상당수가 오늘날 실직을 경험하고 있다. 따라서 이 '잃어버린 세대'는 중국 공산당과 사회주의 체제에 대해서 불만과 불신을 품고 있으며, '민주의 벽'에서 반체제 활동을 벌린 다수가 바로 이들인 것이다.[57]

1980년대 중반에 나이가 15~18세의 청소년들은 약 2억 5천만 명으로서, 이들의 가치관 속에는 인민에 대한 봉사와 헌신을 강조하는 집단주의가 아니라 개인주의가 뿌리내리고 있으며, 이들의 영웅은 당이 내세운 雷鋒과 같은 인물이 아니라, 자신의 주장을 당당하게 내세우면서 '담배 피우고, 술 마시며, 헐렁한 바지'를 입은 영화 속의 사람들이다. 이들은 국가에서 할당하는 직업에 의존하지 않고 스스로 직업을 선택하고, 서구를 포함한 외부세계에 관심을 가지고 외국어를 배우려고 하며, 심지어 당원이 되는 것을 꺼리는 세대들이다. 반부르주아 자유화 운동에서 본 대로 이들은 서구의 풍요로움이 상이한 체제와 이념에서 나온 것으로 생각하지는 못한다 하더라도 사회주의국가가 이들 국가들보다 상대적으로 우월하다는 데 의구심을 품고 있다.[58] 분명히 이들의 가치관은 혁명 제1, 2, 3세대와는 다르며, 이들이 지닌 사회주의 체제에 대한 불신은 미래 중국의 잠재적인 불안 요인이 되고 있다.

1980년대 중반 이후 출생한 새내기들은 기존 사회주의 가치관에 얽매이지 않고 개인주의를 내면화하고 물질적 향락과 쾌락을 추구하는 세대이다. 일부 교사들은 학생들에게 가르친 5일 간의 도덕 교육은 소비주의, 향락주의, 황금만능주의에 노출된 주말에 의해서 무력화되고 있다고 지적한다. 현재와 같은 환경

57 Thomas B. Gold, "Alienated Youth Cloud China's Future," *Asian Wall Street Journal Weekly*, May 18, 1981, p.13; *The Washington Post*, Jan. 18, 1982, A13; *FBIS-CHI*, Jan. 14, 1981, p.R1.

58 Stanley Rosen, "Prosperity, Privatization, and China's Youth," *Problems of Communism*, Vol.34, No.2, March-April 1985, p.13; *The Christian Science Monitor*, July 22, 1983, p.3.

속에서 학생들에게 인민에 대한 봉사와 헌신을 설명하면 마치 다른 세상의 이야기를 듣고 있는 것으로 착각하고 있다고 교사들은 토로한다. 애국심을 고취하기 위한 교육도 같은 운명이다. 武漢에 있는 한 교사는 학생들에게 조국을 사랑할 것을 가르치지만 학생들의 가족, 기업 그리고 일반 신문과 매거진은 선진 자본주의국가들이 보다 잘 살고, 물건의 질이 월등하다는 주장을 한다고 불만을 털어놓는다.[59] 이들 세대들의 사고, 경험, 환경이 정신문명 건설 노력에 장애요인이 되고 있다는 사실은 사회가 인민의 의식을 결정한다는 사회주의 이론적 관점에서도 충분히 이해될 수 있다. 분명히 물질적 富로 성공을 판단하는 사회경제적 환경 속에서 인민들에게 기존의 집단주의 가치관을 지키도록 당이 요구하는 것은 설득력을 잃을 수밖에 없을 것이다.

앞장에서도 설명하였지만, 기존의 중국 사회는 관시라는 독특한 인간관계를 통해서 상호 신뢰를 유지하여 왔다. 그러나 공적 제도화가 취약하고 사적인 신뢰에 의존하는 이 관시는 비공식적 방법에 의한 공적영역의 침투라는 비정상적 현상을 낳는 동시에 동일집단에 속한 구성원들에게 윤활제의 구실을 하지만 집단과 집단 사이의 커뮤니케이션을 어렵게 만들고 심지어 갈등을 유발하기도 한다. 더욱이 급속한 경제성장과 사회적 분화가 이루어지는 현실 속에서 사회적 통합을 가능하게 하는 가치관이 확립되지 않았기 때문에 자기 집단 중심, 혹은 자기 가족 중심의 전통적인 신뢰규범에 더욱 의존하게 되고, 공공영역에서 신뢰를 제도화할 수 있는 가능성은 더욱 멀어지게 한다. 그 결과 공공영역을 사유화하기 위한 집단 간의 투쟁은 법률체계와 사회적 규칙을 집단의 이익에 따라 타협하고 재해석하고자 하는 노력으로 나타나고, 이는 규칙을 공공재로서 지닌 가치를 훼손하는 공통의 비극(the tragedy of the commons)으로 이어졌다.[60] 따라서 사적인 신뢰를 공적인 영역으로 확대하고 제도화하기 위해서는 집단 내부의 호혜성과 규범이 집단 간에 호환 가능한 형태로 확대되어야 하며, 이를 위해서

59 Wendy Larson, op. cit., p.66; Feng Chen, op. cit., p.40.
60 이재열, op. cit., p.89.

개인들 간의 신뢰를 제공하는 기반인 혈연이나 지연, 특정 학벌이나 인물을 중심으로 하는 일차적인 관계로부터 보편적인 이념이나 가치를 공유하는 이차적 관계로 변화되어 다양한 집단들이 일차적 관계망의 폐쇄성을 극복하는 개방성을 가질 수 있어야만 가능하다. 그러나 서구사회의 성숙한 시민단체의 역할과 기능이 중국에서는 아직도 초기단계에 머물러있기 때문에 공공의 선을 달성하고자 하는 정신문명의 건설이 어려움을 경험하고 있다.

다섯째, 胡啓立은 급속한 사회경제적인 변화로 인해 지난날 사회주의 가치관의 상당 부분이 부적절하게 되었기 때문에 당은 새로운 현실에 기초한 새로운 가치관을 모색할 필요가 있으나, 이 대안적 가치관을 창출하지 못함으로써 정신오염의 상황을 더욱 혼란스럽게 만들고 있으며, 만약 이와 같은 혼란이 지속될 경우 개혁 자체가 위험해질 수 있다고 경고하고 있다.[61] 따라서 지금의 정신문명 건설 운동이 성공하기 위해서는 정신오염의 기회와 이 기회를 이용하고자 하는 의지를 약화시킬 수 있는 공유된 가치관이 의식과 행동을 지배하는 사회가 되어야 하지만, 오늘날 중국은 지난날 일당독재체제의 응집력과 사회 안정에 기여한 기존 사회주의 이념의 역할과 기능이 퇴색하고, 그 공백을 메울 수 있는 새로운 공유 가치가 창출되지 않은 가치 부재 상태를 경험하고 있다.[62] 현 중국 공산당 지도부는 이와 같은 위기를 극복하고자 기존 마르크시즘, 레닌주의, 毛澤東사상과 함께 鄧小平 이론과 3개 대표 이론으로 지칭되는 江澤民의 통치 철학, 전통적인 유교의 가치관과 국가주의를 아울러는 새로운 대안을 모색하고 있으나, 여전히 단순 나열이나 대증요법에 치중함으로써 지금까지 중국 사회의 구성원들의 정신적 필요를 충족시키는 동시에 기존의 정신적 물리적 폭력에 의존하지 않고 통치할 수 있는 새로운 가치관을 창출하는 데 성공하지 못하였다. 더욱이 새로운 공유가치의 창출을 위해서는 무엇보다 중국 공산당이 권력의 상당부분을 포기함과 동시에 가치관의 다양성을 인정하는 접근이 필요하지만,

61 *FBIS-CHI*, Feb. 27, 1985, p.K10; Mar. 14, 1985, pp.K1, K5, K9; April 16, 1985, p.K7.
62 James T. Myers, "China: The 'Germs' of Modernization," *Asian Survey*, Vol.25, Oct. 1985, pp.981~997.

현 지도부는 기존의 이념과 체제에 대한 신념이 확고하기 때문에 대안 모색을 어렵게 하고 있다. 따라서 정신오염 문제를 해결하는 데 경직된 기존의 방법을 동원하여 일부 성공을 거둘 수는 있어도, 새로운 가치관의 창출과 이 가치관의 제도화라는 전망이 불투명하게 남아 있는 한 정신문명 건설은 실현하기 어려운 것이다. David Apter가 지적한 대로, 아무리 지도자들이 체제와 이념에 대한 인민들의 신뢰를 도출하기 위해서 경제적인 성과를 강조하고, 지속적인 경제발전을 위해서 정신문명의 건설이 필수적이라고 주장하지만, 이 주장은 공유된 가치관과 행동의 규범이라는 요소가 빠진 상황에서는 정치적 구호에 지나지 않을 것이다.[63] 이와 같은 가치부재에서 오는 혼돈을 리얼리즘과 모더니즘에 대한 다음의 논쟁에서 찾아볼 수 있다.

毛澤東 사후 리얼리즘(realism)이 文化革命이나 그 이전의 극좌적인 혁명적 낭만주의(romanticism)를 대체하기 위해서 문화계에 공식 장르로 채택되었다.[64] 그러나 개혁과 개방이 진행되면서 문학인과 예술인들 사이에 모더니즘(modernism)과 리얼리즘의 논쟁이 일어났다. 비평가인 馮牧은 모더니즘을 다음과 같이 비판하고 있다. 1) 문학에 있어서 모더니즘은 문학의 대중성과 인민들의 삶과 생활의 중요성을 과소평가하고, 문학과 예술의 최고 목표를 자기표현으로 간주하여 개인적인 욕망과 본능을 포함한 자신의 세계에 몰입하거나, 의식, 환상 또는 추상적인 세계를 추구하며, 2) 모더니스트들은 창작 활동에 있어서 지켜야 할 3가지 즉 테마, 구성, 캐릭터를 부정하고, 단순히 짜깁기에 열중하고, 3) 모더니스트들은 민주사회와 정신문명을 건설하기 위한 시대적 책임과 역사적 사명이 중요함에도 불구하고, 시대적 요청을 외면하고 상업적인 목적을 추구하고 있으며, 4) 퇴폐적인 부르주아 가치관에 오염되어 외국의 문화를 맹목적으로 모방하고, 숭배하면서, 중국의 전통문화와 리얼리즘을 무시하고, 5) 상부구조를 구성하고 있는 정치와 철학이 문학작품에 직접적인 영향을 미치며, 경제발

---

63 David E. Apter, *The Politics of Modernization* (Chicago: University of Chicago Press, 1965), p.271.

64 Wendy Larson, op. cit., pp.38~39.

전은 간접적으로 영향을 미치고 있음에도 불구하고, 모더니스트들은 경제발전과 모더니즘 사이에 직접적인 연관관계가 있는 것으로 왜곡하고, 6) 20세기 초 서방의 독점 자본주의 발전과정에 파생된 실업, 삶의 두려움, 심각한 정신적 위기에서 모더니즘이 출현하였지만, 중국의 경우 이와 같은 위기가 없음에도 불구하고 사회주의 모더니즘으로 포장하여 서방의 퇴폐적인 가치관을 권장하고, 체제와 이념에 대한 불평과 불만을 표현하는 수단으로 모더니즘을 이용하며, 7) 모더니스트들은 사회주의국가의 인간관계를 욕심과 경쟁, 염세주의와 권태, 도피주의로 서술하며, 개인의 공포를 모든 인간의 공통적인 현상으로 호도하고 있다고 비난하였다.[65]

이와 같이 반정신오염운동과 정신문명 건설과정에 표출된 리얼리즘과 모더니즘의 논쟁은 개혁과 개방 속에서도 물질문명과 정신문명 간의 심각한 불균형과 사회주의의 경직성을 그대로 드러내고 있다. 분명히 개혁과 개방으로 인해 과거 文化革命의 가치관인 계급투쟁, 專과 紅의 대립, 집단주의, 자족과 궁핍예찬론은 폐기, 수정, 또는 거부되고 있으며, 문학과 예술인들을 포함한 인민들에게 호소력을 잃어가고 있는 것이 사실이다. 특히 리얼리즘, 고정관념, 전통을 부정하고 인간의 내면세계를 새로운 기법으로 도전을 하고자 하는 모더니즘은 변증법적 발전과정에서 정신문명을 한 단계 높이는 수단임에도 불구하고, 이를 부정하는 것은 결국 중국 사회주의의 한계를 드러내는 것이다. 서구의 모더니즘은 과학과 기술의 혁명, 급속한 산업화, 도시화, 세속화, 사회생활의 대중화, 현대화, 경제성장, 정치적 긴장이 진행되고 있을 때 등장한 새로운 문학조류인

65 Ibid., pp.45~58. 이와 같은 리얼리스트들의 비난에 대해서 모더니스트 가운데 한명인 徐遲는 중국은 서구 자본주의국가와는 달리 사회주의 이념과 가치관에 기초한 사회이므로 중국의 모더니즘은 서구와 다른 특징을 지니고 있으며, 이것은 소위 '마르크시스트 모더니즘'이라고 부를 수 있다. 그는 중국의 마르크시스트 모더니즘은 리얼리즘과 낭만주의에 기초해서 발전된 것이라고 주장한다. 왜냐하면 중국은 현대화를 통해 경제기초가 변화됨에 따라 문학이라는 상부구조도 마르크시즘에 따라 변화될 수밖에 없기 때문에 중국 정부와 사회는 모더니즘을 수용하여야 한다고 주장한다. 나아가서 이들은 모더니즘이 서구의 소외감과 의식의 위기에서 발생했다 할지라도 모더니즘의 창작 기법을 중국에서 사용할 수 없다는 주장은 논리적으로 타당하지 않다고 생각하고 있다.

것이다.[66] 이와 같은 서구의 문학발전은 자본주의의 발전과 불가피하게 연계되어있다. 따라서 사기업과 자유 시장경제를 확대하고, 자본주의 관행과 요소를 적용하는 鄧小平의 경제개혁은 기존의 리얼리즘을 바탕으로 새로운 문학기법인 모더니즘의 유용성을 실험하는 환경을 제공하는 것이다. 이와 같은 실험은 중국 사회가 진정으로 현대화될 수 있는지의 가능성을 짐작하게 하는 리트머스 시험지가 될 것이다.

4. 결론

1995년 『신뢰(trust)』라는 저서에서 후쿠야마 교수는 사회적 자본에 의한 유형 가운데 高 불신체제를 제도화한 서구의 민주주의와 자본주의는 현실적으로 생존 가능성이 매우 높은 것이라고 주장하였다. 이 사회는 신뢰받는 지도적 위치에 있는 사람이 그 신뢰를 저버리고 개인적 이익을 취할 수 없도록 하고, 신뢰받는 사람이 배신행위를 했을 경우 그 기회비용과 위험부담을 높여주는 제도적 장치가 있기 때문이다.[67] 이와 같이 서구 자본주의국가들은 불신의 토대 위에서 신뢰를 형성하는 과정을 두었으며, 이 신뢰의 구축을 통해 부가적인 효율성을 증대할 수 있었다. 그러나 공산주의 체제는 집단주의 가치관인 남에 대한 헌신과 봉사를 통해서 이상사회를 구현하려는 高 신뢰체제이며, 지금까지 중국 공산당은 반정신오염과 정신문명 건설이라는 방법으로 이 체제의 신뢰를 회복하고자 노력하여 왔다. 그러나 이 실험은 성공하지 못했으며, 앞으로도 성공할 가능성은 희박하다.

앞서 살펴본 대로 정신오염의 근원은 일당독재체제, 급속한 경제발전에서 오는 사회적 변화, 새로운 공유가치관의 부재에서 오는 구조적인 문제점이다.

66 Wendy Larson, op. cit., p.65.

67 Francis Fukuyama, *Trust: The Social Virtues and The Creation of Prosperity*, (Free Press, 1995) 참조.

그럼에도 불구하고 중국 공산당은 경제발전을 위해서 자본주의 관행과 방법을 도입하지만, 자본주의 가치관인 자유와 민주, 인권과 개인주의를 수용할 의사가 없다. 특히 "정치가 모든 것에 우선한다(politics commands everything)"는 중국의 일당독재체제하에서 정치개혁 없이 정신문명을 건설한다는 것이 불가능하지만 이 개혁에는 소극적이다.[68] 이들은 여전히 지난날 공유 가치관인 사회주의에 의존하고자 하며, 사회주의 이상과 인민들의 물질적, 정신적 욕구 증대 사이의 갈등을 지속적인 경제발전과 사회주의 법 제도의 완성을 통해 해소할 수 있다고 믿고 있다. 나아가서 기존에 사회적 신뢰를 제공해온 관시 문화의 변화에서 나타나듯이 현대화가 진행되면서 사적 관계망을 기반으로 한 배타적인 소집단 내지 이기주의적 유대관계는 부정, 부패, 퇴폐의 온상이 되어 왔다. 따라서 중국 사회는 전통적 유대나 사적인 신뢰관계를 넘어서 사회적 협력과 합의를 가능케 하는 새로운 공유가치관의 창출이 긴요하며, 이를 위한 사회주의 이념과 체제의 변화는 필연적인 시대의 요청인 것이다. 향후 중국이 이 요청을 외면하고 개인이나 집단이 서로 경쟁적으로 지대를 추구하는 갈등적 상황이 지속될 경우 중국 사회는 더욱 위험해질 것이며, 당의 정체성은 더욱 약화될 것이다. 만약 중국 공산당이 약화된 정체성을 회복하고자 강제력에 호소하려는 유혹을 받게 된다면, 이것은 궁극적으로 사회주의 체제와 이념의 붕괴로 이어질 가능성을 제고시킬 것이다.[69]

68 Gordon G. Chang, *The Coming Collapse of China*, (Random House, 2001). Chang은 중국 지도자들이 부패와 빈부격차가 공산당을 위협한다는 것을 알면서도 구조적인 개혁에는 소극적이며, 향후 이를 계속해서 외면한다면 조만간 위기가 올 것임을 경고하고 있다.

69 Margaret Levi, *Of Rule and Revenue* (Berkeley: University of California Press, 1988), p.50.

제 6 부

전망

13

권력구조의 변화와 노선투쟁의 변증법적 발전과정*

1. 서론

중국의 최고 지도자 鄧小平이 1997년 2월 19일 93세를 일기로 사망한 지 10년이 지난 지금에도 향후 중국의 권력구조에 대한 논의는 활발하다. 그러나 이 논의들은 극단적인 대조를 보이고 있다. 한편에서 중국은 권력투쟁으로 지도부가 분열되며, 지방 분권화로 중앙정부는 통제력을 상실하고, 관료들의 부정부패는 구제불능 상태로 접어들며, 경제에서는 악성 인플레이션과 함께 인민과 인민, 지역과 지역, 도시와 농촌, 연해안과 내륙 간의 양극화현상이 심화되고, 농촌인구의 도시이동으로 농촌은 더욱 피폐해지며, 도시는 농촌으로부터 유입된 유랑민으로 고통을 당하며, 노동자들은 국유기업의 통폐합으로 인해 대량 실업사태와 노사분규에 직면하게 되고, 사회는 범죄와 도덕적 위기로 치달으며,

---

* 「덩샤오핑 사후 중국권력구조의 성격분석: 노선투쟁에 따른 변증법적 과정 시각에서」, 『대구·경북정치학회보』 제4집, 1997.2.27, 73~110면.

사회주의 이념을 포함한 기존 가치관의 기능이 마비되면서 공산당 일당독재체제가 붕괴될 것이라는 어두운 전망을 내놓고 있다.[1] 다른 한편에서 鄧 死後 10년이 지났지만 현재도 중국의 공산당 일당독재체제는 존속되고 있으며, 앞으로도 이들의 영도 아래 중국은 계속 발전하여 21세기에는 경제와 군사에서 초강대국으로 부상할 뿐만 아니라 정치적으로도 안정 기조 위에서 사회주의민주주의로 나아가게 될 것이라는 밝은 전망을 하고 있다.[2]

이와 같이 상이한 진단이 나오게 된 배경은 현재 권력승계를 위한 제도적 절차가 없으며, 중국의 독특한 정치문화인 원로들의 역할과 鄧과 같은 카리스마적인 지도자가 없고, 중국 정치를 분석하는 틀로서 노선투쟁의 변증법적 발전과정에 대한 이해가 부족한 데서 기인한다. 먼저 중국은 1976년 毛澤東 사후의 예에서 볼 수 있듯이 지도부 내 이해관계 당사자들이 모두 수용할 수 있는 권력승계를 위한 적절한 장치가 없다. 이 절차가 없는 사회주의국가에서는 최고 권력자가 사후의 권력승계를 미리 준비한다 하여도 그가 죽은 뒤 권력승계에 따른 다양한 위기가 발생하여 왔다. 다음으로 鄧小平은 지난 18년 동안 강력한 리더십으로 지도부 내 극단적인 정책대립과 권력투쟁을 견제하고 정치적 균형을 유지하여 왔다. 그러나 이와 같은 카리스마적인 원로가 없는 상황에서 야기될 힘의 진공상태를 누가 어떤 방법으로 채울 것인지는 보는 이의 시각에 따라 다를 수 있다.[3] 끝으로 현 중국의 지도부는 표면적으로 안정과 단결을

---

1 Jack A. Goldstine, "The Coming Chinese Collapse," *Foreign Policy*, No.99(Summer 1995), pp.35~52; *The Economist*, 1995.10.22, p.37; Roger Lewin, Complexity: *Life at the Edge of Chaos* (London: J. M. Dent, 1993), p.11; Nicholas D. Kristof and Sheryl WuDunn, China Wakes: *The Struggle for the Soul of a Rising Power* (N.Y.: Times Books,1994); Orville Schell, *Mandate of Heaven: A New Generation of Entrepreneurs, Dissidents, Bohemians, and Technocrats lays Claim to China's Future* (N.Y.: Simon & Schuster, 1995).

2 Ramon H. Myers, "The Next Power Struggle," in George Hicks, eds., *The Broken Mirror* (Essex: Longman, 1990), pp.456~65; Gordon White, "Democratization and Economic Reform in China," *The Australian Journal of Chinese Affairs*, No.31 (Jan. 1994), pp.73~92; William Overhold, *The Rise of China: How Economic is Creating a New Superpower* (N.Y.: W. W. Norton, 1993), ch.2; Huang Yasheng, "Why China will not Collapse," *Foreign Policy*, No.99 (Summer 1995), pp.54~63.

유지하고 있으나, 그 이면에는 마찰과 대립이 상당 수준에 이르고 있으며, 이와 같은 노선투쟁은 鄧小平 사후 권력구조의 성격에 지대한 영향을 미칠 것이기 때문이다.

따라서 이 장은 권력승계에 따른 제도적 장치, 그리고 鄧小平과 같은 혁명 제1세대 원로들이 부재한 상황에서 노선투쟁의 변증법적 발전과정이라는 방법에 따라 향후 권력구조의 성격을 분석하고자 한다. 먼저 노선투쟁에 관해서 살펴보면, Richard Baum이 지적한 대로 1949년 이래 중국 공산당 지도부는 지금까지 단일노선을 유지해오기보다 노선 간의 갈등을 노정하였으며, 이것은 서구에서 흔히 볼 수 있는 수평적인 좌와 우의 갈등이 아니라, 상이한 정책대안을 두고 갈등현상을 빚어왔다.[4] 한편 이 노선투쟁은 1992년 초 鄧小平의 南巡講話 이후 鄧小平과 陳雲 간의 대립에서 볼 수 있듯이 일반적으로 제로섬 게임(zero-sum game)의 권력투쟁이 아니라 넌 제로섬 게임(non-zero-sum game)의 규범이 작동한다. 즉 각 노선을 추종하는 세력은 조직에 대한 충성심과 이념적 동질성에 따른 하나의 결속된 조직이 아니라 상이한 이해관계, 학연, 지연, 혈연 등으로 얽혀진 복잡한 인간관계, 개인적인 성격과 가치관에 바탕을 둔 상당히 유동적이며 융통성이 있는 집단이다. 아울러 노선을 달리하는 세력이 모든 정책에서 차이를 보이는 것이 아니며, 동일 노선을 걷는 자라고 해서 모든 정책에 견해를 같이하는 것이 아니다.[5] 그러므로 일상적인 정책결정 과정에서는 노선

3 지금까지 중국 정치에서 원로들의 역할이 주요한 변수가 되어온 것이 사실이다. 이들 원로들은 노선투쟁에서 자신들의 가치관과 성향을 강하게 투사했을 뿐 아니라 자신들의 지위에 관계없이 다음 세대 지도자들에게 막강한 영향력을 행사하여 왔다. 그러나 이 장에서 "원로들의 역할"이라는 변수를 제외한 이유는 鄧小平을 위시한 대부분의 혁명 제1세대 원로들이 이미 사망했으며, 남은 극소수의 원로들도 신체적 한계로 정치적 활동이 거의 중단된 상태이기 때문이다.

4 Richard Baum, *Burying Mao: Chinese Politics in the Age of Deng Xiaoping* (Princeton: Princeton Univ. Press, 1994), pp.5~12; Kenneth Lieberthal, "The Politics of Modernization in the PRC," *Problems of Communism*, May~June 1978, pp.1~17; Harry Harding, *China's Second Revolution: Reform after Mao* (Washington D. C.: The Brookings Institution, 1987), pp.70~1; Carol Lee Hamrin, *China and the Challenge of the Future: Changing Political Patterns* (Boulder: Westview Press, 1990); FEER, Vol.150, No.45 (Nov. 8, 1990), p.19; *FBIS-CHI*, 1992.4.28, pp.24~6.

간의 갈등이 나타나지 않고 공생을 바탕으로 한 설득과 타협이 있다. 그러나 개인이나 노선의 이해관계, 노선을 위협하는 중대한 상황에서는 노선투쟁이 표면화된다. 여기에서도 거의 노선투쟁이 권력투쟁으로 발전하는 경우는 없다. 이들은 중요한 이슈가 등장할 경우 대체로 상이한 의견군을 이루어 자신들의 정당성을 강조하고, 다수의 결정이 난 뒤에는 안정과 단결, 기득권을 유지하기 위해서 그 결정을 따랐던 것이다. 그럼에도 불구하고 노선을 달리하면서 파당을 조성하고 권력투쟁의 도구로 이 노선투쟁을 이용할 경우에는 1954년의 高崗과 饒漱石, 문화혁명 당시 劉少奇와 鄧小平, 1971년의 林彪, 1976년의 四人幇에 대한 경우와 같이 숙청이 따랐다.

다음으로 중국 정치에서 변증법적 발전과정의 중요성을 살펴보면 鄧小平이 권력을 장악한 이후에도 비록 정치적 숙청은 없었지만 1) 1978~82년, 2) 1983~86년, 3) 1987~91년, 4) 1992~鄧小平 사망(1997.2)까지 4회의 노선투쟁이 있었으며, 이 투쟁은 매번 처음에는 급속하고도 광범위한 개혁·개방정책이 실시되었으나 부정적인 결과가 심화되면서 지도부 내 노선투쟁이 전개되고 治理整頓이 그 뒤를 이었다. 중국의 지도자들은 1978년 이후 선진 사회주의국가 건설이라는 국가목표를 설정하고, 이를 달성하기 위해서 개혁·개방정책을 추진하는 한편 정치적 안정과 지도자들의 단결이 필수적이라는 데 의견일치를 보였다. 그러나 중국은 이 개혁·개방의 내용, 범위, 속도, 방법을 둘러싸고 보수성향의 개혁세력과 진보성향의 개혁세력 사이에 노선투쟁이 있었으며, 그 결과 급속한 경제발전과 治理整頓 사이에 변증법적 발전이 있었다.[6]

---

5 David Bachman, "Preparing for the Succession," *Current History*, Vol.90, No.557 (Sep. 1991), p.253. 일반적으로 상이한 정책대안 예를 들면 사회주의 민주주의 개념정의와 그 실천과정에서 인민의 효율적인 정치참여, 중앙정부와 지방정부 간의 합리적인 권한배분, 당의 과도한 권력집중을 막기 위한 당·정 분리 문제, 국가헌법상 최고의사결정기구인 全人大의 활성화 문제, 지식인과 학생들의 자유화 및 민주화 요구에 대한 대응, 정부의 경제정책 결정권과 기업의 자율성에 관한 문제, 시장경제와 계획경제의 비율 설정, 고속성장과 '治理整頓'에서 볼 수 있는 경제성장 속도, 한족과 소수민족 간의 갈등, 경제성장의 부정적인 결과인 지역과 인민 간의 빈부격차와 상대적 빈곤, 나아가서 정신적 오염과 부정·부패 문제를 두고 갈등 현상을 빚어왔다.

따라서 이 장은 鄧 사후 권력구조의 성격을 분석하는 데 있어서 그 개연성의 정도에 따라 6가지 가설을 설정하고, 이를 노선투쟁의 변증법적 발전과정이라는 접근방법에 따라 설명하고자 한다. 먼저 개연성이 아주 희박한 범주로서 1) 밑으로부터 혁명(revolution from the below), 2) 공국현상(dukedom), 3) 군부쿠데타를 포함한 궁중혁명(revolution from the above including military coup)을 들 수 있고, 개연성이 희박한 범주로서 1) 보수성향의 개혁세력에 의한 단일지도체제(monolithic leadership by the conservative reformists), 2) 진보성향의 개혁세력에 의한 단일지도체제(monolithic leadership by the progressive reformists)를 들 수 있으며, 개연성이 있는 범주로서 과도기적 집단지도체제 (collective leadership in the near term) 이후 중·장기적 단일지도체제(monolithic leadership in the long term)의 등장을 들 수 있다.[7]

2. 개연성이 아주 희박한 범주

가. 밑으로부터의 혁명

지난 1989년 6·4 천안문 사태 때 일부 중국관계 전문가들은 중국 공산당의 일당독제체제가 풀뿌리혁명에 의해서 붕괴될 것으로 예견하였다. 그러나 이것은 이루어지지 않았으며 앞으로도 그 가능성은 극히 희박한 것으로 보인다. 심지어 1990년대 중반 鄧小平의 사망이 가까워지면서 관료들과 이들의 친인척들 소위 태자당의 부정·부패[8]와 자유화·민주화를 요구하는 학생과 지식인들

6 Harry Harding, op. cit., pp.70~1; Bill Brugger and Stephen Reglax, *Politics, Economy and Society in Contemporary China,* (Stanford, CA: Stanford Univ. Press, 1994), pp.48~88.

7 이 장은 과도기 내지 단기(in the near term)와 중·장기(in the long term)를 구분하는 시간을 毛澤東 사후 등장한 華國鋒이 5년이 지나 퇴진(1981)한 데서 찾아 볼 수 있듯이 鄧小平 사후 5~10년 이내를 과도기 내지 단기로 그 이후를 중·장기로 보고 있다.

8 Jae Ho Chung, "The Politics of Prerogatives in Socialism: the Case of the Taizidang in

의 목소리가 다시 강화되고, 대도시에서는 농촌 유랑민들에 의한 범죄행위와 노동자들의 노사분규가 잦아지는가 하면, 일부 농촌에서는 정부의 농정에 반대하는 폭동이 일어났다고 보도되고 있다. 이 상황들은 지금까지 중국을 지탱해온 사회적 결속감에 대한 이상 징후를 반증하고 있다. 그러나 이와 같은 혁명적 상황의 씨앗이 현 정권의 체계적인 붕괴로 이어지기보다 이를 상쇄할 수 있는 반대요인이 여전히 강하게 남아있다. 이를 '국가와 사회(state-society)' 관계에서 살펴보면 다음과 같다.[9]

첫째, 鄧小平이 천안문 사태 직후 지난 10년 동안의 개혁·개방과 경제적 발전이 없었더라면 현 체제가 6·4 천안문 사태에서 살아남지 못했을 것이라는 언급에서 경제발전과 정치적 안정 사이에 밀접한 연관관계가 있음을 알 수 있다. 지금까지 중국의 지도자들은 경제현대화를 국가목표로 설정하고 이를 달성하고자 총력을 기울여왔다. 특히 소련 붕괴 이후 이들은 경제 문제를 소홀히 하고 정치적 자유화·민주화를 추진한 고르바초프의 개혁과 개방의 결과를 교훈삼아 이 같은 실수를 되풀이 하지 않겠다는 단호한 의지를 보이고 있다. 나아가서 정부는 상징조작 차원에서도 인민들에게 '21세기 중반까지 선진국으로의 진입'이라는 비전을 제시해줌으로써 자신을 보호할 수 있는 이중 장치를 마련하고 있다.

China," *Studies in Comparative Communism*, Vol.24, No.1 (March 1991), pp.58~76; Richard Baum, "China after Deng: Ten Scenarios in Search of Reality," *The China Quarterly*, No.145 (March 1996), pp.139~41. 태자당은 혁명원로들의 2세와 당·정·군의 간부 자제들로서 현재 정부와 군에 3천1백 명, 대형무역회사에 최소한 9백 명이 있는 것으로 집계된다. 이들은 92년 14차 당대회의 족벌주의 쇄신정책에 따라 고위직 승진이 금지되고 있다. 그러므로 상당수가 국가 경제기밀에 쉽게 접근할 수 있는 이점을 이용하려 서방투자가들을 위한 공인중개사 역할을 하거나, 기업경영 일선에 참여하여 왔다. 그 결과 이들은 상당한 부를 축적하였으며, 인민들의 불만의 대상이 되어 왔다. 예를 들면 지난 천안문 사태에서도 첫째 구호가 '官倒打倒'라는 데서 만연되고 있는 간부들과 그들의 친·인척의 부정·부패가 어느 정도로 심각한지 극명하게 들어났다. 여기에서 보수성향의 개혁세력들은 현재 만연되어 있는 부정부패가 계획경제에서 시장경제로 급속히 전환하는 과정에서 이와 같은 현상이 확산되었다고 주장하면서 이를 진보성향의 개혁세력을 비판하는 데 이용하여 왔다.

9 Dorothy J. Solinger, *China's Transition from Socialism: Statist Legacies and Market Reforms* (Armonk, N.Y.: M. E. Sharpe, 1993), pp.3~9.

1989년 베이징의 봄이 시작되기 11년 전에 시작된 중국의 경제개혁과 대외개방으로 인해 경제구조에 근본적인 변화를 가져왔다. 중국은 1978년 제11기 3차 중국 공산당 중앙위 전체회의에서 1) 1980년에서 1989년까지 인민총생산량을 2배로 증가시켜 인민의 의복과 식량 문제를 해결하고, 2) 1990년에서 1999년까지 인민총생산량을 다시 2배로 증가시켜 인민생활의 질을 높이며, 3) 21세기 중반까지 인민총생산량을 선진국 수준으로 끌어올려 중국의 현대화를 완성한다는 3단계 발전계획을 제시하였다. 이와 같은 로드 맵에 따라 1980년대 중국은 연평균 GNP성장률 9.5%를 기록함으로써 제1단계 목표를 달성했으며, 8차 5개년 기간(1991~95) 중에는 목표를 상회하는 연평균 11.7%의 경제성장률을 기록했다. 교역량 또한 1978년에는 210억 달러에 불과하던 것이 1995년에는 2,340억 달러로 세계 11대 교역국이 되었다. 그 결과 중국은 개인소득에서 1978년 도시거주자가 316원, 농민은 134원이던 것이 15년이 지난 오늘날 도시거주자는 3,179원, 농민은 1,220원으로 증가되었다.[10] 이로서 약 4천만 명의 절대빈곤층을 제외한 나머지 인민의 생활수준이 상당히 향상되어 인민 대다수의 의복과 식량 문제는 해결되었으며, 일부 인민은 생활에 여유를 즐길 수 있는 수준으로 향상되었다. 그러므로 이와 같은 경제성장은 적어도 급격한 정치적 변화를 요구하는 세력의 목소리를 약화시키는 한편 현 정치체제의 안정에도 크게 기여하고 있다.

둘째, 鄧小平 시대에 개혁·개방과 시장경제의 도입으로 하부조직에 대한 중국 공산당의 통제가 약화되고, 지방 분권화가 진행되면서 일부 기초단위 지역에서 인민들의 자치영역이 보다 넓어지고, 시민단체의 활동도 보다 활발해졌다.[11] 그럼에도 불구하고 중국에서는 민주화 혁명의 주요 변수가 될 수 있는

10 *Beijing Review*, 1990.10.8~14, p.17; Joseph Fewsmith, "Jockeying for Position in the Post-Deng Era," *Current History*, Sep. 1995, p.252.

11 Tyrene White, "Reforming the Countryside," *Current History*, Vol.91, No.566 (Sep. 1992), pp.273~7; Kevin J. O'Brien, "Implementing Political Reform in China's Villages," *The Australian Journal of Chinese Affairs*, No.32 (July 1994), pp.33~60.

학생과 지식인, 노동자단체, 농민단체, 중소상공인단체가 기존 정치체제에 영향력을 행사할 만큼 성장하지 못했다.[12]

먼저, 6·4 천안문 사태에서 나타난 대로 진보적인 지식인과 학생들의 반체제활동이 주목을 받고 있는 것은 사실이다. 이들은 1980년 봄부터 정치적 차원의 지방 분권화를 포함한 광범위한 정치구조 개혁과 민주화를 요구했으며, 일부는 기초단위 인민대표대회 대표로 진출하였고, 심지어 일부는 폴란드 형태의 자유노조를 결성하고자 시도했다. 그러나 중국 지도부는 이와 같은 사태 발전을 수용하기보다 탄압으로 대응하는 한편 1986년 12월의 지식인들과 학생들의 시위에 대한 책임을 물어 胡耀邦을 실각시키고, 부르주아 자유화를 반대하는 운동을 전국적으로 전개하였다. 1989년의 천안문 사태 당시에도 지식인과 학생들의 반부정·부패와 자유화·민주화에 대한 요구가 있었으나 趙紫陽의 퇴진과 유혈진압으로 종말을 내렸다. 1995년 봄에는 약 200명의 반체제인사들이 全人大 앞으로 천안문 사태에 대한 정부의 공식적인 입장을 철회하고 반체제인사에 대한 탄압중지를 요구하는 공개서한과 관련입법을 청원했으나, 정부는 과거와 마찬가지로 관련인사들에 대한 가택연금, 투옥, 해외추방이라는 강제적인 수단으로 탄압하였다.[13] 이와 같은 정부의 탄압이 이들의 활동을 방해하는 가장 큰 요인임에 틀림없으나 다른 한편으로 시민혁명을 주도하고 있는 이들 학생과 지식인들이 지나치게 급진적인 성향을 띤 나머지 인민들의 공감대를 도출할 수 있는 민주화 프로그램을 개발하는 데 실패하였음을 지적할 수 있다.

나아가서, 향후 시민혁명의 또 다른 진원지로서 국유기업 노동자들의 집단행동을 상정할 수 있다. 현재 중국은 약 10만 개 이상의 국유기업이 있으며, 이들은 도시근로자의 3/4에 해당하는 약 1억 8백만 명을 고용하고 있으며, 약 3억 4천만 명의 부양가족을 거느리고 있다. 만약 정부의 국유기업 통폐합정책에 따라 대량 실업이 속출할 경우, 이는 중대한 정치적 불안요인이 될 수 있다.[14]

---

12 Frederic Wakeman, jr., "The Civil Society and Public Sphere Debate," *Modern China*, Vol.19, No.2 (April 1993), pp.108~38.

13 *FEER*, 1995.6.15, p.15.

그러나 중앙정부는 최근에 제정된 이 파산법을 적용하는 데 세심한 주의를 기울이고 있다. 예를 들면 노동인사부는 한 보고서(1995.10)에서 400개 이상의 국유기업의 통폐합으로 실직한 근로자와 사무직원들에게 새로운 직업을 주선하는 데 성공한 것으로 전하고 있다. 이와 같이 정부가 실업에 대한 불안요인에 적극 대응함으로써 이와 관련된 불안요인도 그 현실성을 잃고 있다.

다음으로, 중국은 12억 인구 가운데 80%가 농촌에 거주하고 있으며, 이들 가운데 약 8억 명이 경작 가능한 지역에 살고 있으나, 그 나머지는 경작지의 절대부족으로 가난에 시달리고 있다. 나아가서 농민들은 鄧小平이 경제현대화를 농촌에서 시작함으로써 일시적으로 활기를 찾았으나 그 뒤 정책의 우선순위가 도시 근로자로, 연해안과 경제특구로 옮겨지면서 도시와 농촌 간의 수득격차가 무려 4대 1로 벌어졌다. 여기에서 발생한 농민들의 불만을 치유하고자 全人大 8기 3차 전체회의(1995.3)에서 농업 예산을 전년도에 비해 13.7%가 증가한 447억 元을 편성하는 등 많은 노력을 기울이고 있다. 그러나 농촌 문제는 단시일에 해결하기가 어려운 실정이며, 이와 같은 상황에서 1995년 3월 쓰촨성, 허베이성, 후베이성의 일부 농촌에서 정부의 낮은 곡물 매입가에 항의해서 추곡수매를 거부하는 사태가 있었다.[15] 그러나 이러한 농민소요는 극히 제한된 지역에서 이루어지고 있으며, 전국적인 규모로 체계적이고 조직적인 반발을 보이는 경우는 아직 뚜렷하지 않다.

끝으로, 중국은 급속한 경제성장에도 불구하고 아직도 중소 상공인들이 자신들의 요구를 효율적으로 표출할 수 있을 만큼 조직화되어 있지 못할 뿐 아니라 정치적 의식수준 또한 낮은 상태이다. 그러므로 이들로부터 시민사회의 기능과 역할을 기대하기는 어렵다. 지난 천안문 사태에서도 이들은 학생들의 시위에 대해서 부정적인 태도를 보였을 뿐만 아니라 특히 경제개혁과 개방이 급속도로

---

14 1993년에는 약 1만 2천 건의 대규모 노사분규가 있었던 것으로 정부 보고서는 밝히고 있다. "Quarterly Chronicle and Documentation," *The China Quarterly*, No.139 (Sep. 1994), p.863; *FEER*, 1995.2.23, p.49.

15 『조선일보』, 1995.3.10.

진행되고, 소득수준이 높은 海南, 廣州, 深圳, 珠海, 厦門과 福州 등지에서는 아주 부정적이었던 것으로 보도되고 있다. 한마디로 이 지역의 중소 상공인들은 베이징의 학생시위에 동조하기에는 '돈 벌이에 너무 바빴던' 것이다.[16] 나아가서 천안문 사태 이후 상당수 이들의 뇌리 속에는 향후 시민혁명 내지 민중봉기는 미증유의 대혼란을 야기할 것이며, 끝내 무력진압으로 유혈참극을 빚을 것이고, 그 결과 지금까지 이룩한 경제적 혜택을 송두리째 잃을 것으로 우려하고 있다.

결론적으로 Lucian W. Pye가 지적한 대로 경제가 급성장하면서도 국가권력이 시민사회로 다원화되어가는 과정을 중국에서는 찾을 수 없으며, 여기에서 시민혁명과 같은 고도의 정치적 행위를 기대하기가 어려운 상황이다.[17]

나. 공국현상

청조가 붕괴되면서 1920년대 일어났던 군벌현상과 유사한 이 공국현상은 지방정부의 권한이 강화되면서 중앙정부의 통제력이 마비되고, 지정학적 특수성에 따라 일부 지방정부의 실력자들이 지역 군부의 도움을 받아 단독 내지 연합으로 중앙정부의 대권에 도전함으로써 발생하는 국가분열 상황을 의미한다. 일부 보도에 의하면 연해안과 경제특구에 대한 특혜가 확대되면서 지역간 소득격차와 불균형발전이 심화되었고, 이로 인해 지방정부들 사이에도 상당한 긴장관계를 보였다. 예를 들면 광둥성, 푸젠성, 상하이, 하이난도 등은 자신들의 지리적인 장점, 우수한 인적, 물적 자원을 이용하여 대부분의 외국자본을 유치하는 동시에 대외무역을 통하여 급속한 경제발전을 이룩했으나, 내륙지역

16 Mary S. Erbaugh and Richard Curt Krans, "The 1989 Democracy Movement in Fujian and its Aftermath," in Jonathan Unger, ed., *Pro-Democracy in China: Report from the Provinces* (Armonk, N.Y.: M. E. Sharpe, 1991), pp.150~65.

17 Lucian W. Pye, "Chinese Politics in the Late Deng Era," *The China Quarterly*, No.142 (June, 1995), p.580.

은 외국의 기술과 자본을 유치하지 못하고 지리적 이유로 대외무역 또한 부진하여 가난을 면하지 못했다. 따라서 1980년 중반부터 내륙에 위치하고 있는 가난한 지방정부들은 자원의 타 지역 유출을 의도적으로 방해하는가 하면, 해안지역의 부유한 지방정부는 기술과 자본의 내륙이전에 인색함으로써 마찰을 빚어왔다.[18]

중앙정부와 지방정부 간의 수직적인 통제와 명령관계 또한 분권화로 인해 약화되고 있는 것으로 전해지고 있다. 물론 중앙정부는 아직도 거시경제적 차원의 결정과 규제를 할 수 있는 수단을 가지고 있다. 그러나 재정과 경제정책에 관한 지방정부의 권한이 강화되면서 중앙정부는 심각한 세입과 세출의 불균형을 경험하였다. 과학아카데미의 후인깅 선임연구원에 의하면 현재 베이징 중앙정부의 재정적 어려움은 중앙정부의 세입감소로 국가분열이 가속화되었던 구 유고연방을 연상시킨다는 것이다.[19] 중국의 1994년 세입은 국내총생산(GDP)의 5.1%로서 민족분규로 구 유고가 분열되기 직전의 5.6% 수준보다도 낮은 것이다. 이와 같은 중국의 GDP 대비 세입비중은 지난 1980년대 중반의 9.5%, 1992년의 6.8%에 비해서 상당히 줄어들었으며, 미국(20%), 일본(14%), 영국(35%)에 비해서도 월등히 낮다. 이러한 중앙정부의 재정적 취약성은 중앙정부가 지방정부 가운데 연해안에 위치하고 있는 부유한 지방정부에 대한 통제력을 행사하는

---

18 Maria Hsia Chang, "China's Future: Regionalism, Federalism, or Disintegration?" *Studies in Comparative Communism*, Vol.25, No.3 (Sep. 1992), pp.211~27.

19 Wang, Shaoguang, "The Rise of the Regions: Fiscal Reform and Decline of Central State Capacity in China," in Andrew G. Walder, ed., *The Waning of the Communist State: Economic Origins of Political Decline in China and Hungary* (Berkeley: Univ. of Calif. Press, 1995), pp.87~113; Ibid., "Central-Local Fiscal Politics in China," in Jia Hao and Lin Zhimin, eds., *Changing Central-Local Relations in China: Reform and State* Capacity (Boulder: Westview Press, 1994), pp.91~112; Christine Wong, "Central-Local Relations in an Era of Fiscal Decline," *The China Quarterly*, No.128 (Dec.1991), pp.691~71; *FEER*, Vol.151, No.16, 1991.4.18. p.13. 이를 보다 구체적으로 살펴보면 80년부터 재정권, 84년부터 대외무역결정권, 물자관리권에 중앙과 지방 간의 분권화가 이루어졌다. 그 후 재정권으로 조성된 지방정부의 자본은 은행융자용으로 전용될 수 있었으며, 대외무역결정권에서도 88년에는 무역에 따른 지방정부의 책임과 함께 관세를 중앙과 지방 간에 분할하도록 개정하였다.

데 어려움을 가져왔다. 최근에는 중앙정부가 재정과 금융에 대한 권한을 다시 회복하고자 노력하고 있지만 지방정부의 저항으로 많은 어려움을 겪고 있다.

이와 같은 상황이 지속되는 한 鄧 死後 중앙정부의 통제력은 더욱 약화될 것이고, 지역이기주의 또한 더욱 심화될 수 있으며, 이는 정치체제의 통합에 중대한 위협이 될 수 있다. 이와 같은 현상을 우려한 나머지 鄧小平은 1994년 여름 중앙정부의 지도자들에게 소련과 같은 붕괴를 막기 위해서 중앙과 지방 간의 관계를 올바르게 정립할 것을 거듭 촉구하고, 江澤民 또한 '12대 관계'(1995.9)에서 지방과 지방, 중앙과 지방 간의 모순을 올바르게 해소할 것을 강조하고 있다.[20]

그러나 이와 같은 공국현상은 다음의 3가지 요인으로 인하여 실현될 가능성이 희박하다. 먼저, 유력한 지방정부의 지도자가 중앙의 대권에 도전하거나, 중앙의 통제력이 미치지 못하는 독립된 권력을 행사하고자 할 경우, 해당지역 내 군부세력의 지지가 절대적으로 필요하다. 그러나 인민해방군이 지닌 단일 명령계통과 조직의 특성으로 미루어 지방정부의 유력자가 지방군부의 지지를 얻어 중앙정부에 조직적으로 저항한다는 것은 거의 불가능하다. 1989년 천안문 사태에서 본 대로 중앙정부만이 지방군구의 지휘를 확보할 수 있고 위기를 수습할 수 있는 군사력을 동원할 수 있다.[21] 나아가서 연대급 이상의 군 간부의 임명, 승진, 해임, 전직은 전적으로 중앙에 의해서 엄격히 관리되고 있다. 특히 인민해방군은 군부 내 정치조직인 총정치부를 통해서 당 군사위의 지휘와 감독을 받고 있기 때문에 1920년대처럼 정치적 야심을 가진 지방의 유력한 지도자들이 군부의 지지를 얻어 중앙의 대권을 겨냥할 수 있는 상황이 가능하지 않다.

나아가서, 鄧小平 시대는 표면적으로 지방정부의 권한이 상당히 강화된 것으로 보이나 그 이면에는 지방정부에 대한 경제적 책임이 급속하게 강화되었지

---

20 Willy Wo-Lap Lam, *China after Deng Xiaoping* (Singapore: John Wiley & Sons, 1995), p.386; *Washington Post*, 1995.10.9, p.A32.

21 Michael Swaine, *The Military and Political Succession in China: Leadership, Institutions Beliefs* (Santa Monica: The Rand Corporation, 1992), pp.150~51, 134~38.

책임에 상응하는 정치적 권한이 이양된 것이 아니다. 먼저 표면적인 분권화의 과정을 지방정부의 예산, 인원, 조직의 확대에서 찾아볼 수 있다. 즉 1986년의 경우 지방정부의 예산이 1978년에 비해 무려 250%나 증가되었으며, 지방정부의 공무원도 1980년 이전에는 연평균 11만 명이 증가하였으나, 그 후로는 연평균 33만 명이 증가하여 1986년 말의 지방공무원은 무려 734만 명을 헤아리고 있다. 이는 1978년보다 78.2%나 증가된 숫자이다. 조직 면에서도 1980년 지방분권이 시작되기 이전 예를 들어 쓰촨성의 경우 그 행정조직이 64개였으나 1984년 말에는 84개로 약 31%의 증가를 보였다.[22]

그러나 인민들의 일상생활과 관련된 공공서비스와 후생복지 시설이 중앙정부로부터 지방정부로 이선됨으로써 지방정부의 책임이 강화되었다. 그러나 이 책임증대에 비례해서 재정확보가 제대로 이루어지지 않아 재정부족으로 인한 지방정부 내 성, 시, 군, 향, 진, 구 사이에 마찰이 있었다. 나아가서 중앙정부는 지방정부의 권한 비대를 우려한 나머지 중앙정부의 권한을 지방에 있는 하부조직에게 부분적으로 이양하는 한편 지방정부에 대한 중앙당의 통제는 여전히 黨組의 형식으로 이루어지고 있었다.[23] 한마디로 인민에 대한 복지 및 서비스 향상을 위한 기능 및 책임의 이전은 경제관련 분권화와 함께 상당 수준 이루어졌으나, 현 지도부의 이해관계가 첨예하게 내재되어 있는 정치적 분권화는 통치의 효율성과 증대된 인민의 욕구를 충족시킨다는 차원에서 점진적인 개선을 인정하고 있지만, 여전히 지방정부의 책임에 상응하는 인사권, 재정권, 정책결정권이 결여되어 있다.[24]

---

22 Susan L. Shirk, "The Chinese Political System and the Political Strategy of Economic Reform," Kenneth G. Lieberthal and David M. Lamton, eds., *Bureaucracy, Politics and Decision Making in Post-Mao China* (Berkeley: Univ. of Calif. Press, 1992), p.85; Gordon White, "Basic-level Local Government and Economic Reform in Urban China," Ibid., eds., *The Chinese State in the Era of Economic Reform* (Armonk, N.Y.: M. E. Sharpe, 1991), pp.233~34.

23 Susan L. Shirk, op. cit., p.83. 중국 공산당 제14차 전국대표대회(1992.10.18)에서 통과된 당규는 중앙과 지방정부에 당조를 설치할 수 있으며, 그 임무는 당의 노선・방침・정책의 실천에 책임을 지고 해당기관과 협의하도록 되어있다. 당조의 구성원은 이를 승인한 각급 당위원회가 임명하며, 당조는 이 위원회의 지도에 복종하여야 한다.

끝으로, 중앙정부는 지방정부의 주요인사에 대한 임면권을 가지고 있으며, 이를 통해 야심에 찬 지방정부의 지도자들을 강력히 통제할 수 있다. 한 예로서 지난 1991년 중앙정부에 대해서 비판적인 태도를 보여준 葉選平을 외견상 승진이라는 형식을 빌려 그를 광둥성 성장의 직책에서 해임하였다. 이와 같은 중앙정부의 인사권은 지방의 유력인사가 공국현상을 일으킬 만큼 자신의 정치세력을 키울 수 있는 환경을 조성하지 못하도록 하는 데 중요한 역할을 하고 있다.

다. 군사 쿠데타를 포함한 위로부터의 혁명

군부가 중앙정부의 부정 · 부패 · 무능에서 오는 정통성의 붕괴, 상대적 빈곤에서 오는 경제적 박탈감, 사회적 혼란과 동질성의 와해, 이념적 해이와 도덕적 타락 등을 구실로 내세워 물리적인 힘을 동원하여 현 정치체제를 붕괴시키고 군사정권을 수립하거나, 아니면 권력승계 과정에서 베이징의 지도자가 군부의 지지를 받아 궁정혁명을 단행하는 경우를 의미한다.

먼저, 일부 전문가들은 鄧小平 사후 지방의 민중봉기 또는 공국현상으로 중앙정부의 통치행위가 마비되거나, 대외 문제 가운데 특히 대만의 분리독립을 사전에 예방하는 데 실패할 경우 군부가 정치에 개입할 가능성을 강력히 제기하여 왔다.[25] 그러나 대만 분리독립 문제는 중국만이 지니는 독특한 변수로서, 중국은 1996년 초 李登輝 총통의 재선을 저지하고, 대만의 분리독립을 사전에 예방하기 위해서 대만해협에 대한 군사행동을 감행했다. 만약 대만과 중국 간의

24 Gordon White, op. cit., pp.244~5; 김영문, 「鄧小平 시대의 脫중앙집권화와 反분권화 갈등구조: 중앙정부와 지방정부 관계」, 『중소연구』, Vol.63(1994년 가을), 119~38면. 지방 분권화의 성격에 관해 鄧小平과 진보성향의 개혁세력의 기본입장은 당 11기 3中全會의 「鄧小平 보고서」(1978.12), 鄧小平의 1980년 논문 「당과 국가지도체제의 개혁에 관하여」, 지방장관회의(1986. 4)와 정치국 상무위원회(1986.6)에서 행한 鄧小平의 연설, 1987년에 재등장한 수정된 1980년의 鄧小平의 논문 속에 잘 나타나고 있다.

25 Samuel P. Huntington, *Political Order in Changing Societies* (New Haven & London: Yale Univ. Press, 1969), pp.195~6. 언급한 두 가지 상황은 사무엘 헌팅턴이 주장하는 사회 · 경제의 구조적 병리현상과 효과적인 통치기구의 부재라는 일반적인 변수이다.

양안관계가 향후 순조롭게 진행되지 않고 대만의 분리독립으로 기울여질 경우, 군부 강경세력은 이를 좌시하지 않을 것이다. 이들에 의하면 대만의 분리독립 문제는 도미노 현상을 일으켜 티베트, 신장, 내몽고의 소수민족 분리독립으로 이어질 가능성이 있고, 궁극적으로 중국의 영토적 통일이 깨어질 위험성이 있는 것으로 보고 있다. 지금까지 중국 내 소수민족 분규는 비교적 그 범위나 규모에서 제한되어 있었고, 분쟁 발생 시에는 강경책으로 사태를 수습할 수 있었다. 그러나 만약 대만문제가 통제범위를 벗어나 분리독립으로 나아갈 경우 여타 소수민족 지역에 대한 강경책은 한계를 드러낼 것으로 보인다.[26] 따라서 베이징 지도부가 대만문제에 대해 미온적인 태도를 보일 경우 중국의 영토적 통일을 수호한다는 군의 존립목적을 위협하는 상황이 발생할 것이므로 문약한 문민정부를 붕괴시키고 쿠데타를 단행하거나 아니면 이들 지도부에 영향력을 행사하고자 정치전면에 나설 가능성이 있다.

나아가서, 일부 전문가들은 중국의 권력구조 성격으로 미루어 군부의 정치적 역할을 하나의 정치문화로 이해하고, 앞서 언급한 위기상황의 존재여부에 따라 군부가 쿠데타를 통해 권력을 장악하거나 아니년 鄧小平의 후계자가 되기를 희망하는 당・정・군의 실력자들이 군부의 지원을 받아 궁중혁명을 일으킬 가능성을 배제할 수 없다고 주장한다.[27] 주지하다시피 중국의 인민해방군은 서구식 직업군인제도가 확립되어 있지 않고 군의 간부들은 당과 정부의 직책을 동시에 수행하는 관행이 제도화되어 있다. 나아가서 "권력은 총구로부터 나온다."는 毛澤東의 어귀에서 찾아볼 수 있듯이 중국에서 군부의 정치개입은 하나의 정치문화로 자리 잡고 있다.[28]

---

26 June T. Dreyer, "The People's Liberation Army and Regionalism: Xinjiang," in Richard Yang (ed.), *Chinese Regionalism: The Security Dimension* (Boulder: Westview Press, 1994), pp.249~76.

27 A. James Gregor, "The People's Liberation Army and China's Crisis," *Armed Forces and Society*, Vol.18, No.1 (Fall 1991), pp.7~28; Chong-pin Lin, "The Stealthy Advance of China's People's Liberation Army," *the American Enterprise*, Jan. / Feb. 1994, pp.29~35.

28 *FBIS-CHI*, 1995.1.3, p.5; 1.18, p.10; 7.31, p.18; 8.9, p.8; *New York times*, 1995.5.15. 1912년 북양군벌 袁世凱는 자신의 막강한 군사력을 이용하여 당시 임시 대통령인 孫文으로부터

그러나 이들은 향후 군의 정치개입을 최소화하는 데 기여할 수 있는 5가지 요인을 과소평가하고 있다. 첫째, 오늘날 중국이 처하고 있는 사회・경제적 상황이 혁명적 위기상황이 아니며, 분권화 과정도 공국현상을 일으킬 정도가 아니다. 대만문제는 대만 총선 이후 진정국면에 있으며, 베이징정부 내 지도자간의 뿌리 깊은 노선투쟁은 있지만 이것이 권력투쟁으로 이어질 경우 지도부 전체가 공멸할 것이라는 공감대가 있어 군의 정치개입을 정당화 할 수 있는 상황도 아니다.

둘째, 鄧小平의 군 현대화 작업은 군의 전문성과 직업성을 강조하여 왔으며, 그 결과 극소수의 최고위 장성을 제외한 대부분의 고위 장성과 중견간부들 가운데 정치성향을 띤 정치군인이 그 어느 때보다 적다. 중국은 1980년부터 당원의 군 입대를 중단하였으며, 인민해방군 간부들은 정치적 임용 대신에 사관학교 졸업생들로 충원되었다. 군의 커리큘럼도 주로 군의 전문성에 관련된 내용이며, 정치교육이 차지하는 비율은 현저히 줄어들어 과거 1960년대만 하더라도 40%를 차지하던 것이 1980년대 초에는 20%로 줄어들었고, 1990년대 들어와서도 이와 같은 추세는 계속되고 있다. 과거와 다른 또 하나의 특징은 인민해방

권력을 이양 받아 중화민국 초대 대통령에 취임하였다. 그 후 중국은 蔣介石의 북벌이 있기까지 군벌들이 베이징의 대권을 두고 상호간에 무력충돌을 벌렸다. 중국 공산당이 권력을 장악한 이후에도 군부가 정치변화에 중요한 역할을 하였다. 毛澤東은 문화대혁명으로 사회적 혼란과 정치적 불안이 가중되자 이를 수습하기 위해 군부의 개입을 요청하였다. 그 결과 당과 정부의 공식기구를 대신한 혁명위원회가 등장하였으면, 이를 통해 林彪와 그의 추종 군부세력이 약3년에 걸쳐 막강한 영향력을 행사하였다. 毛澤東 사망 이후 華國鋒의 권력승계과정에서도 華는 군부의 도움을 받아 四人幇을 체포하는 궁중혁명을 단행했다. 최근 6.4 천안문 사태에도 당의 요청에 따라 사태수습을 위한 군부의 개입이 있었다. 이와 같은 맥락에서 이들은 전 국가주석이며 당 군사위 부 주석이었던 楊尙昆을 주목하고 있다. 그는 89세의 고령임에도 불구하고 생존하고 있는 혁명 제1세대 원로 가운데 여행을 자유롭게 할 정도로 건강하며 군부 지도자로서의 오랜 경력을 바탕으로 군부 내 지지 세력을 결집하여 현 지도체제에 도전하거나, 킹메이커(king-maker)로서 역할을 수행할 가능성이 있는 것으로 보고 있다. 楊尙昆은 1989년과 1992년에 江澤民을 당 총서기와 당 군사위 주석으로 임명하는 것을 반대하였으며, 특히 국가주석직과 당 군사위 부 주석직에서 물러난 후에는 양자의 관계가 급속히 냉각되었다. 최근 楊尙昆은 천안문 사태로 책임을 지고 물러난 趙紫陽에 대한 동정적인 발언을 서슴지 않는가 하면, 1995년 초에는 鄧小平의 南巡講話와 같은 방식으로 심천지구를 방문하여 이곳의 당・정지도자들을 격려하는 등 정치적 활동을 하였다.

군이 하나의 정치집단으로 되어가기보다는 제도권 내에서 직업군인화 되어가고 있다는 것이다. 최근 인민해방군은 단일 위계질서의 기능을 강화하기 위해서 조직의 전문화와 세분화에 착수하고, 구성원의 임면, 상벌, 교육 및 훈련에서 전문성・합리성・객관성을 제도화하며, 예산의 효율성을 제고하는 방안을 적극 연구하고 있는 실정이다.[29] 따라서 鄧 死後 중국이 처할 위기의 정도에 따라 군부 쿠데타 내지 군의 정치개입을 상정할 수는 있지만 과거와 달리 군의 정치개입은 상당한 제약을 받을 것으로 보인다. 이것은 현대전에서 고도로 요구되고 있는 군의 전문성, 최근 세계 각국에서 일고 있는 민주화와 군의 정치적 중립성의 추세와도 무관하지 않은 것이다.

셋째, 鄧小平이 현대화를 시작한 후 약 10년 동안 군 현대화는 우선순위가 낮아 예산상의 불이익이 있었으며, 이로 인해 군의 처우는 매우 열악한 상태에 있었고, 군의 사기 또한 저하되어 있었다. 그러므로 이와 같은 군의 불만을 정치적 목적에 이용하고자 하는 세력이 있을 수 있겠지만, 1988년부터 지금까지 중국의 국방예산은 전년도 대비 두 자리 숫자의 증가율을 기록하였고, 江澤民이 군사위 주석으로 취임한 1992년 이후에는 군이 독자적인 국유기업을 운영하도록 허용함으로써 군의 처우와 복지가 현저히 개선되었다.[30] 따라서 그 동안 누적된 군부의 불만이 최근에 와서 많이 해소되었으며, 이것은 군이 통제범위 밖으로 이탈하는 것을 방지하는 데 일조한 것으로 보인다.

넷째, 현 중국 군부의 인맥은 크게 둘로 나눠져 상호간의 견제와 균형을 이루

29 David Shambaugh, "The Soldier and the State in China: The Political Work System in the People's Liberation Army," *The China Quarterly*, No.127 (Sep. 1991), pp.527~68; Harlan W. Jencks, "Civil-Military Relations in China: Tiananmen and After," *Problems of Communism* (May~June 1991), pp.14~29; Li Cheng and Lynn White, "The Army in the Succession to Deng Xiaoping," *Asian Survey*, Vol.34, No.8, Aug. 1993, pp.761~66; Nan Li, "Changing Functions of the Party and Political Work System in the PLA and Civil-Military Relations in China," *Armed Forces & Society*, Vol.19, No.3, Spring 1993, pp.393~409.

30 Chong-pin Lin, op. cit., p.33. 군의 경제활동은 1990년대 초까지 방위산업체의 70%가 민수용 상품을 생산하였으나 1993년부터 군이 남중국에 자신의 경제개발 지구를 개방하고 방위산업체 중심의 무역박람회를 홍콩에 개최하는 등 외국 투자자들에게 특혜를 약속하면서 유치에 적극적으로 나서고 있다.

고 있으며, 이와 같은 상황에서는 어느 한쪽이 군부 쿠데타나 권력승계 과정에 개입하여 권력을 장악하도록 다른 한쪽에서 좌시할 가능성이 희박하다. 지난 18년간 鄧小平은 주로 산둥성 출신과 공산혁명 시 자신이 속했던 제8로군 129사단과 제2야전군 출신들을 군 요직에 다수 배치하여 군권을 장악하여 왔다. 이와 같은 鄧小平의 군 인사는 비산둥성 출신과 공산혁명 시 제1, 3, 4야전군 출신 간부들의 불만을 가져왔으며, 이들은 다른 당 원로들과 긴밀한 인간관계를 형성하여 鄧小平의 대항세력으로 상대방을 견제해왔다. 한 예로서 1988년 남경군구사령관이자 제2야전군 제15군 출신인 向守志가 鄧의 추종세력으로부터 총참모부 참모장과 베이징군구사령관을 겸직하는 추천을 받았을 때, 전총참모부 참모장 楊得志가 현 국방부장인 秦基偉와 함께 向守志가 과거 제2야전군 제15군 출신이라는 이유를 들어 반대했다. 결국 그 자리는 제3야전 제27군의 遲浩田에게 돌아갔다.[31]

다섯째, 鄧의 후임으로 군사위 주석이 된 江澤民은 군 고위층의 대폭적인 인사이동을 통해 군부 쿠데타 가능성을 미연에 방지하기 위한 제반 조치들을 강화했다. 먼저 江澤民은 군부가 권력을 장악할 때 그 선두주자로 등장할 인물을 楊尙昆으로 보고 1992년에 楊尙昆을 국가주석과 당 군사위 부주석직에서 은퇴를 유도하고, 그의 이복동생이자 인민해방군 총정치부 주임과 당 군사위 위원을 겸임하고 있는 楊白氷을 1992년 10월 14차 당대회에서 제거하는 한편 군부 내 楊尙昆과 楊白氷의 추종세력을 군으로부터 축출하는 데 성공했다. 따라서 현재 楊尙昆은 권력경쟁에서 소외된 상황이다.

결론적으로 鄧 死後 베이징의 지도자들 가운데 어느 누구도 군부의 지지 없이는 중국을 효과적으로 지배할 수 없으므로 향후 인민해방군의 영향력이 불가피하게 증대될 것으로 보인다. 그러나 군부가 직접 정치에 개입하고자 일으킨 쿠데타나, 특정인의 킹메이커로서 궁중혁명에 가담할 가능성은 현 상황에

---

31 Ian Wilson and You Ji, "Leadership by 'Lines': China's Unresolved Succession," *Problems of Communism* (Jan~Feb 1990), pp.38~43; *FEER*, 1995.3.2, pp.14~15.

비추어 상정하기가 어렵다.

3. 개연성이 희박한 범주

가. 보수성향의 개혁세력에 의한 단일지도체제

鄧小平 사후 현대화 과정에서 발생한 부정적인 요인이 치유되지 않고 악화되면서, 이를 둘러싸고 지도부 내 노선투쟁이 표면화되고 궁극적으로 보수성향의 개혁세력들이 권력을 장악하여 단일지도체제를 구축하는 경우이다.

보수성향의 개혁세력들은 지난 18년의 개혁과 개방정책이 중국의 경제발전에 획기적인 전기를 마련했으며, 상당수의 인민들이 그 혜택을 누리고 있음을 인정한다. 그러나 이 과정에서 중앙정부의 통제력이 약화되었고, 심각한 인플레이션을 초래하였으며, 인민과 인민, 지역과 지역 간의 소득격차로 인민들 특히 농민들의 상대적 박탈감을 심화시켰다.[32] 그리고 당·정·군의 간부들과 그들의 자녀 소위 태자당의 부정·부패로 인민들의 원성이 고조되었으며, 국유기업의 근로자들은 실직가능성에 불안해하고, 청소년들의 정신오염 상태와 범죄율은 날로 심각해지고, 도시로 유입된 농촌인구는 극한적인 생활상으로 시달리며, 이와 같은 상황은 상당수의 인민들에게 과거 毛澤東 시절의 'good old days'에 대한 향수를 느끼게 하고 동시에 보수성향의 개혁세력에게 노선투쟁을 통한 단일지도체제를 구축할 수 있는 환경을 제공한다.

만약 보수성향의 개혁세력이 단일지도체제를 구축하는 데 성공할 경우 이 체제는 鄧小平 시대와 비교해서 상이한 권력구조의 성격을 보일 것이다.

첫째, 지배자와 피지배자의 관계에서 民主集中制(democratic centralism)를 강

32 K. Griffin and Zhao Renwei, eds., *The Distribution of Income in China* (London: Macmillan, 1993), pp.34, 82; *Beijing Review*, 1995.4.3~16, p.2.

조하며, 현재의 일당독재체제를 고수하고, 중앙정부의 통제력이 약화되는 것을 방지하고자 지방 분권화의 속도를 둔화시키는 한편 지방정부에 대한 인사, 재정, 정책결정권을 강화할 것이다. 먼저, 이들은 인민주의(populism) 시각에서 民主集中制를 인민의 다양한 의견을 올바르게 집약하는 제도적 장치로 해석하고, 민주 없이는 정책결정에 필요불가결한 정보를 얻을 수 없을 뿐 아니라 정책수행 과정에서도 인민의 능동적인 참여를 기대할 수 없다는 것이다. 그러나 이들은 서구식 민주주의 개념에 따라 다원화된 인민의 요구를 정책결정 과정에 반영하고 인민의 정치참여를 제고하기 위한 근원적인 권력구조의 개혁이 아니라 단지 통치의 효율성 제고라는 차원에서 개혁 아닌 개선의 필요성을 강조할 것이다. 민주집중제의 수단으로 대중노선(mass line)에 따른 下方운동 즉 위에서 밑으로(top-to-bottom) 내려가서 인민들의 요구사항을 보고 듣고 확인하여 정책결정에 반영할 것을 권고하는 한편 정치체제 내 인민들의 참여를 허용하나 이는 어디까지나 제도적으로 보장된 능동적인 참여(bottom-to-top)라기보다 당에서 조직하고 통제하는 수동적인 참여이다. 나아가서, 이들은 현 일당독재체제가 인민으로부터 위임받은 권력을 올바르게 행사할 수 있는 가장 효과적인 장치이며, 당·정·군 등 국가 권력기구 간의 상호 협력과 역할 분담을 주장할 것이다. 끝으로, 이들은 지난날 중앙당과 정부에 집중된 권한을 경제적 효율성을 제고하기 위해서 지방에 분산시켜온 진보성향의 개혁세력의 분권화정책이 지방에 부적절하게 배분된 나머지 중앙의 재정수입 감소를 초래하는 한편 국가의 거시적 경제통제력을 약화시켰다고 지적하면서 중앙정부의 통제력을 회복하도록 거듭 촉구할 것이다.[33]

둘째, 이들은 1978년부터 지금까지 급속한 경제성장에도 불구하고 심각한 통화팽창과 인플레이션, 수요와 공급의 불균형을 심화시키고 있는 유통구조상의 문제점, 가격개혁으로 인한 부작용, 경제구조의 불균형, 경제의 비효율성, 세입과 세출의 불균형에서 오는 만성적인 재정적자로 4차례의 경제조정의 경험

---

33 *Beijing Review*, 1990.10.8~14, pp.8~14.

을 예로 든다. 이들은 이와 같은 '통제완화－혼란－통제강화－정돈상태－통제완화'라는 악순환의 고리를 끊고 보다 높은 차원으로 경제를 끌어올리기 위해서는 경제성장 속도를 중심으로 한 발전모델보다 균형 있는 경제발전과 경제적 효과 내지 결과를 중심으로 한 발전 모델로 전환할 것을 주장할 것이다.[34] 따라서 이들은 신규 건설프로젝트를 선호하기보다 기존 기업의 생산성 향상을 위하여 경영합리화와 기술쇄신을 도모하며, 경제적 결과를 고려하지 않고 외적 환경 변화에 의존하는 관행을 수정하도록 요구할 것이다. 나아가서, 이들은 자유시장경제와 계획통제경제의 배분율을 재조정하되 후자가 지금보다 강하게 가미된 시장경제정책을 채택할 것이다. 이들은 시장기능이 지나치면 계획경제의 틀이 흔들려 통제력이 상실되고, 계획경제를 지나치게 강조하면 생산성과 경제 활성화의 문제가 발생하므로 양자의 조화를 강조할 것이다. 이들에 의하면 중국의 시장은 결코 자본주의에서 볼 수 있는 자유시장이 아니라 사회주의 경제 원리에 따른 시장인 것이다. 따라서 이들은 최근 경제정책이 시장기능을 지나치게 과신한 나머지 계획경제를 상대적으로 약화시키고 있음을 지적하고 시장기능에 맡겨도 될 만한 것을 제외하고 나머지는 계획경제 속에 포함시키되 주요 기간산업은 지령성 계획 속에서 통제되어야 한다고 주장하고 있다.[35] 뿐만 아니라, 경제성장 속도와 관련해서 이들에 의하면 중국경제는 그 동안 고도 경제성장으로 인해 고물가 속에서 경기침체까지 보이는 스태그플레이션에 시달려온 것으로 진단하고 있다. 鄧小平이 경제현대화를 주창한 이래 지금까지 중국의 경제성장률은 년 9.5%로서 20세기 말까지 GNP의 4배를 증대하는 데 필요한 경제성장율 7.2%를 초과 달성했다. 그러나 이 과정에서 과다한 투자에 비해 소비재, 에너지, 원자재의 부족으로 경제적 긴장과 인플레이션을 유발했으며, 그 결과 1994년의 경우 인플레이션이 무려 21.7%로서, 이는 중화인민공화국이 수립된 이래 가장 높은 인플레이션에 해당된다. 그러므로 보수성향의 개혁세력들은

34 Ibid., 1990.10.8~14, p.17; 10.29~11. 4, p.8.
35 *People's Daily*, 1989.10.10.

생산력에 대한 투자는 시장규모와 균형을 이루어야 한다는 역동적인 균형이론에 따라 경기과열에서 오는 부작용을 최소한으로 줄이고 균형 있는 발전을 위해서 적정선의 경제성장률을 강조할 것이다.[36] 아울러, 이들에 의하면 농민이 중국 인구의 80% 이상이므로 '농업 없이는 사회 안정이 없고, 식량 없이는 폭동이 일어난다'는 슬로건에서 나타난 대로 정치, 경제, 사회적 안정 차원에서 농업의 비중을 높게 평가한다.[37] 따라서 농업 문제와 관련해서 이들은 농촌인구의 도시유입을 둔화시키기 위해서 농촌경제를 활성화시키고, 농업에 대한 투자를 증대하는 동시에 농민의 부담을 경감시키는 조치를 취할 것이다. 한편, 국가재정수입의 80%를 차지하는 10만 개의 국유기업 가운데 1/3이 적자운영을 하고 있으며, 그 이윤은 해마다 감소되고 있는 부실 국유기업의 처리 문제를 둘러싸고 보수성향의 개혁세력은 경제침체의 주범이 국유기업이라는 진보성향의 개혁세력의 주장에 동의한다.[38] 그러나 이들 보수성향의 개혁세력에 의하면 국유기업의 파산, 폐업, 합병으로 인한 대량 실업은 정치적 불안정을 가져올 것이므로 이를 보다 합리적으로 체계화된 계획경제를 통해 해결하고자 한다. 한마디로 국유기업의 통·폐합이 미시경제의 효율성을 제고하는 데는 도움이 되겠지만, 거시경제에서는 다른 사회적 문제로 파급될 수 있기 때문이다. 끝으로, 경제특구와 관련해서 이들은 경제특구가 중국을 평화적으로 변화시키려는 서방측의 음모인 和平演變의 온상이 될 수 있으며, 경제특구를 통해서 유입된 외국자본의 목적이 단지 중국에서 경제적 이익을 추구하는 것이므로 중국경제를 다시 착취하지 않을까 우려하고 있다. 그러므로 이들은 경제특구에 대한 특혜를 축소하는 한편 이 지역에 대한 규제를 강화하고, 경제특구를 통해 오는 혜택을 여타 지역으로 확산하기 위한 정책을 선호한다.

셋째, 이들 보수성향의 개혁세력은 지난날 급격한 경제발전과 개혁에 치우친

36 *Beijing Review*, 1990.12.3~9, p.13.
37 김영문, op. cit., p.125.
38 *FEER*, Vol.150, No.45 (Nov. 8, 1990), pp.19~20; *World Press Review*, Vol.38, No.3 (March 1991), pp.26~8.

나머지 이념교육을 소홀히 했으며, 그 결과 경제특구와 해안에 위치하고 있는 부유한 지역에 거주하는 인민과 청소년들이 자본주의 가치관에 따른 의식구조의 변화를 보이고, 외국을 무조건 모방하는 경향을 보이며, 마약과 매춘, 이념적 해이와 도덕적 타락 등 사회 윤리적 문제를 일으키고 있는 것으로 진단하고 있다. 나아가서 이들은 정부가 학생과 지식인들의 요구에 지나친 양보를 할 경우, 이는 체제가 수용할 수 없는 새로운 요구로 이어지고 궁극적으로 정치적 불안과 사회적 혼란을 초래할 수 있는 역기능이 될 것으로 보고 있다. 따라서 이들은 퇴폐와 향락에 젖어있는 일반인과 청소년들의 정신오염, 자유화・민주화를 주장하는 지식인・학생들의 요구를 저지하기 위한 반부르주아 자유화운동을 전개하는 동시에 鄧小平의 4대 원칙에 따른 이념교육을 강조할 것이다.

결론적으로 이들 보수성향의 단일지도체제는 鄧小平이 지난 1978년부터 추진한 현대화 정책을 시대적 요청으로 받아들이면서도 개혁과 개방정책의 내용, 속도, 범위, 방법에 있어서 차이점을 드러내고 있다. 이들에게 가장 매력적인 정치체제의 모델은 권위주의적인 중앙집권체제를 통하여 1970년대와 1980년대 급속도로 경제성장을 이룩하는 한편 경제성장에서 오는 부작용을 최소화하고, 정치 및 사회적 불안정에 효과적으로 대처한 아시아의 4마리 용이다. 따라서 보수성향의 단일지도체제는 중앙집권체제로 정치적 안정을 도모하는 한편 이 안정 기조 위에서 경제의 균형발전을 도모하고, 그 부정적인 파급효과를 줄이기 위한 정부의 통제력을 강화하고자 하는 신권위주의(neo-authoritarianism)의 성격을 지닐 것이다.[39]

그러나 다음의 요소들이 鄧 死後 보수성향 개혁세력들이 단일지도체제를

39 Ma Shu Yun, "The Rise and Fall of Neo-Authoritarianism in China," *China Information*, Vol.5, No.3 (Winter 1990~91), pp.1~19; Jonathan Unger and Anita Chan, "China, Corporatism and the East Asian," *The Australian Journal of Chinese Affairs*, No.33 (Jan. 1995), pp.29~53; Bendict Stavis, *China's Political Reforms: An Interim Report* (N.Y.: Praeger, 1987), p.73; Huang Shiqing and Chang Dehua, "Practice Needs Neo-Authoritarianism," Liu and Liu, eds., *Neo-Authoritarianism: Debate on Theories of Reform* (Beijing: Economic Institution Press, 1989), pp.295~96.

구축하는 것을 저해할 것으로 보인다. 첫째, 지금까지 보수성향의 개혁세력을 지원해온 대다수 보수성향의 원로들이 鄧小平보다 일찍 사망하였다는 것이다. 그동안 보수성향의 원로의 우두머리인 陳雲은 1995년 사망 직전까지 보수성향의 개혁세력을 지지하는 버팀목이 되어 왔다. 그러나 鄧小平과 그의 측근 원로들이 생존하고 있는 상황에서 陳雲, 胡喬木, 李先念, 王震, 鄧穎超, 姚依林 등 보수성향의 원로들의 계속된 사망은 보수성향의 개혁세력이 권력을 장악하는 데 치명적인 장애로 작용하고 있다. 둘째는 지난 18년에 걸쳐 상대적으로 혜택을 많이 받은 연해안에 위치한 지방정부와 경제특구, 태자당, 중소기업인, 자영상인, 자유성향의 학생과 지식인들은 보수성향의 개혁세력에 의한 단일지도체제를 극단적인 보수주의 내지 스탈린체제로의 회귀로 간주하고 이에 대한 강력한 반발을 보일 것이다. 셋째는 중국 공산당 제14기 전국대표대회(1992.10)와 제8기 전국인민대표대회 1차 회의(1993.3)에서 원로들의 공식기구인 당 중앙고문위 해체를 포함한 대규모 인사개편으로 보수성향의 개혁세력 가운데 상당수의 주요 구성원이 탈락한 사실을 들 수 있다. 먼저 당 중앙고문위의 해체로 陳雲을 포함한 상당수의 보수성향의 원로들이 당직을 은퇴했으며, 다음으로 중국 공산당의 당 중앙위원 선출에서 당의 3대 선전기구를 장악하고 있던 王忍之(당 선전부장), 賀敬之(국무원 문화부장 대리), 高狄(『인민일보』 사장) 등 보수성향의 개혁세력이 탈락되었다. 이에 반해 1993년 全人大에서 진보성향 개혁세력은 대거 진출이 이루어졌다. 먼저 江澤民 당 총서기가 국가주석과 당 중앙군사위 주석으로 선출되었으며, 全人大 상무위원장과 전국인민정치협상회의 주석에 鄧小平의 신임을 받고 있는 喬石과 李瑞環이 각각 선출되었고, 江澤民의 후임 상하이시장 출신인 朱鎔基는 수석부총리로 기용되었다. 그 나머지 41명의 장관급인 부장과 위원회주임 가운데 22명이 교체되었으며, 이들 대부분이 진보성향의 테크노크라트이다. 결국 이와 같은 인사개편은 鄧 死後 보수 성향에 의한 단일지도체제의 등장에 치명적인 걸림돌로 작용할 것이다.

나. 진보성향의 개혁세력에 의한 단일지도체제

이것은 진보성향의 개혁세력들이 鄧小平 사후 현대화 과정에서 발생한 부정적인 결과를 성공적으로 치유하고, 정치적 안정 기조 위에서 경제발전을 계속하며, 궁극적으로 보수성향의 개혁세력과의 노선투쟁에서 승리하여 단일지도체제를 구축하는 경우이다. 이와 같은 맥락에서 일부 관계 전문인들은 江澤民을 중심으로 한 진보성향의 개혁세력의 단일지도체제 출현을 조심스럽게 예견하고 있다. 이들에 의하면 江澤民은 자신을 중심으로 지도부의 단결을 호소하고 있는 鄧小平의 지원을 배경으로 하여 부정・부패에 대한 청소를 시작하고, 자파세력을 당・정・군의 주요인사로 승진기용하며, 국방예산의 증대와 함께 군의 대규모 기업 활동과 정치적 입지를 제고함으로써 자신의 권력기반을 강화하는 데 부심하여 왔음을 지적한다.[40]

첫째, 중국의 최고인민법원 보고서에 의하면 1994년 한해만 해도 20,180명의 경제사범이 검거되었으며, 이 가운데 1명의 차관급, 28명의 국장급, 202명의 과장급 간부들이 포함되어 있다.[41] 1995년에는 北京 당 주석 陳希同과 시장 李其炎을 포함하여 간부 60여명을 구속하는 사건이 있었다. 그러나 정치국원이자 鄧小平의 심복이었던 陳希同이 해임된 이면에는 부정・부패에 대한 숙정작업이 권력투쟁과 함께 진행되고 있는 것으로 볼 수 있다. 광둥성에서도 이와 유사한 사건이 발생하여 광둥성의 당 주석이며 정치국원인 謝非와 성장인 朱森林이 해임되었다. 즉 江澤民은 그의 강력한 정적들이자 베이징과 광둥성의 권력기반을 가지고 있는 陳希同과 謝非를 부정・부패혐의로 제거함으로써 이들의 권력기반을 파괴함과 동시에 인민들로부터 자신에 대한 긍정적 이미지를 심을 수 있었다.[42]

---

40 *FBIS-CHI*, 1992.3.2, pp.26~9. 92년 초 鄧小平과 陳雲은 권력구조에 관한 논의가 상하이에서 있었으나, 鄧의 '한 개의 핵심론'과 陳의 '두 개의 핵심론' 사이에 이견을 좁히지 못했다. 그 후 江澤民은 鄧의 지원하에 보수성향의 원로와 개혁세력에 대한 공세를 시작하였다.

41 U. S. *News & World Report*, 1995.4.24, p.46; 6.5, p.21.

둘째, 江澤民은 최근 당·정·군의 인사정책을 통해 자신의 기반을 강화하여 왔다. 그는 1994년 9월 당 중앙서기처의 서기를 5명에서 7명으로 증원하여 서기처의 권한을 강화하는 한편 지방의 당·정 간부들에 대한 인사이동에서도 보다 젊은 세대로 교체하면서 자신의 지지 세력을 확보하고자 노력하였다. 나아가서 그는 상하이와 산둥성 인사들을 대거 당·정·군의 고위직으로 임용하였다.[43]

한편 江澤民은 당 14기 전국대표대회(1992)에서 당 중앙군사위원회 주석이 된 이후 군의 3대 총부인 총참모부, 총정치부, 총후근부와 7대 군구의 주요 지휘관을 포함한 총 29명의 상장 중 25명을 자신의 지지 세력으로 교체하였다. 여기에서 한 가지 특기할 사항은 이들 장성들 가운데 9명이 산둥성 출신이다. 그것도 중앙군사위원회 부주석이자 총참모부 참모장에 張萬年 상장, 중앙군사위원회 위원이자 총정치부 주임에 王瑞林 상장, 국방부장에 遲浩田 상장, 북경군구사령관에 李乃柱 상장 등 군 요직에 산둥파를 임명하였다. 이는 江澤民이 자신의 권력기반인 상하이파와 군부 내 실세인 산둥파와 연대하여 자신의 기반을 다지려는 의도로 보인다.[44] 특히 王瑞林은 40년 이상 鄧小平을 보좌해왔으며 1995년 9월에 열린 당 14기 5中全會에서 당 중앙군사위원회 위원으로 발탁된 것으로 미루어 江澤民에 대한 군부의 지지를 확보하기 위한 鄧小平의 포석

---

42 *FBIS-CHI*, 1995.5.2, p.8; 5.1, pp.14~5.

43 江澤民은 1995년에 정치국원으로 기용된 吳邦國(전 상하이 당 서기)과 姜春雲을 공업과 농업담당 부총리로, 黃菊 상하이 시장을 정치국원으로, 曾慶紅 상하이 당 부서기를 당중앙판공처 주임으로, 공심한 상하이 당선전부 부장을 당중앙선전부부장으로, 측근인 巴忠潭(전 상하이 경비사령관)을 인민무력경찰사령관으로, 상하이 보안책임자인 王力平을 중앙의 보안담당 부부장으로 승진시킨 반면 같은 개혁세력이자 정적으로 볼 수 있는 朱鎔基를 중앙은행의 총재로 후퇴시키고, 이것도 그의 심복인 金人慶을 부총재로 기용함으로써 朱를 권력투쟁 서열에서 제거하는 데 성공했다.

44 Li Cheng and Lynn White, op. cit., pp.766~85. 이와 같은 맥락에서 군부 내 당 중앙위원의 출신지를 살펴보면 산둥성 제13차 당대회(1988년)와 제14차 당대회(1992년)에 27%와 28%를 각각 차지하고 있으나, 인구가 가장 많은 서남지역 예를 들면 쓰촨성은 3%와 2%를, 청대부터 많은 정치인과 군인들을 배출한 광둥성의 경우 1988년에 1명, 1992년에는 전무한 상황이다.

으로 보인다.

셋째, 중국의 국방예산은 1979년의 경우 전체예산 가운데 17.5%를 차지했으나 1987년에는 8.3%로 감소되었다. 그러나 이와 같은 방위비 감소추세는 趙紫陽과 江澤民에 의해 반전되어 1988년 이후부터 국방예산의 증가율은 두 자리 숫자를 기록했다.[45] 이와 같은 군사비 증액은 단순히 천안문 사태를 무력으로 진압하여 법과 질서를 회복한 군의 기여도에 대한 보답이라기보다 1989년 천안문 사태가 일어나기 이전인 1988년부터 시작되었다는 데서 새로운 권력엘리트의 등장과 그의 권력기반 확장과 밀접한 연관관계가 있음을 알 수 있다.

아울러 군의 위상에 관해서도 1977년과 1987년 사이에 당 정치국 내 군부출신이 57%에서 11%로, 당 중앙위원은 31%에서 17%로 감소되었다. 그러나 14차 당대회(1992.10)에서 군 출신인 劉華淸이 당정치국 상무위원회 상무위원으로 선출되었으며, 당정치국은 10명의 현역 내지 퇴역 장성들로 증가되었고, 당 중앙위에도 189명 가운데 군 출신이 46명으로 24.3%를 차지하고 있다.[46] 이와 같이 江澤民이 군의 위상에 대한 특별한 관심을 가지는 이유는 鄧小平이 江澤民에게 군사위 주석을 물려주면서 자신의 경험을 통해 얻은 교훈인 '만약 군이 통제 밖에 있을 경우 중국의 전반적인 상황이 혼란에 빠질 것'임을 충고한 데 연유하기도 하겠지만, 무엇보다 군의 경력이 없는 자신의 약점을 보완하고 군의 지지를 얻으려는 데 있는 것으로 보인다.[47]

만약 江澤民을 중심으로 한 진보성향의 개혁세력이 단일지도체제를 구축할 경우, 이들 권력구조의 성격을 살펴보면 다음과 같다. 첫째, 이들은 사회주의 민주주의의 틀 속에서 법과 질서를 확립하는 데 주력할 것이다. 이들은 한 개인의 전횡은 민주적인 법과 제도가 확립되지 않는 데 기인한 것으로 보고 있다.

---

45 *FEER*, 1995.4.13, pp.24~5. 중국의 1995년도 국방예산은 628억 7천만 원으로서 1994년의 520억 4천만 원에 비해 20.6% 증액되었다. 한편 1994년도 국방비도 1993년보다 22.4%나 증가한 액수로서 2년째 20%가 넘는 증가추세를 보이고 있다.

46 Li Cheng and Lynn White, op. cit., pp.758~60; Chong-pin Lin, op. cit., p.32.

47 David Shambaugh, op. cit., p.46; *FBIS-CHI*, 1989.4.4, pp.51~2; *FEER*, 1992.10.29, p.16.

그러나 이들이 의미하는 민주주의의 제도화는 근원적인 구조개선이 아니라 기존 조직과 관리의 민주화라는 기능적인 측면이 강하게 작용하고 있다.[48] 이들은 진보적 학생과 지식인들이 요구하는 급진적인 서구식 자유화와 민주화를 반대하면서도, 제도적 변화가 수반되지 않는 경제발전은 그 한계가 있을 것으로 보고 기존의 정치제도를 제한된 범위지만 점진적인 변화 예를 들면 지방 분권화, 정책의 결정 및 집행과정에서 정부와 全人大의 기능 등을 시도할 것이다. 그러나 이들의 분권화는 인민의 정치참여를 확대하기 위한 지방자치를 의미하는 것이 아니라 주로 경제정책과 정부기능 및 권한의 효율적인 행사를 제고하기 위한 제도개선이다.

둘째, 진보성향의 개혁세력들은 鄧小平의 白猫黑猫論과 新猫論, 趙紫陽의 사회주의 초급단계론에 근거하여 사회주의 시장경제를 강화할 것이다. 1) 이들은 시장기능을 主로 하고 계획경제를 從으로 하는 입장을 고수하되, 개혁에서 오는 부정적인 파급효과를 최소화하기 위한 중앙정부의 거시적인 통제를 인정한다. 그러나 고도 경제성장을 유지하기 위해서는 이와 같은 거시적인 계획운영 방식을 적용함에 있어서 직접적인 수단보다 간접적인 수단에 의지할 것이다. 2) 이들은 고도 경제성장 과정에서 빈부 간의 격차, 지역 간의 불균형, 경기과열에서 오는 인플레이션, 경영합리화에서 오는 실업자 증대 등 부정적인 현상이 일시적으로 나타나더라도 이는 극복될 수 있다고 믿는다. 이들은 금융과 대규모 소비를 강조하는 '부족'이론에 따라 중국은 근본적으로 원자재가 부족하기 때문에 과잉생산이란 있을 수 없으며, 투자규모가 크면 클수록 좋다는 것이다.[49] 이들은 천안문 사태 이후 실시한 治理整頓은 인플레이션과 경기과열을 진정시키는 데 부분적으로 성공을 거두었지만, 이는 어디까지나 일시적인 현상이고 전반적으로 경제체제의 무력증을 야기하였다고 보고 보다 과감한 개혁과 개방을 촉구하고 있다. 3) 경제구조에 관해서 농업부문의 투자는 계속해서 떨어지겠

48 Nina P. Halpern, op. cit., pp.146~7; *Beijing Review*, 1991.4. 22~28, p.24; Selected Works, op. cit., pp.292~96.

49 *Beijing Review*, 1990.12.3~9, p.13.

지만 공업부문에 투자비중이 높아질 것이고, 수출주도형 경제특구에 더 많은 관심을 가지게 될 것이다. 한편 이들은 연해안 개발전략에 따라 중국에서 가장 숙련된 기술과 노동력을 갖춘 이 지역에 외국자본을 끌어들여 먼저 발전시키되 내륙의 농업지역과 미개발지역을 연계한다는 소위 外引內聯전략을 고수할 것이다.[50] 4) 부실 국유기업에 관해서 이들은 보수성향의 개혁세력이 제시한 해결방안이 지금까지 실패했음을 지적하고 시장경제 원칙에 따라 그 효율성이 제고되지 못하는 국유기업을 과감하게 파산 내지 폐업으로 정리하거나, 보다 건강한 기업에 합병 내지 인수되어야 한다는 입장이다.[51]

셋째, 사회주의, 민족주의, 유교적 가치관이 혼재된 중국형 사회주의 이념에 호소할 것이다. 이 과정에서 지난날의 4대 원칙 가운데 마르크시즘·레닌주의·毛澤東사상이 오늘날 급변하는 국내외 상황을 적절히 설명하고 정신적, 물질적 필요를 충족시킬 수 있는 이념으로서의 기능이 퇴색되었다고 보고, 毛澤東 시절의 계급투쟁 대신 조화로운 유교적 사회질서, 사회주의의 기본 가치관인 절대적 평등 대신 직업의 전문성과 노력에 따라 상이한 반대급부가 정당화되는 상대적인 평등과 국제 프롤레타리아 개념 대신 중국적 민족주의에 호소할 것이다.[52] 특히 이들은 아시아에서 군사 초강대국인 동시에 세계 10대 무역대국으로서의 지위를 그 동안 잠자던 중국인의 자긍심을 일깨우는 수단으로 이용할 것이다. 이와 같은 중국적 민족주의의 새로운 홍기는 최근 서방진영으로부터 인권에 대한 비판과 대외무역에서 불공정 관행에 보복하겠다는 미국에 대해 강한 반발을 보이는 한편 대만 분리독립 문제를 저지하기 위한 군부의 무력시위, 남사군도와 釣魚島에 대한 호전적인 대응조치에서 잘 나타나고 있다.

그러나 이들 진보성향의 개혁세력 또한 단일지도체제를 구축하는 데 있어서 다음과 같은 어려움이 예상된다. 첫째, 중국 공산당은 순조로운 권력승계를

50 Ibid., 1988.2.8~14, pp.18~23; 2. 15~21, pp.7~9.

51 *FEER*, Vol.150, No.45(Nov. 8, 1990), pp.19~20.

52 Allen S. Whiting, "Chinese Nationalism and Foreign Policy after Deng," *The China Quarterly*, No.142 (June 1995), pp.295~316; *South China Morning Post*, 1995.5.9.

이룰 수 있는 제도적 장치가 없기 때문에 지금까지 후계자로 지목받아 성공한 예가 없다. 결국 중국의 최고 지도자가 되기 위해서는 그 스스로 권력을 쟁취해야 오래간다. 그러므로 江澤民은 스스로 정책결정 과정에서 능력을 발휘하여 진보성향의 개혁세력과 보수성향의 개혁세력 간의 노선마찰을 통제된 범위로 한정시키면서 자신의 노선이 옳았음을 증명해야 한다. 그러나 지금까지 江澤民은 카리스마적인 리더십을 발휘하여 현대화 과정에서 파생된 부정적인 문제점을 해결하는 데 실패한 것으로 보인다.[53]

둘째, 江澤民은 자신의 독자적인 권력기반을 구축하는 과정에서 무리한 인사정책을 추진함으로써 많은 비판을 받아왔다. 앞서 언급한 대로 江澤民은 全人大와 충분한 협의를 거치지 않고 자의로 상하이와 산둥성을 중심으로 한 인사정책을 단행함으로써 1994년 가을에 열린 당 중앙위 4차 임시회에서는 쓰촨성과 광둥성과 같은 중앙의 권력기반이 강한 지역이 여타 지역과 연대하여 공개적으로 반발했던 것으로 전해진다. 이들에 의한 江澤民에 대한 견제는 江의 추종세력에 대한 인준과정에서도 잘 나타나고 있다. 과거 90% 이상의 찬성으로 통과되었던 정부 고위관리의 임명동의안이 1995년 3월에 열린 全人大에서는 전체 투표자 2,752명 중 상하이 출신인 吳邦國은 86%인 2366표를, 산둥 출신인 姜春雲은 63%인 1,746표를 획득하는 데 그쳤다.[54] 같은 맥락에서 江澤民이 비록 산둥파 군부의 지지를 얻는다 하더라도 타 지역 군부의 지지를 상실할 가능성이 높다.

셋째, 江澤民은 스스로 인정하듯이 毛澤東이나 鄧小平처럼 대장정을 경험하고, 사회주의 혁명을 성공적으로 수행하며, 정치적 위기를 슬기롭게 극복한 적도 없기 때문에 인민으로부터 존경을 받을 정치적 자산이 없다. 뿐만 아니라 毛는 矛盾論, 鄧은 實事求是라는 중국적 특색을 가진 혁명적 사회주의 이론으로 무장하고 한 시대를 지도하였으나 그는 아직도 중국 정치에 이념적 특색을

53 *FEER*, 1993.4.8, pp.10~11.
54 Willy Wo-Lam, op. cit., p.399; Joseph Fewsmith, op. cit., p.257.

부여할 만한 상징과 비전을 창출하지 못했다.[55]

넷째, 현재 진보성향의 개혁세력도 江澤民을 중심으로 단합되어 있지 않고 분열되어 있다. 이들 가운데 全人大 주석 喬石, 부주석 田記雲 등과 같이 법에 의한 지배를 강조하는 진보성향의 개혁세력들은 江澤民의 독주를 견제하고, 全人大의 기능을 강화하는 데 힘을 쏟고 있다. 이들에 의하면 "민주주의는 제도화되고 법적으로 조문화되어야 한다. 그래야 이 제도와 법은 지도부의 변화에도 불구하고 변하지 않을 것"이라고 주장하면서 全人大를 국가헌법이 명시한 권력의 최고기관으로서 정부를 감시·감독하는 기능을 강화하는 한편 과거 어느 때보다 더 많은 법안을 심의 통과시킴으로써 全人大의 역할증대를 도모했다. 이와 같은 全人大의 위상 변화는 최근 일부 지방 全人大가 현직 간부를 투표로 탄핵하는가 하면, 중앙은행을 재조정하려는 정부안을 全人大의 대의원 가운데 무려 33%가 지지를 유보한 데서 찾아볼 수 있다.[56] 나아가서 최근 趙紫陽과 그의 추종세력도 천안문 사태에 대한 재평가와 복권을 요구하면서 정치활동을 재개하고 있음을 주목할 필요가 있다.

---

55 『조선일보』, 1995.6.9. 江澤民은 과학기술이 제1의 생산력이라는 상징을 통해 鄧 이후의 시대를 열어 보려고 시도하고 있다. 즉 과학기술이야말로 과거의 사회주의와 현재 중국에서 진행되고 있는 사회주의 시장경제, 그리고 鄧小平 시대와 江澤民 시대를 연결할 수 있는 고리이다. 그에 의하면 마르크스는 생산력을 부단히 발전시키는 것이 인류사회 진보의 원동력이며, 이 사회주의의 근본목표인 생산력의 발전을 가장 효과적으로 가져올 수 있는 수단이 과학기술이다. 이와 같이 과학기술을 사회주의 이데올로기에 접목시키려는 江의 노력은 현 지도부의 공감을 얻지 못하고 있다.

56 *South China Morning Post Weekly*, 1995.4.19, p.17; *FEER*, 1995.3.30, pp.14~5; *FBIS-CHI*, 1995.4.19, pp.14~5, 6.6, p.23. 喬石 全人大 주석은 93년 3월에 취임한 후 사회주의 민주주의와 법률제도 사이에 불가분의 관계를 언급하면서 조속한 시일 안에 민주적인 법제도의 완성을 약속하고, 이를 위해 각급정부의 정책결정 과정에서의 민주화, 정부활동에 대한 全人大의 기능 활성화를 촉구하고 있다.

4. 개연성이 있는 범주
: 과도기적 집단지도체제로부터 중 · 장기적 단일지도체제로

앞서 분석에서 각 가정들은 나름대로 개연성의 정도가 있지만, 이를 부정하는 요인이 더 강하게 작용하고 있음을 확인할 수 있다. 여기에서 鄧小平 사후 중국의 권력구조는 현재와 같이 진보성향의 개혁세력을 중심축으로 하고 보수성향의 개혁세력을 보조축으로 하는 과도기적 집단지도체제가 다음과 같은 이유에서 제15차 당대회(1997)로부터 제17차 당대회(2007)까지 유지될 것으로 보인다.[57]

첫째, 지금까지 鄧小平 시대의 권력구도는 鄧小平을 정점으로 한 단일지도체제가 아니고 陳雲 등 보수성향의 원로들이 鄧小平에게 직 · 간접적으로 제약을 가하는 집단지도체제의 성격을 띠고 있다. 이와 같은 집단지도체제가 지난 18년간 유지되면서 하나의 정치문화로 자리 잡고 있음을 간과할 수 없다. 陳雲에 의하면 모든 주요결정은 집단적으로 충분한 협의를 거쳐야 하며 결코 어느 한사람이 마지막 결정을 내려서는 안 된다고 주장한다. 이는 鄧小平의 독주를 견제하기 위한 원로들의 우려를 대변한 것으로 보인다. 이에 대해 鄧小平 자신도 단일지도체제는 모든 권력이 부적절하게 당 중앙위에 집중되고, 집중된 당 중앙위의 권력은 결국 소수의 서기 특히 당 주석의 수중에 집중되며, 그 결과 당 주석이 모든 일을 주도하고 결정하게 되는 데서 독재가 일어난다고 주장한다. 그러므로 鄧小平 시대에는 단일지도체제의 출현을 저지할 수 있는 집단지도체제에 대한 공감대가 지도자들 간에 형성되어 있었다.[58] 이와 같은 맥락에서 일부 중국관계 전문가들은 鄧 死後에도 현재와 같은 집단지도체제의 전통이

57 *FEER*, 1994.9.1, p.42; *Business Week*, 1995.2.6, p.54; *South China Morning Post*, 1995.5.9.

58 David Bachman, "Differring Visions of China's Post-Mao Economy: The Ideas of Chen Yun, Deng Xiaoping and Zhao Ziyang," *Asian Survey*, Vol.26, No.3 (March 1986), pp.292~321; Paris H. Chang, "China after Mao: Toward the 13th CCP Congress," *Problems of Communism*, May~June, 1987, p.31.

당분간 유지될 것으로 전망하고 있다.

둘째, 지금까지 집단지도체제는 경제발전이라는 국가목적을 달성하는 데 긍정적인 역할을 하였으며, 그 결과 중국의 경제는 괄목할 만큼 성장하였고 개인소득 또한 꾸준히 증가하였다. 나아가서 이 체제는 현대화 과정에서 많은 문제점이 발생하였음에도 불구하고 위기를 극복할 수 있는 탄력성(resilience)을 보였으며, 특히 1989년의 천안문 사태와 같은 정치적 위기상황에서도 신속히 사회질서를 회복하고 경제개혁을 지속적으로 추진할 수 있는 위기관리 능력을 보여주었다.

셋째, 현 집단지도체제의 노선투쟁이 상당 수준에 이르고 있지만 표면적으로 평온을 유지하고 있는 배경에는 이 체제의 구성원들이 권력구조의 급격한 변화에서 오는 자신들의 이해관계나 기득권의 상실을 두려워하고 있으며, 나아가서 변화에서 오는 인민들의 기대감을 충족시킬 수 없을 때는 체제의 총체적 붕괴로 이어질 가능성이 있기 때문에 집단지도체제를 통한 현상유지를 선호하고 있다.

넷째, 鄧小平은 자신의 죽음 이후에도 현대화 정책이 지속적으로 추진되도록, 진보성향의 개혁세력을 중심축으로 삼고, 기득권의 상실을 우려하고 있는 보수성향의 개혁세력의 불만을 무마하고자 이들을 보조축으로 한 집단지도체제의 내실을 꾸준히 다져왔다.

다섯째, 집단지도체제의 인적 구성원들 가운데 그 어느 누구도 鄧小平과 같은 카리스마적인 리더십과 상징을 조작할 수 있는 능력의 소유자가 없는 것으로 전해진다. 따라서 현 지도부의 후견인인 鄧小平의 죽음은 권력의 공백상태를 야기할 수 있으며, 여기에서 오는 불안을 불식하기 위해서 지금의 집단지도체제가 당분간 유지될 가능성이 크다.

여섯째, 현 중국의 권력엘리트들은 현대화를 달성하기 위해서 오랜 시간에 걸쳐 지도부의 단결과 정치적 안정을 유지하는 것이 긴요하다는 데 인식을 같이하고 있으며, 이것은 노선투쟁을 최소화하고 집단지도체제를 선호하는 요인이 되고 있다.

이와 같은 과도기적 집단지도체제의 권력구조는 鄧小平과 같은 권력의 균형자가 없는 상황에서 5~10년 정도 체제의 안정과 단결을 유지하기 위해서 결과에 대한 책임이 따르기 때문에 새로운 정책대안이나 주요결정을 뒤로 미룬 채 현상유지에 전념할 것이다. 그러므로 과도기적 집단지도체제는 현대화라는 국가목표를 달성하기 위해서 무엇보다 亂을 피하고 안정과 단결을 유지해야한다는 구호 아래 개혁과 개방정책을 조심스럽게 추진할 것이다. 따라서 이 체제는 노선 간의 투쟁을 표면화하지 않고 자제할 것이며, 타협에 의한 결정을 선호할 것이다. 만약 과도기적 집단지도체제가 현실에 불만을 품고 서둘러 단일지도체제를 구성하고자 노선투쟁을 표면화할 경우, 지도부 모두가 기득권을 상실하고 공멸할 것이라는 공감대가 형성되어 있다. 그러나 이 노선투쟁이 종식된 것이 아니라 지도부 내의 상호관계는 '야합과 경쟁(collusion and contention)', '견제와 균형의 원리(check & balance)'에 따라 유지될 것이며, 과도기가 끝나는 다음 단계인 단일지도체제에서 자신의 입장을 강화하고자 노력할 것이다. 이를 더 상술한다면 다음과 같다.

첫째, 권력구조의 민주화에 관해서 지도부는 당·정 분리 등 구조적 차원이 아니라 기존 조직의 효율성을 제고하기 위한 기능적 차원으로 이해하고 있다.[59] 이는 사회주의 권력구조의 골간이 되는 일당독재체제를 그대로 유지하겠다는 의미로 해석된다. 지방 분권화에 관하여 지도부는 분권화로 야기된 문제점을 해결하기 위해서 과거 중앙집권체제로의 복귀를 주장하지 않고 중앙과 지방 간에 적절한 권한배분이라는 절충안을 제시하며 노선 간의 타협점을 모색할 것이다.[60] 그 결과 정치적 차원의 분권화는 극히 미온적인 수준에 머물 것이다. 따라서 진보성향의 학생과 지식인들이 요구하는 자유화 및 민주화와 같은 과격한 정치개혁을 수용할 가능성도 없으며, 더욱이 반체제인사에 대해 관용을 베풀 가능성도 희박하다. 이들은 어떤 형태이든 사회적 불안정과 무질서를 체제위협으로 간주하고 알레르기성 과민반응을 보일 것이다.

---

59 *FBIS-CHI*, 1993.3.11, p.13.
60 *Beijing Review*, 1990.10.29~11.4, p.20; *Time*, 1991.1.7.

둘째, 경제 분야에 관해서 중앙정부의 거시 경제적 통제조정권을 강화하는 동시에 기업의 자율성을 제고한다는 상호 모순된 정책을 제시하는 한편 시장경제와 계획경제 간의 조화라는 추상적인 원칙만 밝히고 양자의 비율설정에 대한 구체적인 언급을 회피함으로써 노선 간의 타협을 모색할 것이다. 지난날 경제와 관련된 중앙정부의 권한을 지방정부와 기업에게 이양함으로써 지방정부와 기업, 그리고 생산근로자에게 활력을 불어넣었으나, 그 권한이 일부 지역에 지나치게 이양됨으로써 거시적 통제가 제대로 이루어지지 못했고, 특히 중앙정부의 세입과 세출의 불균형이 악화되었음을 앞서 지적했다. 그러므로 중앙정부가 국가적 문제를 해결할 수 있는 적절한 세수와 통제기능을 확보하기 위해서 재정과 금융정책을 강화할 것이다. 아울러 지금까지 불필요하게 통제해온 생필품의 생산, 수급, 가격을 시장기능에 맡기되, 거시경제의 중요성을 인정하는 선에서 이루어질 것이다. 한편 집단지도체제는 안정 기조 위에서 지속적인 경제성장을 유지하고자 노력할 것이다. 따라서 급진적인 경제개혁정책을 배제하는 한편 경제현대화 과정에서 문제점으로 등장한 인민과 인민, 지역과 지역 간의 소득격차를 줄이고, 국유기업의 통폐합정책을 완만히 추진하며, 경기과열에서 오는 인플레이션을 최소화하기 위해 적정선의 경제성장률을 고수하고, 경제와 관련된 부정부패를 해결하는 데 관심을 쏟을 것이다. 그러나 이 부정부패는 전국에 만연되고 있으며 상당한 정치적 위험부담을 안고 있기 때문에, 인민들의 감정을 무마하는 차원에서 이미 드러난 대형사건을 중심으로 진행될 것이다. 아울러 지금까지 내륙지역은 해안지역과 경제특구에 대한 각종 우대정책으로 인해 상대적으로 저발전과 박탈감이 심화되었다고 생각하므로 이에 대한 수정보완이 불가피할 것으로 보인다.

셋째, 과도기적 집단지도체제는 鄧小平의 시장경제가 중국을 도덕적 위기상황과 부르주아 자유화라는 정신오염을 초래했다고 간접적으로 비판하고, 이를 막을 수 있는 대안으로서 4대 원칙의 준수, 유교정신, 민족주의의 융합을 강조할 것으로 보인다. 최근 신화사 통신은 구소련과 동구가 서방의 민주주의와 경제모델을 모방한 나머지 사회혼란과 경제파탄을 가중시켰다고 비판하면서 오늘날 중국이 처한 정신적 위기를 극복하기 위해서 4대 원칙의 중요성을 되풀이 하는 동시에 전통적 가치와 윤리를 강조하고 있다.[61]

그러나 이 집단지도체제는 오래가지 못하고 5~10년이 지나면서 단일지도체제로 대체될 가능성이 크다. 물론 이와 같이 鄧 死後 권력구조의 변화를 중・장기적으로 전망한다는 것은 과도기적 집단지도체제의 성격이 심층 분석된 후에야 가능하며, 그 과정에서 유력한 권력엘리트의 예기하지 못한 죽음, 국내외의 상황변화, 권력을 획득하고자 하는 야심에 찬 정치적 기회주의자의 출현이 객관적이며 논리적인 추론을 완전히 바꿀 수 있기 때문에 위험부담이 따른다. 그러나 주지하다시피 毛澤東 사후(1976) 華國鋒이 권력을 승계하였으나 5년이라는 과도기를 거치면서 鄧小平이라는 강력한 지도자가 등장하여 趙紫陽과 胡耀邦으로 하여금 華의 총리직(1980.9)과 총서기직(1981.6)을 승계하도록 조치함으로써 권력을 완전히 장악했다. 따라서 鄧 死後 5~10년은 단일지도체제를 구축할 수 있는 잠재적인 지도자가 군의 지지를 확보하여 정치 전면에 부상할 수 있는 과도기적 기간으로 남게 될 것이다.

이와 같이 집단지도체제가 오래가지 못하고 과도기로 끝날 가능성을 다음에서 찾아볼 수 있다. 먼저, 현대화 과정에서 빚어진 사회・경제적 병리현상은 그 치유가 쉽지 않은 근원적인 문제점을 안고 있다. 1980년대 중반 이후부터 심화되고 있는 소득격차, 1억 5천만 명으로 추산되는 농촌에서 도시로 이주한 유랑민의 극한적인 생활상황, 범죄율의 급상승, 만연된 부정부패, 청소년들의 냉소주의, 도덕성의 상실, 황금만능주의로 인한 사회주의 가치관의 급속한 붕괴 등은 분명히 현 체제를 위협하는 불안요인이 되고 있다.[62] 결국 鄧小平 사후 중국은 분권화 차원을 떠나 중앙정부가 지방정부를 통제하는 것이 더욱 어렵게 될 것이고, 지도자들 상호간의 단결에 균열이 생기면서 인민들에 대한 통치능력이 떨어질 것이며, 궁극적으로 현 체제는 안정과 질서를 유지하고자 강제력이라

61 *South China Morning Post*, 1995.5.9; Lincoln Kaye, "Who Will Follow Deng's Act?" *World Press Review*, Oct. 1994, pp.14~6.

62 *FBIS-CHI*, 1995.4.19, p.29; *FEER*, 1994.6.9, p.22.

는 수단에 호소하게 될 것이다. 따라서 이와 같은 상황에서는 그 책임소재를 두고 지도부의 노선투쟁이 통제의 범위를 넘어 권력투쟁으로 전위되면서 과도기적 집단지도체제를 붕괴시킬 것이다. 나아가서, 鄧 死後 남아있는 원로들 예를 들면 彭眞, 萬里, 薄一波, 宋平 등이 鄧과 같은 후견인 역할을 예견하고 있으나, 이들은 지난날 8로가 생존했을 때와는 달리 현 집단지도체제 내 권력의 균형자로서 정치적 역량을 갖추지 못했을 뿐만 아니라 신체적으로도 수명의 한계치에 달해있다. 더욱이 오늘날 중국은 1949년에 볼 수 있었던 혁명적 열정이 사라진 지 오래이며, 현 지도자들도 원로들에 의한 간섭과 영향력 행사에 염증을 느끼고 제도적으로 자신들에게 주어진 권력을 독자적으로 행사하기를 원한다. 이와 같은 정치 환경을 고려해볼 때 더 이상 이들의 정치적 영향력은 기대할 수 없을 뿐만 아니라 현 지도부 안에서 노선투쟁이 현실화될 가능성이 높아질 것이다. 뿐만 아니라, 지난날 鄧小平과 陳雲 등 원로들 사이에는 집단지도체제에 대한 일치된 견해가 있었다. 그 배경에는 이들 상호간의 인간관계와 경험에 기인하고 있다. 즉 鄧 시대의 원로들은 모두 대장정에 참여하였고, 공산혁명의 주체로서 일익을 담당하였으며, 문화혁명 때는 함께 숙청을 경험하였고, 毛澤東 사망 전후 다시 정치일선에 복귀한 공통점을 지니고 있다. 더욱이 1977년 鄧小平의 복귀에는 이들의 도움이 절대적이었다. 그러나 현 지도부의 기술관료들은 이와 같은 공통분모가 전혀 없다. 이들은 대장정의 동지도 아니고, 문혁과정의 고통을 분담하고, 복권하는데 상부상조한 인간적 유대관계도 없다. 단지 이들은 현실적인 이해관계로 노선마찰을 지금까지 표면화 시키지 않고 공생을 바탕으로 타협을 모색해 왔다. 따라서 이들은 나름대로 약점이 있으며, 단일지도체제를 구축하는 과정에서 상대방이 이를 이용할 가능성은 충분히 있다.[63] 끝으로, 지난 18년 동안 鄧小平의 가부장적인 통치하에 집단지도체제는 지도부 내 상호 이해관계와 노선투쟁으로 정책결정 과정에서 양보와 타협, 책임

63 David Bachman, "The Limits on Leadership in China," *Asian Survey*, Vol.32, No.11, Nov. 1992, p.1048.

전가 내지 책임회피, 근본 치유책이 아닌 미봉책, 정책의 교착상태와 지연으로 통치의 효율성이 감소되는 것을 경험하여 왔다. 심지어 鄧 死後 집단지도체제 또한 현상유지를 위한 노선 간의 타협으로 지난날의 '통제완화－혼란－통제강화－정돈상태－통제완화'라는 현상을 되풀이 하였다.[64] 따라서 이들은 집단지도체제가 지니는 구조적인 취약점을 탈피하기 위해서 보다 효율적이며, 능동적이고, 적극적이며, 강력한 지도력의 출현을 선호할 가능성이 크다.

이상과 같은 이유로 등장한 단일지도체제는 인민들에 대한 자신들의 이미지를 개선하고 권력기반을 확충하기 위해서 중단 없는 현대화를 표방하면서도 鄧小平의 功過를 지적하고, 동시에 '온건한 권위주의(soft authoritarianism)' 통치방식을 선택할 것이다.[65] 먼저, 이들은 鄧小平을 개혁·개방과 경제현대화의 아버지로서 긍정적인 기여도를 높이 평가하면서 앞으로도 實事求是에 따른 현대화 작업을 지속할 것임을 거듭 약속할 것이다. 그러나 2번에 걸친 후계자의 실각, 가부장적인 人治 스타일, 경제발전 과정에서 생긴 부정적인 요소로 4회에 걸친 治理整頓, 특히 천안문 사태에서 비무장한 학생과 지식인들에 대한 유혈진압으로 그의 권위에 치명적인 손상을 입었음을 지적할 것이다. 따라서 이 단일지도체제가 정통성을 확립하는 과정에서 毛澤東 사후에 이루어진 그에 대한 역사적 평가와 같은 맥락에서 鄧小平의 공과를 따질 것이다. 나아가서, 일부에서는 과거 일당독재체제를 유지해온 대만의 국민당이 경제발전과 李登輝와 같은 진보적인 지도자의 등장으로 다당제를 도입하는 등 정치적 변신에

64 김영문, 「10년 국가발전 전략과 8·5 계획 속에 나타난 중국 지도부의 노선투쟁에 관한 연구: 경제정책 중심으로」, 『국제정치논총』 제33집, 제2호, 1993, 243면.

65 Denny Roy, "Singapore, China, and the 'Soft Authoritarian' Challenge," *Asian Survey*, Vol.34, No.3, March 1994, pp.231～42; Francis Fukuyama, "Asia's Soft-Authoritarian Alternative," *New Perspectives Quarterly*, Vol.9, No.2 (Spring 1992), pp.60～1. 이들에 의하면 향후 중국의 미래는 서구식 자유주의적 민주주의가 아닌 온건한 권위주의가 자리 잡을 것으로 전망하고 있다. 이 온건한 권위주의는 경제적으로 상당히 자유주의적인 시장경제를 지향하고 있는 반면 정치적으로는 강제와 설득을 동반하는 준권위주의(quasi-authoritarianism)의 형태이며, 개인적 권리보다 집단의 이해관계를 강조하는 공동체 의식을 표방한다. 여기에서 온건한 권위주의는 질서와 도덕성, 개인의 자유보다 전체의 필요성을 우선시 하고, 정부의 전횡을 규제하는 유교적 가치관을 강조한다.

성공했음을 지적하면서 중국의 경제상황이 계속 호전되고 '법에 의한 지배'를 주장하는 胡錦濤 등이 단일지도체제를 구축할 경우 중국이 현재의 일당독재체제를 포기하고 다당제를 도입하는 등 서구식 민주화가 일어날 것으로 보는 관측도 있다.[66] 그러나 이와 같은 민주화가 중국 공산당 내부에서 이루어질 가능성은 상당히 희박한 것으로 보인다. 과거 중국의 정치엘리트들은 오로지 강력한 중앙집권체제만이 亂이나 무질서를 극복하고 이 거대한 국가를 효과적으로 통치하며 부국강병을 이룩할 수 있다고 믿고 있으며, 그 결과 중국은 지난 2000년 이상 권위주의적인 중앙집권체제를 경험하였으며, 지방 분권화, 권력분립, 인민들의 정치참여 등과 같은 민주주의 개념을 발전시키질 못했다. 이와 같은 정치문화는 인민의 동의에 의한 국가목표 설정보다 변증법적 유물론에 따라 역사적 필연성을 실현하고자 하는 현 중국 공산주의 체제 속에 여러 가지 형태로 남아 상승작용을 일으키고 있다.[67] 즉 중국 공산당 지도부에 의하면 지나친 민주화는 1910년대와 1920년대 볼 수 있었던 군벌과 같은 무정부상태를 초래할 것으로 보고, 4대 원칙 가운데 공산당의 영도라는 개념에 따라 중앙집권화 된 일당독재체제를 유지하고자 할 것이다. 뿐만 아니라, 이들은 사회주의 시장경제의 틀 속에서 지속적인 경제성장을 추구하되, 그 과정에서 발생하는 문제점, 예를 들면 중앙정부의 세입과 세출의 불균형에서 오는 만성적인 재정적자, 총수요와 공급 간의 불균형, 경제의 비효율성, 지역과 지역 간의 불평등발전과 인민과 인민 간의 소득불균형, 산업구조의 불균형을 해소하는 데 역점을 둘 것이다. 끝으로, 향후 이 단일지도체제의 국가목적은 과거와 같이 중국적 특색을 가진 선진 사회주의 건설이며, 이에 따라 이들은 사회주의 체제를 중국 현실에 맞게 개선하겠지만, 상당 기간 이를 포기하거나 이탈하지는 않을 것이

66 *FEER*, 1995.3.30, pp.14~5; *FBIS-CHI*, 1995.3.15, pp.9~10; 3.20, pp.9~10; 6.27, p.38.

67 Stephen Manning, "Social and Cultural Prerequisites of Democratization: Generalizing from China," in Edward Friedman (ed.), *The Politics of Democratization: Generalizing East Asian Experiences* (Boulder: Westview Press, 1994), pp.232~48; Barrett McCormick, "Democracy or Dictatorship?" *The Australian Journal of Chinese Affairs*, No.31 (Jan. 1994), pp.95~110.

다. 그 이유로서 이들은 사회주의 체제만이 중국의 문제를 근원적으로 해결할 수 있다고 확신하기 때문이다. 그러므로 이들은 개혁과 개방의 중요성을 부정하는 극좌이념이나, 반대로 부르주아 자유화 및 민주화를 강조하는 극우이념을 경계해야 할 필요가 있을 때 4대 원칙에 따라 이념투쟁을 전개할 것이다. 그러나 이 이념투쟁이 과거 毛澤東 시절과 같이 계급투쟁에 대한 호소가 아니라 사회주의 민주주의의 법 테두리 속에서 진행될 것이다.

5. 결론

국제정치학자 가운데 누구도 1989년 이후 소련과 동구 사회주의국가의 갑작스러운 붕괴를 예견하지 못하였다. 한편 毛澤東 사망과 천안문 사태 당시에도 일부 중국 전문가들은 정치적 분열과 사회적 혼란으로 중국의 사회주의 체제가 붕괴될 것으로 예견하였으나 이것 또한 오판으로 드러났다.[68] 이와 같이 鄧死後 중국의 권력구조 성격을 전망하는 것 역시 쉬운 일은 아니다. 그러나 본 장에서는 지금까지 鄧小平 사후 6가지 권력구조의 변화가능성을 3가지 범주로 나누어 노선투쟁의 변증법적 발전과정에 따라 살펴보고, 중국은 鄧小平이라는 거목이 사라진 이후에도 권력구조가 단절 아닌 연속이라는 차원에서, 주어진 조건과 역사적 환경에 따라 변증법적 변화과정을 밟을 것이며, 과도기적 집단지도체제 이후 안정된 단일지도체제가 등장할 것으로 전망하고 있다. 여기에서 그 준거의 틀(frame of references)은 毛澤東 사후 중국 권력구조의 변화과정이다. 즉 1) 毛澤東과 같은 카리스마적 지도자가 사망한 이후 華國鋒이 권력을 승계했으나 오래가지 못하고, 鄧小平과 같은 카리스마적 지도자가 등장함으로써 18년

68 Ting Wang, "Trends in China: Leadership Realignments," *Problems of Communism*, July~Aug. 1977, pp.1~17; Harry Harding, "China After Mao," *Problems of Communism*, March~April 1977, pp.1~18; Lowell Dittmer, "The Succession Drama in China," *Problems of Communism*, Jan.~Feb. 1977, pp.57~63.

동안 권력이 유지되었다. 이와 같은 카리스마적 통치-과도기적 통치-카리스마적 통치의 변화가 중국에서는 권력투쟁 차원에서 이루어졌다기보다 노선투쟁 차원에서 변증법적으로 이루어졌다.[69] 2) 한편 毛澤東과 鄧小平 시대의 카리스마적 통치는 단순한 형식의 반복이 아니다. 毛는 이념주의자(ideologist)로서 초법적인 일인독재자로 군림하였다면, 鄧은 실용주의자(pragmatist)로서 초법적인 위치에서 제도화를 추진하고 집단지도체제 가운데 중심이라는 차원에서 권력을 행사하였다. 나아가서 전자의 경우가 인치중심이라면, 후자의 경우는 인치와 법치가 혼재된 가운데 인치가 우선하였다. 즉 鄧의 제도화 작업은 4대 원칙의 범위 안에서 毛의 인치에 대한 변증법의 안티테제로서 진행되었다. 따라서 鄧은 개인적인 우상숭배와 독재를 막기 위해서 당 주석직 대신 총서기직을 복원하고 집단지도체제를 선호했다. 3) 이와 같은 변증법 과정을 鄧 死後 중국의 권력구조에 적용한다면 과도기적 집단지도체제 이후 중·장기적 단일지도체제가 등장할 것이며, 毛의 인치 그리고 鄧의 인치와 법치가 혼재한 가운데 인치라면 다음은 인치와 법치가 혼재한 가운데 법치 아니면 인치가 배제된 법치로 나아가게 될 것이다. 그러나 이 제도화된 통치는 Graham Allison이 언급하듯이 상호경쟁과 타협을 통해 하부조직의 다양한 이해관계와 국가목적을 추구하는 서구식 관료정치(bureaucratic politics)가 아니라 일당독재체제하에서 이루어질 것이므로 서구의 그것과는 근본적으로 상이할 것이다.

이와 같은 변증법적 변화과정에 따라 鄧 死後 등장할 과도기적 집단지도체제는 경제발전에 필요불가결한 최소한의 제도개혁을 제외하고는 정치적 안정을 유지하기 위해 현재의 권력구조를 유지하되 중앙의 통제력을 보다 강화하고자 할 것이며, 지난날 고도경제성장정책으로 인한 부작용을 최소한으로 줄이기

69 Parris Chang, "From Mao to Hau to Hu to Chao," *Issues and Studies*, Jan. 1989, pp.56~73; Joseph W. Esherick and Elizabeth J. Perry, "Leadership Succession in the People's Republic of China: 'Crisis' or Opportunity?" *Studies in Comparative Communism*, Vol.16, No.3 (1983), pp.171~77; Jurgen Domes, "China in 1976: Tremors of Transition," *Asian Survey*, Vol.17, Jan. 1977, pp.1~17.

위해서 안정 기조와 균형 있는 경제발전을 도모하는 한편 서구식 자유화와 민주화를 저지하기 위한 이념교육을 강화할 것이다. 한마디로 개혁과 개방을 지속적으로 추진하되 4대 원칙의 준수라는 기존 테두리 안에서 방향을 설정할 것이다.

과도기적 집단지도체제 이후 등장할 단일지도체제는 온건한 권위주의를 통해서 경제발전이라는 하나의 중심과제와 개혁 · 개방과 4대 원칙이라는 기존의 2가지 기본전략의 틀을 유지하면서 선진 사회주의국가를 건설하고자 할 것이다. 그러나 단일지도체제하에 지속적인 경제발전은 필연적으로 중국의 정치와 사회 전반에 걸쳐 커다란 파급효과를 미칠 것이다. 즉 산업화와 도시화가 이루어지고, 교육시설이 확충되면서 문맹률이 낮아지고, 소득수준이 증대하면서 중국인들은 물질적 요구 외에 자유 · 평등 · 인간의 존엄성에 대한 민주화 요구가 증대될 것이다. 여기에서 중국은 사회주의라는 낡은 이념과 일당독재체제라는 기존 통치기구를 가지고 이와 같이 다양하게 분출되는 인민의 욕구를 충족시키고, 새로운 시대적 변화에 능동적으로 적응한다는 것이 쉽지 않을 것이다. 더욱이 1980년대 말부터 시작된 사회주의 붕괴, 그리고 이념과 체제를 떠나 경제발전과 민주화라는 시대적 요청을 외면할 수 없는 상황은 중국으로 하여금 체제의 변화 가능성을 고려하도록 가중치 역할을 할 것이다. 물론 이러한 요인으로 인해 중국 공산당의 단일지도체제가 조만간 붕괴되지는 않을 것이며, 앞으로도 상당 기간 경제발전을 통해서 사회 구성원들에게 물질적 욕구를 적절히 충족시키면서, 동시에 민족주의 · 유교 · 사회주의가 혼재된 가치관으로 어느 정도 위기를 극복할 수 있을 것이다. 그러나 현재의 일당독재체제는 이와 같은 이율배반적인 상황을 지속시킬 수는 없을 뿐만 아니라 시대적 요청인 변화를 외면할 수도 없을 것이다.

이상의 분석을 바탕으로 한국은 鄧 死後 중국의 권력구조 변화에 능동적으로 대응할 수 있는 새로운 대중정책을 모색할 필요가 있다. 향후 중국의 대외정책 기조는 과거와 마찬가지로 경제발전에 필요한 안정된 주변 환경을 조성하기 위해 주변국에 대한 선린외교를 펴는 등 대외정책 노선에 근본적인 변화는 없을 것으로 보이며, 같은 맥락에서 중국의 대한반도정책은 기존 현상유지정책을 견지할 것으로 보인다. 즉 중국은 변형된 '분할과 지배(divide and rule)' 원칙에 따라 북한에 대해서는 자신의 정치적·안보적 완충지대를 유지하기 위해서 경제지원과 정치적 립스비스(lip-service)를 제공하는 한편 미국과 일본의 대북영향력을 저지하고 자신의 기득권을 유지하기 위해서 한국이라는 카드를 적극 활용할 것이다. 한편 중국은 한국에 대해서 자신의 현대화에 필요한 자본과 기술, 무역, 경영지식을 도입하기 위해서 경제협력을 강화하되 과거와 달리 다원화된 관계발전을 통해 영향력을 확대하고자 북한이라는 카드를 이용할 것이다.

따라서 한국은 역사적 인목과 현실정치(realpolitik)적 시각에서 중국에 대한 근원적인 인식의 전환이 필요하다. 지금까지 정부는 鄧小平 사후 중국의 안정과 발전이 한반도와 동북아의 평화를 유지하는 데 중요하다는 입장을 취하고 있다. 그러나 漢, 唐으로부터 元, 明, 淸에 이르는 중국의 팽창주의 역사에서 찾아볼 수 있듯이 통일된 강력한 힘이 중원에 등장할 경우, 이 힘은 자국에 머물러 있지 않고 주변국에 부정적인 파급효과를 미쳤다. 그러므로 한국이 중국에게 첨단 과학기술을 이전하고, 막대한 자본을 투자하며, 축적된 경영지식을 전수하여 중국의 시장경제와 현대화를 지원하는 문제는 근시적인 이해관계보다 역사적인 혜안에서 새롭게 조명할 필요가 있다. 이와 같은 맥락에서 정부의 새로운 대중정책을 살펴보면 다음과 같다. 1) 지난날 정부의 대중 접근목표는 한반도 평화정착을 위한 주변 환경의 조성이라는 정치적·안보적 측면이 강조되었고, 양국의 교섭과정은 '주고 받는(give and take)' 형식이 아니라 한국이 중국의 요구를 일방적으로 수용하는 방법에 의존하였다. 그 결과는 투입(input)에 비해 산출(output)이 적은 비경제적인 외교였다. 그러므로 향후 한국은 중국에 대해서 다원화된 목표를 설정하되, 이를 추진하는 수단 또한 정·경 연계전략과 분리전략을 적절히 배합한 보다 경제적인 외교를 전개할 필요가 있다. 이와 같은 경제적인 대중외교가 가능한 이유는 친북원로들이 사라진 중국 지도부의 대한국인식이 과거보다 더 실용적인 차원에서 이루어지고 있기 때문이다.[70] 2) 한반도 통일과 관련해서 중국은 한국의 대북 흡수통일로 북한이라는 안보상 완충지대의 상실을 우려하고 있다. 그러므로 정부는 한반도의 분단에서 오는 불안정이 오히려 중국의 안보와 경제에 부정적인 역할을 할 것임을 중국에게 적극적으로 인식시키고, 한국의 흡수통일 가능성을 우려하는 중국의 기존인식에 대해서도 다른 대안이 없음을 능동적으로 주지시킬 필요가 있다. 3) 중국은 중・장기적 단일지도체제가 확립되기까지 군부의 영향력이 지속될 것이므로, 정부는 중국의 군부 인사와 교류를 확대할 필요가 있다. 특히 김일성 사후 북한도 중국의 군부 내 영향력을 확대하려는 점을 감안한다면, 한・중 군사교류는 한반도 안정에 긍정적인 영향을 미칠 것이다. 한편 정부는 중국군의 방위력 증강이 급속히 이루어지고 있음을 주목할 필요가 있다. 이는 동북아 안정을 해치는 중대한 요인이 될 것이다. 최근 중국 군부는 대만의 분리독립 가능성, 남사군도와 釣魚島의 영유권을 둘러싸고 평화적인 해결보다 무력시위를 선호하고 있다. 따라서 정부는 대북관계 외에도 서해의 대륙붕 문제, 중국어선의 해적행위, 동북공정, 이어도 문제 등 양국의 잠재적인 긴장요인이 존재하는 만큼 지금까지 북한을 의식하는 미시적인 안보차원을 떠나 거시적인 방위정책을 중・장기적으로 구상하여야 한다. 이를 위해서 무엇보다 우리의 군사력 증강을 가속화하고, 한・미동맹을 강화하며, 중국과의 상호불가침조약을 체결하고, 지역의 다자간 안보협력 논의를 미・일・중・러 외에 동남아 국가들과도 활발히 전개할 필요가 있다. 4) 鄧 死後 중국의 과도기적 집단지도체제는 궁극적으로 노선투쟁이 표면화되면서 단일지도체제로 진행될 것이므로, 정부는 중국 지도부의 노선투쟁과 권력투쟁에 대한 주도면밀한 연구를 통해서 향후 단일지도체제를 구성할 잠재적인 지도자들에 대한 관시 차원의 개별적인 友誼와 장기적인 對中전략을 모색하는 것이 중요하다. 5) 현상유지를 위한 과도기적

70 Banning Garret and Bonnic Glaser, "Looking Across the Yalu: Chinese Assessments of North Korea," *Asian Survey*, Vol.35, No.6 (June 1995), pp.539~41; Li Cheng, The Rise of Technocracy: Elite Transformation and Ideological Change on Post~Mao China, Ph. D. Dissertation, The Department of Politics, Princeton Univ., 1992. 참조.

집단지도체제는 경제개혁의 속도와 폭을 축소할 것이나[71] 5~10년을 거치면서 안정된 단일지도체제가 등장하여 보다 과감한 경제발전의 청사진을 제시할 것이므로 한국기업은 단기 전략에 의한 이익에 매달리기보다 장기적인 전략에 따른 對中 진출을 모색하여야 할 것이다.

---

71 *FEER*, 1995.3.16, p.14. 이들은 1988년과 1989년과 같은 경기후퇴를 수반하는 治理整頓정책으로 회귀하지 않을 것임을 거듭 약속하고 있지만 1995년 3월의 全人大에서 10%의 인플레이션과 8%의 경제성장률을 정하는 한편 긴축금융정책을 채택했다. 한편 중앙정부 재정의 2/3를 충당하는 국유기업 가운데 부실기업에 대해서 졸속으로 합리화정책을 추진할 경우 중앙정부의 재정을 더욱 악화시킬 것이며, 생산수단의 공유라는 사회주의 이데올로기 자체의 기반을 붕괴시킬 것으로 보고, 여기에서 1995년에는 100개의 국유기업만을 선정하여 주식회사 형태로 전환을 추진하였다.

부록

1. 중국공산당 장정

2. 중화인민공화국 헌법

1

중국공산당 장정

중국공산당 16기 전국대표대회에서 부분적으로 수정, 2002년 11월 14일 채택

총 강령

중국공산당은 중국 노동계급의 선봉대이며 동시에 중국 인민과 중화민족의 선봉대이고 중국 특색이 있는 사회주의 사업을 지도하는 핵심이다. 중국공산당은 중국 선진생산력의 발전요구를 대표하고 중국 선진문화의 전진방향을 대표하며 중국의 가장 광범한 인민의 근본이익을 대표한다. 당의 최고 이상과 최종 목표는 공산주의를 실현하는 것이다.

중국공산당은 마르크스－레닌주의, 모택동사상, 등소평이론과 "3가지 대표"의 중요사상을 자기 활동의 지침으로 삼는다.

마르크스－레닌주의는 인류사회의 역사발전 법칙을 제시한 것으로서 그 기본원리는 정확하고 강대한 생명력을 가지고 있다. 중국 공산주의자들이 추구하는 공산주의 최고이상은 오직 사회주의 사회가 충분히 발전되고 고도로 발달된 기초 위에서만 실현될 수 있다. 사회주의 제도는 장구한 역사적 과정에 발전되고 완성되는 것이다. 마르크스－레닌주의의 기본원리를 견지하고 중국인민이 스스로 선택한,

중국 현실에 맞는 길로 나아가는 한 중국의 사회주의 사업은 틀림없이 종국적인 승리를 이룩하게 될 것이다.

모택동 동지를 주요 대표자로 하는 중국 공산주의자들은 마르크스－레닌주의의 기본원리를 중국혁명의 구체적 실천에 결부시켜 모택동사상을 창시하였다. 모택동사상은 마르크스－레닌주의가 중국에서 적용되고 발전된 것이며 실천에 의하여 증명된, 중국 혁명과 건설에 관한 올바른 이론적 원칙과 경험을 총화한 것이며 중국공산당의 집단적 지혜의 결정체이다. 모택동사상의 지도 밑에 중국공산당은 전국 여러 민족인민들을 지도하여 제국주의, 봉건주의, 관료자본주의를 반대하는 혁명투쟁을 장기간 진행함으로써 신민주주의 혁명의 승리를 이룩하고 인민민주주의독재의 중화인민공화국을 창건하였으며 건국이후에는 사회주의적 개조를 순조롭게 진행하여 신민주주의로부터 사회주의에로의 이행을 완성하고 사회주의 기본제도를 확립하였으며 사회주의 경제, 정치와 문화를 발전시켰다.

중국공산당 중앙위원회 제11기 제3차 전체회의 이후 등소평 동지를 주요 대표자로 하는 중국 공산주의자들은 건국 이후의 긍정적 경험과 부정적 경험을 총화하고 사상을 해방하고 실사구시하며 전당의 사업 중심을 경제건설에로 옮겨놓고 개혁개방을 실시하여 사회주의 위업의 새로운 발전시기를 열어놓았고 중국 특색이 있는 사회주의를 건설하는 노선, 방침, 정책을 점차 형성하였으며 중국에서 사회주의를 건설하고 사회주의를 공고히 발전시키는 데서 나타나는 기본문제를 천명하였으며 등소평이론을 창시하였다. 등소평이론은 마르크스－레닌주의의 기본원리를 현시대 중국의 실천과 시대적 특징에 결부시킨 산물인 동시에 모택동사상을 새로운 역사조건에서 계승하고 발전시킨 것이며, 중국에서의 마르크스주의의 새로운 발전단계이자 현시대 중국의 마르크스주의이며 중국공산당의 집단적 지혜의 결정체로서 우리나라 사회주의 현대화의 위업이 끊임없이 전진하도록 이끌어 나가고 있다.

당 중앙위원회 제13기 제4차 전체회의 이후 강택민 동지를 주요 대표자로 하는 중국 공산주의들은 중국 특색이 있는 사회주의를 건설하는 실천 가운데서 사회주의란 무엇이며 사회주의를 어떻게 건설할 것인가, 어떤 당으로 건설하며 당을 어떻게 건설할 것인가 하는 문제에 대하여 더 잘 알게 되었고 당과 나라를 관리하는 새로운 소중한 경험을 쌓았으며 "3가지 대표"의 중요사상을 형성하였다. 마르크스

－레닌주의, 모택동사상과 등소평이론을 계승하고 발전시킨 "3가지 대표"의 중요사상은 발전 변화하고 있는 현시대 세계와 중국의 현실에 당과 국가사업에 제기되고 있는 새로운 요구를 반영한 것으로서 당 건설을 강화, 개진하고 우리나라 사회주의의 자체완성과 발전을 추진하는 강대한 이론적 무기이며 중국공산당의 집단적 지혜의 결정체이며 당이 장기적으로 견지해 나가야 할 지도사상이다. 일관하게 "3가지 대표"의 요구대로 하는 것은 우리 당의 건당의 근본이고 집권의 토대이며 힘의 원천이다.

우리나라는 지금 사회주의 초급단계에 처해있으며 앞으로도 장기간 사회주의 초급단계에 처해있게 될 것이다. 이것은 경제, 문화가 뒤떨어진 중국이 사회주의 현대화를 실현함에 있어서 뛰어넘을 수 없는 역사적 단계이며 그 기간은 100여 년이 걸릴 것이다. 우리나라의 사회주의 건설은 반드시 우리나라의 실정으로부터 출발하여 중국 특색이 있는 사회주의 길로 나아가야 한다. 현 단계에 있어서 우리나라 사회의 주요모순은 인민들의 날로 늘어나는 물질·문화적 수요와 뒤떨어진 사회적 생산 간의 모순이다. 국내적 요인과 국제적 영향으로 인해 계급투쟁은 아직 일정한 범위에서 장기간 존재할 것이며 어떤 조건에서는 격화될 수도 있으나 그것은 주요한 모순이 아니다. 우리나라 사회주의 건설의 근본임무는 생산력을 가일층 해방하고 발전시켜 사회주의 현대화를 점차 실현하며 이를 위하여 생산관계와 상부구조 중에서 생산력발전에 조응되지 않는 측면과 부분을 개혁하는 것이다. 반드시 공유제를 주체로 하고 다종 소유제경제를 공동으로 발전시키는 기본 경제제도를 견지하고 완비하며 노동에 따른 분배를 주체로 하고 여러 가지 분배방식이 병존하는 분배제도를 견지하고 완비하며 일부 지역과 일부 사람들이 먼저 부유해지는 것을 권장하며 점차 빈궁을 퇴치하고 다 같이 부유해지도록 하며 생산이 발전되고 사회적 부가 증대되는 데 기초하여 인민들의 날로 늘어나는 물질·문화적 수요를 끊임없이 충족시켜야 한다. 발전은 우리 당 집권홍국의 가장 중요한 과업이다. 제반 사업은 사회주의사회의 생산력을 발전시키는 데 이롭고 사회주의국가의 종합적 국력을 증강하는 데 이롭고 인민의 생활수준을 향상시키는 데 이롭게 하는 것을 총적 출발점으로, 검증의 기준으로 삼아야 한다. 새로운 세기에 우리나라는 초요사회를 전면적으로 건설하고 사회주의 현대화를 가속화하는 새로운 발전단계에 들어서게 된다. 새로운 세기, 새로운 발전단계의 경제 및 사회 발전의 전략적 목표는 이미 초보적으로 도달한 초요 생활수준을 공고히 하고 발전시켜 당 창건 100 주년이 되는 때에 가서는 10여 억 인구에 혜택을 줄 수 있는 더욱 높은 수준의 초요사회를 건설하고 건국 100 주년이 되는 때에 가서는 인구 당 국내총생산액을 중진국 수준에 도달시키며 현대화를 기본적으로 실현하도록 하는 것이다.

사회주의 초급단계에 있어서 중국공산당의 기본노선은 전국 여러 민족과 인민들을 지도하고 단합시켜 경제건설을 중심으로 하고 4개 기본원칙을 견지하며 지속적인 개혁개방을 실시하고 자력갱생하며 간고하게 창업하여 우리나라를 부강하고 민주주의적이며 문명화된 사회주의 현대화국가로 건설하기 위하여 분투하는 것이다.

중국공산당은 사회주의 사업을 지도하는 과정에 지속적으로 경제건설을 중심에 내세우고 기타 제반 사업을 모두 이 중심에 종속시키며 이 중심을 위하여 봉사하게 하여야 한다. 시기를 놓치지 말고 발전을 다그치며 과학과 교육에 의한 국가진흥 전략과 가속발전 전략을 실시하며 제1생산력인 과학기술의 역할을 남김없이 발휘시키고 과학기술의 진보와 근로자 자질제고에 의거하여 효율성을 높이고 품질을 높이며 속도를 다그침으로써 경제건설을 힘껏 추진하여야 한다.

사회주의 길을 견지하며 인민민주주의독재를 견지하며 중국공산당의 지도를 견지하며 마르크스-레닌주의, 모택동사상을 견지하는 이 4개 기본원칙은 우리가 나라를 건설하는 과정에서 근본이 된다. 사회주의 현대화건설의 전반 과정에 반드시 4개 기본원칙을 견지하고 자산계급자유화를 반대하여야 한다.

개혁개방을 견지하는 것은 우리나라를 강국으로 건설하는 길이다. 생산력발전을 구속하는 경제체제를 근본적으로 개혁하고 사회주의 시장경제체제를 견지, 완비하며 이에 상응하여 정치체제 개혁과 기타 분야의 개혁을 진행하여야 한다. 개방은 대외개방과 대내개방을 포함하여 전면적으로 진행하여야 한다. 대외경제, 기술교류와 협력을 발전시켜 외래의 자금, 자원 및 기술을 더 많이, 더 잘 이용하며 선진국의 현대적 사회화 생산법칙을 반영하는 모든 선진적 경영방식, 관리방법을 포함하여 인류사회가 창조한 모든 문명의 성과들을 받아들이고 참조하여야 한다. 개혁개방을 해나감에 있어서 대담하게 탐구하고 과감하게 개척하며 실천하는 가운데서 새로운 길을 열어나가야 한다.

중국공산당은 인민을 지도하여 사회주의 민주정치를 발전시키고 사회주의 정치문명을 건설한다. 계속 사회주의 민주를 확대하며 사회주의 법제를 건전히 하고 의법치국하여 사회주의 법치국가를 건설하고 인민민주주의독재를 공고히 한다. 인민대표대회 제도를 견지한다. 공산당 지도하의 다당합작 제도와 정치협상 제도를 견지한다. 인민이 나라의 주인으로 되도록 적극 지지하며 국가와 사회 및 경제와 문화사업을 관리하는 인민의 권리를 실제적으로 보장한다. 누구나 다 말할 수 있는 길을 열어주며 민주주의적 정책결정, 민주주의적 감독제도와 절차를 수립하고 건전히 한다. 국가 입법사업과 법률실시사업을 강화하여 국가의 제반 사업이 점차 법제화 궤도에 오르도록 한다. 사회치안에 대한 종합적 정세를 강화하여 장기적으로 사회 안정을 유지한다. 국가의 안전과 이익을 침해하고 사회의 안정 및 경제발전을 해치는 각종 범죄활동과 범죄분자를 법에 의하여 결연히 타격한다. 상이한 성격을 띤 적아모순과 인민 내부모순을 엄격히 구별하고 올바로 처리한다.

중국공산당은 인민을 지도하여 물질문명과 정치문명을 건설하는 동시에 사회주의 정신문명을 적극 건설하며 의법치국과 의덕치국을 결합시킨다. 사회주의 정신문명건설은 경제건설과 개혁개방에 강인한 정신적 원동력과 지혜를 제공해주고 훌륭한 사회환경을 조성해준다. 교육, 과학, 문화 사업을 힘써 발전시키고 지식과 인재를 존중하며 전 민족의 사상도덕 자질과 과학문화 자질을 높이고 민족의 우수한 전통문화를 고양하며 사회주의 문화를 번영, 발전시켜야 한다. 당의 기본노선과 애국주의, 집단주의, 사회주의 사상을 당원과 인민대중에게 교육하여 민족의 자존심, 자부심 및 자강정신을 높이며 당원들에게는 또 원대한 공산주의 이상에 대한 교육을 진행하여 그들이 자본주의와 봉건주의의 부패한 사상의 침식을 막고 사회의 온갖 추악한 현상을 일소하도록 함으로써 우리나라 인민을 이상이 있고 도덕이 있고 문화지식이 있고 기율성이 있는 인민으로 육성하기 위하여 노력하여야 한다.

중국공산당은 인민해방군과 기타 인민무장력에 대한 지도를 견지하고 인민해방군의 건설을 강화하며 국방을 튼튼히 하고 조국을 보위하며 사회주의 현대화건설에 참가하는 인민해방군의 역할을 남김없이 발휘시킨다.

중국공산당은 국내 각 민족들 사이의 평등, 단결, 협조관계를 수호하고 발전시키며 민족구역 자치제도를 계속 실시하고 부단히 완비하며 소수 민족간부를 적극적으로 양성, 선발하며 각 소수 민족지구의 경제발전과 문화발전을 도와줌으로써 여러 민족의 공동의 번영과 전면적 진보를 실현한다.

중국공산당은 전국 각 민족의 노동자, 농민, 지식인들과 굳게 단합하고 각 민주당파, 무소속인사, 각 민족의 애국적 역량과 굳게 단합하여 전체 사회주의 근로자들, 사회주의를 옹호하는 애국자들, 조국통일을 옹호하는 애국자들로 구성된 가장 광범한 애국통일전선을 더한층 발전 확대시킨다. 홍콩 특별행정구 동포, 마카오 특별행정구 동포, 대만 동포와 해외교포를 망라한 전국 인민들의 단결을 끊임없이 강화한다. "한 나라 두 제도"의 방침에 따라 조국통일 대업을 완수한다.

중국공산당은 대외관계를 적극 발전시킬 것을 주장하며 우리나라의 개혁개방과 현대화건설에 이로운 국제적 환경을 적극 마련한다. 국제사무에서 독립자주의 평화적 외교정책을 견지하고 우리나라의 독립과 주권을 수호하며 패권주의와 강권정치를 반대하며 세계평화를 수호하며 인류의 진보를 촉진한다. 주권과 영토보존에 대한 상호존중, 상호불가침, 내정에 대한 상호불간섭, 평등호혜, 평화적 공존의 5개 원칙의 기초 위에서 우리나라와 세계 여러 나라들과의 관계를 발전시킨다. 우리나라와 주변 나라들과의 선린우호관계를 끊임없이 발전시키며 발전도상나라들과의 단결과 협력을 강화한다. 독립자주, 완전평등, 상호존중, 내정에 대한 상호불간섭의 원칙에 의하여 우리 당과 각국 공산당 및 기타 정당들과의 관계를 발전시킨다.

중국공산당이 전국 여러 민족 인민들을 지도하여 사회주의 현대화의 웅대한 목표를 실현하려면 반드시 당의 기본노선을 긴밀히 둘러싸고 당 건설을 강화, 개진하여야 한다. 계속 당이 당을 관리하고 당을 엄하게 다스려야 하며 당의 훌륭한 전통과 작풍을 발양하고 당의 지도수준과 집권수준을 끊임없이 높이며 부패배격, 변질방지 능력과 위험 제어능력을 높이고 당의 계급기초를 부단히 강화하고 당의 대중기반을 부단히 확대하며 당의 창조력, 결집력, 전투력을 끊임없이 높임으로써 우리 당이 시종 시대의 앞장에 서서 전국 인민을 지도하여 중국 특색이 있는 사회주의 길을 따라 끊임없이 전진하는 튼튼한 핵심이 되도록 하여야 한다. 당 건설에서는 반드시 다음과 같은 4가지 기본요구를 어김없이 실현하여야 한다.

첫째, 당의 기본노선을 견지하여야 한다. 전당은 등소평이론, "3가지 대표"의 중요사상과 당의 기본노선으로 사상을 통일하고 행동을 통일하여야 하며 또한 그것을 장기적으로 동요 없이 견지하여야 한다. 개혁개방과 4개 기본원칙을 통일시키고 당의 기본노선을 전면적으로 관철하고 사회주의 초급단계에서의 당의 기본강령을 전면적으로 집행하며 '좌'적 또는 우적인 모든 그릇된 경향을 반대하고 우적 경향에 경각성을 높이되 주로는 '좌'적 경향을 반대하여야 한다. 각급 지도부 건설을 강화하며 개혁개방과 사회주의 현대화건설에서 실적이 뚜렷하고 대중이 신임하는 간부를 선발 임용하고 천백만의 사회주의 위업의 계승자를 육성해냄으로써 당의 기본노선과 기본강령의 관철집행을 조직적으로 담보하여야 한다.

둘째, 계속 사상을 해방하고 실사구시하며 시대와 더불어 전진하여야 한다. 당의 사상노선은 일체는 실제로부터 출발하고 이론을 실제에 연계시키고 실사구시하며 실천을 통하여 진리를 검증하고 발전시키는 것이다. 전당은 이 사상노선을 견지하고 적극적으로 탐구하고 대담하게 시험하며 개척혁신하며 창의적으로 사업을 전개하고 끊임없이 새로운 정형을 연구하며 새로운 경험을 총화하고 새로운 문제들을 해결하며 실천을 통하여 마르크스주의를 풍부히 하고 발전시켜야 한다.

셋째, 계속 일심전력 인민을 위하여 복무하여야 한다. 당은 노동계급과 가장 광범한 인민대중의 이익 외에는 자기의 특수한 이익이 없다. 당은 그 어느 때나 대중의 이익을 첫 자리에 놓고 대중과 고락을 같이하며 그들과 가장 밀접한 연계를 가져야 하며 그 어떤 당원도 대중을 이탈하고 대중 위에 군림하는 것을 허용하지 않는다. 당은 자체의 사업에서 대중노선을 실행함으로써 일체는 대중을 위하고 일체는 대중에 의거하며 대중의 지혜를 모아 대중을 위해 일하며 당의 정당한 주장을 대중자신의 자각적인 행동으로 되게 해야 한다. 우리당의 가장 큰 정치적 우세는 대중과 밀접히 연계하는 것이고 당이 집권한 후 가장 큰 위험은 대중을 이탈하는 것이다. 당 작풍문제, 당과 인민대중과의 연계문제는 당의 생사존망에 관계되는 문제이다. 그러므로 당은 부패한 현상을 끊임없이 반대하며 당 기풍의 건설과 청렴화 건설을 강화하여야 한다.

넷째, 민주집중제를 견지하여야 한다. 민주집중제는 민주주의 기초 위에서의 중앙집권과 중앙집권지도하에서의 민주주의를 결합시킨 것이다. 민주집중제는 당의 근본적인 조직원칙이며 또한 대중노선을 당 생활에 적용한 것이다. 당내 민주주의를 충분히 발양하고 각급 당 조직과 광범한 당원들의 적극성과 창의성을 발휘시켜야 한다. 집중을 제대로 실시하여 전당의 행동일치를 보장하며 당의 결정이 신속히 효과적으로 관철 집행되도록 보장하여야 한다. 조직성과 기율성을 강화하여야 하며 당 기율 앞에서는 누구나 다 평등하여야 한다. 당의 지도기관과 당원 지도간부에 대한 감독을 강화하며 당내 감독제도를 끊임없이 완비하여야 한다. 당은 자기의 정치생활에서 비판과 자기비판을 올바로 전개하고 원칙적인 문제에서 사상투쟁을 진행함으로써 진리를 견지하고 오류를 시정하여야 한다. 중앙집권도 있고 민주주의도 있으며 기율도 있고 자유도 있으며 통일적 의지도 있고 개인의 심정도 유쾌한 생기발랄한 정치적 국면을 힘써 조성하여야 한다.

당의 지도는 주로 정치적, 사상적 및 조직적인 지도이다. 당은 개혁개방과 사회주의 현대화건설의 요구에 수응하여 당의 지도를 강화, 개선하여야 한다. 당은 전반 국면을 총람하고 여러 방면을 조율하는 원칙에 따르는 동급의 여러 조직들 가운데서 지도 핵심적 역할을 발휘해야 한다. 당은 정력을 집중하여 경제건설을 지도하며 각 방면의 역량을 조직하고 조절하여 일심협력으로 경제건설에 중심을 두고 사업을 전개하여야 한다. 당은 민주주의적이고 과학적인 정책결정을 하며 올바른 노선, 방침, 정책을 제정, 집행하며 당의 조직사업과 선전교육 사업을 잘 하며 전체 당원들의 선봉적 역할과 모범적 역할을 발휘시켜야 한다. 당은 헌법과 법률의 범위 안에서 활동하여야 한다. 당은 국가의 입법, 사법, 행정기관과 경제, 문화 조직과 인민단체들이 적극적이고도 주동적으로, 독자적이고도 책임적으로, 조화적으로 사업하여 나가도록 보장하여야 한다. 당은 노동조합과 공산주의청년단, 여성연합회 등 대중조직에 대한 지도를 강화하여 이런 단체들의 역할을 충분히 발휘시켜야 한다. 당은 정세의 발전과 정형의 변화에 수응하여 지도체제를 완비하고 지도방식을 개진하고 집권능력을 증강해야 한다. 공산당원은 당 외의 군중과 긴밀히 합작하여 중국 특색이 있는 사회주의를 건설하기 위하여 다 같이 분투하여야 한다.

제1장 당원

제1조 만 18세 이상의 중국의 노동자, 농민, 군인, 지식인 및 기타 사회계층의

선진분자로서 당 강령과 당 규약을 승인하고 당의 일정한 조직에 참가하여 거기에서 열성적으로 사업하려 하며 당의 결정을 집행하려 하며 제때에 당비를 바치려 하는 자는 중국공산당에 가입할 것을 신청할 수 있다.

제2조 중국공산당 당원은 중국 노동계급의 공산주의적 의식이 있는 선봉적 투사이다.

중국공산당 당원은 일심전력 인민을 위하여 복무하여야 하며 개인의 모든 것을 서슴없이 희생하고 공산주의를 실현하기 위하여 종신토록 분투하여야 한다.

중국공산당 당원은 어디까지나 근로인민의 보통 일원이다. 모든 공산당원은 법률과 정책에 규정된 범위 안에서의 개인의 이익과 사업상의 직권을 벗어나서 그 어떠한 사리와 특권도 추구하여서는 안 된다.

제3조 당원은 다음과 같은 의무를 이행하여야 한다:

(1) 마르크스-레닌주의, 모택동사상, 등소평이론과 "3가지 대표"의 중요사상을 진지하게 학습하고 당의 노선, 방침, 정책 및 결정을 학습하며 당의 기본지식을 학습하며 과학, 문화지식과 실무지식을 학습하여 인민을 위하여 복무하는 능력을 힘써 높여야 한다;

(2) 당의 기본노선과 제반 방침, 정책을 관철집행하고 개혁개방과 사회주의 현대화건설에 솔선적으로 참가하며 대중을 이끌고 경제발전과 사회진보를 위하여 간고분투하며 생산, 사업, 학습 및 사회생활에서 선봉적 역할과 모범적 역할을 하여야 한다;

(3) 언제나 당과 인민의 이익을 첫 자리에 놓으며 개인의 이익을 당과 인민의 이익에 복종시키며 고생에는 남 먼저 나서고 향수에는 남 뒤에 물러서며 헌신적으로 일하여 많은 기여를 하여야 한다;

(4) 당의 기율을 자각적으로 준수하고 국가의 법률과 법규를 모범적으로 준수하며 당과 국가의 기밀을 엄수하고 당 결정을 집행하고 조직의 배치에 복종하며 당의 임무를 적극적으로 완수하여야 한다;

(5) 당의 단결과 통일을 수호하며 당 앞에 충성하고 솔직하며 언행이 일치하며 모든 분파조직과 소집단활동을 단호히 반대하며 겉으로는 복종하면서도 속으로 복종하지 않는 양면적인 행위와 모든 음모술책을 반대하여야 한다;

(6) 비판과 자기비판을 실제적으로 전개하여 사업에서 발로된 결함과 오류를 대담하게 폭로하고 시정하며 소극적인 현상, 부패한 현상과 견결히 투쟁하여야 한다;

(7) 대중과 밀접히 연계하며 대중에게 당의 주장을 선전하며 일에 봉착하며 대중과 상론하며 대중의 의견과 요구를 제때에 당에 반영하며 대중의 정당한 이익을 수호하여야 한다;

(8) 사회주의 새 기풍을 발양하고 공산주의 도덕을 제창하며 국가와 인민의 이익을 수호하기 위하여 모든 곤란과 위험에 직면해서 솔선하여 용감하게 싸우며 희생을 두려워하지 말아야 한다.

제4조 당원은 다음과 같은 권리를 가진다:

(1) 관련 당 회의에 참가하며 관련 당 문건을 보며 당의 교육과 양성을 받을 수 있다;

(2) 당 회의와 당 기관지를 통하여 당 정책문제에 관한 토의에 참가할 수 있다;

(3) 당 사업에 대하여 건의와 창의를 제출할 수 있다;

(4) 근거가 있으면 당 회의에서 그 어떤 당 조직, 당원에 대해서도 비판할 수 있고 법과 기율을 위반한 그 어떤 당 조직, 당원에 대해서도 당에 그 사실을 책임적으로 적발, 고발할 수 있고 법과 기율을 위반한 당원을 처벌할 것을 요구할 수 있으며 직책을 제대로 수행하지 못하는 간부를 해임 또는 소환할 것을 요구할 수 있다;

(5) 표결권과 선거권을 행사하며 피선거권을 가진다;

(6) 당 조직에서 당원에 대한 기율적 처벌을 토의 결정하거나 감정을 할 때 본인이 참석하여 변호할 권리를 가지며 다른 당원들은 그를 위하여 증명을 서고 변호할 수 있다;

(7) 당의 결정과 정책에 대하여 이의가 있을 경우에는 그 결과와 정책을 확고히 실행한다는 전제하에 자기 의견의 발표를 유보할 수 있으며 자기의 의견을 당 중앙에 이르기까지의 당의 상급조직에 제출할 수 있다;

(8) 당 중앙에 이르기까지의 당의 상급조직에 요구, 신소, 고소를 제출할 수 있으며 책임적인 해답을 줄 것을 해당 조직에 요구할 수 있다.

당 중앙에 이르기까지의 어느 급의 당 조직도 당원의 상기 권리를 박탈할 권한이 없다.

第5조 당원의 증원은 반드시 당 지부를 통하여 개별적으로 받아들이는 원칙을 견지하여야 한다.

입당을 신청하는 사람은 입당지원서를 써내야 하며 2명의 정식당원 소개인이 있어야 한다. 그리고 지부대회에서 통과하고 상급 당 조직의 승인을 받은 후 예비기간의 고찰을 거쳐야 비로소 정식당원으로 될 수 있다.

소개인은 입당신청자의 사상, 품성, 경력과 사업표현을 잘 이해하고 그에게 당 강령과 당 규약을 해설해주며 당원의 조건과 의무, 권리를 설명해주는 동시에 당 조직에 책임적인 보고를 제출하여야 한다.

당지부위원회는 입당신청자에 대하여 당내와 당외 관련 대중의 의견을 책임적으로 청취하고 엄격히 심사하여 입당조건이 갖추어졌다고 인정될 때에 지부대회의 토의에 넘겨야 한다.

상급 당 조직은 입당신청자의 입당을 승인하기 전에 사람을 파견하여 입당신청자와 담화하게 함으로써 그를 더 잘 이해해야 하는 동시에 당에 대한 인식을 높이도록 그를 도와주어야 한다.

당 중앙위원회 및 성, 자치구, 직할시 당위원회는 특수한 상황에서 직접 당원을 받아들일 수 있다.

第6조 예비당원은 당기 앞에서 입당선서를 하여야 한다. 선서문은 다음과 같다. 나는 중국공산당에 가입할 것을 지원한다. 나는 당 강령을 옹호하며 당 규약을 준수하며 당원의 의무를 이행하며 당 결정을 집행하며 당 기율을 엄수하며 당의 비밀을 지키며 당 앞에 충성하며 사업을 적극적으로 하며 공산주의를 위하여 종신토록 분투하며 시시각각 당과 인민을 위하여 모든 것을 희생할 각오를 하며 영원토록 당을 배반하지 않겠다.

第7조 예비당원의 예비기간은 1년이다. 당 조직은 예비당원에 대하여 책임적으로 교육하고 고찰하여야 한다.

예비당원의 의무는 정식당원과 같다. 예비당원은 표결권과 선거권, 피선거권을 가지지 못하는 외에 기타 권리는 정식당원과 같다.

예비당원의 예비기간이 만료되면 당지부에서는 그가 정식당원으로 될 수 있는가 없는가를 제때에 토의하여야 한다. 당원의 의무를 책임적으로 이행하고 당원조건을 갖추었을 경우에는 규정된 시기에 정식당원으로 받아들여야 하며 계속 고찰하고 교육할 필요가 있을 경우에는 그 예비기간을 연기할 수 있되 1년을 넘기지 못하며 당원의 의무를 이행하지 않고 당원 조건을 갖추지 못하였을 경우에는 그의 예비당원 자격을 취소하여야 한다. 예비당원을 정식당원으로 받아들이는 것이나 예비기간을 연기하는 것이나 예비당원 자격을 취소하는 것이나 다 지부대회에서 토의하여 통과하고 상급 당 조직의 승인을 받아야 한다.

예비당원의 예비기간은 지부대회에서 그를 예비당원으로 통과한 날로부터 계산한다. 당원의 당 연한은 예비기간을 마치고 정식당원으로 된 날부터 계산한다.

제8조 매개 당원은 직무가 높든 낮든 간에 모두 당의 일정한 지부, 소조 또는 기타 특정된 조직에 편입되어 당 조직생활에 참가하며 당 내외 대중의 감독을 받아야 한다. 당원 지도간부는 또 당위원회, 당조의 민주생활회에 참가하여야 한다. 당 조직생활에 참가하지 않으며 당 내외 대중의 감독을 받지 않는 그 어떤 특수한 당원의 존재를 허용하지 않는다.

제9조 당원은 탈당할 자유가 있다. 당원이 탈당할 것을 요구하면 지부대회에서 토의한 다음 제명을 선포하고 이를 상급 당 조직에 등록하여야 한다.

당원으로서 혁명적 의지가 결여하고 당원의 의무를 이행하지 않으며 당원조건에 부합되지 않을 경우에는 당지부가 그를 교육하고 기한부로 시정할 것을 그에게 요구하여야 하며 교육을 주어도 개변이 없을 경우에는 권고하여 탈당시켜야 한다. 당원을 권고하여 탈당시킬 때에는 지부대회에서 토의 결정하고 상급 당 조직에 보고하여 승인을 받아야 한다. 만일 탈당을 권고 받은 당원이 견결히 탈당하려 하지 않을 때에는 지부대회에서 토의하여 그의 제명을 결정하고 상급 당 조직에 보고하여 승인을 받아야 한다.

당원이 정당한 이유 없이 연속 6개월간 당 조직생활에 참가하지 않거나 당비를 바치지 않거나 당에서 맡겨준 사업을 하지 않을 경우에는 당에서 자퇴한 것으로 인정한다. 이런 당원에 대하여서는 지부대회에서 제명 결정을 짓고 이를 상급 당 조직에 보고하여 승인을 받아야 한다.

제2장 당의 조직제도

제10조 당은 자기의 강령과 규약에 의하여 민주주의 중앙집권제에 따라 조직된 통일적인 전일체이다. 당의 민주주의 중앙집권제의 기본원칙은 다음과 같다:

(1) 당원 개인은 당의 조직에 복종하며 소수는 다수에 복종하며 하급조직은 상급조직에 복종하며 전당의 매개조직과 전체 당원은 당 전국대표대회와 중앙위원회에 복종한다;

(2) 당의 각급 지도기관은 그에 의하여 파출된 대표기관과 당외 조직의 당 조를 제외하고는 모두 선거에 의하여 산생된다;

(3) 당의 최고지도기관은 당 전국대표대회와 그에 의하여 산생된 중앙위원회이다. 당의 지방 각급 지도기관은 지방 각급 당대표대회와 그에 의하여 산생된 당위원회이다. 각급 당위원회는 동급 대표대회 앞에 책임지며 사업을 보고한다;

(4) 당의 상급조직은 일상적으로 하급조직과 당원대중의 의견을 듣고 그들이 제기한 문제를 제때에 해결하여야 한다. 하급 당 조직은 상급 당 조직에 사업에 대한 지시를 요청하며 사업을 보고하여야 하거니와 자기 직책범위 내의 문제를 독자적으로, 책임적으로 해결하여야 한다. 상급 당 조직과 하급 당 조직은 서로 정보를 교환하고 서로 지지하고 서로 감독하여야 한다. 각급 당 조직은 당원들이 당내 사무를 더 많이 알고 당내 사무에 더 많이 참여하게 하여야 한다;

(5) 각급 당위원회는 집단적 지도와 개인의 책임분담을 결합시키는 제도를 실시한다. 모든 중대한 문제는 다 집단적 지도, 민주집중제, 개별토의, 회의결정의 원칙에 따라 당위원회에서 집단적으로 토의하여 결정하여야 하며 위원회 구성원은 집체의 결정과 분공에 의하여 자기의 직책을 책임적으로 이행하여야 한다;

(6) 당은 그 어떤 형태의 개인숭배도 금지한다. 당지도자들의 활동이 당과 인민의 감독하에서 진행되도록 담보하여야 하며 동시에 당과 인민의 이익을 대표하는 모든 지도자들의 위신을 수호하여야 한다.

제11조 각급 당대표대회의 대표와 당위원회를 산생함에 있어서는 선거자의 의사를 구현하여야 한다. 선거는 무기명투표의 방식으로 진행한다. 입후보자 명단은 당 조직과 유권자들이 충분히 협의하고 토의하여야 한다. 선거하여야 할 인수보다

더 많은 수의 입후보자 명단을 내오는 부동수선거의 방법을 직접 취하여 정식선거를 할 수도 있고 먼저 부동수선거의 방법으로 예비선거를 하여 입후보자 명단을 내온 다음 정식선거를 할 수도 있다. 선거자는 입후보자의 정형을 알 권리와 입후부자의 변경을 요구할 권리, 어떤 입후보자를 선거하지 않을 권리, 다른 사람을 선거할 권리를 가진다. 그 어떤 조직 또는 개인이든지 그 어떤 방식으로나 유권자에게 어느 사람을 선거하라거나 선거하지 말라고 강요하지 못한다.

지방 각급 당대표대회와 기층 당대표대회의 선거에서 당 규약을 위반한 사실이 나타났을 경우에는 바로 상급 당위원회가 이를 조사 규명한 다음 그 선거를 무효로 하고 상응한 대책을 취할 결정을 지어야 하며 이를 바로 상급 당위원회에 보고하여 심사승인을 받고 공식적으로 선포 집행하여야 한다.

제12조 중앙 및 지방의 각급 당위원회는 필요한 경우에 대표회의를 소집하고 시급히 해결하여야 할 중대한 문제를 토의 결정할 수 있다. 대표회의의 대표수와 그 산생방법은 대표회의를 소집하는 당위원회가 결정한다.

제13조 당 조직을 새로 내오거나 원래의 당 조직을 취소할 경우에는 상급 당 조직에서 이를 결정하여야 한다.

중앙 및 지방의 각급 당위원회는 대표기관을 파출할 수 있다.

지방 각급 당대표대회와 기층 당대표대회 휴회기간에 상급 당 조직은 필요하다고 인정할 경우 하급 당 조직의 책임자를 조동시키거나 파견할 수 있다.

제14조 당의 각급 지도기관이 하급조직에 관계되는 중요한 문제를 결정할 때 일반적인 경우에는 하급조직의 의견을 들어보아야 한다. 하급조직이 자기의 직권을 정상적으로 행사할 수 있도록 보장하여야 한다. 하급조직이 처리해야 할 문제에 대하여 특수한 경우가 아니면 상급 지도기관은 간섭하지 말아야 한다.

제15조 전국적 성격을 띤 중대한 정책문제는 당 중앙위원회만이 결정을 지을 권한을 가지며 각 부문, 각 지방의 당 조직은 당 중앙위원회에 건의를 제출할 수는 있되 임의로 결정을 짓거나 외부에 주장을 발표하여서는 안 된다.

하급 당 조직은 상급 당 조직의 결정을 견결히 집행하여야 한다. 상급 당 조직의 결정이 자기 지구, 자기 부문의 실정에 부합되지 않는다고 인정될 경우에 하급 당 조직은 그 결정을 변경시킬 것을 상급 당 조직에 요청할 수 있다. 만일 상급 당 조직에서 원 결정을 견지한다면 하급 당 조직은 그 결정을 집행하여야 하며 같지 않은 의견을 공개적으로 발표해서는 안 된다. 그러나 한 급 더 높은 당 조직에 보고할 권리가 있다.

각급 당 조직의 기관지와 기타 선전수단들은 당의 노선, 방침, 정책과 결의를 선전하여야 한다.

제16조 당 조직은 문제를 토의 결정할 때 소수가 다수에 복종하는 원칙을 집행하여야 한다. 중요한 문제는 표결에 의하여 결정하여야 한다. 소수인의 이의에 대하여서는 진지하게 고려하여야 한다. 만일 중요한 문제에서 논쟁이 생겼고 쌍방의 인수가 엇비슷할 경우에 비상시에 다수의 의견을 좇아 집행하는 외에는 당분간 결정을 짓지 말고 조사연구를 더 하며 의견을 나눈 다음 다음번에 다시 표결하여야 한다. 특수한 경우에는 논쟁정형을 상급 당 조직에 보고하여 재결을 요청할 수도 있다.

당원 개인이 당 조직을 대표하여 중요한 주장을 발표할 때 그 주장이 당 조직에서 이미 지은 결정의 한계를 벗어날 경우에는 소속 당 조직에 토의 결정하도록 제출하거나 상급 당 조직에 보고하여 지시를 받아야 한다. 직위가 높은 당원이건 낮은 당원이건 중대한 문제를 개인이 결정지어서는 안 되며 개인이 결정짓지 않으면 안 될 비상시에 직면한 경우에는 결정을 짓고 사후에 이를 당 조직에 지체 없이 보고하여야 한다. 어떠한 지도자든지 독단하여서는 안 되며 개인이 조직 위에 군림하는 것을 허용해서는 안 된다.

제17조 당의 중앙조직, 지방조직, 기층조직은 모두 당 건설에 중시를 돌려야 하며 일상적으로 당의 선전사업, 교육사업, 조직사업, 기율검사사업, 대중사업, 통일전선사업 등을 토의하고 검사하며 당내와 당외의 사상정치상황을 연구하는 데 중시를 돌려야 한다.

제3장 당의 중앙조직

제18조 당 전국대표대회는 5년에 1회 진행하며 중앙위원회가 이를 소집한다. 중앙위원회가 필요하다고 인정하거나 3분의 1 이상의 성급 조직이 요구할 경우에는 전국대표대회를 앞당겨 진행할 수 있으며 비상시가 아닐 경우에는 연기하여

진행하지 못한다.

전국대표대회의 대표 수와 대표 선거방법은 중앙위원회가 결정한다.

제19조 당 전국대표대회의 직권은 다음과 같다:

(1) 중앙위원회의 보고를 청취 심사한다;

(2) 중앙기율검사위원회의 보고를 청취 심사한다;

(3) 당의 중대한 문제를 토의 결정한다;

(4) 당 규약을 개정한다;

(5) 중앙위원회를 선거한다;

(6) 중앙기율검사위원회를 선거한다.

제20조 당 전국대표회의의 직권은 중대한 문제를 토의 결정하며 중앙위원회, 중앙기율검사위원회의 부분적 성원을 조절, 증원하는 것이다. 조절, 증원되는 중앙위원 및 후보중앙위원회의 인원수는 각각 당 전국대표대회에서 선출된 중앙위원 총수 및 후보중앙위원 총수의 5분의 1을 초과하지 못한다.

제21조 당 중앙위원회의 임기는 5년이다. 전국대표대회를 앞당겨 진행하거나 연기하여 진행할 경우에는 그 임기도 따라서 변경된다. 중앙위원회 위원과 후보위원은 당 연한이 5년 이상이어야 한다. 중앙위원회 위원 수와 후보위원 수는 전국대표대회가 결정한다. 중앙위원회 위원들 중에 결원이 생겼을 경우에는 중앙위원회 후보위원들 가운데서 득표수에 따라 차례로 보충한다.

중앙위원회 전체회의는 중앙정치국이 소집하며 1년에 1회 이상 진행한다.

전국대표대회 휴회기간에 중앙위원회는 전국대표대회의 결의를 집행하며 당의 전반 사업을 지도하며 대외적으로 중국공산당을 대표한다.

제22조 당의 중앙정치국, 중앙정치국 상무위원회와 중앙위원회 총서기는 중앙위원회 전체회의에서 선거한다. 중앙위원회 총서기는 반드시 중앙정치국 상무위원회 위원 가운데서 선출되어야 한다.

중앙정치국과 그 상무위원회는 중앙위원회 전체회의 휴회기간에 중앙위원회의 직권을 행사한다.

중앙서기처는 중앙정치국과 그 상무위원회의 사무기구이며 그 성원은 중앙정치국 사무위원회가 인선을 제의하고 중앙위원회 전체회의에서 통과한다.

중앙위원회 총서기는 중앙정치국 회의와 중앙정치국 상무위원회 회의를 책임지고 소집하며 중앙서기처의 사업을 조직 지도한다.

당 중앙군사위원회 구성원은 중앙위원회가 결정한다.

매기 중앙위원회에서 산생된 중앙지도기구와 중앙지도자는 차기 전국대표대회 회의기간에 계속 당의 일상활동을 조직 지도하며 차기 중앙위원회에서 새로운 중앙지도기구와 중앙지도자가 산생될 때까지 사업을 계속한다.

第23조 중국 인민해방군의 당 조직은 중앙위원회의 지시에 의하여 사업을 진행한다. 중앙군사위원회의 정치사업 기관은 중국 인민해방군 총정치부이며 총정치부는 군대내의 당사업과 정치사업을 책임지고 관리한다. 군대 내의 당 조직 체제와 기구는 중앙군사위원회가 규정한다.

제4장 당의 지방조직

第24조 성, 자치구, 직할시, 구를 둔 시 및 자치주 당대표대회는 5년에 1회 진행한다.

현(기), 자치현, 구를 두지 않은 시 및 시관할구 당대표 대회는 5년에 1회 진행한다.

지방 각급 당대표대회는 동급 당위원회가 소집한다. 특수한 경우에는 바로 위 위원회의 승인을 얻어 앞당겨 진행하거나 연기하여 진행할 수 있다.

지방 각급 당대표대회의 대표수와 대표 선거방법은 동급 당위원회가 결정하고 이를 바로 위 당위원회에 보고하여 승인을 받는다.

第25조 지방 각급 당대표대회의 직권은 다음과 같다:

(1) 동급 위원회의 보고를 청취 심의한다;

(2) 동급 기율검사위원회의 보고를 청취 심의한다;

(3) 본 지구범위 내의 중대한 문제를 토의 결정한다;

(4) 동급 당위원회를 선거하며 동급 당기율검사위원회를 선거한다.

第26조 성, 자치구, 직할시, 구를 둔 시 및 자치주 당위원회의 임기는 5년이다. 이 위원회들의 위원과 후보위원은 당 연한이 반드시 5년 이상이어야 한다.

현(기), 자치현, 구를 두지 않은 시 및 시관할구 당위원회의 임기는 5년이다. 이 위원회들의 위원과 후보위원은 당 연한이 반드시 3년 이상이어야 한다.

지방 각급 당대표대회를 앞당겨 진행하거나 연기하여 진행할 경우에는 그 대표대회에서 선거된 위원회의 임기도 따라서 변경된다.

지방 각급 당위원회의 위원 수와 후보위원 수는 각기 바로 위 당위원회에서 결정한다. 지방 각급 당위원회의 위원들 중에 결원이 생겼을 경우에는 후보위원들 가운데서 득표수에 따라 차례로 보충한다.

지방 각급 당위원회 전체회의는 1년에 2회 이상 진행한다.

지방 각급 당위원회는 대표대회 휴회기간에 상급 당 조직의 지시와 동급 당대표대회의 결의를 집행하며 본 지방의 사업을 지도하며 상급 당위원회에 정기적으로 사업을 보고한다.

제27조 지방 각급 당위원회의 전체회의는 상무위원회와 서기, 부서기를 선거하고 이를 상급 당위원회에 보고하여 승인을 받는다. 지방 각급 당위원회의 상무위원회는 위원회 전체회의 휴회기간에 위원회의 직권을 행사하며 차기 대표대회 회의기간에 계속 일상활동을 조직 지도하고 새로운 상무위원회가 선거될 때까지 사업을 계속한다.

제28조 지구당위원회 및 지구당위원회에 대등한 조직은 성, 자치구 당위원회가 몇 개 현, 자치현, 시 범위 내에 파출한 대표기관이다. 이런 조직은 성, 자치구 당위원회가 부여한 권한에 의하여 해당 지부의 사업을 지도한다.

제5장 당의 기층조직

제29조 기업, 농촌, 기관, 학교, 과학연구원(소), 도시거주구, 사회단체, 사회중개조직, 인민해방군의 중대 및 기타 기층 단위에는 정식당원이 3명이상 있으면 당의 기층조직을 내와야 한다.

당의 기층조직으로는 사업 수요와 당원 수에 근거하여 상급 당 조직의 승인을 얻어 당의 기층위원회 또는 총지부위원회 또는 지부위원회를 둔다. 기층위원회는 당원대회 또는 대표대회에서 선거 산생하며 총지부위원회와 지부위원회는 당원대회에서 선거로 선출한다.

제30조 기층당위원회의 임기는 3년 내지 5년이며 총지부위원회, 지부위원회의 임기는 2년 또는 3년이다. 기층위원회, 총지부위원회, 지부위원회에서 선출한 서기, 부서기는 상급 당 조직의 승인을 받아야 한다.

제31조 기층당 조직은 사회 기층조직에서의 당의 전투보루이며 당의 전반 사업 및 전투력의 기반이다. 기층당 조직의 기본임무는 다음과 같다:

(1) 당의 노선, 방침, 정책을 선전, 집행하며 당 중앙과 상급 조직 및 본 조직의 결정을 선전, 집행하며 당원의 선봉적 역할과 모범적 역할을 충분히 발휘시키며 당 내외의 간부와 대중을 단합시키고 조직하여 자기 단위에 맡겨진 임무를 성과적으로 수행한다;

(2) 당원들을 조직하여 진지하게 마르크스―레닌주의, 모택동사상, 등소평이론과 "세 가지 대표"의 중요사상을 학습하며 당의 노선, 방침, 정책 및 경의를 학습하며 당의 기본지식을 학습하며 과학, 문화 지식, 실무지식을 학습한다;

(3) 당원들을 교육, 관리, 감독하며 당원들의 자질을 높이고 당성을 강화하며 당 조직생활을 엄격히 하며 비판과 자기비판을 전개하며 당 기율을 수호하고 집행하며 당원들이 의무를 실제적으로 이행하도록 감독하며 당원의 권리가 침해당하지 않도록 보장한다;

(4) 대중과 밀접히 연계하며 당원과 당 사업에 대한 대중의 비판과 의견을 일상적으로 경청하며 대중의 정당한 권리와 이익을 수호하며 대중에 대한 사상 및 정치사업을 잘한다;

(5) 당원과 대중의 적극성과 창의성을 충분히 발휘시키고 그들 가운데 우수한 인재를 발견, 양성, 추천하며 그들이 개혁개방과 사회주의 현대화건설에서 자기의 예지와 재능을 이바지하도록 고무, 지지한다;

(6) 당에 가입하려는 적극분자를 교육, 양성하며 일상적인 당원 발전사업을 잘하며 생산 및 사업 제일선에서와 청년들 가운데서 당원을 발전시키는 데 중시를 돌린다;

(7) 국가 법률과 행정기율, 국가의 재정경제법규와 인사제도를 엄격히 준수하며 국가와 집체와 대중의 이익을 침해하지 않도록 당원간부 및 기타 모든 사업 인원들

을 감독한다;

(8) 불량한 경향을 스스로 느끼고 깨달아 막아내며 각종 위법범죄행위와 단호히 투쟁하도록 당원과 대중을 교육한다.

第32조 가두, 향, 진의 당의 기층위원회와 촌, 지역사회의 당 조직은 본 지구의 사업을 지도하며 행정조직, 경제조직 및 대중자치조직이 직권을 충분히 행사하도록 지지, 보장한다.

국유기업과 집체소유기업의 기층당 조직은 정치핵심적 역할을 발휘하며 기업의 생산경영을 중심으로 하여 사업을 전개한다. 당과 국가의 방침, 정책이 자기 기업에서 관철, 집행되도록 보장, 감독하며 주주회, 이사회, 감사회와 경리(공장장)가 법에 의하여 직권을 행사하는 것을 지지하며 일심전력 종업원 대중에 의거하고 종업원대표대회가 사업을 전개하는 것을 지지하며 기업의 중대한 문제를 결정하는 데 참여하며 당 조직의 자체건설을 강화하고 사상정치사업, 정신문명건설 및 노동조합, 공산주의청년단 등 대중조직을 지도한다.

비공유제 경제조직의 당의 기층조직은 당의 방침정책을 관철하고 기업이 국가의 법률과 법규를 준수하도록 인도, 감독하며 노동조합과 공산주의청년단 등 대중조직을 지도하고 종업원 대중을 단합, 결속시키며 각 측의 합법적 권익을 수호하고 기업이 건전하게 발전하도록 촉진한다.

행정지도자책임제를 실시하고 있는 사업단위의 기층당 조직은 정치핵심적 역할을 발휘한다. 당위원회의 지도 밑에 행정지도자책임제를 실시하고 있는 사업단위의 기층당 조직은 중대한 문제를 토의, 결정하며 이와 동시에 행정지도자가 자기의 직권을 충분히 행사하도록 보장해주어야 한다.

각급 당 기관과 국가기관의 기층당 조직은 행정책임자와 협조하여 임무를 완수하고 사업을 개진하도록 하며 행정책임자를 포함한 모든 당원들에 대하여 감독을 진행하되 자기 단위의 실무사업은 지도하지 않는다.

第6장 당의 간부

第33조 당의 간부는 당 사업의 골간이며 인민의 충복이다. 당은 재덕겸비의 원칙에 따라 간부를 선발하고 친분여부에 의해서가 아니라 능력에 따라 간부를 등용하며 간부대오의 혁명화, 연소화, 지식화, 전문화를 적극 실현한다.

당은 간부를 교육, 훈련, 선발 및 검정하는 데 중시를 돌리며 특히 우수한 젊은 간부를 양성, 선발하는 데 중시를 돌린다. 간부제도의 개혁을 적극 추진한다.

당은 여성 간부와 소수민족 간부를 양성, 선발하는 데 중시를 돌린다.

第34조 당의 각 지도간부는 본 규약 제3조에 규정된 당원의 각항 의무를 모범적으로 이행하여야 하며 또한 다음과 같은 기본조건을 갖추어야 한다:

(1) 직책 이행에 소요되는 마르크스-레닌주의, 모택동사상, 등소평이론의 수준을 갖추고 "3가지 대표"의 중요사상을 책임적으로 실천하며 마르크스주의의 입장, 관점, 방법으로 실제문제를 분석하고 해결하기 위하여 힘써야 하며 일관하게 학습을 중시하고 정치를 중시하고 바른 기풍을 수립하며 온갖 풍파의 시련을 이겨내야 한다;

(2) 공산주의의 원대한 이상을 지니고 중국 특색의 사회주의에 대한 확고한 신념을 가지고 당의 기본노선 및 제반 방침, 정책을 견결히 집행하며 개혁개방의 의지를 세우고 현대화사업에 헌신하며 사회주의 건설에서 간고하게 창업하면서 실적을 올려야 한다;

(3) 계속 사상을 해방하고 실사구시하고 시대와 더불어 전진하며 개척혁신하고 진지하게 조사연구하며 당의 방침과 정책을 자기 지구, 자기 부문의 실제와 결부시켜 사업을 효과적으로 전개할 줄 알며 실속있는 말을 하고 실제적인 일을 하며 실효를 추구하고 형식주의를 반대하여야 한다;

(4) 혁명사업에 대한 의욕과 정치적 책임감이 강하고 실천경험이 있으며 지도사업을 감당할만한 조직력, 문화수준, 전문지식이 있어야 한다;

(5) 인민이 부여한 권력을 올바로 행사하고 법에 의해 일을 처리하며 청렴하고 공정하며 인민을 위하여 부지런히 일하며 몸으로 고난을 이겨냄으로써 대중과 밀접히 연계하고 당의 대중노선을 견지하며 당과 대중의 비판과 감독을 자각적으로 접수하며 자중, 자성, 자경, 자려하고 관료주의를 반대하며 직권을 남용하여 사리를 꾀하는 온갖 부정기풍을 반대하여야 한다;

(6) 당의 민주집중제를 견지, 수호하며 민주적 태도와 전체적인 상황을 보는 안목

을 구비하고 자기와 의견이 상이한 동지를 포함한 모든 동지들과 잘 단합하여 함께 사업할 줄 알아야 한다.

제35조 당원 간부는 비당원 간부와 잘 협력하면서 함께 사업하여야 하며 그들을 존중하고 그들의 장점을 허심히 따라 배워야 한다.

각급 당 조직은 확실히 재능이 있고 학식이 있는 비당원 간부를 발견하고 지도사업을 담임하도록 그들을 추천할 줄 알아야 하며 그들에게 직위와 권한이 있도록 보장해주고 그들의 역할을 충분히 발휘시켜야 한다.

제36조 당의 각급 지도 간부들이 민주적으로 선거에 의하여 선출된 자와 지도기관에 의해 임명된 자를 막론하고 그들의 직무는 모두 종신직무가 아니며 변경 또는 해임할 수 있다.

연령관계나 건강상태로 하여 사업을 계속 감당하기에 적합하지 않은 간부는 국가규정에 따라 정년퇴직시키거나 이직 휴양시켜야 한다.

제7장 당 기율

제37조 당 기율은 각급 당 조직과 전체 당원들이 반드시 지켜야 할 행동준칙이며 당의 단결과 통일을 수호하고 당의 임무를 완수하기 위한 담보로 된다. 당 조직은 당 기율을 엄격히 집행하고 수호하여야 하며 공산당원은 자각적으로 당기율의 규제를 받아야 한다.

제38조 당 조직은 당 기율을 위반한 당원에 대하여 지난 일을 징계하여 금후에 삼가게 하고 병을 고쳐 사람을 구하는 정신에 입각하여 오류의 성격 및 그 정상의 경중에 따라 비판, 교육을 하거나 나아가서 기율적 처벌을 내려야 한다.

형법을 엄중하게 위범한 당원은 출당시켜야 한다.

당내에서 당 규약과 국가 법률에 위반되는 수단은 당원에게 적용하는 것을 엄금하며 타격보복을 하거나 무고함해 하는 것을 엄금한다. 이 규정을 위반한 조직 또는 개인은 당기율과 국가 법률의 추궁을 받아야 한다.

제39조 당의 기율적 처벌에는 경고, 엄중경고, 당내직무취소, 권리정지, 출당 등 5가지가 있다.

권리정지 기한은 가장 길어도 2년을 넘지 못한다. 당원은 권리정지 기간에 표결권과 선거권, 피선거권이 없다. 당원이 권리정지를 통하여 확실히 자기의 과오를 고쳤을 경우에는 그의 당원으로서의 권리를 회복시켜야 하며 자기의 과오를 고치지 않고 계속 고집할 경우에는 출당시켜야 한다.

출당은 당내의 최고처벌이다. 각급 당 조직은 당원에 대한 출당처벌을 결정 또는 승인할 때 관련 자료와 의견을 전면적으로 검토하고 극히 신중한 태도를 취하여야 한다.

제40조 당원에 대한 기율적 처벌은 반드시 지부대회에서 토의결정하고 이를 기층당위원회에 보고하여 승인을 받아야 한다. 관련되는 문제가 비교적 중요하거나 복잡할 경우 또는 당원에게 출당처벌을 줄 경우에는 상황에 따라 이를 현급 또는 현급 이상의 당기율검사위원회에 보고하여 심사승인을 받아야 한다. 특수한 경우 현급 및 현급 이상 각급 당위원회와 기율검사위원회는 당원에 대한 기율적 처벌을 직접 결정할 권리를 가진다.

당 중앙위원회와 지방 각급 당위원회의 위원, 후보위원에 대한 당내직무취소, 권리정지 또는 출당 처벌의 적용은 당사자 소속 당위원회 전체회의의 3분의 2 이상의 다수가 찬성하여야 결정할 수 있다. 특수한 경우 당 중앙정치국 또는 지방 각급 당위원회 상무위원회가 먼저 처리결정을 짓고 후에 열린 당위원회 전체회의에서 사후승인을 받을 수 있다. 지방 각급 당위원회 위원과 후보위원에 대한 상술한 처벌의 적용은 반드시 상급당위원회의 승인을 받아야 한다.

형법을 엄중하게 위범한 당 중앙위원회 위원, 후보위원에 대하여는 당 중앙정치국이 그의 출당을 결정하며 형법을 엄중하게 위범한 지방 각급 당위원회의 위원, 후보위원에 대하여는 동급 당위원회 상무위원회가 그의 출당을 결정한다.

제41조 당 조직에서 당원에게 처벌결정을 내릴 때에는 실사구시적으로 사실을 조사, 규명하여야 한다. 처벌결정의 근거가 되는 사실자료와 처벌결정을 당사자에게 보여주고 당사자의 상황설명과 변호를 들어보아야 한다. 당사자는 처벌결정에 불복할 경우 상소할 수 있으며 이에 대하여 관련 당 조직은 방치하지 말고 책임적으로 처리하거나 빨리 이송하여야 한다. 확실히 그릇된 의견과 부당한 요구를 고집하는 것이 확실한 사람에 대하여서는 비판과 교육을 행하여야 한다.

제42조 당 조직의 당 기율을 수호하는 면에서 자기 직책을 제대로 수행하지 못하였을 경우에는 추궁을 받아야 한다.

당 기율을 엄중하게 위반하였고 또 자체로서 시정할 수 없는 당 조직에 대하여서는 바로 위 당위원회가 사실을 조사 규명한 다음 정상의 엄중 정도에 따라 재구성결정 또는 해산결정을 짓고 이를 한 급 더 높은 당위원회에 보고하여 심사승인을 받은 다음 공식적으로 선포, 집행하여야 한다.

제8장 당의 기율검사기관

제43조 당의 중앙기율검사위원회는 당 중앙위원회의 지도 밑에서 사업한다. 당의 지방 각급 기율검사위원회와 기층 기율검사위원회는 동급 당위원회와 상급 기율검사위원회의 이중적 지도 밑에서 사업한다.

당의 각급 기율검사위원회의 임기는 동급 당위원회의 임기와 같다.

당의 중앙기율검사위원회 전체회의는 상무위원회 및 서기, 부서기를 선거하고 이를 당 중앙위원회에 보고하여 승인을 받는다. 당의 지방 각급 기율검사위원회 전체회의는 상무위원회 및 서기, 부서기를 선거하고 동급 당위원회에서 통과한 다음 이를 상급 당위원회에 보고하여 승인을 받는다. 기층당위원회에 기율검사위원회를 두는가, 기율검사위원을 두는가 하는 것은 그의 바로 위 당 조직이 구체적인 상황에 따라 결정한다. 당 총지부위원회 및 당지부위원회에는 기율검사위원을 둔다.

당의 중앙기율검사위원회는 활동의 필요에 따라 중앙당 및 국가기관에 당 기율검사조 또는 기율검사원을 파견할 수 있다. 기율검사조 조장 또는 기율검사원은 해당 기관의 당지도조직의 관련 회의에 참석할 수 있다. 그들의 사업은 해당 기관 당지도조직의 지지를 받아야 한다.

제44조 당의 각급 기율검사위원회의 주요임무는 당 규약 및 기타 당내법규를 수호하고 당의 노선, 방침, 정책, 결정의 집행상황을 검사하며 당위원회와 협조하여 당풍건설을 강화하고 부패척결사업을 조직, 조율하는 것이다.

각급 기율검사위원회는 당원들에게 기율준수를 위한 교육을 일상적으로 진행하고 당 기율을 수호하는 데 필요한 결정을 내리며 당원 지도간부들의 권력행사를 감독하며 당 조직 또는 당원이 당규약과 기타 당내법규를 위반한 비교적 중요하거나 복잡한 사건을 검사, 처리하고 이러한 사건에 관련된 당원에 대한 처벌을 결정 또는 취소하며 당원의 고소와 신소를 수리하며 당원의 권리를 보장한다.

각급 기율검사위원회는 특별히 중요하거나 복잡한 사건을 처리할 때 문제점과 처리결과를 동급 당위원회에 보고하여야 한다. 당의 지방 각급 기율검사위원회와 기층 기율검사위원회는 동시에 또 상급 기율검사위원회에 이를 보고하여야 한다.

각급 기율검사위원회는 동급 당위원회 위원의 당 기율 위반행위를 발견하였을 경우에 먼저 기초조사를 진행할 수 있으며, 정식 안건으로 취급하여 조사해야 할 필요성이 있는 경우에는 동급 당위원회에 보고하여 승인을 받고 상무위원과 관련되는 것은 동급 당위원회에 보고한 후 바로 위 기율검사위원회에 보고하여 승인을 받아야 한다.

제45조 상급 기율검사위원회는 하급 기율검사위원회의 사업을 검사할 권리가 있으며 사건에 대한 하급 기율검사위원회의 결정을 승인 또는 변경시킬 권한이 있다. 만일 변경시켜야 할 해당 하급 기율검사위원회의 결정이 이미 그 동급 당위원회의 승인을 받은 것이라면 그 바로 위 당위원회의 승인을 얻어야 그 결정을 변경시킬 수 있다.

당의 지방 각급 기율검사위원회와 기층 기율검사위원회는 사건에 대한 동급 당위원회의 처리결정에 대하여 상이한 의견이 있을 경우에는 바로 위 기율검사위원회에 재심사할 것을 요청할 수 있으며 동급 당위원회 또는 그 성원이 당 기율을 위반한 정형이 있음에도 동급 당위원회가 그것을 해결하지 않거나 정확히 해결하지 않는 현상을 발견하였을 경우에는 상급 기율검사위원회에 신소하고 그 처리의 협조를 청구할 권리가 있다.

제9장 당조

제46조 중앙과 지방의 국가기관, 인민단체, 경제조직, 문화조직 및 기타 비당조직의 지도기관에 당조를 내올 수 있다. 당조는 지도핵심적 역할을 발휘하여야

한다. 당조의 임무는 주로 당의 노선, 방침, 정책을 책임지고 관철집행하며 자기 단위의 중대한 문제를 토의결정하며 간부관리 사업을 잘 해나가며 비당원간부와 대중을 단합하여 당과 국가에서 맡겨준 임무를 완수하며 기관 및 직속단위 당 조직의 사업을 지도하는 것이다.

제47조 당조의 구성원은 당조의 설립을 승인한 당 조직이 결정한다. 당조에는 서기를 두며 필요한 경우 부서기를 둘 수도 있다.

당조는 그 설립을 승인한 당 조직의 지도에 복종하여야 한다.

제48조 산하단위에 대하여 중앙집권적 통일지도를 실시하는 국가사업 부문에 당위원회를 설립할 수 있으며 당위원회의 산생방법, 직권 및 사업임무에 대하여서는 당 중앙이 따로 규정한다.

제10장 당과 공산주의 청년단과의 관계

제49조 중국공산주의청년단은 중국공산당이 지도하는 선진청년들의 대중적 조직이며 광범한 청년들이 실천을 통해 중국 특색의 사회주의와 공산주의를 배우는 학교이며 당의 조수이며 후비군이다. 공산주의청년단 중앙위원회는 당 중앙위원회의 지도를 받는다. 공산주의청년단 지방 각급 조직은 동급 당위원회의 지도를 받는 동시에 공산주의청년단 상급조직의 지도를 받는다.

제50조 각급 당위원회는 공산주의청년단에 대한 지도를 강화하며 당 간부의 선발과 양성에 주의를 기울여야 한다. 당은 공산주의청년단이 광범한 청년들의 특성과 수요에 근거하여 생기발랄하게, 창조적으로 사업하도록 견결히 지지해줌으로써 공산주의청년단의 돌격대로서의 역할과 광범한 청년들과 연계를 맺는 교량으로서의 역할을 충분히 발휘시켜야 한다.

현급 또는 현급 이하의 공산주의청년단 각급 위원회의 서기, 기업사업 단위의 공산주의청년단 위원회서기가 당원일 경우에는 동급 당위원회 또는 그 상무위원회의 회의에 참석할 수 있다.

제11장 당의 휘장과 당기

제51조 중국공산당의 휘장은 낫과 망치의 도안으로 구성되었다.

제52조 중국공산당의 당기는 깃발에 금빛 당휘장이 새겨져 있는 붉은 기이다.

제53조 중국공산당의 휘장과 당기는 중국공산당의 상징이며 표지이다. 각급 당 조직과 모든 당원들은 당의 휘장과 당기의 존엄을 수호하여야 한다. 당의 휘장과 당기는 규정대로 제작, 사용하여야 한다.

2

중화인민공화국 헌법

1982년 12월 4일 중화인민공화국 전국인민대표대회 제5기 제5차 회의 통과; 1982년 12월 4일 전국인민대표대회가 공포, 시행을 공고함; 1988년 4월 12일 전국인민대표대회 제7기 제1차 회의가 통과시킨 ≪중화인민공화국 헌법 개정안≫, 1993년 3월 29일 전국인민대표대회 제8기 제1차 회의가 통과시킨 ≪중화인민공화국 헌법 개정안≫, 1999년 3월 15일 전국인민대표대회 제9기 제2차 회의가 통과시킨 ≪중화인민공화국 헌법 개정안≫, 2004년 3월 14일 전국인민대표대회 제10기 제2차 회의가 통과시킨 ≪중화인민공화국 헌법 개정안≫에 근거하여 개정.

차 례

서언

제1장 총강

제2장 공민의 기본 권리와 의무

제3장 국가기구

제1절 전국인민대표대회

제2절 중화인민공화국 주석

제3절 국무원

제4절 중앙군사위원회

제5절 지방 각급 인민대표대회 및
지방 각급 인민정부

제6절 민족자치지방의 자치기관

제7절 인민법원과 인민검찰원

제4장 국기, 국가, 국장, 수도

서언

중국은 세계에서 역사가 가장 오랜 나라의 하나이다. 중국의 각 민족 인민들은 찬란한 문화를 공동으로 창조하였으며 영광스러운 혁명전통을 가지고 있다.

봉건국가이던 중국은 1840년부터 점차 반식민지 반봉건국가로 전락하였다. 중국 인민은 나라의 독립과 민족의 해방과 민주주의와 자유를 위하여 앞사람이 쓰러지면 뒷사람이 계속 따라 일어서면서 용감하게 싸워왔다.

20세기에 접어들어 중국에는 천지개벽의 위대한 역사적 변혁이 일어났다.

1911년에 손중산 선생이 영도한 신해혁명은 봉건군주제를 폐지하고 중화민국을 창건하였다. 그러나 제국주의와 봉건주의를 반대하는 중국 인민의 역사적 임무가 완성된 것은 아니었다.

모택동 주석을 수령으로 하는 중국공산당은 중국 각 민족 인민을 이끌고 장기간에 걸친 굴곡 많은 어려운 무장투쟁과 기타 형태의 투쟁을 벌임으로써 1949년에 드디어 제국주의, 봉건주의, 관료 자본주의의 통치를 뒤엎고 신민주주의 혁명의 위대한 승리를 쟁취하였으며 중화인민공화국을 창건하였다. 이때로부터 중국 인민은 나라의 권력을 장악하게 되었고 나라의 주인이 되었다.

중화인민공화국이 창건된 후 우리나라는 신민주주의 사회로부터 사회주의 사회로의 이행을 점차 실현하였다. 생산수단의 사적소유에 대한 사회주의적 개조가 완성되었고 인간에 의한 인간의 착취가 청산되었으며 사회주의 제도가 확립되었다.

노동계급이 영도하는, 노농동맹에 기초한 인민민주주의독재, 즉 본질에 있어서는 무산계급독재가 공고히 발전되었다. 중국 인민과 중국 인민해방군은 제국주의와 패권주의의 침략과 파괴와 무력적 도발을 쳐부시고 나라의 독립과 안전을 수호하였으며 국방을 강화하였다. 경제건설이 큰 성과를 달성하여 자립적이고 비교적 완전한 사회주의적 공업체계가 기본적으로 마련되었으며 농업생산이 현저히 늘어났다. 교육, 과학, 문화 등 사업이 커다란 발전을 가져왔으며 사회주의 사상교육이 뚜렷한 성과를 달성하였다. 광범한 인민들의 생활 또한 많이 향상되었다.

중국에서의 신민주주의 혁명의 승리와 사회주의 사업의 성과는 중국공산당이 마르크스-레닌주의, 모택동사상을 지침으로 하여 진리를 견지하고 오류를 시정하면서 중국 각 민족 인민을 영도하여 온갖 난관과 애로를 이겨내고 이룩한 것이다. 우리나라는 장기간 사회주의 초급단계에 있게 될 것이다. 국가의 근본 과업은 중국 특색의 사회주의 길을 따라 역량을 집중하여 사회주의 현대화건설을 진행하는 것이다. 중국 각 민족 인민들은 계속 중국공산당의 영도하에 마르크스-레닌주의, 모택동 사상, 등소평이론, “세 가지 대표” 중요사상의 인도하에 인민민주주의독재를 견지하며 사회주의 길을 견지하고 개혁과 개방을 견지하고 사회주의 제반 제도를 부단히 완성하며 사회주의 시장경제를 발전시키고 사회주의적 민주주의를 발전시키며 사회주의 법제를 건전히 하며 자력갱생하고 간고분투하여 공업, 농업, 국방, 과학기술의 현대화를 점진적으로 실현하며 물질문명, 정치문명 및 정신문명의 조화로운 발전을 추진함으로써 우리나라를 부강하고 민주주의적이고 문명한 사회주의 나라로 건설할 것이다.

우리나라에서 계급으로서의 착취계급은 이미 소멸되었으나 계급투쟁은 아직 일정한 범위 안에서 장기간 존재할 것이다. 중국 인민은 우리나라의 사회주의 제도를 적대시하고 파괴하는 국내외의 적대세력 및 적대분자를 반대하여 투쟁하지 않으면 안 된다.

대만은 중화인민공화국의 신성한 영토의 한 부분이다. 조국통일의 위업을 완수하는 것은 대만 동포를 망라한 전 중국 인민의 성스러운 책임이다.

사회주의 건설 사업은 노동자, 농민 및 지식인에 의거하고 단결할 수 있는 모든 역량과 단결하여 진행하여야 한다. 장기간의 혁명과 건설 행정에서 중국공산당이 영도하는, 각 민주당파와 각 인민단체가 참가한, 전체 사회주의 근로자, 사회주의 사업의 건설자, 사회주의를 옹호하는 애국자와 조국통일을 옹호하는 애국자들을 망라한 광범위한 애국통일전선이 결정되었다. 이 통일전선은 앞으로 계속 공고히 발전할 것이다. 중국 인민정치협상회의는 광범한 대표성을 띤 통일전선조직으로서 지난날 중요한 역사적 역할을 감당하였거니와 앞으로도 나라의 정치생활과 사회생활 및 대외적 우호활동에서, 사회주의적 현대화건설을 진행하며 나라의 통일과 단결을 수호하는 투쟁에서 그 중요한 역할을 한층 더 발휘하게 될 것이다. 중국 공산당이 영도하는 다당합작 및 정치협상 제도는 장기적으로 존재하고 발전할 것이다.

중화인민공화국은 전국의 각 민족 인민이 공동으로 창건한 통일된 다민족국가이다. 평등, 단결, 상호협조의 사회주의 민족관계가 이미 확립되었으며 계속 강화될 것이다. 민족단결을 수호하기 위한 투쟁에서 大민족주의, 즉 大漢族주의를 반대하여야 하며 지방민족주의도 반대하여야 한다. 국가는 전국 각 민족의 공동의 번영을 위하여 최선을 다할 것이다.

중국이 혁명과 건설에서 달성한 성과는 세계 인민의 지지와 갈라놓을 수 없다. 중국의 미래는 세계의 미래와 긴밀히 연계되어 있다. 중국은 독립자주적인 대외정책을 견지하며 주권과 영토보존에 대한 상호존중, 상호불가침, 내정에 대한 상호불간섭, 평등과 호혜, 평화공존의 5개 원칙을 견지하면서 나라들과의 외교관계와 경제적, 문화적 교류를 발전시킬 것이며 일관되게 제국주의, 패권주의, 식민주의를 반대하며 세계 여러 나라 인민들과의 단결을 강화하며 민족독립의 쟁취 및 수호와 민족경제의 발전을 위한 피압박민족과 발전도상에 있는 나라들의 정의적 투쟁을 지지하며 세계평화를 수호하고 인류의 진보사업을 추진하기 위하여 노력할 것이다.

중국 각 민족 인민이 투쟁에서 쟁취한 성과를 법률적 형식으로 확인하였고 나라의 기본 제도와 기본 임무를 규정한 이 헌법은 나라의 기본법으로서 최고의 법적 효력을 가진다. 전국의 각 민족 인민, 모든 국가기관과 무장력, 각 정당과 각 사회단체, 각 기업조직들은 헌법을 기본적인 활동준칙으로 삼아야 하며 헌법의 존엄을 수호하고 헌법의 실시를 담보할 의무를 지닌다.

제1장 총강

제1조 중화인민공화국은 노동계급이 영도하는, 노동동맹에 기초한 인민민주주의 독재의 사회주의국가이다.

사회주의 제도는 중화인민공화국의 기본 제도이다. 어떤 조직 또는 개인이든지 사회주의 제도를 파괴하지 못한다.

제2조 중화인민공화국의 모든 권력은 인민에게 있다.

인민이 국가권력을 행사하는 기관은 전국인민대표대회 및 지방 각급 인민대표대회이다.

인민은 법률이 정한데 따라 여러 가지 경로와 형식을 통하여 국가 사무를 관리하며 경제, 문화 사업을 관리하여 사회 사무를 관리한다.

제3조 중화인민공화국의 국가기구는 민주집중제 원칙을 실시한다.

전국인민대표대회 및 지방 각급 인민대표대회는 민주주의적 선거에 의하여 조직되며 인민 앞에 책임지고 인민의 감독을 받는다.

국가 행정기관, 재판기관, 검찰기관은 인민대표대회에 의하여 조직되며 인민대표대회 앞에 책임지고 인민대표대회의 감독을 받는다.

중앙정부 기구와 지방정부 기구의 직권은 중앙의 통일적인 영도하에 지방의 능동성과 적극성을 충분히 발휘시키는 원칙에 따라 정한다.

제4조 중화인민공화국의 각 민족은 일률로 평등하다. 국가는 각 소수민족들의 합법적인 권리와 이익을 보장하며 각 민족 간의 평등, 단결, 상호협조의 관계를 수호하고 발전시킨다. 어떤 민족에 대하여 차별시하거나 억압하는 것을 금지하며 민족 간의 단결을 파괴하고 민족의 분열을 조작하는 행위를 금지한다.

국가는 각 소수민족의 특성과 수요에 근거하여 각 소수민족 지구에서 경제와 문화를 급속히 발전시키도록 도와준다.

소수민족이 거주하는 지방들은 구역자치를 실시하며 자치기관을 두며 자치권을 행사한다. 민족자치를 실시하는 지방들은 모두 중화인민공화국의 갈라놓을 수 없는 부분이다.

각 민족은 자기의 말과 글을 사용하고 발전시킬 자유를 가지며 자기의 풍속과 습관을 보존 또는 개혁할 자유를 가진다.

제5조 중화인민공화국은 법에 의하여 나라를 다스리며 사회주의 법치국가를 건설한다.

국가는 사회주의적 법제의 통일과 존엄을 수호한다.

모든 법률, 행정법규 및 지방적 법규는 헌법에 어긋나서는 안 된다.

모든 국가기관과 무장력, 각 정당과 각 사회단체, 각 기업조직들은 헌법과 법률을 지켜야 한다. 헌법과 법률을 위반하는 모든 행위는 반드시 추궁하여야 한다.

그 어떤 조직이나 개인도 헌법과 법률을 초월하는 특권을 가지지 못한다.

제6조 중화인민공화국의 사회주의적 경제제도의 기초는 생산수단에 대한 사회주의적 공동소유 즉 전 인민적 소유와 근로대중의 집단적 소유이다. 사회주의적 공동소유는 인간에 의한 인간의 착취를 청산하고 각자는 능력에 따라 일하고 각자에게는 노동에 따라 분배하는 원칙을 실시한다.

국가는 사회주의 초급단계에 공동소유를 주체로 하고 여러 가지 소유의 경제가 함께 발전하는 기본 경제제도를 견지하며 노동에 따른 분배를 주체로 하고 여러 가지 분배방식을 병존시키는 분배제도를 견지한다.

제7조 국유경제 즉 사회주의적 전 인민적 소유의 경제는 국민경제에서의 주도적 역량이다. 국가는 국유경제의 공고발전을 보장한다.

제8조 농촌의 집단 경제조직은 세대별 도급경영을 기초로 하고 통일경영과 분산경영이 결합된 이중경영 체제를 실시한다. 농촌의 생산, 공급판매, 신용, 소비 등 여러 가지 형태의 합작경제는 근로대중의 사회주의적 집단소유의 경제이다. 농촌의 집단 경제조직에 들어있는 근로자는 법률이 정한 범위 안에서 자류지, 자류산, 가정부업을 경영하고 자류가축을 사양할 권리를 가진다.

도시와 진의 수공업, 공업, 건축업, 운수업, 상업, 서비스업 등 업종들에서의 여러 가지 형태의 합작경제는 모두 근로대중의 사회주의적 집단소유의 경제이다.

국가는 도시와 농촌의 집단 경제조직의 합법적 권리와 이익을 보호하며 집단경제의 발전을 장려, 지도, 방조한다.

제9조 지하자원, 수역, 삼림, 산, 초원, 황무지, 개펄 등 자연자원은 모두 국가소유 즉 전 인민적 소유이다. 법률이 정한데 따라 집단적 소유로 되는 삼림, 산, 초원,

황무지, 개펄은 이에 속하지 않는다.

국가는 자연자원의 합리적 이용을 보장하며 진귀한 동식물을 보호한다. 어떤 조직 또는 개인이든지 그 어떤 수단으로도 자연자원을 침해 또는 파괴하지 못한다.

제10조 도시의 토지는 국가소유이다.

농촌과 도시 교외지구의 토지는 법률이 정한데 따라 국가소유로 되는 것을 제외하고는 집단소유이며 터전, 자류지, 자류산도 집단소유이다.

국가는 공공이익의 필요에 의하여 법률이 정한데 따라 토지를 징수 또는 징용하고 보상을 줄 수 있다.

어떤 조직 또는 개인이든지 토지를 침점, 매매하거나 기타의 형식을 취하여 불법적으로 양도하지 못한다. 토지의 사용권은 법률이 정한데 따라 양도할 수 있다.

토지를 사용하는 모든 조직과 개인은 토지를 합리적으로 이용하여야 한다.

제11조 법률이 정한 범위 안에 있는 자영경제, 사영경제 등 비공동 소유경제는 사회주의 시장경제의 중요한 구성부분이다.

국가는 자영경제, 사영경제 등 비공유제 경제의 합법적인 권리와 이익을 보호한다. 국가는 비공유제 경제의 발전을 장려, 지지, 인도하며 비공유제 경제에 대하여 법에 의한 감독과 관리를 실시한다.

제12조 사회주의적 공동재산은 신성불가침이다.

국가는 사회주의적 공동재산을 보호한다. 어떤 조직 또는 개인이든지 그 어떤 수단으로도 국가재산이나 집단재산을 침해 또는 파괴하지 못한다.

제13조 공민의 합법적인 사유재산은 불가침이다.

국가는 법률이 정한데 따라 공민의 사유재산권과 상속권을 보호한다.

국가는 공공이익의 필요에 의하여 법률이 정한데 따라 공민의 사유재산을 징수 또는 징용하고 보상을 줄 수 있다.

제14조 국가는 근로자들의 적극성과 기술수준을 높이고 선진적 과학기술을 보급시키며 경제관리 체제와 기업의 경영관리 제도를 완비하며 여러 가지 형태의 사회주의적 책임제를 실시하며 노동조직을 개선함으로써 끊임없이 노동 생산성과 경제 효율성을 높이고 사회생산력을 발전시킨다.

국가는 절약에 힘쓰고 낭비를 반대한다.

국가는 축적과 소비를 합리하게 설정하며 국가, 집단 및 개인의 이익을 고루 돌보며 생산발전에 기초하여 점차 인민들의 물질문화생활을 향상시킨다.

국가는 경제발전 수준에 부응하는 사회보장제도를 구축하고 건전히 한다.

제15조 국가는 사회주의 시장경제를 실시한다.

국가는 경제입법을 강화하고 거시적 조절통제를 완성한다.

국가는 어떤 조직 또는 개인이든지 사회경제질서를 교란하는 것을 법에 의하여 금지한다.

제16조 국유기업은 법률이 정한 범위 안에서 자주적 경영의 권리를 가진다.

국유기업은 법률이 정한데 따라 종업원대표대회 또는 그 밖의 형식을 통하여 민주주의적 관리를 실시한다.

제17조 집단경제조직은 해당 법률을 준수하는 전제하에 경제활동을 독자적으로 운영할 자주권을 가진다.

집단경제조직은 민주주의적 관리를 실시하며 법률이 정한데 따라 관리자를 선거 및 소환하며 경영관리상의 중대한 문제를 결정한다.

제18조 중화인민공화국은 외국의 기업, 기타 경제조직 또는 개인이 중화인민공화국의 법률이 정한데 따라 중국에서 투자를 하며 중국의 기업 또는 기타 경제조직과 여러 가지 형태의 경제협력을 하는 것을 허가한다.

중국 내에 있는 외국기업과 기타 경제조직과 중외합자경영기업은 중화인민공화국의 법률을 지켜야 한다. 그들의 합법적 권리와 이익은 중화인민공화국의 법적 보호를 받는다.

제19조 국가는 사회주의 교육사업을 발전시키며 전국 인민의 과학문화 지식수준을 높인다.

국가는 여러 가지 유형의 학교를 설립 운영하며 초등의무교육을 보급시키며 중등교육, 직업교육 및 고등교육을 발전시키며 학령전교육을 발전시킨다.

국가는 각종 교육시설을 발전시킴으로써 문맹을 퇴치하고 노동자, 농민, 국가공무원 및 기타 근로자들에게 정치, 문화, 과학, 기술, 실무 교육을 진행하며 자습에 의한 자질 제고를 장려한다.

국가는 집단경제조직, 국가기업조직, 기타 사회적 역량이 법률이 정한데 따라 여러 가지 유형의 교육 사업을 운영하는 것을 장려한다.

국가는 전국적으로 통용되는 표준어를 보급한다.

第20조 국가는 자연과학과 사회과학 사업을 발전시키며 과학지식과 기술지식을 보급하며 과학 연구성과와 기술적 발명 창조를 장려한다.

第21조 국가는 의료위생 사업을 발전시키고 현대적 의약과 우리나라 정통적 의약을 발전시키며 농촌 집단경제조직, 국가기업조직 및 거주구 조직들에서 각종 의료위생시설을 설치 운영하는 것을 장려, 지지하며 대중적 위생활동을 벌이며 인민의 건강을 보호한다.

국가는 체육 사업을 발전시키며 대중적 체육활동을 벌여 인민의 체력을 증진시킨다.

第22조 국가는 인민과 사회주의를 위하여 봉사하는 문학예술사업; 신문, 라디오 방송, 텔레비전 방송사업; 출판발행사업; 도서관, 박물관, 문화관 및 기타 문화 사업을 발전시키며 대중적 문화 활동을 전개한다.

국가는 명승고적, 진귀한 문화재와 그 밖의 중요한 역사 문화유산을 보호한다.

第23조 국가는 사회주의를 위하여 봉사할 각종 전문 인재를 양성하고 지식인을 늘이며 사회주의적 현대화건설에서 지식인들이 역할을 남김없이 발휘할 수 있도록 조건을 마련한다.

第24조 국가는 이상교육, 도덕교육, 문화지식교육, 규율 및 법제 교육을 보급하며 도시와 농촌의 각 분야의 대중들 속에서 각종 수칙, 공약을 제정 집행하게 함으로써 사회주의적 정신문명 건설을 강화한다.

국가는 조국을 사랑하고 인민을 사랑하고 노동을 사랑하고 과학을 사랑하고 사회주의를 사랑하는 도덕을 제창하며 인민들 속에서 애국주의, 집단주의, 국제주의, 공산주의 교육을 실시하며 변증법적 유물론과 역사적 유물론에 대한 교육을 실시하며 자본주의적, 봉건주의적 부패한 사상 및 기타 부패한 사상을 반대한다.

第25조 국가는 계획출산을 실시함으로써 인구의 성장을 경제 및 사회 발전계획에 적응되도록 한다.

第26조 국가는 생활환경과 생태환경을 보호, 개선하며 오염 및 기타 공해를 예방퇴치한다.

국가는 식수조림을 조직, 장려하며 수목을 보호한다.

제27조 모든 국가기관은 간소화 원칙을 실시하며 사업 책임제를 실시하며 국가 공무원의 양성, 검정 제도를 실시하며 사업의 질과 사업능률을 부단히 높이며 관료주의를 반대한다.

모든 국가기관과 국가공무원은 인민의 지지에 의거하고 언제나 인민들과 밀접한 연계를 가지며 인민들의 의견과 건의를 귀담아듣고 인민들의 감독을 받으며 인민을 위하여 정력적으로 봉사하여야 한다.

제28조 국가는 사회질서를 유지하며 나라를 배반하는 활동과 기타 국가안전을 해치는 범죄활동을 진압하며 사회치안을 해치고 사회주의적 경제를 파괴하는 활동 및 기타 범죄활동을 제재하며 범죄자를 처벌 개조한다.

제29조 중화인민공화국의 무장력은 인민에게 속한다. 그의 임무는 국방을 공고히 하고 침략을 물리치며 조국을 보위하고 인민의 평화적 노동을 보위하며 국가건설 사업에 참가하며 인민을 위하여 정력적으로 봉사하는 것이다.

국가는 무장력의 혁명화, 현대화, 정규화 건설을 강화하며 국방력을 강화한다.

제30조 중화인민공화국의 행정구역은 다음과 같이 나눈다:

(1) 전국은 성, 자치구, 직할시로 나누며;

(2) 성, 자치구는 자치주, 현, 자치현, 시로 나누며;

(3) 현, 자치현은 향, 민족향, 진으로 나눈다.

직할시와 비교적 큰 시는 구, 현으로 나눈다. 자치주는 현, 자치현, 시로 나눈다.

자치구, 자치주, 자치현은 모든 민족자치지방이다.

제31조 국가는 필요한 경우에 특별행정구를 둘 수 있다. 특별행정구에서 실시하는 제도는 구체적 상황에 따라 전국인민대표대회가 법률로 규정한다.

제32조 중화인민공화국은 중국 내에 있는 외국인의 합법적 권리와 이익을 보호한다. 중국 내에 있는 외국인은 중화인민공화국의 법률을 지켜야 한다.

중화인민공화국은 정치적 이유로 인하며 피난을 요구하는 외국인에게 보호받을 권리를 줄 수 있다.

제2장 공민의 기본 권리와 의무

제33조 중화인민공화국 국적을 가지고 있는 사람은 모두 중화인민공화국 공민이다.

중화인민공화국 공민은 법률 앞에서 일률로 평등하다.

국가는 인권을 존중하고 보장한다.

모든 공민은 헌법과 법률이 정한 권리를 가지며 동시에 헌법과 법률이 정한 의무를 이행하여야 한다.

제34조 18세 이상의 중화인민공화국 공민은 민족별, 인종별, 성별, 직업, 가정, 출신, 종교 신앙, 교육정도, 재산, 거주기간에 관계없이 모두 선거권과 피선거권을 가진다. 그러나 법률에 의하여 정치적 권리를 박탈당한 자는 이에 속하지 않는다.

제35조 중화인민공화국 공민은 언론, 출판, 집회, 결사, 행진, 시위의 자유를 가진다.

제36조 중화인민공화국 공민은 종교 신앙의 자유를 가진다.

어떤 국가기관, 사회단체 또는 개인이든지 공민에게 종교를 믿으라고 또는 믿지 말라고 강요하지 못하며 종교를 믿는 또는 믿지 않는 공민을 차별시하여서는 안 된다.

국가는 정상적인 종교 활동을 보호한다. 어떤 사람이든지 종교를 이용하여 사회질서를 파괴하거나 공민의 건강을 해치거나 국가의 교육제도를 방해하는 활동을 하여서는 안 된다.

종교단체와 종교사무는 외세의 지배를 받지 않는다.

제37조 중화인민공화국 공민의 인신자유는 불가침이다.

인민검찰원의 비준이나 결정 또는 인민법원의 결정이 없이 그리고 공안기관의 집행이 없이 그 어떤 공민도 체포하지 못한다.

공민을 불법적으로 구금하거나 기타 방법을 취하여 공민의 인신자유를 불법적으로 박탈 또는 제한하는 것을 금지하며 공민의 몸을 불법적으로 수색하는 것을 금지한다.

제38조 중화인민공화국 공민의 인격의 존엄성은 침해당하지 아니한다. 어떠한

방법으로도 공민에 대하여 모욕·비방 및 무고·모함하는 것을 금지한다.

제39조 중화인민공화국 공민의 주택은 불가침이다. 공민의 주택을 불법적으로 수색하거나 공민의 주택에 불법적으로 침입하는 것을 금지한다.

제40조 중화인민공화국 공민의 통신의 자유와 비밀은 법적 보호를 받는다. 국가 안전상 또는 형사범죄수사상 필요로 하여 공안기관 또는 검찰기관이 법률이 정한 절차에 따라 통신에 대한 검사를 실시하는 경우 외에는 어떤 조직 또는 개인이든지 그 어떤 이유로 공민의 통신의 자유와 비밀을 침범하지 못한다.

제41조 중화인민공화국 공민은 그 어떤 국가기관 또는 국가공무원에 대하여서나 비판, 건의를 제기할 권리를 가지며 그 어떤 국가기관 또는 국가공무원의 위법행위, 직무태만 행위에 대하여서나 해당 국가기관에 청원, 고소 또는 고발할 권리를 가진다. 그러나 사실을 날조 또는 왜곡하여 무고, 모함하지 못한다.

공민의 청원, 고소 또는 고발에 대하여 해당 국가기관은 사실을 조사 해명하여 책임지고 처리하여야 한다. 그 어떤 사람이든지 압제 또는 타격, 보복하지 못한다.

국가기관 또는 국가공무원이 공민의 권리를 침범한 행위로 인하여 손실을 입은 사람은 법률이 정한데 따라 배상을 받을 권리를 가진다.

제42조 중화인민공화국 공민은 노동에 대한 권리와 의무를 가진다.

국가는 여러 가지 방법을 통하여 노동 취업조건을 마련하며 노동보호를 강화하고 노동조건을 개선하며 생산발전에 기초하여 노동보수와 복리대우를 높인다.

노동은 노동능력을 가진 모든 공민의 영예로운 직책이다. 국유기업 및 도시, 농촌 집단경제조직의 근로자들은 나라의 주인답게 자기의 노동을 대하여야 한다. 국가는 사회주의 노동경쟁을 제창하며 모범적인 노동자와 선진 경영인을 표창한다. 국가는 공민의 의무노동을 제창한다.

국가는 취업 전 공민에 대하여 필요한 노동취업훈련을 실시한다.

제43조 중화인민공화국의 근로자는 휴식에 대한 권리를 가진다.

국가는 근로자들의 휴식과 휴양을 위한 시설들을 늘이며 종업원들의 노동시간과 휴가 제도를 규정한다.

제44조 국가는 법률이 정한데 따라 기업조직의 종업원과 국가기관 공무원들의 정년퇴직제도를 실시한다. 정년퇴직자의 생활은 국가와 사회의 보장을 받는다.

제45조 중화인민공화국 공민은 나이가 많거나 병이 있거나 노동능력을 잃었을 경우에 국가 및 사회로부터 물질적 도움을 받을 권리를 가진다. 국가는 공민들이 이러한 권리를 누리는데 필요한 사회보험, 사회구제 및 의료위생 사업을 발전시킨다.

국가와 사회는 상이군인의 생활을 보장하며 열사 유가족을 원호하며 군인가족을 우대한다.

국가와 사회는 소경, 귀머거리, 벙어리 및 기타 지체장애자 공민들의 노동, 생활, 교육 면에 배려한다.

제46조 중화인민공화국 공민은 교육을 받을 권리와 의무를 가진다.

국가는 청년, 소년, 아동들을 품성, 지력, 체력 등의 면에서 전면적으로 발전한 인간으로 키운다.

제47조 중화인민공화국 공민은 과학연구, 문학예술창작 및 기타 문화 활동의 자유를 가진다. 국가는 교육, 과학, 기술, 문학, 예술 및 기타 문화 사업에 종사하는 공민이 인민에 유익한 창조적 사업을 하는데 대하여 장려하며 보조한다.

제48조 중화인민공화국 여성은 정치, 경제, 문화, 사회 및 가정생활 등 모든 면에서 남자와 평등한 권리를 가진다.

국가는 여성의 권리와 이익을 보호하며 남녀동일보수의 원칙을 실시하며 여성간부를 양성하고 등용한다.

제49조 혼인, 가정, 어머니와 어린이는 국가의 보호를 받는다.

부부 쌍방은 계획출산을 실시할 의무를 지닌다.

부모는 미성년 자녀를 부양, 교육할 의무를 지니고 성년 자녀는 부모를 부양, 방조할 의무를 지닌다.

혼인의 자유를 파괴하는 것을 금지하며 노인, 여성, 어린이를 학대하는 것을 금지한다.

제50조 중화인민공화국 화교의 정당한 권리와 이익을 보호하며 귀국화교 및 화교권속의 합법적 권리와 이익을 보호한다.

제51조 중화인민공화국 공민은 자유와 권리를 행사함에 있어서 국가, 사회, 집단의 이익과 다른 공민의 합법적 자유와 권리에 손해를 주지 못한다.

第52조 중화인민공화국 공민은 나라의 통일과 전국 각 민족의 단결을 수호할 의무를 지닌다.

第53조 중화인민공화국 공민은 헌법과 법률을 지키고 국가의 비밀을 지키며 공공재산을 아끼고 사랑하며 노동규율을 지키며 공공질서를 지키며 사회도덕을 존중하여야 한다.

第54조 중화인민공화국 공민은 조국의 안전, 영예 및 이익을 수호할 의무를 지니며 조국의 안전, 영예 및 이익을 해치는 행위를 하지 못한다.

第55조 조국을 보위하며 침략을 물리치는 것은 중화인민공화국 모든 공민의 성스러운 의무이다.

법률에 따라 군대에 복무하며 민병조직에 참가하는 것은 중화인민공화국 공민의 영예로운 의무이다.

第56조 중화인민공화국 공민은 법률에 따라 세금을 바칠 의무를 지닌다.

제3장 국가기구

제1절 전국인민대표대회

第57조 중화인민공화국 전국인민대표대회는 최고 국가권력기관이다. 그 상설기관은 전국인민대표대회 상무위원회이다.

第58조 전국인민대표대회 및 전국인민대표대회 상무위원회는 국가의 입법권을 행사한다.

第59조 전국인민대표대회는 성, 자치구, 직할시, 특별행정구 및 군대에서 선출한 대표들로 구성한다. 각 소수민족은 적당한 수의 대표를 보유해야 한다.

전국인민대표대회 대표선거는 전국인민대표대회 상무위원회가 조직 지도한다.

전국인민대표대회 대표 수와 대표 선출방법은 법률로 규정한다.

第60조 전국인민대표대회의 임기는 5년으로 한다.

전국인민대표대회 상무위원회는 전국인민대표대회 임기가 끝나기 두 달 전에 다음 전국인민대표대회 대표선거를 끝내야 한다. 선거를 할 수 없는 비상사태가 발생했을 경우에는 전국인민대표대회 상무위원회 구성원 전원의 3분의 2 이상이 찬성하면 그 선거를 미루고 전국인민대표대회의 임기를 연장할 수 있다. 비상사태가 종료되면 1년 안으로 다음 전국인민대표대회 대표선거를 끝내야 한다.

제61조 전국인민대표대회 회의는 1년에 1차례 전국인민대표대회 상무위원회가 소집한다. 전국인민대표대회 상무위원회가 필요하다고 인정할 경우 또는 전국인민대표대회 대표의 5분의 1 이상의 요청이 있을 때에는 전국인민대표대회 회의를 임시로 소집할 수 있다.

전국인민대표대회 회의를 진행할 때에는 주석단을 선거하여 회의를 집행하게 한다.

제62조 전국인민대표대회는 다음과 같은 직권을 행사한다:

(1) 헌법을 개정한다;

(2) 헌법의 실시를 감독한다;

(3) 형사, 민사, 국가기구, 기타에 관한 기본 법률을 제정 또는 개정한다;

(4) 중화인민공화국 주석, 부주석을 선거한다;

(5) 중화인민공화국 주석의 제의에 의하여 국무원 총리 인선을 결정하며 국무원 총리의 제의에 의하여 국무원 부총리, 국무위원, 각 부 부장, 각 위원회 주임, 審計長, 비서장 인선을 결정한다;

(6) 중앙군사위원회 주석을 선거하며 중앙군사위원회 주석의 제의에 의하여 중앙군사위원회 기타 구성원 인선을 결정한다;

(7) 최고인민법원 원장을 선거한다;

(8) 최고인민검찰원 검찰장을 선거한다;

(9) 국민경제 및 사회발전 계획과 그 집행 상황에 관한 보고를 심사 비준한다;

(10) 국가예산과 그 집행 상황에 관한 보고를 심사 비준한다;

(11) 전국인민대표대회 상무위원회의 타당하지 않은 결정을 변경 또는 폐지한다;

(12) 성, 자치구 및 직할시의 설치를 비준한다;

(13) 특별행정구의 설치 및 그 제도를 결정한다;

(14) 전쟁과 평화에 대한 문제를 결정한다;

(15) 최고 국가권력기관이 행사하여야 할 기타 직권을 행사한다.

제63조 전국인민대표대회는 다음과 같은 인원들을 소환 또는 해임할 권한을

가진다:

(1) 중화인민공화국 주석, 부주석;

(2) 국무원 총리, 부총리, 국무위원 각 부 부장, 각 위원회 주임, 審計長, 비서장;

(3) 중앙군사위원회 주석 및 중앙군사위원회 기타 구성원;

(4) 최고인민법원 원장;

(5) 최고인민검찰원 검찰장.

第64조 헌법은 전국인민대표대회 상무위원회 또는 전국인민대표대회 대표의 5분의 1 이상의 요청이 있고 전국인민대표대회 대표 전원의 3분의 2 이상이 찬성하여야 개정된다.

법률 및 기타 의안은 전국인민대표대회 대표 전원의 과반수 이상이 찬성하여야 채택된다.

第65조 전국인민대표대회 상무위원회는 다음과 같은 인원들로 구성한다:

위원장,

부위원장 약간 명,

비서장,

위원 약간 명.

전국인민대표대회 상무위원회 구성원에는 적당한 수의 소수민족 대표가 있어야 한다.

전국인민대표대회는 전국인민대표대회 상무위원회 구성원들을 선거하며 또한 그들을 소환할 권한을 가진다.

전국인민대표대회 상무위원회의 구성원은 국가 행정기관, 재판기관 및 검찰기관의 직무를 맡지 못한다.

第66조 전국인민대표대회 상무위원회의 임기는 해당 전국인민대표대회의 임기와 같으며 이 상무위원회는 다음 전국인민대표대회에서 새로운 상무위원회가 선출될 때까지 직권을 행사한다.

위원장과 부위원장은 2기 이상 연임하지 못한다.

第67조 전국인민대표대회 상무위원회는 다음과 같은 직권을 행사한다:

(1) 헌법을 해석하며 헌법의 실시를 감독한다;

(2) 전국인민대표대회가 제정하여야 할 법률 이외의 다른 법률들을 제정 또는 개정한다;

(3) 전국인민대표대회 휴회기간에 전국인민대표대회가 제정한 법률을 부분적으로 보충 개정한다. 그러나 해당 법률의 기본원칙에 저촉되어서는 안 된다;

(4) 법률을 해석한다;

(5) 전국인민대표대회 휴회기간에 국민경제 및 사회발전 계획과 국가예산의 집행과정에 제기되는 필요한 부분적 조정안을 심사 비준한다;

(6) 국무원, 중앙군사위원회, 최고인민법원 및 최고인민검찰원의 사업을 감독한다;

(7) 헌법, 법률에 저촉되는 국무원의 행정법규, 결정, 명령을 폐지한다;

(8) 헌법, 법률, 행정법규에 저촉되는 성, 자치구, 직할시 국가권력기관의 지방법규와 결의를 폐지한다;

(9) 전국인민대표대회 휴회기간에 국무원 총리의 제의에 의하여 부장, 위원회 주임, 審計長, 비서장 인선을 결정한다;

(10) 전국인민대표대회 휴회기간에 중앙군사위원회 주석의 제의에 의하여 중앙군사위원회 기타 구성원 인선을 결정한다;

(11) 최고인민법원 원장의 제의에 의하여 최고인민법원 부원장, 재판원, 재판위원회 위원 및 군사법원 원장을 임명 또는 해임한다;

(12) 최고인민검찰원 검찰장의 제의에 의하여 최고인민검찰원 부검찰장, 검찰원, 검찰위원회 위원 및 군사검찰원 검찰장을 임명 또는 해임하며 성, 자치구, 직할시 인민검찰원 검찰장의 임명 또는 해임을 비준한다;

(13) 외국주재 전권대표의 임명 또는 소환을 결정한다;

(14) 다른 나라와 맺은 조약과 중요한 협정의 비준 또는 폐기를 결정한다;

(15) 군사칭호, 외교직급 및 기타 부문별직급 또는 칭호를 규정한다;

(16) 국가의 훈장과 명예칭호를 규정하며 그 수여를 결정한다;

(17) 특사를 결정한다;

(18) 전국인민대표대회 휴회기간에 나라가 무력침범을 당하는 경우 또는 침략을 공동으로 방지할 데 대한 국제조약을 이행하여야 할 경우에는 전시상태의 선포를

결정한다;

(19) 전국적 총동원 또는 부분적 동원을 결정한다;

(20) 전국적 또는 개별적 성, 자치구, 직할시의 비상사태 돌입을 결정한다;

(21) 전국인민대표대회가 준 기타 직권을 행사한다.

第68조 전국인민대표대회 상무위원회 위원장은 전국인민대표대회 상무위원회 사업을 조직지도하며 전국인민대표대회 상무위원회 회의를 소집한다. 부위원장, 비서장은 위원장의 사업을 돕는다.

위원장, 부위원장, 비서장으로 위원장 회의를 구성하고 전국인민대표대회 상무위원회의 중요한 일상 사업을 처리한다.

第69조 전국인민대표대회 상무위원회는 전국인민대표대회 앞에 책임지며 사업을 보고한다.

第70조 전국인민대표대회는 민족위원회, 법률위원회, 재정경제위원회, 교육·과학·문화·보건·위생위원회, 외사위원회, 화교위원회 및 기타 필요한 부문별 위원회를 둔다. 전국인민대표대회 휴회기간에 부문별 위원회들은 전국인민대표대회 상무위원회의 영도를 받는다.

부문별 위원회들은 전국인민대표대회 및 전국인민대표대회 상무위원회의 영도하에 관계의안을 연구, 심의 또는 작성한다.

第71조 전국인민대표대회 및 전국인민대표대회 상무위원회는 필요하다고 인정할 때에는 특정문제에 대한 조사위원회를 조직하며 조사위원회의 보고에 근거하여 해당 결의를 지을 수 있다.

조사위원회가 조사를 진행할 때 관련 모든 국가기관, 사회단체 및 공민들은 필요한 자료를 조사위원회에 제공할 의무를 지닌다.

第72조 전국인민대표대회 대표 및 전국인민대표대회 상무위원회 구성원은 각기 전국인민대표대회 및 전국인민대표대회 상무위원회의 직권범위에 속하는 의안을 법률이 정한 절차에 따라 제출할 권한을 가진다.

第73조 전국인민대표대회 대표는 전국인민대표대회 회의기간에, 전국인민대표대회 상무위원회의 구성원은 상무위원회 회의기간에 국무원 또는 국무원 각부, 각 위원회에 대한 질의안을 법률이 정한 절차에 따라 제출할 권한을 가진다. 질의를 받은 기관은 책임지고 해답하여야 한다.

제74조 전국인민대표대회 대표는 전국인민대표대회 회의주석단의 허가 없이, 전국인민대표대회 휴회기간에는 전국인민대표대회 상무위원회의 허가 없이는 체포 또는 형사재판을 받지 아니한다.

제75조 전국인민대표대회 대표는 전국인민대표대회 각종 회의들에서 한 발언 또는 표결로 인하여 법적 책임을 지지 않는다.

제76조 전국인민대표대회 대표는 모범적으로 헌법과 법률을 준수하며 국가비밀을 지키며 자기가 참가하고 있는 생산, 사업, 사회 활동을 통하여 헌법과 법률의 실시를 협조하여야 한다.

전국인민대표대회 대표는 기초 선거단위 및 인민들과 밀접한 연계를 가지고 인민들의 의견과 요구를 청취 및 반영하며 인민을 위하여 꾸준히 봉사하여야 한다.

제77조 전국인민대표대회 대표는 기초 선거단위의 감독을 받는다. 기초 선거단위는 본 단위에서 선출한 대표를 법률이 정한 절차에 따라 소환할 권한을 가진다.

제78조 전국인민대표대회 및 전국인민대표대회 상무위원회의 조직과 사업 절차는 법률로 규정한다.

제2절 중화인민공화국 주석

제79조 중화인민공화국 주석, 부주석은 전국인민대표대회에서 선거한다.

선거권과 피선거권을 가진 45세 이상의 중화인민공화국 공민은 중화인민공화국 주석, 부주석으로 선거될 수 있다.

중화인민공화국 주석, 부주석의 임기는 해당 전국인민대표대회의 임기와 같으며 2기 이상 연임하지 못한다.

제80조 중화인민공화국 주석은 전국인민대표대회의 결정 및 전국인민대표대회 상무위원회의 결정에 근거하여 법률을 공포하며 국무원 총리, 부총리, 국무위원, 각 부 부장, 각 위원회 주임, 審計長, 비서장을 임명 또는 해임하며 국가의 훈장과 명예칭호를 수여하며 특사령을 포고하며 비상사태 돌입을 선포하며 전쟁 상태를 선포하며 동원령을 포고한다.

第81조 중화인민공화국 주석은 중화인민공화국을 대표하여 국사활동을 진행하고 다른 나라 사절을 접수하며 전국인민대표대회 상무위원회의 결정에 의하여 외국주재 전권대표를 파견 또는 소환하며 다른 나라와 맺은 조약과 중요한 협정을 비준 또는 폐기한다.

第82조 중화인민공화국 부주석은 주석의 사업을 돕는다.

중화인민공화국 부주석은 주석의 위임에 의하며 주석의 부분적 직권을 대행할 수 있다.

第83조 중화인민공화국 주석, 부주석은 다음 전국인민대표대회에서 선출된 주석, 부주석이 취임할 때까지 직권을 행사한다.

第84조 중화인민공화국 주석의 자리가 공석일 경우 부주석이 그 직위를 승계한다.

중화인민공화국 부주석의 자리가 공석일 경우에는 전국인민대표대회에서 보선한다.

중화인민공화국 주석, 부주석의 자리가 다 공석일 경우에는 전국인민대표대회에서 보선하며 보선되기 전까지는 전국인민대표대회 상무위원회 위원장이 주석직위를 임시로 대행한다.

제3절 국무원

第85조 중화인민공화국 국무원, 즉 '중앙인민정부'는 최고 국가권력기관의 집행기관이며 최고 국가행정기관이다.

第86조 국무원은 다음과 같은 인원들로 구성한다:

총리,

부총리 약간 명,

국무위원 약간 명,

각 부 부장,

각 위원회 주임,

審計長,

비서장.

국무원은 총리책임제를 실시한다. 각 부, 각 위원회는 부장책임제, 주임책임제를 실시한다.

국무원의 조직은 법률로 규정한다.

第87조 국무원의 임기는 해당 전국인민대표대회 임기와 같다.

총리, 부총리, 국무위원은 2기 이상 연임하지 못한다.

第88조 총리는 국무원의 사업을 영도한다. 부총리, 국무위원은 총리의 사업을 돕는다.

총리, 부총리, 국무위원, 비서장으로 국무원 상무회의를 구성한다.

총리는 국무원 상무회의 및 국무원 전체회의를 소집 집행한다.

第89조 국무원은 다음과 같은 직권을 행사한다:

(1) 헌법과 법률에 근거하여 행정조치를 세우며 행정법규를 제정하며 결정과 명령을 공포한다;

(2) 전국인민대표대회 또는 전국인민대표대회 상무위원회에 의안을 제출한다;

(3) 각 부, 각 위원회의 임무와 직책을 규정하며 각 부, 각 위원회의 사업을 통일적으로 영도하며 각 부, 각 위원회의 사업범위에 속하지 않는 전국적인 행정사업을 지도한다;

(4) 전국의 지방 각급 국가행정기관의 사업을 통일적으로 지도하며 중앙 국가행정기관, 성, 자치구, 직할시 국가행정기관의 구체적 직권범위를 규정한다;

(5) 국민경제 및 사회발전 계획과 국가예산을 편성 집행한다;

(6) 경제사업과 도시건설 및 농촌건설을 지도 관리한다;

(7) 교육, 과학, 문화, 보건위생, 체육 및 계획출산 사업을 지도 관리한다;

(8) 민정, 공안, 사법행정 및 감찰 등 사업을 지도 관리한다;

(9) 대외사무를 관리하며 다른 나라와 조약 및 협정을 맺는다;

(10) 국방 건설사업을 지도 관리한다;

(11) 민족사무를 지도 관리하며 소수민족의 평등권과 민족자치지방의 자치권을 보장한다;

(12) 화교의 정당한 권리와 이익을 보호하며 귀국화교와 화교권속의 합법적 권리

와 이익을 보호한다;

(13) 각 부, 각 위원회의 타당하지 않은 명령, 지시 및 규정을 변경 또는 폐지한다;

(14) 지방 각급 국가행정기관의 타당하지 않는 결정과 명령을 변경 또는 폐지한다;

(15) 성, 자치구, 직할시의 구획을 비준하며 자치주, 현, 자치현, 시의 설치와 구획을 비준한다;

(16) 법률이 정한데 따라 성, 자치구, 직할시 범위 안의 일부 지역의 비상사태 돌입을 결정한다;

(17) 행정기구의 편제를 심사결정하며 법률이 정한데 따라 공무원을 임명, 해임, 연수, 고과, 표창, 책벌한다;

(18) 전국인민대표대회의 전국인민대표대회 상무위원회가 준 기타 직권을 행사한다.

제90조 국무원 각 부 부장, 각 위원회 주임은 자기 부문의 사업에 대하여 책임지며 부문회의 또는 위원회회의, 위무회의를 소집집행하며 자기 부문의 사업에서 제기되는 중대한 문제를 토의 결정한다.

각 부, 각 위원회는 법률과 국무원의 행정법규, 결정, 명령에 근거하여 자기 부눈의 권한범위 안에서 명령, 지시 및 규정을 제정한다.

제91조 국무원은 심계기관을 두고 국무원 각 부문과 지방 각급 정부의 재정 수입지출 및 국가의 재정금융기구와 기업조직의 재무 수입지출에 대하여 심계감독을 실시한다.

심계기관은 국무원 총리의 지도하에 다른 행정기관, 사회단체 및 개인의 간섭을 받음이 없이 법률이 정한데 따라 심계감독권을 독자적으로 행사한다.

제92조 국무원은 전국인민대표대회 앞에 책임지며 사업을 보고하며 전국인민대표대회 휴회기간에는 전국인민대표대회 상무위원회 앞에 책임지며 사업을 보고한다.

제4절 중앙군사위원회

제93조 중화인민공화국 중앙군사위원회는 전국의 무장력을 지도한다.

중앙군사위원회는 다음과 같은 인원들로 구성한다:

주석,

부주석 약간 명,

위원 약간 명.

중앙군사위원회는 주석책임제를 실시한다.

중앙군사위원회의 임기는 해당 전국인민대표대회의 임기와 같다.

제94조 중앙군사위원회 주석은 전국인민대표대회 및 전국인민대표대회 상무위원회 앞에 책임진다.

제5절 지방 각급 인민대표대회 및 지방 각급 인민정부

제95조 성, 직할시, 현, 시, 시관할구, 향, 민족향, 진은 인민대표대회와 인민정부를 둔다.

지방 각급 인민대표대회 및 지방 각급 인민정부의 조직은 법률로 규정한다.

자치구, 자치주, 자치현은 자치기관을 둔다. 자치기관의 조직과 사업은 헌법 제3장 제5절 및 제6절에 규정된 기본원칙에 준하여 법률로 규정한다.

제96조 지방 각급 인민대표대회는 지방 국가권력기관이다.

현급 이상의 지방 각급 인민대표대회는 상무위원회를 둔다.

제97조 성, 직할시, 구를 둔 시의 인민대표대회 대표는 한 단계 낮은 인민대표대회에서 피선되며, 현, 구를 두지 않은 시, 시관할구, 향, 민족향, 진 인민대표대회 대표는 유권자들이 직접 선거한다.

지방 각급 인민대표대회 대표 수와 대표 선출방법은 법률로 규정한다.

제98조 지방 각급 인민대표대회의 매기 임기는 5년으로 한다.

제99조 지방 각급 인민대표대회는 해당 행정구역에서의 헌법, 법률, 행정법규의 준수 및 집행을 보장하며 법률이 정한 권한에 따라 결의를 채택 공포하며 지방의

경제건설, 문화건설 및 공공사업건설 계획을 심사 결정한다.

현급 이상의 지방 각급 인민대표대회는 해당 행정구역의 국민경제 및 사회발전 계획, 예산 및 그 계획과 예산의 집행 상황에 관한 보고를 심사 비준하며 해당 인민대표대회 상무위원회의 타당하지 않은 결정을 변경 또는 폐지할 권한을 가진다.

민족향의 인민대표대회는 법률이 정한 권한에 따라 민족적 특성에 맞는 구체적 조치를 취할 수 있다.

第100조 성, 직할시의 인민대표대회 및 그 상무위원회는 헌법, 법률, 행정법규에 저촉되지 않는 전제하에 지방의 법규를 제정할 수 있으며 이를 전국인민대표대회 상무위원회에 보고하여 기록・보존하게 한다.

第101조 지방 각급 인민대표대회는 각기 해당 인민정부의 성장과 부성장, 시장과 부시장, 현장과 부현장, 구장과 부구장, 향장과 부향장, 진장과 부진장을 선거하며 또한 그들을 소환할 권한을 가진다.

현급 이상의 지방 각급 인민대표대회는 해당 인민법원 원장과 해당 인민검찰원 검찰장을 선거하며 또한 그들을 소환할 권한을 가진다. 인민검찰원 검찰장을 선출 또는 소환할 때에는 상급 인민검찰원 검찰장에게 보고하고 그를 경유하여 그 해당 인민대표대회 상무위원회의 비준을 받아야 한다.

第102조 성, 직할시, 구를 둔 시의 인민대표대회 대표는 기초 선거단위의 감독을 받으며 현, 구를 두지 않은 시, 시관할구, 향, 민족향, 진 인민대표대회 대표는 유권자들의 감독을 받는다.

지방 각급 인민대표대회 대표의 선거단위 및 유권자들은 법률이 정한 절차에 따라 자기가 선거한 대표를 소환할 권한을 가진다.

第103조 현급 이상의 지방 각급 인민대표대회 상무위원회는 주임, 부주임 약간 명과 위원 약간 명으로 구성되며 해당 인민대표대회 앞에 책임지며 사업을 보고한다.

현급 이상의 지방 각급 인민대표대회는 해당 인민대표대회 상무위원회의 구성원을 선거하며 또한 그들을 소환할 권한을 가진다.

현급 이상의 지방 각급 인민대표대회 상무위원회 구성원은 국가 행정기관, 재판기관 및 검찰기관의 직무를 맡지 못한다.

제104조 현급 이상의 각급 인민대표대회 상무위원회는 해당 행정구역의 제반 사업의 중대한 사항을 토의결정하며 해당 인민정부, 인민법원 및 인민검찰원의 사업을 감독하며 해당 인민정부의 타당하지 않는 결정과 명령을 폐지하며 한 단계 낮은 인민대표대회의 타당하지 않은 결의를 폐지하며 법률이 정한 권한에 따라 국가기관 공무원의 임명 및 해임을 결정하며 해당 인민대표대회 휴회기간에 한 단계 높은 인민대표대회의 개별적 대표를 소환 또는 보선한다.

제105조 지방 각급 인민정부는 지방 각급 국가권력기관의 집행기관이며 지방 각급 국가행정기관이다.

지방 각급 인민정부는 성장, 시장, 현장, 구장, 향장, 진장 책임제를 실시한다.

제106조 지방 각급 인민정부의 임기는 해당 인민대표대회의 임기와 같다.

제107조 현급 이상의 지방 각급 인민정부는 법률이 정한 권한에 따라 해당 행정구역의 경제, 교육, 과학, 문화, 보건위생, 체육사업; 도시건설, 농촌건설 사업; 재정, 민정, 공안, 민족사무, 사법행정, 감찰, 계획출산 등 행정사업을 관리하며 결정과 명령을 내리며 공무원을 임명, 해임, 연수, 고과, 표창, 책벌한다.

향, 민족향, 진 인민정부는 해당 인민대표대회의 결의와 상급 국가행정기관의 결정, 명령을 집행하며 해당 행정구역의 행정사업을 관리한다.

성, 직할시의 인민정부는 향, 민족향, 진의 설치와 구획을 결정한다.

제108조 현급 이상의 지방 각급 인민정부는 소속사업 부문들과 하급 인민정부의 사업을 지도하며 소속사업 부문들과 하급 인민정부의 타당하지 않은 결정을 변경 또는 폐지할 권한을 가진다.

제109조 현급 이상의 지방 각급 인민정부는 심계기관을 둔다. 지방 각급 심계기관은 법률이 정한데 따라 심계감독권을 독자적으로 행사하며 해당 인민정부 및 한 단계 높은 심계기관 앞에 책임진다.

제110조 지방 각급 인민정부는 해당 인민대표대회 앞에 책임지며 사업을 보고한다. 현급 이상의 지방 각급 인민정부는 해당 인민대표대회 휴회기간에 해당 인민대표대회 상무위원회 앞에 책임지며 사업을 보고한다.

지방 각급 인민정부는 한 단계 높은 국가행정기관 앞에 책임지며 사업을 보고한다. 전국의 지방 각급 인민정부는 국무원의 통일적 지도하에 있는 국가행정기관이며 모두 국무원에 복종한다.

제111조 도시와 농촌은 주민 거주지역에 따라 주민위원회 또는 촌민위원회는 기층의 군중적 자치조직이다. 주민위원회와 촌민위원회의 주임, 부주임, 위원은 주민들이 선거한다. 주민위원회, 촌민위원회와 기층 정권과의 상호관계는 법률로 규정한다.

주민위원회, 촌민위원회는 인민조정위원회, 치안보위위원회, 공공위생위원회 등을 두고 해당 거주지구의 공공사무와 공익사업을 처리하며 민간분쟁을 조정하며 사회치안유지를 협조하며 또한 인민정부에 군중의 의견과 요구를 반영하며 건의를 제출한다.

제6절 민족자치지방의 자치기관

제112조 민족자치지방의 자치기관은 자치구, 자치주, 자치현의 인민대표대회 및 인민정부이다.

제113조 자치구, 자치주, 자치현의 인민대표대회에는 구역자치를 실시하는 민족의 대표 외에 해당 행정구역에 거주하는 다른 민족들의 대표도 적당히 있어야 한다.

제114조 자치구 주석, 자치주 주장, 자치현 현장은 구역자치를 실시하는 민족의 공민이 맡는다.

제115조 자치구, 자치주, 자치현의 자치기관은 헌법 제3장 제4절에 규정된 지방 국가기관의 직권을 행사하며 또한 헌법, 민족구역 자치법, 기타 법률이 정한 권한에 따라 자치권을 행사하며 해당 지방의 실정에 근거하여 국가의 법률과 정책을 관철 집행한다.

제116조 민족자치지방의 인민대표대회는 현지 민족의 정치, 경제, 문화의 특성에 따라 자치조례 및 단행조례를 제정할 권한을 가진다. 자치구의 자치조례 및 단행조례는 전국인민대표대회 상무위원회의 비준을 받은 후에 효력을 발생한다. 자치주, 자치현의 자치조례 및 단행조례는 성 또는 자치구 인민대표대회 상무위원회의 비준을 받은 후에 효력을 발생하며 전국인민대표대회 상무위원회에 등록한다.

제117조 민족자치지방의 자치기관은 지방재정을 관리할 자치권을 가진다. 국가재정 체제에 의하여 민족자치지방에 돌려지는 재정수입은 민족자치지방의 자치기관이 자주적으로 배정 사용하여야 한다.

제118조 민족자치지방의 자치기관은 국가계획의 지도하에 지방적 경제건설 사업을 자주적으로 조직 관리한다.

제119조 민족자치지방의 자치기관은 해당 지방의 교육, 과학, 문화, 보건위생, 체육 사업을 자주적으로 관리하며 민족문화유산을 보호 정리하며 민족문화를 발전 번영시킨다.

제120조 민족자치지방의 자치기관은 국가의 군사제도와 현지의 실지수요에 따라 국무원의 비준을 얻어 사회치안유지를 위한 해당 지방의 공안부대를 조직할 수 있다.

제121조 민족자치지방의 자치기관은 직무를 집행할 때 해당 민족자치지방의 자치조례의 규정에 따라 현지에서 통용되는 한 가지 또는 몇 가지 말과 글을 사용한다.

제122조 국가는 각 소수민족들이 경제건설 및 문화건설 사업을 급속히 발전시키도록 재정, 물자, 기술 등의 면에서 도와준다.

국가는 민족자치지방이 당지 민족들 속에서 각급 간부, 각종 전문인재 및 기술노동자들을 대량적으로 양성하도록 도와준다.

第7절 인민법원과 인민검찰원

제123조 중화인민공화국 인민법원은 국가재판기관이다.

제124조 중화인민공화국은 최고인민법원, 지방 각급 인민법원을 두며 군사법원 등 특별인민법원을 둔다.

최고인민법원 원장의 임기는 해당 전국인민대표대회의 임기와 같으며 2기 이상 연임하지 못한다.

제125조 인민법원은 법률이 정한 특별한 경우를 제외하고는 사건의 심리를 일률로 공개하여 진행한다. 피고인은 변호를 받을 권리를 가진다.

제126조 인민법원은 행정기관, 사회단체 및 개인의 간섭을 받음이 없이 법률이

정한데 따라 재판권을 독자적으로 행사한다.

제127조 최고인민법원은 최고재판기관이다.

최고인민법원은 지방 각급 인민법원 및 특별인민법원의 재판사업을 감독하며 상급 인민법원은 하급 인민법원의 재판사업을 감독한다.

제128조 최고인민법원은 전국인민대표대회 및 전국인민대표대회 상무위원회 앞에 책임진다. 지방 각급 인민법원은 그 인민법원을 조직한 국가권력기관 앞에 책임진다.

제129조 중화인민공화국 인민검찰원은 국가의 법률 감독기관이다.

제130조 중화인민공화국은 최고인민검찰원, 지방 각급 인민검찰원을 두며 군사검찰원 등 특별인민검찰원을 둔다.

최고인민검찰원 검찰장의 임기는 해당 전국인민대표대회의 임기와 같으며 2기 이상 연임하지 못한다.

인민검찰원의 조직은 법률로 규정한다.

제131조 인민검찰원은 행정기관, 사회단체 및 개인의 간섭을 받음이 없이 법률이 정한데 따라 검찰권을 독자적으로 행사한다.

제132조 최고인민검찰원은 최고 검찰기관이다.

최고인민검찰원은 지방 각급 인민검찰원 및 특별인민검찰원의 사업을 지도하며 상급 인민검찰원은 하급 인민검찰원의 사업을 지도한다.

제133조 최고인민검찰원은 전국인민대표대회 및 전국인민대표대회 상무위원회 앞에 책임진다. 지방 각급 인민검찰원은 그 검찰원을 조직한 국가권력기관 및 상급 인민검찰원 앞에 책임진다.

제134조 각 민족의 공민은 자기 민족의 말과 글로 소송할 권리를 가진다. 인민법원과 인민검찰원은 현지에서 통용되는 말과 글을 모르는 소송관계자에게 통역 및 번역을 해주어야 한다.

소수민족이 집거하거나 여러 민족이 함께 거주하고 있는 지구에서는 현지에서 통용되는 말로 심리를 하여야 하며 기소장, 판결서, 포고 및 기타 문서에는 실지수요에 따라 현지에서 통용되는 한 가지 또는 몇 가지 글을 사용하여야 한다.

제135조 인민법원, 인민검찰원, 공안기관은 형사사건을 처리함에 있어서 분공하

여 책임지며 상호 배합하고 상호 제약함으로써 법률이 정확히 효과적으로 집행될 수 있도록 담보하여야 한다.

제4장 국기, 국가, 국장, 수도

제136조 중화인민공화국의 국기는 5성 붉은 기이다.

중화인민공화국의 국가는 ≪의용군행진곡≫이다.

제137조 중화인민공화국의 국장은 복판에 다섯 개의 별이 비춰주는 천안문이 있고 주위에는 곡식이삭과 톱니바퀴가 있다.

제138조 중화인민공화국의 수도는 북경이다.

참고문헌

김영문, 『중공의 세계전략』, 대왕사, 1982.

______, 『중국외교론』, 대왕사, 1993.

______, 『등소평 정치사상』, 법문사, 1994.

김영종, 1995, 『부패학: 원인과 대책』 박영사.

김태호, 「강택민 시대 중국의 새로운 당-군 관계」, 『현대중국』 제2호, 1998.

이재열, 「민주주의, 사회적 신뢰, 사회적 자본」 『계간 사상』 Vol.64, 1998년 여름호

이춘근, 「북한의 핵. 미사일 문제와 한국의 안보」, 한국국제정치학회 학술회의 발표논문, 1999.3.20.

조성환, 「천안문 사태 이후 중국의 권력변동과 중국 사회주의 장래」, 한국국제정치학회 영남지회학술회의 발표논문.

편집부, 「군사 : 북한군의 미사일 개발 실태」, 『북한』 통권 제299호, 1996.11.

황병무 공저, 『중국 안보론』, 국제 문제연구소, 2000.

Alagappa, Muthiah, *Political Legitimacy in Southeast Asia: The Quest for Moral Authority*, Stanford: Stanford University Press, 1995.

Apter, David E., *The Politics of Modernization*, Chicago: University of Chicago Press, 1965.

Armstrong, J. D., *Revolutionary Diplomacy: Chinese Foreign Policy and the United Front Doctrines*, L.A.: Univ. of Calif. Press, 1977.

Ash, Colin, "Social-Selfinterest," *Annals of Public and Cooperative Economics*, Vol.71, No.2, 2000.

Bachman, David, "Differing Vision of China's Post-Mao Economy: The Ideas of Chen Yun, Deng Xiaoping and Zhao Ziyang," *Asian Survey*, Vol.26, No.3, March 1986.

____________, "Preparing for the Succession," *Current History*, Vol.90, No.557, Sep. 1991.

____________, "The Limits on Leadership in China," *Asian Survey*, Vol.32, No.11, Nov. 1992.

Banfield, E., "Corruption as a Feature of Governmental Organization," *Journal and economics*, Vol.18, 1975.

Baum, Richard, *Burying Mao: Chinese Politics in the Age of Deng Xiaoping*, Princeton: Princeton Univ.

Press, 1994.

Baum, Richard, "China after Deng: Ten Scenarios in Search of Reality," *The China Quarterly*, No.145, March 1996.

Bickford, Thomas J., "The Business Operations of the Chinese People's Liberation Army," *Problems of Post-Communism*, Nov~Dec. 1999.

Blasko, Dennis J., "The Chinese Military: An Assessment," *The World & I*, Oct. 1999.

Boulding, Kenneth E., *The Image : Knowledge in Life and Society*, Ann Arbor, Univ. of Michigan Press, 1956.

Bourdieu, Pierre, "The Forms of Capital". in Richardson, J. ed. *Handbook of Theory and Research for the Sociology of Education*, N.Y.: Greenwood Press, 1986.

Brugger, Bill and Reglax, Stephen, *Politics, Economy and Society in Contemporary China*, Stanford, CA: Stanford Univ. Press, 1994.

Burns, John P., "China's Governance : Political Reform in a Turbulent Environment," *The China Quarterly*, No.119, Sep. 1989.

Chairman Mao's Theory of the Differentiation of the Three World in a Major Contribution to Marxism-Leninism, Beijing: Foreign Languages Press, 1977.

Chan, Vivien Pik-Kwan, "Officials Informed Reforms Postponed Until at Least 2002", *South China Morning Post*, February 25, 1997.

Chang, Chen-pan, "Party Consolidation and Work Style Rectification," *Issues & Studies*, Vol.19, No.8, Aug. 1983.

______________, "A New Stage of the CCP Consolidation," *Issues & Studies*, Vol.20, No.12, Dec. 1984.

Chang, Ching-li, "Promotion of Socialist Spiritual Civilization on the Chinese Mainland," *Issues & Studies*, Vol.19, No.8, August 1983.

Chang, Gordon G., *The Coming Collapse of China*, Random House, 2001.

Chang, Hsin, "The 1982~3 Overinvestment Crisis in China," *Asian Survey*, Vol.24, No.12, Dec., 1984.

Chang, Maria Hsia, "China's Future: Regionalism, Federalism, or Disintegration?" *Studies in Comparative Communism*, Vol.25, No.3, Sep. 1992.

Chang, Parris H., "China after Mao : Toward the 13th CCP Congress," *Problem of Communism*, May~June 1987.

Chang, Parris H., "From Mao to Hau to Hu to Chao," *Issues and Studies*, Jan. 1989.

Chen, Feng, "Rebuilding the Party's Normative Authority: China's Socialist Spiritual Civilization Campaign," *Problems of Post-Communism*, Vol.45, No.6, 1998.

Chen, Feng, "An Unfinished Battle in China: The Leftist Criticism of the Reform and the Third Thought Emancipation," *The China Quarterly*, No.158, July 1999.

_________ & Gong, Ting, "Market vs. Party in Post-Mao China: The Erosion of Leninism from Below," *Journal of Communist Studies and Transition Politics*, Vol.13, No.3, 1997.

Cheng, Li and White, Lynn, "The Army in the Succession to Deng Xiaoping: Familiar Trends and Technocratic Trends," *Asian Survey*, Vol.33, No.8, August 1993.

_________, "The Fifteenth Central Committee of the Chinese Communist Party: Full-Fledged Technocratic Leadership with Partial Control by Jiang Zemin," *Asian Survey*, Vol.38, No.3, Mar. 1998.

Cheung, Tai Ming, "Guarding China's Domestic Front Line: The People's Armed Police and China's Stability," *The China Quarterly*, No.146, June 1996.

______________, "The Chinese Army's New Marching Orders: Winning on the Economic Battlefield," in Jorn Brommelhorster and John Frankenstein, eds., *Mixed Motives, Uncertain Outcomes: Defense Conversion in China*, Boulder: Lynne Rienner, 1997.

Chung, Jae Ho, "The Politics of Prerogatives in Socialism: the Case of the Taizidang in China," *Studies in Comparative Communism*, Vol.24, No.1, March 1991.

Clark, Donald C, "The Execution of Civil Judgment in China." *The China Quarterly* Vol.141, March 1995.

Colbert, Evelyn, "Standing Pat," *Foreign Policy*, Spring 1984.

Converse, Philip E., "Belief System in Mass Publics," in David E. Apter, ed., *Ideology and Discontent*, N.Y.: Free Press, 1964.

de Mesquita, Bruce Bueno and Yi, Feng, "Forecasting China's Political and Economic Future," *Problems of Post-Communism*, March / April 1997.

Deng, Xiaoping, *Build Socialism with Chinese Characteristics*, Beijing: Foreign Languages Press, 1985.

Ding, Arthur A., "China's Defense Finance: Content, Process and Administration," *The China Quarterly,* No.146, June 1996.

"Directive of the Central Committee, the State Council, Military Affairs Committee, and the Cultural Revolutionary Group Concerning the Dispatch of Central Support for the Left Units to

Regional and Provincial Military Districts," *Studies on Chinese Communism*, Vol.2, No.8, Aug. 31, 1968.

Dittmer, Lowell, "The Succession Drama in China," *Problems of Communism*, Jan.~Feb. 1977.

Dobel, Patrick J., "The Corruption of a State". *The American Political Science Review*, September 1978.

Domes, Jurgen, "China in 1976: Tremors of Transition," *Asian Survey*, Vol.17, Jan. 1977.

Dreyer, June T., "The Demobilization of PLA Servicemen and Their Reintegration into Civilian Life," in June T. Dreyer, et. al., *Chinese Defense and Foreign Policy*, N.Y.: Paragon House, 1989.

___________, "The People's Liberation Army and the Power Struggle of 1989," *Problems of Communism*, Vol.38, No.5, Sep~Oct. 1989.

___________, "The Modernization of China's Military," *Problems of Communism*, Vol.39, No.3, May~June 1990.

___________, "People's Army Serving Whose Interests?" *Current History*, Vol.93, No.584, September 1994.

___________, "The People's Liberation Army and Regionalism: Xinjiang," in Richard Yang (ed.), *Chinese Regionalism: The Security Dimension*, Boulder: Westview Press, 1994.

___________, "The New Officer Corps: Implications for the Future," *The China Quarterly*, Vol.146, June 1996.

Erbaugh, Mary S. and Krans, Richard Curt, "The 1989 Democracy Movement in Fujian and its Aftermath," in Jonathan Unger, ed., *Pro-Democracy in China: Report from the Provinces*, Armonk, N.Y.: M. E. Sharpe, 1991.

Esherick, Joseph W. and Perry, Elizabeth J., "Leadership Succession in the People's Republic of China: 'Crisis' or Opportunity?" *Studies in Comparative Communism*, Vol.16, No.3, 1983.

Ethridge, James M., *China's Unfinished Revolution*, San Francisco, CA : China Books and Periodicals, Inc., 1990.

Feinerman, James V., "Economic and Legal Reform in China, 1978~1991." *Problem of Communism*, Vol.11, No.5, September~October 1991.

Fenwick, Ann, "The Gang of Four and the Politics of Opposition: China, 1971~1976." Ph. D. Diss., Stanford Univ., 1984.

"The Fifteenth Party Congress," *China News Analysis*, No.1594, Oct. 1, 1997.

Gamble, William, "The Middle Kingdom Runs Dry-Tax Evasion in China," *Foreign Affairs*, Vol.79, November~December 2000.

Fewsmith, Joseph, "Jockeying for Position in the Post-Deng Era," *Current History*, Vol.94, No.593, June 1995.

Gehlbach, Scott, "Social Networks and Corruption". Paper Prepared for Presentation at the 2001 Annual Meeting of the American Political Science Association, August 7, 2001.

Goodman, David G., "China: The State and Capitalist Revolution," *The Pacific Review*, Vol.5, No.4, 1992.

Friedman, Edward, *National Identity and Democratic Prospects in Socialist China*, Armonk, N.Y.: M.E. Sharpe, 1995.

Fu, Zhengyuan, *Autocratic Tradition and Chinese Politics*, UK: Cambridge Univ. Press, Jan. 1994.

Fukuyama, Francis, "Asia's Soft-Authoritarian Alternative," *New Perspectives Quarterly*, Vol.9, No.2, Spring 1992.

______________, *Trust: The Social Virtues and The Creation of Prosperity*, Free Press, 1995.

Garrett, Bannig & Glaser, Bonnie, "Looking Across the Yalu: Chinese Assessments of North Korea," *Asian Survey*, Vol.35, No.6, June 1995.

Gold, Thomas B., "Alienated Youth Cloud China's Future," *Asian Wall Street Journal Weekly*, May 18, 1981.

______________, "'Just in Time': China Battles Spiritual Pollution on the Eve of 1984," *Asian Survey*, Vol.24, No.9, Sept. 1984.

Goldstine, Jack A., "The Coming Chinese Collapse," *Foreign Policy*, No.99, Summer 1995.

Gregor, A. James, "The People's Liberation Army and China's Crisis," *Armed Forces and Society*, Vol.18, No.1, Fall 1991.

Griffin, K. and Zhao, Renwei, eds., *The Distribution of Income in China*, London: Macmillan, 1993.

Gurtov, Melvin, "The Future of China's Rise," 1994 극동문제연구소에 발표된 논문.

Halpern, Nina P., "Economic Reform and Democratization in Communist Systems : The Case of China," *Studies in Comparative Communism*, Vol.22, No.2~3, Summer~Autumn 1989.

Hamrin, Carol Lee, China and the Challenge of the Future: Changing Political Patterns, Boulder: Westview Press, 1990.

Harding, Harry, *Organizing China*, Stanford University Press, 1981.

Harding, Harry, *China's Second Revolution: Reform after Mao*, Washington D.C.: The Brookings Institution, 1987.

______________, "The Contemporary Study of Chinese Politics: An Introduction," *The China*

Quarterly, No.139, September 1994.

He, Zenke, "Corruption and anti-corruption in Reform China." *Communist and Post-Communist Studies*, Vol.33, 2000.

Heidenheimer, Arnold J. ed., *Political Corruption: Readings In Comparative Analysis*, N.Y.: Holt, Rinehart & Winston, 1970.

Hinton, Harold, *China's Turbulent Quest*, N.Y.: Macmillan, 1972.

Hinton, William, "Transformation in the Countryside: Part 1-From the Communes to the Responsibility System," *U.S.-China Review*, Vol.8, No.3, May~June 1984.

Hoffmann, Stanley, *Contemporary Theory in International Relations*, Englewood Cliffs, N. J.: Prentice Hall, 1960.

Hsia, Tao-tai and Johnson, Constance A., "The Chinese Communist Party Constitution of 1982: Deng Xiaoping's Program for Modernization," *Law Library of Washington D.C.*, 1984.

Hu, H., "Three Strategies of Anti-Corruption," *Comparative Economic and Social System*, Vol.3, 1989.

Huang, Shiqing and Chang, Dehua, "Practice Needs Neo-Authoritarianism," in Liu and Liu, eds., *Neo-Authoritarianism : Debate on Theories of Reform*, Beijing: Economic Institution Press, 1989.

Huang, Yasheng, "Why China will not Collapse," *Foreign Policy*, No.99, Summer 1995.

Hughes, Neil C., "Smashing the Iron Rice Bowl," *Foreign Affairs*, July / August 1998.

Huntington, Samuel P., "Political Development and Political Decay," *World Politics*, Vol.17, 1965.

__________________, *Political Order in Changing Societies*, New Haven: Yale University Press, 1969.

__________________, "Modernization and Corruption," in Heidenheimer, Arnold J. et. al., ed.. *Political Corruption*, New Brunswick: Transaction, 1989.

Jencks, Harlan W., "Civil-Military Relations in China: Tiananmen and After," *Problems of Communism*, May~June 1991.

Joffe, Ellis, "The Chinese Army after the Cultural Revolution: The Effects of Intervention," *The China Quarterly*, No.55, July 1973.

________, "The PLA in Internal Politics," *Problems of Communism*, Vol.24, No.6, Nov~Dec. 1975.

________, "Party-Army Relations in China: Retrospect and Prospect," *The China Quarterly*, No.146, June. 1996.

Joffe, Ellis,, *The Military and China's New Politics: Trends and Counter-Trends*, CAPS Papers No.19, Taipei: Chinese Council of Advanced Policy Studies, September. 1997.

Kaye, Lincoln, "Who Will Follow Deng's Act?" *World Press Review*, Oct. 1994.

Kihl, Young Whan, "American Grand Strategy and East Asia's Security Problem," *Prepared for Presentation at the International Seminar, Korean-American Studies Association*, October 15~17, 1999.

Kim, Samuel S., *The Maoist Image of World Order*, Center of International Studies, Princeton Univ. Press, 1977.

Kristof, Nicholas D. and WuDunn, Sheryl, *China Wakes: The Struggle for the Soul of a Rising Power*, N.Y.: Times Books, 1994.

Lam, Willy Wo-Lap, *China After Deng Xiaoping: The Power Struggle in Beijing Since Tiananmen*, N.Y.: Wiley, 1995.

Lardy, Nicholas R. and Lieberthal, Kenneth, eds., *Chen Yun's Strategy for Development: A Non-Maoist Alternatives*, Armonk, N.Y.: M. E. Sharpe, 1983.

Larson, Wendy, "Realism, Modernism, and the Anti-'Spiritual Pollution' Campaign in China," *Modern China*, January 1989.

Lee, Ching Hua, *Deng Xiaoping: the Marxist Road to the Forbidden* City, Princeton, N.J.: the Kingston Press, Inc., 1985.

Lenin, V. I., "Imperialism, the Highest Stage of Capitalism," *Collected Works I*, Moscow: Foreign Languages Publishing House, 1952.

Levi, Margaret, *Of Rule and Revenue*, Berkeley: University of California Press, 1988.

Levy, Richard, "Corruption, Economic Crime and Social Transformation Since the Reforms: The Debate in China," *The Australian Journal of Chinese Affairs*, Vol.33, January 1995.

Lewin, Roger, *Complexity: Life at the Edge of Chaos*, London: J. M. Dent, 1993.

Lewis, John W. and Xue, Litai, *China's Strategic Seapower: The Politics of Forces Modernization in the Nuclear Age*, Stanford, Calif. Stanford University Press, 1994.

Li, Cheng, *The Rise of Technocracy: Elite Transformation and Ideological Change on Post-Mao China*, Ph. D. Dissertation, The Department of Politics, Princeton Univ., 1992.

Li, Jinshan, "The NPC System and Its Evolution: From Nomenklatura to Selectorate," *Issues & Studies*, Vol.34, No.3, March 1998.

Li, Nan, "Organizational Changes of the PLA, 1985~1997," *The China Quarterly*, No.158, June 1999.

______, "Changing Functions of the Party and Political Work System in the PLA and Civil-Military Relations in China," *Armed Forces & Society*, Vol.19, No.3, Spring 1993.

Liang, Heng and Shapiro, Judith, *Cold Winds: Intellectual Life in China Today*, Middletown, Connecticut: Wesleyan Univ. Press, 1986.

Lieberthal, Kenneth, "The Politics of Modernization in the PRC" *Problems of Communism*, May~June 1978.

Lightheim, George, "The Concept of Ideology," *History and Ideology*, Vol.4, 1965.

Lin, Chong-pin, "The Stealthy Advance of China's People's Liberation Army," *the American Enterprise*, Jan. / Feb. 1994.

Liu, Alan P. L., "The Politics of Corruption in the People's Republic of China," *American Political Science Review*, Vol.77, 1983.

____________, "Kleptocracy on Mainland China: A social-Psychological Interpretation," paper delivered to the Thirteenth Sino-American Conference on Mainland China, Taipei, June 12~15, 1984.

Lo, Bing, "Deng's Meeting with Top PLA Heads with Four Messages," *Dongxiang* (Hong Kong), April 1995.

Londregan, John B. & Poole, Keith T., "Poverty, the Coup Trap, and the Seizure of Executive Power," *World Politics*, Vol.42, No.2, January 1990.

Lowe, Donald M., The Function of "China" in Marx, Lenin, and Mao, Berkely: Univ. of Calif. Press, 1966.

Lu, Xiaobo, "Booty Socialism, Bureau-preneurs, and the State in Transition: Organizational Corruption in China," *Comparative Politics*, April 2000.

Lukin, Vladimir, "Relations between the U. S and China in the 1980s'," *Asian Survey*, Vol.24, No.11, 1984.

Lynch, Daniel C., "Dilemmas of Thought Work in Fin-de-Siecle China," *The China Quarterly*, Mar. 1999.

Ma, Shu Yun, "The Rise and Fall of Neo-authoritarianism in China," *China Information*, Vol.5, No.3, Winter 1990~91.

Mackerras, Colin, "'Party consolidation' and the Attack on 'Spiritual Pollution'," *The Australian Journal of Chinese Affairs*, Vol.11, January 1984.

Malec, Kathryn L., "Public Attitude toward Corruption: Twenty-five Years of Research," in Frederickson, H. ed., *Ethics and Public Administration*, N.Y.: M. E. Sharpe, 1993.

Manion, Melanie Frances, Effects of Institutional Change on Elite-Mass Linkages: Electoral Quality and Local Corruption in Chinese Villages, Prepared for the 97th Annual Meeting of the American Political Science Association, San Francisco, August 29~September 2, 2001.

Manning, Stephen, "Social and Cultural Prerequisites of Democratization: Generalizing from China," in Edward Friedman, ed., *The Politics of Democratization: Generalizing East Asian Experiences*, Boulder: Westview Press, 1994.

Mao, Tse-tung, "On the Correct Handling of Contradictions among the People", *Selected Readings from the Works of Mao*, Becoming, Foreign Languages Press, 1971.

Mason, T. David "Modernization and Its Discontents Revisited: The Political Economy of Urban Unrest in the People's Republic of China," *The Journal of Politics*, Vol.56, No.2, 1994.

McCormick, Barrett, "Democracy or Dictatorship?" *The Australian Journal of Chinese Affairs*, No.31, Jan. 1994.

Moore, R. L., "Face and Networks in Urban Hong Kong," *City and Society*, Vol.2, 1988.

Mulvenon, James C., *Professionalization of the Senior Chinese Officer Corps: Trends and Implications*, Santa Monica, Calif.: RAND, 1997.

________________, "Military Corruption in China: A Conceptual Examination," *Problems of Post-Communism*, March~April 1998.

Myers, James T., "The Political Dynamics of the Cult of Mao Tse-tung," in Wei, Yung. ed. *Communist China: A System-Functional Reader*, Columbus: Charles E. Merrill, 1972.

_____________, "China: The 'Germs' of Modernization," *Asian Survey*, Vol.25, Oct. 1985.

_____________, "Socialist Spiritual Civilization and Cultural Pollution: The Problem of Meaning," *Issues & Studies*, Vol.21, No.3, 1985.

_____________, "Modernization and 'Unhealthy Tendencies'," *Comparative Politics*, January 1989.

Myers, Ramon H., " The Next Power Struggle," in George Hicks, eds., *The Broken Mirror*, Essex: Longman, 1990.

Myrdal, Gunnar, *The Challenge of World Poverty: A World Anti-poverty Program in Outline*, N.Y.: Pantheon, 1970.

Naughton, Barry, "Inflation and Economic Reform in China," *Current History*, Vol.88, 1989.

Nethercut, Richard D., "Deng and the Gun: Party-Military Relations in the People's Republic of China," *Asian Survey*, Vol.22, No.8, Aug. 1982.

Ng-Quinn, Michael, "Deng Xiaoping's Political Reform and Political Order," *Asian Survey*, Vol.22, No.12, Dec. 1982.

O'Brien, Kevin J., "Implementing Political Reform in China's Villages," *The Australian Journal of Chinese Affairs*, No.32, July 1994.

Oksenberg, Michael, "China's Confident Nationalism," *Foreign Affairs*, Vol.65, No.3, 1987.

Ostrov, Benjamin C., "The Fight against Smuggling," *The China Business Review*, July~August 2000.

Overhold, William, The Rise of China: How Economic is Creating a New Superpower, N.Y.: W.W.Norton, 1993.

Paltiel, Jeremy T., "PLA Allegiance on Parade: Civil-Military Relations in Transition," *The China Quarterly*, No.143, September 1995.

Pendley, William T., "North Korean Challenge: Short and Long Term," The Council on U.S. Korean Security Studies-the Korean Association of International Studies Joint International Conference, Washington, D.C., Oct. 29, 1999.

Perry, Elizabeth J., "Trends in the Study of Chinese Politics: State-Society Relations," *The China Quarterly*, No.139, September 1994.

Peters, John G. & Welch, Susan, "Politics, Corruption and Political Culture: A View from the State Legislature," *American Politics Research*, Vol.6, No.3, 1978.

Petracca, Mark P. and Mong, Xiong, "The Concept of Chinese Neo-Authoritarianism," *Asian Survey*, Vol.30, No.11, Nov. 1990.

Pollack, Jonathan D., "China's Changing Perception of East Asian Security and Development," *Orbis*, Winter 1986.

Potter, Pitman B., "Curbing the Party: Peng Zhen and Chinese Legal Culture," *Problems of Post -Communism*, Vol.45, No.3, May / June 1998.

Pye, Lucian W., "Chinese Politics in the Late Deng Era," *The China Quarterly*, No.142, June 1995.

"Quarterly Chronicle and Documentation," *The China Quarterly*, No.139, Sep. 1994.

Robinson, Richard & Goodman, David, *The Rich in Asia: Mobile Phones, McDonalds and Middle-Class Revolution*, London: Routledge, 1993.

Rogow, Arnold A. & Lasswell, Harold D., *Power, Corruption, and Rectitude*, Englewood Cliffs: Prentice-Hall, 1963.

Rosen, Stanley, "Prosperity, Privatization, and China's Youth," *Problems of Communism*, Vol.34, No.2, March~April 1985.

Roy, Denny, "Singapore, China, and the 'Soft Authoritarian' Challenge," *Asian Survey*, Vol.34, No.3, March 1994.

Shichor, Yitzhak, "Demobilization: The Dialectics of PLA Troop Reduction," *The China Quarterly*, No.146, June 1996.

Rozman, Gilbert, "China Soviet Watchers in the 1980s: A New Era in Scholarship," *World Politics*, July 1985.

Russel, Daniel, "U.S.-North Korean Relations," in Current Issues in Korean-U.S. *Relations: Korean-American Dialogue*, Seoul: The Institute for Far Eastern Studies, 1993.

Schell, Orville, Mandate of Heaven: A New Generation of Entrepreneurs, Dissidents, Bohemians, and Technocrats lays Claim to China's Future, N.Y.: Simon & Schuster, 1995.

Schram, Stuart, *The Political Thought of Mao Tse-tung*, N.Y.: Praeger, 1969.

Scobell, Andrew, "Show of Force: Chinese Soldiers, Statemen and the 1995~1996 Taiwan Strait Crisis," *Political Science Quarterly*, Vol.115, No.2, 2000.

Scott, James C., *Comparative Political Corruption*, Englewood Cliffs: Prentice-Hall, 1972.

Segal, Gerald, "Sino-Soviet Detente: How Far, How Fast:," in *The World Today*, May 1987.

Selected Readings from the Works of Mao Tse-tung, Peking: Foreign Language Press, 1967.

Selected Works of Deng Xiao-ping: 1975~1982, Beijing: People Pub. Co., 1983.

Sha, Shi, "Changes in the NPC," *China Times Magazine*, Vol.170, 1995.

Shambaugh, David, "Soldier and State in China: The Political Work System in the PLA," *The China Quarterly*, No.127, September 1991.

_______________, "China's Commander-in-Chief: Jiang Zemin and the PLA," in C. Dennison Lane(eds), et. al., Chinese Defense Modernization, London and Washington, D.C., Kegan Paul International and the The AEI Press, 1996.

_______________, "China's Military in Transition: Politics, Professionalism, Procurement and Power Projection," *The China Quarterly*, No.146, June 1996.

Shambaugh, David, "The CCP's Fifteenth Congress: Technocrats in Command," *Issues and Studies*, Vol.34, No.1 Jan. 1998.

_______________, "Military Corruption in China: A Conceptual Examination," *Problems of Post-Communism*, March~April 1998.

Shirk, Susan L., "The Chinese Political System and the Political Strategy of Economic Reform," in Kenneth G. Lieberthal and David M. Lampton, eds., Bureaucracy, *Politics, and Decision Making in Post-Mao China*, Berkeley, CA : Univ. of Calif. Press, 1992.

Shleifer, Andei & Vishny, Robert W., "Corruption". *Quarterly Journal of Economics*, Vol.58, August

1993.

Simmonds, J. P., *China's World*, N.Y.: Columbia Univ. Press, 1971.

Smart, Alan, "Gifts, Bribes, and Guanxi: A Reconsideration of Bourdieu's Social Capital," *Cultural Anthropology*, Vol.8, No.3, 1993.

Smart, Josephine & Alan, "Personal Relations and Divergent economies: A Case Study of Hong Kong Investment in China," *International Journal of Urban and Regional Research*, Vol.15, No.2, 1991.

Snyder, Scott, *Negotiating on the Edge: North Korean Negotiating Behavior*, Washington, D.C.: United States Institute of Peace Press, 1999.

Solinger, Dorothy J., *China's Transition from Socialism: Statist Legacies and Market Reforms*, Armonk, N.Y.: M. E. Sharpe, 1993.

Sprout, Harold and Margaret, *The Ecological Perspective on Human Affairs with Special Reference to International Politics*, Princeton: Princeton Univ. Press, 1965.

Stavis, Bendict, *China's Political Reforms : An Interim Report*, N.Y. : Praeger, 1987.

Steidlmeier, P., "Gift Giving, Bribery and Corruption: Ethical Management of Business Relationships in China," *Journal of Business Ethics*, Vol.20, 1999.

Stross, Randall, "The Return of Advertising in China: A Survey of the Ideological Reversal," *The China Quarterly*, Vol.124, Sept. 1990.

Sun, Yan, "The Chinese Protests of 1989: The Issue of Corruption," *Asian Survey*, Vol.31, 1991.

________, "Reform, State, and Corruption: Is Corruption Less Destructive in China Than in Russia?" Comparative Politics, October 1999.

Sutter, Robert G., *Chinese Foreign Policy: Developments after Mao*, N.Y., N.Y.: Praeger, 1986.

Swaine, Michael D., *The Military and Political Succession in China: Leadership, Institutions Beliefs*, Santa Monica: The RAND Corporation, 1992.

________________, "Chinese Regional Forces as Political Actors," in Richard A. Yang, et. al., *Chinese Regionalism: The Security Dimension*, Boulder, Colo.: Westview Press, 1994.

________________, "The PLA and Chinese National Security Policy: Leaderships, Structures, Processes," *The China Quarterly*, No.146, June 1996.

________________, *The Role of the Chinese Military in National Security Policymaking*, Revisited Edition, Santa Monica: The RAND Corporation, 1998.

Tanzer, Andrew, "The People's Liberation Army, Inc.," *Forbes*, Mar. 24, 1997.

Treadgold, Donald W., *Soviet and Chinese Communism: Similarities and Differences*, Seattle, WA: University of Washington Press, 1967.

Tang, Tsou, "Political Change and Reform: the Middle Course," in Norton Ginsberg and Barnard Lalor, eds., *China: the 80s Era*, Boulder, Colorado: Westview Press, 1984.

Tanner, Murray Scot and Chen, Ke, "Breaking the Vicious Cycles: The Emergence of China's National People's Congress," *Problems of Post-Communism*, Vol.45, No.3, May / June 1998.

Tismanenu, Vladimir, Reinventing Politics: Eastern Europe from Stalin to Havel, N.Y.: Free Press, 1992.

Tsai, Diana Hwei-An, "Regional Inequality and Financial Decentralization in Mainland China," *Issues and Studies*, Vol.32, No.5, 1996.

Tsinghua Univ. & Chinese National Conditions Research Center of the Chinese Academy of Sciences, "Characteristics and Development Trend Research on Chinese Senior Officials' Corruptions," *China Report*, Vol.40, No.1, 2004.

Unger, Jonathan and Chan, Anita, "China, Corporatism and the East Asian," *The Australian Journal of Chinese Affairs*, No.33, Jan. 1995.

U. S. Congressional Record, 96th Congress, 1st Session.

Van Ness, Peter, *Revolution and Chinese Foreign Policy*, L.A.: Univ. of Calif. Press, 1970.

Veeck, Gregory, "Development, Regional Equity, and Political Change in China," *Bulletin of Concerned Asian Scholars*, Vol.25, No.3, 1995.

Wakeman, Frederic jr., "The Civil Society and Public Sphere Debate," *Modern China*, Vol.19, No.2, April 1993.

Wang, Hsian, *About Teng Hsia-ping*, Taipei: World Anti-Communist League, 1978.

Wang, James C. F., Contemporary Chinese Politics: An Introduction, 6th ed., Upper Saddle River, NJ: Prentice Hall, 1999.

Wang, Shaoguang, "Central-Local Fiscal Politics in China," in Jia Hao and Lin Zhimin, eds., Changing Central-Local Relations in China: Reform and State Capacity, Boulder: Westview Press, 1994.

______________, "The Rise of the Regions: Fiscal Reform and Decline of Central State Capacity in China," in Andrew G. Walder, ed., *The Waning of the Communist State: Economic Origins of Political Decline in China and Hungary*, Berkeley: Univ. of Calif. Press, 1995.

Wang, Shu-shin, "The Rise and Fall of the Campaign against Spiritual Pollution in the People's

Republic of China," *Asian Affairs* (N.Y.), Vol.13, No.1, Spring 1986.

Wang, Ting, "Trends in China: Leadership Realignments," *Problems of Communism*, July~Aug. 1977.

White, Gordon, "Basic-Level Local Government and Economic Reform in Urban China," in Gordon White, ed., *The Chinese State in the Era of Economic Reform*, Armonk, N.Y. : M. E. Sharpe, Inc., 1991.

__________, "Democratization and Economic Reform in China," *Australian Journal of Chinese Affairs*, Vol.31, 1994.

White, Tyrene, "Post-revolutionary Mobilization in China," *World Politics*, Vol.43, 1990.

__________, "Reforming the Countryside," *Current History*, Vol.91, No.566, Sep. 1992.

Yang, Mayfair, "The Gift Economy and State Power in China," *Comparative studies in Society and History*, Vol.31, No.1, Jan. 1989.

Whiting, Allen S., "Chinese Nationalism and Foreign Policy after Deng," *The China Quarterly*, No.142, June 1995.

Wilson, Ian & You, Ji, "Leadership by 'Lines': China's Unresolved Succession," *Problems of Communism*, Jan~Feb 1990.

Wong, Christine, "Central-Local Relations in an Era of Fiscal Decline," *The China Quarterly*, No.128, Dec. 1991.

Wu, Jiaxiang, "Neo-Authoritarianism : A Critique," *World Economic Herald*, Jan. 16, 1989.

__________ & Chang, Binjiu, "Democratization : Radical or Moderate?" in Liu and Liu, eds., *Neo-Authoritarianism*, Beijing: Economic Institution Press, 1989.

Zano Xiaowei, "Elite Formation and the Bureaucratic-Technocracy in Post Mao China," *Studies in Comparative Communism*, Vol.24, No.1, March 1991.

Zhang, Jia-Lin, "The Romanticism in the Reagan Administration's Asian Policy," *Asian Survey*, Vol.24, No.10, Oct. 1984.

Zhao, Suisheng, "Political Reform and Changing One-Party Rule in Deng's China," *Problems of Post-Communism*, Vol.44, No.5, September / October 1997.

Zhu, Qingfang, "The Urban-Rural Gap and Social Problems in the Countryside," *Chinese Law and Government*, Vol.28, No.1, 1995.

『노동신문』
『동아일보』
『연합통신』
『조선일보』
『중앙일보』

Asian Wall Street Journal
Asiaweek
Beijing Review
China Daily
The Economist
Far Eastern Economic Review (FEER)
Foreign Broadcast Information Service-China (FBIS-CHI)
Janes Defense,
Liberation Army Daily
Los Angeles Times
Ming Pao
New York Times
Peking Review
People's Daily
Philosophical Research
South China Morning Post
Time
US News & World Report
Wall Street Journal,
Washington Post
World Press Review
Zengming

찾아보기

가

가격통제 50, 248
賈慶林 298
甘陽 337
姜春雲 96, 97, 275, 276, 396
江澤民 48, 64, 75, 76, 79, 86, 89, 93, 95, 97, 99, 103, 125, 129, 132, 139, 213, 222, 263, 272, 274, 276, 325, 352, 383, 396
개발독재 262
개방노선 153, 168, 169, 177, 203, 259
巨視調整 80
겔바흐(Scott Gehlbach) 320
견제와 균형(check & balance) 76, 96, 97, 276, 294, 324, 383, 275
兼任제(interlocking directorate) 143
경제특구 50, 52~55, 57, 242, 243, 254~258, 288, 289, 307, 313, 375, 376, 388, 395, 401
경제현대화 24, 30, 34, 56, 61, 72, 88, 102, 105, 113, 123, 128, 132, 135~137, 143, 151, 169, 226, 260, 266, 282, 288, 295, 317, 323, 328, 347, 355, 357, 372, 375, 387, 401
계급투쟁 17, 19, 163, 200
계획경제 52, 250
계획된 사회주의 상품경제 248
高崗 70, 370
高慶林 95, 274
고도경제성장정책 41, 89, 127, 260, 268, 339, 407
고르바초프 186, 187, 189, 190, 372
고무도장(rubber stamp) 89, 135, 268
高狄 390
공국현상(公國現狀) 92, 271, 371, 376, 378, 380, 382
公賂 301, 315
공산당 영도 81, 203
공산주의 23, 105, 155, 296, 316, 333, 363
공통의 비극(the tragedy of the commons) 359
官倒 73
관료주의 17, 36, 153, 353, 435, 451
관습화(routinization) 17, 153
관시(關係) 295, 296, 300, 301, 315, 318~322, 357, 410

관시 후(關係戶) 319
廣東省 98, 277
『광명일보』 88, 267
喬石 79, 89, 90, 94, 95, 102, 213, 269, 273, 274, 280, 281, 350, 390
구조적 시각(structural perspectives) 328
국가미사일방어(NMD) 계획 226
국가이익(national interest) 149
국경전쟁 119, 172, 174, 208, 214
국영기업 49, 53~56, 77, 241, 248, 254, 310
국제 부르주아 계급 163
국제 프롤레타리아 계급 21, 164, 202, 395
국제연합전선전략 156, 176
국제원자력기구(IAEA) 225, 226
국제주의(international ism) 169
군 현대화 6, 35, 92, 93, 111, 113, 118, 119, 122~125, 128~131, 134, 137
군벌(warlord) 57, 115, 376
궁중혁명 371, 381, 384
권력엘리트 70, 71, 103, 108, 240, 393, 402
그로미코 174
기계화(mechanization) 17, 153
기율검사위원회 126, 306
까오 관시(搞關係) 318

나

亂 61, 81
南巡講話 51, 85, 127, 253, 258, 264, 369
남・북한 경제공동체 220
낭만주의(romanticism) 361
냉전체제 201, 204, 208
넌-제로섬 게임(non-zero-sum game) 65, 260, 264, 369
4가지 원칙 295
4개 현대화 16, 17, 24, 30, 39, 68, 87, 127, 153, 203, 266, 356
노로돔 시아누크 190
노멘클라투라(nomenklatura) 89, 106
노선투쟁 25, 43, 48, 49, 66~71, 85, 92, 100, 102, 237, 240, 244, 246, 248, 260, 264, 271, 279, 328, 332, 347, 367, 368, 371, 403
雷鋒 333, 354, 356, 358
닉슨 171

다

다극체제 159, 162
다당제 104, 324, 404
다자간 안보협력체 231
단일지도체제 78, 95, 101, 245, 272, 280, 353, 390, 391, 395, 400, 402, 404, 405
대약진운동 24
대외개방 6, 49, 65, 73, 156, 159, 169, 203, 238, 241, 243, 312, 373, 418
대중노선(mass line) 62, 74, 386, 421
戴厚英 335
도블(Dobel) 296

독립변수 113, 155, 201, 228
독자노선 6, 151, 152, 161, 168~170, 175, 184, 193, 194
독점 자본주의 21, 362
동북아협력대화(NEACD) 141, 231
2개의 핵심론 79
등거리외교정책 195, 196, 208, 230
鄧力群 308, 329, 334, 347, 348
『鄧小平 선집』 13, 28, 32, 33, 329
鄧穎超 1, 80, 390

라

라 관시(拉關係) 318
羅幹 96, 274
라스웰(Harlol D. Lasswell) 297
레닌 20, 21, 159, 160, 176
레닌주의 14, 24, 41, 43, 99, 117, 152, 153, 167, 169, 203, 278, 295, 326, 347, 360, 395
레이건 171, 173, 180, 181
로고(Rogow) 297
류(Alan Liu) 304, 318
류사오치 70
리얼리즘(realism) 352, 361, 362

마

마르크스 19, 160, 163, 202, 284, 348
마르크시즘 14, 15, 17, 20, 26, 43, 69, 201, 295, 296, 308, 326, 344, 347, 349, 360
萬里 76, 102, 280, 403
매개변수 114
맬콤 볼드리지(Malcolm Baldrige) 181
모더니스트 361, 362
모더니즘(modernism) 329, 330, 334, 344, 361, 362
모순론 17, 154, 200
毛澤東 15, 19, 21, 24, 35, 112, 116, 117, 155, 160, 198, 202, 270, 305, 396
무어(Moore) 319
文民집단지도체제 87, 93, 94, 98~100, 102, 106, 109, 266, 272, 273, 277, 278, 281, 282, 289
文化革命 116, 117, 145, 279, 308, 333, 337, 343, 357, 358, 361, 362
물질문명 312, 338, 340~352, 362, 419, 444
미르달(Myrdal) 296
미제국주의 21, 156, 159, 164, 207, 211
민족적 부르주아 164
민족해방운동 22, 168, 177
민주의 벽 운동(The Democracy Wall Movement) 333, 358
民主集中制(democratic centralism) 62, 64, 74, 75, 303, 385, 386
민주화운동 90, 269
밑으로부터 혁명(revolution from the below) 371

바

바움(Richard Baum) 369
薄一波 80, 95, 102, 274, 280, 403
반동세력(reactionary) 207, 211
반미제국주의 208
반부르주아 자유화운동(anti-bourgeoisie liberation cam paign) 59, 90, 269, 389
反분권화 6, 47, 48, 49, 60
반소수정주의자 208
반자유화운동(anti-liberalization campaign) 90, 177
반정신오염운동 60, 90, 269, 347, 349
밥 돌(Bob Dole) 182
方勵之 337
白猫黑猫論 249, 394
白樺 41, 335
베를린선언 220
베브(Weber) 304
변증법적 변화과정(dialectical process) 261, 371
보수성향의 개혁세력 48, 51~56, 63~66, 78, 82, 86, 102, 242, 243, 249, 252, 256, 258, 261, 265, 308, 338, 347, 349, 370, 385, 388, 390, 391, 396, 399
보수성향의 원로 5, 50~53, 56, 62~65, 70~80, 82, 86, 241~244, 251, 255, 256, 259, 260, 265, 390, 398
부국강병 61, 81, 405
부르주아 18, 155, 164, 334
傅全有 130, 133, 139
부족(shortage)이론 252, 394
부패 63, 73, 77, 94, 193, 242, 270
북방 삼각체제 224
북벌 115
북한 207
분권화(decentralization) 48, 82, 91, 135
분할과 지배(divide and rule) 409
브레진스키 179
브르즈네프 174, 175, 185
블라디보스토크연설 190
비동맹원칙 161
비적대적 모순 18, 19, 163, 307

사

4대 원칙 42, 69, 238, 338, 401, 408
사무엘슨(P. A. Samuelson) 252
謝非 98, 277, 391
사상해방 16, 103
四人幇 370
4자회담 213, 217, 218, 219, 220, 229
사회적 자본 319, 320, 363
사회주의 19, 23, 26
사회주의 상품경제 32이상은 제, 3이상은 제5
사회주의 시장경제 49, 80, 98, 99, 104, 241, 260, 278, 325
사회주의 제국주의(socialist imperialism) 21, 155, 156, 159, 164, 168, 194
사회주의 초급단계론 50, 284, 325, 327, 394
사회주의 초기단계 19, 23, 108
사회주의 파시스트(Social Fascists) 192

산둥파 97, 276, 392, 396
삼권분립 104
3세계론(the theory of three worlds) 155, 171, 194
3총부 119
상부구조 19, 308, 361, 417
상하이 공동성명 171, 172, 178
상하이파 95, 97, 274, 276, 392
상황－반응(situation-response) 접근방법 199
상황 14, 15
새장이론(bird cage theory) 243
생산관계 346, 417
徐敬業 335
徐信 142
徐向前 138
徐惠滋 142
선발제(selectorate) 106
先富論 312, 320
聶榮臻 138
세계무역기구(WTO) 114, 226
소련 사회주의 제국주의 21, 155, 163, 167
蘇紹智 337
소외(alienation) 316, 334, 384
소프트웨어(software) 113, 119, 325
宋平 403
수구 계급(diehard) 210
守錢奴 348
수정주의 209
슐츠 179, 181, 195
스윙전략(swing strategy) 195, 196
스캇 제임스(James Scott) 351
스태그플레이션 52, 251, 283, 387
스트롬 서몬드(Strom Thurmond) 182
시아누크공 190
시장경제 52, 250
식민주의 445
신 미·일 방위협조지침 204
신4인방 260
신경제정책(NEP) 176
신권위주의(neo-authoritarianism) 389
신뢰 59, 123, 220, 231, 319
新猫論 249, 394
신민주주의 416, 443
신안보동맹체제 226
신해혁명 443
신화사 140, 174, 302, 349, 401
신흥 부르주아 106
實事求是 14, 41, 43, 99, 151, 152, 200, 202, 230, 249, 278, 396, 404
실용주의자(pragmatist) 407
실천론 14
실크웜 미사일 180, 185

아

아세안(ASEAN) 124
아세안지역포럼(ARF) 141, 231
아셈회의 213
아시아 집단안보 체제(Asian Collective Se curity System) 186
안드로포프 175, 185
야합과 경쟁(collusion and contention) 96, 400

楊家將 130
楊德中 142
楊得志 183, 384
楊白氷 95, 96, 130, 133, 275, 384
楊尙昆 130, 181, 275, 280, 384
양웨이 184
嚴家其 337
에프터(David Apter) 361
NPT체제 226, 227
엘리슨(Graham Allison) 407
역동적인 균형이론(dynamic equilibrium) 388
연안 정신 333
연합전선 21, 22, 151, 155, 157, 160, 161, 164, 165, 168, 170, 171, 176, 202, 208, 216
연해안 개발전략 50, 242
연해안 개발전략(coastal development strategy) 55, 256
葉劍英 80
영원한 혁명(permanent revolution) 27
榮毅仁 79
옌안회의 40
5개년 계획 57, 68, 222, 238, 246, 247, 253, 258
吳官正 95, 274
吳邦國 89, 96, 97, 273
吳儀 95, 274
吳學謙 178, 184, 187
溫家寶 95, 96, 274
온건한 권위주의(soft authoritarianism) 98, 404
올브라이트 198
王杰 333
王克 130
王力平 275
王瑞林 130, 142, 392
王若望 337
王若水 334
王忍之 390
王震 80, 390
外事領導小組 142
外引內聯 55
饒漱石 70, 370
姚依林 390
于永波 130, 133
于浩成 337
熊光楷 142
원로세력 34, 41, 48, 49, 78, 82, 244, 245
월러스(L. Walras) 252
尉健行 95, 96, 274
魏京生 333
魏國慶(Wei Guoqing) 41
윈스톤 로드(Winston Lord) 195
유럽 방위군(European Corps) 162
유럽안보협력회의(CSCE) 231
유물론적 변증법 사관 163
劉賓雁 337
劉斯路 73
劉少奇 370
유엔 평화유지활동(peace keeping operation : PKO) 162
유화정책 175, 185, 232, 233
劉華清 95, 129, 130, 133, 272, 273, 275, 393

銀河號 140
李嵐清 95
이념(ideology) 143, 150, 154, 156, 161, 165, 169, 192, 196, 199, 225
이념주의자(ideologist) 407
李登輝 231
李嵐清 79
李鵬 51, 57, 68, 71, 75, 76, 79, 80, 87, 103, 213, 237, 239, 246, 251, 257, 270, 273, 347
李瑞環 79, 94, 273
李先念 80, 89, 181, 390
이익분배(profit sharing) 299, 309
李長春 274
이중적(dual enemy) 125, 438
李洪林 337
인민공사제도 49, 241
인민민주독재 63, 104
『인민일보』 88, 267, 316, 345, 346, 348, 349, 390
인민전(the people's war) 35, 120
인민정치협상회의 71, 79, 390, 445
인민주의(populism) 386
인민주의자(populist) 62, 74
인민해방군 35, 112~114, 117, 118, 122, 127, 131, 136, 142, 270
인플레이션 105
일극 패권주의(unipolar hegemony) 162
일당독재체제 23, 63, 69, 75, 76, 81, 135, 143, 145, 262, 295, 296, 303, 304, 322, 324, 328, 351, 352, 360, 363, 364, 368, 386, 400, 404, 405, 407, 408
잃어버린 세대 358
林彪 32, 35, 42, 70, 116, 117, 153, 370

자

자력갱생주의(self-reliance) 49, 241
자유주의(liberalism) 316, 329, 334
자주노선 203, 204
장개석 115
張萬年 94, 95, 96, 130, 133, 140, 142, 273, 275
張震 129, 130, 275
적극적인 방어 120
專과 紅(red and expert) 39, 166, 362
전국대표대회 18, 19, 38, 59, 76, 85, 93, 96, 102, 103, 132, 156, 186, 203, 257, 258, 266, 272
錢其琛 79, 187, 190
전문화 33, 105, 122, 133, 134, 145, 307, 435
전역미사일방어체제(TMD) 132, 205, 213, 226
全人大(전국인민대표대회) 26, 50, 57, 60, 68, 71, 79, 87~90, 103, 106, 135, 139, 209, 237~239, 242
丁關根 96, 273
정상무역관계(PNTR)법안 226
정신문명 42, 316, 328, 330~336, 339, 342, 344
정신문명 건설을 위한 중앙지도위원회 (the Central Guidance Committee on Spiritual Civilization Construction) 353

정신오염(spiritual pollution) 53, 60, 91, 150, 184, 192, 200, 239, 256, 270, 328
정전위원회 218
정전협정 217, 219, 228, 229
政治文化 112, 114
정치엘리트 61, 62, 81, 116, 133, 405
정태밍(Tai Ming Cheung) 131
제1·제2 중간지대론 154
제3세계 114, 154, 161, 194, 308
제국주의 20, 159, 200
제도화(institutionalization) 14, 19, 27, 35, 37, 64, 72, 105, 119, 122, 128, 134, 144, 145, 268, 271
제로섬 게임(zero-sum game) 65, 260, 264
제시 헬름스(Jesse Helms) 182
趙明祿 198
趙紫陽 28, 41, 48, 49, 50, 60, 72, 103, 138, 181, 186, 241, 242, 244, 347, 352, 374, 394, 397, 402
조직인(organizationist) 34, 64, 75, 82
周覺奎 76
주구(running dog) 211
周揚 334
朱鎔基 73, 79, 87, 89, 94, 104, 213, 273
周恩來 203
主敵 119, 155, 211, 216
주한미군 199, 215~217, 228, 229
준거의 틀(frame of references) 24, 100, 278, 406
중간지대론(the theory of the intermediate zone) 154
중국적 민족주의 395
중국특색의 사회주의 99
중도 계급(the middle of the road) 208, 211
중도노선 14, 25
중·소 국경회담 174
중·소 분쟁 185, 208
중앙고문위원회 255, 260, 390
중앙공작회의(The Central Work Conference) 122, 153
중앙군사위원회 79, 116~120, 122, 125, 129, 130, 133, 137, 140, 142, 144, 298, 392
중앙기율검사위원회 430, 438
중앙서기처 95, 274, 392, 430
중앙집권화 30, 48, 49, 66, 308, 405
중요한 모순 18, 154, 155, 200
中全會(중앙위전체회의) 15, 127, 128, 152, 153, 238~241, 246, 316, 329, 338, 340, 392
曾慶紅 96, 274
지대추구(rent seeking) 299
지방 분권화 30, 47, 48, 51, 57, 60, 107, 317, 325, 367, 374, 394
지방 분권화(decentralization) 76
지역 패권주의(regional hegemony) 22, 159, 165, 206, 228, 229
遲浩田 94, 95, 130, 133, 139, 142, 198, 273, 275, 384
직업군인제도(professionalism) 111, 114
秦基偉 138, 142, 384
진보성향의 개혁세력 5, 25, 34, 41, 47~52, 54~56, 63~67, 72~78, 82,

386, 388, 391
진보성향의 원로 70
陳水扁 140
陳雲 29, 41, 48~50, 52, 72, 78, 79, 80, 241, 244, 308, 347, 369, 390, 403
陳希同 98, 277, 303, 391
집단농장 33
集團理論 113
집단주의(collectivism) 327
집단지도체제 78, 84, 86, 100, 244, 279, 399, 402

차

差額選擧制(differential voting) 90, 106, 107, 269
책임생산제 49, 357
천안문 사태 72, 75, 92, 131, 138, 145, 246, 270, 280, 372, 376, 397, 406
체르넨코 185
治理整頓 50, 55, 129, 238, 242, 253, 258, 259, 349, 370, 394, 404
7·4 남북 공동성명서 214

카

카오 관시(靠關係) 319
칼포프(Vitor Karpov) 189
케인즈(J. M. Keynes) 252
코르네이(Janos Kornai) 252
코콤(CoCom : Coordinating Committee for Multilateral Export Controls) 183
쿠데타 114, 126, 371, 380~384

타

타리진(Nikolai Talyzin) 190
탈베그(Talweg)원칙 187
脫중앙집권화 47, 57, 66
태자당 91, 270, 301, 338, 371, 385, 390
테크노크라트 42, 390
통제완화－혼란－통제강화－정돈상태－통제완화 101, 253, 261, 283, 387, 404
트로이카 체제 97, 110, 281, 290

파

파이(Lucian W. Pye) 315, 376
파이너맨(Feinerman) 305
판 관시(攀關係) 319
패권주의(hegemony) 21, 159~161, 163, 165, 168, 169, 173, 174, 176, 194, 202, 228
패권주의자 173
彭德懷 70
彭眞 80, 89, 347, 403
팽창주의 171, 173, 176, 229
평화공존 5개 원칙 202
평화봉사단(Peace Corps) 184
포용정책 216, 220, 221, 232, 233

폴란드 위기 174
프라그마티즘(pragmatism) 14
프롤레타리아 18, 155, 317
프롤레타리아 독재 14
프롤레타리아 민주주의 63

하

賀敬之 390
하나의 핵심론 79, 245
하드웨어(hardware) 113, 119, 123, 324
하부구조(infrastructure) 19, 66, 308
한반도 4자회담 141
한반도 비핵화 5원칙 226
한반도 비핵화 공동선언 226
한반도정책 199
한·중 수교 209
海南省 274
『해방군보(Liberation Army Daily)』 41
핵확산금지조약(Non-Proliferation Treaty: NPT) 226
向守志 384
헌팅턴 27
헤이그 179
헤이하이츄타오(Hei Haai Tzu Tao) 187
혁명화 435, 451
현대전 35, 118~120, 123, 128, 132, 383
현대화 23, 114, 307, 333
현실주의자(realist) 330
胡啓立 360
胡喬木 308, 334, 347, 348, 390
胡錦濤 94, 96, 273, 325
胡福明 15
胡耀邦 28, 38, 41, 48~50, 60, 103, 137, 173, 187, 330, 334, 347, 348, 349, 352, 402
胡績偉 334
홍군 115
화교 454
華國鋒 35, 49, 208, 402
和平演變 209, 348, 388
화해와 불가침 및 교류협력에 관한 합의서 226
黃菊 96
황금만능주의 402
黃華 172
헌팅턴(Samuel Huntington) 310
회색 부패 299
후 허리(Hu Heli) 312
훈 센(Hun San) 190
흑색 부패 298, 299
흰색 부패 298, 300
힉스(J. R. Hicks) 252
힌튼(William Hinton) 357

김영문(金永文)

서울대학교 문리과 대학 사학과 졸업, University of California, Santa Barbara(정치학 학사), University of California, Riverside(정치학 석사), University of California, Riverside(정치학 박사). 국제문제조사연구소 연구위원, University of California, Riverside 객원교수, Portland State University 객원교수. 대한정치학회 회장, 동아시아국제정치학회 회장, 한국정치학회 부회장, 영남대학교 정치행정대학 학장 역임.
현재, 영남대학교 정치행정대학 정치외교학과 교수.

주요 저서로는 『중공의 세계전략』(대왕사, 1982), 『신생국정치론』(공저, 정음사, 1983), 『중국외교론』(대왕사, 1993), 『덩샤오핑 정치사상』(공저, 법문사, 1994), 『우리시대의 정치』(공저, 영남대출판부, 2003)가 있으며, 『새로운 선거전략』(도서출판 한울, 1987), 『모택동 이후의 중국외교정책』(태광문화사, 1989) 등의 역서 외 논문 다수가 있다.